知识产权
保护论

冯晓青 / 著

Theory of Intellectual
Property Protection

中国政法大学出版社

2022·北京

图书在版编目（ＣＩＰ）数据

知识产权保护论/冯晓青著. —北京：中国政法大学出版社，2022.4
ISBN 978-7-5764-0411-1

Ⅰ.①知…　Ⅱ.①冯…　Ⅲ.①知识产权保护—研究—中国　Ⅳ.①D923.404

中国版本图书馆CIP数据核字(2022)第050793号

出 版 者	中国政法大学出版社
地　　址	北京市海淀区西土城路 25 号
邮寄地址	北京 100088 信箱 8034 分箱　邮编 100088
网　　址	http://www.cuplpress.com (网络实名：中国政法大学出版社)
电　　话	010-58908441(第四编辑室)　58908334(邮购部)
承　　印	北京九州迅驰传媒文化有限公司
开　　本	720mm×960mm　1/16
印　　张	32.25
字　　数	525 千字
版　　次	2022 年 4 月第 1 版
印　　次	2022 年 4 月第 1 次印刷
定　　价	119.00 元

■ 作者简介

冯晓青，男，湖南长沙人。中国政法大学二级教授、博士生导师，知识产权法研究所所长、知识产权法国家重点学科负责人及学术带头人、中国政法大学无形资产管理研究中心主任、中国政法大学国际知识产权研究中心执行主任、北京大学法学博士、中国人民大学法学博士后。兼任中国法学会理事、中国知识产权法学研究会副会长，中国知识产权研究会学术顾问委员会委员兼常务理事、高校知识产权专业委员会副主任委员，中国科技法学会常务理事、最高人民法院案例指导工作专家委员会委员、最高人民法院知识产权司法保护研究中心研究员、最高人民法院知识产权案例指导研究（北京）基地专家咨询委员会委员、上海知识产权法院特邀咨询专家、中国审判研究会知识产权审判理论专业委员会委员、全国律协知识产权专业委员会委员、北京恒都律师事务所高级法律顾问及兼职律师、北京盈科律师事务所专家顾问、Chinese-European Arbitration Center 仲裁员，南京、长沙、淄博仲裁委员会仲裁员，以及北京环世知识产权诉讼研究院院长、广东省珠海市横琴新区和邦知识产权战略研究院院长、中关村知识产权法律保护研究院副院长等。

著有《知识产权法利益平衡理论》《知识产权法哲学》《企业知识产权战略》（"十一五"和"十二五"国家级规划教材)《企业知识产权管理》《技术创新与企业知识产权战略》《知识产权法律制度反思与完善》等个人专著17部，主编30余部，在《法学研究》《中国法学》等 CSSCI 刊物发表论文百余篇。科研成果获得省部级学术奖二等奖 3 项、省部级科技进步奖二等奖 1 项，教学成果获得省部级二等奖 1 项。主持国家社科基金重大项目 2 个、一般项目 1 个，主持教育部项目 2 个，参加国家社会科学基金重大项目、重点项目和一般项目，国家自然科学基金重点项目、一般项目，国家重点研发计划重点专项，以及教育部重大课题攻关项目等国家级重要项目十余个。获得第二届全国十大杰出中青年法学家提名奖（1999）、教育部新世纪优秀人才支持计划（2010）、首批国家知识产权专家库专家（2012）、首批全国知识产权领军人才（2012）、首届北京知识产权十位有影响力人物（2013）、中国政法大学首批优秀中青年教师培养支持计划学者（2013）、国家百千万人才工程有突出贡献中青年专家（2014）、享受国务院政府特殊津贴专家（2016）、中国政法大学优秀教师（2016）、北京市优秀教师（2017）、文化名家暨"四个一批"人才（2017）、国家高层次人才特殊支持计划哲学社会科学领军人才（2018）、中国政法大学钱端升讲座教授（A 类）（2018）、中国政法大学研究生优秀导师（2020）等荣誉。举办有个人学术网站"知识产权学术与实务研究网"（www.fada ip.com.cn）、公益性学术网站"中国知识产权文献与信息资料库"（试验版）（www.ipknow.cn），以及新浪微博（冯晓青知识产权）和微信公众号（冯晓青知识产权）。

■ 前　言

在当代，知识产权制度是各国激励创新、保护创新、促进创新成果运用、实现经济社会发展和创新能力提升的重要法律制度、激励机制和保障机制。特别是在当前知识经济凸显、科学技术迅猛发展和经济全球化的背景下，知识产权制度还是各国开展技术竞争、产业竞争并获得市场竞争、国际竞争优势的重要法律机制和保障手段。当前各国围绕科技、文化、经济贸易等方面的竞争，其背后实质上也是知识产权方面的竞争，因为拥有占优势的受到知识产权保护的技术和品牌，就能够在国内外市场竞争中占据主动，赢得先机。

正是因为知识产权制度在当代经济社会和科技创新中的重要地位和作用，我国自改革开放以来，随着加入知识产权保护国际公约进程的推进，逐步建立和完善了具有中国特色的知识产权制度。我国知识产权制度实施的情况表明，其在鼓励创新、保护创新成果、促进我国经济社会发展和提高创新能力方面发挥了十分重要的、不可替代的作用。随着知识产权制度在我国经济社会生活以及科技、文化创新中的地位不断提升，知识产权制度的实施也逐渐成为我国的国家战略。2008 年 6 月 5 日，国务院发布《国家知识产权战略纲要》。2021 年 9 月，中共中央、国务院发布《知识产权强国建设纲要（2021—2035 年）》。随着深入实施创新驱动发展战略、推进建设创新型国家和知识产权强国，知识产权制度将在我国建设社会主义现代化强国进程中发挥更加重要的作用。

知识产权强国建设的深入推进以及我国知识产权制度的深入实施，以充分、有效地保护知识产权作为根本性的措施和保障。知识产权保护不足，不可能充分发挥这一制度的重要功能和作用，也不可能实现知识产权制度的目的。为此，近些年来，我国一方面通过制定和完善知识产权相关法律法规的形式，逐步建立完整的知识产权法律保护制度，并在知识产权保护水平方面实现与知识产权保护国际公约的全面接轨；另一方面，通过严格执法、公正司法以及知识产权审判体制机制的改革与完善，不断提升对知识产权的保护水平。除此之外，党中央和国务院近些年来通过出台、实施一系列全面加强知识产权保护的政策性文件和规范，既为我国知识产权立法和司法保护提供了正确的政策导向与行动指引，又实质性地推动了我国知识产权保护水平的提升。例如，党的十八大以来，《深入实施国家知识产权战略行动计划（2014—2020 年）》、国务院《关于新形势下加快知识产权强国建设的若干意见》、《"十三五"国家知识产权保护和运用规划》等文件先后发布。党的十八大、十九大文件以及十八届三中全会、十九届四中和五中全会等文件均涉及加强知识产权保护的内容。2019 年 11 月底，中共中央办公厅、国务院办公厅联合发布的《关于强化知识产权保护的意见》（以下简称《强化知识产权保护意见》），对于在新时代如何加强知识产权保护，提出了明确的目标和诸多具体措施，成为新时代我国加强知识产权保护、不断提高知识产权保护水平的纲领性文件和重要的政策规范与指引。

本书就是在上述背景下，以《强化知识产权保护意见》的内容为考察对象，试图对其规定的各项措施进行系统解读，并针对我国知识产权制度实施的现状、未来发展目标以及国际保护趋势，提出了一系列具有创新性的对策、意见和建议，全面反映了笔者对于我国知识产权保护制度及其实施方面的观点和认识。读者通读本书，可以发现其具有以下特色和创新：

第一，对《强化知识产权保护意见》的各项措施，从知识产权保护的理论层面进行了系统的诠释和解读，为深刻领会和掌握其政策精神提供了理论指引，也使得本书具有较高的理论品位和学术创新性。

第二，对《强化知识产权保护意见》的各项措施，从对策和操作层面进行了详细探讨，提出了笔者的创新观点、思路和对策，并对这些观点、思路和对策进行了充分论证和说明。例如，《强化知识产权保护意见》规定的措施基本上都只是措施本身，缺乏对每一项措施的实施条件、实施策略和方法的说明和阐述。基于知识产权保护方面宏观政策规范的基本定位，《强化知识产权保护意见》也没有必要对这些内容作出具体说明和阐述。本书则针对每一项措施提出了相应的实施策略与方法，这样就使得本书对知识产权保护问题的研究具有实用性、实践性和可操作性，能够为我国知识产权保护对策开出"药方"，为我国知识产权保护策略的实施献计献策。

　　第三，鉴于知识产权保护是一个庞大的系统工程，且知识产权制度在全球处于日新月异的发展进程中，本书探讨的知识产权保护与实务问题，不完全限于《强化知识产权保护意见》规定的措施和内容，而是具有相当的扩展。特别是在本书交付出版前，适逢党的十九届五中全会审议通过了中共中央《关于制定国民经济和社会发展第十四个五年规划和二〇三五年远景目标的建议》（以下简称《建议》），以及习近平总书记在中央政治局第二十五次集体学习时专门就"全面加强知识产权保护工作 激发创新活力 推动构建新发展格局"主题发表了重要讲话，本书因而也同时将上述《建议》的精神和习近平总书记重要讲话的思想融进相关内容中，从而使得本书内容更全面，更适合当前我国加强知识产权保护的形势发展需要。对此，下面不妨略作说明。

　　2020 年 10 月底，党的十九届五中全会召开。这次会议的重要成果是审议通过了上述《建议》。《建议》明确了我国"全面建设社会主义现代化国家"的宏伟目标。《建议》提出了新发展阶段、新发展理念、新发展格局的"新"概念，提出要"坚定不移贯彻创新、协调、绿色、开放、共享的新发展理念"，"加快构建以国内大循环为主体、国内国际双循环相互促进的新发展格局"。《建议》还提出了需要努力完成的 12 项重大任务，其中"坚持创新驱动发展"被置于首位："坚持创新在我国现代化建设全局中的核心地位，把科技自立自强作为国家发展的战略支撑"，体现了党中央高度重视以创新发展驱动我国经济社会发展、打造我国未来发展新优势的意志和决心。

　　我国创新驱动发展则离不开激励创新和保护创新的知识产权制度。因此，可以预料，未来我国经济社会发展需要更大力度地加强知识产权保护、完善知识产权制度。也正是在上述背景下，2020 年 11 月 30 日，习近平总书记主持中央政治局第二十五次集体学习时指出：当前，我国正在从知识产权引进大国向知识产权创造大国转变，知识产权工作正在从追求数量向提高质量转变。我们必须从国家战略高度和进入新发展阶段要求出发，全面加强知识产权保护工作，促进建设现代化经济体系，激发全社会创新活力，推动构建新发展格局。习近平总书记将知识产权保护在我国经济社会发展中的地位用五个"关系"进行了概括：知识产权保护工作关系国家治理体系和治理能力现代化，关系高质量发展，关系人民生活幸福，关系国家对外开放大局，关系国家安全。由此可见，知识产权保护在当前我国经济社会生活中具有极其重要的地位和作用。应当说，这也是笔者撰写本书的重要动因。

关于本书，需要指出的是，与笔者近期出版的另一部个人专著《知识产权法律制度反思与完善》一样，其中当页脚注标注的大量参考文献，除了极个别系引用原文外，其他绝大多数注释并非笔者参考、引用了原文后所标注的注释信息，而是为了便于广大读者更好地理解笔者阐述的相关内容而在成书后增补的文献信息，也可以视为拓展、延伸性阅读材料。读者在阅读本书的同时，如能结合书中补充的相关成果信息，定能对书中阐述的观点和内容有更加全面而深入的认识。

最后，还需要特别指出：本书的出版得到了中国政法大学知识产权法新兴学科建设项目经费的鼎力支持。本书在出版过程中还得到了中国政法大学出版社的大力支持，在此一并表示衷心的感谢！

由于笔者水平有限，加之时间紧迫，难免存在各种错漏之处，敬请读者给予批评指正。

作者

2022 年 2 月 20 日

目　录

CONTENTS

第二编　加强社会监督共治，构建知识产权大保护工作格局

第三编　优化协作衔接机制，突破知识产权快保护关键环节

第五编　加强基础条件建设，有力支撑知识产权保护工作

▶ 第七编　对《关于强化知识产权保护的意见》的再思考 ◀

导　论

　　2019 年底，中共中央办公厅、国务院办公厅印发了《关于强化知识产权保护的意见》（以下简称《强化知识产权保护意见》）。《强化知识产权保护意见》是在深入实施国家知识产权战略和创新驱动发展战略、建设创新型国家的形势下，全面推进和加强我国知识产权保护的纲领性文件。它指出，加强知识产权保护，是完善产权保护制度最重要的内容，也是提高我国经济竞争力的最大激励，其目的在于"贯彻落实党中央、国务院关于强化知识产权保护的决策部署，进一步完善制度、优化机制"。

　　《强化知识产权保护意见》首先提出了我国强化知识产权保护的总体要求：以习近平新时代中国特色社会主义思想为指导，全面贯彻党的十九大和十九届二中、三中、四中全会精神，紧紧围绕统筹推进"五位一体"〔1〕总体布局和协调推进"四个全面"〔2〕战略布局，牢固树立保护知识产权就是保护创新的理念，坚持严格保护、统筹协调、重点突破、同等保护，不断改革完善知识产权保护体系，综合运用法律、行政、经济、技术、社会治理手段强化保护，促进保护能力和水平整体提升。力争到 2022 年，侵权易发多发现象得到有效遏制，权利人维权"举证难、周期长、成本高、赔偿低"的局面明显改观。到 2025 年，知识产权保护社会满意度达到并保持较高水平，保护能力有效提升，保护体系更加完善，尊重知识价值的营商环境更加优化，知识产权制度激励创新的基本保障作用得到更加有效发挥。这一总体要求明确了当前我国强化知识产权保护的指导思想、基本原则、手段和目标，为新时代加强知识产权保护、充分运用知识产权保护制度服务于我国经济社会发展提

---

　　〔1〕　是指"经济建设、政治建设、文化建设、社会建设、生态文明建设"（笔者注）。

　　〔2〕　是指"全面建设社会主义现代化国家、全面深化改革、全面依法治国、全面从严治党"（笔者注）。

供了方向性指引。

《强化知识产权保护意见》共提出了 99 条具体措施，从知识产权立法制度完善到执行手段加强，到协同社会治理手段以及国际协调等多方面，进行了全面部署和规范。《强化知识产权保护意见》整体体现了"严保护、快保护、大保护、同保护"的理念，为在新时代有力地加强我国知识产权保护，为我国知识产权制度更好地推动经济社会发展和提升创新能力提供了清晰的路径和政策走向。其提出的措施的落实，必将对我国知识产权保护产生十分积极而深远的影响，并有利于大幅度提高我国知识产权保护水平。

《强化知识产权保护意见》的发布，充分体现了党和政府加强知识产权保护的决心，同时也意味着当代知识产权保护在我国经济社会发展中的重要地位和作用。《强化知识产权保护意见》发布以来，受到了社会广泛关注。《光明日报》等重要媒体发布的文章将其特色概括为"执法更严，赔偿更高，维权更快"。国家知识产权局申长雨局长在接受记者采访时指出："这次中办、国办发布的《关于强化知识产权保护的意见》，也是由习近平总书记主持召开中央全面深化改革委员会第九次会议审议通过的，是对知识产权保护作出的重大战略部署，再一次体现了以习近平同志为核心的党中央对知识产权保护的高度重视，彰显了中国依法严格保护知识产权的鲜明立场和坚定决心，为做好新时代知识产权保护工作提供了根本遵循和行动指南。"[1]

《强化知识产权保护意见》提出的推进我国知识产权保护的措施有：

第一，强化制度约束，确立知识产权严保护政策导向。规定的内容如：加大侵权假冒行为惩戒力度，如加快在专利、著作权等领域引入侵权惩罚性赔偿制度。大幅提高侵权法定赔偿额上限，加大损害赔偿力度。强化民事司法保护，有效执行惩罚性赔偿制度。严格规范证据标准，如深入推进知识产权民事、刑事、行政案件"三合一"审判机制改革，完善知识产权案件上诉机制，统一审判标准。制定完善行政执法过程中的商标、专利侵权判断标准。规范司法、行政执法、仲裁、调解等不同渠道的证据标准。强化案件执行措施，如建立健全知识产权纠纷调解协议司法确认机制。完善新业态新领域保护制度，如探索建立药品专利链接制度、药品专利期限补偿制度。

---

〔1〕 谷业凯："新时代强化知识产权保护的纲领性文件——访国家知识产权局党组书记、局长申长雨"，载《人民日报》2019 年 11 月 25 日第 12 版。

第二，加强社会监督共治，构建知识产权大保护工作格局。采取的措施如：加大执法监督力度、建立健全社会共治模式，加强专业技术支撑。

第三，优化协作衔接机制，突破知识产权快保护关键环节。采取的措施如：优化授权确权维权衔接程序、加强跨部门跨区域办案协作、推动简易案件和纠纷快速处理、加强知识产权快保护机构建设。

第四，健全涉外沟通机制，塑造知识产权同保护优越环境。采取的措施如：更大力度加强国际合作、健全与国内外权利人沟通渠道、加强海外维权援助服务、健全协调和信息获取机制。

第五，加强基础条件建设，有力支撑知识产权保护工作。具体措施如：加强基础平台建设、加强专业人才队伍建设、加大资源投入和支持力度。

第六，加大组织实施力度，确保工作任务落实。具体措施如：加强组织领导、狠抓贯彻落实、强化考核评价、加强奖励激励、加强宣传引导。

由此可见，《强化知识产权保护意见》针对加强我国知识产权保护进行了全面规定和部署。这些具体的措施，反映了我国加强知识产权保护的坚定决心和具体的行动措施，也体现了知识产权保护在我国当前经济社会生活中的重要地位和作用。特别是党的十九届四中全会通过《中共中央关于坚持和完善中国特色社会主义制度 推进国家治理体系和治理能力现代化若干重大问题的决定》。在知识产权制度领域推进国家治理体系和治理能力现代化，也是国家治理体系和治理能力现代化的重要内容。《强化知识产权保护意见》提出的很多措施也涉及知识产权大保护格局下通过有效的知识产权治理，提高我国知识产权制度运用能力，因此也是深入贯彻党的十九届四中全会精神的体现。实际上，近些年来，党和政府日益重视知识产权的有效保护和运用，通过了相关重要政策性文件，例如中共中央办公厅、国务院办公厅《关于加强知识产权审判领域改革创新若干问题的意见》（以下简称《知识产权审判领域改革创新意见》）、《知识产权对外转让有关工作办法（试行）》、《深入实施国家知识产权战略行动计划（2014—2020 年）》、国务院《关于新形势下加快知识产权强国建设的若干意见》、《“十三五”国家知识产权保护和运用规划》、《“十四五”国家知识产权保护和运用规划》等。相信随着知识产权强国战略的实施，《强化知识产权保护意见》的上述措施将有利于提升我国知识产权保护水平，更好地发挥知识产权制度推动我国经济社会发展的重要作用，使我国由知识产权大国变为知识产权强国。

　　需要指出的是，为了深入贯彻落实和推进《强化知识产权保护意见》规定的全面强化我国知识产权保护的制度和各项措施，国家知识产权局在 2020 年 4 月发布了《2020—2021 年贯彻落实〈关于强化知识产权保护的意见〉推进计划》（以下简称《推进计划》），共涉及以下八个方面的内容：制定修订知识产权法律法规和规范性文件、加大知识产权行政执法和司法保护力度、完善知识产权大保护机制建设、优化知识产权快保护关键环节、扩大知识产权保护对外交流与合作、加强知识产权保护资源保障、推进知识产权保护宣传和文化建设、加强知识产权保护组织保障。《推进计划》共涉及 133 项在计划时间内完成或者持续推进的措施。这些措施覆盖了《强化知识产权保护意见》规定的内容。当然，《推进计划》只是为落实《强化知识产权保护意见》规定的制度和措施进行的总体部署，最终还需要认真落实这些具体的措施，才能实现其目的。基于研究需要，本书在阐述和探讨《强化知识产权保护意见》相关规定时，也会适当述及《推进计划》的部分重要内容。

第一编

制度约束与知识产权严保护政策导向

《强化知识产权保护意见》第二部分的主题是"强化制度约束，确立知识产权严保护政策导向"。这一部分内容涉及加大侵权假冒行为惩戒力度、严格规范证据标准、强化案件执行措施以及完善新业态新领域保护制度。其中，针对"加大侵权假冒行为惩戒力度"，规定了以下措施：

研究制定知识产权基础性法律的必要性和可行性，加快专利法、商标法、著作权法等修改完善。完善地理标志保护相关立法。加快在专利、著作权等领域引入侵权惩罚性赔偿制度。大幅提高侵权法定赔偿额上限，加大损害赔偿力度。强化民事司法保护，有效执行惩罚性赔偿制度。研究采取没收违法所得、销毁侵权假冒商品等措施，加大行政处罚力度，开展关键领域、重点环节、重点群体行政执法专项行动。规制商标恶意注册、非正常专利申请以及恶意诉讼等行为。探索加强对商业秘密、保密商务信息及其源代码等的有效保护。加强刑事司法保护，推进刑事法律和司法解释的修订完善。加大刑事打击力度，研究降低侵犯知识产权犯罪入罪标准，提高量刑处罚力度，修改罪状表述，推动解决涉案侵权扬品处置等问题。强化打击侵权假冒犯罪制度建设，探索完善数据化打假情报导侦工作机制，开展常态化专项打击行动，持续保持高压严打态势。

习近平总书记在2020年中央政治局第二十五次集体学习时，针对"提高知识产权保护工作法治化水平"主题，也从完善知识产权法律法规与执法司法体系方面加以强调："完备的知识产权法律法规体系、高效的执法司法体系，是强化知识产权保护的重要保障。要在严格执行民法典相关规定的同时，加快完善相关法律法规，统筹推进专利法、商标法、著作权法、反垄断法、科学技术进步法等修订工作，增强法律之间的一致性。要加强地理标志、商业秘密等领域立法。要强化民事司法保护，研究制定符合知识产权案件规律的诉讼规范。要提高知识产权审判质量和效率，提升公信力。要促进知识产权行政执法标准和司法裁判标准统一，完善行政执法和司法衔接机制。要完善刑事法律和司法解释，加大刑事打击力度。要加大行政执法力度，对群众反映强烈、社会舆论关注、侵权假冒多发的重点领域和区域，要重拳出击、整治到底、震慑到位。"〔1〕

严格保护知识产权是当代我国知识产权保护制度的基本理念和政策导向，〔2〕在推进我国知识产权制度完善以及知识产权战略有效实施过程中，必须以严格保护作为基本出发点和根本性的要求。其原因在于：

首先，严格保护体现了我国社会主义法治的基本原则。随着我国社会主义法治建设的发展，"有法可依、有法必依、执法必严、违法必究"上升为"科学立法、严格执法、公正司法、全民守法"，其内涵更加丰富，可以说体现了我国社会主义法治水平的不断提升。就知识产权保护制度而言，知识产权的严保护或者说严格保护，体现了知识产权制度的严格执行。也只有这样，才能维护知识产权人等相关主体的合法权益，维护正常的市场经济秩序。〔3〕

其次，严保护体现了知识产权保护本身的特点和要求。毋庸置疑，知识产权是受法律保护的一种独占性的权利。《中华人民共和国民法典》〔4〕第123条第2款明确规定知识产权是一种具有专有性的权利。这就意味着未经知识产权人的许可和法律的特别规定，他人不得擅自实施知识产权人所专有的权利，否则即构成侵害知识产权的行为，应当停止侵权并承担相应的损害赔偿责任。然而，知识产权保护的客体由于具有非物质性或者说无形性，其本身具有客体共享的属性，知识产权人很难像物权所有人一样通过对客体的控制来实现其权利，而只有寄希望于法律赋予其独占性权利，禁止他人擅自使用。正如吴汉东教授指出的，知识产权客体具有"客体共享、权利专有"的特点。这一特点也表明，对于知识产权这一独占性权利，必须通过严格的法律保护才能实现权利人的合法利益。如果知识产权法律制度和政策不能够对知识产

---

〔1〕 习近平："全面加强知识产权保护工作 激发创新活力推动构建新发展格局"，载《求是》2021年第3期。

〔2〕 张志成："中国创新经济与知识产权严格保护"，载《文化纵横》2018年第6期。

〔3〕 甘绍宁："依法严格保护知识产权为积累知识资本创造良好社会环境"，载《今日中国论坛》2009年第10期。

〔4〕 以下为行文方便，《中华人民共和国民法典》《中华人民共和国著作权法实施条例》等法律法规名称均省去"中华人民共和国"，使用简称《民法典》《著作权法》《著作权法实施条例》等。

权侵害行为给予有力的打击和制裁，就很难保护知识产权带来的合法利益，最终不利于鼓励创新和实现知识产权立法宗旨。

最后，知识产权的严保护也是针对知识产权侵害行为具有高度的隐蔽性和专业性、侵权证据难以获得导致权利人的利益很难及时保障而提出的政策导向和根本性的要求。《强化知识产权保护意见》在开篇就指出了当前我国知识产权保护存在的一些困难和困境，如"举证难、周期长、成本高、赔偿低"。如果不对知识产权实行严保护，就很可能在知识产权保护实践中使知识产权人的利益得不到及时维护，从而也不利于有效地制裁和威慑侵权行为、净化市场秩序。[1]也正是因为知识产权侵权行为具有的一些独特之处，特别是权利人维权困难，我国知识产权保护中才应当尽量保障知识产权人的维权渠道，同时通过立法制度的完善，提高知识产权保护水平。

---

[1] 王国柱："知识产权'严格保护'司法政策的法理解析——边界、强度、手段、效果的四维视角"，载《华东师范大学学报（哲学社会科学版）》2020 年第 1 期。

第一章
知识产权侵权假冒行为及其惩处

加强知识产权侵权假冒行为的惩戒力度，其总的特点是实行知识产权的严保护。[1]这些严保护措施和制度体现在立法制度的完善、司法保护的加强、行政处理的强化以及社会治理的优化等多方面。知识产权作为知识产权人享有的专有性的权利，具有法定性的特点，即需要由立法作出明确的规定，并予以严格保护。我国知识产权制度就是以知识产权立法为基础，有效保护知识产权相关主体的利益，妥善调整社会关系的重要的法律制度。知识产权制度的建立和完善也是以完善的知识产权立法作为标志和核心的。因此，为有效地推进和加强我国知识产权的保护，必须与时俱进，根据特定历史时期的需要，不断完善我国知识产权立法制度。

目前我国知识产权立法形成了国内保护与国际保护的双重体系，并且以行政执法和司法保护作为"两条途径、协调处理"的解决纠纷的形式。我国知识产权立法保护体系已经较为完善，其基本构架是以《著作权法》《专利法》《商标法》等知识产权专门法为基础，以国务院颁行的《著作权法实施条例》《专利法实施细则》《商标法实施条例》等行政法规为辅翼，以最高人民法院等颁布的司法解释为适用指引以及以相应的部门规章和地方性法规为

---

〔1〕 加强知识产权侵权假冒行为的惩戒力度，也可以从当前我国知识产权保护存在的一些问题加以理解。对此，习近平总书记在 2020 年中央政治局第二十五次集体学习时做了如下概括："全社会对知识产权保护的重要性认识需要进一步提高；随着新技术新业态蓬勃发展，知识产权保护法治化仍然跟不上；知识产权整体质量效益还不够高，高质量高价值知识产权偏少；行政执法机关和司法机关的协调有待加强；知识产权领域仍存在侵权易发多发和侵权易、维权难的现象，知识产权侵权违法行为呈现新型化、复杂化、高技术化等特点；有的企业利用制度漏洞，滥用知识产权保护；市场主体应对海外知识产权纠纷能力明显不足，我国企业在海外的知识产权保护不到位，等等。"习近平："全面加强知识产权保护工作 激发创新活力推动构建新发展格局"，载《求是》2021 年第 3 期。

补充的体系。此外，在其他很多相关法律法规中也有涉及知识产权的规定，特别是我国《民法典》关于知识产权保护以及《刑法》中关于知识产权犯罪的规定。

根据《强化知识产权保护意见》的规定，当前我国知识产权立法制度的构建与完善，以及对知识产权侵权假冒行为的有力惩处，需要重点关注以下几个方面。[1]

一、知识产权基本法的研究与制定

关于知识产权基本法的问题，在 2008 年 6 月 5 日国务院发布的《国家知识产权战略纲要》中即有所述及。[2]当前，国家知识产权局正在加紧研究制定知识产权基本法的问题。[3]笔者也有幸应国家知识产权局的邀请，参与了知识产权基本法总则部分的研究和条文的拟定建议。笔者具体负责的部分是知识产权基本法的基本原则，知识产权制度如何促进创新、维护公平竞争秩序，以及如何通过知识产权制度的有效实施促进知识产权国家治理体系和治理能力现代化等。目前相关前期课题研究已经取得了实质性进展。

---

〔1〕《推进计划》第一部分"制定修订知识产权法律法规和规范性文件"提出需要制定修订和完善的知识产权法律法规和规范性文件达 34 件，如：推进专利法修订审议工作，引入侵权惩罚性赔偿制度，推动延长专利有效期，加强药品专利保护等，做好专利审查指南配套修改工作；推进著作权法修订审议工作，增加侵权惩罚性赔偿条款，大幅提高侵权法定赔偿额上限，加大损害赔偿力度；视情推进商标法修改，加强商标保护和执法；推进民法典侵权责任编制定中体现知识产权侵权惩罚性赔偿条款；推进刑法修改，完善侵犯商业秘密罪相关条款，强化侵犯商业秘密刑事执法、细化刑事程序及处罚、销毁侵权假冒商品、规范政府披露行为等的规定；视情推进行政许可法、反不正当竞争法修改，加强商业秘密和保密商务信息保护；制定最高人民法院关于审理商业秘密纠纷案件适用法律若干问题的解释；加快出台最高人民法院关于审理专利授权确权行政案件若干问题的规定（一）；制定最高人民法院、最高人民检察院关于办理侵犯知识产权刑事案件具体应用法律若干问题的解释（三）；出台打击网络侵权假冒的司法解释；研究出台著作权和邻接权法保护指南；研究制定民间文学艺术作品著作权保护办法等。到目前为止，上述制度完善目标已部分实现，尤其是《专利法》《著作权法》和《刑法》的修订，提高了知识产权保护水平。本书将在相应探讨部分述及《推进计划》提出的其他相关规范。

〔2〕 齐爱民："知识产权基本法之构建"，载《河北法学》2009 年第 5 期。

〔3〕《推进计划》在"制定修订知识产权法律法规和规范性文件"部分，指出要"调研论证制定知识产权基础性法律的必要性和可行性"。

　　从国外来看，专门制定和实行知识产权基本法的周边国家有日本和韩国。[1]在关于知识产权立法制度的构建和完善研究中，近些年来我国学术界和实务界对于是否有必要制定知识产权基本法，存在一定的争议。[2]近些年来在我国《民法典》制定过程中，人们对于知识产权制度是否有必要纳入《民法典》并在《民法典》中做专编规定也进行了热烈的探讨。不过，这一问题同样存在争议，尤其是在知识产权学术界和民法学界之间分歧较大。在最终通过并已于2021年1月1日实施的《民法典》中，总则部分吸收了原《民法总则》的规定，在其第123条规定了知识产权的民事权利性质以及知识产权客体的范围；分则部分则并未像物权编、合同编、侵权责任编等一样设立专门的知识产权编，而是在不同分编将涉及的知识产权制度予以零散规范，且规定的条款不多。在《民法典》分则部分对知识产权制度做出专门规定的期望不能实现的情况下，知识产权制度体系化的问题再一次提上日程。另外一种方案是制定和实施独立的知识产权法典。对此，在国际上也有先例，例如法国制定了知识产权法典。当然，制定独立的知识产权法典，需要更多的学术沉淀和实践经验总结，也需要具备更多的法典编纂经验。显然，在目前的情况下，我国制定独立的知识产权法典的时机还不够成熟，因为我国知识产权立法整体上仍然是以单行法形式体现的。

　　在上述情况下，当前制定我国知识产权基本法的问题已经提上议事日程。如果从该法制定的必要性来看，笔者认为至少可以从以下两个方面考虑：

　　第一，我国尚没有关于知识产权立法制度的体系化的法律，尤其是在《民法典》分则没有接纳知识产权制度、未来一段时间内《民法典》中没有完整的知识产权制度规定的现实情况下，制定知识产权基本法是弥补这一不足的现实办法。

　　第二，我国制定知识产权基本法，具有现行的立法基础，主要体现为近年来国家知识产权局、省市各级知识产权相关部门、相关地方立法机关和其他部门颁行了大量的涉及知识产权保护、知识产权运用以及与知识产权有关

---

〔1〕　顾昕："日本《知识产权基本法》的立法背景及其实施效果"，载《科技中国》2020年第5期。

〔2〕　张鹏、赵炜楠："《知识产权基本法》立法目的与基本原则研究"，载《知识产权》2018年第12期。

的技术创新的部门规章、地方性法规等，这些规范主要的特点是带有政策指导性。应当肯定的是，这些带有政策指导性的规范对于加强我国知识产权保护、促进知识产权有效运用和提升技术创新能力发挥了重要作用，但目前我国确实还缺乏统领性质的知识产权法律规范。如果经过调查研究和经验总结，将这些不同的政策性规范整合、升格为带有国家强制性的法律规范，并指引技术创新与知识产权保护和运用相关活动，就能够在更大程度和范围内发挥知识产权制度促进经济社会发展、提高技术创新能力的作用。

值得指出的是，从目前关于知识产权基本法的研究来看，该法基本上定位于公法，而不是私法。当然，该法也涉及知识产权私法保护的内容和原则。

二、著作权法、专利法和商标法的修改与完善

关于我国《专利法》和《著作权法》的修改，立法进程中存在的一个重要问题是修法的时间过长，而在这一较长的时间里我国经济社会发展已经有了较大的变化。笔者认为，这一问题应当引起立法者和学者的高度关注。如何提高知识产权专门立法修改的效率、缩短修法周期、提高修法质量，确实是一个值得探讨的重要课题。当然，之所以修法时间漫长，与著作权法、专利法等知识产权专门法律调整的社会关系复杂、立法修改很难满足不同利益主体的需求有关。作为立法者，应当站在国家和人民的立场。著作权法、专利法等知识产权法本身是一种利益平衡机制，立法者需要在充分考虑不同利益主体利益关系基础上对现行规定作出合理的调整。

（一）著作权法

就《著作权法》第三次修改而言，以国家版权局于 2012 年先后公布的几个修改草案为启动标志，[1] 到 2020 年 11 月 11 日《全国人民代表大会常务委员会关于修改〈中华人民共和国著作权法〉的决定》由第十三届全国人民代表大会常务委员会第二十三次会议通过，自 2021 年 6 月 1 日起施行，历时 8 年多。这期间，先是对 2012 年修改草案的讨论，然后在 2014 年 6 月国务院公布送审稿。到 2020 年 11 月草案正式通过前，在当年 4 月和 8 月则分别对草案一次审议稿和二次审议稿进行了审议。从最后修正的著作权法［以下简称

---

[1] 2012 年 3 月和 7 月的草案向社会公布后，同年 10 月的草案第三版则未向社会公布。具体原因不得而知。

"《著作权法》（2020 年修正）"或"现行《著作权法》"］的规定看，总体上保留了修改前的基本架构和内容。在著作权保护方面，本着强化著作权保护、提高著作权保护水平、更好地促进我国文化科学事业发展与繁荣的目的，针对著作权侵权的法律责任，包括民事责任和行政责任，都做了重要修改。具体而言，对著作权侵权行为的惩处的强化体现于：

第一，强化侵害著作权的行政责任。《著作权法》（2020 年修正）第 53 条规定了应当承担民事责任的侵权行为，同时规定："……侵权行为同时损害公共利益的，由主管著作权的部门责令停止侵权行为，予以警告，没收违法所得，没收、无害化销毁处理侵权复制品以及主要用于制作侵权复制品的材料、工具、设备等，违法经营额五万元以上的，可以并处违法经营额一倍以上五倍以下的罚款；没有违法经营额、违法经营额难以计算或者不足五万元的，可以并处二十五万元以下的罚款；构成犯罪的，依法追究刑事责任……"与 2010 年第二次修正的《著作权法》［以下简称《著作权法》（2010 年修正）］第 48 条规定相比，在侵权行政责任方面明显规定了具有可操作性的、较高的行政处罚标准，有利于严厉打击著作权侵权行为。

第二，强化著作权的司法保护，大幅度提高了著作权侵权行为的损害赔偿标准。这体现为以下几方面：①在《著作权法》中首次引进了惩罚性赔偿制度。《著作权法》（2020 年修正）第 54 条第 1 款规定："侵犯著作权或者与著作权有关的权利的，侵权人应当按照权利人因此受到的实际损失或者侵权人的违法所得给予赔偿；权利人的实际损失或者侵权人的违法所得难以计算的，可以参照该权利使用费给予赔偿。对故意侵犯著作权或者与著作权有关的权利，情节严重的，可以在按照上述方法确定数额的一倍以上五倍以下给予赔偿。"这就为主观上存在故意且情节严重的著作权侵权行为提供了强大的威慑力，有利于充分有效地保护著作权。②大幅度提高了著作权侵权法定赔偿标准。《著作权法》（2020 年修正）第 54 条第 2 款规定："权利人的实际损失、侵权人的违法所得、权利使用费难以计算的，由人民法院根据侵权行为的情节，判决给予五百元以上五百万元以下的赔偿。"与《著作权法》（2010 年修正）第 49 条规定最高赔偿额为 50 万元的法定赔偿制度相比，赔偿力度大大加强。③引进了对于被侵权人有利的举证责任制度，有利于著作权人在侵权诉讼活动中更好地维权。《著作权法》（2020 年修正）第 54 条第 4 款规定："人民法院为确定赔偿数额，在权利人已经尽了必要举证责任，而与侵权行为相关的账簿、资料等主要由侵权人掌握的，可以责令侵权人提供与侵权行为相关的账簿、资料等；侵权人不提供，或者提供虚假的账簿、资料等的，人民法院可以参考权利人的主张和提供的证据确定赔偿数额。"该规定显然是借鉴了 2013 年第三次修改后的《商标法》第 63 条第 2 款的规定。

　　第三，完善了有关技术措施和权利管理信息保护与限制制度，既有利于权利人通过技术措施和权利管理信息实施自力救济，也有利于合理平衡著作权人和社会公众之间的利益关系，维护社会公众利益。具体而言，《著作权法》（2020 年修正）第 49 条规定："为保护著作权和与著作权有关的权利，权利人可以采取技术措施。未经权利人许可，任何组织或者个人不得故意避开或者破坏技术措施，不得以避开或者破坏技术措施为目的制造、进口或者向公众提供有关装置或者部件，不得故意为他人避开或者破坏技术措施提供技术服务。但是，法律、行政法规规定可以避开的情形除外。本法所称的技术措施，是指用于防止、限制未经权利人许可浏览、欣赏作品、表演、录音录像制品或者通过信息网络向公众提供作品、表演、录音录像制品的有效技术、装置或者部件。"第 51 条规定："未经权利人许可，不得进行下列行为：（一）故意删除或者改变作品、版式设计、表演、录音录像制品或者广播、电视上的权利管理信息，但由于技术上的原因无法避免的除外；（二）知道或者应当知道作品、版式设计、表演、录音录像制品或者广播、电视上的权利管理信息未经许可被删除或者改变，仍然向公众提供。"又根据第 53 条第 6 项、第 7 项规定，未经著作权人或者与著作权有关的权利人许可，故意避开或者破坏技术措施的，故意制造、进口或者向他人提供主要用于避开、破坏技术措施的装置或者部件的，或者故意为他人避开或者破坏技术措施提供技术服务的，以及未经著作权人或者与著作权有关的权利人许可，故意删除或者改变作品、版式设计、表演、录音录像制品或者广播、电视上的权利管理信息的，知道或者应当知道作品、版式设计、表演、录音录像制品或者广播、电视上的权利管理信息未经许可被删除或者改变，仍然向公众提供，除了法律、行政法规另有规定的以外，分别构成侵害技术措施与权利管理信息的行为，应当承担该条规定的法律责任。与《著作权法》（2010 年修正）第 48 条第 6 项、第 7 项分别规定的技术措施和权利管理信息保护相比，明显扩大了技术措施和权利管理信息的保护对象以及规制行为的范围。同时，为了防止采取技术措施或权利管理信息而损害公众利益和公共利益，《著作权法》（2020 年修正）第 50 条还专门规定了规避技术措施的例外情形。这一规定实际上是对现行《信息网络传播权保护条例》相应规定的修改和完善。

当然，在加强著作权保护方面，这次修法进展还体现于增加适用于著作权保护作品的弹性规定、[1]优化作品著作权归属制度[2]和著作权保护期限制度、[3]增加权利人享有的权利、[4]改进权利限制制度、[5]完善与著作权有关权益制度、[6]完善著作权集体管理制度[7]等方面。总的来说，这次修法，在较大程度上提高了我国著作权保护水平，有利于鼓励创作、促进作品传播和利用，实现繁荣和发展我国社会主义文化科学事业的立法宗旨。[8]

但是，也应当看到，法律制度的完善非一朝一夕之功。[9]就这次著作权法修改而言，笔者认为仍然存在一定的缺憾，留待以后进一步完善。大致说来，以下问题值得思考：①总体内容构架上，这次修法仍然没有摆脱"粗线条式"，条文和内容增加不多，与当前我国著作权法研究和立法水平已经有大幅度提高的现实不相适应，也与著作权法司法实践的要求不相适应。②部分重要内容未予规范和修改，例如关于信息网络环境下的著作权保护与限制，修改后的《著作权法》触及很少，没有充分反映和体现信息网络技术及其产业发展的需求。③在立法体系化方面也存在一定问题。例如，在利用修法机会，整合现行著作权法规范体系，如《著作权法实施条例》《计算机软件保护条例》以及相关司法解释等方面，本次修法反映不够。④在引进相关制度的可操作性方面也缺乏规定，尤其是侵权惩罚性赔偿等制度的引入方面。这些问题，需要在未来进一步研究和探讨。在我国《民法典》实施背景下，《著作权法》进一步完善，应当"体现《宪法》观念的主导作用，并以《民法典》

---

〔1〕 参见《著作权法》（2020 年修正）第 3 条。

〔2〕 参见《著作权法》（2020 年修正）第 11 条、第 12 条、第 14 条、第 16 条至第 18 条。

〔3〕 参见《著作权法》（2020 年修正）第 23 条。

〔4〕 参见《著作权法》（2020 年修正）第 49 条、第 51 条。

〔5〕 参见《著作权法》（2020 年修正）第 24 条、第 25 条、第 50 条。

〔6〕 参见《著作权法》（2020 年修正）第 39 条、第 40 条、第 44 条至第 47 条。

〔7〕 参见《著作权法》（2020 年修正）第 8 条。

〔8〕 孙梦爽："著作权法修改：文化强国建设重要一步"，载《中国人大》2020 年第 10 期。

〔9〕 王迁："《著作权法》修改：问题与探索"，载《华东政法大学学报》2015 年第 2 期；蔡恒、骆电："我国《著作权法》第三次修改的若干问题思考"，载《法律适用》2017 年第 1 期。

为理论指南和法律依托"。[1]

（二）专利法

《专利法》第四次修改从 2012 年提出修改草案开始，至 2020 年 10 月 17 日第十三届全国人民代表大会常务委员会第二十二次会议通过《全国人民代表大会常务委员会关于修改〈中华人民共和国专利法〉的决定》（自 2021 年 6 月 1 日起施行），和前述《著作权法》第三次修改的时间相差无几。在这次修法过程中，2012 年后，相关国家机关还先后公布了专利法修订草案（征求意见稿）（2015 年）、专利法修订草案（送审稿）（2015 年）、专利法修正草案（2019 年），以及草案审议一稿、二稿（2020 年）。此次修改后的《专利法》可以说是经过多次研究、协商和修改的产物。

这次《专利法》修改，本着加强专利权保护的修法动机，在专利权的行政保护、司法保护方面做了重要改进，主要体现于以下方面：

第一，强化专利权行政执法手段、加强专利侵权假冒行为的行政处罚力度。《专利法》（2020 年修正）第 68 条规定："假冒专利的，除依法承担民事责任外，由负责专利执法的部门责令改正并予公告，没收违法所得，可以处违法所得五倍以下的罚款；没有违法所得或者违法所得在五万元以下的，可以处二十五万元以下的罚款；构成犯罪的，依法追究刑事责任。"与《专利法》（2008 年修正）相比，针对假冒专利行为，提高了行政处罚标准，有利于遏制这种较为严重的专利违法行为。除此之外，在第 69 条第 2 款扩充了管理专利工作的部门对涉嫌假冒行为的行政查处权限。其第 70 条则新增以下规定："国务院专利行政部门可以应专利权人或者利害关系人的请求处理在全国有重大影响的专利侵权纠纷。地方人民政府管理专利工作的部门应专利权人或者利害关系人请求处理专利侵权纠纷，对在本行政区域内侵犯其同一专利权的案件可以合并处理；对跨区域侵犯其同一专利权的案件可以请求上级地方人民政府管理专利工作的部门处理。"笔者认为，这一规定有利于明确管理专利工作的部门在处理专利权案件方面的分工与协作，便于及时查处这类侵权行为。

第二，强化专利权的司法保护。完善和引进的制度有：①首次引进专利侵权惩罚性赔偿制度。《专利法》（2020 年修正）第 71 条第 1 款规定："侵犯

---

〔1〕　刘春田："《民法典》与著作权法的修改"，载《知识产权》2020 年第 8 期。

专利权的赔偿数额按照权利人因被侵权所受到的实际损失或者侵权人因侵权所获得的利益确定；权利人的损失或者侵权人获得的利益难以确定的，参照该专利许可使用费的倍数合理确定。对故意侵犯专利权，情节严重的，可以在按照上述方法确定数额的一倍以上五倍以下确定赔偿数额。"这一制度的引进，将有效遏制严重侵害专利权的行为。②大幅度提高专利侵权法定赔偿标准。《专利法》（2020 年修正）第 71 条第 1 款规定："权利人的损失、侵权人获得的利益和专利许可使用费均难以确定的，人民法院可以根据专利权的类型、侵权行为的性质和情节等因素，确定给予三万元以上五百万元以下的赔偿。"与《专利法》（2008 年修正）相应规定相比，侵害专利权的法定赔偿标准大大提高，这无疑有利于在很大程度上解决长期以来我国专利侵权案件赔偿低的问题。③借鉴《商标法》的规定，引进对权利人有利的举证规则。《专利法》（2020 年修正）第 71 条第 4 款规定："人民法院为确定赔偿数额，在权利人已经尽力举证，而与侵权行为相关的账簿、资料主要由侵权人掌握的情况下，可以责令侵权人提供与侵权行为相关的账簿、资料；侵权人不提供或者提供虚假的账簿、资料的，人民法院可以参考权利人的主张和提供的证据判定赔偿数额。"

当然，除了上述内容外，这次《专利法》修改，还体现在专利权客体制度[1]、职务发明专利制度[2]、申请专利和专利权行使原则[3]、专利行政部门职责[4]、专利申请与审批程序制度[5]、专利权期限制度[6]、专利开放许可制度等[7]。与前述《著作权法》第三次修改一样，这次《专利法》修改，也在较大程度上提高了我国专利权保护水平，有利于鼓励创新，[8]促进创新成果的推广运用，进而实现我国创新能力提升和经济社会发展。

不过，基于同样的原因，这次《专利法》修改仍然没有解决所有问题，

---

[1] 参见《专利法》（2020 年修正）第 2 条、第 25 条。

[2] 参见《专利法》（2020 年修正）第 6 条。

[3] 参见《专利法》（2020 年修正）第 20 条。

[4] 参见《专利法》（2020 年修正）第 21 条、第 48 条。

[5] 参见《专利法》（2020 年修正）第 29 条、第 30 条、第 41 条。

[6] 参见《专利法》（2020 年修正）第 42 条。

[7] 参见《专利法》（2020 年修正）第 49 条至第 52 条。

[8] 李小健："新修改专利法：激发全社会创新活力"，载《中国人大》2020 年第 20 期。

在具体适用法律规则方面，还留待《专利法实施细则》进一步完善。[1]

（三）商标法

关于我国《商标法》的进一步修改与完善，笔者将在后面进一步研究。这里不妨对《商标法》修改的基本思路提出基本看法。

笔者认为，商标法和著作权法、专利法等保护创造性智力成果的知识产权法有不同的特点，主要是涉及商品商标标识和服务商标标识及其所附带的商誉的保护，更多地服务于维护市场公平竞争秩序，防止因为仿冒假冒等侵害商标权的行为破坏市场经济秩序、损害消费者的利益。从商标法的目的来看，其侧重于维护商标权人和消费者的利益，促进公平、自由竞争，制止不正当竞争。我国实行商标注册制度，也并不排除未注册商标使用，并且在商标法中隐含着鼓励商标使用、通过使用构建商誉的价值取向。[2]我国《商标法》经过多年的实施和几次修改，在有效地维护商标权人和消费者的利益、维护市场经济公平竞争秩序、维护社会关系的稳定，进而促进经济社会发展方面发挥了重要作用。但也应看到，《商标法》实施以来存在一些较为突出的问题，如不以使用为目的的恶意抢注行为较为严重，商标囤积现象也较为严重，[3]商标侵权损害赔偿额较低、商标申请量和核准量不正常飙升，商标权人维权艰难、举证困难等。

基于我国《商标法》实施中存在的现实问题以及更好地发挥商标制度在当代经济社会中作用的考虑，笔者认为我国《商标法》在进一步修改和完善中应注意以下几点：

第一，进一步规制恶意抢注商标现象。[4]我国《商标法》在2019年4月修改时，规定了不以使用为目的的恶意抢注商标行为及其相应的法律后果，

---

[1]　陈扬跃、马正平："专利法第四次修改的主要内容与价值取向"，载《知识产权》2020年第12期。

[2]　董美根："英国商誉保护对我国商标专用权保护之借鉴"，载《知识产权》2017年第5期。

[3]　刘铁光："规制商标'抢注'与'囤积'的制度检讨与改造"，载《法学》2016年第8期；姚建军："不以使用为目的囤积注册商标违反诚信原则——以'优衣库'系列案为切入点"，载《法律适用》2020年第16期。

[4]　魏丽丽："商标恶意抢注法律规制路径探究"，载《政法论丛》2020年第1期；戴文骐："认真对待商标权：恶意抢注商标行为规制体系的修正"，载《知识产权》2019年第7期；张鹏："规制商标恶意抢注规范的体系化解读"，载《知识产权》2018年第7期。

对于以使用为目的的恶意抢注商标行为则缺乏规范。恶意抢注商标带来的法律后果规定也较为简单。《商标法》在进一步修改时，有必要针对恶意抢注商标行为进行更加全面的规定，以净化商标市场，维护公平竞争秩序。

第二，认真研究商标注册的条件和申请审批程序，并对其中存在的问题加以改革。目前我国商标申请量和核准量飙升，其中一年的申请量有七八百万件。申请量的剧增也导致核准量剧增，以及相应的法律纠纷大幅度增加。笔者认为，造成商标申请量和核准量急剧增加的原因固然很多，申请注册的成本不断降低，应当也是其中一个重要原因。申请注册的成本低，而一个商标被申请注册，可能带来巨大的经济效益，这一情况会在客观上鼓励大量的单位甚至自然人申请甚至囤积注册商标。这将耗费大量的国家行政资源，乃至发生纠纷以后的司法资源，而且日益增多的注册商标使后来者申请新的注册商标面临越来越大的困难。由于没有及时得到使用，也造成了大量注册商标的闲置。这无疑与商标法所追求的通过注册商标后大量使用获得商誉，从而提高厂商的竞争力的立法意旨相悖。此外，在商标申请审批制度完善方面，还应当兼顾注册制度与商标使用的匹配，建立公平与效率兼顾的注册商标制度。[1]

第三，研究适时增加商标权保护的客体。例如，有些国家和地区对于气味商标予以保护，我国现行《商标法》则还没有相关的规定。今后随着经济社会发展、知识产权国际保护进展加快和人民对于商品美观多样性的追求增强，可以适当增加商标权保护的客体。

第四，确立商标权运用的相关制度。我国现行《商标法》尽管经过几轮修改，但整体上还是主要涉及商标所有权的保护，对于注册商标的运用方面的规范不够。《商标法》在下一轮修改时可以进行相应的完善。

第五，注册商标专用权保护的加强以及注册商标行政执法与司法保护的衔接。我国《商标法》经过几次修改，在商标专用权保护方面得到了加强，如通过加大处罚力度，提高法定赔偿的幅度，提高了我国注册商标专用权的保护水平。以后的进一步修改还需要对注册商标专用权的保护进行细化，例

---

[1] 冯晓青、刘欢欢："效率与公平视角下的商标注册制度研究——兼评我国商标法第四次修改"，载《知识产权》2019年第1期；张玉敏："优化程序是提高商标确权效率的根本出路"，载《政治与法律》2010年第1期。

如，如何适用侵犯注册商标专用权的惩罚性赔偿制度等。[1]

三、地理标志保护相关立法的完善

依据《强化知识产权保护意见》的规定，地理标志立法也需要进一步完善。地理标志可以作为证明商标注册，《商标法》第 16 条还规定了对地理标志的保护问题。另外，农业农村部等国务院部委相关机构发布了相关的部门规章。关于地理标志的保护，笔者认为需要认识其重要意义。特别是像我国这样的农业大国，地理标志可以说是我国占优势的知识产权的内容之一。对此，著名知识产权学者郑成思教授在很多年之前就已经指出。加强对我国地理标志的保护有利于有效地保护农业知识产权，通过地理标志的保护促成农业产业集群升级，促进农业经济的发展，提高农民收入水平，最终有利于我国经济社会发展。[2]

笔者认为，当前我国地理标志保护中存在一些问题。例如，现行法律规范保护层次较低且存在多头立法的现象，缺乏统一的、体系化的地理标志保护制度。因此，构建我国体系化的地理标志保护制度，势在必行。从立法体例来讲，有的国家以商标为基础，构建了统一的商业标识保护法律。在我国，商业标识保护法律主要体现为商标法。尽管商标法中对地理标志保护有所规定，而且我国对地理标志的保护也有相关部门规章规定，但这些规定总体上具有碎片化特征，与大力加强我国对地理标志保护的需求不相适应。也正是基于上述考虑，《强化知识产权保护意见》在立法制度完善部分专门指出要加强地理标志立法。[3]如果再基于近年我国分别与美国及欧盟签订的涉及知识产权保护的协议中均包含地理标志保护的内容，进一步完善我国地理标志保

---

〔1〕 欧阳福生："商标侵权惩罚性赔偿制度适用困境及制度重构——基于 711 个案例的实证分析"，载《学海》2020 年第 6 期。

〔2〕 李启平、赵溯、晏小敏："地理标志促进农业经济发展的实证研究"，载《经济经纬》2014 年第 3 期；黄华均："农业现代化与地理标志的知识产权保护——以传统文化中的地理遗产的发掘利用为视野"，载《社会科学战线》2006 年第 1 期。

〔3〕 黄汇："我国地理标志保护模式质评——兼论发展中国家知识产权立法的应然思维"，载《学术论坛》2008 年第 1 期；王莲峰、黄泽雁："地理标志保护模式之争与我国的立法选择"，载《华东政法学院学报》2006 年第 6 期。

护制度也势在必行。[1]

四、知识产权侵权惩罚性赔偿制度之构建

在我国知识产权立法完善方面还特别值得指出的是,《强化知识产权保护意见》提出建立知识产权侵权惩罚性赔偿制度,大幅度提高侵权法定赔偿额上限,提高知识产权侵权损害赔偿额。[2]应当说,《强化知识产权保护意见》关于知识产权侵权惩罚性赔偿制度的规定,是对近些年来我国知识产权专门立法修改引进惩罚性赔偿制度的回应和肯定。在民事侵权责任制度中,惩罚性赔偿制度早些年就为国外一些国家民事立法所肯定。我国早些年在《消费者权益保护法》中也引进了惩罚性赔偿制度。根据民事侵权的一般法理和规则,民事侵权损害赔偿实行的是补偿性赔偿制度,也就是损失多少赔多少。为了有效地惩治主观恶意明显、损害后果严重的民事侵权行为,民事侵权惩罚性赔偿制度应运而生。在我国民事侵权理论中,提倡引进惩罚性赔偿制度的观点早已存在。[3]惩罚性赔偿制度,通过加重侵权行为人的损害赔偿责任,能够对侵权行为人施以更大的威慑力和惩罚力度,从而更加有效地制止侵权和维护被侵权人的合法权益。

就知识产权侵权损害赔偿制度而言,我国 2013 年修改的《商标法》率先在知识产权立法中引进了侵权惩罚性赔偿制度。根据该法的规定,结合侵权人的侵权情节,侵权人应当支付的损害赔偿额可以为正常的损害赔偿额的 2 倍至 3 倍。2019 年 4 月再一次修改《商标法》和《反不正当竞争法》时,对侵权惩罚性赔偿制度进一步做了规定,将惩罚性赔偿的标准提高到 1 倍至 5 倍。党的十九届四中全会报告也提出,要建立知识产权侵权惩罚性赔偿制度。特别是 2020 年 5 月 28 日通过、自 2021 年 1 月 1 日起施行的《民法典》第1185 条规定:"故意侵害他人知识产权,情节严重的,被侵权人有权请求相应的惩罚性赔偿。"《著作权法》第三次修改和《专利法》第四次修改时引进惩罚性赔偿制度,显然是十分必要的。

---

[1] 《推进计划》指出:要"推进地理标志保护立法研究,开展立法项目评估论证"。

[2] 《推进计划》提出的措施有:"制定实施相关司法政策,强化适用知识产权侵权惩罚性赔偿制度以及从高适用法定赔偿、从重处罚知识产权刑事犯罪,以阻遏未来窃取或者侵犯知识产权行为。"

[3] 王利明:"惩罚性赔偿研究",载《中国社会科学》2000 年第 4 期。

　　笔者认为，知识产权侵权损害赔偿制度中引进惩罚性赔偿制度的合理性与必要性体现于：首先，知识产权作为一种无形财产权，[1]其被侵权的形式具有一定的隐蔽性和技术性，而且一旦被侵权，侵权具有扩散性和权利人难以控制性。相应地，知识产权侵权行为给知识产权人和相关公众利益带来的损害可能巨大。其次，有相当一部分知识产权侵权行为人主观恶意明显，其实施侵害知识产权的行为明显违背诚信原则，仅根据填平原则给予赔偿不但难以弥补被侵权人所受到的直接损失，而且难以有效地遏制侵权行为的再次发生。

　　知识产权侵权惩罚性赔偿制度的引进，是强化我国知识产权保护的重要体现。[2]强化适用知识产权侵权惩罚性赔偿制度，有利于营造我国良好的公平竞争的营商环境，通过"重拳除恶行"，严厉制止和处罚主观恶性较强的知识产权侵害行为。习近平总书记在2020年中央政治局第二十五次集体学习时也指出，"要实行严格的知识产权保护制度，提高知识产权审查质量和审查效率，坚决依法惩处侵犯合法权益特别是侵犯知识产权行为，引入惩罚性赔偿制度，显著提高侵权代价和违法成本，震慑违法侵权行为"。[3]基于惩罚性赔偿制度在知识产权保护制度中的重要性，习近平总书记还提出要"抓紧落实知识产权侵权惩罚性赔偿制度"。[4]

　　然而，还必须看到并指出：知识产权侵权惩罚性赔偿毕竟不是我国知识产权侵权损害赔偿的主要形式，因为知识产权侵权损害赔偿作为我国民事侵权损害赔偿的重要范畴和内容，其主要责任形式仍然遵循前述损失多少赔多少的填平原则。不仅如此，我国在构建知识产权侵权惩罚性赔偿制度时，应当注意避免矫枉过正，公平地维护被告的合法权益，而不应当一味注重强化被告的侵权损害赔偿责任，因为在民事法律关系中原告、被告的法律地位是平等的。具体而言，笔者认为应注意以下两点：

　　第一，知识产权侵权惩罚性赔偿制度不应当成为主流的知识产权侵权损

　　〔1〕　郑成思：《知识产权论》，法律出版社1998年版，第75—79页。

　　〔2〕　罗莉："论惩罚性赔偿在知识产权法中的引进及实施"，载《法学》2014年第4期；钱玉文、骆福林："论我国知识产权法中的惩罚性赔偿"，载《法学杂志》2009年第4期。

　　〔3〕　习近平："全面加强知识产权保护工作 激发创新活力推动构建新发展格局"，载《求是》2021年第3期。

　　〔4〕　习近平："全面加强知识产权保护工作 激发创新活力推动构建新发展格局"，载《求是》2021年第3期。

害赔偿制度，应当从严限制，[1]否则就会本末倒置，违背知识产权侵权损害赔偿的一般法理和规则。

第二，知识产权侵权惩罚性赔偿制度应当仅适用于侵权行为人的主观恶性较强的行为，而不适用于大量一般性的侵犯知识产权的行为，特别是过失侵权行为。此外，在理解知识产权侵权惩罚性赔偿制度方面，还应当认识到知识产权保护并不是保护水平越高越好，而是应基于知识产权保护和权利限制的有效平衡、对权利人知识产权的保护与知识产品运用和传播之间的平衡，在个案中确定适当的知识产权保护范围，防止因为知识产权保护而侵害公众的创新空间，以致损害公众利益，最终危及知识产权立法宗旨的实现。尽管官方文件中强调建立知识产权侵权惩罚性赔偿制度并且在《民法典》这样的基本法中予以明确，但从知识产权侵权损害赔偿制度的实践情况来看，人民法院适用知识产权侵权惩罚性赔偿制度的案例并不多。为了更好地构建和发挥知识产权侵权惩罚性赔偿制度的作用，在我国《专利法》第四次修改和《著作权法》第三次修改分别引进惩罚性赔偿制度以后，有必要在进一步总结知识产权司法实践经验的基础之上，制定关于知识产权侵权惩罚性赔偿的配套制度，例如由最高人民法院颁行相关司法解释。[2]

综上所述，知识产权侵权惩罚性赔偿制度在我国的构建和运用具有十分重要的意义和作用。但在司法实践中，对于惩罚性赔偿的范围和条件应当从严把握，避免因为适用的随意性和开放性而损害被告的合法权益，造成当事人之间利益的严重失衡。正如著名民法学者王利明教授所指出的："惩罚性赔偿的适用只是作为损害赔偿的例外而适用，为了防止该制度被滥用，有必要通过明确行为人必须具有主观故意，且客观上必须构成情节严重，并通过赔偿数额的限制，作为侵害知识产权惩罚性赔偿适用的限制，从而保障我国民法典中侵害知识产权惩罚性赔偿规则的准确适用。"[3]

五、知识产权侵权法定赔偿标准的大幅提升

《强化知识产权保护意见》还规定要大幅提高知识产权侵权的法定赔偿标

---

〔1〕 管育鹰："试析侵害知识产权惩罚性赔偿的适用条件"，载《法律适用》2021年第1期。

〔2〕 2021年2月7日，最高人民法院审判委员会第1831次会议通过了最高人民法院《关于审理侵害知识产权民事案件适用惩罚性赔偿的解释》，自2021年3月3日起施行。

〔3〕 王利明："论我国民法典中侵害知识产权惩罚性赔偿的规则"，载《政治与法律》2019年第8期。

准。从近些年来我国《专利法》《商标法》《著作权法》《反不正当竞争法》
的相关修改来看，知识产权侵权的法定赔偿有逐步提高的态势。[1]这一态势
本身体现了我国通过立法完善逐步提高知识产权保护水平，加强知识产权保
护的目的。例如，2013 年我国《商标法》规定的法定赔偿额是 300 万元以
下。到 2019 年 4 月，全国人大常委会公布的《商标法》《反不正当竞争法》
的修改决定中规定的法定赔偿额则为 500 万元以下。笔者认为，法定赔偿标
准的大幅提升能够更好地维护被侵权人的合法权益，通过大幅提高赔偿额，
也能够更好地威慑和警示知识产权侵权人和潜在的侵权人，更好地维护我国
市场竞争秩序。

　　然而，必须同样看到的是，法定赔偿标准的大幅提升，在司法实践中从
操作层面来看，也可能存在一定的问题和困境。例如，法定赔偿本来是在被
侵权人因被侵权而受到的实际损失或者是侵权人因侵权行为而获得的违法利
益不大明确的前提之下所适用的计算被侵权人应当获得的赔偿的形式，在上
述计算标准都不大确定的情况下再按照高额度的法定赔偿去确定侵权损害赔
偿的标准，可能会存在更大的困难。不仅如此，法定赔偿标准大幅提升，意
味着法官审理案件在确定损害赔尝责任方面的自由裁量权更大。如果对这一
更大的自由裁量权没有约束机制，特别是在缺乏证据支持原告应当获得的实
际损害赔偿的前提之下，在法定赔偿最高额下随意确定一个实际的赔偿数额，
可能对被告明显不利。由此可见，法定赔偿标准的大幅提升，是一把双刃剑，
需要通过个案结合知识产权保护的本质，妥善确定被侵权人应该获得的实际
赔偿的额度。[2]

　　当前我国知识产权司法保护中，知识产权侵权损害赔偿整体上存在赔偿
额过低的现象。侵权损害赔偿额低，不足以有效地制止和威慑知识产权侵权
行为，也不利于更好地维护知识产权人的合法权益。笔者参加的中国知识产
权法律实务论坛暨中国律协知识产权专业委员会 2019 年年会专利法专场中，
上海知识产权法院商建刚法官演讲的主题即是知识产权侵权损害赔偿的界定。

————————————

　　[1]　焦和平："知识产权惩罚性赔偿与法定赔偿关系的立法选择"，或《华东政法大学学报》
2020 年第 4 期；蒋舸："知识产权法定赔偿向传统损害赔偿方式的回归"，载《法商研究》2019 年第 2
期。

　　[2]　和育东："知识产权侵权法定赔偿制度的异化与回归"，载《清华法学》2020 年第 2 期；李
永明："知识产权侵权损害法定赔偿研究"，载《中国法学》2002 年第 5 期。

商法官提到了过去知识产权侵权损害赔额额低的原因。在笔者看来，法院过去判决的知识产权侵权损害赔偿额总体上偏低的原因是多方面的。例如，在大量的案件中，双方当事人都不能提出涉及侵权损害赔偿的证据，法院无从根据原告的主张判决一个具体的侵权损害赔偿额度，这也是过去人民法院知识产权案件审理中绝大多数案件适用法定赔偿的重要原因。在知识产权相关专门法律对法定赔偿规定的额度不高的情况下，法院判决的知识产权侵权损害赔偿额也相应地不高。还如，知识产权作为一种无形财产权，具有无形性，其被侵害所造成的财产损害，不像有形财产那样比较直观和明显，这一特点也可能导致知识产权侵权纠纷案件中的审理法官在认定被告构成侵权的前提下不愿意判决比较高的赔偿额。

六、知识产权行政执法力度的强化

强化知识产权行政执法力度、加强行政处罚，是与我国知识产权司法保护并行的、加强知识产权保护的重要手段。《强化知识产权保护意见》指出，要"研究采取没收违法所得、销毁侵权假冒商品等措施，加大行政处罚力度，开展关键领域、重点环节、重点群体行政执法专项行动"。[1]对此，笔者认为，在当前我国知识产权保护体系中，行政处理仍是和知识产权司法保护并行的一种重要的手段和方式。知识产权行政处理的重点主要体现为知识产权行政执法，特别是针对知识产权侵权行为的行政处罚。[2]知识产权侵权行为的行政处罚，是针对同时损害公共利益的知识产权民事侵权行为的处罚，例

---

[1] 《推进计划》提出的措施有：制定出台销毁侵权假冒商品的政策文件。

[2] 加大知识产权行政执法力度是《推进计划》第二部分重点规范的内容。该部分除了涉及加大知识产权司法保护力度外，还明确了一系列加大知识产权行政执法力度的措施，如：发布年度专利、商标、版权、农业植物新品种等种类以及海关、文化市场等领域行政执法和司法保护的典型案例；开展全国文化市场综合执法考评，指导监督各地提高执法效能；加大对实体市场执法力度，增加办案频次，建立按季度公开发布实体市场知识产权相关执法行动信息的制度；建立按年度公开发布假冒药品执法相关数据的制度；打击存在健康和安全风险的假冒商品，增加办案频次，建立按季度公开发布上述执法行动数据和信息的制度；加大文化市场知识产权执法力度，深入开展网络表演、网络音乐、网络动漫市场规范整治行动，严查侵犯知识产权案件；开展打击套牌侵权现场销毁活动，开展农资打假专项治理行动；组织开展打击侵犯植物新品种权专项行动；开展打击假冒药品执法行动，从重打击假冒药品和生物制品等相关产品；开展重点领域反不正当竞争执法专项行动，严厉打击仿冒混淆等侵犯知识产权不正当竞争行为等。

如罚款、没收非法所得、销毁侵权假冒商品以及主要用于生产、制造侵犯知识产权的商品的设备。知识产权行政处罚与司法保护相比具有一定的优势和特色，如具有立竿见影的效果，能够及时、有效地制止侵权的蔓延，及时维护知识产权人的合法权益，维护社会关系的稳定。[1]相对而言，知识产权侵权纠纷的诉讼解决途径耗时较长。

在知识产权行政处理中，还值得注意的是我国从过去到现在开展的一系列知识产权行政执法专项行动，这些专项行动可能针对重点领域、重点环节和重点群体而为，能够更加有针对性地、有的放矢地及时查处知识产权侵权行为，维护社会经济秩序的正常运转。[2]这些专项行动的实施效果是非常明显的，同时能普及知识产权保护观念，提高全社会知识产权保护意识。[3]

不过，笔者认为，对于我国知识产权行政执法，特别是行政处罚以及相应的知识产权行政执法专项行动，还应有以下认识：

第一，在当前我国知识产权保护体系中，与行政处理相比，司法保护仍然是处于主导地位的保护形式。而且，随着我国社会主义法治国家建设的推进，知识产权行政处理将逐渐减弱，知识产权司法保护的主导作用会进一步增强。从国外特别是西方发达国家的知识产权保护实践来看，当发生知识产权纠纷特别是侵权纠纷时，除了协商、和解与调解以外，一般由法院处理。我国知识产权纠纷的行政处理，则是具有中国特色的知识产权保护形式。这种知识产权保护形式有其存在的合理性和优势，特别是在我国知识产权制度建立之初，在知识产权司法审判力量不强的情况下，知识产权行政处理显得尤其必要和迫切。当前随着我国知识产权司法体制改革以及知识产权司法审判力量的加强，知识产权纠纷案件行政处理会逐渐减弱。

第二，在依法行政的法治背景之下，知识产权侵权纠纷案件的行政处理，包括行政执法、专项行动，也应当依法进行。对此，行政复议法、行政诉讼法等相关的法律也给予了行政相对人法律救济机会。对于查处知识产权侵权

---

〔1〕　李雨峰、邓思迪：“常识：知识产权行政执法的理性基础——从营商环境法治化展开”，载《福建师范大学学报（哲学社会科学版）》2020年第3期。

〔2〕　朱一飞：“论知识产权行政执法权的配置模式”，载《法学杂志》2011年第4期。

〔3〕　《推进计划》提出的措施有：开展海关“龙腾”知识产权保护专项行动，增加办案频次，建立按季度公开发布海关知识产权执法行动信息的制度；组织开展知识产权执法保护专项行动，组织销毁侵权假冒商品，从重打击侵犯知识产权行为；开展打击网络侵权盗版“剑网”专项行动等。

纠纷案件的行政机关而言，应当具有强烈的依法行政的法律意识，否则可能因为作出的具体行政行为不当而引发行政诉讼。

第三，在我国知识产权保护体系中，应当注重知识产权行政处理和司法保护的衔接，特别是针对知识产权侵权行为的行政处罚和民事赔偿。

七、商标恶意注册和非正常专利申请的规制

知识产权作为一种专有的权利，具有法定性，体现在知识产权的获得、行使、保护都要有法律特别的规定和依据。从知识产权的获得来说，在我国，著作权的获得实行自动保护的原则，不需要履行任何手续，而专利权以及商标专用权的获得则需要通过申请和审批程序。近些年来，我国专利与商标行政主管部门审批了大量的专利和商标注册申请，目前我国已经成为名副其实的专利大国和商标大国（当然还不是知识产权强国）。专利申请和授权以及商标注册申请与核准数量的飙升，一方面固然意味着我国的知识产权保护意识大幅度提升，一定程度上也意味着我国的创新能力得到了很大的提升；另一方面，我们必须看到，专利申请和商标注册申请量急剧增加的背后存在很多不正常的因素，最为严重的是商标的恶意申请注册[1]以及专利的非正常申请。[2]这两类申请和获得相关知识产权的行为，违背了我国相关知识产权专门立法的立法宗旨，并造成了严重的负面影响，对此应予以高度的重视，并从立法上采取规制措施。

《强化知识产权保护意见》即明确提出要"规制商标恶意注册、非正常专利申请"的行为。关于商标恶意注册的问题，我国《商标法》在 2019 年修订后，第 4 条明确规定，不以使用为目的的恶意商标注册申请，应当予以驳回。新增的这一条规定为有效地规制当前严重的商标恶意注册行为提供了强有力的法律武器。当然，如前所述，该条的规定并不彻底，因为它未涉及以使用为目的的恶意商标注册申请，对于不以使用为目的的恶意商标注册申请的法律后果也没有作出较为详细的规定。这有待于我国在进一步修改《商标法》

---

〔1〕 王莲峰："规制商标恶意注册的法律适用问题研究"，载《中州学刊》2020 年第 1 期；张凌寒、胡泽宇："商标恶意注册行为规制中的诚实信用原则适用"，载《法律适用》2020 年第 6 期。

〔2〕 徐棣枫、孟睿："规制专利申请行为：专利法第四次修改草案中的诚实信用原则"，载《知识产权》2019 年第 11 期。

时加以明确。[1]

至于非正常申请专利的行为，在当前我国数量飙升的专利申请中也并非个例。笔者认为，所谓非正常申请专利的行为是指不符合专利保护宗旨并旨在获得专利权的专利申请行为，如为了获取地方政府申请专利的奖励而批量申请某一类型的专利，以及利用实用新型和外观设计专利申请不进行实质审查而仅仅进行形式审查的便利，将技术上未做多少改进，或者设计上未做多少创新的标的及其类似产品批量申请专利的行为。我国现行《专利法》对非正常申请专利的行为并未作出明确的规定。因此，在《专利法》进一步修改中，对此也应予以重视。

《强化知识产权保护意见》的上述规定表明，知识产权的严保护不仅体现在对侵害知识产权行为的有力制裁，还体现在知识产权授权确权方面应当符合法律的规定，防止权利获得的异化。在当前大量涉及注册商标无效的案件中，相当一部分注册商标因为在其申请注册过程中存在恶意而被宣告无效，从司法实践的角度体现了依法获取知识产权的重要性。可以进一步认为，知识产权的严保护还体现在对不符合法律规定的存在瑕疵的知识产权从制度上予以惩治，而不是予以保护。当然，要做到这一点，实践中存在一定的困难。为此，需要从立法层面进行完善，为司法实践提供具备可操作性的标准。

八、商业秘密保护的加强

在我国当前知识产权严保护立法及政策导向方面，商业秘密保护也是其中一项十分重要的内容。商业秘密尽管属于一种较为特殊的知识产权，但在我国《民法典》第 123 条第 2 款中仍被列举为受保护的知识产权的客体之一。商业秘密受保护的合理性可以通过无形财产、诚信关系、合同、制止不正当竞争等角度加以理解。[2]无论如何，商业秘密已经成为当代经济社会中具有重大商业价值的无形财产和企业获取竞争优势的重要法宝。

正因为商业秘密在经济社会中的重要作用，我国在相关立法中也逐渐完

---

〔1〕《推进计划》指出，要"开展知识产权领域以信用为基础的分级分类监管试点。规制商标恶意注册，开展非正常专利申请排查监控"。

〔2〕 林秀芹："商业秘密知识产权化的理论基础"，载《甘肃社会科学》2020 年第 2 期；单海玲："论知识经济时代商业秘密保护主流理论：保密关系学说与财产权论"，载《政法论坛》2004 年第 5 期；江帆："商业秘密理论与立法探讨"，载《现代法学》2004 年第 3 期。

善商业秘密保护制度。这尤其体现为《反不正当竞争法》对商业秘密相关规定的完善。特别是 2019 年 4 月《反不正当竞争法》进行第二次修改时，专门对商业秘密保护客体的范围、商业秘密侵权举证责任以及侵害商业秘密的法律责任等方面做了重要修改，可以认为是大幅度提高了我国商业秘密保护的立法水平。为了在司法实践中更好地保护商业秘密，2020 年最高人民法院先后发布了两个相关司法解释：第一个是 2020 年 8 月 24 日由最高人民法院审判委员会第 1810 次会议通过并公布，自 2020 年 9 月 12 日起施行的最高人民法院《关于审理侵犯商业秘密民事案件适用法律若干问题的规定》；第二个则是根据 2020 年 12 月 23 日最高人民法院审判委员会第 1823 次会议通过的《关于修改〈最高人民法院关于审理侵犯专利权纠纷案件应用法律若干问题的解释（二）〉等十八件知识产权类司法解释的决定》修正并于 2021 年 1 月 1 日实施的最高人民法院《关于审理不正当竞争民事案件应用法律若干问题的解释》（2020 年修正）。[1]

基于商业秘密在知识产权保护中的重要性，《强化知识产权保护意见》也对此做了专门的规定，即"探索加强对商业秘密、保密商务信息及其源代码等的有效保护"。[2] 从这一规定可以看出，商业秘密的范围随着经济社会的发展也在扩大。从 2019 年《反不正当竞争法》对商业秘密客体的修改也可以看出，具有商业价值并采取保密措施的非公知性商业信息都可以纳入商业秘密的保护范围。因此，《强化知识产权保护意见》所指出的保密商务信息和源代码等也属于商业秘密范畴。笔者认为，商业秘密概念外延的扩大，有利于在立法上更充分地保护商业秘密所有人的合法权益。

关于我国商业秘密立法保护制度的进一步完善，也有一种重要观点值得关注，即我国是否有必要进行商业秘密保护的专门立法。对此我国相关学者向全国人民代表大会提出了相关立法建议案。笔者认为，商业秘密保护专门立

---

〔1〕 2022 年 1 月 29 日，最高人民法院审判委员会第 1862 次会议通过最高人民法院《关于适用〈中华人民共和国反不正当竞争法〉若干问题的解释》，自 2022 年 3 月 20 日起施行，最高人民法院《关于审理不正当竞争民事案件应用法律若干问题的解释》同时废止。

〔2〕《推进计划》规定了商业秘密保护相关制度和措施，例如，强化侵犯商业秘密刑事执法；加强商业秘密和保密商务信息保护；修订关于禁止侵犯商业秘密行为的若干规定；出台政策文件，强化行政许可过程中的商业秘密和保密商务信息保护等。

法，可以作为未来构建我国完整的商业秘密保护制度的一种方向。[1]当然，如何在立法上构建具有我国特色的商业秘密保护制度，还需要进行更加深入的研究。

九、知识产权刑事保护的加强

刑法是对犯罪行为给予定罪量刑，有力惩治危害社会的行为的法律。在我国知识产权的严保护中，刑法的保护具有特殊的地位和使命。这是因为，对于严重侵犯知识产权的行为，刑事责任较之于民事责任和行政责任更加严厉，对侵权行为人的威慑和制裁力度更大。

从我国相关法律来看，我国《刑法》专门规定了破坏社会主义市场经济秩序罪，其设专节规定了侵犯知识产权罪。侵犯知识产权罪，是指违反刑法规定，达到犯罪程度的严重侵害知识产权的行为。根据我国《刑法》规定，侵犯知识产权罪包括假冒专利罪、假冒注册商标罪、侵犯著作权罪、侵犯商业秘密罪等。[2]我国相关知识产权专门法律也对构成犯罪的侵害知识产权行为做了相应的规定。

基于用刑事手段打击严重侵害知识产权行为的重大意义，《强化知识产权保护意见》专门规定了知识产权刑事保护的措施："加强刑事司法保护，推进刑事法律和司法解释的修订完善。加大刑事打击力度，研究降低侵犯知识产权犯罪入罪标准，提高量刑处罚力度，修改罪状表述，推动解决涉案侵权物品处置等问题。强化打击侵权假冒犯罪制度建设，探索完善数据化打假情报导侦工作机制，开展常态化专项打击行动，持续保持高压严打态势。"[3]2020年8月31日最高人民法院审判委员会第1811次会议、2020年8月21日最高

---

〔1〕　李薇薇、郑友德："欧美商业秘密保护立法新进展及对我国的启示"，载《法学》2017年第7期；林颖："论商业秘密专门立法之趋势"，载《科学学与科学技术管理》1999年第5期。

〔2〕　我国《刑法》在2020年修正后，进一步提高了对知识产权的刑事保护水平，尤其体现为提高了最高刑期。

〔3〕　《推进计划》涉及知识产权刑事保护完善的制度和措施，如：修改行政执法机关移送涉嫌犯罪案件的规定，完善行政执法机关向刑事司法机关移送涉嫌犯罪案件的相关程序和要求；修改完善关于公安机关管辖的刑事案件立案追诉标准的有关规定；制定侵犯知识产权犯罪案件公诉工作证据审查指引；深入开展打击刑事犯罪"昆仑"行动，从重打击侵权假冒犯罪；完善规范知识产权犯罪侦查工作制度，探索建立情报导侦机制；探索建立知识产权刑事案件批捕、起诉工作集中管辖制度等。

人民检察院第十三届检察委员会第四十八次会议通过并公布，自 2020 年 9 月 14 日起施行的最高人民法院、最高人民检察院《关于办理侵犯知识产权刑事案件具体应用法律若干问题的解释（三）》，对我国侵犯知识产权刑事案件具体应用法律的诸多问题做了规定，有利于司法实践中加强对知识产权的刑事保护。这也可以视为对《强化知识产权保护意见》关于修订刑事司法解释规定的回应和落实。

笔者认为，加强我国知识产权刑事保护的立法和修改完善具有十分重要的意义。

首先，如上所述，目前我国知识产权的刑事保护主要体现在刑法的规定中，知识产权专门法律一般只是从法律适用的角度作出简单的规定。在个案中涉及的具体的知识产权犯罪行为，还必须根据刑法的规定加以认定。不过，这里还存在一个特殊情况，即知识产权犯罪行为应当是以构成民事侵权行为为前提的。如果在知识产权民事侵权纠纷案件中，法院认定被告不构成知识产权侵权行为，在相关的知识产权刑事案件中就不能认定其构成知识产权犯罪。然而在目前的刑事诉讼法和民事诉讼法不同的程序法规制之下，以及在知识产权案件三审合一没有大规模推广的前提下，由于知识产权刑事案件通常由基层人民法院一审、中级人民法院二审，而知识产权民事纠纷案件通常由中级人民法院一审、高级人民法院二审，这样就可能涉及知识产权民刑交叉案件如何处置的问题。[1] 从理想的角度来讲，推动知识产权民事、行政和刑事案件三审合一的改革，也需要相关立法制度进行改革。改革的突破点显然是将知识产权刑事案件一审提升为中级人民法院以及部分对知识产权民事案件具有管辖权的基层人民法院管辖。

除了上述从程序法的角度进行立法改革以外，加强知识产权刑事保护，也需要从实体法的角度进行完善。根据《强化知识产权保护意见》的上述规定，需要研究降低知识产权犯罪的入罪标准、提高量刑处罚力度和修改罪状表述。对此，笔者认为，在当前世界刑事保护整体上是轻刑化的态势下，我国相关知识产权刑事保护政策逆势而行，体现了党和国家对于提升知识产权

---

〔1〕 冯晓青、涂靖："商业秘密案件民刑交叉问题研究"，载《河南大学学报（社会科学版）》2020 年第 6 期；孙海龙、董倚铭："知识产权审判中的民刑冲突及其解决——以构建协调的诉讼程序和专业审判组织为目标"，载《法律适用》2008 年第 3 期。

保护力度的决心和态度。在《刑法》2020 年修正前，我国知识产权犯罪的刑罚最高是 7 年有期徒刑，对于知识产权犯罪行为的表现形式规定也相对有限。为了更加有力、有效惩治各式各样的侵犯知识产权的犯罪行为，《刑法》将情节十分严重的知识产权犯罪行为的刑罚最高期限提高到 10 年有期徒刑，这是值得肯定的。此外，需要适当扩展知识产权犯罪行为的类型，同时基于随着技术发展产生的各种新型的知识产权侵权行为，对于相应的知识产权犯罪行为的表述，也应当作出相应的修改。特别是在我国相关知识产权专门法律对于某类知识产权侵权行为的表述做了修改以后，我国《刑法》也应该作出相应的一致的表述，否则就会出现法律的滞后。例如，我国 2008 年的《专利法》已将假冒他人专利和冒充专利的行为统称为假冒专利行为，而《刑法》相应的规定仍然是假冒他人专利犯罪。

其次，在信息网络技术急速发展的今天，需要充分利用技术手段和技术措施侦查、发现和有效地阻止知识产权犯罪行为。《强化知识产权保护意见》提到了数据化打假情报导侦工作机制。为了有效侦查知识产权违法犯罪行为，可以充分利用大数据分析手段调查知识产权违法犯罪行为。例如，通过大数据分析发现，某类侵犯知识产权的产品在制造、销售、运输等方面具有一定的规律，就可以顺藤摸瓜，找出制售假冒侵犯知识产权货物的源头，从而一举将假冒制售点捣毁。

最后，在提高我国知识产权刑事保护水平的同时，也一定要注意刑法的谦抑性，防止刑法泛化造成对公民合法权益的严重侵害。笔者曾参与处理的一个涉嫌假冒注册商标的案件就是如此。在该案一审和一审重审中（笔者作为独立的专家证人出庭），5 个企业的 14 名被告人都被认定构成假冒商标罪并被判处 4 年左右有期徒刑。在二审中则改判被告人无罪。该案是最高人民法院在 2014 年公布的 50 个重点知识产权案件中的两个刑事案件中的第一个。总的来说，对于知识产权刑事保护的加强，不能矫枉过正。

第二章
知识产权案件证据标准的严格规范

　　我国社会主义法治实行以事实为根据、以法律为准绳的基本原则。当事人在通过司法保护实现其权利的过程中，为了使法院查明案件的事实，必须提供相关的证据。知识产权司法保护也无不如此。而且，知识产权是一种无形财产权，这源于其客体知识产品具有非物质性。在知识产权司法实践中，当事人由于不能提供充分的证据，而在很多案件中不能充分实现自己的诉讼主张。证据不仅对当事人实现其诉讼主张具有至关重要的意义，对于法官审理相关知识产权案件，通过当事人双方提供的证据查明事实，从而正确适用法律，同样具有极其重要的意义。在笔者不止一次和最高人民法院知识产权审判庭原庭长蒋志培博士讨论案件时，他都提到"打官司就是打证据"，足见证据在知识产权诉讼中极其重要的地位。

　　为了在知识产权司法保护中更有效地收集、查明证据，有必要全面完善和严格规范相关的证据标准与证据制度。为此，《强化知识产权保护意见》在这方面做了专门规定。其第二部分"强化制度约束，确定知识产权严保护政策导向"之二中明确指出：

　　严格规范证据标准。深入推进知识产权民事、刑事、行政案件"三合一"审判机制改革，完善知识产权案件上诉机制，统一审判标准。制定完善行政执法过程中的商标、专利侵权判断标准。规范司法、行政执法、仲裁、调解等不同渠道的证据标准。推进行政执法和刑事司法立案标准协调衔接，完善案件移送要求和证据标准，制定证据指引，顺畅行政执法和刑事司法衔接。制定知识产权民事诉讼证据规则司法解释，着力解决权利人举证难问题。探索建立侵权行为公证悬赏取证制度，减轻权利人举证责任负担。

关于《强化知识产权保护意见》的上述规定，笔者认为以下问题值得深入研究。

一、严格规范知识产权案件证据标准的重要意义

建立具有中国特色的知识产权证据体系和制度，具有十分重要的意义和作用。我国知识产权诉讼涉及民事、行政和刑事案件。由于不同类型知识产权案件对于证据的采集、认定标准不一，知识产权行政处理和司法保护中对侵权的认定，以及在司法、行政执法、仲裁和调解等不同渠道采纳的证据标准也可能不一，通过不同方式处理知识产权案件所适用证据方面也缺乏统一衔接和协调。为此，很有必要在总结我国知识产权司法审判、知识产权行政处理以及其他形式解决知识产权纠纷的经验基础之上，就知识产权纠纷处理中证据使用的现状、存在的问题及其成因进行了解，[1]深刻认识严格规范知识产权案件证据标准的重要意义，以便建立和完善我国知识产权证据体系和制度，尤其是知识产权诉讼证据体系和相关制度。

笔者认为，知识产权案件证据标准严格规范的重要性体现于以下几方面：

首先，无论是通过行政处理的途径还是诉讼保护形式，处理知识产权案件的机关对于权利人和相关当事人的主张和诉求，一般都是基于案件当事人提供的各种证据进行评判与认定的。提交证据的类型、数量和质量，将在很大程度上决定当事人的诉求能否得到案件处理机关的认可。在我国每年审结的大量知识产权案件中，很多当事人之所以败诉或者部分主张没有得到支持，就是因为其不能提供足够符合合法性、真实性和关联性等要求的证据支持其主张，或者提供的证据存在法律上的瑕疵。同时，从处理知识产权案件的整个法律程序看，当事人提交证据只是整个证据制度的一个重要环节，而不是全部，尤其是需要建立证据认定的规则和标准。如果缺乏科学、合理的证据认定标准，就会导致对于同一类型、性质的证据在不同案件中出现认定不一甚至矛盾的现象。制定科学、合理的证据标准，则能够为当事人积极举证和方便举证提供重要指导和帮助，避免其在证据的收集、固定、整理和提交等方面出现问题。

其次，证据无疑也是法官查明案件基本事实的依据，对于准确认定事实

---

[1]　须建楚："民事诉讼证据规则在知识产权审判中的适用"，载《知识产权》2004年第3期。

和正确适用法律具有关键作用。在当前，随着经济社会发展，我国知识产权纠纷数量飙升，人民法院依职权调查取证的时间有限，因此大量证据需要由当事人主动向法院提供。在这种情况下，为了在审限时间内准确地查明案件事实，需要建构知识产权案件证据认定的诉讼证据规则，严格规范证据认定标准，防止对同类型事实证据认定的差异化，酿成同案不同判现象。

最后，基于知识产权作为无形财产权的特点，针对知识产权侵权行为的证据收集、固定和提交都存在一定的困难，如本书多次提到的，收集证据难已成为知识产权案件的一个老大难问题。基于此，也必须严格规范知识产权案件的证据标准。

基于知识产权案件中正确适用证据标准和认定证据对于查明案件事实和正确适用法律的重要性，《强化知识产权保护意见》明确提出要"严格规范证据标准"。实际上，近几年，我国其他知识产权相关政策性文件也提出了建立适应知识产权案件证据规则需要的诉讼制度。例如《知识产权审判领域改革创新意见》在其第二部分"完善知识产权诉讼制度"之一"建立符合知识产权案件特点的诉讼证据规则"也作出了相关规定：

根据知识产权无形性、时间性和地域性等特点，完善证据保全制度，发挥专家辅助人作用，适当加大人民法院依职权调查取证力度，建立激励当事人积极、主动提供证据的诉讼机制。通过多种方式充分发挥公证在知识产权案件中固定证据的作用。加强知识产权领域的诉讼诚信体系建设，探索建立证据披露、证据妨碍排除等规则，合理分配举证责任，适当减轻权利人举证负担，着力破解知识产权权利人"举证难"问题。

根据以上规定精神，知识产权诉讼证据规则的建立应当符合知识产权案件的特点，反映知识产权保护的规律。在知识产权诉讼证据规则具体构建上，应当从体系化的角度加以实现，而不限于单一的收集、固定证据模式。同时，笔者认为还需要基于知识产权案件证据与其他民事案件、[1]行政案件和刑事

---

〔1〕 沈少栋："从客观真实到法律真实——民事诉讼证据标准刍议"，载《法制与经济》2011 年第 5 期。

案件证据[1]的相通性和个性化特色，建立和完善我国知识产权案件的证据规则体系。

二、知识产权民事、刑事、行政案件"三合一"审判机制改革的深入推进

知识产权一般被认为属于民事权利和私权的范畴。但是，从法理上来讲，民事权利和民事权利保护并非等同的概念，民事权利保护也并非限于追究侵权行为人的民事责任。一旦侵害民事权利的行为同时侵犯了公共利益，就会同时涉及行政责任问题。侵权行为具有社会危害性时，还可能触犯刑法，需要由侵权人承担刑事责任。知识产权案件也莫不如此，可以分为民事案件、行政案件与刑事案件。此外，就知识产权行政案件而言，还存在与一般意义上的行政案件不同的一类案件，即知识产权授权确权行政案件。

近些年来，我国各级人民法院受理和审结了大量知识产权民事案件、行政案件和刑事案件，有效地维护了知识产权人和相关当事人合法权益。但是，在知识产权司法实践中也暴露了一定的问题，尤其是上述三类不同知识产权案件由于在管辖法院、证据认定标准、法官队伍建设等方面都存在差异，造成这些不同性质和类型的案件难以做到有机衔接和协调，甚至造成相互冲突和矛盾的现象。以知识产权民事案件和刑事案件的衔接和协调而论，从法理上说，构成知识产权犯罪的知识产权刑事案件应当以相应的知识产权民事案件中被控侵权行为人构成侵害知识产权作为前提和基础。如果在通常的中级人民法院作为一审法院的知识产权民事案件中，被告被认定不构成侵害知识产权，但在涉及同一被控侵权人的知识产权刑事案件中，基于知识产权刑事案件一审一般为基层人民法院、二审相应的为中级人民法院，审理民事案件的中级人民法院认定知识产权犯罪行为成立，这显然会造成民事判决和刑事判决的矛盾和冲突。这种情况在我国商业秘密民事侵权案件和刑事案件中体现得较为突出，因为很多商业秘密案件都是"先刑后民"。在当前我国知识产权民事案件、行政案件和刑事案件审判"各自为政"的情况下，上述情况的出现不是偶然的。这就提出了我国上述三类知识产权案件"三合一"审判机制改革的问题。

---

[1]　鲍文强："审判中心下的刑事证据标准：现实功能与适用准则——基于253份裁判文书的展开"，载《法律适用》2020年第22期。

实际上，我国知识产权案件"三合一"审判机制改革已经进行了多年的探索，在部分地区人民法院还进行了试点工作。但是，也应当看到当前我国这一司法改革进展缓慢。其中的原因固然很多，如不同类型案件在管辖、证据认定标准等方面存在不同特点，归入人民法院同一个审判庭审理存在一定困难，而人们在认识上的分歧也是其中一个问题。

为了促进我国知识产权民事、行政和刑事案件"三合一"审判机制改革，进一步健全我国知识产权审判体制机制，《强化知识产权保护意见》提出，要"深入推进知识产权民事、刑事、行政案件'三合一'审判机制改革"。[1]值得注意的是，2020年最高人民法院发布的《关于全面加强知识产权司法保护的意见》（以下简称《加强知识产权司法保护意见》）在第四部分"加强体制机制建设，提高司法保护整体效能"之十六中，明确规定要"深入推行'三合一'审判机制。建立和完善与知识产权民事、行政、刑事诉讼'三合一'审判机制相适应的案件管辖制度和协调机制，提高知识产权司法保护整体效能"。这实际上也是对《强化知识产权保护意见》前述规定的直接回应。

值得进一步指出的是，随着我国知识产权司法保护"三合一"体制的构建，[2]以及我国以审判为中心的审判体制改革的推进，亟须就"三合一"中相关的证据认定与审判标准进行深入研究，并制定相关的对策。[3]这其中一个十分重要的问题是知识产权民事案件与行政案件、刑事案件的衔接。在知识产权民刑交叉案件中，由于民事保护与刑事保护涉及的证据规则与认定均存在不同的要求和特点，如民事保护强调的是高度盖然性标准，而刑事保护要求证据确凿，需要通过相应的证据规则和证据标准的构建与完善，推进这类案件的妥善处理。

三、知识产权案件上诉机制的完善及审判标准的统一

在我国，人民法院对案件审理的审判体制采取"二审终审制"，知识产权

---

〔1〕《推进意见》提出，要"制定关于知识产权民事、行政、刑事案件审判'三合一'若干问题的意见"。

〔2〕 王海成、吕铁："知识产权司法保护与企业创新——基于广东省知识产权案件'三审合一'的准自然试验"，载《管理世界》2016年第10期。

〔3〕 易玲："知识产权三审合一的'合'与'分'——兼谈日本知识产权专门化审判模式及我国的路径选择"，载《政治与法律》2011年第11期。

案件自然也不例外。这样，就势必存在知识产权案件的上诉机制问题。在过去，我国审理知识产权各类案件的一审法院一般为中级人民法院，相应的，二审法院为高级人民法院。由于不同地域高级人民法院对同一类型案件在事实和证据认定以及适用法律上可能不同，客观上很难避免同案不同判现象的出现。尤其是专利、技术秘密、技术合同、计算机软件、植物新品种和集成电路布图设计保护案件，其本身因为技术性和专业性较强，导致不同地域二审法院对同一案件在认定事实和适用法律方面存在分歧。当然，这种情况也并非仅在我国出现，在美国、德国等西方发达国家也同样存在。西方国家为了解决技术性较强的知识产权案件审判标准统一的问题，由专门的上诉法院审理此类案件，如美国联邦巡回上诉法院、德国联邦专利法院等。

为了妥善解决我国技术类知识产权上诉案件的审判标准统一问题，近年来我国在有关知识产权战略和政策构建方面，也高度重视改革和优化我国技术类知识产权案件的上诉机制问题。这里不妨简要梳理相关政策性规定。

2008 年 6 月，国务院发布的《国家知识产权战略纲要》战略措施之四"提高知识产权执法水平"指出："完善知识产权审判体制，优化审判资源配置，简化救济程序。研究设置统一受理知识产权民事、行政和刑事案件的专门知识产权法庭。研究适当集中专利等技术性较强案件的审理管辖权问题，探索建立知识产权上诉法院。进一步健全知识产权审判机构，充实知识产权司法队伍，提高审判和执行能力。'

2018 年 2 月，中共中央办公厅、国务院办公厅发布的《知识产权审判领域改革创新意见》第三部分"加强知识产权法院体系建设"之一"建立健全知识产权专门化审判体系"中指出："按照《国家知识产权战略纲要》要求，从推动建成知识产权强国和世界科技强国的战略高度，认真总结知识产权审判基本规律和经验，加强现状分析和对国际趋势的研判，研究建立国家层面知识产权案件上诉审理机制，实现有关知识产权案件审理专门化、管辖集中化、程序集约化和人员专业化，从根本上解决知识产权裁判尺度不统一、诉讼程序复杂等制约科技创新的体制性难题。"

2019 年 11 月，中共中央办公厅、国务院办公厅联合发布的《强化知识产权保护意见》则在上述基础上提出，要"完善知识产权案件上诉机制，统一审判标准"。

2020 年 4 月，在上述《强化知识产权保护意见》基础之上，最高人民法院发布的《加强知识产权司法保护意见》第四部分"加强体制机制建设，提高司法保护整体效能"之十五中指出，要"健全知识产权专门化审判体系。根据知识产权审判的现状、规律和趋势，研究完善专门法院设置，优化知识产权案件管辖法院布局，完善知识产权案件上诉机制，统一审判标准，实现知识产权案件审理专门化、管辖集中化、程序集约化和人员专业化"。

从上述规定看，近些年来我国发布的一些重要的知识产权政策性文件，均强调了完善我国知识产权案件上诉机制的重要性。[1]

值得进一步指出的是，2018年10月26日第十三届全国人民代表大会常务委员会第六次会议通过了《关于专利等知识产权案件诉讼程序若干问题的决定》，自2019年1月1日起施行。根据该决定，2018年12月3日最高人民法院审判委员会第1756次会议通过《关于知识产权法庭若干问题的规定》，自2019年1月1日起施行。根据该规定，最高人民法院设立了知识产权法庭，于2019年1月1日起挂牌，并在当天开始审理第一起技术类知识产权案件。该法庭是我国最高审判机关设立的专门的知识产权法庭和最高人民法院派出的常设审判机构，也是世界上第一个专门负责技术类知识产权案件二审的最高司法审判机关。[2]根据最高人民法院《关于知识产权法庭若干问题的规定》，最高人民法院知识产权法庭主要审理专利、技术秘密等专业性、技术性较强的知识产权上诉案件。该法庭自成立以来，已经受理和审结了一批技术类知识产权案件，在统一技术类知识产权案件审理标准，提高这类疑难、复杂、技术性强的知识产权案件的审判质量等方面彰显了其优势和特色。当然，随着当前我国以审判为中心的司法体制机制改革的深入进行，就技术类甚至一般类型知识产权案件的上诉机制改革而言，仍然存在巨大的发展空间，如成立跨区域的专门的上诉法院，也是一种现实考虑。[3]

---

〔1〕 李剑、廖继博："国家层面知识产权案件上诉审理机制：历史、现状与展望"，载《法律适用》2019年第1期。

〔2〕 罗东川："建立国家层面知识产权案件上诉审理机制 开辟新时代知识产权司法保护工作新境界——最高人民法院知识产权法庭的职责使命与实践创新"，载《知识产权》2019年第7期。

〔3〕 黄玉烨、李青文："我国知识产权上诉审理机制的变革与优化之策——由知识产权法庭到知识产权上诉法院"，载《东南学术》2020年第5期。

四、行政执法过程中商标、专利侵权判断标准的制定及完善

如本书多次提到和探讨的，知识产权案件的行政处理也是我国知识产权保护的重要方式和特色之处。知识产权案件行政处理主要体现为在认定商标、专利等知识产权侵权事实的基础之上对侵权人作出行政处罚决定。如何根据我国知识产权法律的规定，正确认定涉案行为是否构成知识产权侵权行为，进而作出相应的行政处理决定，是我国知识产权案件行政处理的关键。因此，尽管我国《专利法》《商标法》《著作权法》等知识产权法律对于构成知识产权侵权的行为都做了明确规定，但在个案中如何适用则具有复杂性和疑难性。基于此，《强化知识产权保护意见》提出，要"制定完善行政执法过程中的商标、专利侵权判断标准"。

笔者认为，在我国知识产权行政执法中，统一侵权判断标准具有重要意义。尽管我国《专利法》《商标法》等知识产权专门法对于特定知识产权侵权的构成、表现及其相应的法律责任有明确的规定，但在我国知识产权行政执法中，不同地区不同层级的知识产权行政部门执法水平和经验有异，通过制定专利、商标的侵权判断标准，有利于为知识产权行政执法提供指导和指引，特别是有利于统一执法标准，公平合理地维护行政相对人的合法权益，促进良好的市场经济秩序的形成。

实际上，近些年来国家知识产权局一直在努力制定出知识产权行政执法过程中判定专利、商标侵权的统一标准。这一部门规章性质的立法，无疑有利于指导全国范围内的知识产权行政执法工作。当然，专利、商标侵权等知识产权侵权的行政处理判断标准，必须以我国《专利法》《商标法》等知识产权专门法律的规定为基础，立足于我国专利和商标行政执法的现实情况，而不能与知识产权专门法律的规定相悖，同时也需要与知识产权司法保护中关于专利、商标侵权的认定相吻合。

令人欣慰的是，2020年6月15日，国家知识产权局公布了具有部门规章性质的《商标侵权判断标准》，并于公布之日起施行。[1]《商标侵权判断标准》旨在规范我国地方各级商标执法相关部门处理商标侵权案件。《商标侵权判断标准》的颁行，是规范我国商标侵权判断标准、完善商标侵权认定规则

---

[1] 这也是《推进计划》提出的措施之一：制定出台商标侵权判断标准。

方面的重要进展，对于"加强商标执法指导工作，统一执法标准，提升执法水平，强化商标专用权保护"具有十分重要的意义和作用。具体而言，体现于以下几方面。

第一，加强对商标执法工作的指导。根据《商标侵权判断标准》第 1 条的规定，其重要目的之一是加强对商标执法工作的指导。在商标侵权认定方面，过去我国相关法律规范规定较为简单，以致在商标侵权认定实践中商标执法部门感到较为困惑。有些案件也因为执法机关无法判断是否构成商标侵权而无法进行处理或查处，更不用说在涉及电子商务、域名等新型网络问题时如何认定商标侵权行为。《商标侵权判断标准》的出台，可谓为商标执法机关准确而快速地处理和查处商标侵权案件提供了"对号入座"的良方，显然能够很好地强化对商标执法工作的指导，有利于我国商标行政执法的规范化建设。

第二，统一商标行政执法部门商标侵权认定方面的执法标准，提高执法水平。统一商标侵权执法标准不仅代表了国家公权力机关对于涉嫌商标侵权行为的一致性观点和认识，而且体现了制度适用的平等性和公平性，从而能够避免为人们所诟病的"同案不同判"现象。《商标侵权判断标准》涉及的内容如：关于商标使用的界定；关于商标侵权判定中的核心概念的把握；关于商标侵权表现形式的规定；[1]关于保护在先权利、商标侵权例外的规定等。这些内容的规定不仅细化了我国《商标法》《商标法实施条例》规范的内容，而且统一了行政执法中对商标侵权的认定标准，无疑有利于提高商标执法水平。

第三，增强关于商标侵权认定规范的可操作性，为商标侵权认定规范完善作出积极的贡献。《商标侵权判断标准》关于商标侵权判断标准的具体规定，不仅能够统一商标执法部门在商标侵权认定方面的执法标准和尺度，还能大大增强关于商标侵权认定规范的可操作性。原因在于，《商标侵权判断标准》在很大程度上是基于现行商标法律规范对于实践中出现的形形色色的商标侵权行为的规定趋于抽象和简略的局限性而进行的适当弥补，在实质上也是为了大大增强法律规范的可操作性，为我国各级商标执法部门处理和查处商标侵权案件提供简便、实用、富有可操作性的规范和标准。因此，通过部

---

〔1〕 杜灵燕、张玥："售后混淆商标侵权的判定标准"，载《人民司法》2019 年第 20 期；姚鹤徽："论商标侵权判定的混淆标准——对我国《商标法》第 57 条第 2 项的解释"，载《法学家》2015年第 6 期。

门规章的形式强化法律规范的可操作性，也是为我国商标法治完善作出的重要贡献，尤其是为商标侵权认定制度规范完善作出的积极贡献。

第四，强化商标专用权保护，维护社会公众利益。《商标侵权判断标准》对商标侵权判断标准的提炼和细化，能够更好地指引商标执法部门准确地认定涉案行为是否构成商标侵权，从而能够更好地在实践中确立商标专用权的保护边界，在强化商标专用权保护的同时，维护社会公众利益，促进公平自由竞争。[1]

此外，基于我国《专利法》第四次修正时间较长，国家知识产权局对于《专利侵权判定标准》的制定有所延迟。2020 年 10 月第四次修正后的《专利法》于 2021 年 6 月 1 日起施行。目前，国家知识产权局也正在就《专利法实施细则》作出相应修正。据悉，国家知识产权局将在修正后的《专利法》《专利法实施细则》施行后颁行上述部门规章。可以预料，这类涉及知识产权行政执法过程中知识产权侵权判定标准的制定，必将有利于统一我国知识产权行政执法标准，并有利于提高我国知识产权立法和执法保护水平。

五、知识产权司法、行政执法、仲裁、调解等不同渠道证据标准的规范

我国知识产权保护方式以知识产权司法保护为主导、以知识产权行政执法为重要支撑，以仲裁、调解等形式为重要补充。其中，知识产权司法保护是人民法院按照法定程序，在知识产权人和相关当事人参与下进行审判，并由人民法院本着以事实为根据、以法律为准绳的原则进行裁判的诉讼活动。知识产权行政执法，是知识产权行政执法机关根据国家赋予的行政职权，就知识产权案件进行行政查处、追究知识产权侵权行为人行政违法责任的行为和过程。知识产权仲裁，是按照法定程序和条件设立的仲裁机构，对于仲裁申请人基于仲裁管辖协议或者条款提出的仲裁申请进行审理、裁决的活动。知识产权案件的调解则是在一定调解机构的组织之下，当事人围绕案件争议问题互谅互让，最终达成调解协议的过程。

毫无疑问，无论采取上述何种方法解决知识产权纠纷案件，当事人各方均需要提出证据，用以支持自身的主张或者反驳对方当事人的主张。但是，

---

[1] 此外，2021 年 12 月 13 日，国家知识产权局发布《商标一般违法判断标准》，对于违反商标管理制度的商标一般违法行为的类型、认定标准等问题都做了明确规定。限于篇幅，在此不赘述。

上述解决知识产权纠纷案件的不同形式在证据标准的确立和适用方面，则各自具有一定的特色。比较而言，知识产权司法保护中的证据标准应当最为严格，这也是基于司法最终解决纠纷的法理和现实，以及司法保护作为我国知识产权保护的主导形式。因此，涉及知识产权诉讼的知识产权司法保护证据标准也应当最为严格。事实上，我国知识产权案件证据标准体系及制度构建，也是以知识产权诉讼证据标准的构建和完善为关键点的。在知识产权行政执法和仲裁活动中，相关证据标准的规范也各具特色。[1]当然，两者都不能违背我国知识产权法律相关规定，相关证据标准的构建应当立足于现行法的规定。同时，基于知识产权侵权行为具有的共同特点，知识产权行政执法和仲裁活动中证据标准的确立和规范，可以知识产权司法保护中的证据认定和规范标准为参照，只是在具体内容上应当分别结合知识产权行政执法和知识产权仲裁的特点和程序，本着程序简约及便于当事人收集、提供、认定证据的原则加以确定和规范。至于知识产权案件的调解，由于其遵循的理念是当事人各方互谅互让、友好地解决纠纷，在证据的采集、提供和认定方面需要更大的灵活性和便捷性，而不拘泥于知识产权诉讼活动中对证据的认定和规范的要求。

也正是因为来自知识产权司法、行政执法、仲裁、调解等不同渠道的证据标准各具特色，《强化知识产权保护意见》提出，要"规范司法、行政执法、仲裁、调解等不同渠道的证据标准"。为此，需要进一步研究这些不同渠道的证据在认定和规范方面的异同和相互关联，以便针对知识产权案件解决的不同渠道"对号入座"，更好地适用证据处理知识产权案件。

六、知识产权行政执法和刑事司法立案标准协调衔接、案件移送要求及证据标准的完善

如前所述，知识产权案件的行政执法和司法保护是我国知识产权保护体系中最重要的形式。在知识产权保护实践中，承担知识产权侵权行政责任的行为触犯了公共利益，在情节严重时还可能触犯刑法，因此，知识产权行政执法机关在进行知识产权行政执法活动时，完全有可能遇到其处理的知识产

---

〔1〕 尹伟民："仲裁中的证据能力规则——以诉讼与仲裁机制的差异为视角"，载《学术界》2011年第5期；汪祖兴："民事诉讼证据规则与仲裁证据规则的差异性解读"，载《广东社会科学》2005年第4期。

权侵权案件被控侵权人达到了知识产权犯罪的标准而应当移送相关司法机关处理的问题。如果不及时移送，则会助长"以罚代刑"的现象，不利于通过刑事手段有力打击和遏制严重的知识产权侵权行为，维护知识产权人合法权益与社会公共利益，以及国家知识产权制度。这样，就势必存在知识产权案件的行政执法与刑事立法标准的有机衔接、案件移送和证据标准统一问题。如果不能有效解决这些问题，不但有可能出现应当移送刑事司法机关的案件不被移送的情况，也可能出现不应当移送而被移送的情况。无论出现何种情况，都不利于保障我国知识产权法制的正确实施。

正因为解决上述问题的重要性，《强化知识产权保护意见》提出，要"推进行政执法和刑事司法立案标准协调衔接，完善案件移送要求和证据标准，制定证据指引，顺畅行政执法和刑事司法衔接"。实际上，其他相关知识产权政策也对上述相关问题做了政策性规范和指引，这里不妨略加梳理和探讨。

《加强知识产权司法保护意见》第四部分之十六规定，要"把握不同诉讼程序证明标准的差异，依法对待在先关联案件裁判的既判力，妥善处理知识产权刑事、行政、民事交叉案件"。值得注意的是，该司法政策还在第三部分"着力解决突出问题，增强司法保护实际效果"之十一规定，要"深化知识产权裁判方式改革，实现专利商标民事、行政程序的无缝对接，防止循环诉讼"。

《知识产权审判领域改革创新意见》第二部分"完善知识产权诉讼制度"之三"推进符合知识产权诉讼规律的裁判方式改革"指出，要"进一步发挥知识产权司法保护的主导作用，依法加强对知识产权行政行为的司法审查，促进知识产权行政执法标准与司法裁判标准的统一"。

最高人民法院《关于当前经济形势下知识产权审判服务大局若干问题的意见》（以下简称《知识产权审判服务大局意见》）第四部分"完善知识产权诉讼制度，着力改善贸易和投资环境，积极推动对外开放水平的提高"之二十指出："加强同类案件和关联案件的协调指导，规范司法行为，维护法治统一。""加强关联案件的协调指导力度，完善协调处理机制。对于涉及同一法律事实或者同一法律关系的关联案件，需要移送的，应当依照法律规定移送管辖和合并审理。健全关联案件审理法院之间的相互沟通制度和报请共同上级法院协调指导制度。在后受理的法院，应积极主动加强沟通并及时报请上级法院进行协调，避免作出相互矛盾的判决。"

上述规定，体现了当前我国知识产权行政执法和刑事案件有机衔接的重要性和必要性。根据这些规定和相关法理，需要规范和解决的问题主要有：知识产权行政执法与刑事立案标准如何衔接；被控侵权行为人涉嫌犯罪的行政案件如何移送刑事立案，包括移送的程序、条件和要求等；如何制定证据指引，规范行政执法和刑事司法的有机衔接；[1]认定构成知识产权犯罪的证据标准等。[2]

七、知识产权民事诉讼证据规则的制定与完善

知识产权被公认为一种民事权利，这在我国《民法典》第 123 条第 1 款有明确规定。在知识产权保护实践中，大量案件也体现为知识产权民事诉讼案件。例如，近几年来我国法院每年受理和审结的一审知识产权民事案件达数十万件，占据每年我国知识产权诉讼案件的大部分。如前所述，证据在解决知识产权案件中具有关键作用。为了保障和便于当事人行使诉讼权利，并确保人民法院公正、及时地审理知识产权案件，显然有必要建立符合我国知识产权案件自身规律和特点的知识产权诉讼证据制度，尤其是知识产权民事诉讼证据制度。特别是考虑到知识产权人和相关利害关系人举证难的问题，建立和完善我国知识产权民事诉讼证据制度不仅具有必要性，而且具有紧迫性和现实性。正因如此，《强化知识产权保护意见》提出，要"制定知识产权民事诉讼证据规则司法解释，着力解决权利人举证难问题"。

值得指出的是，2020 年 11 月 9 日最高人民法院审判委员会第 1815 次会议通过、自 2020 年 11 月 18 日起施行的《关于知识产权民事诉讼证据的若干规定》（以下简称《知识产权民事诉讼证据规定》）对知识产权民事诉讼证据的诸多问题做了详细规定，是对我国知识产权民事诉讼证据制度的重要发展。实际上，该司法解释就是对《强化知识产权保护意见》上述规定的回应和落实。

《知识产权民事诉讼证据规定》的施行，能够在证据的合法收集、认定事实方面为知识产权人、利害关系人及其他当事人提供规范指引，因而有助于

---

〔1〕 鲍莹玉、陈树斌："泉州市侵犯知识产权案件行政执法与刑事司法证据转换问题研究"，载《传播与版权》2017 年第 10 期。

〔2〕 扈晓芹："侵犯知识产权刑事案件若干证据规则评析"，载《知识产权》2014 年第 6 期。

帮助其正确、合法、全面地收集涉案证据。由于证据是支持当事人主张的客观基础,该司法解释的施行自然也便于当事人行使诉讼权利,并对这一权利给予法律上的保障。该司法解释为我国各级人民法院审理知识产权民事案件提供了证据认定方面的统一的、具有可操作性的指引和规范,有利于人民法院正确认定案件事实和适用法律,公平、合理、及时审理知识产权民事案件。该司法解释明确指出,其制定目的就是"保障和便利当事人依法行使诉讼权利,保证人民法院公正、及时审理知识产权民事案件"。可以认为,该司法解释的施行,将为我国各级人民法院审理知识产权民事案件以及当事人正确收集与使用证据提供很好的指引,并对我国知识产权民事诉讼制度的完善产生深远的影响。

基于《知识产权民事诉讼证据规定》施行的重要意义,以下不妨对其主要内容作出简要介绍和评价:

第1条明确了知识产权民事诉讼当事人提供证据的原则:应当遵循诚信原则,依照法律及司法解释的规定,积极、全面、正确、诚实地提供证据。这就为当事人提供证据提出了明确的规范和要求。

第2条规定,当事人对自己提出的主张,应当提供证据加以证明。根据案件审理情况,人民法院可以适用《民事诉讼法》第65条第2款的规定,根据当事人的主张及待证事实、当事人的证据持有情况、举证能力等,要求当事人提供有关证据。该条确认了当事人举证的基本要求和内涵,有利于敦促当事人积极举证,支持其诉讼主张。

第3条明确了使用专利方法制造的产品不属于新产品时侵害专利权纠纷的原告应举证证明的事实。[1]笔者认为,这在很大程度上弥补了专利法对于此种情况下如何适用举证责任规定的不足。

第4条明确了被告依法主张合法来源抗辩时应举证证明合法取得被诉侵权产品、复制品的事实,包括合法的购货渠道、合理的价格和直接的供货方等,同时规定了相关的注意义务问题。这有利于规范此类举证的要求和内容。

第5条规定了提起确认不侵害知识产权之诉的原告应当举证证明的事实:被告向原告发出侵权警告或者对原告进行侵权投诉;原告向被告发出诉权行

---

〔1〕 王国征、彭三益:"知识产权侵权诉讼中的证据披露制度——以非新产品制造方法专利侵权纠纷为视角",载《江西社会科学》2019年第2期。

使催告及催告时间、送达时间；被告未在合理期限内提起诉讼。这就为此类案件原告收集和提供证据提供了方向和要求。

第6条明确了行政诉讼确认的事实与民事诉讼认定同一事实的关联性：对于未在法定期限内提起行政诉讼的行政行为所认定的基本事实，或者行政行为认定的基本事实已为生效裁判所确认的部分，当事人在知识产权民事诉讼中无须再证明，但有相反证据足以推翻的除外。这一规定为这两类不同诉讼涉及事实证据认定的衔接提供了依据和适用规范。

第7条规定了购买侵权物品取得的实物、票据作为证据的问题：权利人为发现或者证明知识产权侵权行为，自行或者委托他人以普通购买者的名义向被诉侵权人购买侵权物品所取得的实物、票据等可以作为起诉被诉侵权人侵权的证据。被诉侵权人基于他人行为而实施侵害知识产权行为所形成的证据，可以作为权利人起诉其侵权的证据，但被诉侵权人仅基于权利人的取证行为而实施侵害知识产权行为的除外。这一规定，有利于处理这类情况下的证据认定和效力问题。

第8条、第9条、第10条则规定了当事人仅以在中华人民共和国领域外形成的证据未办理公证、认证等证明手续为由提出异议的处理原则和规范，有利于对涉外知识产权案件中涉及公证、认证程序和效力问题的认定和解决。

第11条至第18条对于知识产权民事案件中证据保全制度的适用做了规定，具体包括：证据保全申请的审查，证据保全的原则和措施，当事人无正当理由拒不配合或者妨害证据保全的法律后果，破坏被保全证据的行为的法律后果，保全证据时到场的行为人，证据保全的笔录制作和清单，被申请人对证据保全的范围、措施、必要性等提出异议的处理等。[1] 这些规定有利于在知识产权民事案件中正确适用证据保全制度和程序。

第19条、第20条、第21条、第22条和第23条分别规定了就待证事实的专门性问题委托鉴定、鉴定人将鉴定所涉部分检测事项委托其他检测机构检测及其责任承担、鉴定业务领域未实行鉴定人和鉴定机构统一登记管理制度的处理、证据确定鉴定范围审查原则、人民法院审查鉴定意见应考虑的因素等。这些规定有利于增加相关证据审查标准的可操作性，统一证据标准。

---

[1] 杨建成、黄雪梅、刘婕："知识产权民事诉讼证据保全制度理论探析"，载《人民司法》2007年第21期。

第 24 条规定，承担举证责任的当事人书面申请人民法院责令控制证据的对方当事人提交证据，申请理由成立的，人民法院应当作出裁定，责令其提交。这一规定有利于平衡举证责任，公平合理地维护当事人合法权益。

第 25 条规定人民法院依法要求当事人提交有关证据，其无正当理由拒不提交、提交虚假证据、毁灭证据或者实施其他致使证据不能使用行为的法律后果，有利于规范当事人提交证据行为。

第 26 条规定了证据涉及商业秘密或者其他需要保密的商业信息时应当采取的措施。这一规定有利于在知识产权民事诉讼过程及以后保护当事人的商业秘密。

第 27 条至第 29 条分别规定了证人应当出庭作证、当事人可以申请有专门知识的人出庭，以及人民法院指派技术调查官参与庭前会议、开庭审理。这些规定有利于规范相关人员出庭的职责和程序。

第 30 条规定了当事人对公证文书提出异议并提供相反证据足以推翻时的处理措施。该规定有利于统一涉及公证文书异议的解决措施。

第 31 条规定了当事人可以提供的用以证明其主张的侵害知识产权赔偿数额的证据表现形式，包括财务账簿、会计凭证、销售合同、进出货单据、上市公司年报、招股说明书、网站或者宣传册等有关记载，设备系统存储的交易数据，第三方平台统计的商品流通数据，评估报告，知识产权许可使用合同以及市场监管、税务、金融部门的记录等。该规定有利于当事人主张侵害知识产权赔偿数额时提供合法证据。

第 32 条规定对于当事人主张参照知识产权许可使用费的合理倍数确定赔偿数额，人民法院对许可使用费证据进行审核认定可以考虑的因素做了列举，具体包括：许可使用费是否实际支付及支付方式，许可使用合同是否实际履行或者备案；许可使用的权利内容、方式、范围、期限；被许可人与许可人是否存在利害关系；行业许可的通常标准。该规定为人民法院合理认定知识产权侵权损害赔偿额提供了规范指引。

从《知识产权民事诉讼证据规定》上述规定可以看出，其为知识产权民事诉讼案件中涉及的举证责任原则、证据收集、证据保全、证据效力认定以及在证据审查阶段对当事人合法权益的保护等问题做了全面规范，对于保障和便利当事人积极举证，以及人民法院统一知识产权民事诉讼案件证据标准、正确认定案件事实和适用法律，具有重要作用。当然，从当前信息网络技术发展的形势看，电子证据也越来越重要，该司法解释则缺乏相应规定。[1]今后，是否有必要总结我国知识产权民事诉讼案件的审理经验，就知识产权民事诉讼电子证据问题作出系统规定，值得进一步研究。[2]

八、知识产权侵权行为公证悬赏取证制度的构建

悬赏取证规则属于民事诉讼证据规则范畴。在实践中，权利人基于自身各方面条件的限制，难以在短时间内获取据以支持其诉讼主张的证据，悬赏取证作为通常取证手段的补充形式便应运而生。从民事诉讼取证规则的基本原理和立法规定看，在悬赏取证基础上获得的证据也应符合证据的真实性、合法性和关联性要求。基于此，悬赏取证规则同样具有合法性。

基于知识产权本身的无形财产权属性以及相应的知识产权侵权的技术性、复杂性和隐蔽性，在很多情况下，知识产权人或利害关系人难以收集到足够的证据，从而会实质性影响其维权的效果。如本书多次提到的，取证难一直是困扰我国知识产权诉讼案件有效解决的难题。如何优化和完善我国知识产权案件尤其是侵权案件的证据制度，包括取证规则，也是我国知识产权证据制度规范和完善的重要内容。公证作为我国公证机关确认案件和其他具有法律意义的事项中客观事实的重要制度，对于协助查明案件事实具有重要作用，《强化知识产权保护意见》即明确提出，要"探索建立侵权行为公证悬赏取证制度，减轻权利人举证责任负担"。[3]

应当说，通过公证悬赏取证形式获取证据，作为补充证据手段、减轻权利人举证责任负担的形式，在我国知识产权诉讼中的适用方兴未艾。随着当前我国经济社会和技术迅猛发展，知识产权案件数量飙升，如何有效拓展取证形式，值得深入研究。由于公证对于固定和确认案件事实的独特地位和优势，公证悬赏取证作为悬赏取证的重要手段也值得高度重视。当然，认识知

---

[1] 苏志甫："知识产权诉讼中电子证据的审查与判断"，载《法律适用》2018年第3期；潘伟："知识产权诉讼中电子证据若干问题研究"，载《科技与法律》2008年第1期。

[2] 在证据规则完善方面，《推进计划》还提出，要研究出台知识产权相关法律文书认证、证人证言等证据规则；完善文化市场综合执法案件证据规则。

[3] 《推进计划》针对公证悬赏取证制度的构建，提出了以下措施：研究制定关于知识产权侵权行为公证悬赏取证工作指导意见；开展知识产权侵权行为公证悬赏取证试点，开发并推广应用统一的公证悬赏取证平台。

识产权侵权案件证据制度中公证悬赏取证制度的重要性，首先有必要充分认识一般意义上的悬赏取证制度在知识产权侵权行为认定中适用的重要性和必要性。对此，近些年来我国已有初步研究成果。例如，有观点认为："在知识产权侵权诉讼中，由于知识产权侵权证据的特殊性，加之我国证人出庭作证率低下，长期存在着举证难的困境。在不断强化知识产权保护的当下，悬赏取证可以有效补强当事人举证能力的不足。"[1]有观点认为，知识产权侵权纠纷中悬赏取证制度构建的合理性，不仅是基于私权与公益的平衡，还因为其可以弥补因证据的隐秘性、专业技术性、易灭失性等特征所造成的举证困难。[2]还有观点指出，这种取证规则符合"'发现客观真实'的诉讼真谛"。[3]

　　笔者认为，在当前我国知识产权侵权形式多样化、侵权案件数量剧增的形势下，采取包括公证悬赏取证在内的悬赏取证方式具有必要性和合理性。现在更主要的不是讨论是否有必要建立知识产权侵权案件中的悬赏取证制度问题，而是如何根据民事诉讼证据制度的原理和规定，结合知识产权案件的特点，制定和完善我国针对知识产权侵权行为的悬赏取证制度，包括公证悬赏取证制度。

　　为此，笔者主张以下几点值得重视：①明确知识产权侵权案件悬赏取证制度的合法地位，确认悬赏取证作为民事诉讼证据制度中的合法取证手段之一；②明确知识产权侵权案件悬赏取证的条件、程序和方式，以确保当事人悬赏取证行为的合法性；③明确在悬赏取证制度中，悬赏取证人、证人等主体的法律地位和相关权利义务，如权利人支付悬赏金的义务、证人出庭作证的义务；④明确根据悬赏取证程序获得的证据，按照证据规则和标准加以甄别、筛选的基本规则；⑤对于公证悬赏取证制度而言，还应对结合公证确认案件事实的特点加以明确。此外，在包括公证悬赏取证在内的悬赏取证制度构建中，应当注意赋予这一取证制度合理定位，法院不需要主动介入，而需要根据庭审质证程序对这类证据加以甄别和认定。

〔1〕　陈旭："浅议知识产权侵权行为公证悬赏取证制度"，载《中国司法》2020年第4期。

〔2〕　刘海洋："论知识产权侵权诉讼中的悬赏取证规则"，载《河北法学》2015年第11期。

〔3〕　彭熙海、贾韶琦："论悬赏取证在知识产权侵权诉讼中的审慎适用"，载《湘潭大学学报（哲学社会科学版）》2017年第2期。

第三章

知识产权案件执行措施的强化

强化各类知识产权案件的执行措施是知识产权保护中十分重要的内容。《强化知识产权保护意见》在"强化案件执行措施"中明确规定：

建立健全知识产权纠纷调解协议司法确认机制。建立完善市场主体诚信档案"黑名单"制度，实施市场主体信用分类监管，建立重复侵权、故意侵权企业名录社会公布制度，健全失信联合惩戒机制。逐步建立全领域知识产权保护案例指导机制和重大案件公开审理机制。加强对案件异地执行的督促检查，推动形成统一公平的法治环境。

知识产权案件的执行，是在实践中加强知识产权保护最根本的措施和保障。法谚云：徒法不足以自行。法律只有通过有效实施才能实现其立法目的，在知识产权制度的实践中最重要的也是保障法律的规定得到切实履行。应当说，近些年来，随着知识产权在当代经济社会中的地位日益提升，我国知识产权法律制度也日臻完善，这尤其体现在知识产权立法全面实现了与国际接轨，具有较高的保护水平。然而，在知识产权制度的执行中仍存在很多问题。其实，国外尤其是以美国为代表的发达国家对我国知识产权制度的评价，最重要的也是关注知识产权制度的有效执行问题。笔者近些年来多次赴国外（美国、加拿大、英国、日本、德国等）进行学术交流时，发现国外同行最感兴趣的问题之一也是中国如何有效实施知识产权制度。尽管近些年来国外特别是发达国家对我国知识产权制度取得的巨大成就存在很多偏见和误解，但我国知识产权制度在执行中也确实存在着各式各样的问题，这也是不能避讳的，如比较典型的假冒、仿冒、盗版等知识产权侵权现象，以及重复侵权、群体侵权、恶意侵权也时常发生。对此，需要采取各种措施加以解决。

一、知识产权纠纷调解协议司法确认机制的建立与健全

知识产权纠纷调解协议司法确认机制非常有必要。[1]从解决知识产权纠纷的方式来说，通常有和解、调解、仲裁、诉讼等方式，其中诉讼是运用最广泛的一种解决知识产权纠纷的手段和方式。知识产权诉讼是以国家强制力做后盾，通过法定程序解决纠纷的手段。通过诉讼手段解决知识产权纠纷固然有很多优点和其他手段不可替代之处，但也存在一些明显的局限，例如诉讼时间漫长，耗费较多的司法资源和社会资源。特别是很多案件在进入诉讼以后，当事人双方撕破脸皮，成为仇家。在很多案件中，本来双方是合作关系，经过一场诉讼以后，合作关系被终止。比较而言，通过和解、调解的方式解决知识产权纠纷，具有诉讼所不具备的很多方面的优势和特点。例如，通过和解、调解的方式解决知识产权纠纷，化干戈为玉帛，适应了我国传统文化中的"和为贵"的文化理念，对于消除当事人的矛盾和冲突，特别是对抗关系，维护和谐的人际关系，构建和谐社会，都具有不可忽视的重要作用。这种纠纷解决方式还具有两个重要的特点：一是，可以维持双方既有的合作关系，避免通过诉讼途径而导致合作关系破裂；二是，调解的结果相对而言容易执行。从国外来看，尤其是发达国家解决知识产权纠纷，相当高的比例的案件都是通过调解的方式解决的。我国解决各类纠纷的司法政策和实践特别强调调解在解决纠纷中的作用，[2]我国还专门颁布实施了《人民调解法》。通过和解、调解方式解决知识产权纠纷具有十分广阔的前景。

但也应当进一步看到，通过和解、调解的方式解决知识产权纠纷，[3]毕竟缺乏国家强制力做后盾，调解协议有可能由于一方或者双方当事人反悔而得不到有效执行。这种情况并不少见，最后解决纠纷还得依靠知识产权诉讼的途径。针对这些并非个案的情况，如果能对知识产权调解协议的效力引入司法确认机制，就能够有效地利用和解、调解的优势与诉讼的国家强制力做

---

[1]　《推进计划》提出的相关措施有：开展知识产权纠纷调解协议司法确认试点，支持设立知识产权领域人民调解组织和律师调解工作室。

[2]　费艳颖、赵亮："枫桥经验视域下我国知识产权纠纷人民调解制度及其完善"，载《东北大学学报（社会科学版）》2019年第4期；何炼红："论中国知识产权纠纷行政调解"，载《法律科学（西北政法大学学报）》2014年第1期。

[3]　衣庆云："知识产权诉讼和解策略解析"，载《知识产权》2009年第1期。

后盾的特点，将两者有效地结合起来，使得知识产权调解协议能够得到有效执行，从而有利于加快知识产权纠纷的解决，避免因为调解协议缺乏国家强制力保障而得不到有效执行，导致案件久拖不决。

当然，还必须要指出的是，在我国通过和解、调解的方式解决知识产权纠纷案件的实践中存在一种为了解决纠纷而忽视公平与法律精神的错误倾向。和解、调解绝不是"和稀泥"、没有原则，它应当是在双方本着坦诚、友善的态度互谅互让的前提下，根据法律的公平原则和涉及的具体法律制度的规定，妥善地解决纠纷，而不应当是为了满足一方当事人的利益而严重损害另一方当事人的利益。这一点，知识产权纠纷案件的调解机构和调解人员应当特别注意。

二、失信行为惩处机制之构建

加强知识产权保护领域的诚信建设，既是我国构建诚信社会的重要内容之一，也是严保护知识产权政策导向的应有之义，[1]对于有效防范和遏制知识产权侵权行为，形成公平竞争的良好市场经济秩序，实现知识产权立法目的，也具有十分重要的意义。

诚信原则是我国《民法典》规定的基本原则之一，有所谓"帝王条款"之称。我国知识产权相关专门立法也体现了对这一原则的遵循和贯彻。例如，《商标法》在2013年修改时专门增加了商标注册和使用应当遵守诚信原则的规定。现行《专利法》第20条第1款规定："申请专利和行使专利权应当遵循诚实信用原则。不得滥用专利权损害公共利益或者他人合法权益。"至于与知识产权保护直接相关的反不正当竞争法，其所规制的不正当竞争行为也是一种违背诚信原则、破坏社会主义市场经济秩序的违法行为。诚信原则在知识产权保护中十分重要。一般来说，知识产权侵权行为表现为仿冒、假冒、剽窃、非法复制等，这些行为在很大程度上违背了诚信原则，损害了知识产权人的合法权益。因此，强化对违背诚信原则的侵害知识产权行为的制裁力度，有利于强化对知识产权的保护，倡导诚实信用。

根据《强化知识产权保护意见》的前述规定，需要建立对失信行为的惩处机制。具体措施体现为："建立完善市场主体诚信档案'黑名单'制度，实

---

〔1〕 文强："试析知识产权制度与诚信的契合"，载《西南民族大学学报（人文社会科学版）》2013年第9期。

施市场主体信用分类监管，建立重复侵权、故意侵权企业名录社会公布制度，健全失信联合惩戒机制。"对比，笔者认为：上述"黑名单"制度和社会公布制度，旨在通过规范化的管理和向社会及时公布相关的信息，让严重失信行为曝光，从社会舆论导向等方面对严重知识产权侵权行为形成强大的压力，从而更加有力地维护社会诚信关系。

不过，也必须指出，对于"黑名单"制度和社会公布制度，应当从严掌握标准、条件以及相关的程序，因为被纳入"黑名单"和向社会公布相关信息必然会对相关市场主体的声誉和形象造成极大的影响。如果公布范围过广、条件过于宽松，就可能对市场主体特别是企业正常的创新行为和正常的生产经营活动造成负面影响。从一般的知识产权保护的原理来说，知识产权作为市场主体享有的一种占有市场份额的专有权利，在激烈的市场竞争中被当作市场主体维护自身权益、对抗竞争对手、获取市场竞争优势的法律武器和手段。因此，知识产权纠纷，特别是知识产权侵权纠纷，也可以说是市场主体开展正常竞争，发生利益冲突的正常表现。而知识产权纠纷通过法院的审理，一般而言总有一方败诉，被认定为侵权。特别是专利侵权纠纷案件，很可能是在两个创新型企业之间发生，例如华为和中兴这两个民族品牌就在国内和国际上都就专利侵权纠纷发生过专利诉讼案件。"黑名单"制度和社会公布制度，显然不能等同于知识产权侵权诉讼中败诉一方的信息应当被公布，甚至纳入"黑名单"。从《强化知识产权保护意见》上述规定的本旨来说，笔者认为其也仅是针对严重失信行为的惩处，特别是恶意侵权、反复侵权的故意侵害知识产权的行为。基于市场主体侵害知识产权"黑名单"制度和社会公布制度对于当事人利害关系极为重大，笔者建议我国相关部门制定具体的规则和程序，对于纳入"黑名单"以及进行社会公布的侵害知识产权主体的侵权行为及相关的认定程序进行详细规定，以便既有力地惩治严重失信行为，又避免扩大化，防止将正常的因商业利益冲突而引发的知识产权侵权纠纷败诉主体的相关信息纳入"黑名单"和进行企业名录社会公布。

另外，关于知识产权保护方面的诚信建设，除了对违背诚信原则而肆意侵害知识产权的故意特别是恶意侵权的行为予以严厉的惩治以外，还必须指出，在知识产权授权确权以及知识产权人行使知识产权的过程中同样存在如何有效地贯彻诚信原则的问题。例如，在知识产权的获得中，无论是专利申请还是商标注册申请，都应当遵守诚信原则。在相关实践中，如商标注册申请人恶意抢注他人享有一定知名度的未注册商标，在专利申请中专利申请人将明知已经进入公共领域的技术或设计申请专利，这些行为都违背了诚信原则。此外，在知识产权人行使其专有权利的过程中，同样存在着遵守诚信原则的问题。近年来出现的知识产权人滥用其权利，特别是滥用诉权，造成了对他人合法权益的损害，同时可能构成损害公共利益，这一情况同样应以予以注意和规制。[1] 习近平总书记在 2020 年中央政治局第二十五次集体学习时即指出："要坚持以我为主、人民利益至上、公正合理保护，既严格保护知识产权，又防范个人和企业权利过度扩张，确保公共利益和激励创新兼得。"[2]

三、知识产权保护案例指导机制与案件公开审理机制的完善

《强化知识产权保护意见》在"强化案件执行措施"这一部分还提出了要"逐步建立全领域知识产权保护案例指导机制和重大案件公开审理机制"。

对此，笔者认为，建立和完善我国知识产权案例指导制度与全领域知识产权保护案例指导机制具有十分重要的意义。

我们知道，案例指导制度是近些年来最高人民法院力推的提高我国司法保护水平的重要举措。在我国推行案例指导制度之前，最高人民法院从 20 世纪 80 年代开始就一直发布公报案例。随着我国司法审判体制机制的改革与完善，特别是人民法院审理案件水平的提升，以及我国各类纠纷案件数量的急剧增加，建立我国案例指导工作机制和制度的必要性与可行性日益增强。最高人民法院在 2010 年发布了有关案例指导工作的规则，后来又成立了最高人民法院案例指导工作专家委员会。笔者有幸作为我国知识产权学者代表之一，被聘为最高人民法院案例指导工作专家委员会委员，参与了最高人民法院关于案例指导规则的制定以及相关指导性案例遴选的工作。通过参与相关的工作和研究，笔者对于在我国建立案例指导工作机制和制度的重要性有了更加深刻的认识。

---

〔1〕《专利法》（2020 年修正）第 20 条第 2 款规定："滥用专利权，排除或者限制竞争，构成垄断行为的，依照《中华人民共和国反垄断法》处理。"

〔2〕 习近平："全面加强知识产权保护工作 激发创新活力推动构建新发展格局"，载《求是》2021 年第 3 期。

知识产权纠纷案件无疑属于我国法院受理案件的重要组成部分，知识产权案例指导工作机制和制度无疑也是我国整个案例指导工作机制和制度的重要组成部分。[1]鉴于知识产权案件的特殊性以及近些年来知识产权案件数量的剧增，在最高人民法院案例指导工作推进过程中，知识产权案例指导工作受到了极大的重视。例如，近年最高人民法院还在北京知识产权法院设立了最高人民法院知识产权案例指导工作研究（北京）基地专家咨询委员会。笔者也有幸被选为该专家咨询委员会委员，并参加了该专家咨询委员会的相关业务活动和指导案例的遴选。

关于知识产权案例指导工作机制和制度，笔者认为以下问题值得深入研究：

第一，我国知识产权案例指导制度与英美法系的判例制度有何关系？众所周知，英美法系和大陆法系是世界两大法系，其中英美法系也被称为普通法系，以英国和美国为代表，上级法院的判决对下级法院判决有约束力。我国的法律体系从学理上看一般认为更接近于大陆法系的传统，不存在当然的上级法院的判决对下级法院的判决具有约束力的情况。因此，我国的案例指导制度与英美法系的判例制度并不相同。不过，基于案例指导制度对同类型案件裁判法理的指引，英美法系的判例制度也有可以借鉴之处。但无论如何，我国包括知识产权案例指导制度在内的整个案例指导工作机制与制度和英美法系的判例制度具有原则性区别。

第二，如何看待我国知识产权案例指导制度与指导案例的关系？值得注意的是，近些年来最高人民法院发布了系列指导案例，其中包括 20 多个知识产权指导案例。应当说，知识产权指导案例在最高人民法院发布的指导案例中所占比例相当高。不过，从案件的整体来讲，纳入指导案例的知识产权案件数量仍然过少。笔者通过对近些年来最高人民法院发布的知识产权指导案例的分布研究，发现存在较大的不平衡，相当多的重要领域不见发布，而植物新品种领域相对来说较多。由于发布的指导案例过少，指导案例在指引人

---

[1] 陈华丽："中国特色知识产权案例指导制度中的核心争议探讨"，载《知识产权》2018 年第 8 期；李瑛、许波："论我国案例指导制度的构建与完善——以知识产权审判为视角"，载《知识产权》2017 年第 3 期；杨静："知识产权案例指导制度的障碍与克服——北京知识产权法院庭审实质化实证研究"，载《法律适用》2016 年第 10 期；袁秀挺："我国案例指导制度的实践运作及其评析——以《最高人民法院公报》中的知识产权案例为对象"，载《法商研究》2009 年第 2 期。

民法院审理同类型案件、确保裁判标准统一方面的作用受到了极大的限制。

笔者认为,指导案例最重要的价值在于,其中的裁判法理能够很好地指导同类案件的审判,保证裁判标准统一和同案同判。举例而言,某指导案例涉及某实用新型专利保护范围不明确,原因在于权利要求书的撰写不合理,该案法院无法根据原告主张的专利权利要求确定被告涉案的产品技术特征是否落入原告专利保护的范围。最终法院驳回了原告的诉讼请求,认定被告不构成对原告的专利侵权。作为指导案例,以后出现类似的情况,就完全可以基于同样的裁判法理,判决被告不构成对原告专利的侵权。现在的问题是,如前所述,包括知识产权指导案例在内的指导案例数量过少,在现实中出现的日益增加的各类纠纷案件,并没有指导案例可以参照。这有待于在以后的司法实践中通过对典型案例的挖掘和提炼、发布更多的指导案例的形式加以完善。

至于我国知识产权案例指导制度与指导案例的关系,笔者认为知识产权案例指导制度最终需要通过发布对同类型案件具有重要指引作用的指导案例的形式加以实现。笔者担任委员的最高人民法院案例指导工作研究(北京)基地专家咨询委员会遴选的相关指导案例的数量远比最高人民法院公布的指导案例要多。不过,其效力和对同类案件审理的指导作用,远不能和最高人民法院上述指导案例相提并论。当然,其价值仍然是值得充分肯定的。

至于重大知识产权案件公开审理机制,则是本着案件公开、透明、公正审判的原则和理念,对于一定时期发生的知识产权重大案件进行公开审理的模式。由于重大知识产权案件往往具有重大社会影响,社会关注度高,对于这类案件的审理尤其需要慎重和透明。通过利用网络直播、允许公众旁听等公开审理的方式,有利于使重大案件公开审理并接受社会监督。同时,基于这类案件的重大社会影响,实际上也会起到很好的知识产权知识和意识普及的作用。因此,这类案件的公开审理具有合理性。[1]

---

〔1〕《推进计划》提出,要"加大商标评审案件巡回审理力度,建立重大案件公开审理机制"。

第四章
新业态新领域知识产权保护制度的完善

　　新业态新领域的知识产权保护制度，也是我国知识产权保护的重要内容。知识产权制度是科学技术和商品经济发展的产物。知识产权制度天然和市场经济接壤，也只有在市场经济中才能找到自己发展的春天。随着社会的进步，特别是随着技术的迅猛发展，知识产权制度也必须与时俱进，适应经济社会和技术发展的需要。

　　《强化知识产权保护意见》在知识产权严保护政策导向方面也特别规定了完善新业态新领域知识产权保护制度。其中明确规定：

　　针对新业态新领域发展现状，研究加强专利、商标、著作权、植物新品种和集成电路布图设计等的保护。探索建立药品专利链接制度、药品专利期限补偿制度。研究加强体育赛事转播知识产权保护。加强公证电子存证技术推广应用。研究建立跨境电商知识产权保护规则，制定电商平台保护管理标准。编制发布企业知识产权保护指南，制定合同范本、维权流程等操作指引，鼓励企业加强风险防范机制建设，持续优化大众创业万众创新保护环境。研究制定传统文化、传统知识等领域保护办法，加强中医药知识产权保护。[1]

　　对于《强化知识产权保护意见》的上述规定，笔者有如下观点：技术的发展导致出现了新的知识产权保护客体，也引发了新的业态和相关的产业结构变化，对于现行知识产权制度及其实施既提出了新的课题，也提出了新的

---

　　〔1〕《推进计划》提出的措施如：推进植物新品种保护条例修订；推进修订林业植物新品种保护行政执法办法；推动先进地区开展版权新业态、新领域案件查处工作等。

挑战，需要积极应对。新业态新领域知识产权问题是近几年来随着技术特别是信息网络技术的发展而出现的新的研究课题。笔者近几年曾受国家知识产权局的委托，承担并结项了关于新业态新领域知识产权问题及其对策的课题研究，深感这一领域应引起知识产权理论和实务界的关注。例如，以下问题就值得进一步思考：从知识产权保护的角度来说，相关法律制度如何适应新业态的发展？新业态的发展对现行知识产权制度提出了哪些挑战？如何根据新业态的发展趋势，对现行知识产权制度及时进行变革？

一、新业态新领域下专利权保护的加强

在专利、商标、著作权等知识产权领域，均存在新业态新领域的知识产权保护立法完善问题。就专利权保护而言，从专利法的基础理论来说，存在产业政策论、发明奖励论等流派。其中，产业政策论也有其合理的基础。[1] 依其观点，专利法赋予的独占权旨在促进产业的发展。拥有专利权的发明创造，能够通过独占市场而促进产业的升级和转型发展，特别是那些划时代的基础专利。笔者认为，产业政策论对于新业态新领域的专利权的保护，也具有重要的理论指导价值。专利制度作为商品经济和技术发展的产物，其发展深受技术变革的影响。当代技术的发展，特别是信息网络、生物遗传工程、新材料、新能源、大数据、人工智能等，不仅对人们的社会生活产生了深远的影响，还对专利权保护产生了巨大的挑战和冲击。[2] 习近平总书记在2020年中央政治局第二十五次集体学习时也指出："要健全大数据、人工智能、基因技术等新领域新业态知识产权保护制度，及时研究制定传统文化、传统知识等领域保护办法。"[3]

这其中一个重要方面是技术发展带来了新的客体，并出现了新业态，现行专利制度如何应对和接纳是一个值得深入探讨的问题。根据产业政策的观点，将新业态新领域产生的新型知识产权客体纳入专利权保护范围并构建相应的专利制度，应当有效地保护专利权人的利益，也应当很好地促进产业的

---

〔1〕 肖志远："解读专利制度的产业政策蕴含"，载《法学杂志》2009年第11期。

〔2〕 闫文锋、苏丹："试论新业态对专利制度的挑战"，载《知识产权》2018年第5期。

〔3〕 习近平："全面加强知识产权保护工作 激发创新活力推动构建新发展格局"，载《求是》2021年第3期。

发展。以电商平台为例，电商平台的专利权保护是随着信息网络技术的发展以及电子商务的开展而出现的新业态中的相关专利权的问题。在电商平台中既要有效地保护专利权，又不至于影响电商平台正常的经营，特别是电子商务的健康发展，因此需要针对电商平台与专利权有关的行为进行合理的规制。我国《专利法》在第四次修改过程中，曾将《信息网络传播权保护条例》中的"通知-删除"规则，简单地移植到电商平台中的专利权保护方面，这其实是不大合理的。因为对专利侵权的判断较之于著作权侵权判断难度更大，特别是对于发明专利侵权纠纷而言，更是如此。比较而言，我国颁布实施的《电子商务法》，对包括专利权在内的知识产权相关问题也做了明确的规定，其对电商平台经营者、用户和知识产权人相关权利义务的规范更加合理。[1]

又如，当前人工智能的发展如火如荼，各国都在争相抢占该技术领域的制高点。围绕人工智能生成物在知识产权法上处于何种地位以及如何加以保护，人们进行了热烈的讨论，并存在一定的争议。例如，人工智能生成物是否符合专利法上的发明创造的概念，以及在符合发明创造概念的前提下，如何通过专利法保护，包括确认该发明创造的权属，都存在很大的争议。[2]

还如，生物遗传工程、基因领域也出现了很多研究成果。从专利法的角度而言，需要评判这些成果是属于科学发现还是属于可以获得专利权的发明创造的范畴。对这些成果的法律属性的界定，可能会直接影响相关产业的发展。[3] 根据专利法激励理论的观点，如果对于符合专利法发明创造概念的成果不给予专利权保护，可能不利于激励这方面的创造和相应的投资。

再如，随着计算机软件在商业领域的发展和广泛的运用，具有商业价值的商业方法是否应当获得专利权的问题被提了出来。早些年，因为我国的商业方法不占优势，我国在商业方法专利申请方面采取极为严格的态度。然而，

---

〔1〕　薛虹："中国电子商务平台知识产权保护制度深度剖析与国际比较"，载《法学杂志》2020年第9期；杨立新："电子商务交易领域的知识产权侵权责任规则"，载《现代法学》2019年第2期；张乃根："论全球电子商务中的知识产权"，载《中国法学》1999年第2期。

〔2〕　张洋："论人工智能发明可专利性的法律标准"，载《法商研究》2020年第6期；王翀："人工智能算法可专利性研究"，载《政治与法律》2020年第11期。

〔3〕　肇旭："基因专利中的利益平等共享——以MYRIAD案为视角"，载《伦理学研究》2014年第2期。

商业方法可以申请专利，目前已经成为一种重要的态势。[1]我国《专利审查指南》对此也给予了积极的回应。对于商业方法给予适当的定位，值得进一步研究。

二、新业态新领域下著作权保护的加强

与专利制度等知识产权制度一样，著作权制度也深受技术发展和变革的影响。[2]从著作权制度的产生和沿革来说，著作权是印刷传播技术之子。技术发展对著作权制度的变革与发展，至少有以下几方面的影响：①技术发展产生了新的可以受知识产权保护的客体。就著作权制度的发展而言，其具有不断扩张的趋势，其中一个重要特点是客体范围的不断扩大。②利用作品的形式增多，使得受著作权保护的财产权的范围也在不断地扩大。以复制权为例，早期的复制权仅限于机械复制；后来随着录音录像技术的发展，出现了录音、录像等复制形式；在当今随着信息网络技术的发展，则出现了以数字化形式进行的复制。③作品利用的形式增多也使得著作权侵权的形式更加隐蔽和多样化，权利人更加难以控制其作品的利用和进一步的传播。在当前，随着信息网络技术和文化创意产业的发展，在著作权领域也出现了各式各样的新业态，特别是信息网络环境催生了网络经济，使得网络环境下的著作权保护出现了新的特点。在信息网络技术快速发展的时代，著作权保护需要与时俱进，针对与信息网络传播权相关的著作权保护问题、技术措施、权利管理信息以及云服务环境，重构著作权人、传播者和使用者的权利义务关系，既要保障信息网络环境下著作权人及相关权人的合法权益，又要使得著作权保护不致影响到信息网络平台以及信息网络产业的健康发展。我国《著作权法》第三次修改过程中，针对技术发展的新形势，对权利的保护及权利限制都进行了相应的规定，如对技术措施和权利管理信息保护与限制制度的完善。对此，还需要进行进一步的研究，以更好地适应在新业态下著作权的有效保护和产业的健康发展。

就新业态下的著作权保护而言，还值得进一步探讨的有以下问题。

---

[1]　张玉敏、谢渊："美国商业方法专利审查的去标准化及对我国的启示"，载《知识产权》2014年第6期。

[2]　冯晓青：《著作权法》，法律出版社2010年版，第20—21页。

（一）电商平台下的著作权保护问题

当前随着信息网络的发展，电商平台已经成为一种极其重要的商业交易平台。电商平台往往存在享有著作权的作品，因电商平台而引发的著作权侵权纠纷并不罕见。[1]对此，如前所述，我国《电子商务法》对包括著作权在内的知识产权保护问题也做了明确的规定。不过，总的来说，《电子商务法》对知识产权保护问题的规定比较简略，尤其是并没有区分不同种类的知识产权保护问题。笔者认为，电商平台涉及的著作权保护问题，需要着重考虑电商平台所有者、平台经营者、著作权人和用户相互之间的关系，对平台所有者、平台经营者课以适当的注意义务。如何确认电商平台所有者以及平台经营者的主观过错，也是解决这类著作权纠纷案件的关键所在。对此，最高人民法院在 2012 年发布的涉及网络服务提供者相关著作权侵权责任的司法解释从法律适用层面能够提供一定的指引和依据。[2]总的来说，针对电商平台，包括著作权在内的知识产权保护问题，需要进一步进行立法改革，作出更加全面的规定。[3]

（二）跨境贸易中的著作权保护问题

当前随着经济的全球化，跨境贸易日益频繁，也会涉及相关的著作权问题。[4]例如，著作权法中的权利穷竭原则是否在跨境贸易中适用。如何理解跨境贸易中的平行进口问题、跨境贸易中进口和出口环节的海关保护问题等，都是值得深入探讨的。

（三）网络环境下出现的新商业模式的著作权保护问题

随着信息网络技术的发展以及作品创作、传播、利用方式的变化，网络

---

〔1〕 方旭辉："ODR——多元化解决电子商务版权纠纷新机制"，载《法学论坛》2017 年第 4 期；刘青："试论全球电子商务中的版权保护"，载《情报杂志》2003 年第 9 期。

〔2〕 最高人民法院《关于审理侵害信息网络传播权民事纠纷案件适用法律若干问题的规定》。该司法解释在 2020 年 12 月 23 日被修正，并于 2021 年 1 月 1 日施行。

〔3〕《推进计划》提出的完善电商平台知识产权保护的制度和措施如：视情推进电子商务法修改，强化电商平台责任，确保民法典侵权责任编的相关条款与其一致，加强电商领域知识产权保护；研究编制电商平台知识产权保护管理标准，制定出台治理电子商务平台盗版、侵权与假冒现象的政策文件；探索开展电商平台知识产权数据资源共享试点工作，指导电商平台有效运用专利权评价报告快速处置专利侵权投诉。

〔4〕 Fournier Melissa Gold, "Cross-border copyright, complexity and collaboration: Approaching intellectual property across an international consortium of photo archives", *Art Libraries Journal*, 2021, Jan.

环境下形成了不同的利用作品的商业模式。就著作权保护而言，最重要的是著作权的授权（许可）模式。从著作权的基本法理来说，信息网络的出现并没有改变著作权的基本制度，尤其是著作权法的基本原理，信息网络的变化无非是改变了作品的创作、传播和利用的形式，特别是以数字化为基本的特点，以信息网络传输为基本的手段。同时也应当看到，作品的创作、传播和利用方式的改变，也导致了著作权授权许可方式及相应商业模式的改变。不仅如此，与著作权保护相关的著作权侵权的手段、侵权的方式和侵权的后果都出现了相应的新的特点。针对这些新的特点，需要在证据的收集、证据的认定、证据的采纳等方面采取相应的对策。例如，现在比较热门的区块链技术，就可以适用到网络环境下著作权侵权证据的固定和证据的采集方面。

总体而言，我国现行《著作权法》对于信息网络环境下著作权保护的相关规定仍然过于简略。尽管我国不一定需要借鉴美国《数字千年版权法》（DMCA）的立法模式制定专门的网络著作权法，但对信息网络环境下著作权保护做出更详细的规定是有必要的。[1]我国现行知识产权专门立法在整体上没有突破粗线条、条文数量较少、规定的内容较为简略的局限。在约四十年前我国刚刚建立知识产权法律制度之初，无论是在理论储备还是立法经验方面，都有很大的不足。四十年以后的今天，我国无论是在知识产权理论还是立法方面，较之于过去都有了极大的进步，加之当前国外先进国家立法也有很多经验可以借鉴与参考，可以利用修法的机会进行比较完整、全面的规定，彻底改变过去粗线条、条文简略的面貌。以这次《著作权法》修改为例，对于信息网络环境下的著作权保护问题，可以充分整合《信息网络传播权保护条例》、最高人民法院涉及计算机网络环境下著作权保护的司法解释等规定，总结实践中大量的涉及网络环境下著作权保护的司法案例以及理论研究成果，作出更加全面系统的规定。笔者甚至大胆设想，在未来，随着信息网络技术的加速发展，以及这方面纠纷案例的进一步增加，我国也可以就信息网络环境下的著作权保护问题制定专门的立法。当然，目前的时机还不成熟。

---

〔1〕 朱开鑫：“网络著作权间接侵权规则的制度重构”，载《法学家》2019 年第 6 期；万勇："网络深层链接的著作权法规制"，载《法商研究》2018 年第 6 期。

三、新业态新领域下商标权保护的加强

新业态新领域的知识产权保护问题，在商标等相关领域同样存在。就商标法领域而言，笔者认为至少以下问题值得探讨。[1]

（一）电商平台中的商标权保护问题

这一问题和前面所阐述的电商平台中的著作权与专利权保护问题有类似之处。不过，基于商标权保护与著作权及专利权保护的不同特色，电商平台中的商标权保护问题更为突出，因为商标作为区别商品或者服务来源的标志，在电商平台交易中消费者也是通过商标区分同类商品的，如果电商平台商品交易中存在仿冒、假冒等商标侵权行为，不仅会损害注册商标所有人和消费者的利益，还会扰乱电商平台商品交易秩序，对电子商务的发展产生破坏性的影响。电商平台中的商标权保护，同样也需要协调电商平台所有者、经营者、商标权人和用户（消费者）之间的关系，明确电商平台相关主体在商标侵权中的法律责任，尤其是需要明确商标侵权认定中的注意义务和主观过错。对此，我国《民法典》对于一般意义上的网络服务商和用户侵害他人权利而应承担的法律责任作出了规定。[2]《电子商务法》相关条款也对包括侵害商标权在内的知识产权行为应承担的法律责任作了规定。[3]如何在电商平台中针对商标侵权行为进行认定，合理地适用"通知－删除"规则，特别是如何认定电商平台的侵权责任，都是值得研究的问题。[4]迄今为止，在电子商务环境中已经发生了一些商标侵权纠纷，认真总结司法实践中的经验也是值得重视的问题。

---

[1] 新业态新领域下，也需要重视对集体商标、证明商标的保护研究。《推进计划》即提出，要修订集体商标、证明商标注册和管理办法。限于篇幅，笔者将另文研究。

[2] 参见《民法典》第1194条至第1197条。例如，第1194条规定："网络用户、网络服务提供者利用网络侵害他人民事权益的，应当承担侵权责任。法律另有规定的，依照其规定。"

[3] 参见《电子商务法》第41条至第45条。例如，第41条规定："电子商务平台经营者应当建立知识产权保护规则，与知识产权权利人加强合作，依法保护知识产权。"

[4] 崔聪聪："双边市场和第三方电子商务平台商标侵权的替代责任"，载《知识产权》2014年第6期。

（二）网络搜索中引发的商标侵权问题，特别是竞价排名引起的商标侵权问题

关于竞价排名涉及的商标侵权及不正当竞争问题，过去我国也有一些典型的司法判例，如某大众搬场案即是如此。竞价排名无疑是一种商业模式，该模式本身与商标侵权没有直接关系。但由于在实践中有的企业将他人的注册商标，特别是知名的注册商标，作为搜索的主题词或者关键词，用户通过搜索该主题词或者关键词，可能将信息直接转移到涉案的相关网站，这样就有可能损害注册商标所有人的利益。[1]

（三）域名注册涉及的商标侵权问题

域名本身是一个技术问题，和商标侵权本身没有直接关系，但实践中存在的将他人注册商标特别是享有较高知名度的商标抢注为域名的现象并不罕见。笔者多年担任中国国际贸易仲裁委员会网上争议与域名争议专家组专家时，以独任专家或者合议组专家的形式裁决了一些案件，发现相当一部分案件是被申请人抢注他人未在中国注册的具有较高知名度的商标作为域名，部分案件中的被申请人恶意明显，因而最终的结果是裁决将域名转移到申请人名下。为了妥善处理域名和商标的关系，特别是防止恶意将他人享有一定知名度的商标抢注为域名，最高人民法院还发布了《关于审理涉及计算机网络域名民事纠纷案件适用法律若干问题的解释》（2001年7月24日起施行），作为人民法院审理和仲裁机构裁决相关案件的依据。

（四）与商标许可相关的商标权和有一定知名度的商品包装装潢保护问题

这种情况尤其体现于最近几年发生的王老吉和加多宝关于商标权和商品包装装潢的归属之争。这种情况还有一种特殊的背景，即双方此前存在多年的商标许可合同关系。被许可人经过多年的经营，加上成功的品牌营销和广告宣传，使得被许可的注册商标具有较高知名度。不仅如此，由于被许可使用的注册商标是和其相关商品特有包装装潢结合在一起的，随着被许可使用注册商标的知名度提升，该商标所附载的商品包装装潢的知名度也同样提升。客观来讲，被许可人在被许可期间对于该商品包装装潢知名度的提升，是有贡献甚至是主要贡献的。因此，在王老吉与加多宝之争中，加多宝极力主张

---

[1] 张韬略、张倩瑶："后台型竞价排名的商标侵权及不正当竞争认定"，载《同济大学学报（社会科学版）》2017年第6期。

其知名商品包装装潢权益，认为基于"红罐"包装所享有的权益属于加多宝，而不是王老吉。然而，此种情况下，商品包装装潢知名度的提升和其他情况不一样，因为它是与被许可的注册商标知名度的提升相得益彰的。在王老吉与加多宝之争中，发生纠纷的重要原因是注册商标许可的期限届满，王老吉收回了注册商标许可权，此时立如何认识加多宝在被许可使用注册商标期间的注册商标所附载的商品包装装潢知名度商誉归属，就成为一个重大的争议焦点。在涉及该"红罐"包装装潢权属之争的不正当竞争纠纷案中，最高人民法院基于双方对于"红罐"包装装潢的商誉都作出了贡献，判决"红罐"包装装潢权由双方共有，体现了法院基于实质贡献标准的考量。

　　无独有偶，近几年来泰国红牛和北京红牛关于注册商标所有权以及包装装潢权属之争，也值得深入思考和研究。从商标注册和使用的情况来说，该案与前述加多宝和王老吉之争有较大的差别，但也有一些共同点，例如，都涉及注册商标的归属、注册商标许可期限的终止以及在许可期间形成的包装装潢商誉的归属等问题。[1]

四、药品专利链接制度和药品专利期限补偿制度的建立

　　在我国知识产权保护中，药品的专利保护具有独特性。在一次知识产权学术会议上，北京市高级人民法院知识产权审判庭原副庭长程永顺先生指出，药品的知识产权保护最能代表知识产权保护的内容。确实，涉及药品的知识产权保护，包括专利、商标、著作权、商业秘密等多方面。仅就药品相关的专利保护而言，传统中医药的专利保护具有独特性，也是具有中国本土化特色的知识产权保护的内容之一，当代与药品相关的专利保护也有其独特之处。《强化知识产权保护意见》即指出要探索建立药品专利链接制度和药品专利期限补偿制度。[2]

　　在现行《专利法》实施前，我国尚未建立上述两种制度，而在美国等国家则已有相关立法和司法实践。我国是一个人口大国，药品的专利保护事关14亿中国人的健康问题。从专利法的基本原理来说，药品的专利保护应当定

---

　　〔1〕关于商品包装、装潢方面制止不正当竞争制度的完善，《推进计划》提出，要"修订关于禁止仿冒知名商品特有的名称、包装、装潢的不正当竞争行为的若干规定"。

　　〔2〕《推进计划》提出的措施有：建立药品专利纠纷早期解决机制。

位于：既要充分有效地保护药品专利权人的合法权益，以鼓励其从事新药研发的积极性以及对该领域的投资，同时也要有利于大众的健康，使医药产业得以良性发展。就药品专利制度而言，美国等国家之所以采纳专利链接制度，是基于药品是一种特殊的商品，根据专利法的一般性规定，在药品专利期限届满后其他厂商才能从事仿制药的生产和销售。但由于药品生产、销售及投入市场需要经过特殊的行政审批程序，并需要完成相关的试验、检验，而这需要一定的时间，如果需要等到药品专利的保护期限届满以后，才能进行相关的试验以及申请行政审批手续，就有可能使得药品专利期限届满以后一定时间内还没有仿制药上市。这样在客观上就会导致药品专利对市场的垄断期限延长，不利于消费者购买到相对廉价的仿制药。也正是因此，才有了美国的 Bolar 例外条款。我国在 2008 年第三次修改《专利法》时，借鉴了美国的这一例外条款。

我国有关部门在 2007 年实施了《药品注册管理办法》及其修正案。一种观点认为，这意味着我国已采纳了药品专利链接制度。[1]这种观点显然是不成立的。从美国药品专利链接制度的发展历程来看，1984 年美国国会通过了《Hatch-Waxman 法案》，建立了其药品专利链接制度，[2]1992 年又通过实施方案，建立了完整的药品专利链接制度体系，其包括的内容有专利声明制度、橘皮书制度、仿制药简化申请制度、数据独占制度及监管审批机构链接制度等。[3]从美国实施药品专利链接制度的经验来看，该制度主要具有以下作用和价值：一是，减少药品专利诉讼，促成药品专利权人和相关主体的沟通；二是，有利于公共健康，维护消费者的利益。一般而言，专利药品的价格较之于仿制药要高。通过制度的设计和运行，药品专利期限届满之后仿制药很快能够上市，这显然有利于消费者获得价格相对较低的药品。

从美国等国家实施的药品专利链接制度的内容来看，其是为了协调仿制药注册申请与已经上市的相关专利药品的关系，在仿制药注册申请与相关药品专利保护之间建立"链接"，形成有效的信息沟通和协调机制，旨在避免仿

---

〔1〕 梁志文："药品专利链接制度的移植与创制"，载《政治与法律》2017 年第 8 期。

〔2〕 刘立春、朱雪忠："美国和加拿大药品专利链接体系要素的选择及其对中国的启示"，载《中国科技论坛》2014 年第 1 期。

〔3〕 参见百度百科对"药品专利链接制度"的介绍。

制药上市侵犯在先的药品专利权，实现有效促进仿制药上市与有效保护药品专利的利益平衡。

在我国《专利法》第四次修改过程中，对于是否有必要引进国外已实施的药品专利链接制度，存在一定争议。在这次修法进程中，国务院原法制办公室也就我国是否有必要引进药品专利链接制度征询过包括笔者在内的有关专家的意见和建议。其中有观点认为，由于这一制度涉及全体中国人的公共健康问题，不宜仓促建立这一制度，而需要在认真的调查研究、比较研究的基础之上，进行慎重的决策。[1]《强化知识产权保护意见》在加强新业态新领域的知识产权保护内容方面，提出要探索建立药品专利链接制度这一问题，值得肯定。

现行《专利法》在吸收各方面意见、考虑各方面因素的情况下，最终引进了药品专利链接制度。其第76条第1款规定："药品上市审评审批过程中，药品上市许可申请人与有关专利权人或者利害关系人，因申请注册的药品相关的专利权产生纠纷的，相关当事人可以向人民法院起诉，请求就申请注册的药品相关技术方案是否落入他人药品专利权保护范围作出判决。国务院药品监督管理部门在规定的期限内，可以根据人民法院生效裁判作出是否暂停批准相关药品上市的决定。"第2款规定："药品上市许可申请人与有关专利权人或者利害关系人也可以就申请注册的药品相关的专利权纠纷，向国务院专利行政部门请求行政裁决。"第3款规定："国务院药品监督管理部门会同国务院专利行政部门制定药品上市许可审批与药品上市许可申请阶段专利权纠纷解决的具体衔接办法，报国务院同意后实施。"笔者认为，上述规定是对《强化知识产权保护意见》的回应。[2]其旨在协调申请注册的药品与相关药品专利保护的关系，防止申请注册的药品侵犯相关药品专利权。

与药品专利链接制度相关的是药品专利期限补偿制度。在我国《专利法》第四次修改过程中，对于是否有必要引进这一制度，也存在一定争议。从纯粹的理论层面而言，不同类型的专利以及同一类型的专利基于其获得以及市

---

[1]　耿文军、丁锦希："影响药品专利链接制度的重要因素和解决路径"，载《知识产权》2018年第7期。

[2]　鉴于2020年1月《中华人民共和国政府和美利坚合众国政府经济贸易协议》（第一阶段，以下简称《中美经贸协议》）关于知识产权保护的规定中也有药品专利链接制度，这也可以视为对该协议这一规定的回应和落实。下面探讨的新药专利期限补偿制度也一样。

场生命力的不同，应当获得不同的专利保护期限。然而，法律需要面对实践，解决现实问题。上述理念有其合理性，但缺乏可操作性，因而在立法规定上是不能实现的。目前无论是国际公约还是国内外的专利法，都规定同一类型的专利的保护期是一样的。当然，从国外其他知识产权专门法律相关规定来看，也有对个别类型知识产权保护作出特别规定的，最典型的是美国《著作权期限延长法》，这在很大程度上体现了美国对占优势的知识产权强化保护。就药品专利而言，之所以需要考虑对其保护期限作出特别规定，是因为药品的研发周期长、风险大，现有的专利保护期限（从申请日起算）可能无法使相当一部分药品专利取得最佳经济效益。然而，也必须看到，药品专利保护期限的延长等于社会公众承担义务的时间延长，社会成本也会因此增加。充分实现在药品专利保护制度中药品专利权人的利益和社会公众利益之间的平衡，是任何一个国家和地区考虑药品专利保护期限是否延长的关键所在。我国当然也不例外。

现行《专利法》也同时引进了新药专利期限补偿制度。[1]其第 42 条第 2 款增加了发明专利授权过程中因不合理延迟给予专利期限补偿的制度，其第 3 款则增加了新药专利期限补偿制度："为补偿新药上市审评审批占用的时间，对在中国获得上市许可的新药相关发明专利，国务院专利行政部门应专利权人的请求给予专利权期限补偿。补偿期限不超过五年，新药批准上市后总有效专利权期限不超过十四年。"笔者认为，上述规定是对《强化知识产权保护意见》的回应。该规定考虑到了新药上市审评审批需要占用一定时间，为了促进新药研发和对研发的投资，引进上述规定具有必要性。当然，鉴于专利保护期限延长意味着社会公众义务的加重，上述规定还明确了最长的补偿期限。

五、体育赛事转播知识产权保护的加强

有关体育赛事领域的知识产权保护问题，是当前理论和实务界关注和争议很大的一个问题。尤其值得探讨的是，体育赛事节目画面是否为作品，未

---

[1] 何华："药品专利期限补偿制度探究——以药品消费特性为视角"，载《法学评论》2019 年第 4 期；何华："我国药品专利期限补偿制度的构建——以'健康中国'战略实施为背景的分析"，载《法商研究》2019 年第 6 期。

经许可转播体育赛事节目的行为是构成侵害著作权的行为，还是仅构成不正当竞争行为？这里关键是对体育赛事转播性质的认识。

《强化知识产权保护意见》明确提出要加强对体育赛事转播知识产权保护问题的研究。[1] 关于这一问题，笔者在以前有过基本的思考。早几年北京知识产权法院曾作出一个关于某一体育赛事节目直播画面是否构成受著作权保护的作品的判决。为慎重起见，该院曾邀请了国内六家中立性的与知识产权有关的学术机构独立提出意见。笔者担任主任的中国政法大学无形资产管理研究中心也有幸被邀请并提出了相关意见。该案中，北京知识产权法院判决认为体育赛事节目直播画面不构成受著作权保护的作品。由于该案涉及背后产业界的巨大利益，判决一经做出就引起了巨大反响。[2] 在 2020 年北京市高级人民法院再审后，则再次改判体育赛事节目直播画面构成受著作权保护的作品。这无疑反映了人民法院对体育赛事节目直播画面是否构成受著作权保护的作品的不同态度。

对于体育赛事、体育赛事节目、体育赛事节目画面及其转播，以下问题值得深入研究：

体育赛事本身是体育比赛所发生的客观事实和现象，从知识产权保护的角度来说，应当认为它并不构成知识产权保护的客体。在与体育赛事相关的知识产权保护纠纷中，也从来没有对体育赛事本身主张权利的。这一点应当是非常明确的，因为知识产权保护的并不是一种客观事实，而是某种与智力创造有关的行为产生的结果。

体育赛事节目和体育赛事本身则不一样。体育赛事节目的落脚点是"节目"，而不是体育赛事本身。作为一种节目，显而易见要付出人的相关创造性劳动。例如，当今我们从电视或者网络所看到的体育赛事节目，都是通过专业的摄像师从多个角度进行录制，并经过技术处理后进行播放才能看到的。体育赛事相关的纠纷，尤其是知识产权纠纷，主要还是针对体育赛事转播以及体育赛事节目画面的属性等展开的。从获得授权的转播方以及体育赛事举办方的法律关系而言，其显然是一种合同关系，因为双方需要就转播的事项，

---

[1]《推进计划》提出要"开展体育赛事转播版权保护调查研究"。

[2] 该案一审法院是北京市朝阳区人民法院。一审将体育赛事节目画面认定为可以受著作权保护的作品。

特别是就转播的费用和条件等相关的权利和义务进行明确的约定。从知识产权保护的角度而言，作为授予转播权的一方，体育赛事举办方难以被称为知识产权的主体。

至于广播电台、电视台作为从体育赛事举办方获得转播权的一方从事体育赛事节目的转播，则可以根据我国《著作权法》关于广播电台、电视台获得的相关权的规定享有权利和承担义务。不过需要指出的是，当前很多体育赛事节目转播除了广播电台、电视台直播或转播形式以外，还在此基础上通过网络进行传播。未经许可进行网络传播的其他网络电视台的行为是否构成侵害广播电台、电视台转播权的侵权行为，值得探讨。笔者曾多次参加这方面的专家研讨会，对这一问题有相关的认识和看法：我国《著作权法》（2010年修正）规定了信息网络环境下的著作权人、表演者、录音录像制作者的信息网络传播权，但唯独没有规定广播电台、电视台的信息网络传播权。对此，一种观点认为，这并不是立法者的疏忽，而是基于利益平衡的考虑。由于广播电台、电视台主张他人未经许可进行网络传播的行为侵害信息网络传播权没有法律依据，既有的相关判决一般认为被告行为不侵犯原告信息网络传播权。当然，应当指出，关于网络广播（Web broadcasting）权的问题，国际上正在进行研讨，相关的国际条约也在讨论。在我国《著作权法》第三次修改过程中，是否应当增加广播电台、电视台等广播电视组织的信息网络传播权，曾存在热烈的讨论和争议。最后通过的现行《著作权法》则做了规定。[1]

与体育赛事节目相关的知识产权保护问题，争议最大的可能是体育赛事节目画面的法律属性，尤其是其是否为受著作权保护的作品。对此有两种截然相反的观点。[2]一种观点认为，体育赛事节目画面构成了受著作权保护的作品，理由是体育赛事节目画面的制作符合著作权法中作品的要件，具有独创性。另外一种观点则认为体育赛事节目画面因为相对缺乏著作权法意义上的独创性而不构成受著作权保护的作品。由此看来，争议的焦点在于体育赛事节目画面是否具有独创性。有的学者主张体育赛事节目画面可以构成邻接权（相关权）保护的客体，受相关权的保护。笔者认为：体育赛事节目画面的保护应当采取何种模式，最关键的在于如何处理好体育赛事节目所有人与

---

〔1〕 参见《著作权法》（2020年修正）第47条第3项、第53条第5项。

〔2〕 孙山："体育赛事节目的作品属性及其类型"，载《法学杂志》2020年第6期。

转播者相关的利益关系，考虑体育赛事背后相关产业的发展；同时，也应考虑到不同的法律保护模式的条件和价值取向。从产业界的角度来说，之所以强力主张体育赛事节目应当作为作品受著作权保护，而不仅仅追求反不正当竞争法意义上的保护，是因为作为作品进行著作权保护可以获得一种法定的、实体上的权利，而反不正当竞争法意义上的保护仅仅是维护市场经济秩序所追求的一种法益保护。简单地说，前者的保护力度更大、对被控侵权人的威慑力更大。不过，无论采取何种方式保护，最后的结果可能是殊途同归：都能达到制止未经许可为商业目的转播他人体育赛事节目的目的。

六、企业知识产权保护指南的编制及合同范本、维权流程等操作指引的制定

企业是我国社会主义市场经济的主体，也是知识产权创造和运用的重要主体，特别是知识产权运用的主体。在当前我国构建以市场为导向、企业为主体的产学研深度融合的技术创新体系中，企业也处于基础和核心地位。从我国当前正在深入实施国家知识产权战略和推进知识产权强国建设的情况来看，在国家知识产权战略体系中，企业知识产权战略也是处于基础和核心地位的。我国知识产权制度的有效推行、知识产权保护的强化，最终也需要落实到企业。可以毫不夸张地说，离开了企业有效地实施知识产权战略，尤其是企业知识产权的有效保护和运用，国家知识产权战略和知识产权强国建设成效将不可能得到根本实现。《国家知识产权战略纲要》自 2008 年 6 月 5 日发布以来，实施已近 14 年，取得了十分显著的成绩。其中，企业知识产权的有效创造、运用、保护和管理功不可没。

正因为企业知识产权保护和运用具有极其重要的意义和作用，《强化知识产权保护意见》提出了在推进和强化我国企业知识产权保护方面的措施，包括："编制发布企业知识产权保护指南，制定合同范本、维权流程等操作指引，鼓励企业加强风险防范机制建设，持续优化大众创业万众创新保护环境。"[1] 笔者认为，这些措施对于提高我国企业知识产权保护水平，有效防范知识产权及其他风险，提高企业的创新能力，意义十分重要。

笔者从 1998 年开始研究企业知识产权问题，2001 年出版了我国首部相关

---

［1］《推进计划》提出的措施有：发布对外经贸合作合同知识产权条款团体标准。

专著《企业知识产权战略》，为我国知识产权法学研究找到了一个十分重要的应用领域。笔者后来又相继出版了《企业知识产权管理》（系教育部新世纪优秀人才支持计划课题结项成果）和《技术创新与企业知识产权战略》（系国家社科基金项目结项成果）等个人专著。以上专著成为笔者在企业知识产权研究上的"三部曲"。通过多年对我国企业知识产权保护、知识产权管理和知识产权战略的系统研究，以及承接社会上一些关于企业知识产权问题的实战性课题研究，笔者对于知识产权工作在企业中的重要性有了更加深刻的认识：知识产权作为一种受法律保护的专有权利以及企业的一种十分重要的经营资源和无形资产，对企业来讲也是其宝贵的无形财富和战略竞争手段。对企业来说，尤其是对于企业领导而言，应当具有知识产权的战略意识。这种意识，不仅体现为知识产权保护意识，还体现为知识产权经营管理意识以及战略竞争意识。

就企业本身而言，其知识产权的创造、运用、保护和管理行为应当是一种市场化的行为。然而，为了有效地提高我国企业的知识产权保护整体水平和有效防范、抵御各种风险，通过政府相关部门、行业协会等指导编制企业知识产权保护指南、制定合同范本和维权流程等操作指引，对于指导企业有效地加强知识产权管理和保护，无疑具有重要的指引和参考价值。

就企业知识产权保护指南的编制而言，笔者认为可以包括以下重要内容：与企业有关的知识产权的基本内容；各类知识产权的获得手段与基本程序；企业针对不同类型的知识产权采取的相关手段；知识产权纠纷的类型及其解决程序与策略；企业各类知识产权保护制度的内容与范本；企业应对知识产权侵权的策略；企业海外知识产权维权的策略与手段；企业知识产权文化的建设和知识产权保护意识的宣传普及等。企业知识产权保护指南的编制应当讲究实用，具有可操作性，能够切实、有效地促进企业知识产权保护水平的提升。

就企业知识产权合同范本制定而言，其主要目的是为企业制定各类知识产权相关的合同提供参考和借鉴。我国《民法典》合同编对于各类技术合同做了详细的规定，知识产权专门法律也有关于合同的条款内容及要求的规定，如《著作权法》规定了著作权许可使用合同和转让合同的基本内容，《专利法》规定了专利许可合同、专利申请权和专利权转让合同的基本内容，《商标法》规定了商标使用许可合同、注册商标转让合同制度。知识产权合同范本显然应当以我国现行相关规定为基础，并根据企业对外交往的实际情况加以制定。笔者认为，这类合同可以包括以下主要内容：企业签订知识产权合同的实质性条款；企业不同类型的知识产权合同范本，例如专利技术许可使用合同、专利权转让合同、技术秘密许可使用合同、技术秘密转让合同、著作权许可使用合同、著作权转让合同、商标许可使用合同、商标权转让合同、特许经营合同等。在企业知识产权合同范本编制中，还应当注意到签订企业知识产权合同时作为合同客体的知识产权的有效性的确认和担保，以及合同双方当事人具体的权利和义务。[1]

七、企业知识产权风险防范机制建设

《强化知识产权保护意见》中专门提到了关于企业知识产权风险防范的问题。对此，笔者予以赞同。近些年来，笔者每年为中国政法大学知识产权法学术型硕士研究生开设的一门课程"知识产权经营管理"，都将企业知识产权风险防范作为研讨的内容之一。企业知识产权风险防范之所以重要，[2] 是因为一旦出现知识产权相关的法律风险或者其他风险，就很可能给企业造成巨大的损失，最严重的可能导致企业破产。因而，必须要做到防患于未然，尽量避免风险或将风险降到最低。

毫无疑问，企业知识产权风险属于企业风险的范畴。[3] 企业作为市场主体，具有高度的社会性，其在技术创新的全流程中都会与社会各方面发生法律上的权利义务关系，这一过程中可能会遇到各种风险，如质量管控风险、财务风险、市场风险、技术开发风险、法律风险等。从企业管理的角度来说，如何有效地预防和控制在企业生产经营过程中发生的各类风险也是其重要内容。笔者认为，在企业所遇到的各类风险中，包括知识产权在内的法律风险是企业必须高度重视的一种十分重要的风险，因为一旦包括知识产权在内的法律风险出现，就可能使企业陷入极为不利的被动局面。企业法律风险相关实践中，这方面的例子可以说不胜枚举。例如，企业的某一主导品牌（注册

---

[1] 《推进计划》提出的企业知识产权保护措施有：编制发布重点领域企业知识产权保护指南；调研民营企业知识产权保护情况，加强民营企业知识产权合规经营、风险防范培训等。

[2] 吴汉东：《知识产权精要：制度创新与知识创新》，法律出版社2017年版，第173—194页。

[3] 王则灵、尤建新："基于FMEA方法的高技术企业知识产权风险预警研究"，载《科学管理研究》2017年第1期。

商标）突然被他人请求宣告无效，而且经过了一定的法律程序，注册商标的有效性仍然处于不确定之中。笔者近些年来处理的相关知识产权案件就存在这一类情况。一旦该主导品牌最终被法律程序宣告无效，企业的主导产品特别是已经获得相当高商誉的注册商标的商品将不能在市场中销售。又如，企业主导产品被他人控告侵犯专利权，如果该企业的产品是出口到美国，竞争对手还可能通过运用"337 条款"阻止国内同类产品出口到美国。笔者在2005 年参加的一个涉及"337 条款"的案件专家论证会，就是这样的情况。在该案中，浙江东进公司（后改为通领集团）的产品出口到美国以后，被美国的竞争对手控告侵犯其专利权，要求全面停止该产品在美国的销售。由于这家企业的产品主要出口到美国，如果在美国的市场不能销售，就会给企业造成极大的损失。所幸该企业在产品出口到美国之前，即有很强的专利侵权风险防范意识：通过在美国一流的专利事务所进行侵权分析，认定其产品不会侵犯美国相关主体的专利权。该案经过多方努力，最终被认定不侵犯美国的专利权，成为我国企业在美国"337 纠纷"中非常成功的个案。

（一）企业知识产权风险的类型

笔者认为，企业知识产权风险内容较广，甚至不仅仅限于法律风险。具体而言，这些风险可以分为以下几个类型。

1. 知识产权权属风险。知识产权权属风险也可以体现为不同的情况。例如，企业在与其他单位进行合作研究，或者委托其他单位进行研究开发过程中，由于对相关的知识产权权属没有约定或者约定不明，或者尽管作出了约定，但在履行合同过程中产生了争议，都可能引发知识产权权属纠纷。当然，也可以包括企业内部相关知识产权权属纠纷，如涉及职务与非职务发明专利申请及专利权归属的纠纷。知识产权权属风险存在的另外一种情况是，企业的专利或者注册商标被他人宣告无效或者注册商标被他人主张撤销，从而使得企业的相关知识产权权属处于不稳定和存在风险的状态。

2. 知识产权侵权风险。[1] 这一类风险应当说是企业知识产权风险表现最多的一种形式。从侵权风险的内容来讲，也可以分成两种类型，第一种是企业自身的知识产权被他人侵犯的风险，如一些企业的新产品上市不久因适销

---

[1] 丁秀好、宋永涛："企业集成创新中知识产权侵权风险成因与防范研究"，载《情报杂志》2012 年第 7 期。

对路而被他人仿制。更多的是第二种，即企业被他人指控侵犯知识产权，要求停止侵权和赔偿损失。企业知识产权被他人侵犯的信息可能来自于企业知识产权部门的调查维权行动，也可能来自企业知识产权管理相关部门日常的监控，还可能来自他人的举报。企业被他人指控侵犯知识产权的信息很可能来自于本企业的被控侵权产品在市场上销售，被他人发现。无论是企业知识产权被他人侵犯，还是被他人控告侵犯知识产权，都有可能给企业造成巨大的损失。还必须指出，知识产权侵权的结果不仅仅是赔偿损失，通常情况下会要求被控侵权企业停止使用，对被控侵权企业而言，其失去的是背后巨大的市场。因此，知识产权侵权风险对于企业的影响不可谓不大。

（二）企业知识产权风险发生的原因

笔者认为，企业知识产权发生风险主要有以下原因：

1. 缺乏知识产权风险防范意识。企业缺乏知识产权风险防范意识，甚至缺乏基本的知识产权意识。缺乏良好的知识产权意识，很难谈得上有效的知识产权保护措施和效果。

2. 企业知识产权管理不到位或流于形式。知识产权风险的防范是企业知识产权管理的重要内容之一。[1]现实中发生的很多企业知识产权风险，也是由于企业知识产权管理不到位造成的。很多企业在知识产权管理方面存在"三无"现象，即无制度、无机构（包括兼职机构）、无人员（包括知识产权兼职管理人员）。这样的企业，通常也不会有知识产权专项经费。因此，实际上是"四无"企业。笔者以前在涉及企业知识产权管理的学术研讨会上或进行培训讲座时多次指出：无论本企业知识产权实力和能力如何，知识产权工作都要做好，必须要有人管。否则，企业知识产权工作就会完全流于形式。笔者在近些年对企业知识产权管理及企业知识产权战略研究与实务指导中，也确实发现很多不应发生的知识产权风险，这些风险很大程度上是由于企业知识产权管理工作不够造成的。这里不妨举一例加以说明。

某特大民营企业申请并获得了一项实用新型专利，专利产品因适销对路，市场占有率极高。但因公司未及时缴纳年费，国家知识产权局遂作出终止专利权决定。公司以不知情为由，提出行政申请，要求恢复专利权。经查实，国家知识产权局早已发出相关通知，只因公司无人专管知识产权工作，通知

---

[1]　朱雪忠主编：《企业知识产权管理》，知识产权出版社 2008 年版，第 1—23 页。

在公司收发室收到后，转到保安部，保安部因对知识产权不熟悉，结果将相关通知束之高阁。最终，公司错过了补缴年费的机会，专利权被终止。但公司并不知情，继续在产品上标记专利信息。不料当年在知识产权执法月中，该产品继续标记"中国专利"字样被当成"假冒专利"，受到下架、罚款等处罚。公司为处理该案，花费了巨大的人力物力，造成了极大的损失。

3. 缺乏查新检索机制。企业在知识产权创造活动中缺乏查新检索机制，导致低水平的重复研究发生。这种情况在过去尤为严重。这里不妨也举一个典型案例加以说明：早些年某企业千辛万苦进行了一项重要研究，投入了大量的人力物力财力，历经 5 年才获得"成功"。当该企业兴高采烈地申请重大发明的专利时，突然发现日本的一家企业已在中国申请专利而且已经获得了专利。该企业这 5 年的辛劳完全"白搭"，造成了巨大损失。该企业如果在立项之初或者开始进行研究之时，对相关技术领域国内外的专利和相关技术进行检索查询，就不可能出现这种法律风险。在研究开发过程中，由于缺乏及时的查新检索及必要的可行性研究，导致低水平的重复研究的情况，不仅在企业存在，在我国科研院所也不罕见。

4. 缺乏相关专利技术市场化的试验。知识产权运营过程中缺乏对相关专利技术市场化的试验，盲目上马，导致由于专利技术本身不成熟，或者尽管专利技术本身没有问题，但因尚没有接受市场的检验、市场成熟度不够而导致运营的失败。这方面的事例也非常多，这里不妨再举一个案例加以说明：某大型乡镇企业为了实施产学研合作，用较高的价格购买了某发明人用某种装置设备养鱼的专利技术。为扩大规模，提高经济效益，该企业花费数千万元购买了一批该装置设备，并通过组建公司的形式开展该装置设备养鱼的市场经营行为。不料，半年以后用装置设备养鱼完全失败，很多鱼苗死亡，而且没有死亡的鱼苗长得比合同约定的技术指标慢得多，结果造成巨大亏损。原因是该装置设备养鱼专利技术上本身不够成熟，企业在购买涉案专利技术以后，也没有进行任何小试、中试、孵化等技术完善的工作。最终，该企业和专利权人产生了法律纠纷。笔者在这一法律纠纷的专家论证会中即指出：企业应当注意知识产权风险的防范，在运营知识产权过程中，不应当盲目上马，而应当进行可行性研究，如就尚未经过市场检验的专利技术而言，在很多情况下应当借助小试、中试、孵化等进一步完善。

除此之外，企业发生各类知识产权风险，还与知识产权的客体、知识产品本身具有的不确定性以及知识产权本身的不稳定性有一定关系。例如，在获得专利权以后，可能被他人请求宣告无效并最终通过法律程序使该专利权被宣告无效。企业无论是通过自己申请获得专利权还是通过许可或者受让的形式使用专利技术，都可能存在相关的法律风险。当然，笔者所探讨的知识产权法律风险，以及《强化知识产权保护意见》所指出的防范企业知识产权风险，主要是企业自身的原因造成的。

毫无疑问，为了有效地防范企业知识产权风险，应当针对企业知识产权风险发生的各种原因，有的放矢、对症下药。

（三）防范企业知识产权风险的对策

笔者认为，为有效防范企业各类知识产权风险，需要采取以下对策。

1. 大力提高企业知识产权意识，普及知识产权相关知识。这一点似乎是"老生常谈"的问题，但也说明了该问题的重要性。企业知识产权意识的提高和相关知识的普及对于防范企业知识产权风险的重要性体现于：从心理学角度来说，意识是行为的先导，人们从事某种行为，都是在某种自觉的意识指引之下进行的。反过来说，如果人们没有某方面的意识，就不会自觉、积极地实施某种行为，而可能会从事某种与当下的法律政策相悖的行为。就如同我们说很多人从事违法行为的重要原因之一是缺乏基本的法律意识和常识一样，过去我国很多企业发生各类知识产权风险，也是因为缺乏基本的知识产权意识和相关知识产权知识。这里不妨举一个简单的例子。早些年，在有些从事研究开发的工程师中有一种错误的观念，即创造者是在实验室经过自己的思考、努力获得的发明创造成果，根本没有利用其他人的在先专利技术，不会侵犯他人的专利权。殊不知，专利权的保护和著作权并不一样，专利权的获得实行先申请原则，著作权的获得要求具备独创性，而独创性并不排除独立完成相同的作品。由于上述错误的观念，有的研发人员在被他人控告专利侵权时还振振有词，殊不知，即使是百分之百的"独立研发"，仍然存在着专利侵权的风险。我国《专利法》尽管规定了先用权制度，但先用权的获得是有严格的条件的。如果缺乏基本的专利意识和相关专利知识而不及时进行专利申请，就有可能丧失获得专利权保护的机会，还可能引发专利侵权的风险。

笔者认为，从企业生产经营以及知识产权在企业生产经营、企业管理乃至企业战略管理的角度来看，企业知识产权意识应当包括非常丰富的内容。

从笔者近些年来对企业知识产权管理和战略的思考，以及承担的大量涉及企业知识产权管理和战略的实务课题的研究情况来看，我国很多企业知识产权意识的内涵较为狭窄，大量企业知识产权意识还停留在保护的层面，尚未升级到知识产权经营管理意识，遑论知识产权战略管理意识和知识产权文化建设意识。甚至相当多的小型企业连基本的知识产权保护意识也较为缺乏。不仅如此，在企业知识产权意识方面，企业领导也认识不足，这一点应当是致命的。原因在于，企业领导的知识产权意识在很大程度上决定了本企业的知识产权工作开展的情况，因为企业的人财物和相关的知识产权工作最终都需要由企业领导拍板。可以设想一下，一个企业领导对知识产权工作不重视，缺乏基本的知识产权意识，其后果会怎么样。一般来说，这样的企业知识产权工作不可能做好。

当然，企业知识产权意识的提高不是一个一蹴而就的过程，特别是企业知识产权战略意识和知识产权文化建设需要一个艰难的不断提升的过程。[1]为有效地提高企业知识产权意识，笔者认为可以从以下方面加以改进：

（1）加强企业领导的知识产权意识培养。有条件的企业在可能的情况下应当安排专职领导负责知识产权工作，该领导可以通过各种途径和机会参加相关知识产权培训，增强自身的知识产权基本知识和意识。就企业领导而言，尤其要注重企业知识产权经营管理意识和战略管理意识的培养，因为企业的知识产权直接服务于企业的经营管理，服务于实现企业的战略目标。领导具备良好的知识产权经营管理以及战略管理意识，就能够使得企业知识产权工作和自身的经营管理紧密地结合起来，使知识产权更多成为企业经营管理的重要支撑和手段。我国一些先进企业（例如华为、海信），由知识产权部门总负责人担任企业副总裁，笔者认为这是一种非常好的模式和经验，值得推广。因为由知识产权主管担任企业副总裁，就能够更好地使企业的知识产权工作和企业的战略紧密地结合起来，企业在相关的经营决策和战略规划中，就会很好地考虑到如何充分发挥本企业的知识产权优势，提升本企业的知识产权能力，最终提高自身的创新能力和市场竞争能力。

（2）加强企业员工的知识产权意识培养，拓展对知识产权相关领域的认识。企业的知识产权工作最终要落实到各事业部和各职能部门员工身上。如

---

〔1〕 吴汉东主编：《中国知识产权理论体系研究》，商务印书馆 2018 年版，第 385—472 页。

上所述，企业领导的知识产权意识对于整个企业知识产权工作具有极大的作用和影响，员工的知识产权意识培养和知识产权相关知识的普及也同样具有十分重要的作用。

2. 有效地加强企业知识产权管理也是防范知识产权风险的非常重要的措施和机制。笔者近些年通过对我国企业知识产权管理理论与实践的系统研究，对此深有感受。[1]为了有效推进我国企业知识产权管理，国家相关部门还颁发了《企业知识产权管理规范》。该国家标准主要是基于流程管理的模式和定位，对企业知识产权管理的任务、目标、方针以及管理过程等做了全面的规定，为我国不同类型的企业有效推进知识产权管理，提高自身的知识产权管理能力提供了具有可操作性的、适应性强的规范和指引。近年来国家知识产权局等相关部门大力推动了"贯标"活动，就是对企业按照《企业知识产权管理规范》提供的方法和策略取得的成绩进行检验。

对于《企业知识产权管理规范》，笔者认为其积极作用是值得肯定的，但也应当看到该标准存在一定的局限性，至少体现在以下几方面：首先，该标准是一个推荐性标准，而不是强制性标准，其主要是为我国不同类型的企业有效地推进知识产权管理提供基本的范式和手段；其次，该标准没有针对不同类型、不同性质、不同发展阶段的企业知识产权管理提供相应的管理模式和手段，而是提供统一的规范与指引，而现实中不同类型和性质的企业及知识产权的管理策略和手段却具有个性化特点，实施统一的标准和规范对于有些企业可能不太合适；最后，该标准主要是针对层级较低的知识产权事务性管理进行了规范（例如文件管理、过程管理），而没有对知识产权战略管理进行系统规范，甚至在整个标准的设计上也没有体现为企业规划知识产权战略管理的目标。笔者认为从企业知识产权管理理论和原理来说，企业知识产权管理有一个螺旋式的不断提升和改进的过程，基本的规律是由事务性管理提升为战术型管理，最终提升为战略型管理。[2]毫无疑问，企业知识产权战略管理不同于企业知识产权一般的事务性管理，其是企业知识产权管理的最高

---

〔1〕　冯晓青：《企业知识产权管理》，中国政法大学出版社 2012 年版。

〔2〕　董亮："企业知识产权管理存在的问题与解决途径"，载《科学管理研究》2017 年第 4 期；杨晨、谢裕莲："SOR 视角下高新技术企业知识产权管理模式探析"，载《科学学与科学技术管理》2015 年第 7 期。

境界和愿景。[1]当然，企业知识产权战略管理对于企业的要求层次较高，一般企业远远没有自己实施知识产权战略管理的条件。无论如何，作为国家标准的《企业知识产权管理规范》，就企业知识产权管理的愿景和最终目标而言，还是有必要增加企业知识产权战略管理的内容。

为有效地加强企业知识产权管理，防范知识产权风险，笔者认为至少应该在以下方面予以重视和构建。

（1）建立企业知识产权保护与管理制度。这方面需要澄清一个误解。有人可能会认为当前我国从国家层面到地方层面的知识产权保护制度已经非常完善，故无须在企业内部再制定知识产权相关制度。我国当前的知识产权制度固然已经非常完善，但其最终需要在我国企业有效地落实，还需要有企业内部的制度予以相应的保障。企业如果缺乏内部的知识产权保护与管理制度，就很可能使国家知识产权保护制度相关的内容在企业层面落空。这里不妨举一个笔者早些年处理的知识产权管理案例加以说明。20 年以前笔者应某企业邀请就其知识产权管理进行诊断并提出对策。原来该企业有一项获得国家金奖以及国际金奖的重要专利，其技术含量不高但市场价值极大，深受客户欢迎。该企业在知识产权方面遇到的一个问题是，先后有好几位主管营销的副总裁跳槽另办企业，而且这些企业都已经上市，但该企业一直没有上市。几位先后跳槽的副总裁将其在生产营销过程中获悉的本企业的商业秘密带走另起炉灶，而这些商业秘密是该获得金奖的专利没有公开的部分。在笔者介入调查时，该企业没有任何知识产权制度规范，尤其是与商业秘密有关的竞业禁止、保密制度等。调查最终得出的结论和建议是该企业应当立即制定涉及商业秘密保护的保密制度和竞业禁止制度。经该企业的努力，后来其在知识产权管理方面的制度日益健全，类似跳槽的现象也得到了根本性的遏制。

企业知识产权管理制度的建设主要有以下作用：使企业知识产权工作步入规范化和法治化轨道，提高企业知识产权意识，有效防范企业知识产权风险。企业知识产权保护和管理制度，整体上应根据企业类型和发展阶段，有针对性地加以制定。具体而言，可以包括综合性的企业知识产权制度，以及针对特定类型的知识产权或者特定领域的企业知识产权制度。企业知识产权

---

［1］ 冯晓青："企业知识产权战略管理研究——以战略管理过程为视角"，载《科技与法律》2008 年第 5 期。

保护和管理制度应当符合法律法规的规定，但也切忌是对现行规定的翻版而没有个性化的内容。而且，基于知识产权管理的动态性和市场性，企业知识产权保护和管理制度应当与时俱进，根据企业发展的内外部环境及时加以调整和修改，而不能想着一劳永逸。随着企业的发展壮大，企业知识产权保护和管理制度应当适当引入战略管理的理念和方法，而不能始终停留在事务性管理的层面。

（2）配备企业知识产权管理人员。笔者在前文强调，企业知识产权的有效管理必须做到本企业的知识产权工作"有人管"。在现实中，很多企业的知识产权管理工作之所以处于失控的状态，很大程度上是因为缺乏专职人员负责。知识产权是法律上的一种专有权利，对企业而言也是一种十分重要的经营资源和无形财富，同时也是企业一种非常重要的竞争战略手段。在当代，知识产权在经济社会发展和国际竞争中地位日益提高，对于企业而言也越来越重要。由于知识产权具有很强的专业技术性，"专业的事情由专人负责"，企业只有配备知识产权管理人员，才能够保证知识产权工作有序推进。基于知识产权专业的复合性，知识产权管理人员也应当具有复合性专业知识。从理想的角度来说，知识产权管理人员最好具备知识产权法律、管理学、市场营销方面的专业知识背景，高科技企业与专利有关的知识产权管理人员还需要具备理工科专业知识背景。知识产权管理人员可以通过接收相关专业背景的毕业生以及员工内部培训等方式加以充实。

当然，对很多中小型企业尤其是小微企业而言，设置专门的知识产权管理岗位不太现实。为此，可以设立知识产权兼职管理人员。从提高知识产权管理效能、服务企业战略目标来说，企业知识产权管理人员，无论是专职管理人员还是兼职管理人员，都应当具有较为宽广的知识产权相关背景知识和企业管理、市场营销等方面的专门知识。为提高企业知识产权管理人员的业务水平，除了在职学历教育以外，企业可以委派相关人员经常参加与知识产权保护及管理相关的业务培训及学术活动。如前几年笔者作为讲座教师之一参加的国家相关部门与清华大学合作主办的企业知识产权管理高层培训班就很有价值。

（3）建立和完善企业知识产权管理机构。企业知识产权管理机构是在企业有效管理知识产权的组织形式。企业有效地开展知识产权管理工作，需要依托相关的知识产权管理机构进行。从国内外不同类型和性质的企业建立知识产权管理机构的情况来看，存在不同的管理模式，例如直线式管理模式、矩阵式管理模式和行列式管理模式。应当说，不同模式的企业知识产权管理构架具有一定的优势与局限性，企业需要根据其经营战略目标、自身经济技术实力加以确定。目前我国相当一部分企业成立了知识产权部或者法律事务部，其中有的企业还同时成立了知识产权部和法律事务部，这两个部门之间在业务上存在分工与合作，如中粮集团知识产权及相关法律事务部门就是如此。跨国公司在知识产权管理方面具有悠久的历史和丰富的经验，其中一个重要特点是建构了完整运行且有效的知识产权管理机构，并且拥有大量的知识产权专职管理人员。近些年来，随着企业知识产权工作日益重要，我国一些先进企业也逐渐建立和完善了具有自身特色的知识产权管理机构，例如华为知识产权部在开展知识产权有效管理方面就积累了丰富经验。当然，如上文所指出的一种情况，很多中小型企业不具备设立专门性的知识产权管理机构的条件。为此，可以设置兼职知识产权管理机构，例如，将兼职知识产权管理机构挂靠于企业总裁办公室、行政办公室或者研发中心等。关于企业知识产权管理机构的建设和运行，还应当指出，基于知识产权管理服务于企业战略目标的基本定位，企业知识产权管理机构的运行不是孤立的，它应当置于企业整个组织体系之中，注重与企业其他相关部门如市场部、技术研发部、品牌推广部等保持密切的联系，注重协同管理总体效果。

（4）提高企业知识产权信息化水平，建立企业知识产权管理信息网络，有条件的企业可建构相应的知识管理系统。[1]当代社会是一个信息化社会，信息网络技术的发展深刻地影响着人们生活和工作的方方面面。仅就企业知识产权管理而言，离不开充分利用信息网络手段提高知识产权信息化水平。笔者认为，具体可以采取以下两项措施：

第一，提高知识产权信息管理意识。知识产权客体表现为信息，甚至可以以此为基础建立相关的知识产权信息产权理论。不仅如此，企业在整个技术创新过程中，需要充分利用各类知识产权相关信息，如在企业项目的可行性研究与研究开发过程中，需要充分利用专利文献和信息提高决策水平，从现有成果中得到启发和借鉴。在企业新产品推向市场以后，需要及时掌握相

---

〔1〕 王雪原、马维睿："知识管理对制造企业绩效的影响研究"，载《科学学研究》2018 年第 12 期；余良如、冯奕程、冯立杰等："国内企业知识管理研究结构、脉络与热点探究"，载《情报科学》2020 年第 12 期。

关的信息，并及时维权和防范知识产权侵权风险。

信息管理也是知识产权管理的重要内容之一。[1]笔者从 2010 年底到 2016 年，主持了国家社科基金重大项目"国家知识产权文献及信息资料库建设研究"，对于知识产权文献和信息在企业生产经营乃至国家知识产权战略中的重要地位和作用，有了更加深刻的理解和认识。通过有效地运营各类知识产权文献和信息，可以很好地为企业的研究开发、生产经营活动等提供指引，有利于实现企业战略目标。

第二，有条件的企业可以建立内部的知识管理系统，建立和运行知识产权信息网络。这里提到的知识管理和知识产权管理是既有区别又相辅相成的两个概念。知识管理也是当前企业管理的一个非常重要的内容。当前大型跨国公司一般都建立了具有自身特色的知识管理系统，如美国的 IBM 公司和荷兰的飞利浦公司，通过在全球范围内建构企业内部网络化的知识管理系统，有效提升了企业的竞争力。当然，很多企业并不具备建立自身知识管理系统的能力，可以借助外部的力量，或者与外部单位和机构合作，建构与运行企业知识产权信息管理网络。近些年来，随着知识产权信息在我国企业、产业乃至国家竞争力中地位的日益提高，国家知识产权局等相关部门也通过各种途径与手段推进我国知识产权信息化建设，其中一个十分重要的内容就是支持建设企业知识产权信息中心等相关机构。近年来世界知识产权组织在和国家知识产权局等相关部门合作支持建设中国技术创新支持中心，其中也包括企业知识产权信息化建设的内容。[2]

（5）在企业相关财务预算中，应当包括知识产权方面建设的部分。企业知识产权相关经费，是企业有效开展知识产权工作的保障。毫无疑问，无论是建立知识产权管理机构，配置知识产权管理人员，还是处理相关知识产权事务，都必须有一定资金支持。从纯粹静态的财务处理的角度而言，这些资金是知识产权工作的成本。但这些成本是必要的，是开展知识产权管理工作所必须支付的代价。根据笔者对于企业知识产权实务相关情况的调查，部分

---

〔1〕 马海群、庄琦："从 WIPO 看网络信息技术对知识产权信息管理的影响"，载《图书情报工作》2002 年第 12 期。

〔2〕 冯晓青、杨利华主编：《国家知识产权文献及信息资料库建设研究》，中国政法大学出版社 2015 年版，第 52—84 页。

企业存在一种错误的观念，即认为知识产权工作对于企业而言是一个累赘或负担，因为需要付出相关的成本，很难见到现实的效益。在笔者近些年来承接相关企事业单位的知识产权管理战略的实战课题时，即有人提出这样一个问题：制定和实施本企业知识产权管理策略或者战略，究竟能够为本企业带来多少经济效益？读者可以一并思考一下上述问题。应当指出，企业知识产权管理的加强以及知识产权战略的有效实施，并不像其他的直接投资一样很快见到效益，而是体现在企业整体的市场竞争力、品牌形象、企业声誉的提升等方面，这些对于最终实现企业战略是至关重要的。

还必须指出，从纯粹经济学的成本收益的角度分析和评价企业知识产权管理方面的投入与效益，有一个不断发展的过程。根据美国著名的麦肯锡管理咨询公司的观点，知识产权管理是一个螺旋式上升的金字塔结构，其中底层由于是事务性的管理，在企业财务绩效上还体现为成本期，也就是说企业在知识产权方面更多的是投入，而没有实际的经济效益，特别是财务绩效。随着企业知识产权管理水平的提升，企业通过知识产权工作的有效推行，能逐步收回成本并获得利润。当前国外很多著名跨国公司，其知识产权管理部门早已成为企业的利润中心之一。我国一些先进企业的知识产权管理部门也已成为企业最重要的部门之一。因此，就企业投入知识产权经费而言，一定要有发展的眼光，而不能计较于最初投入知识产权只有成本而没有直接收益的情况。相信随着我国企业知识产权管理水平的提升，企业相关知识产权管理部门也会像其他发达国家跨国公司知识产权管理部门一样成为企业的利润中心之一。

3. 加强企业知识产权文化建设。企业知识产权文化显然属于企业文化的范畴和重要组成部分。[1]企业知识产权文化的重要性，可以从企业文化在企业管理中的地位和作用方面加以认识。

企业文化又称为组织文化，是企业在一定时期通过研发、生产、经营活动而积淀的企业精神及其外在表现，涉及企业的价值观念、企业愿景、企业精神、社会责任、企业产品营销策略和企业制度等多方面的内涵。企业文化体现了企业的个性化特色，不同的企业均有自身企业文化。

---

[1] 刘华、姚舜禹："促进小微企业知识产权文化认同的政策机制研究"，载《中国软科学》2020年第2期。

笔者认为，企业文化尽管是企业的一种软资源，但在企业战略、企业形象和获得企业市场竞争力方面具有十分重要的作用。拥有先进的企业文化也是企业的核心竞争力，它需要经过多年的精心打造，共同培育才能形成。企业文化渗透和体现在企业生产经营管理各个方面，是企业全体员工集体努力和智慧的结晶，也是企业在激烈的市场竞争中获得差异化竞争优势的法宝。企业文化向全社会特别是向社会公众和消费者诠释了企业存在和发展的使命、企业精神与核心价值。企业文化建设当然不是一蹴而就的，而是需要一个艰难的培植过程。

作为企业文化的重要组成部分，企业知识产权文化显然也具有企业文化的上述共同特点。笔者认为，企业知识产权文化是企业在技术创新、生产经营管理整个过程中所形成的知识产权方面的价值观念、文化观念、行为规则、道德规范、愿景和使命等。企业知识产权文化是企业在长期的知识产权工作中所形成和积累的知识产权方面的认识、观念和态度。企业知识产权文化对于有效地开展其知识产权工作，提高知识产权能力，有效加强知识产权管理和实施知识产权战略，均具有十分重要的作用和价值。可以认为，企业知识产权文化也是企业整个知识产权工作的灵魂和核心，是企业在知识产权工作方面的个性化特色的表征和体现。

企业知识产权文化涉及十分丰富的内容，尤其体现于：知识产权意识和观念、创新观念、知识产权导向的市场经营观念，以及企业知识产权保护与管理制度等方面。基于此，笔者认为培养企业知识产权文化应当着力于以下几个方面。

（1）强化知识产权意识的培养。企业知识产权文化在企业技术创新、生产经营管理中的有效落实，首先体现为对知识产权工作的高度重视，这就需要企业具有较强的知识产权意识。针对企业而言，如前所述，知识产权意识不仅体现于知识产权保护的观念，还应当包括知识产权经营管理的观念，乃至知识产权战略管理意识。培养企业知识产权意识，则需要知识产权知识的普及。企业领导及员工缺乏知识产权相关知识，很可能在企业技术创新和生产经营管理活动中出现知识产权流失或其他风险。这里不妨举一个简单的案例加以说明：某企业千辛万苦，历时8年完成了一项具有重大意义的发明，并申请、获得了发明专利。由于其市场价值大、技术含量高，其他同类企业未经许可使用了该发明专利。于是该企业控告其中一家企业侵犯专利权，并要求巨额赔偿。作为通常的"套路"，本案被告及时向专利复审委员会提起了无效宣告请求。被告在提起无效宣告请求之前，"惊喜"地发现了两个对其十分重要的证据，即在专利申请日之前，该专利发明人已将该发明的所有技术方案的关键要点发表在公开的杂志上。显然，该专利发明人缺乏基本的专利常识，在申请之日之前即将相关技术方案予以公开，这就造成该发明专利有被宣告无效的巨大风险。

（2）强化企业的创新观念。创新观念其实和知识产权制度具有十分密切的联系，因为知识产权制度本质上就是一种鼓励和保护创新、促进创新成果更好运用的法律保障机制和激励机制。企业具有强烈的创新观念，才能有强大的动力去积极从事技术开发、技术创新工作。[1]以现实中一些专利侵权纠纷的情况来看，一些企业之所以不惜冒着侵权的风险非法仿制他人的专利产品，或者使用他人的专利方法，一个重要原因是缺乏基本的创新意识，企图采取拿来主义的手段不劳而获。

（3）培养知识产权导向的市场经营观念。企业的市场经营表面上似乎与知识产权没有关系，实质上两者之间具有极其重要的联系。在当前知识产权作为企业的重要经营资源和竞争手段，以及知识产权保护日益严格的条件和环境之下，企业的生产经营活动不能不考虑知识产权问题，否则很容易引起知识产权纠纷及相关法律风险和经营风险。笔者提出，企业的生产经营应当有知识产权导向，无论是在企业的技术研发还是产品的生产销售以及售后服务过程中，都离不开对知识产权问题的充分考虑。

八、大众创业及万众创新保护环境的持续优化

当前，我国正在实施创新驱动发展战略，深入推进创新型国家建设。我国创新型国家建设与知识产权保护制度的构建与完善具有十分密切的联系。对此，《强化知识产权保护意见》专门指出，要"持续优化大众创业万众创新保护环境"。[2]从知识产权制度与促进创业创新之间的关系的角度，笔者认为

---

〔1〕 冯晓青：《技术创新与企业知识产权战略》，知识产权出版社 2015 年版，第 222—251 页。

〔2〕《推进计划》提出的相关措施有：研究制定推动数字文化产业创新发展的政策性文件，加强数字文化产业知识产权保护；鼓励地方科协面向企业开展专利信息推广应用、知识产权人才培训，提升企业技术创新能力和水平。

可以更深刻地理解持续优化大众创业、万众创新保护环境的深刻内涵。

众所周知，大众创业、万众创新是近几年提出的促进我国经济社会发展，提高国家创新能力的重要政策性举措。创业，是开拓一番事业的基础。从当前国内外很多大公司、大企业成长发展的历程来看，其在发展之初都有一个艰难的创业过程。例如，美国著名的苹果公司在早期就是依靠一个专利，投资75万美元，从艰难的创业，不断壮大为世界级的跨国公司。美国著名的微软公司，在20世纪80年代初还是一个名不见经传、只有300人的小企业，由于做世界巨头IBM的软件服务提供商，通过IBM硬件产品占领全世界市场而取得了事实标准的地位，也就成了另外一个世界级的跨国公司。我国著名的腾讯公司在早期创业中也有一个艰难的过程。在当前知识产权保护日益严格、知识产权对于提高企业创新能力日益重要的环境之下，充分利用知识产权进行创业尤其重要。例如，通过购买许可或者其他形式利用具有市场前景的专利技术，或者具有市场影响的品牌，开展市场经营活动，不仅能取得很好的经济社会效益，还能够凭借获得的知识产权取得强劲的市场竞争力。这里不妨举一个案例加以说明：某地区一位从国外留学回国的物理学博士，通过引进一项具有市场价值的专利技术，大批量生产销售某新型节能电池，年销售额10亿元以上，利润也很高。该公司主要是依靠引进的核心专利技术，取得了巨大的成功。

从当前我国创业和创新的情况来看，知识产权的有效保护能够提供良好的市场环境，促进我国大众创业和万众创新政策的落实，从而实质性地造福于民众，提高我国的整体创新能力。具体而言，体现在以下两个方面。

第一，知识产权有效保护，为企业和个人创业提供了良好的法治保障环境，能够有效地维护创业主体的合法权益，使其放心大胆地从事相关研发和生产经营活动。当前，我国有大量的科技创微企业和小微企业，这些企业是个人创业的很重要的形式。小微企业规模小，经济技术实力弱，但也存在知识产权保护问题，甚至也存在知识产权战略问题。[1]笔者在2014年曾成功申报北京市社科基金项目，题目就是"我国小微企业知识产权战略研究"。该项目已经结项。小微企业从事相关的研发和生产经营活动，一方面需要利用他

---

〔1〕　冯晓青："小微企业知识产权战略论纲"，载《湖南大学学报（社会科学版）》2017年第6期。

人的知识产权，另一方面也能够创造自身的知识产权。通过建立和完善知识产权制度，小微企业就能够在知识产权的保护之下迅速成长和发展。在美国，很多小企业之所以能够在和大企业的博弈之中成长和发展，很大程度上得益于企业开发或获得的相关知识产权以及这些知识产权的有效保护。我国小微企业也一样，知识产权的有效保护为小企业主们的创业提供了良好的法律保障手段和开拓市场的机会。

其实，关于知识产权促进创业、提供就业机会的内涵，世界知识产权组织前总干事伊德利斯的相关论述已经指出。个人通过利用有市场和技术价值的知识产权从事创业活动并取得成功的例子也不胜枚举。

第二，知识产权制度直接服务和促进创新，为我国大众创新政策提供了强劲的动力和良好的环境。如前所述，知识产权制度本身是一种鼓励和激励创新的法律制度与激励机制，同时也是一种利益协调机制与平衡机制。知识产权制度对创新的激励体现为，通过法律手段赋予知识产权人对其知识产品的专有权利，能够使权利人凭借独占权占领和控制市场，从而能够确保其及时收回投资并获得必要的利润，为进一步的创新活动提供物质基础。而且，笔者始终认为，知识产权制度对创新的激励远远不限于对创造行为本身的激励，还包括对创新行为投资的激励，以及对创新成果商业化的激励。这是因为，获得知识产权能够取得一系列的法律上和市场上的优势，这就能够吸引相关投资者对创新行为的投资。在美国华尔街流行一句话："只要你手中有具有巨大市场价值的专利，你就不愁当不了百万富翁。"言外之意，自己手中的专利技术一旦具有良好的市场前景，很可能就有投资商主动找上门来推广这一技术，并使其获得成功。当然，从有价值的专利技术到市场上的成功，还需要很多环节和条件，其中十分重要的一点是专利技术市场化程度的提升。

无论如何，知识产权的有效保护都能够为我国实施大众创业、万众创新政策提供良好的保护环境，从而在实质上造福于民众、造福于社会，不断提高我国的创新能力。

九、中医药知识产权保护

当前我国知识产权制度的构建与完善不仅仅需要关注现代技术，特别是信息网络技术最新发展及其对知识产权制度的影响，还要对包括我国在内的发展中国家占优势的传统文化、传统知识，包括传统中医药等相关领域的知识产权进行保护。[1]从国际上看，现行主要的知识产权国际公约，由于其制定时主要是由发达国家主导，包括我国在内的发展中国家占优势的相关知识产权，如传统知识、遗传资源、民间文艺的保护，没有得到充分体现。实践中，发达国家利用其在技术、资本和市场等方面的优势，不正当地攫取发展中国家占优势的这些无形资源，然后通过现代知识产权制度的确权形式获得独占性的知识产权，反过来限制发展中国家利用这些知识产权。这在某种意义上是知识产权领域不平等国际政治旧秩序在当代的延续。就包括我国在内的发展中国家而言，反映在国内立法上，对于传统文化、传统知识、遗传资源、民间文艺等进行充分的法律保护，特别是知识产权保护，具有特别重要的意义。[2]

就我国相关知识产权立法而言，我国已经颁布了《非物质文化遗产法》，就传统知识、民间文艺等相关问题作出了一定的规定。但应当指出，该法更多的是从维护非物质文化遗产传承、保持原貌的角度进行规定的，更多地具有公法性质，[3]从知识产权作为一种私权的角度规定保护非物质文化遗产的条款极少。在该法制定过程中，笔者曾应国务院原法制办公室的邀请，参加过至少两次涉及非物质文化遗产立法中民事权利保护的专家研讨会。尽管在修订过程中，曾对《非物质文化遗产法》中相关民事权利特别是知识产权问题作了一定程度的规定，但最终通过的版本中在这方面的保护力度明显不够。现行的知识产权专门法律，例如《专利法》《著作权法》《商标法》等，对于我国占优势的涉及传统文化、传统知识、遗传资源、民间文艺等相关客体的保护明显不足。尤其是，中医药在我国具有独特性，然而其相关的知识产权保护则处于严重滞后的状态。正因如此，《强化知识产权保护意见》明确指出要研究制定有关传统文化、传统知识的知识产权保护措施，并加强中医药的知识产权保护。

---

[1]　《推进计划》提出，要"推动出台中医药传统知识保护条例"。

[2]　马治国："中医药传统知识传承保护立法问题研究"，载《人民论坛》2019年第31期；张陈果："论我国传统知识专门权利制度的构建——兼论已文献化传统知识的主体界定"，载《政治与法律》2015年第1期；古祖雪："TRIPS框架下保护传统知识的制度建构"，载《法学研究》2010年第1期。

[3]　黎明："论我国少数民族非物质文化遗产保护的法源问题"，载《民族研究》2007年第3期。

第二编

加强社会监督共治，构建知识产权
大保护工作格局

知识产权保护制度是一种平衡和协调知识产权人和社会公众之间利益关系的法律制度。知识产权保护制度的有效实施，需要运用全社会的力量、齐抓共管，形成知识产权大保护的工作格局，而不仅限于知识产权行政管理部门和司法部门的职责。对此，《强化知识产权保护意见》第三部分规定，要"加强社会监督共治，构建知识产权大保护工作格局"。对于知识产权大保护工作格局，习近平总书记在2020年中央政治局第二十五次集体学习时，也强调"要强化知识产权全链条保护"，并指出："知识产权保护是一个系统工程，覆盖领域广、涉及方面多，要综合运用法律、行政、经济、技术、社会治理等多种手段，从审查授权、行政执法、司法保护、仲裁调解、行业自律、公民诚信等环节完善保护体系，加强协同配合，构建大保护工作格局。要打通知识产权创造、运用、保护、管理、服务全链条，健全知识产权综合管理体制，增强系统保护能力。""要建立高效的知识产权综合管理体制，打通知识产权创造、运用、保护、管理、服务全链条，推动形成权界清晰、分工合理、责权一致、运转高效的体制机制。"

关于落实这一部分规定的具体措施有以下几项：加大执法监督力度、建立健全社会共治模式、加强专业技术支撑。

第五章

知识产权执法监督

就"加大执法监督力度"而言,《强化知识产权保护意见》的具体措施有:"加强人大监督,开展知识产权执法检查。发挥政协民主监督作用,定期开展知识产权保护工作调研。建立健全奖优惩劣制度,提高执法监管效能。加强监督问责,推动落实行政执法信息公开相关规定,更大范围更大力度公开执法办案信息,接受社会和舆论监督。"[1]

一、人大监督与知识产权执法检查

根据《强化知识产权保护意见》的规定,我国需要通过加强社会监督共治,构建知识产权大保护工作格局。对此,仅就加大监督和加强知识产权执法检查而言,笔者认为以下问题值得重视和研究。

第一,强化立法部门对知识产权保护的监督,是提高我国知识产权的执法效能的重要保障。众所周知,全国人大和地方各级人大是我国的权力机关,分别行使国家和地方立法等重要职权。全国人大和地方各级人大还分别是我国国家和地方的法定监督机关。仅就知识产权执法效果而言,加强人大的监督具有十分重要的意义。包括知识产权法在内的我国所有的法律,其在社会生活中作用的发挥,最重要的是有效实施。从知识产权法实施效率的角度来说,体现为该法律制度在实际中所实现的社会效果与其本身所希望实现的社会效果的比值,比值越高说明其实施效率越高。当然,知识产权法的效率还

---

〔1〕《推进计划》提出的措施有:加大知识产权保护领域民事、行政诉讼监督案件的办案力度,依法监督纠正确有错误的民事、行政生效裁判和审判违法行为、执行违法行为;加强人大监督,根据专利法、著作权法等相关法律法规修改情况,适时开展知识产权执法检查;加强政协民主监督,围绕知识产权保护内容确定重点政协提案,邀请提案委员、相关部门等开展专题调研。

可以从其他方面加以理解。从经济学的角度而言，知识产权法的效率追求的是最终取得良好的经济社会效益，最终也体现为社会效益大于社会成本。从我国社会主义法治的基本原则来讲，我国知识产权法是否得到有效实施，可以体现为是否严格执法（有法必依、执法必严、公正司法）以及知识产权是否得到充分、有效的保护（违法必究）。当前我国知识产权保护主要是通过行政执法和司法保护两条途径，知识产权法是否得到有效实施还可以从是否严格执法和公正司法等方面加以评判。

第二，通过人大这一立法机关和法律监督机关，对知识产权执法进行惯常性的大检查，是人大开展对知识产权执法的法律监督，提高我国知识产权执法水平的重要形式。近些年来，全国人大及地方人大对知识产权等相关法律进行了多次执法大检查，取得了十分丰富的成果。执法大检查既见证了我国知识产权专门法律如《专利法》《著作权法》《商标法》得到有效实施，充分地维护了知识产权人和相关当事人的合法权益，有效地维护了社会关系的稳定和和谐，同时也发现了这些知识产权专门法律在实践贯彻中还存在很多问题。存在的一些共性问题如知识产权人普遍反映维权周期长、举证难、赔偿低，一些地方存在反复侵权、群体侵权、恶意侵权等各种不正常现象，严重损害了知识产权人和相关当事人合法权益，破坏了社会经济秩序，需要认真研究加以解决。在全国人大等相关机关开展的知识产权专门执法检查中，笔者曾有幸接受相关执法检查组的专业咨询，并提出了个人的观点和建议。笔者认为，在我国知识产权法的有效实施中，除了应解决上述比较突出的问题以外，还需要特别重视执法的公正问题。公正，是法律的基本精神和所追求的终极目标，也是人们的一种朴素的价值追求，更是人们对于包括知识产权法在内的所有法律执行的要求和美好愿景。公正司法也是在新时代我国社会主义法治建设中最重要的要求之一。就知识产权司法保护而言，司法同样是社会正义的底线。公正司法是推动社会进步和发展的法治保障。对知识产权法实施效果、知识产权相关执法的检查，也应当高度重视公正执法问题。

第三，我国各级人大机关对知识产权执法的监督和检查，应当注重对实际情况的充分把握，包括对知识产权专门立法实施的具体情况如相关数据和典型事件、典型案例的把握，通过采取与知识产权执法的各类相关人员、机构进行调查研究、座谈等形式，了解相关情况。这样才能避免知识产权执法检查流于形式。同时，针对知识产权执法检查发现的问题，应建立完善的机制，针对造成问题的原因，促成进一步完善相关法律。

二、政协民主监督与知识产权保护工作调研

除了各级人大履行监督职能以外，政协在推进我国民主政治、发挥民主监督作用方面也具有十分重要的意义。政协是具有中国特色的政治体制的职能范畴，在我国政治生活中具有独特的地位。在中国共产党的领导下，政协充分发扬民主、参政议政，强化其民主监督作用和功能，对于我国经济社会各方面工作的有效开展，推进当前国家治理体系和治理能力现代化，具有不可替代的重要作用。[1]基于此，《强化知识产权保护意见》明确指出，要"发挥政协民主监督作用，定期开展知识产权保护工作调研"。

如前所述，我国知识产权制度的成效，关键在于有效实施，其中知识产权保护的实际情况是我国知识产权制度实施最根本的状况和表征。原因在于，知识产权制度是一种立足于充分有效保护知识产权的法律制度，知识产权制度中的知识产权在法律上也是一种具有独占性的民事权利与私权，[2]知识产权制度离开了对知识产权本身的充分有效保护，就会流于形式。从这里人们也可以认识到为何我国近些年来构建和完善知识产权制度始终以知识产权保护为核心。知识产权保护无疑是知识产权制度的"关键词"。甚至在日常生活中，人们直接将知识产权制度完整地表述为"知识产权保护制度"。从我国近些年来知识产权制度不断完善的发展趋势来看，在立法层面特别体现为知识产权保护内容不断扩大、保护水平不断提升；在司法保护层面则体现为以公正司法为核心理念的知识产权司法保护水平不断提升。未来，我国知识产权制度的发展将仍然以知识产权保护为基础和核心。

当然，也必须指出，知识产权制度并非"为保护而保护"的法律制度，因为如前所述，知识产权制度也是一种利益平衡制度，知识产权制度在充分有效保护知识产权人和相关当事人合法权益的基础上，也必须兼顾和维护社会公共利益，实现知识产权人的利益和社会公共利益的平衡。不仅如此，知识产权制度就其立法宗旨而言，需要通过促进创造性成果的广泛运用，实现推

---

〔1〕 本刊讯："全国政协召开双周协商座谈会 围绕'网络环境下的知识产权保护'建言资政 汪洋主持"，载《中国政协》2019 年第 4 期。

〔2〕 吴汉东主编：《知识产权法》（第 5 版），法律出版社 2014 年版，第 27—32 页。

进经济社会发展、提升科技文化创新能力、增进人民福祉的终极目的。正如习近平总书记在 2020 年中央政治局第二十五次集体学习时指出："保护知识产权的目的是激励创新，服务和推动高质量发展，满足人民美好生活需要。"〔1〕

没有调查就没有发言权。为了有效地加强我国知识产权保护，完善我国知识产权制度，对我国知识产权保护工作的实际情况进行广泛调研，有利于充分了解我国各项知识产权法律在实践中实施的情况、存在的问题及其原因，从而在掌握实际情况的基础上，为推进我国知识产权制度的完善、加强知识产权保护，提出更有针对性的建议和对策。在这方面，应当说政协具有独到的作用。政协通过组织安排政协委员和相关人员对知识产权保护的情况进行实地调研和座谈，充分把握我国知识产权保护的现状及成因，了解第一手资料，如知识产权法律规范在实践中贯彻和实施的效果及存在的问题、知识产权司法保护的现状与问题、知识产权工作在企业中开展的情况以及社会公众的知识产权保护意识和知识的普及情况，有利于政协委员及相关人员针对知识产权保护的现实情况提出有针对性的建议和对策。

笔者认为，我国各级政协发挥其民主监督职能和作用，对知识产权保护及相关情况进行深入的调查研究并提出相关议案和建议，有利于推动我国知识产权保护制度的完善。例如，笔者有幸在 2020 年应邀参加了全国政协社会和法制委员会组织的关于《著作权法》第三次修改的专家座谈会，就很有体会。在会议上，来自全国的部分政协常委、政协委员以及相关专业人士，针对我国著作权保护的现实和存在的问题，就我国《著作权法》第三次修改进行了深入的讨论，并提出了完善我国《著作权法》的建议。

由于知识产权制度是随着科学技术和经济社会发展而与时俱进的一种法律制度，在我国全面推进国家治理体系和治理能力现代化进程中，知识产权保护也存在新的问题，因此仍然需要进一步对我国知识产权法律制度实施情况加以了解，并在调查研究的基础之上，发挥政协参政议政的独特功能和作用，为我国知识产权保护建言献策。相信随着我国民主政治的推进，政协能够更好地发挥其民主监督职能，通过继续加强对知识产权保护情况的调研工作，不断提升我国知识产权保护水平。

---

〔1〕 习近平："全面加强知识产权保护工作 激发创新活力推动构建新发展格局"，载《求是》2021 年第 3 期。

三、知识产权行政执法的严格规范

为了提高知识产权行政执法水平，公平合理地处理知识产权纠纷，稳定相关社会经济秩序，需要对知识产权行政执法进行严格规范，以做到依法行政、严格执法、公正执法。为此，《强化知识产权保护意见》提出了两项具体措施：一是"建立健全奖优惩劣制度，提高执法监管效能"；二是"加强监督问责，推动落实行政执法信息公开相关规定，更大范围更大力度公开执法办案信息，接受社会和舆论监督"。

笔者认为，上述执法措施对于规范和强化我国知识产权行政执法有十分重要的意义。

第一，通过奖优惩劣制度，提高执法监管效能。知识产权行政执法和知识产权民事保护不同，前者是运用国家公权力手段查处知识产权侵权纠纷案件，处理知识产权公共事务。知识产权行政执法的结果，对于行政相对人合法权益的维护以及知识产权公共事务的推进都有重要的作用和影响。因此，需要加强知识产权行政执法监管，以确保知识产权行政执法沿着法治的轨道前进。加强知识产权行政执法监管的重要机制则是建立奖励先进、惩处后进的奖优惩劣制度，通过有效的激励机制，促使知识产权行政执法机构和人员依法行政、勤勉工作、严格执法、公正执法，有效地维护我国知识产权法律制度的尊严。例如，表彰在知识产权行政执法方面取得显著成效的单位和个人，既是对其过去工作成绩的肯定，同时也为他人树立了榜样，能够有效地鼓励先进、鞭策后进，推动我国知识产权行政执法管理水平不断提升。又如，对于在知识产权行政执法方面存在严重失职的单位和个人，通过规定相应的惩处措施，就能够有力地遏制在知识产权行政执法方面的各种违规行为、失职行为。近些年来我国各级知识产权行政机关也制定和实施了关于知识产权行政执法的奖惩标准和制度，并取得了显著成效。今后需要在总结现有经验的基础之上，进一步完善知识产权行政执法奖惩标准和相关制度。

笔者认为，知识产权行政执法监管领域实施奖优惩劣制度，还可以从心理学的角度进行理解和认识。心理学和包括知识产权法学在内的法学的研究范式与理念不同，但仅就知识产权法学和心理学的关系而言，两者也并非没有任何联系。例如，商标法和心理学之间就具有十分密切的联系，有学者还专门撰写了关于商标法的心理学分析的研究性论文。其实，关于知识产权法的经济学分析涉及理性经济人的假设，也可以从心理学的角度进行分析。这里所探讨的知识产权行政执法监管引入奖优惩劣制度，也是通过制度约束，激发人的内心潜能，促使其朝着制度的目标与方向努力。

第二，强化知识产权行政执法信息公开，既是当前我国政府信息公开的基本要求和重要内容之一，也是有效地加强知识产权行政执法监管，接受社会和舆论监督的重要手段与机制。关于知识产权行政执法信息公开的合理性，可以首先从政府信息公开的必要性和可行性方面加以理解。近些年来，我国为促进政府信息公开做了大量的努力，包括与政府信息公开相关的法律规范的完善。政府信息公开，使得社会公众能够知悉相关的内容，这是对公民知情权的重要保障。政府公开相关信息也是接受社会舆论监督的重要方式，因为社会公众能够对所知悉的政府公开信息进行评判，从而可以实时加以监督并通过一定的途径反馈，使政府不断地改进行政执法工作。

就知识产权行政执法信息公开而言，作为我国政府执法信息公开的范畴和重要内容之一，其重要性也体现在保障公民的知情权，接受社会和舆论的监督，保障知识产权行政执法步入法治的轨道，并纠正在知识产权行政执法过程中存在的各种问题。过去，我国知识产权行政执法信息公开程度不够，社会公众无从了解各级知识产权行政执法的情况，很难谈得上对知识产权行政执法的有效监督。近些年来，随着我国日益重视政府信息公开，知识产权行政执法信息的公开也得到了很好的改善。[1]特别是随着我国加入世界贸易组织并签署了《与贸易有关的知识产权协议》（TRIPs协议），知识产权行政执法信息应当予以充分公开也被视为履行国际义务的要求。今后，我国知识产权行政执法信息的公开，应当加强这方面的相关制度建设，同时加大知识产权行政执法信息的公开力度，扩大公开范围，以便在更大程度上接受社会和舆论的监督，形成对知识产权工作齐抓共管的局面。[2]

---

〔1〕 李云霖、欧爱民："知识产权行政处罚案件信息公开机制探析"，载《知识产权》2014年第8期；董伟伟："论政务信息公开过程中的知识产权保护问题"，载《山东档案》2012年第3期。

〔2〕 《推进计划》提出的措施有：推动建立国家知识产权局与最高人民法院数据信息交换网络专线，明确信息交换范围。

第六章
知识产权保护中的社会共治

加强社会监督共治，构建知识产权大保护工作格局，是《强化知识产权保护意见》关于强化知识产权保护的重要对策之一。《强化知识产权保护意见》在"建立健全社会共治模式"的措施中指出：

完善知识产权仲裁、调解、公证工作机制，培育和发展仲裁机构、调解组织和公证机构。鼓励行业协会、商会建立知识产权保护自律和信息沟通机制。引导代理行业加强自律自治，全面提升代理机构监管水平。加强诚信体系建设，将知识产权出质登记、行政处罚、抽查检查结果等涉企信息，通过国家企业信用信息公示系统统一归集并依法公示。建立健全志愿者制度，调动社会力量积极参与知识产权保护治理。

对此，笔者认为，鉴于知识产权保护涉及各方面社会关系，其本身具有高度的专业性和技术性，因此需要调动各方面的力量，强化和健全知识产权的社会共治模式。针对《强化知识产权保护意见》的上述规定，知识产权保护中的社会共治模式值得探讨。

知识产权仲裁、调解和公证机制的构建与完善是我国知识产权保护体系中不可缺少的重要内容。[1]通常人们认为，我国知识产权保护以知识产权行政处理和司法保护为核心内容，尤其是知识产权司法保护在我国知识产权保护体系中处于主导地位，知识产权行政处理则具有支撑作用，形成了所谓"两条途径、协调处理"的具有中国本土化特色的知识产权保护体系。然而，

---

[1] 倪静："论知识产权有效性争议的可仲裁性——对公共政策理由的反思"，载《江西社会科学》2012年第2期。

作为解决我国知识产权各类纠纷的重要手段和工作机制，知识产权仲裁、调解和公证的价值和作用也不能忽视，它们在解决我国知识产权各类纠纷中所处的地位与起到的作用也具有不可替代性，而且具有其自身的特色和优势。[1]这里不妨分别进行研究和探讨。

一、知识产权仲裁工作机制

从逻辑上说，知识产权仲裁无疑属于我国民商事仲裁的重要范畴和内容之一，同时也属于我国仲裁的案件类型之一。众所周知，和诉讼一样，仲裁也是解决相关纠纷案件的一种法律机制、程序和手段。我国即颁布和实施了《仲裁法》。一般认为，在任何国家和地区，诉讼是解决包括知识产权纠纷在内的法律纠纷最主要和最重要的法律手段、程序和机制。然而，仲裁也是一种十分普遍且独具特色的解决纠纷的法律手段、程序和机制。与诉讼解决纠纷相比，仲裁解决纠纷最大的特色和优势在于其实行专家裁断案件、一裁终局，具有很强的专业性和效率优势。笔者曾经担任北京和深圳仲裁委员会仲裁员多年，目前仍担任中欧仲裁中心仲裁员，南京、长沙、淄博仲裁委员会仲裁委员。笔者还担任中国国际贸易仲裁委员会网上争议与域名争议解决专家组成员，以独任或者仲裁庭仲裁员（"边裁"）身份裁决了很多纠纷案件，其中大部分是与知识产权有关的纠纷案件，因而对于通过仲裁手段解决知识产权以及其他相关法律纠纷有较深入的认识。

（一）知识产权仲裁工作机制目前存在的问题

当前，我国已有很多仲裁委员会开始接受知识产权纠纷案件的仲裁。有的地方还成立了知识产权仲裁院，专门通过仲裁的形式审理知识产权纠纷案件。[2]从我国知识产权仲裁案件的实践看，各类仲裁机构审结了相当一部分知识产权纠纷案件，有力地维护了当事人的合法权益，及时维护了社会关系的稳定，并在某种程度上减轻了人民法院审理知识产权纠纷案件的负担和压力。然而，根据笔者所掌握的情况，还应指出的是：当今我国通过仲裁手段

---

[1]《推进计划》关于完善知识产权仲裁、调解工作机制的措施如：开展知识产权仲裁、调解优先推荐试点。加大知识产权仲裁、调解组织和公证机构培育力度，研究扩展仲裁、调解、公证工作中有关知识产权保护方面的业务类型。设立中国国际知识产权仲裁委员会。研究建立知识产权保护规范化市场管理标准，在相关领域和环节引导构建仲裁、调解等快速处理机制等。

[2] 吴友明："论知识产权仲裁"，载《法学评论》1999年第4期。

解决知识产权各类纠纷案件，还存在很多问题。这些问题尤其体现在以下几方面。

第一，总体上，我国通过仲裁手段解决的知识产权纠纷案件数量非常少。如前所述，近些年来我国知识产权保护实践中一个重要的问题是知识产权纠纷案件数量飙升，特别是每年仅诉讼案件即达到数十万件。与日俱增的知识产权诉讼案件使我国有限的知识产权审判力量不堪重负，加班加点已成为我国知识产权法官的工作常态。由于案件数量剧增，而知识产权诉讼案件审结都有时间限制，客观上可能会影响到各类知识产权案件审理的质量。甚至在有的知识产权专门法院，同一主审法官需要在一天之内开数个庭，以致每一个案件开庭的时间短，甚至到了外界无法想象的地步。这一困局无疑是由于知识产权诉讼案件数量急剧增长所造成的。与此形成鲜明对照的是，我国知识产权仲裁案件却总体上严重缺乏，有的地方仲裁机构一年的知识产权案件数量在个位数。笔者认为知识产权仲裁案件数量很少，也是由多方面原因造成的。除了知识产权仲裁案件的受理需要以当事人存在书面仲裁协议或者在事后形成书面的仲裁协议这一法定条件以外，其中一个非常重要的原因在于我国很多当事人对于通过仲裁方式解决知识产权纠纷感到陌生。

第二，人们对于以仲裁形式解决包括知识产权纠纷在内的各类纠纷还缺乏深入的认识甚至基本的信任。从更深层次的原因看，这与我国对通过仲裁方式解决包括知识产权纠纷在内的各类纠纷的宣传和普及还远远不够有关。从这个意义上来讲，《强化知识产权保护意见》明确规定要通过构建知识产权仲裁工作机制，培育和发展知识产权仲裁等方式在内的社会共治机制，具有十分紧迫的意义和现实价值。对于普通民众而言，通过司法途径解决纠纷（俗称"打官司"）是众所周知的常识。然而，通过仲裁的方式解决纠纷，尚未被普通民众认识和接受。由于通过仲裁形式解决纠纷的意识较为缺乏，在发生纠纷前签订合同或者发生纠纷以后通过签订书面仲裁协议或仲裁条款解决纠纷的机会相应会大大减少。

另外，还值得指出的是，与研究诉讼的相关人才及机构相比，关于仲裁方面研究的机构和人员较为缺乏，研究成果相对来说也较为缺乏。

（二）知识产权仲裁工作机制的完善

就当今我国包括知识产权仲裁在内的各类仲裁出现的上述问题，笔者认为需要通过以下方式加以解决：

1. 加强对于仲裁解决纠纷相关法律知识的普及和意识的培养。意识无疑是行为的先导，而意识的形成需要有相关的知识作为铺垫和基础。在我国普法活动中，针对解决纠纷的方式，在介绍诉讼相关知识的同时，可以增加仲裁解决相关法律纠纷的知识。相信人们在提高仲裁相关法律的知识水平和意识以后，通过仲裁解决相关法律纠纷的机会会大大增加。

2. 不断优化我国仲裁程序，充实仲裁队伍，提高仲裁水平。仲裁与诉讼一样，都有严格的程序。仲裁程序应当随着我国法治建设的发展，在总结仲裁实践经验之上不断优化，以确保仲裁公正和提高程序效率、有效地维护当事人的合法权益为基本目标。近几年笔者担任北京仲裁委员会仲裁员期间，该仲裁委员会即认真总结了过去仲裁的经验，对北京仲裁委员会原有仲裁规则做了大幅度的修改和完善，效果明显。

除了优化仲裁程序以外，笔者认为充实仲裁员队伍，根据《强化知识产权保护意见》的规定完善仲裁工作机制、培育和发展仲裁机构也是十分重要的改进措施。如前所述，当前我国很多地方已经设立了仲裁机构，针对知识产权仲裁甚至还设立了专门的知识产权仲裁院。仲裁机构的组织建设和工作机制，特别是仲裁机构的有效运行，无疑是开展好仲裁工作，提高仲裁效率，公平合理地维护当事人合法权益，有效地解决纠纷的重要保障。笔者认为，我国仲裁机构的工作机制的完善，最重要的内容是应当确保以公正为核心的仲裁程序的有效运行、以仲裁为中心的仲裁活动的顺利开展。公正是司法的底线和司法活动、司法审判以及法官职业道德的基本要求与愿景，而司法是社会正义的表征，离开了公正，司法保护就不能为经济社会发展保驾护航，社会的文明和进步也不能实现。正是基于公正对于司法保护的极其重要的意义，习近平总书记指出：要努力在每一个案件中使人民群众感受到公平和正义。仲裁也是解决纠纷的一种重要形式，笔者认为司法公正的要求及价值对于仲裁裁决案件同样重要。可以毫不夸张地说，公正也是仲裁的生命力所在，是仲裁程序和仲裁活动的根本要求，也是对仲裁庭、仲裁员从事仲裁活动的根本要求。应当说，我国仲裁制度在实施中基于专家裁案的基本形式，总体上公正原则得到了保障，仲裁机构和仲裁员通过仲裁大量的案件，公平合理地维护了当事人合法权益和社会关系的稳定。但也必须指出，并非不存在问题，有的问题甚至还非常严重。例如，近年曝光的某大城市仲裁委员会主要负责人因为违法犯罪被绳之以法。造成仲裁案件不公的原因也有很多，如有

的仲裁机构在仲裁程序设置上为仲裁委员会的相关人员寻租提供了空间，有
的仲裁员在利益诱惑或者关系面前违背了公正原则，也不排除个案中有因不
负责而导致的不公正裁判。针对当前我国仲裁机构、仲裁活动中存在的各种
问题，笔者认为应当建立监督机制，加强对仲裁委员会、仲裁机构、仲裁活
动的监督，防止枉法裁判、非法干预等各类违规行为的出现，确保仲裁程序、
仲裁活动和仲裁结果的公正性。

3. 加强对仲裁程序、仲裁制度的相关研究，提高仲裁研究水平。[1]如前
所述，相对于诉讼研究而言，我国仲裁研究方面的力量和成果差距较大。为
此，需要增加相关方面的研究力量，充实相关成果，指导我国仲裁实践。例
如，笔者所在的中国政法大学就成立了仲裁相关的专门研究机构，通过开展
仲裁理论研究和实务探讨，取得了很好的成绩。笔者认为特别需要关注仲裁
程序的构建和优化、以仲裁法为核心的仲裁制度的完善、仲裁员队伍建设、
仲裁组织建设以及仲裁的比较研究等。

二、知识产权调解工作机制

调解也是解决知识产权纠纷的重要方式。从学理上来说，调解可以分为
诉讼程序中的调解和诉讼外的调解，其中后者包括仲裁程序中的调解和民间
调解、行政调解等形式。[2]从狭义的角度而言，通常认为调解不包括诉讼程
序中的调解以及仲裁程序中的调解。不过，基于调解解决纠纷的独特优势，
诉讼程序中的调解和仲裁程序中的调解也值得高度重视。《强化知识产权保护
意见》也主要是从狭义的角度对调解进行规范的。

以调解方式解决知识产权各类纠纷，具有独特的优势。[3]具体而言，主
要体现于：

第一，调解通常是由居间的相关调解组织在双方或多方当事人之间进行
斡旋，在各方当事人互谅互让的基础之上达成调解协议，因而容易得到执行，

---

〔1〕 刘瑾："论知识产权有效性仲裁的认识误区及相关救济制度重塑"，载《知识产权》2016 年
第 11 期。

〔2〕 邓文武："知识产权纠纷行政调解的服务转向和制度供给"，载《重庆大学学报（社会科学
版）》2017 年第 4 期。

〔3〕 刘友华、陈骞："知识产权纠纷非诉解决：调解及其运用"，载《湘潭大学学报（哲学社会
科学版）》2013 年第 5 期。

从而有利于及时定分止争，维护社会关系的稳定。比较而言，以诉讼的方式解决知识产权纠纷，判决生效以后，其有效执行有时候存在较大的困难。从近些年来我国大量的民商事纠纷解决情况看，"执行难"一直是困扰人民法院的一个老大难的问题。基于调解解决各类民商事案件的优点和特色，我国也越来越重视通过调解的方式解决纠纷。

第二，调解协议容易得到执行，且与诉讼相比缺乏强制性和对抗性，在相当大的程度上可以避免一场诉讼战以后双方结成仇家或者破坏已有的及以后潜在的合作关系。进言之，以调解方式解决知识产权纠纷，能够取得化干戈为玉帛的效果。另外，知识产权纠纷案件，尤其是著作权纠纷案件，当事人往往顾及所谓"面子"，用调解方式解决知识产权纠纷，正好契合了当事人的非讼心理。

第三，通过调解协议解决知识产权纠纷，调解协议一般不对外公布，处于被动地位的当事人更有动力通过这种形式协议解决纠纷。笔者对近年处理的一桩涉及剽窃的著作权纠纷案件就深有感触。该案如通过正常诉讼程序，涉嫌剽窃的当事人很可能处于非常不利的地位，因为一旦法院认定剽窃行为成立，判决书通常需要公开，而一旦该判决书公开，可能会对被告的声誉造成较大的影响，影响其未来的发展。该案最后通过双方调解的形式得以妥善解决，尽管被指控剽窃的行为人支付的补偿费明显高于法院判决认定的侵权损害赔偿额，但其认为总的来说还是值得的。

正因为调解解决知识产权纠纷所具有的优势和特色，《强化知识产权保护意见》将其与诉讼和仲裁并列为解决知识产权纠纷的重要形式。当然，如上所述，即使在诉讼和仲裁中，也需要高度重视调解程序的重要作用。同时，需要进一步看到的是，尽管调解方式解决知识产权纠纷具有一些特色和优势，其本身也存在一些局限。

完善通过调解方式解决知识产权纠纷，根据《强化知识产权保护意见》的规定，还需要培育和发展调解组织。随着近些年来我国调解工作机制的建构和完善，在知识产权领域处理知识产权纠纷的调解组织也在不断发展。另外，通过立法制度的完善，确认知识产权调解组织的法律地位和相关职责，使我国知识产权调解组织的构建步入法治化和规范化的轨道，也是很必要的。例如我国《著作权法》在第三次修改过程中，就专门对著作权纠纷调解组织作出了相应的规定。笔者认为，在《著作权法》中明确规定著作权纠纷调解组织，有利于确立著作权纠纷调解组织的法律地位、明确其相关的职责，更好地发挥其处理著作权纠纷的作用。

总的来说，关于以调解方式解决知识产权纠纷，应注意以下几点：①以双方自愿和公正合理解决为基本原则，以及时定分止争、维护社会关系的和谐与稳定为指针；②以调解方式解决知识产权纠纷的工作机制，应注意总结已有经验教训，防止为调解而调解的无原则地损害一方当事人利益的做法；③在调解相关制度的构建上，应注意和相关法律程序的衔接；④在调解的组织建设方面，应当注重调解组织的公正、高效，同时应注重针对不同类型、不同性质的知识产权纠纷案件建立不同的调解组织。

三、知识产权公证工作机制

根据《强化知识产权保护意见》的规定，需要完善知识产权公证工作机制以及培育和发展知识产权公证机构，作为建立和健全我国知识产权社会共治模式的重要内容之一。

公证指的是专门的公证机关基于申请人的申请，按照法定程序提供的证明。具体地说，它是自然人、法人或者非法人组织为实现一定的目的，依法向公证机关申请公证，由该机关基于申请人提供的材料和主张，按照法定的程序作出具有法律意义的证明，或者对特定文书的真实性、合法性进行证明的活动。从性质上说，公证制度也是我国司法制度的重要组成部分。公证制度对于预防和解决纠纷、促进社会和谐、维护法治的运行具有重要意义。基于公证制度的重要性，我国通过颁布实施《公证法》的形式，建立了具有中国特色的公证制度，为我国有效实施司法制度发挥了重要的作用。

在我国知识产权制度实施中，公证制度也起到了十分积极的作用。例如，我国大量知识产权侵权纠纷案件涉及证据的固定和认定，知识产权人和相关当事人为了向司法机关等提供具有法律效力的证据，往往需要在申请公证后提交经公证的证据。据统计，从 2006 年到 2013 年，全国 25 个省、自治区及直辖市共办理知识产权方面的公证业务 591 654 件。以 2013 年为例，当年全国办理知识产权公证业务 108 732 件，接近当年全国公证业务总量 11 685 034 件的 1%（0.93%）。[1]特别是近些年来随着知识产权战略的深入实施，我国

---

[1] 参见百度百科"公证"，最后访问时间：2022 年 4 月 2 日。

知识产权事业得到了长足发展，知识产权制度在国家经济社会生活中的地位和作用也越来越重要，知识产权纠纷案件的数量已大幅增长。在这种情况下，知识产权公证业务的数量也大幅增长。无疑，我国知识产权事业的蓬勃发展对知识产权公证业务开展也提出了新的要求，构建公正、高效的知识产权公证工作机制，培育和发展开展知识产权公证业务的公证机构，具有十分重要的意义和作用。

（一）知识产权公证工作机制的原则

关于知识产权公证工作机制的原则，笔者认为应当把握以下几点。

1. 遵循真实性原则。客观、公正是包括知识产权公证在内的所有公证制度和公证活动的根本性要求。公证活动是依照法定程序的证明活动，是对客观事实经过法定程序的认证，因此其必须符合客观事实，而不得歪曲、篡改客观事实，更不得虚构事实。同时，作为我国司法制度的重要组成部分，公正是司法制度的灵魂和根本性要求，同时也是所有公证制度和公证活动的根本性要求。

2. 遵循合法性原则。如前所述，公证是按照法定程序开展的证明特定事实与目的的活动，公证活动及公证书的制作因而必须严格按照法定程序和要求予以开展，违背法律程序和要求的公证活动及在此基础上制作的公证书作为相关证据使用将不被接受。值得指出的是，仅就知识产权方面公证而言，实践中出现了一种所谓的"陷阱取证"是否符合公证证据的要求的争议。在一度广受关注的北大方正诉某被告侵犯著作权纠纷案中，原告申请公证，由于公证员在未表明自己身份的情况下对被告侵权事实作出了公证认定，在该案二审中，北京市高级人民法院对于被告侵权证据的证据效力不予认定。在最高人民法院再审中则认可了一审法院关于证据效力的认定。笔者认为，之所以出现上述情况，是由于权利人难以获得知识产权侵权证据。

（二）完善知识产权公证工作机制的措施

关于培育和发展包括知识产权业务在内的公证机构，笔者认为以下几点对策值得重视。

1. 组建专业人才队伍。鉴于知识产权本身的高度专业性和技术性，组建包括知识产权业务在内的公证机构应当培养既懂知识产权又懂公证业务的专业人员。据笔者了解的情况，我国目前公证机构的专业人员较少具有知识产权专业背景。在早些年，由于我国知识产权制度处于发展初期，知识产权相关公证业务数量不多，公证机构对于具有知识产权专业背景的公证员的需求也并不紧迫。随着知识产权的保护与运用作为我国的国家战略，需要公证的知识产权业务数量越来越大，这尤其体现为知识产权侵权诉讼的侵权证据通过公证固定。在新形势下，公证机构开展知识产权业务具有极大的必要性，尤其是对于有效维护知识产权人的合法权益、实施知识产权法律而言。当然，知识产权公证业务的开展也能够拓展公证机构的业务范围，使我国公证机构能够在国家知识产权战略的实施和知识产权强国建设中发挥其独特而不可替代的积极作用。

2. 注意知识产权公证业务的特殊性。培育和发展包括知识产权公证业务在内的公证机构，应当注意知识产权公证业务的特殊性。知识产权公证业务无疑也属于我国公证业务的范畴，应当遵守我国《公证法》等的规定。[1]但也应当注意知识产权公证业务与传统的公证业务相比所具有的一些特殊之处，只有这样才能高质量地开展知识产权公证业务。

3. 制定和完善知识产权公证的相关规范性文件。为了有效地提高我国知识产权公证业务的水平与质量，需要以我国《公证法》为指引，依据知识产权公证业务的发展规律和要求，制定和完善我国知识产权公证的相关规范性文件，使我国知识产权公证业务步入法治化和规范化轨道。

4. 加强知识产权公证问题的理论与实务研究。为推动我国知识产权公证业务的有效开展，为知识产权公证业务提供有效的理论指导，笔者特别建议我国知识产权理论与实务界加强对知识产权公证问题的研究，包括在互联网环境下的知识产权公证问题的研究。[2]

四、行业协会、商会知识产权保护自律和信息沟通机制

在知识产权社会共治模式中，行业协会、商会等组织在知识产权保护方面发挥的作用也是不容忽视的。《强化知识产权保护意见》即明确指出，要"鼓励行业协会、商会建立知识产权保护自律和信息沟通机制"。我国各类行

---

〔1〕 浙江省高级人民法院课题组："关于知识产权民事诉讼中公证证据审查与采信的调研"，载《法律适用》2011年第1期。

〔2〕 詹爱萍："挑战与应对：网络语境下知识产权的公证保护"，载《学术论坛》2015年第9期。

业协会和商会在知识产权保护方面具有独特的优势，应当重视发挥它们在推进知识产权保护方面的作用。

基于社会分工的需要，任何一个国家都存在很多行业。根据亚当·斯密《国富论》的观点，社会分工促进了效率的提高，特别是促进了竞争效率的提高。在社会分工的基础上，发展出各行各业，而行业协会就是促进行业发展的组织。行业协会并不是官方机构或组织，而是具有民间性质的组织，在法律上为社团法人。行业协会是政府与企业以及企业与其他生产经营者之间就特定行业的发展提供咨询、服务、协调、自律、监督和宣传等的社会组织。从上述基本职能来看，强化行业协会的自律和沟通也是其重要工作内容之一。

由于知识产权在当代经济社会中具有十分重要的地位和作用以及当代知识产权保护具有日益增强的趋势，我国各行各业都涉及相关的知识产权保护问题。因此，知识产权保护问题在各个行业协会中也是需要高度重视的问题。[1]尤其是在当前国际贸易和知识产权国际保护中，行业协会所发挥的作用可能更大。[2]例如，近些年来我国一些企业在参加国外会展时遭受国外竞争对手以知识产权维权为名的打压，在处理这类纠纷时相关的行业协会即能发挥其独特的沟通和斡旋作用，及时解决纠纷。又如，近些年来，一些竞争对手根据美国"337条款"打压在美国开拓市场的中国企业，我国相关行业协会的介入也能够为受到打压的企业提供各类帮助。

由于知识产权涉及我国各行各业，而且其内容较为丰富，我国行业协会涉及的知识产权问题显然也较为复杂，内容较为丰富。不过，在知识产权保护方面，行业自律以及相关的信息沟通是特别重要的、基础性的工作和措施。就知识产权保护方面的行业自律而言，笔者认为行业协会应当建立行业相关知识产权保护的制度和章程。与前面讨论的企业建立自身的知识产权保护与管理制度一样，在行业知识产权保护制度构建方面，也需要注意克服一个错误的观念，即我国已有各类知识产权保护制度，行业协会没有必要再去制定

〔1〕　王娜："行业协会在知识产权保护中的地位、优势与作用——以温州为例"，载《学术论坛》2011年第3期。

〔2〕　董新凯、朱婵敏："行业协会与国家知识产权战略的实施"，载《科技管理研究》2010年第2期。

相关的规则。行业协会牵头制定行业自身的知识产权保护制度，具有以下重要作用：首先，在行业内加强知识产权保护意识，普及知识产权相关法律知识。其次，加强行业知识产权保护方面的自律。从宏观方面来说，我国知识产权制度的有效执行，需要落实到各行各业中。通过行业自律，就能够既保护自身的知识产权，也尊重他人的知识产权，防范各类知识产权风险。最后，通过行业自身的知识产权保护制度的贯彻和实施，行业内的相关单位和个人能够有效地遵守知识产权相关法律，最终实现在知识产权方面"全民守法"的最佳愿景和效果。就各行业知识产权保护的信息沟通机制而言，行业协会也应当能发挥其独特的作用，如通过行业协会建立知识产权信息联络人制度和工作机制，确保知识产权政策和制度及相关信息及时在行业内扩散。

强化商会在知识产权保护方面的自律以及信息沟通机制，也是我国加强知识产权社会共治的重要内容之一。在法律上，商会与行业协会一样属于社团法人，是指为维护会员的合法权益而按照法定程序成立的旨在促进工商业发展和繁荣的组织。商会的基本特点是具有民间性、公益性和自律性。

商会直接面对我国企业的发展，是连接政府与企业和行业的重要桥梁。基于知识产权与企业和行业之间的重要联系以及知识产权的保护与运用在企业和行业中的重要作用，我国各级各类商会也同样需要重视知识产权保护问题。[1]根据《强化知识产权保护意见》的规定，在知识产权保护方面，商会同样应当高度重视自律和信息沟通机制。与前述行业协会关于知识产权保护的措施相应，为了加强知识产权保护方面的自律，商会也应当构建相关的知识产权保护机制，指导其所沟通、联系的企业的知识产权保护工作。同时，也需要用各种信息化手段建立商会在知识产权保护、运用相关方面的信息沟通和交流机制，以便使我国知识产权政策和制度能够及时通过商会的渠道和形式得以贯彻执行。

五、代理行业与自律自治

知识产权保护方面建立健全社会共治模式，也特别需要对我国知识产权代理行业加以严格规范，强化自律自治。《强化知识产权保护意见》明确指

---

[1] 竹子俊："为中企发声 国际商会知识产权专业委员会成立"，载《中国对外贸易》2012年第11期。

出，要"引导代理行业加强自律自治，全面提升代理机构监管水平"。[1]

对于上述规定，笔者认为，以下问题值得重视和研究。

第一，代理机构特别是知识产权相关代理机构，在知识产权保护中具有重要地位和作用。如前所述，知识产权具有高度的专业性、技术性和复杂性，特别是如专利申请、专利无效宣告请求程序等具有高度的技术性。正是因为知识产权授权确权、知识产权保护等所具有的这些特点，专利代理机构等知识产权代理机构应运而生，并有蓬勃发展之势。商标授权确权、商标权保护等尽管不涉及复杂的技术问题，但具有很强的专业性。从我国实际情况看，大量知识产权授权确权及相关知识产权保护事务由知识产权代理机构承担。知识产权相关代理机构业务素质的高低，直接影响知识产权授权确权及知识产权保护等相关事务的质量和效率。

第二，知识产权相关代理机构是知识产权代理行业的基本组织形式，其代理水平和质量的提升需要知识产权代理行业加强监管和规范，尤其体现为知识产权代理相关行业协会的规范化管理和制度完善。从我国知识产权代理行业协会的构建和运行的情况来看，中国专利代理人协会、中国专利保护协会、中华商标协会等全国性的知识产权代理行业性组织分别为专利代理机构、商标代理机构进行相关的知识产权代理业务提供了规范性指引。今后需要在总结现有经验基础之上进一步拓展相关业务，以协会为基本的依托，强化知识产权行业的自律自治，从而有力地加强对知识产权代理机构的监管，提高我国知识产权代理业务的水平和质量，最终也有利于提高我国知识产权整体质量，使我国由知识产权数量大国变为真正的知识产权强国。

第三，引导我国知识产权代理行业加强自律自治，全面提升知识产权代理监管水平，需要以制度建设作为基础，狠抓落实。应当指出，近些年来随着我国知识产权事业的蓬勃发展，人们的知识产权意识不断增强，特别是企业的知识产权保护和经营管理意识也在逐渐增强，知识产权申请和授权数量极大提升。这一现实情况也催生了大量的知识产权代理机构。总体上，我国各类知识产权代理机构为有效地实施知识产权战略作出了十分重要的贡献，尤其体现为知识产权授权确权方面。如我国数以万家的专利代理机构、商标

---

[1]《推进计划》提出的措施有：深入推进专利代理行业监管"蓝天"专项行动，精准打击违法代理行为。

代理机构承担了大量的专利、商标申请与授权代理业务。但也应看到，在我国知识产权代理实践中也出现了各种各样的问题，有的问题还非常严重，如存在所谓"黑代理"现象，有的知识产权代理机构违背诚信原则，存在严重损害当事人合法权益，扰乱相关代理秩序的行为。近年来国家知识产权局等相关部门也曝光了部分严重的问题。

为了规范我国代理行业的自律自治，加强对代理机构和代理人行为的规范，我国知识产权专门法律在修订时也增加了相关的制度。如《商标法》2013 年修订时专门增加了对商标代理机构行为的规范。2019 年再次修改时，做了进一步的完善。其第 19 条规定："商标代理机构应当遵循诚实信用原则，遵守法律、行政法规，按照被代理人的委托办理商标注册申请或者其他商标事宜；对在代理过程中知悉的被代理人的商业秘密，负有保密义务。委托人申请注册的商标可能存在本法规定不得注册情形的，商标代理机构应当明确告知委托人。商标代理机构知道或者应当知道委托人申请注册的商标属于本法第四条、第十五条和第三十二条规定情形的，不得接受其委托。商标代理机构除对其代理服务申请商标注册外，不得申请注册其他商标。"第 68 条第 3、4 款规定："商标代理机构违反诚实信用原则，侵害委托人合法利益的，应当依法承担民事责任，并由商标代理行业组织按照章程规定予以惩戒。对恶意申请商标注册的，根据情节给予警告、罚款等行政处罚；对恶意提起商标诉讼的，由人民法院依法给予处罚。"

由此可见，《商标法》对于商标代理机构违背诚信原则的行为，赋予了商标代理行业组织通过章程予以惩戒的权力。这无疑为我国商标代理行业组织通过自律自治行为加强对商标代理行为的规范提供了明确的法律依据，必将有利于规范我国商标代理行为，提高我国商标代理水平。

又如，针对我国专利代理实践中存在的各种问题，《专利法》第四次修改过程中的相关草案文本专门针对专利代理机构作出了规定。国家知识产权局在 2015 年版的《专利法》第四次修改草案的说明中指出，要"完善专利代理法律制度，促进知识产权服务业健康发展"。具体而言，"根据实践发展需求，进一步完善专利代理法律制度，规定专利代理师、专利代理机构执业基本准则，明确专利代理行业自律组织的法律地位，制止黑代理行为，营造有利于合法经营、诚实守信、有序竞争的法治环境"。现行《专利法》关于专利代理机构的规定未做修改，但对这一问题加以探讨仍然是具有价值和意义的。

六、诚信体系建设

通过企业信息系统公开的形式，督促企业遵守诚信原则，加强诚信体系建设，也是十分重要的一项内容和对策。《强化知识产权保护意见》即明确指出，要"加强诚信体系建设，将知识产权出质登记、行政处罚、抽查检查结果等涉企信息，通过国家企业信用信息公示系统统一归集并依法公示"。

对此，笔者认为以下问题值得研究和探讨。

第一，在民事活动中遵守诚信原则，具有十分重要的作用。早在 1986 年，我国《民法通则》就明确规定了诚信原则。该原则被《民法典》吸收。例如，《民法典》第 7 条规定："民事主体从事民事活动，应当遵循诚信原则，秉持诚实，恪守承诺。"诚信原则被视为"帝王条款"，足见其规范民事行为的极端重要性。现实生活中，柤当多的案件是因为一方当事人违背了诚信原则，采取欺诈等不诚信手段损害另一方当事人的合法权益。诚信不仅是我国民事法律的基本原则，也是我国社会主义核心价值观的重要内容，对于我国构建诚信社会、和谐社会的价值是不可估量的。

第二，遵守诚信原则，也是加强知识产权保护，预防和制止各类知识产权侵权行为、规范知识产权授权确权行为以及依法行使知识产权的重要保障。

从目前我国知识产权法治建设的情况来看，一方面，我国知识产权保护制度不断健全，人们的知识产权保护意识也日益增强；另一方面，知识产权纠纷特别是知识产权侵权纠纷案件也不断增加。如上所述，很多知识产权侵权案件之所以发生，原因之一就在于一方当事人违背了诚信原则，采取仿冒、假冒、欺骗等各种不正当手段，损害知识产权人和相关当事人的合法权益，严重者还损害公共利益，甚至触犯刑律，构成犯罪。违背诚信原则的知识产权侵权行为在不同类型的知识产权侵权纠纷中都有体现。例如，侵权人以不正当手段剽窃、抄袭他人作品，或者制作、销售假冒他人署名的作品就属于违背诚信原则的著作权侵权行为。[1]侵权人通过假冒他人专利的手段实施侵权行为，以及假冒他人注册商标，就是专利法和商标法领域违背诚信原则的严重侵权行为。

当然，在知识产权法领域，违背诚信原则的行为不限于相关的知识产权

---

〔1〕　冯晓青：《著作权法》，法律出版社 2010 年版，第 230—272 页。

侵权行为，还包括知识产权授权确权过程中的相关行为以及知识产权人不正当地行使权利的行为。[1]

就知识产权授权确权行为而言，主要包括专利申请审批程序以及商标申请注册程序中的相关行为。以专利申请授权而论，专利申请人明知是现有技术或现有设计而申请专利的行为，就是违背诚信原则的不正当行为。此外，专利申请人将剽窃他人的技术以自己的名义申请专利的行为同样是违背诚信原则的不正当行为。值得注意的是，《专利法》（2020 年修正）新增了诚信原则，其第 20 条第 1 款规定："申请专利和行使专利权应当遵循诚实信用原则。不得滥用专利权损害公共利益或者他人合法权益。"第 2 款规定："滥用专利权，排除或者限制竞争，构成垄断行为的，依照《中华人民共和国反垄断法》处理。"这一规定无疑有利于在专利申请审批程序以及获得专利权后行使专利权时，有效制止采取欺诈手段等违背诚信原则的行为。再以商标申请注册和核准而言，在商标授权确权中也存在相当多的违背诚信原则的行为，典型的如：以不正当手段抢先申请注册他人在先使用且有一定知名度的未注册商标（通常称为抢注商标）、恶意囤积注册商标，以侵犯他人在先权利的形式申请注册商标等。为了有效地规范商标申请注册行为，我国《商标法》在 2013 年 8 月第三次修改时专门增加了商标申请注册和使用应当遵循诚信原则的规定。《商标法》在 2019 年 4 月第四次修改时，在第 4 条专门增加了不以使用为目的的恶意申请不予注册的规定。

此外，在知识产权保护方面遵循诚信原则，也应当注意知识产权人违背诚信原则而不正当地行使权利的行为。[2]相对于知识产权侵权行为人违背诚信原则，知识产权人违背诚信原则而不适当地行使权利，较少受到关注。从《强化知识产权保护意见》关于知识产权的全面保护的角度来看，这一方面也应当加以重视。笔者认为，知识产权人违背诚信原则而不正当地行使权利尤其体现为滥用诉权。[3]近些年来在我国知识产权相关诉讼案件中，知识产权人滥用诉权的案例并不罕见。例如，在最高人民法院公布的指导案例中，就

---

〔1〕 徐家力："诚实信用与知识产权的保护"，载《知识产权》2005 年第 5 期。

〔2〕 俞风雷、沈宗阳："规制知识产权滥用的私法路径分析"，载《知识产权》2015 年第 4 期

〔3〕 冯晓青："商业维权模式下的著作权诉讼维权探析——兼论滥用诉权、恶意诉讼问题"，载知产力微信公众号，2021 年 1 月 28 日。

有关于知识产权人滥用诉权的典型案例。知识产权人滥用诉权的现象，比较典型地体现为以违背诚信原则的方式获得知识产权以后"批量维权"。如在早期的一批外观设计专利纠纷案件中，同一原告明知是现有设计而将其申请为外观设计专利。由于该现有设计已经使用了很多年，而且使用面广，原告将众多生产商、销售商起诉到法院。这种所谓"批量维权"现象就是典型的违背诚信原则的不正当行使诉权的行为。值得注意的是，2019 年 4 月我国《商标法》第四次修改时，除上述第 4 条规定外，还在第 68 条针对商标代理机构恶意申请注册商标规定了行政处罚措施，以及恶意提起商标诉讼的司法制裁措施。笔者认为，上述规定的原因在于恶意申请注册所获得的权利是有瑕疵的权利，其主张权利缺乏正当、合法的基础。

七、企业信用信息公示系统与知识产权志愿者制度

知识产权保护中需要高度重视诚信原则，强化知识产权信用意识。《强化知识产权保护意见》规定，通过国家企业信用信息公示系统对于知识产权出质登记、行政处罚、抽样检查结果等涉及企业的相关信息，统一归集并依法公示。[1] 对于这一规定，笔者认为其出发点在于：一是，通过相关信息的公示，便于知识产权信息公开，如针对知识产权出质登记；二是，强化知识产权保护中的诚信体系建设，通过相关的公示，曝光企业在知识产权保护相关方面不诚信的行为，从而达到惩戒的目的。

不过，应当指出，由于国家企业信用信息公示系统的公开对于涉事企业具有重大利害关系，针对行政处罚和抽样检查结果信息的公示应当从严掌握，并规定相关的条件和程序。例如，针对行政处罚，如果相关企业提出了行政复议或者行政诉讼，在获得最终的结果之前，就不宜将最初的行政处罚决定在系统中公示，否则可能会出现最终撤销了行政处罚决定，而相关行政处罚决定的公示对涉事企业造成负面影响的结果。又如，对于抽样检查，应注意符合统计学的规律和要求。

此外，根据《强化知识产权保护意见》的规定，要"建立健全志愿者制

---

〔1〕《推进计划》提出的措施有：推动国家知识产权公共服务平台与国家企业信用信息公示系统联通，加强知识产权出质登记、行政许可、行政处罚、抽查检查结果等涉企信息的统一归集共享公示。公布全国查处重大侵权盗版案件名单。对软件使用情况进行年度核查并向社会公布。

度，调动社会力量积极参与知识产权保护治理"。[1]笔者认为在知识产权社会共治方面，建立知识产权志愿者制度具有重要的意义和作用。

人们平常上班都可以在公交和地铁看到志愿者，当举行大型活动的时候，有更多的志愿者参加。志愿者付出的劳动和从事的相关行为，对于弘扬社会正能量，提高人们的公德意识、公益精神和奉献精神，协助解决相关领域的问题，具有不可忽视的价值和作用。志愿者不计报酬，无私为社会、为他人提供相关的服务和帮助，其精神可嘉，值得鼓励和褒奖。

就知识产权保护和治理而言，笔者认为知识产权志愿者制度具有以下作用和价值：一是，在知识产权相关领域弘扬社会正能量，体现对知识、人才的尊重以及对知识产权保护的尊重。二是，有利于在全社会培养知识产权意识和普及相关知识。一个个知识产权志愿者，也就是知识产权保护无形的宣传员和倡导者，点点滴滴的小事都能够在知识产权意识培养方面产生积极的作用。三是，通过志愿者行为，能够实际地解决相关知识产权问题，或者为相关的单位和个人提供帮助。特别是如果知识产权志愿者具有知识产权相关专业知识背景，如很多高校的知识产权法教研人员、知识产权专业本科生或者知识产权法相关专业的硕博士生，可通过在相关活动中为社会普通民众或者企事业单位提供相关的专业咨询服务。还如，在法律援助中，知识产权法作为我国法律体系的重要组成部分，也可以引进志愿者制度。

应当说，整体而言，知识产权志愿者制度在我国知识产权保护和知识产权治理领域还是一个新生事物，目前尚缺乏完整的制度体系和实践模式，需要通过理论探讨和实践总结经验。对此，笔者提出以下相关对策和建议，供有关方面参考。

第一，我国应对知识产权志愿者制度作出相应的规定。《强化知识产权保护意见》可谓提供了一个很好的依据，但实践中如何具体落实则需要有制度加以规范和指引，使我国知识产权志愿者制度步入规范化轨道，避免碎片化现象。

第二，加强对知识产权志愿者制度的宣传。随着当前我国知识产权制度的发展以及知识产权在当代经济社会发展中的地位日益重要，我国广大企事

---

[1]《推进计划》提出的措施有：充分发挥志愿者作用，鼓励支持志愿者参与知识产权保护体系建设工作。

业单位和广大民众对知识产权相关知识的了解需求日益增强，与知识产权有关的事务不便都由律师事务所、中介公司等单位通过商业行为加以完成。从另一方面看，随着近些年来我国知识产权知识的普及，以及知识产权人才培养力度的加强，能够担任知识产权志愿者的人员也逐渐增加。不过，由于以前我国对知识产权志愿者缺乏完整的制度构建，也缺乏知识产权志愿者相关信息的宣传，在我国，知识产权志愿者并不多见，至少可以说不大普遍。因此，为推进我国知识产权志愿者制度，有必要适当加强相关的宣传。

第三，相关单位、机构或部门需要搭建我国知识产权志愿者信息平台，以便为我国有从事知识产权志愿者意愿的人士提供方便，同时也有利于为有需求的相关单位和个人提供便利。

第四，尽管知识产权志愿者和其他相关领域志愿者一样，主要是基于社会奉献精神和公益意识，但也要通过相关政策和制度的构建，保障知识产权志愿者的相关合法权益，从而能够更好地实施我国知识产权志愿者制度，积极服务于我国知识产权事业的发展。

第七章

知识产权保护中的专业技术支撑

如前所述，知识产权具有高度的专业性、技术性和复杂性，加之知识产权客体本身具有非物质性（无形性），使得知识产权侵权行为具有高度的隐秘性和技术性，尤其是针对技术类的知识产权以及在网络环境下的知识产权侵权行为，上述特点表现得更加明显。此外，基于知识产权客体具有在世界上任何地方流动的特点，也就是其本身具有非地域性（与知识产权本身具有地域性的特点[1]形成了对照），加之知识产权客体本身具有非消耗性和非排他性，使得知识产权侵权还具有与一般的有形财产侵权不同的特点，也就是知识产权侵权很可能具有广泛性。实践中经常有这样的情况：当某一具有市场价值的专利技术投入市场时，很可能存在"一窝蜂"似的专利产品侵权行为，至于知名品牌在实践中被广泛侵权以及著作权领域的盗版现象，人们更是耳熟能详。这一特点也使得在知识产权保护实践中，作为被侵权人的知识产权人和相关权利人很难通过自力救济的形式及时发现侵权行为，而且在很多情况下，即使能够及时发现侵权行为，也很难有效地制止侵权行为的蔓延和扩散。基于此，在知识产权保护中，提供专业技术支撑具有必要性。

一、技术手段与知识产权保护

（一）利用技术手段加强知识产权保护的重要性

针对知识产权的特点和知识产权侵权的现实情况，"解铃还须系铃人"，需要高度重视利用技术手段有效地侦测和制止知识产权侵权行为。前面指出，知识产权制度本身是科学技术和商品经济发展的产物，其中科学技术发展本

---

[1] 郑成思：《知识产权论》，法律出版社 1998 年版，第 84—86 页。

身既为知识产权保护客体增加了新的内容，使得知识产权权利本身的内容不断扩大，也使知识产权人行使权利的空间和实现权利的途径增加；商品经济的发展则既使人们强化了知识产权的私权保护意识和观念，也使得人们为知识产品的市场流转及价值实现提供了广阔的舞台和客观的需求。可以认为，两者缺一不可。就这里主要讨论的技术发展而言，知识产权制度自在西方国家建立以来，一直是随着技术的发展而不断变革与发展的。在当代，随着信息网络技术的迅猛发展，其对知识产权制度尤其是著作权制度的影响日益增强。可以认为，知识产权制度与技术发展之间具有内在的紧密联系和互动关系。

当前，技术发展日新月异。应当指出，技术发展对知识产权制度的影响具有一定的双面性，[1]即一方面有利于推动知识产权制度的发展与变革，另一方面也有可能为知识产权侵权人所利用，为知识产权侵权的蔓延提供便捷的手段。例如，与刑法中所规制的在新技术发展条件下出现的各种新型犯罪行为一样（如网络环境下的各种犯罪行为），知识产权法领域也出现了利用各种手段，特别是利用信息网络技术实施知识产权侵权行为甚至知识产权犯罪行为的现象，如电商平台中的各类知识产权侵权现象，包括跨境电子商务环境下的知识产权侵权、网络环境下的各类著作权侵权。笔者认为，针对在技术发展特别是当前信息网络技术发展条件下出现的各种知识产权侵权行为，无疑也需要充分利用技术手段有效地发现和制止知识产权侵权行为。

正是因为利用技术手段加强知识产权的保护治理的重要作用，《强化知识产权保护意见》在构建知识产权大保护工作格局中的相关部分也做了明确的规定。其第三部分"加强社会监督共治，构建知识产权大保护工作格局"之（七）"加强专业技术支撑"中指出：

加强科技研发，通过源头追溯、实时监测、在线识别等技术手段强化知识产权保护。建设侵权假冒线索智能检测系统，提升打击侵权假冒行为效率及精准度。在知识产权行政执法案件处理和司法活动中引入技术调查官制度，协助行政执法部门、司法部门准确高效认定技术事实。探索加强知识产权侵

---

[1]　刘小鲁："知识产权保护、自主研发之重与后发国家的技术进步"，载《管理世界》2011 年第 10 期；胡开忠："高新技术发展中的知识产权制度现代化"，载《法商研究》2005 年第 5 期。

权鉴定能力建设，研究建立侵权损害评估制度，进一步加强司法鉴定机构专业化、程序规范化建设。

由此可见，《强化知识产权保护意见》十分重视利用专业技术手段加强对知识产权侵权行为的发现和跟踪，并为知识产权侵权的处理提供强有力的相关证据。这正印证了"技术的问题，用技术手段加以解决"。从当前我国知识产权保护实践看，为了有效地侦测和处理知识产权侵权行为，我国制定了规制知识产权侵权行为的相关政策和制度，也有一些企业和相关机构开发了侦测和处理知识产权侵权行为的技术手段和工具并在知识产权保护实践中得到有效运用，如利用区块链技术固定相关侵权证据，这在互联网法院等相关司法机构中也得到了认可。

（二）利用技术手段加强知识产权保护的措施

针对新技术环境下知识产权侵权行为越来越隐蔽、侵权的技术性越来越强，以及由此导致的知识产权被侵权人获得侵权证据难度越来越大的现实，需要通过《强化知识产权保护意见》提出的"加强专业技术支撑"的办法为知识产权保护提供强有力的技术手段和支撑。《强化知识产权保护意见》提出，要"加强科技研发，通过源头追溯、实时监测、在线识别等技术手段强化知识产权保护"。[1]对此，笔者认为，这是通过技术手段保护知识产权的有效形式，对于及时发现知识产权侵权、固定侵权证据，及时追究侵权行为人的法律责任等，具有十分重要的意义和作用。

1. 源头追溯技术手段。就源头追溯技术手段而言，在知识产权保护和制止侵权方面，有利于找到侵权的源头，因而有利于"治本"而不仅仅是"治标"。以群体侵权较为严重的盗版制造窝点为例，黑市上出现的盗版图书、音像制品等，来自于盗版制造的窝点。在我国打击盗版行动、开展知识产权执法月等知识产权执法行动中，对于销售盗版图书、音像制品的侵权行为人予以有力制裁固然重要，但如果制造盗版的源头不予以铲除，就很难从根本上有力地打击和制裁盗版行为。开发出知识产权侵权产品的源头追溯技术，就能够从源头上制止知识产权侵权的发生。举例而言，在电商平台中，很多销

---

[1] 《推进计划》提出，"鼓励电商平台开展侵权假冒线索智能检测系统建设和应用，提升打击侵权假冒行为效率及精准度"。

售侵犯知识产权商品的电商，其侵权商品的来源具有一定的规律，如最终都是从侵犯知识产权商品的制造商那里批发过来的。在当前云计算、大数据技术支持下，完全可以开发出相关的侵犯知识产权产品的源头追溯技术。在2019年于宁夏举行的国际商标节上，中央财经大学知识产权研究中心主任杜颖教授发表的演讲就专门提到了利用大数据手段侦测在电商平台中假冒商标侵权的行为。笔者对于在大数据、云计算和电商平台环境下开发出侦测知识产权侵权源头相关技术的前景表示乐观。实际上，我国有的高科技公司已经开发出了相关的技术，用于侦测知识产权侵权的源头。毫无疑问，这些研究开发的技术本身也可以通过获得专利权等形式加以保护。以获得知识产权保护的技术来保护知识产权，这方面的市场前景应当也很可观。原因在于，随着技术的发展，知识产权人靠自身的力量实行自力救济越来越力不从心，而在信息网络化时代知识产权侵权的技术性也越来越强。通过采纳源头追溯技术，知识产权侵权的最终窝点暴露无遗，可以达到将知识产权侵权行为釜底抽薪、予以彻底解决的目的。

2. 实时监测技术手段。这里首先要认识和理解实时监测对于知识产权保护的重要意义和作用。所谓实时监测，是针对市场上发生的与知识产权侵权有关的行为，或针对知识产权授权确权程序等保持及时跟踪、了解和信息互动，以便于掌握本单位或个人的知识产权是否可能遇到被侵权的风险（从广义上来说，也包括是否可能出现侵犯他人知识产权或者其他权利的风险）。从《强化知识产权保护意见》规定的意旨来看，主要目的在于对于知识产权侵权行为的监测，防范知识产权被侵权的风险，以便及时采取预警和应急措施，真正做到防患于未然。

实时监测对于知识产权保护至少具有以下重要意义和作用：对于已经出现的知识产权侵权行为，及时采取法律行动，避免侵权的蔓延和损失的扩大；尚未出现实际侵权但存在侵权的极大隐患或者潜在侵权的可能性时，可以敦促知识产权人及时、果断地采取预防措施，必要时采取法律规定的相关程序，以避免造成难以弥补的损害或者无法弥补的损失，如我国《专利法》《商标法》《著作权法》都规定了诉前临时措施，就可以根据情况予以实施。此外，笔者认为在知识产权授权确权程序中，实时监控能够及时掌握与自身知识产权相关的行政程序的动态，如他人在与本企业相同或者类似的商品上申请注册了相同或者近似的商标，就可以根据商标法的规定启动商标无效宣告程序。

开发实时监测技术，以便从动态的角度保护自身知识产权，这方面的市场前景应当也很大。据笔者所获悉的信息，我国一些机构开发的企业知识产权管理系统中也包括了对于知识产权授权确权情况的动态监测。不过，总的来讲，针对知识产权侵权行为的动态监测，这方面技术开发仍有很大的发展空间。

3. 在线识别技术手段。知识产权保护中的在线识别技术手段是在信息网络环境下及时、有效地跟踪和监测知识产权，固定相关侵权证据的必要手段。如前所述，当前信息网络技术急剧发展，深刻地影响着人们社会生活的各个方面，也包括对于知识产权的保护和对侵权的制裁。开发在线识别技术，就能够使得知识产权侵权行为在动态发展的信息网络中无处可藏，有利于及时发现和制止侵权，充分有效地维护知识产权人和相关当事人的合法权益，净化信息网络市场，促使信息网络及相关的产业健康发展。

二、侵权假冒线索智能检测系统

知识产权侵权行为有多种表现形式，其中尤为严重的是假冒类知识产权侵权行为。需要补充说明的是，一般来说，涉及知识产权客体的假冒行为属于知识产权侵权行为，但在特殊情况下有可能属于违反公共秩序、损害公共利益的违法行为。[1]以我国2008年《专利法》的修改为例，此前《专利法》规定了假冒他人专利和冒充专利的行为，其中假冒他人专利同时也构成了侵犯他人专利权的行为，冒充专利的行为则一般并不属于侵犯他人专利权的行为，而只是违背了专利管理秩序，是损害公共利益的违法行为。2008年修改以后的《专利法》则将假冒他人专利的行为和冒充专利的行为合二为一，统称为假冒专利的行为。基于假冒类知识产权侵权行为的严重性，《强化知识产权保护意见》在"加强专业技术支撑"中还特别指出，要"建设侵权假冒线索智能检测系统，提升打击侵权假冒行为效率及精准度"。

对于《强化知识产权保护意见》的上述规定，笔者认为，以下问题值得思考与探讨。

第一，如何认识知识产权侵权中的假冒类的侵权行为和违法行为？如前所述，假冒类知识产权侵权行为属于知识产权侵权行为中较为严重的行为。

---

〔1〕 孔祥俊：《商标法适用的基本问题》，中国法制出版社2012年版，第132—134页。

这是因为，这类行为不仅严重地侵害了知识产权人的合法权益，还涉及对公共秩序的破坏，损害了公共利益，严重者还可能触犯刑法，构成犯罪。假冒类知识产权侵权行为在我国知识产权专门法律中都有规定，如上面提到的我国《专利法》规定了假冒专利行为。又如，我国《著作权法》中规定了制作、销售假冒他人署名的作品，属于侵犯著作权的行为。[1]还如，我国《商标法》在2013年修订时，其第57条第1项中规定的假冒他人注册商标的行为人应承担的法律责任。此外，我国《刑法》也对假冒专利、假冒他人注册商标等规定了刑事责任。

第二，如何在实践中有力地惩治形形色色的知识产权假冒行为？由于假冒知识产权的行为不仅对知识产权人的合法权益造成了严重损害，还危及公共秩序和公共利益，破坏社会主义市场经济秩序，对这一类行为不仅需要在立法上严格规范，还需要在实践中予以有力惩治。[2]根据近些年来我国假冒类知识产权侵权行为的表现以及相关典型案件的情况，假冒类知识产权侵权行为通常具有高度的隐秘性且分工明确。实践中无论是通过举报线索，还是通过知识产权执法行动或者是被侵权人主动发现等渠道，都可以找到一个共同的规律，即假冒类知识产权侵权通常存在隐蔽的窝点，而且相关侵权行为人在制造、销售（包括层层批发）方面存在严密的分工合作关系。不仅如此，侵权行为人还存在较强的反侦查意识和能力，增加了有效发现和制止假冒类知识产权侵权行为的难度。针对现实中假冒类知识产权侵权行为的实际情况，有必要大力开发《强化知识产权保护意见》中指出的侵权假冒线索的智能检测系统。

三、技术调查官制度

在为知识产权保护提供专业技术支持方面，最终需要通过专业技术人员提供技术支持的途径加以实现。开发技术产品和方法侦测侵权、发现侵权、固定侵权证据等只是人们利用技术手段和方法解决知识产权侵权问题的工具。

---

〔1〕　在1990年《著作权法》中，仅规定了制作、销售假冒他人署名的美术作品的行为。现行《著作权法》则将美术作品拓展为所有的作品。由此可见，现行《著作权法》扩大了规制假冒类著作权侵权行为的范围。

〔2〕　严永和："我国反假冒制度的创新与传统名号的知识产权保护"，载《法商研究》2015年第2期。

在具体的知识产权侵权和其他纠纷案件中，很多案件的技术性很强，甚至非常复杂，而处理知识产权侵权和其他相关案件的法官、行政执法人员等可能不具备相关技术知识，尤其是专利纠纷案件和技术秘密纠纷案件体现得更为明显。在这类案件中引入专业技术人员提供专业技术方面的帮助就十分必要。在这种背景下，技术调查官制度应运而生。《强化知识产权保护意见》即明确提出，要"在知识产权行政执法案件处理和司法活动中引入技术调查官制度，协助行政执法部门、司法部门准确高效认定技术事实"。[1]

对于上述规定，笔者认为以下问题值得研究和探讨。

（一）在司法活动中引入技术调查官制度

1. 知识产权案件中引入技术调查官制度的现状。在我国知识产权案件中引入技术调查官制度并非《强化知识产权保护意见》发布时才出现。在此之前，最高人民法院已经对我国知识产权纠纷案件审理中如何适用技术调查官制度做出了相关的规定。为了贯彻《知识产权审判领域改革创新意见》，2019年1月28日，最高人民法院审判委员会第1760次会议审议通过了《关于技术调查官参与知识产权案件诉讼活动的若干规定》。该规定一共有15条，将技术调查官定位于司法辅助人，并对其参与知识产权诉讼活动的职责、权利、效力、法律责任及有关程序等做了明确规定。值得一提的是，正如前面所探讨的，最高人民法院还发布了《中国知识产权审判纲要（2016—2020）》，提出了建立和完善技术调查官制度的对策。近几年来，随着我国技术调查官制度在知识产权诉讼案件中的运用，其对于人民法院法官认定案件涉及技术认定方面的事实，保证案件事实查明的客观性和科学性，公正司法，发挥了十分积极的作用。

2. 完善我国知识产权诉讼活动中的技术调查官制度的措施。尽管如前所述，在我国知识产权诉讼案件中已经启动技术调查官制度并取得了一定成效，但技术调查官制度的适用比例较低。此外，在司法实践中对技术调查官的定位也存在一定的问题。[2]如前所述，最高人民法院相关规定非常明确地指出，技术调查官只是司法辅助人员。因此，技术调查官所做的关于技术事实方面

---

[1] 《推进计划》提出的措施有：研究建立知识产权行政保护技术调查官制度。持续完善知识产权司法保护技术调查官工作机制。

[2] 杜颖、李晨瑶："技术调查官定位及其作用分析"，载《知识产权》2016年第1期。

的结论，只能作为法官审理技术类知识产权案件的参考，不能当然地、绝对地视为定案依据，而应当紧密结合个案中的事实与技术调查官得出的结论进行全面判断。[1]在知识产权诉讼中制约技术调查官作用发挥的另一个问题是，现有被聘任的调查官数量十分有限，而技术类知识产权案件涉及的技术类型非常广泛，甚至从理论上说，所有技术领域都可能涉及知识产权相关问题与纠纷，这就导致现有的技术调查官的技术背景无法适应日益复杂和多样化的技术类知识产权案件的技术问题的认定和解决。笔者认为，针对上述问题，需要在以下几个方面完善我国知识产权诉讼案件中的技术调查官制度：

（1）继续充实技术调查官队伍和专业范围。特别是考虑到未来我国知识产权诉讼案件的数量可能还会继续增加，现有技术调查官队伍无法满足日益增加的知识产权诉讼案件技术事实认定方面的需要。由于每一位技术调查官的专业技术范围有限，在充实技术调查官队伍的同时，也应当注意专业结构的搭配合理，尤其是对于技术复杂而诉讼案件多的技术事实认定方面，应当加以重点保障。

（2）进一步完善我国技术调查官制度。尽管最高人民法院已经颁布了涉及技术调查官的相关制度规范，但整体上仍需要对相关制度进行细化和落实。

（二）在知识产权行政执法案件处理中引入技术调查官制度

根据《强化知识产权保护意见》的规定，在知识产权行政执法案件处理中也需要引入技术调查官制度，其目的在于协助知识产权行政执法部门准确高效地认定相关技术事实。笔者对于《强化知识产权保护意见》的上述规定表示赞同，原因如下：

首先，知识产权行政执法部门处理知识产权侵权等案件，尤其是涉及专利和技术秘密等技术类案件，同样会涉及相关复杂的技术问题。相关知识产权行政执法部门的执法人员即便具有技术背景，也可能对个案涉及的技术问题不大熟悉，因为技术类知识产权案件可能会涉及很广泛的技术领域，不同技术领域可谓"隔行如隔山"，引进相关技术调查官协助知识产权行政执法人员处理知识产权纠纷案件，为对案件技术事实问题进行客观、科学认定提供

---

[1]　郑志柱、林奕濠："论技术调查官在知识产权诉讼中的角色定位"，载《知识产权》2018年第8期。

了重要保障。

其次，在目前我国知识产权保护格局和保护体系中，知识产权行政执法和司法保护都是解决知识产权纠纷的重要形式。由于知识产权司法保护中已经引进了技术调查官制度，在知识产权行政执法中引入这一制度就具有合理性，否则就可能造成通过行政手段和司法保护的手段解决知识产权纠纷具有不对等性，最终可能影响到知识产权行政执法机关处理案件的实质公平。

笔者认为，为构建我国知识产权行政执法中的技术调查官制度，以下问题值得研究与解决：

第一，如何与已有的知识产权诉讼中的技术调查官制度进行有效衔接。从节省人员、提高效率的角度而言，不宜在知识产权行政执法和诉讼中建立两套不同的技术调查官制度，而应当研究如何有效地调配技术调查官人力资源，在处理知识产权诉讼案件和行政纠纷案件中有效地安排相关技术调查官。

第二，在知识产权行政执法案件处理中技术调查官的地位和作用。如前所述，技术调查官在知识产权诉讼案件处理中的地位是司法辅助人员。在知识产权行政执法案件处理中，技术调查官也处于类似地位，其作用具体体现为协助知识产权行政执法人员查明案件具体技术事实，以便正确适用法律。

四、知识产权侵权损害赔偿评估制度

《强化知识产权保护意见》还提出，要"探索加强知识产权侵权鉴定能力建设，研究建立侵权损害评估制度，进一步加强司法鉴定机构专业化、程序规范化建设"。[1]对此，以下两个问题值得关注和研究。

（一）建立我国知识产权侵权损害评估制度

知识产权侵权损害赔偿额的确定具有较大的难度，这不仅体现为知识产权本身作为一种无形财产，被他人侵害不像有形财产一样比较容易掌握，还体现为损害事实、侵权证据以及侵权后果难以掌握。建立知识产权侵权损害评估制度，至少有以下两方面的重要意义：首先是确定是否存在知识产权

---

[1] 《推进计划》提出的措施有：推进专利、商标侵权纠纷检验鉴定试点，完善知识产权侵权纠纷检验鉴定体系，研究建立侵权损害评估制度。

侵权损害事实。知识产权的无形性使得其被侵权造成损害的事实难以确定，由此有必要建立专业性的评估机构，对是否构成知识产权侵权以及侵权损害的事实进行科学合理的评估。其次，知识产权侵权造成的被侵权人的实际损害金额的评估。从近些年我国知识产权诉讼特别是知识产权侵权案件的处理来看，侵权损害赔偿额的确定是长期困扰法官的问题。由于在很多知识产权侵权案件中，当事人任何一方都无法提供涉及侵权损害赔偿额的相关证据，法院在绝大多数情况下难以依据相关证据确定个案中的侵权损害赔偿额，而不得不大量适用法定赔偿。多方面的统计分析和实证研究表明，我国知识产权侵权案件适用法定赔偿的比例达到90%以上。客观地说，法官并非"钟情于"这一赔偿计算方式，而是在当事人无法提供相关侵权损害赔偿证据的前提之下的无奈之举。针对知识产权侵权损害赔偿额，如果能够建立起科学、合理的知识产权侵权损害评估制度，无疑能够为法官合理地确定知识产权侵权损害赔偿额提供科学依据。从国外来看，如美国，专门有针对知识产权侵权损害赔偿确定的中介评估公司，其应当事人或者法院的邀请，就个案中的知识产权侵权对被侵权人造成的损害进行数量和市场分析，并向当事人或者法院提交个案中侵权损害的评估报告。以美国国家经济咨询公司为例，其有一批具有经济学博士学位的专业人员，在其提供的专业咨询中，就包括知识产权侵权损害赔偿额的确定。从我国知识产权中介公司的情况来看，目前绝大多数是提供专利、商标代理业务，很少有评估知识产权侵权损害的机构和人员。造成这一现象的原因很多，例如，我国知识产权评估事业不够发达，专业的知识产权评估人员和评估机构严重不足，知识产权的市场价值没有得到人们的充分认可等。

（二）提升我国知识产权中介公司知识产权服务能力和水平

随着国家知识产权战略的深入实施，我国知识产权事业发展迅猛。与此相适应，近些年来我国知识产权中介公司也如同雨后春笋般发展起来，不仅体现在知识产权服务的规模在扩大，也体现在服务的内容和层次在不断提升。据统计，迄今我国已经有数万家各类知识产权中介公司。众多知识产权中介公司为我国企事业单位和个人提供了大量的知识产权服务，有效地促进了我国知识产权事业的发展。国家政策层面也十分重视知识产权中介服务，如国家知识产权局制定了关于知识产权中介服务的政策和措施。但也必须看到，当前我国知识产权中介服务机构以代理专利、商标申请为主，知识产权战略实施所需要的知识产权经纪、知识产权管理咨询、知识产权战略规划、知识产权运营转化，以及知识产权保护所需要的知识产权侵权损害评估、知识产权价值评估、知识产权法律风险防范等业务尚未充分开展，不仅相关中介机构缺乏，相关专业人员也严重缺乏。总体上，我国知识产权中介服务机构服务层次和水平仍有很大的提升空间，以便与当前我国知识产权战略发展和知识产权强国建设新形势相适应。

在开展知识产权侵权损害评估业务方面，笔者认为，我国知识产权相关中介服务机构的建设和专业人员的充实，应注意以下几个方面：

第一，在业务的拓展方面，应当重视知识产权侵权损害评估方面的内容。

第二，在专业队伍建设方面，应当吸引具有经济学背景和知识产权相关法律背景的复合型知识结构的人员加入，这方面也需要通过继续教育、专业培训、学历教育等多种形式加以解决。

第三，基于知识产权是对市场份额进行控制的专有权利，知识产权侵权是对被侵权人市场份额的挤占，知识产权中介服务机构进行知识产权侵权损害评估时应重视侵权对被侵权人市场的影响，其中既包括现实的影响，也包括潜在市场的影响。

第四，知识产权中介服务机构在开展知识产权侵权损害评估业务过程中，应当注意总结实务中的案例，通过建立相关科学、合理的评估模型和类型化的案例库，为实践中的知识产权侵权损害评估业务提供便捷的参照和启发。

（三）加强我国知识产权侵权损害评估方面的研究

笔者建议加强我国知识产权侵权损害评估方面的理论研究和实务经验的总结。知识产权侵权损害评估属于广义的知识产权评估范畴，其评估具有特定目的，特别是对于知识产权司法保护中如何确定侵权人的侵权损害赔偿金额具有重要意义。总体上，我国对知识产权评估（包括知识产权侵权损害评估）方面的研究严重不足。[1] 在司法实践中，如前所述，大量知识产权侵权纠纷案件，在当事人不能提供涉及损害赔偿的相关证据的前提下，法官适用了法定赔偿。如果能在知识产权侵权损害评估方面进行深入的理论研究，就能够为实践中这方面业务的开展提供很好的理论指导。笔者认为，知识产权

---

[1] 陈洪、赵英爽："知识产权损害赔偿评估"，载《科技与法律》2013 年第 6 期；段艳："试论我国知识产权损害赔偿评估主体的构建"，载《经济研究导刊》2011 年第 14 期。

侵权损害评估的研究应当注意以下两点：

第一，不仅关注知识产权作为一种市场专营权的法律属性，还重视知识产权保护在经济学上的意义，特别是知识产权侵权行为与被侵权人市场份额之间的对应关系。

第二，知识产权侵权损害评估与知识产权价值评估不是同等的概念，因为知识产权本身的价值并不能在知识产权侵权损害中充分体现。通常，知识产权价值评估的方法包括市场法、成本法和收益法等，但这些评估方法不能简单地套用到知识产权侵权损害评估方面。一般地说，在知识产权侵权诉讼中，也不宜将知识产权本身的价值视为知识产权侵权行为人应当支付的损害赔偿。原因在于，知识产权侵权损害评估的侧重点应当是，知识产权侵权行为人实施的侵权行为对被侵权人市场份额的挤占或削弱，以及该侵权行为对被侵权人所造成的后果，如产生直接的经济损失、未来可得利益的丧失。此外，根据相关司法解释的规定，被侵权人因处理侵权行为而支出的合理费用，也应当纳入侵权损害赔偿范畴。

五、知识产权司法鉴定

在为解决法律纠纷提供专业技术支持方面，司法鉴定机构具有不可代替的独特作用。特别是就解决知识产权纠纷案件而言，知识产权案件的专业性、技术性和复杂性加大了解决这类纠纷案件的难度。知识产权司法鉴定机构就知识产权纠纷案件的相关事实进行鉴定，提供司法鉴定意见，有利于法院在处理相关知识产权案件时查明案件事实，从而正确适用法律。[1]基于司法鉴定在知识产权保护上的重要作用，《强化知识产权保护意见》提出，要"进一步加强司法鉴定机构专业化、程序规范化建设"。

对此，笔者认为关于我国知识产权司法鉴定机构的建设和发展，以下问题值得研究。

（一）知识产权司法鉴定专业人员专业素养和能力培养

知识产权司法鉴定水平的提升，关键是需要高素质的鉴定专业人员，这

---

[1] 江波、张金平："知识产权司法鉴定相关问题研究"，载《科技与法律》2009年第5期；伍春艳："中国知识产权司法鉴定制度改革的现状与趋势"，载《华中科技大学学报（社会科学版）》2007年第5期。

其中涉及专业人员以公正为核心的职业伦理建设、知识产权专业素养的提升以及实践经验的积累等内容。由于知识产权涉及的范围较广，现实生活中既有技术类的知识产权纠纷，如专利技术、技术秘密、技术合同、集成电路布图设计专有权纠纷，也有非技术类的知识产权纠纷，如商标权纠纷、非技术类作品的著作权纠纷等。基于此，知识产权司法鉴定专业人员应当注意在知识产权相关领域的专业特长，以满足当事人对申请各类知识产权司法鉴定的需要。作为知识产权司法鉴定机构或者包含知识产权司法鉴定业务的司法鉴定机构，应当加强对知识产权司法鉴定人员的职业伦理和业务素质的培养。在知识产权司法鉴定人员职业伦理建设中，廉洁和公正是最重要的要求。在专业素养培养中，不断积累知识产权司法鉴定经验，强化相关的专业知识学习与研究。总的来说，知识产权司法鉴定人员的职业伦理和专业素质是知识产权司法鉴定的公正和质量以及我国知识产权司法鉴定机构专业化的根本保障，我国知识产权司法鉴定业务的开展应当以此为基础。

（二）知识产权司法鉴定机构的规范化、专业化建设

知识产权司法鉴定是知识产权司法鉴定专业人员在特定的知识产权司法鉴定机构任职并接受司法鉴定机构的指派，为申请知识产权司法鉴定的委托人按照法定程序进行司法鉴定的活动和过程。换言之，知识产权司法鉴定行为是依托于特定的知识产权司法鉴定机构所进行的。基于此，知识产权司法鉴定机构的规范化、专业化建设对于依法正常开展知识产权司法鉴定活动具有十分重要的意义。笔者认为，从规范化建设而言，应当做到以下几点：

第一，严格依照我国相关法律的规定设立。知识产权司法鉴定机构是法定的开展知识产权司法鉴定业务的机构，因而必须依法设立。审批机关应注意审查申请机构的材料是否符合相关规定的要求。

第二，制定知识产权司法鉴定相关的工作规范和要求，特别是程序规范化。由于知识产权司法鉴定是针对特定的目的按照相关规定所进行的鉴定活动，所制定和适用的程序应当公正、合理，保证效率。

第三，严格防范知识产权司法鉴定过程中的各种违规行为以及相关风险。公正既是对知识产权司法鉴定专业人员从事司法鉴定活动的根本性的要求，也是知识产权司法鉴定机构建立和运作的根本性的要求。在知识产权司法鉴定活动中，公正的内涵尤其体现为鉴定机构应当按照当事人所提交的相关证据和材料，准确地查明事实，按照法定程序出具司法鉴定意见，杜绝故意偏

祖一方当事人、弄虚作假的违法行为。

从我国当前知识产权司法鉴定机构的建立和运作的情况来看，总的情况是良好的，但也存在一些问题，个别问题还非常严重。例如，十年前某一知识产权司法鉴定机构，因为在接受一方当事人的不正当利益的情况下故意违规给出极不公正的司法鉴定结论，使另外一方当事人合法权益遭到严重侵害。最终，该知识产权司法鉴定机构被依法撤销，相关责任人员被绳之以法。这显然是我国知识产权司法鉴定机构建设中的一个反面教材。

还值得注意的是，随着我国知识产权事业的发展，知识产权相关纠纷也越来越多，知识产权司法鉴定机构的业务量也相应地越来越大。由于知识产权司法鉴定机构出具的司法鉴定意见对于人民法院审理相关知识产权案件，在证据认定事实方面具有十分重要的作用，我国知识产权司法鉴定机构一方面需要适时增加，另一方面更需要加强专业化和规范化建设，不断提高知识产权司法鉴定水平和质量。

（三）建立和完善我国知识产权司法鉴定相关制度性规范

知识产权司法鉴定无疑属于我国司法鉴定的重要组成部分。从我国司法鉴定相关制度性规范的建设情况来看，至少在知识产权司法鉴定方面制度性建设严重不足。如关于知识产权司法鉴定的程序，以及相关程序之间的协调和鉴定的效力等方面都缺乏系统的规范。这里不妨以知识产权司法鉴定中常见的商业秘密鉴定为例，就当前我国知识产权司法鉴定存在的问题予以探讨。这些问题的存在为我国知识产权司法鉴定相关制度性规范的建设提出了改革的方向。

商业秘密，尤其是其中的技术秘密，由于涉及较为复杂的技术问题，在商业秘密纠纷，特别是商业秘密侵权纠纷乃至商业秘密刑事犯罪案件中，有必要对商业秘密的相关问题进行司法鉴定。其中在商业秘密民事案件中，涉及需要鉴定的事实问题，如原告所主张的受保护的商业秘密是否符合法定的构成要件，特别是是否具有非公知性或者说秘密性；被告被指控侵权的标的是否与原告主张的商业秘密技术要点具有同一性等。

在涉及商业秘密司法鉴定的事务中，根据笔者参与商业秘密纠纷诉讼案件处理的经验和相关的研究，实践中出现的一些问题值得思考与关注：

1. 知识产权司法鉴定机构接受相关证据材料来源的公正性问题。在实践中，知识产权司法鉴定机构进行鉴定需要以当事人提交的相关事实证据和请求为基础，就案件的相关事实进行查明和认定。因此，委托人提交的相关证据和材料具有十分重要的意义。这些证据和材料不仅应当符合真实性、合法性和关联性等涉及证据效力的相关要求，还应当重视事实证据材料的全面性。尤其是在司法机关（人民法院）委托相关知识产权司法鉴定机构就特定事实进行鉴定时，应当注意保障原告、被告等相关当事人被公平对待，不能只转交一方当事人申请的材料而故意忽视另外一方当事人申请的材料，以保证程序正义。

2. 知识产权司法鉴定机构检索和查找相关文献、信息的职权问题。在商业秘密司法鉴定中，需要对涉案标的是否具有非公知性进行查证，司法鉴定机构是以委托人所提交的材料作为依据进行鉴定的。实践中存在的一个困惑和问题是：司法鉴定机构如果认为有必要在当事人提供相关证据材料的基础之上进一步进行检索和查找，其是否有权主动检索、查找？如果司法鉴定在程序设计方面赋予司法鉴定机构这方面的职权，则需要进一步明确检索、查找的要求和程序，否则可能会引发新的风险，如检索、查找的范围不大合理。由此导致对司法鉴定结果具有实质性影响，相关的法律责任由谁承担？从一般的意义上来说，司法鉴定机构应当不被赋予以上职权。当然，相关的理论与实践问题还可以继续探讨。

3. 当事人一方或者双方分别独自委托知识产权司法鉴定机构进行鉴定的效力问题。在知识产权纠纷解决中，经常可以遇到上述问题。从笔者对涉及知识产权司法鉴定意见采纳和效力评估的知识产权纠纷案件的代理和研究情况来看，一部分知识产权案件中，法院仅仅因为司法鉴定机构所做的鉴定是当事人一方单方面委托而不采纳司法鉴定意见，其理由是单方面委托所做的司法鉴定的公正性难以保障。在这类案件中没有申请知识产权司法鉴定的另外一方当事人通常也会以同样的理由对该司法鉴定意见的结论的公正性表示质疑。还有一种情况是双方当事人分别独立委托了不同的知识产权司法鉴定机构就案件的相关事实问题进行鉴定，司法鉴定意见的结论相反，或者存在重大差异。上述两种情况下知识产权司法鉴定机构所出具的司法鉴定意见的效力问题，值得研究。

对于上述问题，笔者认为人民法院一概以单方当事人委托司法鉴定机构进行的鉴定缺乏公正性而不采纳是不妥的。对此需要再次强调知识产权司法鉴定机构所做的司法鉴定意见在证据法上的效力。从司法鉴定的目的来说，知识产权司法鉴定机构所出具的司法鉴定意见是基于知识产权案件的专业性和技术性较强而为法官审理知识产权案件在认定事实方面提供基本的参照。知识产权司法鉴定机构的司法鉴定意见是否具有公正性、是否合理、是否应当接受，首先要考虑的是该司法鉴定机构资质是否合法，司法鉴定机构的专业人员是否具有司法鉴定资质，以及该司法鉴定意见是否根据合法的程序作出，如果对方当事人或者法院查实其中具有不合法的内容，即可以就该司法鉴定意见的公正性和合理性表示质疑。仅凭当事人是单方面委托司法鉴定机构而认定该司法鉴定意见缺乏公正性是不合理的。

针对上述第二种情况，即两个司法鉴定意见结论相左的情形，如何处理？在知识产权司法鉴定实践中，确实存在同一案件的双方当事人分别委托不同的知识产权司法鉴定机构出具了结论相左的司法鉴定意见。如果这两份不同的司法鉴定意见均是具有合法资质的知识产权司法鉴定机构按照合法的程序由具有鉴定资质的专业鉴定人员作出的，其效力如何认定？这里首先需要解释一下为何会出现这种情况。由于技术类知识产权案件的专业性和复杂性，不同的知识产权司法鉴定机构专门人员即使基于同一事实证据材料，也可能具有不同的认识和观点，正如在知识产权诉讼中，不同层级人民法院对同一案件的定性具有相反的结论一样。笔者认为，人民法院对待这类司法鉴定意见，应本着以事实为根据的原则，客观地、全面地进行查证和认定，以明确更具合理性的司法鉴定意见。总的来说，人民法院在审理涉及司法鉴定的知识产权案件时，对待司法鉴定意见的基本态度应当是避免先入为主的片面观念，既要防止对司法鉴定意见的绝对盲从，也要防止对（由当事人单方面委托进行的）司法鉴定意见的绝对排斥。人民法院应当在证据事实认定方面本着追求客观、真实的态度查明事实真相，以便为正确适用法律奠定坚实的基础。

4. 关于重新鉴定以及知识产权民事案件司法鉴定和刑事案件司法鉴定的衔接问题。关于重新鉴定问题，就一般的案件而言，司法部颁布的关于《司法鉴定通则》的有关规定明确了其相应的条件。但该规定过于笼统。就知识产权司法鉴定的重新鉴定而言，通常出现的情况有：①原有的知识产权司法鉴定意见被认定为不合法（如知识产权司法鉴定人员资质存在问题，或司法鉴定程序不合法）或存在其他方面重大瑕疵；②原有的知识产权司法鉴定意见并没有大的法律问题，但基于查明案件事实的需要，有必要对待查明事实重新进行司法鉴定。

例如，在笔者代理的一起商业秘密侵权案件中，一审法院委托的知识产权司法鉴定机构并没有对涉案标的的非公知性问题进行司法鉴定，而仅仅就原告指出的商业秘密的技术秘密点在被告涉案产品中是否覆盖进行所谓"同一性"的鉴定，在这种情况下就有必要进一步通过司法鉴定等形式就涉案标的是否具备非公知性进行事实认定。不过，令人遗憾的是，在本案的二审和后来的再审程序中，两审法院均认定被控侵权人申请进行重新鉴定的主张缺乏事实和法律依据。事实上，2019年我国《反不正当竞争法》进行第二次修订时专门就商业秘密侵权诉讼中原告、被告举证责任问题进行了明确的规定。根据这一规定，被告为被查实涉案标的是否具有非公知性而申请司法鉴定机构进行重新鉴定的合理性和合法性是毫无疑问的。当然，本案事实发生在该法第二次修订实施之前，因此并不适用上述规定。只是这并不妨碍我们根据同样的规定，评判被告是否享有申请重新进行司法鉴定的权利。该案由于从一审到二审再到再审，整个法律程序中三级法院针对涉案标的是否具有非公知性这一法定条件均没有进行查实，最终成为中国商业秘密司法保护史上在没有明确涉案标的是否具有秘密性或者非公知性这一条件之下而直接认定被告构成商业秘密侵权的奇特案例。这虽然是个案，但也反映出在商业秘密司法鉴定中重新鉴定规范的缺乏，导致在司法实践中法院没有对当事人的相关程序性权利予以保障。基于此，笔者建议在以后我国制定和完善知识产权司法鉴定程序规则时，对于重新鉴定的条件、程序等相关问题进行具有可操作性的规范，以充分保障当事人的程序权利，最终为知识产权纠纷案件的处理在事实认定方面提供良好的保障。

关于知识产权民事案件和刑事案件中涉及司法鉴定的程序衔接问题，笔者认为针对同一涉嫌侵权的事实，刑事案件中对证据认定效力的要求更高（要求"证据确凿"），对犯罪对象（如商业秘密）是否符合法定要求，犯罪情节是否达到法定标准（如商业秘密犯罪中涉及的造成被侵权人直接经济损失金额标准），法院在刑事审判中以所认定的证据与事实作为定案的依据。例如，在笔者代理的一起商业秘密侵权纠纷案件中，一审法院在直接认定被告构成侵害商业秘密的前提下，判决被告承担100万元的赔偿责任。该案中，原告对于侵权行为所造成的实际损失以及被告侵权获得的非法利益均没有提供任何证据，法院在认定经济损失部分也在没有进行任何说明和认定的情况下，直接按照修改以前的《反不正当竞争法》关于商业秘密侵权损害赔偿的规定，参照了《专利法》法定赔偿中的最高的赔偿标准，判决被告赔偿100万元。该案刑事案件中，一审法院直接照搬民事案件判决显然是不合理的。二审法院改判被告人无罪。

第三编

优化协作衔接机制，突破知识产权
快保护关键环节

第八章
知识产权授权确权维权衔接程序

当前，随着我国知识产权事业的快速发展，知识产权保护在我国经济社会发展和促进创新驱动发展战略实施中的地位越来越重要。与此同时，现实中我国知识产权各类纠纷，特别是授权确权和侵权纠纷的数量也日益增长。知识产权纠纷数量增长的现象可以从多方面进行评价。一方面，随着我国知识产权战略的实施和知识产权强国建设的推进，知识产权保护地位日益提升，知识产权的价值也越来越得到人们认可，社会公众知识产权意识日益增强，越来越注重运用法律手段维护自身权益。另一方面，知识产权法律调整的是一种以权利和义务为内容的社会关系，知识产权纠纷反映了当事人之间的利益冲突。同时，相当多的知识产权侵权纠纷也反映了当前我国知识产权保护仍然存在一定的问题，在有些领域、有些地方问题还可能比较严重，如存在着所谓重复侵权、群体侵权、恶意侵权等现象。针对我国知识产权保护的现实情况，如何在公平、合理的基础上，有效、及时、快速地解决当事人之间的知识产权纠纷，定分止争，维护社会关系的稳定，充分维护当事人的合法权益，也是我国知识产权保护中的重大问题和待突破之处。如果知识产权纠纷案件久拖不决，就不能及时维护当事人的合法权益，不能有效地维护社会关系的稳定和社会和谐。现实中，相关知识产权纠纷案件迟迟没有得到解决，案件积压严重的情况并不罕见。因此，在当前我国日益强化知识产权保护的大环境之下，建立知识产权快保护机制也是十分重要的问题。

《强化知识产权保护意见》在其第四部分"优化协作衔接机制，突破知识产权快保护关键环节"中即明确提出了加快构建我国知识产权快保护机制的重要措施。具体包括以下几方面：①优化授权确权维权衔接程序。②加强跨部门跨区域办案协作。制定跨部门案件处理规程，健全部门间重大案件联合查办和移交机制。③推动简易案件和纠纷快速处理。建立重点关注市场名录，针对电商平台、展会、专业市场、进出口等关键领域和环节构建行政执法、仲裁、调解等快速处理渠道。④加强知识产权快保护机构建设等。

从《强化知识产权保护意见》的上述规定可以看出，我国知识产权快保护机制的构建体现在优化协作衔接机制和构建知识产权快保护的一系列关键环节方面。其中，授权确权维权衔接程序的优化是基于现实中专利侵权、商标侵权纠纷案件在一定程度上与相关的授权确权案件直接关联。就专利无效宣告案件与专利侵权案件的关联而言，无效宣告请求在相当多的情况下是由在先专利侵权案件中的被告提出的。专利侵权和专利无效宣告案件在进行诉讼以后具有不同的属性，其中前者属于专利民事案件，后者属于专利行政案件，且审理案件的法院一般也不在同一个地区，由此可能导致专利授权确权案件与侵权案件交织的情况，加之在当前我国现行法律制度之下人民法院没有被赋予专利授权确权的职权，而仅仅对授权确权行政机关作出的行政决定拥有司法审查权，最终的结果可能是专利侵权案件的处理被推迟。再考虑我国专利法对当事人请求宣告专利无效的次数等问题并没有限制性规定，实践中出现了专利侵权案件中的被告在主张一个理由不能够宣告专利无效的前提下，不断地以其他理由多次请求宣告该专利无效。在一些具有市场价值的专利的权利人对被告提出侵权诉讼以后，被告或者其相关联的人以不同理由多次针对同一专利请求宣告无效的现象屡见不鲜。在商标授权确权与维权中也存在类似的情况。由于我国相关法律对于授权确权与侵权程序的衔接没有作出特别明确的规定，实践中知识产权人被缠于诉讼而不能自拔的情况也是屡见不鲜。关于上述问题，后面将进行详细的讨论。

在知识产权保护方面，跨部门、跨地域的协作也是十分重要的内容。由于知识产权渗透到当代经济社会发展的各个方面，知识产权纠纷很可能涉及不同的部门。由于我国地大物博，而且知识产权保护的客体具有向任何地方流动的特点，知识产权纠纷也具有跨地域性的特点。因此，实践中发生知识产权纠纷时，需要部门之间和地区之间的协作与衔接，这样才能更高效地、及时地处理知识产权纠纷。

以我国知识产权纠纷的实际情况来看，还有一个特点是数量众多，存在商业维权、批量维权的现象。特别是电子商务环境下出现的知识产权纠纷更多。因此，针对大量标的较小、法律关系简单的知识产权纠纷案件，也需要建立快速的、简易的解决程序，以便及时加以解决。

此外，尽管我国当前知识产权纠纷案件日益增多，但其中也具有一定的规律和特色，在解决知识产权纠纷方面应当抓住关键之处和突破口。《强化知识产权保护意见》提出的在关键环节和关键领域强化相关知识产权行政执法、仲裁、调解等快速处理程序和措施，无疑具有重要意义。

一、知识产权授权确权维权程序的衔接

在加强知识产权快保护方面，《强化知识产权保护意见》提出要加强知识产权授权确权维权程序的衔接。在我国当前的知识产权法律制度中，知识产权授权确权主要针对的是专利申请授权以及商标注册申请授权问题。严格地说，除此之外还存在植物新品种、集成电路布图设计的申请与授权问题。不过，从知识产权授权确权与维权程序的衔接来看，当前表现最突出的是专利和商标方面，尤其是专利方面的问题，这也是以下重点探讨的问题。

（一）知识产权授权确权与维权程序的衔接问题

关于专利授权确权与维权程序的衔接，笔者认为我国当前最突出的问题是专利无效宣告程序与侵权诉讼引发的程序交织，致使案件久拖不决，有的甚至时间漫长。由于无效宣告程序的限制，专利侵权案件迟迟得不到解决，甚至在一定程度上影响了当事人特别是专利权人对我国专利法能够及时有效保护专利权人的信心。如何使我国专利无效宣告程序与侵权诉讼有效衔接，已成为当今我国专利法实施的重大问题。具体而言，以下问题尤其值得关注：在专利侵权诉讼中，被告提出了无效宣告请求，该无效宣告请求按照正常的法律程序推进，该专利侵权诉讼是否应当中止？该专利侵权诉讼在何时应当予以恢复以及在何时应当终止？对此，最高人民法院的相关司法解释有基本的规定，该规定针对发明、实用新型和外观设计专利做了区分。然而，该规定并没有从根本上解决专利授权确权与侵权诉讼程序的衔接，特别是最终及时有效地解决相关纠纷的问题。为了解决上述问题，我国《专利法》第四次修改过程中曾规定，在专利侵权诉讼进行中，一旦专利无效宣告程序中作出了专利无效宣告决定，即可中止专利侵权诉讼。

在专利授权确权与侵权诉讼的衔接方面，笔者认为存在的最大的问题是：在专利侵权诉讼中如果被提起专利无效宣告请求，由于我国现行法律规定司法机关并无专利授权确权的最终决定权，在上述情况下专利侵权诉讼往往被

迫中止，视专利无效宣告程序的结果再由法院决定专利侵权诉讼是否恢复。然而，我国现行《专利法》并没有对申请宣告专利无效的次数进行限制。如前所述，在实践中存在这样一种奇葩的现象：专利侵权诉讼的被告为了变被动为主动，先后提出多个法定理由请求宣告该专利无效，特别体现为在一个无效宣告请求的理由被否定以后，再提出新的理由。笔者提供专家咨询的一个案件即属于此种情况。在该案中，原告（发明专利权人）起诉被告侵犯其发明专利权，被告及相关联的单位和个人先后以不同理由请求宣告该专利无效。到笔者接受咨询时，该发明专利权人已经收到了 10 份专利无效宣告决定以及 14 份法院判决书，历时将近 10 年，而该专利的有效期已经不长了。专利权人为此叫苦不迭。

在专利侵权诉讼中，被告或相关当事人以无效宣告程序作为武器，反复提出专利无效宣告请求，使专利侵权诉讼久拖不决，也使专利权长期处于不稳定状态。这种情况的出现，为有效解决专利授权确权程序与维权程序的衔接问题，提出了一个更加值得关注的问题：审理专利侵权案件的法院是否可以就专利无效问题作出决定，从而一揽子彻底解决确权与侵权纠纷？

（二）知识产权授权确权与维权程序的衔接对策

针对我国专利保护实践中存在的上述问题，我国知识产权理论与实务界都进行了积极探讨，并提出了相关观点。其中，最具代表性的观点是：赋予人民法院在专利侵权诉讼中对涉及专利无效宣告请求问题作出决定的权利，也就是说，在专利侵权诉讼中解决专利授权确权问题。此种做法的最大优势是集中由同一法院审理涉及同一专利权的专利授权确权与侵权案件，避免了迄今为止一直存在的专利授权确权程序与侵权诉讼程序的分离，以致诉讼时间被无限地推迟，诉讼效率低下等弊端。应当说，在过去我国专利侵权诉讼二审一般由各省、自治区、直辖市高级人民法院审理的情况下，上述主张不具有很强的现实性。理由是，同一原告（一般是专利权人）可能在不同地域分别提出专利侵权诉讼，在这些不同地域的专利侵权诉讼中都不排除被控侵权人提起专利无效宣告请求的可能。针对同一事实和理由，不同法院的判决可能不一致，除非法律规定在专利侵权诉讼中最先对专利无效宣告请求做出决定的法院，其决定不仅具有个案的效力，而且具有普遍效力。但这样可能和我国专利无效宣告制度的宗旨相悖，因为我国专利无效请求制度的目的就在于保证专利权的授予符合法律的规定，维护社会公众的利益。

当然，上述情况现在已经不存在，因为最高人民法院已经设立了知识产权法庭，作为二审法院集中审理在各省、自治区、直辖市发生的技术类知识产权纠纷一审案件，如专利无效宣告案件（限于北京）、专利侵权纠纷案件、技术秘密纠纷案件、计算机软件纠纷案件等。在这一新的审判体制下，审理专利侵权纠纷案件的二审法院即最高人民法院完全可以针对专利侵权诉讼中提出的专利无效宣告请求进行合并审理并对该专利的有效性问题作出裁判。这样一来，就可以在专利侵权诉讼中一并解决专利授权确权问题。也正是基于此，最高人民法院原副院长兼知识产权法庭庭长罗东川大法官曾在公开场合主张上述观点。当然，在目前我国法律制度的框架下，最高人民法院还没有被赋予上述审判权。

上述建议，如果得到采纳，笔者认为需要解决以下问题：

第一，《专利法》需要明确赋予最高人民法院在处理专利侵权纠纷案件的同时对于该专利侵权纠纷案件中提出的专利无效宣告请求作出明确判决的审判权。从现行《专利法》的具体条文来看，尚没有作出上述规定。如果作出上述规定，显然将是我国专利授权确权相关制度的一次重大改革。[1] 从其他国家的立法情况来看，1982 年美国在原专利与海关上诉法院基础之上成立的联邦巡回上诉法院即被赋予了在专利侵权诉讼中针对专利无效宣告请求作出专利权有效或者无效裁判的审判权。德国也有类似的规定。但值得指出的是，由于我国专利法修改草案是由国家知识产权局启动并负责的，国家知识产权局对上述观点可能存在不同看法。当然，立法应当站在国家和人民的立场，针对所调整的特定社会关系作出最佳的规范，而不存在任何所谓部门利益的问题。对于我国专利侵权诉讼中是否应当赋予人民法院同时处理专利无效宣告请求的审判权，[2] 也应当从公平与效率的角度出发，立足于我国专利保护实践，适当借鉴国外的经验，进行最佳的设计。[3]

第二，立法上需要明确，如果赋予最高人民法院在专利侵权诉讼中就专

---

〔1〕 由于《专利法》没有取得这方面突破，相关司法解释也不能超越法律授予的职权。参见最高人民法院《关于审理专利授权确权行政案件适用法律若干问题的规定（一）》。该司法解释于 2020 年 8 月 24 日由最高人民法院审判委员会第 1810 次会议通过并公布，自 2020 年 9 月 12 日起施行。

〔2〕 这不是指现行的专利无效宣告请求由人民法院进行司法审查，而是指人民法院直接就专利无效宣告请求作出专利有效或者无效的判决。

〔3〕 崔立红："我国专利无效宣告之司法审查与程序价值"，载《东岳论丛》2012 年第 5 期。

利无效宣告请求作出专利有效或无效判决的审判权，该专利有效或者无效的判决是仅具有个案的效力还是具有普遍的效力。例如，针对同一专利，原先的专利无效宣告请求人或者其他当事人是否能够再一次提出专利无效宣告请求？笔者认为，就专利无效宣告制度的立法宗旨而言，应当赋予这一权利，否则就可能不符合我国有错必究的社会主义法治原则，因为在专利实践中完全可能存在当事人一时没有发现新的专利无效宣告理由，而在此后的某一时间发现了新理由的情况。当然，还必须指出迄今为止尚没有解决的、前面所提到的一个非常严重的问题：在专利侵权诉讼引发的专利无效宣告案件中，被控侵权人为甩掉侵权的"帽子"，可能会想方设法找出请求宣告无效的理由，而先后向受理专利无效宣告请求的部门提起无效宣告请求，在客观上可能存在滥用无效宣告请求权的现象。对这一现象，我国现行法律和相关规范并没有明确的规制措施。在此，笔者建议我国知识产权理论和实务界加强对这一问题的研究。[1]

二、知识产权审查能力建设

《强化知识产权保护意见》明确指出，要"加强专利、商标、植物新品种等审查能力建设，进一步压缩审查周期"，作为强化衔接机制、突破知识产权快保护的关键环节之一。

对此，笔者认为，以下问题值得研究和关注。

（一）当前我国专利、商标与植物新品种等申请授权现实情况

我们知道，专利、商标、植物新品种、集成电路布图设计等知识产权，需要由申请人申请并经过审批程序才能取得。这一类知识产权的获得和著作权采取自动保护的原则完全不一样。之所以需要通过审批的程序，是因为这类知识产权的获得需要具备法律规定的特定条件，特别是发明和实用新型专利、植物新品种及集成电路布图设计等知识产权具有技术性和高度的专业性，其是否符合法律的规定，必须由具备相应资格的专业人员进行审查才能确定。注册商标专用权尽管不涉及技术性问题，但由于其涉及消费者利益和市场经济秩序的维护，其获得也需要由专业的机构进行审查、核准。笔者认为，专

---

[1] 李晓鸣："我国专利无效宣告制度的不足及其完善"，载《法律科学（西北政法大学学报）》2021年第1期。

利、商标、植物新品种与集成电路布图设计等知识产权的获得需要经过审批程序，还有一个重要原因，即通过审批并予以公开，不仅取得公示、公信的效果，还保障了这类受法律保护的知识产权的质量。

当前，随着我国知识产权事业的飞速发展，人们的知识产权意识不断增强，作为市场主体的企业越来越认识到知识产权对于企业提高市场竞争能力、开拓市场、实现企业战略的重要性。加之近些年来我国实施国家知识产权战略和创新驱动发展战略，我国企业创新能力不断提升，国家整体竞争能力也大幅度提升。在这种情形之下，近些年来尤其是近几年来，我国专利、商标等知识产权申请与授权数量大幅度增长，如我国每年专利、商标申请都达数百万件。庞大的专利和商标申请数量，无疑给我国专利、商标审批、授权机构带来了巨大压力。日益增长的知识产权申请的审批与授权问题，不能单靠扩大审查人员队伍的方式加以解决，因为在一定时间内审查人员增加的数量毕竟是非常有限的。除了适当增加审查人员以外，更重要的是要优化审查机制、提高审查效率和质量。基于此，如何提高我国知识产权授权确权环节的审查能力，就是当前我国知识产权授权确权制度建设中的重大问题。

（二）当前我国知识产权授权确权审查能力建设的成就与存在的问题

面对日益增长的知识产权申请数量，为提高我国知识产权质量，近些年来我国通过完善相关审批制度、优化审查组织建设以及不断充实审查队伍等方式，推进了知识产权审查能力建设。例如，通过《专利法》的几次修改，完善了我国专利申请审批程序，从法律制度层面保障了审查效率的提升和质量。又如，在北京和其他地方设立若干专利协审中心，随着商标申请授权业务的急剧扩张，后来又设立了相关商标协审中心。现在我国专利协审中心加上本部的专利审查员队伍，人员已是数以万计。协审机构的构建与运行大大缓解了专利、商标审查力量不足的困境。还如，近些年来随着我国知识产权人才队伍建设的发展，我国专利、商标审查队伍不断充实力量，并且审查人员的专业素质不断提升。

但是，也应看到，与我国知识产权事业蓬勃发展的现实相比，我国知识产权审查能力建设还存在较多的问题，除了专业审查人员仍需充实以外，最重要的问题是如何提高审查效率和审查质量。以审查效率而论，它是专利、商标等知识产权申请人及时获得知识产权的关键所在与重要保障。[1]如果大量的专利申请案久拖不决，就势必导致专利授权的延迟，不仅直接影响专利申请人的切身利益，还可能影响人们对专利制度的信心以及对创新活动的投入。至于审查质量，毫无疑问，它也是我国专利、商标等知识产权申请授权程序中审查能力建设的重中之重。当前我国专利、商标等知识产权申请授权程序中的审查质量总体上是值得肯定的，但也应当看到存在一定的问题。如在实用新型和外观设计专利申请授权程序中，由于制度上允许不进行实质审查，专利申请的质量难以得到保证，如果初步审查环节再出问题，就可能导致实用新型和外观设计专利授权质量严重降低。[2]

（三）推动我国知识产权授权确权审查能力建设的措施

针对前面探讨的我国知识产权授权确权审查能力建设中存在的各种问题，应当采取有效措施加以解决。笔者提出的相关对策如下：

第一，从制度上优化我国知识产权授权确权程序及相关制度。我国专利、商标等知识产权申请的审查是根据法律规定的程序进行的，因此知识产权授权确权程序是否科学、合理，直接影响到审查的效率和质量，也影响到知识产权授权的质量。回顾近些年来我国知识产权专门立法，如《专利法》《商标法》的制定和完善过程，可以发现授权确权程序的完善是修法的重要内容之一。例如，1984 年《专利法》规定了授权前的异议程序，在 1992 年《专利法》修改时将其改为授权以后的撤销程序。同样是异议程序，2013 年我国《商标法》修改时对提出异议者的范围进行了严格限定。又如，对于专利授权的条件，2008 年《专利法》引入了绝对新颖性标准，重要目的之一是提高我国创新能力。在我国《专利法》《商标法》等知识产权专门法律的进一步完善中，授权确权程序和相关制度的完善也是重要内容之一。还值得特别一提的是，就专利审查而言，由于我国《专利审查指南》是专利审查人员依照《专利法》和《专利法实施细则》的规定进行授权确权审查的部门规章，其规定的科学性、合理性同样十分重要。因此，《专利审查指南》也应随着时

---

[1] 余力焙："专利审查协作模式创新与路径优化：审查效率与审查质量导向下的制度演变"，载《科技管理研究》2020 年第 22 期。

[2] 郑旋律、朱雪忠："专利审查高速路对后续申请审查质量的影响研究"，载《情报杂志》2013 年第 7 期。

代的变迁和专利法律制度的完善而与时俱进，不断完善。就商标审查而言，与《专利审查指南》具有类似的情况，《商标审查与审理标准》也需要及时修订。

第二，突破当今我国知识产权授权确权中的审查瓶颈，重点突击。根据《强化知识产权保护意见》的要求，要"重点提高实用新型和外观设计专利审查质量，强化源头保护"。对此，前面已有所述及。我国《专利法》对实用新型和外观设计专利申请实行初步审查制度，不进行实质审查。这固然有利于申请专利的实用新型和外观设计尽快获得专利权，有利于调动相关领域人员从事发明创造的积极性，特别是在当前我国实施"大众创业、万众创新"政策的背景之下，专利法从制度上鼓励实用新型和外观设计方面的发明创造，对于提高我国创新能力的作用不可忽视。然而，值得高度重视的是，由于对实用新型与外观设计专利申请并不进行实质审查，加之很多申请人一度受地方的不适当鼓励申请奖励政策的引导，实践中出现了大量的已授权实用新型和外观设计专利质量偏低的情况，在一定程度上已经影响到我国专利授权的信誉。通过完善我国专利制度以及加强审查能力建设改变这一情况，是我国知识产权理论和实务界的共识。在提高我国实用新型和外观设计专利审查质量方面，在制度设计上适当引入实质审查机制，就是一个重要的考虑。当然，由于我国实用新型和外观设计专利申请数量巨大，如果全部要求进行实质审查，可能导致申请案件积压的现象，同样会影响专利授权的质量。根据近些年来我国专利法对实用新型和外观设计专利保护制度的规定及其修改，为了保障专利授权质量，在有效保护专利权的基础之上维护社会公众的利益，引入了权利人主张行政处理或者司法保护时的检索报告制度，以确保至少被授权的实用新型或者外观设计专利具有新颖性。借鉴和延伸这一规定，笔者认为完善我国实用新型和外观设计专利审查制度的一种考虑是，将上述检索报告制度扩展到权利人主张行政处理或者司法保护时要求专利审查机关进行实质性审查，而不是在所有实用新型和外观设计专利申请授权程序中引入实质审查制度。这一主张和做法的优点是：尽管近些年来我国实用新型和外观设计专利申请和授权的数量巨大，但在专利保护实践中进入行政处理和司法诉讼程序的毕竟是少数，仅对主张权利的实用新型和外观设计专利进行实质审查，能够在实质上保障要求获得保护的实用新型专利或者外观设计专利符合专利法规定的实质性要件。相反，如果在实用新型和外观设计专利申请审批程序中全面引入实质审查制度，就会大大增加现有的专利审查人员的工作量，不符合现实的情况，也不符合《强化知识产权保护意见》提出的加强知识产权快保护的政策。

第三，优化我国知识产权授权确权程序中的审查机构的组织建设。当前我国已经在专利、商标申请授权方面建立了一些协审组织，这些机构和本部的专利、商标申请授权一起，保障了我国日益增长的知识产权授权确权工作的正常运转。今后需要进一步总结相关工作经验，统一审查标准，加强协同管理，进一步提高专利、商标审查效率和质量。

第四，进一步充实我国知识产权审查队伍。这里的审查队伍建设，不限于增加专业审查人员，还包括审查队伍政治业务素质的提升以及审查经验的积累。例如，不断加强知识产权审查队伍的业务学习，提高自身的专业素养，就是其中的一个重要方面。

三、专利商标行政确权远程审理、异地审理制度

前面主要对我国专利侵权诉讼中被告提出专利无效宣告请求时如何衔接相关程序的问题进行分析，并提出了解决的对策。实际上，在我国商标侵权诉讼中存在类似的情况，特别是在 2013 年我国《商标法》做了重要修改，规定了注册商标无效宣告制度。注册商标无效宣告制度和专利无效宣告制度的立法宗旨具有相同之处，都是为了解决相关知识产权授权确权存在的不符合法律规定的问题，维护社会公众的利益。因此，设立相关无效宣告制度的价值和作用是值得充分肯定的。实施专利无效宣告以及注册商标无效宣告制度，能够使不符合法律规定的专利或者注册商标不再受法律保护。然而，还值得注意的一个重要现象是，由于我国专利法和商标法对请求宣告相关知识产权无效的主体没有任何限制，在专利侵权以及商标侵权纠纷中，请求宣告无效的权利往往被侵权诉讼中的被告利用。不仅如此，提出无效宣告请求往往还成为被告彻底摆脱侵权被动地位的策略，尤其体现为先后或者反复以不同理由提出无效宣告请求，致使作为被侵权人的专利权人或者商标权人陷入诉讼的泥潭，最终可能不得不以撤诉而告终。即使最终在无效宣告程序中取得了成功，也会耗费大量的人财物资源。这种情况的出现和我国当前强化知识产权快保护的愿景与目标无疑是相悖的。正因如此，《强化知识产权保护意见》明确指出，要"进一步发挥专利商标行政确权远程审理、异地审理制度在重

大侵权行政执法案件处理中的作用"。

关于《强化知识产权保护意见》的上述规定，以下问题值得研究。

第一，正确认识我国知识产权相关行政机关在处理重大知识产权侵权纠纷案件中的作用。众所周知，在我国处理知识产权侵权纠纷案件有行政处理和司法保护两条途径，前面对相关问题也做了初步的探讨。知识产权行政机关处理知识产权侵权纠纷案件，相较于司法途径处理有其自身的特色和优势。特别是就重大知识产权侵权纠纷案件，如重复侵权、群体侵权、恶意侵权等严重侵害知识产权人利益、损害公共利益并破坏社会经济秩序的较严重的侵犯知识产权行为，需要采取果断的措施及时制止侵权，以有效地维护被侵权人的合法权益以及社会关系的稳定。在这方面，相关知识产权行政机关在掌握了侵权的基本事实和证据以后，采取果断的措施予以制止，就能收到立竿见影的效果。因此，对于重大知识产权侵权纠纷案件，行政机关及时处理的重要性是不言而喻的。

第二，在重大知识产权侵权行政执法案件中行政相对人提出相关知识产权无效宣告请求时如何处理。如前所述，根据我国专利法和商标法规定，在专利侵权行政执法案件和商标侵权行政执法案件中，行政相对人完全可以提出相关知识产权无效宣告请求。在这种情况下，如何使侵权程序和授权确权程序有效地衔接和协调，值得研究。对此前面已经做了一般性的探讨，这里需要就重大知识产权侵权行政执法案件中的相关问题进行进一步的思考和探讨。

笔者认为，无论申请人申请的动机和目的如何，作为一种程序性的权利，行政相对人提出专利或者注册商标无效的请求，行政机关都应当认真对待并按照法定的程序予以处理。从推进我国知识产权快保护，及时维护当事人合法权益和社会关系稳定的角度来说，加强两者的衔接和协调是其中的关键和突破之处。根据《强化知识产权保护意见》的上述规定，针对专利权、注册商标专用权授权确权的问题（典型的是专利和商标无效宣告请求），需要通过加快审理进度、优化审理程序的方式加以解决，特别是建立远程审理、异地审理制度。笔者认为这体现了我国知识产权制度运行中的现代化问题。随着我国知识产权制度以及新兴技术日新月异的发展，知识产权制度的有效实施也需要充分利用高科技手段。如通过司法途径解决纠纷方面最高人民法院正在大力推广智慧法院建设。各种高科技手段，如《强化知识产权保护意见》

所说的远程审理等方式，就是值得高度重视和运用的一种方式。远程审理的最大特点和优势在于利用信息网络等高科技平台和手段快捷、便利、高效地审理相关案件。就这里所探讨的行政执法机关处理重大知识产权侵权行政执法案件而言，通过落实远程审理和异地审理等相关制度，能够确保因重大知识产权侵权行政执法案件所引发的知识产权无效宣告案件得以及时审理，加快审理进度。

四、不同知识产权纠纷解决手段的衔接

在当前我国知识产权保护机制中，从推进知识产权快保护的角度而言，不限于行政授权确权程序与侵权诉讼程序的衔接，还包括其他相关的处理知识产权纠纷案件的手段和程序的有机衔接与协调，因而值得进一步研究。

根据《强化知识产权保护意见》的规定，要"健全行政确权、公证存证、仲裁、调解、行政执法、司法保护之间的衔接机制，加强信息沟通和共享，形成各渠道有机衔接、优势互补的运行机制，切实提高维权效率"。[1]

对于上述规定，笔者认为以下问题值得研究。

（一）知识产权纠纷解决的不同手段有机衔接的重要性

从当前我国解决知识产权纠纷的角度来看，除了人们耳熟能详的行政处理（涉及行政确权、行政执法等）与司法保护途径以外，还存在仲裁、调解等方式，其中在行政执法、司法保护、仲裁、调解等解决方式和程序中，可能涉及公证存证的问题。这些不同的手段和程序都需要按照法律的规定进行，其自身具有不同的特点和局限性。不仅如此，一个知识产权纠纷的解决，可能涉及多个相关的程序，具有一定的复杂性。例如，前面探讨的在知识产权侵权纠纷案件中，当事人一方可能提出知识产权无效宣告请求而引发知识产权授权确权纠纷问题；在知识产权行政处罚案件中，行政相对人或权利人可能不服而提起行政诉讼；对于已经生效的仲裁裁决，当事人一方或者双方可能不服而申请法院撤销该仲裁裁决；针对同一知识产权侵权纠纷案件，当事

---

〔1〕《推进计划》提出的措施有："鼓励仲裁委员会之间加强行业合作，研究建立知识产权仲裁工作平台，制定行业仲裁规范。支持建立公证电子存证服务联盟，探索区块链等科技手段在公证电子存证技术推广方面的应用。"研究制定"全国公证电子存证业务服务规范、第三方存证数据公证检认工作规范、关于推广应用公证电子存证技术的意见"等。

人可能分别提出行政处理请求与民事诉讼。还如，在知识产权行政执法、仲裁和司法保护中，都可能涉及调解的问题，也都可能涉及需要用公证手段固定证据的问题。这些不同的解决知识产权纠纷的手段和程序，都需要耗费一定的时间和精力。如果不能做到有效衔接，就可能造成维权效率大大降低，不但使当事人的合法权益不能得到及时维护，而且不利于社会经济关系的稳定。

（二）知识产权纠纷案件处理相关程序的有机衔接

除了前面已经探讨的知识产权授权确权纠纷与侵权纠纷处理的有机衔接，这里需要进一步探讨以下几个问题。

第一，知识产权行政执法与司法保护机制的衔接。知识产权行政执法作为我国具有本土化特色的解决知识产权纠纷的重要方式，与知识产权司法保护形成了两条途径、协调处理、有机衔接的解决知识产权纠纷的体系。这方面保护机制和手段的衔接又主要体现在：针对知识产权行政执法案件，行政相对人或者知识产权人对行政裁决不服而向相关人民法院提起行政诉讼；针对同一知识产权侵权行为，作为被侵权人的权利人先后或者同时向行政机关提起行政处理以及向人民法院起诉，面临如何处理好行政处理与司法保护的关系，特别是行政处理程序和司法保护程序如何有效衔接的问题。例如，对于相关的知识产权侵权的行政处罚，如何保障被侵权人在知识产权民事诉讼程序中获得必要的赔偿就值得进一步研究。因为根据我国知识产权相关法律的规定，对于知识产权侵权的行政处罚金额不断提高，如果在行政处罚以后侵权人已无力赔偿被侵权人的损失，此时如何保障被侵权人的合法权益就值得探讨。还值得一提的是，我国相关法律规定了侵犯知识产权的民事制裁制度。在我国当今知识产权侵权行政处罚金额越来越高、行政处罚手段越来越严格的情况下，在知识产权民事诉讼程序中是否有必要继续保留侵犯知识产权的民事制裁制度，也值得探讨。

第二，知识产权行政处理、司法保护与仲裁程序中，运用调解程序问题。调解本身是解决纠纷的一种重要方式，但这里所指的调解是指在行政处理、司法保护与仲裁程序中，适用调解程序的问题。根据我国相关法律的规定，在运用上述程序处理知识产权纠纷时，都可以运用调解程序妥善处理相关知识产权纠纷。据悉，在西方发达国家，通过调解程序解决知识产权诉讼纠纷案件的比例非常高。根据笔者多年参加知识产权仲裁实践的体会，在仲裁程序中适用调解程序解决纠纷的情况也并不少见。关于运用调解程序解决知识产权相关纠纷的优势和特色，前面已经做过初步探讨，在此不赘述。

第三，构建上述相关知识产权纠纷的处理程序，形成信息共享和沟通以及渠道有机衔接、优势互补的机制。根据《强化知识产权保护意见》的上述要求，在知识产权纠纷解决中，需要利用各类程序的优势和特色，打破地区与行业的界限，促进相关信息共享和沟通，从而为知识产权维权提供快车道解决途径。

第九章
知识产权保护中的跨部门跨区域办案协作

近些年来，随着我国知识产权事业发展，知识产权在当代经济社会生活中的地位和作用越来越重要。这也在客观上使知识产权纠纷案件数量不断增加。加之我国地域辽阔，东西部科技经济文化发展水平有较大的差异，而如前所述，知识产权保护的客体知识产品具有非物质性和向任何地方流动的特点，这就在客观上使得知识产权纠纷案件的处理具有跨部门跨区域的特点。特别是，较为严重的重复侵权、群体侵权通常覆盖很多区域，如果侵权行为不能得到及时制止，不仅不能及时维护知识产权人和相关当事人的合法权益，还会严重破坏社会经济秩序。还需要指出的是，从过去我国发生的相当多的知识产权侵权纠纷的情况来看，存在生产、加工、制造、销售"一条龙"的状况，而电子商务以及信息网络技术的发展，也为这种侵权行为提供了更大的便利，使侵权行为更加容易蔓延。基于这种情况，加强我国知识产权侵权处理的跨部门跨区域的有机合作，具有十分重要的意义和作用。

《强化知识产权保护意见》在其第四部分"优化协作衔接机制，突破知识产权快保护关键环节"之九"加强跨部门跨区域办案协作"中指出：

制定跨部门案件处理规程，健全部门间重大案件联合查办和移交机制。健全行政执法部门与公安部门对涉嫌犯罪的知识产权案件查办工作衔接机制。在案件多发地区探索建立仲裁、调解优先推荐机制。建立健全知识产权案件分流制度，推进案件繁简分流机制改革。推动建立省级行政区内知识产权案件跨区域审理机制，充分发挥法院案件指定管辖机制作用，有效打破地方保护。

对《强化知识产权保护意见》的上述规定，笔者认为以下问题值得研究。

一、跨部门跨区域知识产权办案衔接机制构建的重要意义

我国知识产权保护跨部门跨区域协作机制构建的必要性和紧迫性是基于以下几点原因：首先是基于知识产权纠纷案件，特别是知识产权侵权纠纷案件本身所具有的特点。对此前面已有所提及，这里需要进一步研究：知识产权客体的无形性也使得附载知识产权的有形商品具有向任何地方流动的特点。在当前，随着我国社会主义市场经济体制的建立和发展，有形商品在各地区之间的自由流通日益频繁。这样一来，知识产权侵权行为也很可能伴随着有形商品在全国不同地域范围的流通而蔓延。其次是基于我国地域辽阔，同一相关主体知识产权纠纷案件在不同区域发生广泛存在。加之，伴随着商业维权现象，作为被侵权人的同一原告在全国很多地域主张权利的案件也时有发生。还有一个原因与上述侵犯知识产权的商品向不同地域的流动有关：根据我国关于知识产权侵权纠纷案件诉讼管辖的规定，侵权产品制造地、销售地法院都可以作为诉讼管辖的依据，在客观上也便利了作为被侵权人的原告向不同区域内的侵权人提起诉讼。基于这些原因，知识产权侵权纠纷案件跨部门跨区域处理的情况非常普遍。最后是当前我国知识产权侵权纠纷案件的处理，在跨部门跨区域合作方面存在一些问题。在知识产权保护实践中，我国在跨部门跨区域的知识产权保护合作方面已取得了一定的经验，增强了知识产权维权的效果，维护了知识产权人和相关当事人的合法权益以及社会经济秩序的稳定。但同时也应当看到，在这方面还存在较多的问题。例如，整体上我国尚未构建系统、完善、高效的知识产权保护跨部门跨区域的深度合作机制，在有的知识产权纠纷案件处理方面可能还存在一定的地方保护主义因素，在相关知识产权纠纷案件的处理中不同部门和地区可能基于自身局部利益、本位利益的考虑而未能给予积极的合作。因此，可以说当前我国知识产权快保护环境下加快知识产权保护跨部门协作和跨区域合作也是基于现实的迫切需要。

二、跨部门跨区域办案协作机制的构建思路与原则

（一）协同原则

知识产权保护的跨部门跨区域办案协作，本质上是案件涉及的相关部门和区域利用各自的优势和条件，互相配合，相互支持，协同进行，保障案件

的公平、合理处理。

（二）效率原则

我国知识产权保护中跨部门跨区域办案协作机制的构建与运行，在强调对知识产权的公平、平等、合理保护的基础之上，还应当强调效率原则。效率本身是经济学上的一个概念，似乎与法律追求的公平、平等和正义目标不相关。其实，无论是从法理学的角度来说，还是从法律制度的构建与实施的实际情况来说，效率也是法律制度（包括知识产权法律制度）所追求的重要目标。效率原则在知识产权制度中也是十分重要的一个原则。就这里所讨论的我国知识产权保护中的跨部门跨区域办案协作机制的构建而言，笔者认为效率原则至少有以下几方面体现：首先，知识产权纠纷案件应当尽快得以解决，而不能久拖不决，否则可能会造成司法资源、行政资源和社会资源等的浪费，不利于知识产权维权效率的提升。其次，通过跨部门跨区域办案协作，应当在总体上以较少的人财物资源解决知识产权纠纷，节省、减少办案成本，使有限的国家财政资源投入到国家经济社会发展中。最后，通过跨部门跨区域办案协作，在总体上取得较好的法律效果和社会效果，实现法律效果和社会效果的统一。如前所述，从法理学的角度来说，法律的效率是指法律调整社会关系、作用于社会生活中所实际取得的效果与该法律制度所希望实现的社会效果之间的比，比值越高则说明该法律的效率越高。知识产权制度作为法律制度的范畴也一样。知识产权案件的处理，显然会取得相应的法律效果和社会效果。特别是在涉及跨部门跨区域办案的情形，这类知识产权纠纷案件的社会影响通常比不涉及跨部门跨区域的知识产权纠纷案件的处理影响更大。效率原则要求跨部门跨区域知识产权案件应当取得更好的法律效果和社会效果，特别是更好的社会影响。

（三）信息透明与共享原则

当前是信息社会，随着信息的社会化和社会信息化，信息的及时交流对于解决相关纠纷、实现资源共享等方面具有十分重要的意义。在我国，司法信息化工程也一直在加紧推进。利用信息化手段解决知识产权纠纷，特别是涉及跨部门跨区域办案的情形时，能够有效地加强部门和区域之间处理知识产权案件的合作，整合相关资源，提高利用资源的效率，更有效地加快知识产权纠纷的解决。笔者认为，应注重信息的透明和信息共享两方面内容。在知识产权案件处理涉及跨部门跨区域合作办案时，在不影响相关案件信息必要保密的前提之下，充分利用信息化的手段和技术加强部门和地区之间的信息交流，有利于加快案件的解决。由于跨部门跨区域之间协作针对的是同一知识产权案件或同一系列知识产权案件，还应注重信息共享的问题。通过共享的信息资源，能够更好、更快地合理调配部门和区域之间的相关资源，促成知识产权纠纷的妥善解决。[1]

（四）分工协作，落实责任制原则

知识产权保护中，涉及跨部门跨区域办案协作，必然涉及相关部门和地区之间的分工协作。这种分工协作应当明确在知识产权纠纷案件处理中不同部门和区域的相关职责，便于形成合力，提高工作效率。同时，还特别需要落实责任制，使知识产权纠纷案件的关键环节和主要措施均有人负责。

（五）程序和工作流程规范化原则

关于知识产权各类纠纷案件的处理，我国法律法规等规范性法律文件都做了明确的规定。但是，基于跨部门跨区域知识产权办案协作存在的特殊情况，应当立足于我国知识产权案件处理中的跨部门跨区域办案协作的现实情况，制定和完善相关工作流程与程序，以保障跨部门跨区域办案协作的规范化、法治化，避免地区和部门之间相互推诿，甚至存在地方部门利益和地方保护主义的现象。《强化知识产权保护意见》即明确指出，要"制定跨部门案件处理规程，健全部门间重大案件联合查办和移交机制"。对此，笔者认为，制定跨部门知识产权案件处理流程，有利于落实跨部门知识产权案件处理的效率原则，优化案件处理流程，更高效、公平地处理知识产权案件。部门间重大知识产权案件联合查办和移交机制则有利于整合办理知识产权案件的人力资源和促进案件的处理程序规范化建设，提高知识产权案件的办案水平和质量。

三、行政执法部门与公安部门对涉嫌犯罪的知识产权案件查办工作衔接机制

《强化知识产权保护意见》指出，要"健全部门间重大案件联合查办和移交机制。健全行政执法部门与公安部门对涉嫌犯罪的知识产权案件查办工作

---

[1]《推进计划》提出的措施有：研究建立专利、商标行政确权与重大侵权行政执法案件的衔接和信息共享机制并开展试点；加强侵权假冒行政执法与刑事司法信息共享平台建设；制定发布知识产权信息公共服务工作指引等。

衔接机制"。

对于上述规定，笔者认为以下问题值得研究。

（一）构建行政执法部门与公安部门查办工作衔接机制的必要性

关于上述问题，首先需要认识为何存在行政执法部门与公安部门对知识产权案件查办工作衔接的问题。众所周知，知识产权是一种民事权利，知识产权法律也属于私法。相应地，知识产权侵权行为体现为民事侵权，知识产权侵权行为人所承担的法律责任也体现为民事责任。然而，还必须看到的是，知识产权尽管本身属于一种民事权利，对这一民事权利的法律保护却不限于民事手段，也包括行政手段乃至刑事手段。这是因为，从法理学的角度来说，民事权利和民事权利的保护不是等同的概念，民事权利的保护并非只限于民事手段，如果侵犯民事权利违背了国家公共利益、违反了公共秩序，则应当承担相应的行政责任。如果情节更加严重，还会触犯刑法，需承担刑事责任。知识产权作为我国民事权利体系中的重要内容和组成部分也一样。不仅如此，知识产权法律制度尽管是一种私法制度，但和公法制度相对而言，其在保护知识产权人享有的私权的同时，也具有维护公共利益的重要价值目标，并且实现知识产权人的利益与公共利益的平衡是该法律制度的重要价值构造。基于此，在对知识产权这一民事权利的保护中，针对触犯国家公共利益的知识产权侵权行为，国家相关知识产权行政执法部门有权依法追究知识产权侵权行为人的行政责任。若该知识产权侵权行为的情节达到了我国刑事法律规定的犯罪构成标准，则还需承担相应的刑事责任。当然，还有一种情况也应当指出，即个案中行为人的行为并非侵犯某种知识产权，因而不构成知识产权民事侵权行为，但因为该行为触犯了国家行政管理秩序，危害了公共利益，知识产权相关行政部门有权依法进行查处，追究行为人的行政责任。当该行为具有社会危害性而构成犯罪时，还需承担刑事责任。这类行为包括我国知识产权专门法律规定的行为人在知识产权授权确权及相关程序中的徇私舞弊等。当然，本书所探讨的主要还是承担行政责任乃至刑事责任的知识产权民事侵权行为。

以上是从理论层面所探讨的知识产权侵权行为人可能承担行政责任乃至刑事责任的问题。在我国知识产权保护实践中，经常有知识产权行政执法部门在对知识产权侵权行为进行行政查处时，发现该侵权行为可能构成知识产权犯罪。由于相关知识产权犯罪行为的查办、侦查及相关法律程序是由专门机关进行，我国知识产权行政执法部门并无查办、侦查、处理涉嫌知识产权犯罪案件的职权，在这种情况下就只能由行政执法部门将涉嫌知识产权犯罪案件移交给公安部门等进行处理。因此，相应地存在相关行政执法部门移交涉嫌知识产权犯罪案件的问题。

笔者认为，构建行政执法部门查处的涉嫌知识产权犯罪案件移交给公安部门处理的衔接机制具有十分重要的意义。具体体现为：

第一，避免构成知识产权犯罪的案件由行政执法部门内部"消化"，造成"以罚代刑"的后果。在我国知识产权行政执法中，经常会出现涉嫌构成知识产权犯罪的案件，如果行政执法部门不及时移交、启动和推进涉嫌知识产权犯罪案件查处程序，就很可能造成上述问题，最终后果是纵容了知识产权侵权行为人，不利于充分有效地保护知识产权人的合法权益和维护社会经济秩序的稳定，以及维护社会公共利益，与"执法必严"的基本要求也不相符。

第二，提高对涉嫌知识产权犯罪案件的处理效率，及时维护知识产权人的合法权益和社会公共利益。在行政执法部门处理涉嫌知识产权犯罪案件时，如果能通过高效的办案衔接机制及时实行案件的移交，必然会使涉嫌知识产权犯罪的案件事实、线索和证据更加容易掌握，从而有利于公安机关在后续查处涉嫌知识产权犯罪行为时甄别该行为是否构成知识产权犯罪，进而决定是否启动知识产权犯罪刑事调查和处理程序。

（二）构建行政执法部门与公安部门查办工作衔接机制的措施

笔者认为，针对行政执法部门查处涉嫌知识产权犯罪案件，相关行政执法部门与公安部门查办工作衔接机制构建，应当重视以下策略与措施。

第一，相关行政执法部门（尤其是知识产权行政执法部门）应当提高对知识产权一般侵权行为与刑事犯罪行为的甄别能力。如前所述，知识产权侵权行为在情节严重时可能构成知识产权犯罪行为。相关行政执法部门在查处知识产权侵权案件、追究行政责任时，也意味着该知识产权侵权行为已经违反了国家行政管理规范，侵犯了公共利益，构成了承担行政责任的侵权行为。[1]对于该行为是否同时构成知识产权犯罪行为，是否需要通过移交给公安部门等进一步进行查办和处理，相关行政执法部门需要对知识产权侵权行为的情节

---

[1] 当然，在实践中也应当注意仅仅构成一般民事侵权行为的知识产权侵权案件，防止滥用行政执法手段处理知识产权侵权纠纷。

和后果有基本的评估，最终确定行为是否构成知识产权犯罪，进而决定是否移交公安部门进行查办和处理。

追究知识产权侵权行为人的刑事责任无疑是一种严厉的法律责任。根据刑法的谦抑性原则，应当严格掌握，以防对知识产权的不适当的过度保护。基于此，相关行政执法部门在查处知识产权侵权案件、移交涉嫌知识产权犯罪案件时，应当在全面深入地了解案件基本事实和证据的基础上，根据我国相关法律法规的规定，确定该行为是否涉嫌构成知识产权犯罪。根据我国知识产权行政执法保护的实际，以下两种情况都需要避免：第一种情况是对已经构成知识产权犯罪的行为，采取"以罚代刑"的手段，不向公安机关等有关部门及时移交，存在故意或者无意偏袒侵权行为人的现象；第二种情况是错误地认定相关行为构成知识产权犯罪行为，而将不构成知识产权犯罪的案件移交给公安部门，致使公安部门在耗费相当多的办案力量的情况下最终认定犯罪嫌疑人无罪，不仅会严重损害行政相对人的合法权益，还会造成国家资源的浪费。

笔者认为，行政执法部门（尤其是知识产权行政执法部门，下同）处理知识产权侵权案件，除了程序合法以外，特别重要的是如何准确地认定是否构成知识产权侵权。对此，《强化知识产权保护意见》已提出要为行政执法部门界定知识产权侵权行为提出规范指引。实际上，国家知识产权局一直在这方面努力，努力制定知识产权侵权行为认定的部门规章，以便更有针对性地指导各级行政执法部门在就知识产权侵权案件进行行政处理时提供更有操作性的指导。[1]同时，基于部分进行行政处理的知识产权侵权案件涉嫌构成知识产权犯罪，行政执法部门也应当对知识产权犯罪的相关规定和原理有基本的了解，特别是能够甄别知识产权侵权罪与非罪的界限。

第二，制定涉嫌知识产权犯罪的知识产权侵权案件的行政处理与公安部门查办的衔接工作制度。[2]笔者认为，该衔接工作制度应覆盖以下内容：①明确行政执法部门如何区分承担行政责任的知识产权侵权行为与涉嫌构成知识产权犯罪的知识产权侵权行为；②明确行政执法部门在认定承担行政责任的

---

〔1〕　例如，2020年6月15日，国家知识产权局发布了《商标侵权判断标准》（国知发保字〔2020〕23号）。

〔2〕　《推进计划》提出："加强知识产权行政部门与公安部门协作配合，及时作出行政解释，完善重大案件移送机制，健全涉嫌犯罪案件查办工作衔接机制，加强行政执法和刑事司法衔接。"

知识产权侵权行为涉嫌构成知识产权犯罪时，需要移交的侵权相关证据和事实，包括对证据的有效保管；③明确行政执法部门在移交相关知识产权侵权案件以后，对于涉嫌犯罪的侵权行为人的处置方式，该处置方式应当符合我国相关法律规定，不得侵犯涉嫌犯罪的知识产权侵权行为人的合法权益；④明确公安机关在接受行政执法部门移送的涉嫌构成知识产权犯罪案件后，公安机关与行政执法部门的沟通机制，包括相关联络人、侵权的相关线索、证人、相关证据和材料，以及必要时公证取证等内容。

第三，建立行政执法部门与公安部门对涉嫌知识产权犯罪案件的信息沟通与披露机制以及信息反馈机制。上述反馈机制构建，旨在实现涉嫌知识产权犯罪案件相关信息的共享和交流，以节省办案成本，提高办案效率。在信息沟通与披露机制建设方面，还需要注意防范案件处理、交接过程中熟悉案件的行政执法部门人员向犯罪嫌疑人通风报信，转移、销毁相关证据，加大案件处理难度。在信息反馈机制建构方面，公安部门对移送过来的涉嫌知识产权犯罪的由行政执法部门处理的案件，应当就后续处理的结果与行政执法部门进行沟通。若公安部门经过处理以后认定涉嫌知识产权犯罪行为的证据不足，应当将新掌握的知识产权侵权行为的相关证据和事实予以反馈，以便行政执法部门更加准确、全面地查处知识产权侵权案件。

四、案件多发地区仲裁、调解优先推荐机制

《强化知识产权保护意见》明确提出，要"在案件多发地区探索建立仲裁、调解优先推荐机制"。笔者认为，该项机制对于加快我国知识产权纠纷案件的处理，维护社会关系的稳定，定分止争，具有十分重要的意义和作用。

对于上述规定，以下问题值得研究与探讨。

（一）知识产权仲裁及调解在案件多发地区解决争议中的重要性

《强化知识产权保护意见》上述规定，明确了在案件多发地区要建立优先推荐仲裁、调解方式解决知识产权纠纷和争议的机制。笔者认为，这一规定本身隐含着通过仲裁和调解方式解决知识产权纠纷所具有的独特优势，否则就没有必要针对案件多发地区优先推荐仲裁和调解方式解决知识产权纠纷。关于以仲裁和调解方式解决知识产权纠纷的优势和特色，前面已经做了初步探讨，在此需要进一步加以明确。

就以仲裁方式解决知识产权纠纷（即知识产权仲裁问题）而言，其优势

和特色是与传统的或者是主要的解决知识产权纠纷的方式——知识产权诉讼——相对而言的。知识产权仲裁和诉讼不同，其是通过专家裁断的方式，实行"一锤定音"，即裁决一经作出即发生法律效力，不像我国知识产权诉讼，可以经过二审，甚至还有再审程序。此外，还有一个特点是知识产权仲裁案件的开庭审理以及仲裁裁决一般是不对外公开的，而诉讼一般实行公开审理制度，诉讼文书也会通过一定的形式对外公开。比较而言，通过仲裁的方式解决知识产权纠纷，可以取得时间效率上的优势，避免案件久拖不决。特别是在案件多发地区，由于知识产权纠纷案件数量多，在我国审判力量有限的条件下，大量这类案件进入诉讼程序可能使得结案的时间推迟。相反，如果能够建立一定的通过仲裁程序解决纠纷的优先推荐机制，就能够分流相当一部分的案件由仲裁机构加以处理，既减轻人民法院知识产权审判的压力，又加快案件处理的进度，使案件当事人尽快地从知识产权纠纷的漩涡中脱身，投入正常的生产经营活动之中。当然，也应当指出，通过仲裁方式解决知识产权纠纷也有一定的局限性。这尤其体现在通过仲裁方式解决知识产权纠纷的前提是当事人双方达成了以仲裁方式解决纠纷的协议，或达成了关于争议解决方式的仲裁条款。如果一方当事人不同意采取仲裁方式解决其存在的知识产权纠纷，则往往只能通过诉讼等方式加以解决。

就以调解方式解决知识产权纠纷问题而言，不仅相对于知识产权诉讼，而且相对于上述知识产权仲裁方式，它都具有优势和特点。关于这一问题，前面也已做了初步探讨。这里可以做进一步的补充：调解同样具有时间效率上的优势，通过调解机构和相关调解人员的斡旋，当事人在互谅互让的基础之上能够迅速达成调解协议。不仅如此，调解协议的达成也便于履行。通过调解的方式解决知识产权纠纷，在知识产权当事人之间形成的对抗远逊于诉讼解决纠纷的形式。这一特点也决定了在当事人之间本已存在合作关系的前提下，一般不会影响未来进一步的合作。当然，如前所述，调解方式解决知识产权纠纷，同样存在一定的局限性，不能过于为调解而调解，形成一种"各打五十板"的结局。

（二）在案件多发地区构建知识产权仲裁、调解优先推荐机制的措施

笔者认为，可以采取的措施与对策有以下几点。

第一，加强对以仲裁、调解等方式解决知识产权纠纷的知识普及和意识培养。毫无疑问，意识和知识是行为的先导。通过强化这方面的知识和意识，

知识产权相关当事人在相关的合同起草中就会注意通过仲裁、调解的方式解决纠纷。

第二，针对相关知识产权合同、协议，提供以仲裁、调解的方式解决争议的合同范本或条款。这样一来，一旦发生知识产权纠纷，就可以根据合同事先约定的以仲裁或调解的方式解决争议的条款，优先通过仲裁或调解的方式解决纠纷。

第三，根据案件多发地区的实际情况，在可能的条件下，建立当地的仲裁或者调解机构，服务于当地纠纷的解决。

第四，借鉴先进地区涉及知识产权仲裁或调解的经验，根据案件多发地区知识产权纠纷的实际情况，推进知识产权仲裁与调解工作的开展。

五、知识产权案件分流及跨区域审理机制

《强化知识产权保护意见》明确规定，要"建立健全知识产权案件分流制度，推进案件繁简分流机制改革。推动建立省级行政区内知识产权案件跨区域审理机制，充分发挥法院案件指定管辖机制作用，有效打破地方保护"。[1]

对此，笔者认为，以下问题值得研究。

（一）建立健全知识产权案件分流机制的必要性及策略

如前所述，随着我国知识产权事业的发展以及人们知识产权保护意识的增强，我国知识产权诉讼案件数量不断增长，给人民法院有限的知识产权审判力量带来了巨大的压力。如何以有限的审判力量公平、合理、高效审理日益增长的知识产权诉讼案件，是当前我国人民法院知识产权审判的重中之重。同时，也应当看到，在我国知识产权诉讼案件数量飙升的背后有很多原因。在数量巨大的知识产权诉讼案件中，相当一部分案件涉及的法律关系简单，标的较小，特别是针对日益增多的所谓商业维权、批量维权现象，大量的这类案件具有同质化特点。当然，不能否认在数量巨大的知识产权诉讼案件中，也有部分案件涉及的法律关系复杂、标的较大、社会影响也较大的情况。对这些法律关系复杂程度、标的金额大小程度和社会影响均不同的知识产权案

---

〔1〕《推进计划》提出的措施如：建立知识产权司法案件繁简分流机制，改进审理程序和文书样式，实现不同性质、不同复杂程度的案件轻重分离、快慢分道；强化知识产权跨部门执法保护协作和长三角、泛珠三角等地区跨区域联合打假。

件而言，如果不建立适当的分沉机制，针对案件的繁简程度适用不同层级的法院加以审理，则不利于抓住主要矛盾、重拳出击，也不利于整合和配置有限的审判资源，提高审判效率，更好地维护当事人的合法权益和经济与社会关系的稳定。因此，在当前我国知识产权快保护环境下，加快构建和完善知识产权案件的分流机制，具有很强的紧迫性和必要性。

关于如何建立我国知识产权案件的分流机制，推进繁简分流的机制改革，笔者提出以下对策：

第一，确立知识产权简易案件和复杂案件的认定标准。这应当是建立我国知识产权案件分流机制的基础。因为只有明确哪些知识产权案件属于简易案件，适用简易程序进行处理，哪些属于法律关系复杂的非简易案件，才能够对现实中的知识产权案件进行分流。

第二，建立具有可操作性的知识产权案件的分流制度和工作机制。我国知识产权案件的繁简分流机制，最终需要通过制度加以规范化。建立规范化的制度，具有以下作用：为人民法院针对数量日益增长的知识产权案件进行分流处理提供指引，有利于我国人民法院处理同类型知识产权纠纷案件统一裁判标准，有利于提高我国人民法院审理知识产权案件的效率和质量。

第三，编制我国知识产权案件繁简分流的流程图，便于人民法院在审判实践中迅速加以了解和适用。

第四，总结我国知识产权案件的审判经验，特别是法律关系简单、标的较小的简易案件的处理经验，进一步优化知识产权案件审理程序。[1]

（二）省级行政区域内知识产权案件跨区域审理机制的重要性及策略

笔者认为，建立省级行政区域为知识产权案件的跨区审理机制，其重要性至少体现在以下几个方面：首先，有利于打破地方保护和部门利益的干扰。在我国司法保护中，地方保护始终是困扰和阻碍实现我国公平、正义的司法保护价值取向的一个重要方面。在知识产权司法保护中，地方保护的现象也并非完全不存在。例如，地方政府担忧法院判决其所在地的企业败诉会影响当地经济的发展，因而不惜采取非正常的手段对司法机关施加影响。地方保护的后果是违背了司法保护的公平和公正，使法院判决的结果对另外一方当

---

[1]　蔡元臻："知识产权伪造行为的法律规制：一种行政主导下的分流机制"，载《行政法学研究》2020 年第 2 期。

事人不够合理和公平，因而也缺乏正义性。在省级行政区域内建立知识产权案件的跨区域审理机制，则有利于审理案件的法院摆脱当地政府的干扰，促成案件的公正处理。其次，有利于根据个案的情况，落实司法便民原则，更好地配置有限的知识产权审判资源，更好地维护当事人的合法权益，及时解决纠纷。[1]

关于如何构建省级行政区域内知识产权案件跨区域审理机制，笔者结合《强化知识产权保护意见》的上述规定提出以下对策：

第一，完善和改革我国知识产权案件的指定管辖机制。根据我国《民事诉讼法》《行政诉讼法》等程序法的规定，指定管辖是知识产权案件中确立人民法院审判权的重要依据。构建上述审理机制，需要对指定管辖机制进行必要的优化。

第二，确立省级行政区域内知识产权案件跨区域审理的案件标准和条件，以保证跨区域审理的知识产权案件具有合理性和必要性，同时有利于防范利用跨区域审理知识产权案件出现不正当因素干扰的后果。

第三，建立省级行政区域内知识产权案件跨区域审理的合作机制。对于跨区域审理的知识产权案件，存在着不同地区之间的相互合作问题，对此也需要在相关的工作制度和机制中作出规定。[2]

---

[1] 丁秀丽："跨区域协作 快速反应 共同保护知识产权"，载《电子知识产权》2008 年第 5 期。

[2] 咸胜强、原晓爽："京津冀协同发展背景下知识产权案件跨区域管辖与审理制度研究"，载《法律适用》2017 年第 5 期。

第十章
知识产权简易案件和纠纷的快速处理

《强化知识产权保护意见》在第四部分"优化协作衔接机制，突破知识产权快保护关键环节"之（十）中指出：

推动简易案件和纠纷快速处理。建立重点关注市场名录，针对电商平台、展会、专业市场、进出口等关键领域和环节构建行政执法、仲裁、调解等快速处理渠道。推动电商平台建立有效运用专利权评价报告快速处置实用新型和外观设计专利侵权投诉制度。指导各类网站规范管理，删除侵权内容，屏蔽或断开盗版网站链接，停止侵权信息传播，打击利用版权诉讼进行投机性牟利等行为。

对于上述规定，笔者认为，以下问题值得研究与思考。

一、推动知识产权简易案件和纠纷快速处理的意义

如前所述，当前我国知识产权纠纷数量激增，其中相当一部分知识产权纠纷需要进入诉讼程序。在我国各级人民法院知识产权审判力量有限的条件下，知识产权诉讼案件的剧增无疑给人民法院带来了巨大压力。从近些年来我国知识产权诉讼案件的特点来看，一方面存在一些标的大、法律关系复杂的大案、要案，另一方面也应当注意到存在大量的商业维权现象和大量的法律关系简单、标的较小的简易案件。特别是在当前信息网络和电子商务环境之下，这类简易案件可谓层出不穷，数量暴涨。众多的简易案件如果通过诉讼途径才能加以解决，就势必大大增加人民法院知识产权审判的负担和压力。相反，如果能够建立知识产权简易案件的快速处理通道和机制，不仅会减缓人民法院知识产权案件审判的压力，还有利于案件的及时高效解决，使当事

人尽快摆脱诉累，同时也有利于维护社会关系的稳定，促进社会和谐。

由此可见，在当前我国知识产权快保护的背景下，建立知识产权简易案件的快速处理通道和机制，具有重要的现实意义和紧迫性。需要进一步指出的是，还有一种情况对知识产权纠纷的快速处理也提出了客观的要求，即《强化知识产权保护意见》提到的在电商平台、展会、专业市场和进出口的关键环节和领域，知识产权纠纷尤其需要快速处理，否则将使相关当事人失去重要的商业机会和市场，使其遭受难以弥补的损失。这一类型的案件不能简单地定性为简易案件，更主要的是其具有较强的时效性，要求尽快解决当事人的知识产权纠纷，否则市场机会稍纵即逝。因此，无论如何，针对我国知识产权简易案件和在一定的情况下需要加速处理的知识产权纠纷，建立纠纷的快速处理通道和机制具有必要性。[1]

实际上，关于我国知识产权简易案件的快速处理通道和机制建设的合理性和必要性，还可以从法律经济学的角度加以理解和认识。法律经济学可以理解为用经济学的概念、原理和方法理解和认识法律问题、法律制度和法律现象。法经济学在知识产权法律制度方面的运用也具有一定的历史和研究成果。如美国法经济学家理查德·A.波斯纳等人撰著出版了《知识产权法的经济结构》[2]，该书提到了一个重要的观点，即从法经济学分析层面看，知识产权制度的重要目标是提高效率，如该制度的设计缺乏效率，就应采取一定的措施使其富有效率。效率价值取向无疑是知识产权制度的法经济学分析的重要立足点。就这里所讨论的建立我国知识产权简易案件快速处理通道和机制而言，从法经济学的角度分析其重要目的是提高知识产权维权效率，促使知识产权争议快速、有效地得以解决，减少解决纠纷的社会成本和当事人的维权成本。同时，通过有效地解决知识产权纠纷，实现知识产权制度实施中的动态效率和效益——使纠纷及时妥善地解决，更好地实现该制度的社会效果。

---

[1] 《推进计划》提出的措施如：制定形成知识产权保护中心管理、培训、质量控制相关规范，拓展商标、地理标志等业务领域，提升快速协同保护能力。

[2] ［美］威廉·M.兰德斯、理查德·A.波斯纳：《知识产权法的经济结构》，金海军译，北京大学出版社 2005 年版。

二、关键领域和环节中知识产权快保护渠道与机制的构建

《强化知识产权保护意见》明确指出，要"建立重点关注市场名录，针对电商平台、展会、专业市场、进出口等关键领域和环节构建行政执法、仲裁、调解等快速处理渠道"。

对此，笔者认为以下问题值得探讨和思考。

在我国经济社会生活的各个领域和方面，都可能存在知识产权侵权现象和相应的纠纷。但基于知识产权自身面向市场、在市场中实现其经济社会价值的特点，现实生活中发生的知识产权侵权纠纷也更多地出现于相关领域和环节，知识产权侵权的范围和方式也呈现一定的规律和特点。特别是电商平台、展会、专业市场和进出口等环节，是知识产权人和相关当事人利用知识产权的重要途径，也是知识产权侵权的重灾区，因为在这些领域和环节中存在大量的知识产权纠纷，特别是侵权纠纷。还值得指出的一个重要的特点是，这些领域和环节中的有形商品流通较为频繁、时效性强：一旦发生知识产权相关纠纷，特别是侵权纠纷，就很容易导致相关的经济贸易活动受阻，使相关当事人的市场机会丧失。因此，电商平台、展会、专业市场和进出口应视为知识产权保护的关键领域和环节，相关知识产权纠纷能否得到及时解决，直接关系到相关的市场经济活动能否正常进行。在这些领域和环节建立知识产权快保护渠道和机制，具有重要意义。

《强化知识产权保护意见》提出的重要措施，除了建立重点关注市场名录以外，还包括在这些关键领域和环节中的行政执法、仲裁、调解的快速处理渠道。重点关注市场名录的建立，显然是为了重拳出击，对知识产权保护中的重点市场予以重点保障。上述快速处理措施则是落实知识产权快保护机制、加快解决知识产权纠纷的手段。如前所述，知识产权的行政执法、仲裁、调解相对于知识产权诉讼而言，均具有优势和特点，关键是如何在这些关键领域和环节中实施上述措施。对此，笔者有下列建议。

（一）知识产权行政执法的着力点

我国知识产权行政执法案件的案源通常有两种方式：相关社会公众的举报、投诉，以及相关行政部门主动查处。因此，为通过行政执法手段快速解决上述领域和环节中的知识产权纠纷，特别是知识产权侵权纠纷，需要建立案件查明的信息沟通机制，及时发现知识产权侵权行为，固定相关的侵权事

实和证据。除此之外，处理知识产权纠纷，特别是知识产权侵权纠纷的行政执法机关和人民法院应当对上述关键领域和环节中的知识产权侵权行为的表现形式和特点有充分了解，以便一旦获悉知识产权侵权纠纷的相关信息，就能够及时采取措施加以解决。同时，行政执法并不是解决纠纷的最后手段，因为行政相对人如果对行政处理决定不服，可以依法提起行政复议或者行政诉讼。为了使知识产权纠纷特别是知识产权侵权纠纷得以及时解决，相关部门在处理知识产权纠纷、作出决定时，应当秉公执法，本着以事实为根据、以法律为准绳的法治原则，公平合理地作出行政处理决定，尽量使行政相对人能够接受行政决定。

（二）知识产权案件仲裁的适用

在上述关键领域和环节适用知识产权仲裁的手段和程序解决知识产权纠纷，应当注意仲裁解决纠纷的前置性条件，即当事人各方达成了解决知识产权纠纷的仲裁协议，或者仲裁条款。这一前置性条件显然会在相当程度上限制在上述关键领域和环节适用仲裁的手段解决知识产权纠纷。为此，根据《强化知识产权保护意见》的规定和笔者的探讨，需要建立在上述关键领域和环节以仲裁作为优先解决知识产权纠纷途径的机制。为建立这一机制，需要对仲裁作为解决知识产权纠纷手段做必要的宣传，必要时在相关示范合同中以仲裁作为解决纠纷的手段之一。同时，提高仲裁手段处理知识产权纠纷的效率，不仅需要优化仲裁委员会知识产权相关案件仲裁程序，而且需要培养在电商平台、展会、专业市场和进出口等关键领域和环节中具备知识产权纠纷处理经验的仲裁员，以避免仲裁裁决的公正性受到一方或双方当事人的怀疑而向主管人民法院提出撤销申请，从而使仲裁裁决的执行推后，影响知识产权纠纷的及时解决。

（三）知识产权案件调解的着力点

以调解手段解决知识产权纠纷的特色和优势在前面已经作出初步探讨。这里需要进一步探讨的是，如何在上述关键领域和环节建立相关的调解机制，促成案件及时解决。应当看到，在我国知识产权保护实践中以调解手段解决知识产权纠纷已积累了一定的经验。例如，针对电商平台存在的大量简易知识产权纠纷，像我国的京东、淘宝等大型的电商平台，都有自身的调解机制和组织构架。民间依法成立的处理知识产权纠纷的调解组织也值得总结经验。笔者认为在调解机制构建方面需要重视以下几点：制定和完善知识产权简易案件的调解程序和办法，使调解工作步入规范化轨道；充分利用互联网手段，加快案件的处理；不断培养知识产权调解工作的专业人员和队伍等。

三、电子商务环境下知识产权侵权投诉快速处置机制

《强化知识产权保护意见》规定，要"推动电商平台建立有效运用专利权评价报告快速处置实用新型和外观设计专利侵权投诉制度"。

对于《强化知识产权保护意见》的上述规定，笔者认为，以下问题值得研究和探讨。

（一）建构电子商务环境下知识产权快保护机制的重要性

众所周知，当前电子商务迅猛发展。电子商务的兴起和发展是当代信息社会化和社会信息化，特别是信息网络技术迅猛发展的产物。所谓电子商务，是通过建立虚拟的信息网络平台，为商品的生产者、经营者和用户进行商务方面的信息沟通提供通道，最终实现线下的实体商品交易的新型商业模式。从法律特别是合同法的角度而言，电商平台的正常运转和商品交易是通过不同的生产者、经营者、消费主体之间的合同关系实现的。从知识产权法的角度而言，电子商务环境下之所以出现大量的知识产权问题，需要加强知识产权保护，是因为电商平台所交易的商品一般是享有知识产权的商品，如交易的商品应当都具有注册商标，广大网民、消费者是通过商标来识别大量的同质化商品的。还如，交易的商品是拥有专利权的专利产品。严格地说，电子商务环境下的知识产权保护和非电子商务环境之下没有本质的区别，只不过知识产权人所利用的渠道有所变化，就使用者而言则使其能够更加便利地接触相关信息并实现附载知识产权的商品交易。当然，也必须看到，电子商务环境下知识产权保护具有一些特点，其中特别体现为知识产权侵权行为的难以控制性和扩散的便捷性以及在制止侵权方面难以提供有效的证据等。正是由于在电子商务环境下知识产权保护存在的一些困难和特殊性，我国已经颁布实施的《电子商务法》对电商平台的知识产权保护作出了专门规定。[1]这些规定借鉴了我国《信息网络传播权保护条例》中的"通知－删除"程序等相关的规定，旨在有效平衡电商平台中的商品提供者、商业经营者、使用者

---

[1] 李小草："《电子商务法》电商平台知识产权保护规定的法体系适用研究"，载《法律适用》2020年第13期。

之间的权利义务关系，实现电商平台中知识产权的有效保护以及电子商务产业的健康发展。

电子商务环境下加强知识产权保护的重要意义毋庸置疑。[1]需要进一步思考的是，为何在这一环境之下需要建立知识产权快保护机制。对此，笔者认为，主要是基于以下原因：

第一，电商平台知识产权纠纷数量极大。电商平台中，由于交易十分便捷，交易成本十分低廉，每天的交易数量和金额极为可观。电商平台存在仿冒、假冒等知识产权侵权行为，不仅侵害了知识产权人和相关当事人的合法权益，还妨害了电商平台正常的商品交易秩序，因而必须有效地加以制止和解决。面对日益增多的电子商务环境下的知识产权纠纷，只有建立快保护机制，才能及时、有效地加以解决，促进我国电子商务产业的健康发展。

第二，电商平台的知识产权纠纷数量大，而且多表现为简易案件、同类型案件，因此也需要通过简易、快速的通道加以解决，否则将会加大知识产权维权成本，不符合纠纷解决的效率原则。

第三，电商平台的商品交易具有快捷性的特点，也正是基于这一特点，当出现知识产权相关纠纷时，应当通过简易、快速的程序和相关机制加以解决。

基于上述考虑，如何建构电商子商务环境下的知识产权快保护机制，确实是值得高度重视的问题。

（二）构建电子商务环境下知识产权快保护机制的措施

电子商务环境下出现的知识产权侵权行为具有多样性，不仅涉及专利权，还包括著作权、商标权及其他知识产权。此外，也不排除在有些情况下的不正当竞争行为。实际上，在当前我国很多不正当竞争纠纷中，电商平台的知识产权不正当竞争纠纷是一个发展的新趋势。不过，囿于篇幅限制，这里仅就《强化知识产权保护意见》所提出的电商平台专利侵权纠纷的快速处理机制进行探讨。

《强化知识产权保护意见》明确提出，要促进电商平台有效运用专利权评价报告制度快速处置涉及实用新型和外观设计专利侵权的投诉。我们知道，我国《专利法》规定，针对实用新型和外观设计专利侵权行为，专利权人在

---

〔1〕 祝珺："电商平台知识产权保护问题研究"，载《知识产权》2020 年第 4 期。

主张权利时应当提交相应的专利权评价报告。之所以作出这种规定，是因为我国对实用新型和外观设计专利申请并不进行实质审查。这样一来，在专利保护实践中，就很可能存在相当一部分被授权的实用新型和外观设计专利并不符合专利授权条件。因此，为了保障专利的质量，这类专利权人在主张权利时应当通过提交专利权评价报告，表明该专利至少符合新颖性的规定。然而，在实践中，专利权评价报告的作出可能需要一定时间。在电商平台需要解决实用新型和外观设计专利侵权纠纷时，如果专利权评价报告的作出久拖不决，就会大大拖延专利权人维权的步骤。也正是基于此，《强化知识产权保护意见》作出了上述规定，其意义是值得充分肯定的。[1]

四、我国网站的知识产权保护与侵权预防

在当前互联网时代，随着信息网络技术的飞速发展，各类网站仍然是传播相关知识和信息，以及提供相关服务的重要平台。尽管当前还存在微博、微信公众号等新媒体平台，但网站独特的作用和功能具有不可替代性。网站知识产权保护涉及两方面的内容：一方面是自身知识产权的保护，防范他人侵害网站的知识产权；另一方面则是网站应当尊重他人的知识产权，对于网站存储、传播的涉及侵害知识产权的内容，应及时采取措施加以处理，防止侵权的蔓延和扩大。《强化知识产权保护意见》指出，要"指导各类网站规范管理，删除侵权内容，屏蔽或断开盗版网站链接，停止侵权信息传播"。[2]对此，笔者认为以下问题值得研究和探讨。

（一）通过规范化管理加强网站自身知识产权及相关权益的保护和风险防范

网站，是在互联网空间通过向网民提供相关资讯和知识，进行相关信息交流的网络平台。与传统的存储和传播知识的手段与载体相比，网站最大的特点之一就是具有无国界性和访问的便捷性。为了规范我国各类网站的建设与健康发展，我国在部门规章层面颁发了相关的行政管理规则。这些规范性文件是指导我国各类网站正常运转的保障。除此之外，网站的健康发展，最

---

〔1〕《专利法》（2020年修正）第50条和第66条对专利权评价报告做了规定，并对《专利法》（2008年修正）的相应规定作了完善。

〔2〕《推进计划》提出的措施如：根据行业主管部门研判定性意见，要求网站平台删除具体侵权链接，关闭侵权账号，依法关闭侵权假冒网站，停止侵权信息传播，打击利用版权诉讼进行投机性牟利等行为。

终还需要自身加强规范化管理，做到既有效地保护自身的知识产权，也进行有效的风险防范。

在网站自身的知识产权和相关权益保护方面，笔者认为主要涉及以下方面的内容。

第一，网页的保护。从著作权保护的原理和司法实践来看，网页也是受著作权保护的作品，不容他人随意仿冒、抄袭。近几年来在上海等地区的相关法院就审理过涉及网页被抄袭的著作权侵权纠纷案，最终法院认定抄袭者构成著作权侵权。

第二，网站设计的源代码保护。网站设计的源代码既可以作为商业秘密受到保护，也可以作为计算机软件作品给予保护。

第三，网站上发布的各类享有著作权的作品的保护。网站上发布的各类作品，其著作权的情况比较复杂。例如，有些是网站原创的作品，有的是网站经授权转载的他人作品，有的则是著作权保护期限届满的作品。就网站原创的作品而言，在网站上发布也是作品发表的一种形式，同样受著作权保护。就经授权刊登的他人作品而言，其著作权由授权人享有，而不是由被授权的网站所有。由于我国相关法律法规和司法解释并未规定网站转载其他网站作品的权利，在某一网站未经授权转载他人网站的作品的情况下，就可能引起著作权侵权纠纷。因此，网站无论是商业性网站还是非商业性网站，在转载他人作品时都应当谨慎而为。关于网站转载他人的作品，我国《著作权法》没有规定法定许可制度，《信息网络传播权保护条例》则规定了比较狭窄的范围。此外，网站相关权益的保护还可能涉及制止不正当竞争问题，在此不予赘述。

第四，通过技术措施和权利管理信息的形式加以保护。网站的作品和其他相关资料，可以通过技术措施与权利管理信息形式加以保护。关于技术措施和权利管理信息，我国《著作权法》对此有明确的规定。《著作权法》（2020 年修正）对技术措施和权利管理信息保护制度作了重要修改，为权利人自力救济提供了更好的法律保障。网站通过设置有力的技术措施和权利管理信息，有利于防范其各类风险。

（二）我国各类网站有效预防知识产权侵权风险的措施

从作品的合法性角度进行评价，在各类网站传播的作品有合法作品与非法作品之分，非法作品是侵权作品的代名词。就侵权作品的产生渠道和来源而言，不同网站具有不同的特点，尤其要区分是仅提供服务的网站，还是仅提供内容的网站以及服务和内容均提供的综合性网站。不过大体而言可以分为两个方面，一方面是由网站提供的侵权作品，另一方面是由用户或者其他传播者提供的侵权作品。对于不同类型的网站和不同主体提供作品的情况而言，在确认构成著作权侵权以及相应的侵权责任方面，都具有不同的特点，尤其是在主观过错认定方面。根据我国《信息网络传播权保护条例》和最高人民法院相关司法解释[1]的规定，对于网站之类的网络服务商，借鉴了美国《数字千年版权法》的"通知-删除"规则（避风港原则）。无论如何，网站避免著作权侵权责任的重要方式是如《强化知识产权保护意见》所说的删除侵权内容、避开或者断开盗版网站的链接以及停止侵权信息的传播。

五、滥用著作权诉讼及其法律规制

在现实生活中，还存在滥用著作权诉讼的情况和案件，需要给予关注和研究，以更好地制止和预防这种违背著作权法目的的行为。《强化知识产权保护意见》提出，要"打击利用著作权诉讼进行投机性牟利等行为"。这一规定具有十分重要的意义，体现了对滥用著作权诉讼的法律规制。笔者认为，以下问题值得探讨与思考。

（一）滥用著作权诉讼问题的内涵

从诉讼程序的角度而言，著作权诉讼是著作权人或者利害关系人通过向人民法院提起诉讼，主张权利，有效制止侵权和解决著作权纠纷的重要法律手段。著作权诉讼是著作权人行使诉权的重要体现，通过这一手段，能够保证著作权人在著作权法中所享有的实体权利得以实现。由此可见，著作权诉讼对于维护著作权人的合法权益、保障著作权法的有效实施具有十分重要的意义。[2]著作权诉讼也是解决著作权争议的最终手段，是著作权人以程序性权利保障实体权利的法律机制。

---

〔1〕　最高人民法院《关于审理侵害信息网络传播权民事纠纷案件适用法律若干问题的规定》，2012年11月26日由最高人民法院审判委员会第1561次会议通过，根据2020年12月23日最高人民法院审判委员会第1823次会议通过的《最高人民法院关于修改〈最高人民法院关于审理侵犯专利权纠纷案件应用法律若干问题的解释（二）〉等十八件知识产权类司法解释的决定》修正，修正后的该司法解释于2021年1月1日起施行。

〔2〕　陈岚、秦拓："我国著作权诉讼若干基本问题探讨"，载《法学评论》1995年第3期。

　　需要进一步指出的是，正如实体权利有其合法的权利边界一样，著作权人在行使诉权、提起著作权诉讼时，也不能滥用其诉权而损害其他当事人合法权益以及社会公共利益。从著作权法理论研究和实务的情况来看，滥用著作权现象并不罕见。所谓滥用著作权行为，是指著作权人行使著作权的行为超越了其合法行使权利的边界，以致构成了对他人合法权益乃至社会公共利益的损害。[1]滥用著作权行为不仅不具有合法性而不受法律保护，还因为其损害他人合法权益乃至社会公共利益而需承担相应的法律责任。

　　从近些年来国内外发生的滥用著作权事件和现象来看，滥用著作权行为有多种表现形式。其中，滥用诉讼也是滥用著作权的重要形式和内容。《强化知识产权保护意见》规定的利用著作权诉讼进行的投机性牟利行为，也是滥用诉讼行为。在实践中，滥用著作权诉讼通常表现如：行为人明知获得的著作权存在瑕疵，仍然故意向多人同时或先后发起诉讼攻势，逼迫对方接受自己的不合理条件；以提起著作权诉讼相威胁，逼迫对方接受自己的不合理条件。从构成要件来说，滥用著作权诉讼有以下几点：

　　第一，行为人主观上具有可责难性、过错性。这体现为行为人违背诚信原则等民事活动的基本要求，故意甚至恶意向他人发起诉讼攻势，以谋求不正当的诉讼利益。

　　第二，行为人客观上实施了滥用著作权诉讼的行为，表现为行为人向法院提起了著作权侵权等诉讼。至于行为人诉讼主张是否得到法院支持，并不是滥用著作权诉讼是否成立的关键。

　　第三，行为人因实施滥用著作权诉讼行为，给相关当事人和社会公众造成了损害。并且，这种损害和滥用著作权诉讼之间具有因果关系。

　　关于滥用著作权诉讼的问题，近年比较典型的案件涉及的是"某某中国"黑洞照片著作权纠纷案。有些数据图片公司故意通过互联网发布自己享有著作权的各种有实用价值的图片，"放水养鱼"，故意让他人未经许可去使用这些图片，然后铺天盖地地进行"维权"。这类滥用著作权诉讼通常和商业维权紧密地联系在一起，即律师事务所、中介公司等商业维权机构接受委托人的委托集中维权。当然，应当指出，商业维权和滥用著作权等知识产权诉讼并不等同。这里主要是应当注意行为人的主观状况。

---

　　〔1〕　杨惠玲："著作权滥用的反垄断法控制研究"，载《现代经济探讨》2009 年第 2 期。

（二）有效规制滥用著作权诉讼的措施

如上所述，滥用著作权诉讼的法律后果是很明显的。滥用著作权诉讼，违背了著作权法的立法宗旨，不仅不利于保护著作权人和相关当事人的合法权益，还会损害社会公共利益。因此，对滥用著作权诉讼现象应当予以制止。从当前我国的立法来说，现行《著作权法》对滥用著作权诉讼尚缺乏明确的规定。[1]不过《著作权法》的相关原则性规定仍然可以适用于规制滥用著作权诉讼问题，例如关于著作权人行使著作权不得损害社会公共利益方面的规定就有利于规制实践中的滥用著作权诉讼行为。[2]其实，滥用著作权诉讼的行为，在我国涉及公平竞争秩序的《反垄断法》中已有相关规定予以调整。我国《反垄断法》第 55 条对知识产权滥用行为的规制有明确的规定。笔者认为，滥用著作权诉讼的行为属于滥用著作权的行为，而滥用著作权的行为属于滥用知识产权行为的范畴，因此该条的规定也完全可以适用于滥用著作权的行为。这样一来，当涉及滥用著作权诉讼时，可以适用《反垄断法》的上述规定加以规制。

笔者认为，对滥用知识产权诉讼行为的规制，从公平、合理地保护知识产权人和相关当事人合法权益的角度来说，需要通过完善我国相关法律的途径加以实现。习近平总书记在 2020 年中央政治局第二十五次集体学习时，也提出要"完善知识产权反垄断、公平竞争相关法律法规和政策措施，形成正当有力的制约手段。要推进我国知识产权有关法律规定域外适用，完善跨境

---

　　〔1〕　在《著作权法》第三次修改过程中，有的草案版本规定过滥用著作权及其规制的条文，只是由于争议较大，最终没有作出明文规定，例如，《著作权法修正案草案》2020 年 4 月一次审议稿第 4 条规定："著作权人和与著作权有关的权利人行使著作权或者与著作权有关的权利，不得违反宪法和法律，不得损害公共利益，不得滥用权利影响作品的正常传播。国家对作品的出版、传播依法进行监督管理。"其第 50 条则规定："滥用著作权或者与著作权有关的权利，扰乱传播秩序的，由著作权主管部门责令改正，予以警告，没收违法所得，非法经营额五万元以上的，可以并处非法经营额一倍以上五倍以下的罚款；没有非法经营额、非法经营额难以计算或者不足五万元的，可以并处二十五万元以下的罚款。"由于上述第 50 条的规定明显不合理，在一次审议稿公开后，即受到普遍反对。最终在同年 8 月二次审议稿和最终通过的现行《著作权法》均不再保留上述第 50 条规定。同时，《著作权法》（2020 年修正）第 4 条则除了将"著作权人行使著作权"修改为"著作权人和与著作权有关的权利人行使权利"以外，其他规定与《著作权法》（2010 年修正）第 4 条规定相同。

　　〔2〕　孙开元："从合理使用制度到法定许可制度——制衡数据商滥用版权的立法思路"，载《图书馆论坛》2015 年第 11 期。

司法协作安排"。"要统筹做好知识产权保护、反垄断、公平竞争审查等工作，促进创新要素自主有序流动、高效配置。""要健全知识产权评估体系，改进知识产权归属制度，研究制定防止知识产权滥用相关制度。"〔1〕

除了完善相关立法以外，在司法实践中应当对包括著作权滥用在内的知识产权滥用行为进行甄别并不予保护，否则就会助长这一类不正当地损害他人合法权益乃至社会公共利益的行为的蔓延，不利于我国著作权法的有效实施，也不利于文化精神领域公平竞争秩序的构建。

---

〔1〕 习近平："全面加强知识产权保护工作 激发创新活力推动构建新发展格局"，载《求是》2021年第3期。

第十一章
知识产权快保护机构建设

当前我国知识产权快保护机制的构建，离不开知识产权快保护机构的组织建设及其有效运作。《强化知识产权保护意见》在第四部分之（十一）中指出：

加强知识产权快保护机构建设。在优势产业集聚区布局建设一批知识产权保护中心，建立案件快速受理和科学分流机制，提供快速审查、快速确权、快速维权"一站式"纠纷解决方案。加快重点技术领域专利、商标、植物新品种审查授权、确权和维权程序。推广利用调解方式快速解决纠纷，高效对接行政执法、司法保护、仲裁等保护渠道和环节。[1]

对此，笔者认为，以下问题值得研究。

一、在优势产业集聚区布局建设知识产权保护中心的重要性

随着我国经济社会的发展，产业结构不断转型升级，经济发展方式改变，逐步由要素驱动提升为创新驱动，知识产权密集型产业也逐渐形成和扩大。所谓知识产权密集型产业，是指以受知识产权保护的高科技成果为指引和代表的产业，尤其体现为高科技产业、优势产业集聚区。知识产权密集型产业是由优势产业集聚区、高科技园产业、产业孵化园、科技园等为代表的集约

---

[1] 《推进计划》提出的促进快保护相关措施有：持续提升专利、商标审查能力，高价值专利审查周期压减到 16 个月，发明专利审查周期压减到 20 个月以内，商标注册平均审查周期缩短至 4 个月以内；探索建立商标注册、变更、续展等申请的快速审查机制；建立林草植物新品种审查员制度，将植物新品种权初审周期压缩到 4 个月；完善植物新品种申请及管理系统，加强植物新品种测试能力建设等。

型产业组成的。特别是针对优势产业集聚区而言，之所以形成优势产业，是因为拥有占据产业和市场竞争优势的自主知识产权。[1]简单地说，优势产业集聚区是以大量的具有市场竞争力的知识产权为支撑的。离开了知识产权的充分有效的保护，优势产业集聚区的优势很可能不能持久。

更具体地说，知识产权制度的保护和运用，对于优势产业集聚区的发展以及竞争力的提高具有的重要作用体现为：

第一，运用知识产权制度的激励功能，激励优势产业集聚区的发明创造和其他知识创新、技术创新，提高优势产业集聚区的知识产权创造能力。一般来说，优势产业集聚区具有大量的知识产权。这些数量众多的知识产权是优势产业集聚区的企业从技术优势转化为市场优势和产业竞争优势的"资本"和前提。

第二，运用知识产权制度激励投资的功能，促进对知识产权创造的投资，促进创新资源的有效配置和运用，提高我国创新效率。产权制度本身似乎与产业投资没有直接关系，在实际运作中是在投资者与创新群体形成的合同关系上形成产权关系，达到激励、吸引投资的目的的。通过知识产权制度，获取创新成果的知识产权，独占市场并获得的收益，能够成为吸引投资的内在激励机制。

第三，运用知识产权制度激励商业化的功能和作用，通过在优势产业集聚区建立产学研深度融合的技术创新体系，促成知识产权在优势产业集聚区有效转化，实现知识产权的经济和社会价值，提高产业竞争力。由此可见，知识产权制度在我国优势产业集聚区的有效运用具有十分重要的意义。当前我国以高新技术产业园区为代表的优势产业集聚区产业竞争优势的提升，离不开知识产权制度的有效运用。

上述知识产权制度对于优势产业集聚区发展的重要性，无疑决定了在这些集聚区成立知识产权保护中心的重要性。设立与不同类型的优势产业集聚区发展相适应的知识产权保护中心，可以加快优势产业集聚区的知识产权创造，指导相关的技术研发和市场推广工作，同时也十分有利于解决各类知识产权纠纷，防范知识产权风险。这些保护中心如果能够构建知识产权授权确

---

〔1〕 谭畅、刘林青："中国知识产权密集型优势产业组合的动态演进与升级路径"，载《科研管理》2020 年第 11 期。

权和维权的快速通道与运行机制，则还十分有利于加快各项知识产权事务处理，尤其是加强知识产权快保护。

二、在优势产业集聚区布局建设知识产权保护中心的措施

优势产业集聚区知识产权保护中心和一般意义上的知识产权保护中心相比具有不同的特色，其最重要的特点是直接服务于优势产业集聚区的发展，提高产业竞争力，获得国内外市场竞争优势。在知识产权快保护背景下，这类优势产业集聚区知识产权保护中心的构建应当围绕加快知识产权审查、授权确权、维权程序，建立相应的快保护机制进行。[1]根据《强化知识产权保护意见》的规定，以下几方面的内容值得重视：

第一，建立知识产权纠纷案件受理、分流机制，以及审查、授权确权与维权衔接的"一站式"知识产权纠纷解决机制。如前所述，当前我国知识产权授权确权与维权不同步，案件的受理和处理也受法院专属管辖和级别管辖的限制。通过改革相关的法律制度，建立"一站式"知识产权纠纷解决机制，就能够达到加快案件处理、提高诉讼效率的目的。

第二，应当抓住主要矛盾，突出重点。如上所述，优势产业集聚区在知识产权创造方面具有活力，在有限的时间和资源配置方面应当重点突出，重拳出击，优先保障重点技术领域的专利、商标、植物新品种方面的授权确权和维权。

第三，建立加快知识产权纠纷解决的调解程序和机制。关于调解解决知识产权纠纷的优势和特色，前面已经多次探讨，这里需要强调的是，在优势产业集聚区，有必要设立知识产权纠纷调解组织，配置具有实践经验的知识产权纠纷调解人员。同时，调解不限于民间调解，还包括在行政执法、诉讼和仲裁中通过调解加快案件的解决。

---

[1]　《推进计划》提出的促进快保护措施是：加大知识产权保护中心建设力度，进一步完善区域布局和产业布局。

第四编

健全涉外沟通机制，塑造知识产权同保护优越环境

所谓知识产权同保护，是在知识产权对外交流与合作中，平等对待、互利互惠，推进我国涉外知识产权保护、合作与交流的发展。

《强化知识产权保护意见》在第五部分"健全涉外沟通机制，塑造知识产权同保护优越环境"中明确指出，要"更大力度加强国际合作""健全与国内外权利人的沟通渠道""加强海外知识产权维权援助服务""健全协调和信息服务机制"。

知识产权同保护，是近年来我国提出的相关知识产权政策问题。尽管其涉及的内容在此前已经开展，但从政策层面仍缺乏统一的构建。《强化知识产权保护意见》提出知识产权同保护的理念和具体的措施，笔者认为这有利于从政策层面推进我国知识产权对外合作交流，形成我国良好的知识产权保护环境。

具体而言，当前我国构建知识产权同保护环境具有以下重要作用：

第一，推进我国知识产权保护的国际合作与交流。如前所述，在当代知识产权国际保护环境下，我国知识产权保护制度的构建离不开知识产权制度的国际化。当前我国知识产权法律制度的完善，实际上是以知识产权制度不断与国际接轨、不断提高保护水平的形式出现的。随着我国改革开放的深入，特别是在加入世界贸易组织的背景下，我国知识产权保护面临大量的国际合作与交流事务。如何立足于我国知识产权制度，推进知识产权保护的国际合作与交流，是值得认真关注和重视的问题。知识产权同保护优越环境的构建，能够为知识产权保护的国际合作与交流形成良好的氛围。

第二，维护我国在海外的知识产权权益。如上所述，当今知识产权国际化趋势日益增强。知识产权的国际保护不仅意味着我国知识产权法律需要按照国民待遇原则保护外国组织、外国人在我国所获得的知识产权，同时也意味着参加国际公约的其他国家和地区也需要按照国民待遇原则保护我国在这些国家和地区所获得的知识产权。特别是近些年来随着我国经济实力的增强以及企业"走出去"战略的实施，我国企业的国际化程度日益提高，经济全球化和知识产权国际保护的加强进一步使得我国企业和个人在国外获得的知识产权同样需要获得充分的保护。在过去，因为我国企业和个人在海外获得的知识产权数量不多，我国知识产权人在海外的维权问题没有得到广泛的重视。随着我国国家知识产权战略的实施以及创新型国家建设的开展，我国企业和个人的创新能力日益提高，在国外获得的知识产权也日益增多。像华为、中兴等大型企业通过 PCT 获得的专利数量在全球都是名列前茅。当前我国企业特别是跨国企业的国际知识产权战略变得愈发重要。[1]从我国企业和个人在海外获得的知识产权的保护情况来看，应当说在其他国家，包括发达国家，我国的知识产权同样存在被侵权的现象。值得指出的是，过去一些国家特别是西方发达国家习惯于不公平地指责我国知识产权保护措施不力。实际上，当前随着我国知识产权海外布局数量的增加，其他国家也应当转换思维，关注我国知识产权在其他国家的有效保护问题。

在海外，有效地维护我国知识产权，无疑也是我国整体的知识产权保护体系的重要内容之一。知识产权作为企业开展市场竞争和获取市场竞争优势的法宝与战略竞争手段，在当今经济全球化和贸易自由化时代，也是我国企业开展国际竞争，提高国际竞争能力的重要武器。因此，不仅需要在其他国家战略性地布局我国的知识产权，实施"兵马未动，粮草先行"的国际知识产权战略，也需要对已经获得的知识产权在其他国家进行充分保护。否则，我国进行国际市场竞争的企业就难以通过在其他国家获得知识产权而取得市场竞争优势。这样一来，首先我们需要在知识产权保护的理念上具有国际视野，不但重视知识产权在国内市场的充分有效保护，而且注重知识产权在其他国家的充分有效保护；其次，需要采取切实可行的措施，有效地保护我国在海外的知识产权。

---

〔1〕 吴汉东主编：《知识产权国际保护制度研究》，知识产权出版社 2007 年版，第 1—21 页。

第十二章
知识产权国际合作

《强化知识产权保护意见》指出：要"更大力度加强国际合作。积极开展海外巡讲活动，举办圆桌会，与相关国家和组织加强知识产权保护合作交流"。习近平总书记在 2020 年中央政治局第二十五次集体学习时也提出要"统筹推进知识产权领域国际合作和竞争"，并指出："知识产权是国际竞争力的核心要素，也是国际争端的焦点。我们要敢于斗争、善于斗争，决不放弃正当权益，决不牺牲国家核心利益。要秉持人类命运共同体理念，坚持开放包容、平衡普惠的原则，深度参与世界知识产权组织框架下的全球知识产权治理，推动完善知识产权及相关国际贸易、国际投资等国际规则和标准，推动全球知识产权治理体制向着更加公正合理方向发展。要拓展影响知识产权国际舆论的渠道和方式，讲好中国知识产权故事，展示文明大国、负责任大国形象。要深化同共建'一带一路'沿线国家和地区知识产权合作，倡导知识共享。"

在当前知识产权国际保护环境下，我国加大知识产权国际合作具有更加重要的意义和作用，值得深入研究。

一、知识产权国际合作与交流的意义与措施

（一）加强知识产权国际合作与交流的重要性

我国在知识产权国际合作与交流方面，需要采取务实的具体的措施加以推进。尤其是与有关国家和国际组织加强知识产权保护合作与交流，是推动我国知识产权制度国际化，提升我国在知识产权国际保护中的话语权和影响力，展示我国负责任的知识产权大国形象，以及促进我国知识产权在其他国

家有效保护的重要措施。[1]

在与其他国家加强知识产权保护合作与交流方面，近些年来随着知识产权制度的国际化，我国和其他发达国家以及发展中国家都需要加强知识产权保护方面的合作与交流。从与发达国家知识产权保护方面的合作与交流来看，其中最受关注的还是中美知识产权保护合作与交流问题，当然我国和欧洲国家以及日韩等国家知识产权保护方面的合作与交流也很重要。就这里提到的中美知识产权保护合作与交流而言，中美贸易摩擦和谈判中就涉及诸多知识产权问题。中美之间就双边贸易问题达成了第一阶段的协议，其中第一部分就是知识产权问题。该协议就中美在知识产权保护方面应当履行的义务做了十分详细的规定，甚至可以认为相当多的规定已经超出了双方共同参加的知识产权保护国际公约的规定。协议中涉及的知识产权保护方面的规定，体现了严格保护、高标准保护以及严格执行的特点。可以预料，该协议实施以后，将对中美知识产权保护双边关系产生深远的影响。不仅如此，由于很多规定涉及我国知识产权行政执法、司法保护以及相关知识产权立法完善等诸多问题，该协议的实施也将对未来我国知识产权制度运行产生深远的影响，其总的趋势是提高我国知识产权保护水平。

当然，就中美知识产权保护合作与交流而言，并不完全限于《中美经贸协议》框架下的知识产权保护问题，还涉及双方知识产权行政管理部门的官方交流与合作、知识产权教育与人才培养、学术交流与合作（如共同举办知识产权国际会议），以及在知识产权司法保护等方面的合作与交流等。以《强化知识产权保护意见》提到的举办圆桌会议而言，近些年来，随着中美知识产权保护合作与交流的加强，无论是官方还是非官方，双方都承办了相关的知识产权圆桌会议。例如，近几年笔者曾参加的中美知识产权商业秘密保护圆桌会议就是其中的一个。除了圆桌会议的形式以外，中美在知识产权学术交流方面也进行了很多次富有成效的活动。如早几年在中国人民大学举办的中美知识产权大型学术论坛，有一千多人参加，美国方面也派出了包括众多巡回上诉法院法官以及相关专家学者在内的代表团参加。笔者近几年赴美参加的加州大学伯克利分校承办的知识产权论坛，以及由华盛顿大学承办的关

---

〔1〕 唐全民：" ' 一带一路' 背景下知识产权保护的国际合作、协调与展望"，载《学习与实践》2018 年第 6 期。

于知识产权保护的学术论坛，也是众多学术交流活动之一。2019年9月，笔者还随中国政法大学民商经济法学院赴北美学术访问团对加拿大和美国的多所大学进行了学术访问。仅以笔者近几年来参加美国知识产权学术交流和人才培养等活动的感受为例，通过双方在增进知识产权保护合作方面的沟通，能够在相关方面达成共识，尤其是澄清美国对我国知识产权保护方面的误解，同时展示我国在知识产权保护方面取得的成就。不仅如此，通过相互沟通与交流，可以促进双方在知识产权方面进行一些合作，促进知识产权人才培养和学术研究，促进我国知识产权事业的发展。

值得特别指出的是，在我国加强与其他国家知识产权保护合作与交流方面，随着我国"一带一路"国际合作的实施，我国与"一带一路"沿线诸多发展中国家在知识产权保护合作与交流方面建立长效机制，不仅具有十分重要的意义和作用，还具有很强的现实性和紧迫性。尽管"一带一路"沿线国家大都共同参加了保护知识产权的国际公约，但各国之间的知识产权保护环境，包括执法环境，都有一些区别。如何与"一带一路"沿线国家更好地开展知识产权保护合作与交流，也是我国当代知识产权国际合作与交流中特别重要的问题之一。可喜的是，近些年来我国知识产权理论和实务界的人士在这方面进行了较多的研究，并取得了一批研究成果。[1]不过，也应注意到还有相关方面的空白之处。针对"一带一路"沿线国家知识产权保护合作与交流，笔者认为需要从我国与这些国家经济贸易关系的现状和未来趋向以及现有知识产权制度的状况出发，评估其知识产权保护环境，从而采取有力的对策。

（二）加强知识产权国际合作与交流的措施

根据《强化知识产权保护意见》的规定，加强与国际组织的知识产权保护合作与交流也是重要的内容。[2]这里主要以近些年来我国与世界知识产权

---

〔1〕 高云峰、刘亚军："'一带一路'倡议下知识产权保护合作与可持续发展目标的实现"，载《社会科学家》2020年第5期；王衡、肖震宇："比较视域下的中美欧自贸协定知识产权规则——兼论'一带一路'背景下中国规则的发展"，载《法学》2019年第2期。

〔2〕 《推进计划》提出的措施即：构建完善多边、双边知识产权合作与协调机制，充分利用知识产权对话与工作组机制，深化知识产权保护国际合作交流与磋商谈判；充分加强与世界知识产权组织、世界贸易组织、世界海关组织、亚太经合组织等相关国际组织合作，通过二十国集团等国际会议机制及交流平台，参与知识产权国际规则制定修订工作，积极宣传我国知识产权保护发展成就；加强执法国际合作，与相关国家交换相应执法信息等。

组织（WIPO）在知识产权保护合作与交流方面取得的成绩，尤其是 WIPO 对我国知识产权制度建设提供技术援助方面为例加以探讨。

1. WIPO 对我国知识产权制度建设提供技术援助。WIPO 技术援助包括国家知识产权战略和发展规划、技术和行政基础设施、能力建设、立法援助、发展议程相关项目等，涵盖了知识产权创造、运用、保护、管理全过程。WIPO 秘书处编拟的发展与知识产权委员会（CDIP）2018 年第 21 届会议（日内瓦）报告总结了 WIPO 提供的技术援助的现有做法、方法和工具，指出技术援助"面向发展、按需求提供、透明，并兼顾发展中国家尤其是最不发达国家的优先重点和特别需求，以及各成员国不同的发展水平"。

在近些年来中国完善知识产权制度进程中，中国与 WIPO 进行了长期不懈的深度、紧密而富有成效的战略性合作，特别是 WIPO 为推动中国在改革开放以后具有中国特色的知识产权制度的构建和有效运行作出了重要贡献。WIPO 通过提供各种技术协助，有力地推进了中国知识产权立法进程和制度的有效实施，对中国适时制定和实施国家知识产权战略起到了很大的帮助作用。简要总结一下，主要是体现在以下几方面：

（1）支持制定和实施中国知识产权战略。国家知识产权战略可以让一个国家明白其发展和使用知识产权的目的，有计划地增强本国的知识产权创造和运用能力。WIPO 作为全球知识产权论坛，一个重要任务就是通过其独有的全球专家资源，帮助发展中国家制定知识产权战略。在中国制定和实施《国家知识产权战略纲要》过程中，WIPO 发挥了积极作用，帮助中国不断完善知识产权法律法规体系，提升知识产权创造、运用、保护和管理能力，建设创新型国家。中国现已成为发展中国家实施国家知识产权战略的典范。

（2）推动中国知识产权制度国际化。应中国政府邀请，WIPO 多次对中国知识产权立法以及有关知识产权政策制定工作提供法律咨询和建议。在 20 世纪，WIPO 与中国政府加强沟通与交流，对中国《专利法》的起草提出意见和建议。我国《商标法》的历次修订，以及《著作权法》的修订，WIPO 也受邀就修订草稿提出意见和建议。同时，WIPO 支持和推动中国政府在立法过程中积极引入知识产权国际规则，实现与国际规则接轨。

（3）推动 PCT、海牙体系在中国的有效实施。多年来，WIPO 每年都与中国国家知识产权局合作在华举办 PCT 巡回研讨会以促进 PCT 在中国的运用。通过双方共同的努力，近年来中国 PCT 申请量稳居世界第二，华为公司还多次成为年度 PCT 申请量第一的企业。WIPO 与中国政府密切合作，结合中国企业用户的需求和海牙国际规则的灵活性，引导和指导中国企业有效运用海牙体系，不少中国公司，如小米、联想、美的、中兴等，已经成为海牙体系的经常用户。

（4）支持在华推广商标国际注册马德里体系。我国作为一个商标大国，近年的商标申请量居世界第一，马德里体系在我国的运用有利于加强我国商标保护。WIPO 自 2011 年起，每年与我国商标主管部门合作，在我国每年举办一次到两次活动，以促进马德里体系在我国的实施。目前该体系已覆盖我国福建、浙江、北京、新疆、四川、广东、云南、广西、重庆等地区。

（5）支持和推进知识产权争端解决服务。WIPO 对知识产权争议提供中立、国际化、非营利性的替代性争议解决服务，以帮助解决知识产权、技术和商业争议。自 2016 年开始，指导中国企业尝试使用这一机制解决知识产权纠纷。WIPO 积极与中国互联网络信息中心（CNNIC）合作，双方就解决".CN/.中国"的中国国家顶级域名争议案件建立了正式合作关系，WIPO 仲裁与调解中心于 2019 年 8 月 1 日起开始受理中国国家顶级域名争议案件。

（6）知识产权相关领域专业培训与教育。①与中国知识产权培训中心合作，开展 WIPO 学院各项培训课程的在华推广，包括远程教育、专业人员技术培训。自 2016 年开始，WIPO 远程教育中文平台设立，已有超过 70 000 人参加过培训。②与中国高校合作，开展 WIPO 学院的暑期学校培训以及学位课程，包括 2015 年、2018 年、2019 年在华东政法大学以及 2016 年与北京工业大学的暑期学校，在上海同济大学开设硕士学位课程等。③与中国最高人民法院合作，开展知识产权司法审判大师班，就知识产权司法审判领域热点问题开展研讨，并合作出版知识产权司法审判典型案例集。④与中国工信部合作，开展知识产权在信息、通信和技术（ICT）企业发展以及互联网领域的运用和保护趋势的专题研讨等。

（7）指导在华技术创新支持中心（TISC）工作。技术创新支持中心，是"WIPO 在世界多国开设的发展议程项目之一，主要是和发展中国家开展合作，旨在帮助发展中国家的知识产权和创新用户提升专利等技术信息检索能力，更快掌握行业动态和新技术信息，增强创新主体的创新能力"。[1]

由此可见，近些年来，我国与世界知识产权组织在知识产权制度建设、知识产权战略等相关方面开展了卓有成效的合作与交流。正是因为 WIPO 采取了积极有效的技术援助方法，才使得 WIPO 近年来在中国的技术援助活动逐步显现成效，并且被广泛接纳。

2. WIPO 和中国在知识产权保护合作与交流方面取得的成就。WIPO 作为中国最重要的合作伙伴之一，多年来与中国建立了非常紧密的合作关系，在 PCT 体系、马德里体系、信息技术、人力资源等领域都开展了深入合作。客观来看，WIPO 的技术援助方法具有较强的针对性，对中国知识产权发展产生了积极影响和促进作用，促进了 WIPO 技术援助和中国国情的有机结合以及 WIPO 和中国国家知识产权局的深度合作。

近些年来，WIPO 和中国在知识产权保护合作与交流方面取得的成就可以进一步归纳为以下几个主要方面：

（1）WIPO 对全球知识产权体系发展起到积极推动作用。中国一直以来都坚定支持多边主义，并且 WIPO 一直以来都是推动全球知识产权规则建构的重要多边力量。2018 年 9 月，中国政府代表团在参与 WIPO 成员国大会第58 届系列会议时，呼吁各方均进一步加强合作，以构建开放包容、平衡有效的知识产权国际秩序，反对以保护知识产权的名义行贸易保护之实。同时，应当继续完善 WIPO 全球知识产权服务体系，以更好地服务于各国的创新发展。这一呼吁与 WIPO 一直以来的工作意旨相契合。

（2）WIPO 对中国知识产权人才培养起到积极促进作用。早在 2015 年，WIPO 就在中国举办知识产权暑期学校，有来自韩国、意大利等十个左右国家及地区的众多学员参加，来自 WIPO 的官员和国内知名学术专家进行授课，其中包括案例研习、分组讨论等多种教学形式，增强了教学效果。WIPO 将这一项目与中国高校持续合作，每年在不同地区举办，对于中国知识产权的人才培养起到了积极促进作用。WIPO 开设多次高级研修班，对知识产权从业人员的素质提高具有极大的促进作用。

（3）WIPO 对中国区域知识产权制度建设起到积极支持作用。2018 年 11

---

〔1〕 "河北首家 WIPO 技术创新支持中心落户石家庄"，载河北新闻网 http://hebei. hebnews. cn/2018-11/20/content_ 7108855. htm，最后访问时间：2022 年 3 月 10 日。

月和 2019 年 10 月，WIPO 分别司上海市和北京市人民政府签署了《关于在知识产权领域发展合作的谅解备忘录的补充协议》，这是 WIPO 在推动中国区域知识产权制度建设方面的重要文件，对于促进北京和上海知识产权保护水平提高、营造两地良好的知识产权保护环境以及改善营商环境都有积极促进意义。

（4）WIPO 对知识产权文化建设和意识培养起到积极促进作用。知识产权文化建设是加强知识产权保护力度的内在原动力。如果没有较好的文化宣传，并培养民众的知识产权保护意识，将难以高效施行知识产权保护制度。WIPO 技术援助方法的优势也体现在着力于知识产权文化建设方面。1999 年，在 WIPO 第 34 次成员国大会上，中国和阿尔及利亚提出将每年 4 月 26 日设为"世界知识产权日"的提案，现在作为世界知识产权日的 4 月 26 日已经成为民众了解知识产权的重要日子。在 2015 年 12 月，WIPO 和中国国家版权局在上海签署了《关于进一步加强中国国家版权局与 WIPO 双边合作的谅解备忘录》。在这一文件中，双方就版权宣传和人才培养等多方面达成了共识。WIPO 在中国知识产权文化建设方面的一系列努力，也为民众版权意识的提高提供了有力支撑。

（5）WIPO 对中国知识产权有效执法起到积极促进作用。通过对知识产权执法、司法人员进行研修培训，不断提高中国知识产权执法人员的素质。2018 年 8 月，WIPO 和中国最高人民法院在国家法官学院共同举办"首届知识产权司法审判高级研究班"，主要围绕近年来知识产权司法审判中的热点问题和典型案例展开。2019 年 11 月，双方共同出版《知识产权典型案例集（中国卷）》，以中英文介绍了中国最高人民法院在 2011 年至 2018 年期间审判的 30 个典型案例。这些案例由中国最高人民法院选出，展示了近年来在著作权、商标、专利、商业秘密、植物新品种、集成电路布图设计、垄断与竞争以及知识产权刑事执法领域的司法审判。

二、中国知识产权保护成就海外巡展

《强化知识产权保护意见》规定要"探索在重要国际展会设立专题展区，开展中国知识产权保护成就海外巡展"。[1]笔者认为，这不仅是我国在知识产

---

〔1〕《推进计划》提出，要"研究在重要国际展会上增设宣传中国知识产权保护成就展台，在有关国家（地区）试点设立专题展区"。

权国际合作与交流方面主动"走出去"的重要措施，也是增进国外组织和个人对我国知识产权保护取得成就的了解，特别是消除和澄清对我国知识产权保护相关方面的误解的重要方式。

近些年来，随着知识产权在我国当代经济社会生活中的地位提高以及创新驱动发展的作用日益增强，我国知识产权保护制度也日渐完善，知识产权保护水平不断提高，而这也是与我国知识产权制度的国际化一脉相承的。我国知识产权制度不仅有效地保护了国内知识产权人和相关当事人的合法权益，还通过对国际公约国民待遇原则的遵守，平等地保护了外国当事人的合法权益，为国外组织和个人在我国从事经济贸易活动和投资提供了良好的制度环境。然而，我国知识产权保护制度取得的巨大成就，包括对于国外当事人平等的保护，在其他国家，特别是以美国为代表的发达国家，并未得到充分的理解和尊重。早些年，这种情况更加严重，一些国外组织和个人对我国知识产权执法状况表示怀疑，如盗版问题、假冒商品问题，甚至对近些年来我国实施的自主创新政策也表示怀疑。笔者认为，造成这些误解和不理解的原因有很多，除了少部分组织和个人可能别有用心以外，对我国知识产权保护取得的成就不了解也是重要原因。因此，在我国知识产权国际合作与交流中，通过一定的方式使国外组织和个人对我国知识产权保护的情况，特别是对取得的成就有所了解，必将在很大程度上消除误解和成见。通过在海外举办巡讲活动，在国际展会中设立专区，介绍和展示我国在知识产权保护方面取得的成就，就是其中比较重要的方式。在这方面，我国已经有一些初步的举措，但在规模和可持续性方面还需要大力加强。笔者认为，这些巡讲和专题展示的内容可以包括以下方面：我国近些年来知识产权立法的状况，以及我国知识产权制度国际化的状况；我国知识产权司法保护状况与成就，我国创新政策与知识产权制度建设情况；我国开展的相关知识产权国际合作与交流情况，以及我国知识产权文化建设情况等。通过这些情况的展示和介绍，可以使国外组织和个人对我国知识产权保护采取的措施和取得的实际成效有所了解。

三、我国与"一带一路"沿线国家的知识产权保护合作与交流

"一带一路"沿线国家知识产权保护制度尽管各有不同，但在绝大多数国家共同参加了保护知识产权的国际公约的前提下，这些国家的知识产权保护

制度和我国都具有基本相同的功能，并且具有大致相同的保护水平。当然也应当看到，这仅仅是从知识产权的国内立法层面而言的。来自我国的知识产权在"一带一路"沿线国家的保护程度和实际效果，取决于知识产权的有效执行情况。因此，"一带一路"沿线国家知识产权保护环境对于知识产权国际合作与交流十分重要。[1]笔者认为，推进我国与"一带一路"沿线国家知识产权保护合作与交流，应当注重采取以下措施：

第一，与"一带一路"沿线国家达成经贸合作协议。通过与"一带一路"沿线国家达成经贸合作协议，构建知识产权保护合作与交流的机制与实施框架，从而在国际关系以及制度层面形成战略性的合作与交流。近些年来，随着我国与"一带一路"沿线国家经济贸易合作的深入与推进，相关的知识产权保护合作与交流也在跟进之中。这是因为知识产权和国际贸易具有十分密切的联系，我国与"一带一路"沿线国家经济贸易、科技文化之间的合作离不开知识产权保护合作与交流，如我国与东南亚国家、东盟国家之间。[2]还有一个重要原因是，知识产权是我国企业走出去、开展国际竞争的重要武器和手段，随着我国企业面向"一带一路"沿线国家和地区进行国际化经营，开拓国际市场，也需要进行知识产权布局，并使获得的知识产权得到充分有效的保护。在这种情况下，如何通过我国与"一带一路"沿线国家有效开展知识产权保护合作与交流，提高来自我国的知识产权在这些国家的保护水平，就变得十分重要。[3]

第二，研究与了解"一带一路"沿线国家的知识产权保护制度并进行知识产权保护环境评估。知己知彼，方能百战不殆。为推动我国与"一带一路"沿线国家知识产权保护合作与交流，有必要充分了解其知识产权保护制度以及知识产权保护环境，以便做到有的放矢，采取有针对性的对策。

第三，指导我国企业及时在"一带一路"沿线国家进行知识产权布局，启动和实施国际知识产权战略。随着我国国家知识产权战略的深入实施和知

---

[1] 王晓刚、于立彪："中国高铁在'一带一路'沿线国家和地区知识产权权益保护研究——以俄罗斯市场为例"，载《知识产权》2018年第7期。

[2] 蔡玲、申君歌："地区知识产权保护与中国对'一带一路'沿线国家出口的质量研究"，载《经济经纬》2018年第5期。

[3] 《推进计划》提出的措施有：召开"一带一路"知识产权高级别会议，持续开展与共建"一带一路"国家专利审查高速路（PPH）项目合作，推动共享审查结果等。

识产权强国建设的推进，企业知识产权战略作为知识产权战略体系的基础和核心，具有越来越重要的意义。在当前知识产权国际保护趋势日益增强、经济全球化以及我国企业"走出去"战略深入实施的背景之下，我国企业很有必要启动和实施国际知识产权战略。企业国际知识产权战略和国内知识产权战略的定位和环境不同，其以知识产权保护作为法律武器占领国际市场，形成国际竞争优势。相对于国内知识产权战略而言，国际知识产权战略具有更大的挑战性和风险性，因为其面对的竞争对手是来自全球的同行业竞争者，而且竞争环境具有更大的不确定性和复杂性。但无论如何，就在"一带一路"沿线国家开展市场经营，提高国际竞争力而言，制定和实施相关的国际知识产权战略，及时有效地进行知识产权布局，加快知识产权的转化应用，都具有十分重要的意义。对此，笔者认为，为推进在"一带一路"沿线国家的知识产权保护，我国企业应当实施兵马未动、粮草先行战略，及时有效地进行前瞻性的知识产权布局，形成知识产权优势。鉴于"一带一路"沿线国家较多，我国国际化企业应当在知识产权布局方面，选取产品的主要生产地、销售地或者竞争对手所在地的国家作为重点突破的方向，以形成相对于竞争对手而言的知识产权优势。

第四，开展知识产权保护学术交流等活动。开展与"一带一路"沿线国家在知识产权保护方面多边互助、学术交流与文化教育等多种活动，有利于增进双方的了解与互信。应当看到，近些年来，随着我国"一带一路"倡议的推行，在知识产权保护合作与交流方面已经进行了卓有成效的活动。今后，围绕我国与"一带一路"沿线国家经济、科技、文化方面的合作与交流，我国与这些国家的知识产权保护合作与交流仍然有很大的待发展的空间。

四、知识产权多双边对话合作机制

《强化知识产权保护意见》还指出，要"充分利用各类多双边对话合作机制，加强知识产权保护交流合作与磋商谈判"。这一对话合作机制在我国知识产权国际合作与交流中具有极其重要的作用。笔者认为，以下问题值得研究与探讨。

（一）构建知识产权多双边对话合作机制的基本原则

从知识产权国际合作与交流以及知识产权国际保护的角度来看，我国与其他国家的多双边对话合作机制也属于知识产权国际合作与交流机制的范畴。构建知识产权多双边对话合作机制，笔者认为需要遵循以下原则。

1. 平等原则。平等原则是任何一个国家的法律的基本原则之一，也是当代国际关系构建和发展的基础。平等原则也是知识产权保护国际公约制定与实施的基本原则。例如，当代知识产权保护国际公约中的国民待遇原则和对等原则就体现了平等原则。

2. 互利互惠原则。在经济全球化和知识产权国际化趋势日益增强的今天，各国之间的经济贸易和科技文化合作与交流越来越频繁，相关市场和产品具有一定的互补性和依赖性，各国在进行经济贸易和科技文化合作与交流时需要遵循互利互惠原则。只有遵循这一原则，才能使合作与交流保持长久性和稳定性。我国与其他国家之间的知识产权保护合作与交流，同样应当遵循这一原则。当然，在当前极少部分发达国家主张知识霸权的情势下，贯彻实施这一原则需要克服很多困难，特别是包括中国在内的广大发展中国家在知识产权国际保护中应当拧成一股绳，改变事实上存在不平等的知识产权保护国际秩序。

3. 开放包容原则。当前世界的主题是和平与发展，由于各国之间自身利益的考量而存在各种利益冲突，因而需要以开放包容作为处理各国之间利益冲突和矛盾的重要原则。就知识产权保护而言，当今各国科技经济文化发展水平存在差异，特别是发展中国家和发达国家差别巨大，而具有最低限度保护标准的知识产权保护国际公约，特别是在世界贸易组织体系下具有很高的保护水平，这种情况决定了知识产权国际保护中必然会存在相应的利益冲突和矛盾。这就需要贯彻开放包容原则，通过平等协商的形式解决这些利益冲突和矛盾。

在通过知识产权多双边机制促进知识产权国际合作与交流方面，笔者认为习近平总书记提出的构建人类命运共同体理念具有十分重要的作用。构建人类命运共同体是当前处理国际关系、促进国际社会和平发展、实现共同富裕繁荣的先进指导思想和理念。笔者认为，这一理念在指导我国处理国际关系，包括知识产权国际保护、知识产权国际合作与交流方面，也具有十分重要的作用。[1]

---

〔1〕　冯晓青：“论我国知识产权制度的变革与发展”，载《人民论坛·学术前沿》2019年第24期。

（二）构建知识产权多双边对话合作机制的措施

这里的多双边对话合作机制，包括双边和多边两方面。如前所述，当前我国知识产权双边对话合作机制中最重要的还是中美知识产权关系。《中美经贸协议》就对知识产权问题作出了大量的详细规定。这里不妨做一些简单的评述：这次《中美经贸协议》对知识产权问题的详细规定，显然是在中美经贸摩擦和中美经贸谈判的背景之下作出的。知识产权问题之所以在《中美经贸协议》中作为一个重大问题提出并进行多次磋商和谈判，笔者认为是基于以下几个原因：

1. 知识产权作为一种无形产品，本身可以进入市场流通，包括在国际经济贸易中流通。例如，技术转让贸易、专利技术许可证贸易等，本身就是以知识产权为标的的国际经济贸易。在中美之间，这方面我国是纯进口国，美国是纯出口国。

2. 知识产权在当代国际经济贸易中以及在国际市场竞争中具有越来越重要的地位和作用。知识产权附载于当代国际经济贸易中的有形商品，并且在有形商品的高附加值中，知识产权占据主导地位，对于商品市场竞争能力的提高具有关键作用。

3. 近些年来，在中美贸易中美国存在较大的贸易逆差，美国希望采取各种手段平衡贸易逆差，而知识产权是美国占优势的无形财产，通过在中美经贸关系中强化对美国知识产权的严格保护和高水平保护，能够进一步提升其国际竞争优势。

无疑，中美知识产权双边对话合作机制能够为多边对话合作机制提供经验。为深入推进构建知识产权多双边对话合作机制，需要遵循平等协商和民主原则。

（三）推进与美国及其他国家知识产权合作与交流的措施

无疑，中美知识产权合作与交流是我国对外知识产权合作与交流方面最为重要的内容之一。这一方面是因为美国作为经济和科技实力最强的国家，在对外交流中十分重视知识产权的严格保护。人们可以注意到，这些年来中美领导人互访时，知识产权问题往往成为交流的重要内容之一。另一方面则在于随着我国经济社会发展与创新驱动发展战略的实施，知识产权制度有效实施在推进我国经济和科技文化发展方面也越来越重要。加之知识产权与当前国际经济贸易密切相关，知识产权问题本身成为中美经贸合作、科技文化交流方面的重要内容。

笔者认为，我国与美国及其他国家知识产权保护合作与交流同样需要遵循前述相关的基本原则。在具体推进与美国及其他国家知识产权保护合作与交流方面，以下措施应予以重视：

1. 在知识产权国际保护方面的合作与共识。当前的知识产权保护国际公约的制定和实施总体上仍然是以美国为代表的发达国家掌握着更大的话语权。例如，TRIPs协议就是在以美国为代表的发达国家极力推动之下和以中国为代表的发展中国家经过多次艰苦谈判而达成的最终代表发达国家利益的高标准、高水平的知识产权保护国际公约。当前知识产权国际保护的高标准、高水平，实际上与发展中国家相对落后的经济、科技、文化发展水平不相适应。以中国为代表的广大发展中国家，希望知识产权国际保护在一定程度上能够与本国的经济、科技、文化发展水平相适应。未来发达国家和发展中国家在知识产权国际保护方面的利益冲突和摩擦仍然会存在。为构建更加包容开放、平等互利的新型知识产权国际关系，实现知识产权全球有效治理，作为发展中国家的代表的我国以及作为发达国家代表的美国在知识产权国际化乃至全球化的过程中，需要更多的合作。[1]笔者认为在知识产权保护领域，特别要防范知识霸权。按照《知识财产法哲学》一书作者彼得·德霍斯的观点，发达国家在知识产权国际保护中存在一种所谓独占主义思想。[2]这种独占主义思想的主要特点是强调知识产权的高标准、高水平的保护，而不顾及发展中国家经济、科技、文化相对落后的情况。

笔者认为，针对在国与国之间知识产权保护合作与交流中发达国家存在的独占主义保护思想，需要用以利益平衡为基础理念的"工具主义思想"[3]代替，以此实现平等互利、包容发展的知识产权全球治理。特别是我国提出了构建人类命运共同体的先进理念，在处理国际知识产权关系和知识产权全球治理、推进新型国际知识产权关系的建立和发展方面，可以充分利用这一先进理念做指导。[4]

---

〔1〕 冯晓青主编：《全球化与知识产权保护》，中国政法大学出版社2008年版，第6—36页。

〔2〕 ［澳］彼得·德霍斯：《知识财产法哲学》，周林译，商务印书馆2008年版，第208—236页。

〔3〕 ［澳］彼得·德霍斯：《知识财产法哲学》，周林译，商务印书馆2008年版，第221—227页。

〔4〕 刘银良：《国际知识产权政治问题研究》，知识产权出版社2014年版，第279—309页。

2. 通过多种形式开展与知识产权有关的经济、科技、文化方面的交流与合作。其中就知识产权双边合作与交流而言，最重要的是达成相关知识产权协议，形成在知识产权合作与交流方面的共识。近些年来，我国与美国等相关国家签订的知识产权相关协议，如 1992 年的《中美政府关于保护知识产权谅解备忘录》、1995 年中国《有效保护知识产权的行动计划》以及《中美经贸协议》关于知识产权保护的条款，就是体现。

五、我国知识产权保护发展成就的国际交流合作平台建设

《强化知识产权保护意见》规定要"综合利用各类国际交流合作平台，积极宣传我国知识产权保护发展成就"。[1]这一措施和前面有类似之处，目的都在于宣传和展示我国知识产权保护取得的成就。如上所述，近些年来我国不遗余力地完善知识产权制度，深入推进实施国家知识产权战略和创新驱动发展战略，知识产权保护工作成绩斐然。自《国家知识产权战略纲要》颁行以来，我国在知识产权创造、运用、保护、管理、文化建设及知识产权服务等方面都取得了巨大成就。对此，国家知识产权战略评估相关机构给予了充分肯定。我国在与其他国家开展知识产权国际合作与交流时，通过利用各类国际合作与交流平台，展示我国知识产权保护取得的成就，能够有力地增进双方的互信，也有利于展示我国负责任的知识产权保护大国的国际形象。这里的各类国际交流合作平台可以有多种形式，例如，前面所讨论的我国与相关国际组织进行的知识产权保护合作与交流活动；通过承办或者共同举办的知识产权国际学术会议的形式，增进多方的了解；通过我国高校、科研院所和其他组织与国外相关机构的知识产权学术交流，建立双方的知识产权合作与交流关系等。

除此之外，笔者认为还有一种重要方式也值得关注，即与国外出版社合作，撰写涉及知识产权保护的著作在国外出版，宣传我国知识产权保护取得的成就。对此，笔者颇有感触。早几年，笔者和西澳大利亚大学的华人知识产权法学者邵科教授[2]共同主编了一本书，即 *Innovation and Intellectual Property in China*，该书由位于英国的世界上最大的法律图书出版公司 Edward Elgar

---

[1] 《推进计划》提出的措施有：鼓励全国学会充分利用国际学术交流合作平台开展知识产权保护宣传，借助国际技术服务与交易网络，深化与国际知名技术服务机构合作

[2] 邵科教授已入职南京大学法学院。

出版。该书对我国自主创新政策和知识产权战略等相关问题做了深入研究，对于国外一些组织和个人对我国自主创新政策的担忧做了全面解读，在国际上澄清了相关的误解。该书出版以后取得了很好的社会反响，芬兰等国的知识产权相关专家学者给予了很高的评价。其实，和国外出版社合作出版我国的知识产权成果，不仅可以展示我国知识产权保护取得的成就，还可以很好地增进知识产权国际学术交流，传播我国学者的知识产权思想，提高我国知识产权研究在国际上的影响力。

第十三章
与国内外知识产权人的沟通渠道

《强化知识产权保护意见》在第五部分"健全涉外沟通机制，塑造知识产权同保护优越环境"之（十三）中指出：

> 健全与国内外权利人沟通渠道。通过召开驻华使领馆信息沟通会、企业座谈会等方式，加强与国内外行业协会、商会、社会团体等信息交流。组织召开知识产权保护要情通报会，及时向新闻媒体和社会公众通报重大事项和进展，增信释疑，积极回应国内外权利人关切。

对于上述规定，笔者认为以下问题值得思考和研究。

一、信息沟通对于知识产权保护的重要意义

笔者认为，这可以从以下几个方面加以理解：

（一）有利于保障公民的知情权

从一般意义上来说，信息对于公民实现知情权，更好地投入社会生活中具有十分重要的意义。当代社会是信息化社会，人们处于信息爆炸的环境之中。特别是随着信息网络技术的发展，人们获得与传播信息十分便利。同时，信息数量巨大，也易导致人们在海量的信息面前迷失自己。为了解决这一矛盾，就需要建立便利的、畅通的信息沟通和交流机制。

（二）促进知识产权合作与交流

知识产权保护相关信息是人们进行知识产权保护合作与交流，以及知识产权人和相关当事人维护自身合法权益的重要渠道。特别是在知识产权国际保护及涉外合作与交流中，由于知识产权人和相关当事人可能不在一个国家，开展知识产权维权或者进行知识产权相关技术贸易活动都需要进行必要的信

息沟通与交流。举例而言，我匡某一企业在欧洲某一国家发生了知识产权相关纠纷，为了及时妥善处理纠纷，该企业就需要获得与该案相关的信息，及时采取对策，确定解决方案。

二、在涉外知识产权保护背景下促进知识产权国内外信息交流的具体措施

涉外知识产权保护不仅涉及国内知识产权相关信息，也涉及在其他国家的相关知识产权信息，包括国内外知识产权人和相关当事人，相关知识产权纠纷发生的背景和原因，知识产权在其他国家被侵权的情况等。笔者认为，在涉外知识产权保护背景下，知识产权国内外信息交流应本着以下原则进行：首先是信息的真实性原则。信息的真实性是信息交流的生命线。信息本身是客观的，但是人们在描述信息和传播信息时可能发生误解或者歪曲。因此，应当注意甄别信息。其次是信息的全面性原则。如前所述，当前处于信息爆炸时代。但在特定时段，相关信息可能处于碎片化状态。要掌握较为全面的信息，便于国内外知识产权人及时维权，否则可能出现一叶障目不见泰山的后果，造成决策失误。最后是信息的及时性原则。信息如果不能够及时获得与传播，就可能成为过时的信息，耽误国内外知识产权人及时维权。

笔者认为，国内外权利人和相关当事人为了使信息获取真实全面，需要获得相关组织和个人的合作与帮助。[1]《强化知识产权保护意见》上述针对性措施具有很强的可操作性，值得高度重视。下面将对上述措施逐一进行解读。

（一）驻华使领馆在促进知识产权信息交流中的作用与措施

由于其他国家驻华使领馆对其本国的企业、组织相关知识产权信息有足够的了解，关于其对华知识产权保护的需求也有足够的认识，通过强化驻华使领馆和我国相关行业协会、商会、社会团体的交流，例如召开企业座谈会、信息沟通会等方式，能够及时通报和交流相关知识产权信息，便于我国相关行业协会、商会、社会团体以及企业了解当前所处的知识产权保护环境，及时处理知识产权案件和其他知识产权相关事务。实际上，驻华使领馆可以在这方面搭起知识产权信息沟通的桥梁，充分利用其对于所在国家行业协会和

---

〔1〕《推进计划》提出的措施有：制定发布一批重点国家（地区）知识产权保护国别指南。研究海外版权纠纷国别政策。依托驻外经商机构，遴选海外知识产权观察企业和社会组织，了解相关各界对当地知识产权保护诉求等。

相关组织知识产权保护的需求和必要信息了解的优势，实现和我国相关行业协会、商会、社会团体与企业知识产权相关信息交流的对接。[1]

（二）国内外行业协会在促进知识产权信息交流中的作用与措施

我国及国外存在各行各业的行业协会，这些国内外行业协会对于帮助所在行业了解有关国家和地区的相关政策，指导相关行业发展，促进行业内外的信息交流，维护行业内各单位的权益，具有积极作用。从知识产权保护的角度而言，行业协会可以分为与知识产权有直接关系的行业协会和与知识产权没有直接关系的行业协会。就前者而言，由于这些行业协会本身与知识产权有密切联系，甚至本身就是知识产权行业协会，如我国的专利保护协会、中华商标协会，国际上的国际商标协会等，其掌握的知识产权信息较之于其他行业协会有更多的优势和特色，更方便通过其组织和协调，促进行业内外的知识产权信息交流。事实上，与知识产权有直接关系的一些行业协会每年组织了大量的与知识产权创造、运用、保护、管理、服务等有关的各种活动，促进了行业内外的知识产权信息交流。笔者认为，行业协会为了促进知识产权信息交流，可以制定相关的规程和工作计划，并安排相关机构和人员予以落实。行业内外相关知识产权信息通过行业协会予以传播，能够使行业内的组织和个人及时了解相关知识产权信息，有利于发挥知识产权信息的价值，实现知识产权的转化和运用。

（三）国内外商会在促进知识产权信息交流中的作用与措施

商会作为商人依法组织的社团法人，具有民间性、自律性和互惠性。商会与各地区企业有密切的联系，能够及时把握其所在地企业的相关知识产权需求。因此，商会也是进行知识产权信息交流的重要阵地。为促进商会加强知识产权信息交流，有必要与企业建立惯常的知识产权信息联络渠道和机制，使得企业所需要的知识产权信息能够及时获得与传播分享。

（四）国内外社会团体在促进知识产权信息交流中的作用与措施

社会团体也可以分为与知识产权有关的社会团体和与知识产权没有直接关联的社会团体。就前者而言，特别是知识产权社会团体，其在促进知识产权信息交流方面可谓责无旁贷。例如，在我国，全国性知识产权社会团体有

---

[1]《推进计划》提出的措施有：定期召开与驻华使领馆、各类国际组织驻华机构、行业协会、商会、社会团体等的信息沟通会、座谈会。

中国知识产权研究会以及中国知识产权法学研究会，其中前者挂靠于国家知识产权局，后者由中国法学会领导。在这些全国性的知识产权社会团体中还设立了相关的专业委员会和其他类似的分支机构，例如中国知识产权研究会下面设立了国防知识产权专业委员会、高校知识产权专业委员会，中国知识产权法学研究会下面设立了体育赛事知识产权专业委员会等。由于这些机构本身就是知识产权社会团体，对我国和国外知识产权文献和信息了解较为充分，它们在传播知识产权信息方面本身具有极大的优势。中国知识产权研究会还专门创办了《中国知识产权研究会通讯》电子版和纸质版，介绍和传播国内外相关知识产权信息。这些全国性的知识产权社会团体，还举办了大量的学术会议、工作会议以及专题讲座等多种与知识产权有关的活动，在我国知识产权信息交流方面发挥了不可替代的重要作用。就与知识产权没有直接关系的社会团体而言，其在知识产权信息交流方面也具有一定的作用，其本身不像知识产权社会团体一样提供相当多的知识产权信息，但也能够就知识产权相关信息的需求提供指引，或者为知识产权需求与被需方搭桥，间接地促进知识产权信息交流。

（五）组织召开知识产权保护要情通报会

《强化知识产权保护意见》指出，要"组织召开知识产权保护要情通报会，及时向新闻媒体和社会公众通报重大事项和进展，增信释疑，积极回应国内外权利人关切"。[1]笔者认为，针对某一时段的特别重大的知识产权事件、知识产权案件、知识产权重大政策进行要情通报和沟通，能够及时促进知识产权信息的传播，充分满足社会公众的知情权的需要。在这方面特别应注意发挥新闻媒体传播知识产权信息的重要作用。在知识产权信息传播方面，新闻媒体无疑具有独特的优势。例如，通过新闻媒体及时报道相关知识产权事件或案件，能够使社会公众第一时间了解相关事实真相，促进知识产权信息的及时公开，便于社会公众和当事人根据其掌握的信息采取果断的行动和决策。

---

〔1〕《推进计划》提出的措施有：完善知识产权要情通报发布机制，及时组织新闻发布会、政策吹风会，充分利用例行记者会等平台通报重大事项和进展情况。

第十四章

知识产权海外维权援助服务

在当代知识产权制度日益国际化乃至全球化的背景之下，我国知识产权保护制度对知识产权人权利的保护不限于国内法律，还包括我国和其他国家共同参加的国际公约，或者按照对等原则给予保护。当然，按照知识产权国际保护的国民待遇原则，我国对于其他国家在我国取得的知识产权，也应当给予对等的保护。知识产权国际保护与当代经济贸易的全球化有直接联系。如前所述，知识产权本身是一种无形财产权，知识产权的客体知识产品具有非物质性特征。随着经济社会发展，尤其是技术的进步，有形商品基本上都附载了知识产权，即知识产权这一无形财富附载于有形商品之中，并随着有形商品在市场中的流动，特别是通过国际经济技术贸易的形式从国内市场走向国际市场。这也可以在一定程度上解释 TRIPs 协议达成的背景和原因。随着近些年来知识产权制度的国际化、有形商品国际贸易的发展，在国际经济贸易中越来越多地涉及知识产权问题。不仅如此，知识产权本身也成为国际经济技术贸易的标的。就我国而言，一方面，近些年来我国通过不断地加入知识产权保护国际公约，知识产权制度日益国际化，不限于其他国家根据知识产权保护国际公约的规定保护来自我国的知识产权，我国也需要按照国民待遇原则对其知识产权予以保护，而且我国在其他国家获得的知识产权，根据知识产权保护国际公约的规定也应当获得对等的保护；另一方面，随着我国综合国力的提升，特别是加入世界贸易组织以后国内市场出现国际化的倾向，我国已经成为世界上第二大经济体以及进出口贸易最大的国家，伴随着有形商品国际贸易的开展，我国的知识产权也需要在国际上得到充分有效的保护。[1]

---

[1] 张红辉、周一行："'走出去'背景下企业知识产权海外维权援助问题研究"，载《知识产权》2013 年第 1 期。

从这里不难理解，为何我国在强调对国内知识产权予以严格保护的同时，也要加强知识产权海外维权援助服务。

《强化知识产权保护意见》在第五部分之（十四）中指出：

加强海外维权援助服务。完善海外知识产权纠纷预警防范机制，加强重大案件跟踪研究，建立国外知识产权法律修改变化动态跟踪机制，及时发布风险预警报告。加强海外信息服务平台建设，开展海外知识产权纠纷应对指导，构建海外纠纷协调解决机制。支持各类社会组织开展知识产权涉外风险防控体系建设。鼓励保险机构开展知识产权海外侵权责任险、专利执行险、专利被侵权损失险等保险业务。建立海外维权专家顾问机制，有效推动我国权利人合法权益在海外依法得到同等保护。

对于《强化知识产权保护意见》的上述规定，笔者认为以下问题值得深入研究。

一、我国知识产权海外维权援助服务的必要性和紧迫性

前面对当代知识产权制度国际化的背景之下，来自我国的知识产权在其他国家获得充分有效保护的必要性进行了思考。知识产权保护国际公约规定了最低保护原则，即所有参加国际公约的国家对知识产权的保护水平都不得低于国际公约规定的最低保护水平。知识产权国际保护还同时存在独立保护的原则。以我国在其他国家的知识产权保护为例，来自我国权利人的知识产权，只能按照参加国际公约的国家自己的知识产权法保护。不同国家的知识产权保护法律制度存在一定的差别，更不用说知识产权保护环境，如知识产权执法水平、知识产权法律意识等。以知识产权制度的执行而论，它受到一个国家的传统文化、法律意识、经济技术发展水平等多方面因素的影响，不同国家存在不同的语言，在沟通方面也存在一定的困难和障碍。

基于上述因素和特点，来自我国的知识产权在其他国家一旦出现侵权纠纷或者其他知识产权纠纷，及时获取相关知识产权纠纷的信息以及采取相应的策略和措施较之于在国内进行知识产权维权具有更大的难度。从过去来自我国单位或个人的知识产权在其他国家受到侵犯或者发生知识产权纠纷的情况来看，由于地域、语言等多种障碍，当事人通常不能及时获得这些信息，

即使能够获得这些信息，也难以及时采取有效的策略和措施。例如，国内知识产权人对发生在其他国家的知识产权侵权现象往往感到很茫然，因其缺乏相关的维权信息，聘请该国律师处理也因为费用过高而难以承受。应当看到，随着近些年来我国国际经济贸易的开展，在国外遇到的知识产权纠纷越来越多，知识产权海外维权的必要性日益凸显。在上述背景下，建立我国知识产权海外维权援助机制就具有必要性和紧迫性。

二、加强我国知识产权海外维权援助的具体措施

《强化知识产权保护意见》对此作出了相应的规定。

（一）建立知识产权海外维权援助的风险预警应急机制

这一预警应急机制也属于我国一般意义上的知识产权风险预警应急机制的范畴。因此，这里先需要对知识产权风险预警应急机制的内涵及其意义加以认识。所谓知识产权风险预警应急机制，是指通过一定的技术手段和措施监测、侦查特定对象的知识产权保护情况，如是否存在知识产权被侵权风险、权属风险以及其他知识产权问题，还如我国企业新产品打入国际市场时是否存在侵犯其他主体的知识产权的可能。知识产权风险预警应急机制通常包括一套完整的系统，涉及风险侦测、风险解决和事后反馈评价，以进一步改善现有的知识产权风险预警应急机制等内容。

知识产权风险预警应急机制的功能和作用在于防患于未然，避免出现知识产权侵权或者被侵权风险。就知识产权海外维权援助的风险预警应急机制而言，其存在的特殊性和困难在于知识产权风险发生在海外，知识产权人和相关当事人进行知识产权维权存在一定的困难。但这恰恰是建立知识产权海外维权援助风险预警应急机制的必要性之所在。[1]通过建立这一预警应急机制，可以避免知识产权侵权和被侵权现象发生，避免或者减轻损失。

---

[1] 从知识产权的国家经济安全角度看，知识产权海外维权援助的风险预警应急机制只是防范涉外知识产权风险的内容之一。习近平总书记在2020年中央政治局第二十五次集体学习时，专门论述了要维护知识产权领域国家经济安全。他明确指出："知识产权对外转让要坚持总体国家安全观。要加强事关国家安全的关键核心技术的自主研发和保护，依法管理涉及国家安全的知识产权对外转让行为。""要形成高效的国际知识产权风险预警和应急机制，建设知识产权涉外风险防控体系，加大对我国企业海外知识产权维权援助。"参见习近平："全面加强知识产权保护工作 激发创新活力推动构建新发展格局"，载《求是》2021年第3期。

通过研究近些年来我国一些国际化企业在海外进行知识产权维权援助的案例，可以发现实施知识产权海外维权援助最重要的是有海外知识产权风险防范意识，并提前采取有效的防范知识产权风险的措施。这里不妨简要介绍和分析前面述及的笔者曾经参与专家研讨的一起涉及美国"337调查"的知识产权侵权纠纷案件的处理。在十多年以前，浙江有一家高科技企业的产品主要出口美国市场。由于其出口到美国的产品占了美国同类产品相当高的市场份额，美国同类产品的竞争对手心怀不满，于是通过申请启动美国"337调查"程序，指控浙江企业侵犯其在美国的专利权。而且该美国企业非常善于利用诉讼策略搞垮跨境的对手，其采取的具体策略是首先起诉浙江企业在美国的四个经销商，而且是分季度起诉，即每个季度起诉一个企业，到最后才轮到浙江企业。这种做法形成了一个诉讼链，浙江企业及其在美国的经销商被缠于诉讼之中。如果浙江企业在"337调查"中失利，就意味着其将被赶出美国市场。不仅如此，我国出口到美国的同类产品也将受到影响。因此，在"337调查"中胜诉，对于涉及侵权纠纷的我国企业来说至关重要。好在浙江企业在其产品大规模出口到美国之前即有很强的知识产权侵权风险防范意识。浙江企业先委托了美国顶尖知识产权律师事务所就其产品出口到美国是否可能存在侵犯美国专利权或者其他知识产权问题进行专业性调查评估。该调查评估的结果是浙江企业的产品出口到美国不存在专利权等知识产权侵权风险。最终，浙江企业在美国"337调查"中取得了完全的胜利，为我国企业开拓美国市场、预防知识产权侵权风险提供了十分宝贵的经验。

如何在知识产权海外维权援助中建立知识产权风险预警应急机制，值得进一步探讨。根据《强化知识产权保护意见》的上述规定，[1]以下两点十分必要。

1. 加强对重大知识产权案件的跟踪研究。我国在海外发生重大知识产权案件以后，为了及时有效地解决纠纷，避免损失扩大或者减轻损失，首先需要对该案件及时了解，以便根据案件发生的情况和变化趋势，果断地采取对应的措施，例如聘请海外及国内的律师对接，争取行业协会、商会以及我国在当地相关行政部门的支持。笔者认为，跟踪在海外发生的重大知识产权案

---

[1] 《推进计划》提出的措施有：完善海外知识产权信息服务、预警等平台，加强对重点贸易国家（地区）知识产权法律政策修改变化、重大纠纷案件的动态跟踪研究机制建设，建设海外商标和专利纠纷案件数据库。

件，还应当注意掌握案件全面的情况，及时固定相关证据，并在当地委托专人负责联络和处理。

2. 建立国外知识产权法律修改变化动态跟踪机制，及时发布知识产权风险预警报告。基于知识产权保护的地域性，即使我国和相关国家共同参加了保护知识产权的国际公约，来自我国的知识产权在当地的保护也仍然需要根据国际公约的独立保护原则进行。因此，当地知识产权保护状况对于我国知识产权海外维权援助具有极其重要的意义。我国也需要对其他国家和地区知识产权法律制定、修改和完善的情况加以了解，及时把握立法修改动态，并对相关国家和地区知识产权保护风险进行充分评估，及时发布知识产权风险预警报告，以便指导我国企业在开拓国际市场时采取有力的措施，防范知识产权风险的发生。

（二）强化海外知识产权信息服务平台建设

《强化知识产权保护意见》提出要加强海外信息服务平台建设。笔者认为，这一措施具有十分重要的意义。如前所述，当前我国知识产权海外维权援助中存在的主要问题之一是信息不对称，缺乏对于海外知识产权侵权情况的基本了解和信息跟踪。由于对在其他国家发生的我国知识产权侵权及相关纠纷的情况不了解，或者虽然了解到一定信息，但由于缺乏可靠的、稳定的信息服务平台，而不能保持对知识产权纠纷案件的信息跟踪并据此采取进一步的处理对策。知识产权纠纷案件，无论是国内案件还是涉外案件，通常具有的特点是突发性，以及侵权蔓延的快速性。对于知识产权侵权事件，如果不能果断地采取措施，及时处理，就可能造成无法避免的或者难以控制的严重的后果。在缺乏海外知识产权信息服务平台的情况下，由于我国知识产权人和相关主体不能及时与其他国家相关部门和个人取得联系与沟通，很可能造成难以弥补的损失。基于此，为加强我国知识产权的海外维权援助服务，有必要构建系统、完整的海外知识产权信息服务平台，以保持我国的知识产权在其他国家发生侵权或其他纠纷时的及时沟通与对接，并根据掌握的信息采取相应的合理措施。

笔者认为，为推进海外知识产权信息服务平台建设，应重视采取以下有效措施。

1. 与其他国家知识产权相关部门中介机构进行合作与交流，在其他国家设立中国知识产权海外维权援助信息服务中心，利用信息网络等高科技手段与工具保持和国内知识产权人及相关单位的联系，确保我国知识产权在其他国家被侵权或发生其他纠纷时，第一时间能够反馈到国内的知识产权相关部门，以便果断地采取措施。中国知识产权海外维权援助信息服务中心在其他国家应当形成一个信息沟通网络，相互之间保持信息畅通和联络。为节省社会资源和成本，可以采取扁平式构架方式。

2. 在其他国家建立我国知识产权海外维权援助兼职信息联络员制度。由于在其他国家的单位和个人对在当地发生的涉及我国知识产权侵权及其他纠纷的情况最为了解，有必要在构建我国知识产权海外维权援助信息服务平台方面，聘请当地的相关单位和个人为我国海外知识产权维权援助中的信息服务平台建设提供服务。[1]

（三）开展海外知识产权纠纷应对指导

应当说，在过去，由于我国在海外的知识产权数量不够多，以及在海外进行知识产权维权援助的意识不够强等原因，在海外发生的一些知识产权侵权及其他纠纷并未得到及时妥善处理，最终使我国知识产权人和相关部门陷入被动。我国在开展知识产权海外维权援助方面缺乏足够的经验，例如，当前我国能够开展国际知识产权保护业务的律师并不多，有办理涉外知识产权案件经验的律师也不多。近些年来，随着我国经济的发展，特别是在我国加入世界贸易组织以后，市场全球化趋势明显，我国越来越多的企业开始走向国际化。并且，我国知识产权在海外布局的数量也越来越多，质量越来越高。在这种新形势下，我国知识产权在海外也遇到了越来越多的侵权纠纷。如何加强我国知识产权在海外的保护，无疑是当前我国知识产权保护中的一个重大主题。

（四）构建海外知识产权纠纷协调解决机制

随着我国知识产权在其他国家布局数量的增多，以及我国企业通过知识产权在其他国家开拓市场，提高自身竞争力，我国企业和当地企业之间难免发生知识产权纠纷。为了有效地解决在当地发生的知识产权纠纷，提高解决纠纷的效率，及时维护我国知识产权人和相关当事人的合法权益，构建海外知识产权纠纷协调解决机制具有必要性。通常的情况是，在其他国家发生知识产权纠纷以后，知识产权相关当事人通过诉讼途径加以解决。然而，以单

---

〔1〕《推进计划》提出的措施有：根据警全协作和对外执法合作需求，做好知识产权沟通会见和信息交流工作。建立知识产权关企联络员制度，畅通与国内外权利人的沟通渠道。

一的知识产权诉讼的形式解决我国在海外发生的知识产权纠纷存在许多不便和局限性。例如，在美国等发达国家通过诉讼途径处理知识产权纠纷，通常需要聘请专业律师提供法律帮助，而在这些国家，专业律师费用非常昂贵。又如，国内相关企业和聘请的国内律师对发生在其他国家的知识产权诉讼缺乏实务经验。因此，除了知识产权诉讼形式以外，如果能够建立海外知识产权纠纷协调解决机制，就能够大大提高解决纠纷的效率，也能够节省解决知识产权纠纷的费用。

笔者认为，我国海外知识产权纠纷协调解决机制的构建，应重视以下问题。

1. 和解与调解处理机制。相对于诉讼解决涉外知识产权纠纷，和解与调解处理机制能够缩短解决纠纷的时间并便于执行。不仅如此，我国在海外发生的知识产权纠纷，通常是因为双方或多方的合作引起的冲突。通过和解或者调解处理机制，很可能不会实质上影响双方未来的合作关系，从而可以使我国知识产权人进一步开拓国际市场。

2. 与国内相关知识产权人和所在行业协会、地方政府等保持必要的信息沟通，并争取取得其支持。如前所述，在处理海外知识产权纠纷方面，知识产权信息服务平台的运行具有十分重要的意义。我国通过海外知识产权纠纷协调解决机制处理涉外知识产权纠纷并不是孤立的，而需要通过与我国国内知识产权人和相关单位保持密切的沟通，并争取获得其支持。故这种协调解决机制的构建必须同时保障信息联络沟通机制的畅通。

（五）支持各类社会组织开展海外知识产权风险防控体系建设

当我国知识产权在海外发生纠纷时，尽管个案中知识产权仅涉及特定的个人和企业，但纠纷的背后涉及相关行业、产业、行业协会、商会、地方政府等。为了有效地预防和及时处理我国在海外发生的知识产权纠纷，需要未雨绸缪，提高知识产权风险防范意识，采取各种有效的知识产权风险防控措施。支持各类社会组织开展海外知识产权风险防控体系建设，就是其中重要的措施。[1]笔者认为，这一防控体系建设需要重视以下几点。

---

〔1〕《推进计划》提出的措施有：在条件成熟地区建设一批海外知识产权纠纷应对指导分中心，在重点贸易国家（地区）建设海外分中心；强化境外重点展会知识产权维权援助，为中国参展企业提供知识产权培训和法律咨询服务。

1. 建立多元化的海外知识产权风险防控体系，支持和帮助不同社会组织积极参加。例如，我国各种形式的行业协会、商会以及相关事业单位，其所涵盖的企业和个人可能在知识产权国际合作与交流中或者在开拓国际市场中发生各类知识产权纠纷。为了避免这些纠纷的出现，需要防患于未然，建立常态化的知识产权风险预警应急机制。

2. 建立海外知识产权授权确权与侵权情况动态跟踪机制。需要建立海外知识产权授权确权与侵权情况动态跟踪机制，以便及时根据所在国家的知识产权法律制度采取必要的维权措施，避免损失的扩大和维权机会的丧失。例如，当发现其他国家的某主体抢注我国驰名商标时，可及时根据所在国家的法律规定，采取必要的法律措施，如及时提出异议。如果该商标已经核准注册，则及时提出注册商标无效宣告请求。又如，当发现我国知识产权在其他国家被他人侵害时，及时固定相关侵权证据，以便于在未来的知识产权诉讼等纠纷解决程序中提供有力的证据。

3. 建立国内知识产权风险预防机制。[1]从过去我国在海外发生的知识产权侵权等纠纷的情况来看，相当大程度上是国内知识产权人缺乏知识产权意识或者没有采取有效的知识产权管控措施而酿成的。为此，国内知识产权人应当提高知识产权风险防范意识，并拥有较强的知识产权国际化战略意识，及时采取在国外进行知识产权布局的手段，防止他人抢注我国注册商标或者从事其他知识产权侵权行为。应当看到，这些年来，我国很多知名品牌商标在国外被抢注，其教训是十分深刻的。[2]企业实施知识产权国际化战略，则有利于避免相应的知识产权风险的发生。

（六）开展知识产权保险业务

《强化知识产权保护意见》规定："鼓励保险机构开展知识产权海外侵权责任险、专利执行险、专利被侵权损失险等保险业务。"

对此，笔者认为，以下问题值得研究。

1. 开展知识产权保险业务的重要意义。为理解知识产权保险的重要意义，

---

〔1〕 王莲峰、牛东芳："'一带一路'背景下我国企业海外知识产权风险应对策略"，载《知识产权》2016 年第 11 期。

〔2〕 杨建锋："商标抢注的国际法律规制及中国企业的利用——由王致和商标海外维权胜诉案谈起"，载《科技与法律》2009 年第 6 期。

首先应当对一般意义上的保险制度的价值及其功能进行探讨。保险是一种古老的防范风险的形式，其中，财产保险、人寿保险等是当前保险的普遍形式。对于提供保险的保险公司和金融机构而言，可以利用大量的投保人的资金进行融资而获得收益。当前世界上的顶级保险公司都是财力雄厚的大公司。对于投保人而言，通过少量的资金投入，可以在发生保险事故时使受益人获得较大的收益，以免除其后顾之忧。保险制度涉及投保人、保险公司、受益人之间的法律关系，是当前各国重要法律制度之一。我国也颁布实施了《保险法》。笔者认为，保险制度还可以从人文关怀的角度加以理解：保险制度的实施，可以保障投保人出现保险事故时，其受益人获得一笔不菲的保险金，体现了利用众多人的保险投资支持受难一方的人文关怀。

保险制度引入知识产权领域，或者说建立知识产权保险制度，在我国当代知识产权法领域还是一个较新的事物。知识产权保险目前在我国还未充分推广。从保险法原理和我国保险制度的规定来说，知识产权纳入保险的标的是毫无疑问的。[1]不过由于这一标的具有无形性，而且其价值具有不稳定性，甚至其本身存在一定的风险，如专利权获得以后可能因为法定的原因被宣告无效，注册商标专用权获得以后也可能被他人请求宣告无效，再加之人们对知识产权这一无形财产权的认识的原因，我国知识产权保险业务的开展还处于起步阶段。[2]不过，随着我国国家知识产权战略的实施，知识产权运营与保护同等重要，而且日益成为推进我国国家知识产权战略和创新驱动发展战略实施的重要保障。从当前我国关于知识产权保护与运用的战略规划、实施计划、知识产权保护和运营规划以及相关的政策和制度的规定来看，知识产权保险作为知识产权运营的形式之一，在很多相关规范性文件中都做了规定。可以预料，我国知识产权保险业务必将随着我国保险制度的改革、保险标的范围的扩大以及知识产权保护重要性的加强而逐渐普及和发展。

笔者认为，开展我国知识产权保险业务的重要性主要体现在以下几方面：

（1）分散知识产权相关风险。知识产权业务涉及社会生活各个方面，无论是知识产权人行使知识产权还是其他主体实施其知识产权，都可能面临一定的风险。通过开展知识产权保险业务，能够避免和减少相关知识产权侵权、

---

[1] 张俊岩："保险产品的知识产权属性及其保护"，载《法学家》2010 年第 2 期。

[2] 程德理："我国外向型企业知识产权保险问题探讨"，载《学术界》2017 年第 4 期。

被侵权或者其他风险，有利于减少相关损失。

（2）促进知识产权运用和转化。知识产权保险本身是知识产权运营的一种形式和商业化活动，而且该活动的开展有利于相关市场主体放心大胆地利用知识产权开展市场竞争和经营活动，因为投保人通过有限的资金投入而在未来发生相关知识产权侵权、被侵权或者其他风险时能够获得经济上足够的补偿，从而减少了相关市场主体在创造、保护和利用知识产权时的后顾之忧。

（3）促进保险业务范围的扩大。如前所述，知识产权保险本身属于新开拓的保险业务之一。开展知识产权保险业务显然有利于拓宽我国保险业务范围，优化我国保险险种和结构，同时也能够为保险公司和相关金融机构带来一定收益。[1]尽管知识产权保险业务在我国开展具有一定的局限性，但从已有经验来看，其对于促进我国保险事业的发展，加强我国知识产权的保护和运用，具有十分积极的作用。

2. 知识产权保险业务在我国知识产权海外维权援助中的拓展及其重要意义。知识产权保险业务在我国知识产权海外维权援助中的适用，应当说目前处于起步阶段。即便如此，也显示了其强大的生命力和发展前景。笔者认为，主要原因如下：如前所述，我国知识产权在其他国家侵权或者被侵权引发的知识产权纠纷，其处理成本较大，处理难度也很大。尤其是在一些国家发生专利侵权纠纷时，如在美国发生的专利侵权诉讼，在认定专利侵权的前提下，赔偿额较高。不仅如此，聘请律师的费用也非常高。有效地开展知识产权侵权责任险、专利执行险、专利被侵权损失险等业务，有利于使相关企业卸下包袱，积极应对国际竞争，提高国际市场竞争力。

笔者认为，为有效开展我国知识产权海外维权援助中的知识产权保险业务，我国国内知识产权保险相关机构可以依法和国外进行有效的合作。随着我国知识产权制度的国际化，已经有越来越多的企业实施走出去战略，开展涉外知识产权相关保险业务，为我国企业的国际化进程保驾护航。[2]

（七）建立知识产权海外维权专家顾问机制

《强化知识产权保护意见》提出，要"建立海外维权专家顾问机制，有效

---

〔1〕　江忠英："保险公司设立知识产权险之可行性探讨"，载《兰州学刊》2009年第10期。

〔2〕　《推进计划》提出的措施有：鼓励保险公司开发、设计满足企业需求的专利保险产品并提升服务能力，指导保险公司加大对知识产权相关保险的宣传和推广力度。

推动我国权利人合法权益在海外依法得到同等保护"。

对此，笔者认为，以下问题值得研究。

1. 建立知识产权海外维权专家顾问机制的必要性。所谓知识产权海外维权专家顾问，是指国家相关部门聘请的在知识产权理论研究、侵权处理、纠纷调处等方面具有专长的知识产权专业人士，如我国高校和科研院所的知识产权法教授、在律师事务所长期从事知识产权业务的资深专业律师、在国际化企业长期从事知识产权工作的专业人员。

我国建立知识产权海外维权专家顾问机制的必要性体现于：

（1）知识产权本身具有高度的专业性和复杂性，特别是知识产权侵权纠纷发生以后存在证据难以获取、侵权事实难以认定以及在确认侵权的前提下侵权损害赔偿难以界定等多重困难。与我国国内知识产权纠纷案件发生以后，需要专业人士提供帮助，特别是专家咨询和专业律师代理等专业性的法律服务一样，当前我国知识产权人或者其他相关当事人在其他国家发生侵权纠纷时，也需要获得相关理论与实务专家提供的法律帮助。这种专业性的帮助和服务，对于及时处理知识产权纠纷，有效调处案件，并根据案件发生以后的实际情况，及时采取有效的诉讼策略和其他措施，具有至关重要的作用。否则，当事人可能因为对于知识产权纠纷案件涉及的专业性问题不够熟悉以及缺乏实务经验而失去解决纠纷的大好时机，从而使自己陷入十分被动的境地。

（2）如前所述，在其他国家发生知识产权侵权或者其他纠纷时，身处异国他乡、语言障碍、信息沟通障碍以及相关法律制度的规定不同等原因可能会给相关知识产权纠纷的有效解决带来极大障碍。这样一来，在海外发生知识产权侵权或者其他纠纷时，通过已经建立的知识产权海外维权专家顾问机制，及时委派相关知识产权理论和实务专家参与纠纷处理，能够发挥专业力量的作用，也有利于及时有效地解决好纠纷。

2. 建立我国知识产权海外维权专家顾问机制的具体措施。从当前笔者所知悉的我国已建立的知识产权海外维权专家顾问机制情况来看，主要有商务部建立的知识产权海外维权专家库以及国家知识产权局组建的知识产权海外维权专家库。其中，前者主要是由高校和科研院所的知识产权法教授等专家学者组成，后者主要是由大型律师事务所的资深知识产权律师组成。笔者也有幸担任商务部聘请的知识产权海外维权专家库专家，深感我国在涉外知识产权保护、维权援助方面组建知识产权海外维权专家库的重要性。不过，相关维权援助工作以及日常联络和信息沟通方面，还需要大力改进。

笔者认为，为推进我国知识产权海外维权专家顾问机制，要着重解决以下几个问题：

（1）专家顾问的遴选机制以及专家库的组成人员动态调整机制。我国知识产权海外维权专家顾问机制，首要的是专家顾问的遴选。只有遴选出合格的优秀的知识产权专家顾问团队，才能有效地利用各类知识产权理论或者实务方面的专家开展知识产权海外维权援助服务。因此，应就遴选人员标准进行规定，以避免遴选过滥。在笔者看来，知识产权海外维权专家顾问应具备以下条件：一是品行优秀，特别是有强烈的公益心；二是对于涉外知识产权的保护与维权，具有一定的理论研究或实务经验。其中就来自于高校与科研院所的知识产权学者而言，最佳的人选应当既有深厚的知识产权专业理论基础和政策水平，又有处理知识产权诉讼案件、涉外知识产权纠纷的丰富的实务经验，例如担任知识产权兼职律师或者仲裁员的知识产权专家学者就比单纯从事知识产权法教学与研究的专家学者更能胜任这一专家顾问的职务；就来自于实务部门的知识产权专业人士而言，尤其是来自于大型律师事务所的资深知识产权律师，最佳人选应当是具有处理知识产权涉外案件经验的律师；就来自企事业单位的知识产权专业人士而言，最佳人选则是参与过相关涉外知识产权纠纷的处理，具备一定涉外知识产权案件处理经验的工作人员。

（2）制定我国知识产权海外维权专家顾问的日常工作机制和办法，规范专家顾问的工作职责、相关的权利和义务。这一规则的制定和实施，有利于培养专家顾问的责任感和荣誉感，以及其在知识产权海外维权援助中的具体职责或工作范围。[1]

（3）我国知识产权海外维权专家顾问应保持开放性和动态性，定期进行业务考评，不实行终身制，这将有利于保持专家顾问队伍的新鲜血液供给和活力。

---

[1]　《推进计划》提出的措施有：建立海外知识产权专家库，完善专家顾问机制，推动专家顾问在海外维权援助中发挥作用。

第十五章
知识产权保护中的协调和信息获取机制

在我国加入世界贸易组织以后，随着国内市场的国际化以及国际市场的全球化，越来越多的企业需要"走出去"，进行国际化经营，开展国际竞争。在这种全新的国际竞争背景下，我国企业不仅需要在国内有效地制定和实施知识产权战略，也应当制定和实施国际知识产权战略。我国企业的国际知识产权战略侧重于在全球范围内进行有效的知识产权布局，通过知识产权的有效保护和运用，提升企业的知识产权运营能力和国际竞争力。如前所述，我国知识产权在国外的保护较之于在国内的保护具有一定的困难。为了有效地解决在国外发生的知识产权侵权纠纷，有效保护我国知识产权人和相关当事人的合法权益，需要建立健全涉外知识产权协调和信息获取机制。建立协调机制，有利于整合国内外的相关资源，助力我国知识产权在国外的有效布局和保护。建立信息获取机制，则有助于我国知识产权人和相关当事人了解相关国家的知识产权保护状况和动态，特别是发生侵权纠纷时的相关信息沟通，以便于根据案件情况采取有效的对策。

正因为我国建立涉外知识产权保护协调和信息获取机制的重要性，《强化知识产权保护意见》在"（十五）健全协调和信息获取机制"中指出：

完善涉外执法协作机制，加大工作协调力度，进一步加强我国驻外使领馆知识产权对外工作。选设海外知识产权观察企业和社会组织，建立信息沟通机制。健全重大涉外知识产权纠纷信息通报和应急机制。组织开展我国企业海外知识产权保护状况调查，研究建立国别保护状况评估机制，推动改善我国企业海外知识产权保护环境。

一、建立我国涉外知识产权保护协调与信息获取机制的紧迫性和必要性

从目前我国涉外知识产权保护的形势和面临的问题来看，建立涉外知识产权保护协调和信息获取机制，具有相当的紧迫性和必要性。近些年来，随着我国经济社会的发展，特别是科技创新能力的提升以及企业尤其是国际化企业实力的增强，企业不仅需要在国内对知识产权进行有效的保护，有效实施知识产权战略，还需要具有国际视野，实施国际知识产权战略。

当前，我国已经成为名副其实的知识产权大国，知识产权申请授权后的数量在世界上名列第一，特别是较之于前些年的数据，近些年来我国企业和其他主体在国际上申请获得的知识产权数量也日渐增加。知识产权是一种对市场进行控制的法定的权利，拥有具有竞争力的知识产权，能够有效地开拓市场，并获取市场竞争优势。相反，如果缺乏具有竞争力的知识产权，在国际市场竞争中就很容易处于被动地位。过去我国企业 VCD 产品出口，就存在严重的教训。由于缺乏核心知识产权，我国企业在西方国家联合围堵之下市场份额锐减。我国企业在国际市场上如果缺乏有竞争力的知识产权，就无异于赤膊上阵，与披上专利"铠甲"的其他国家的企业在市场上进行竞争，很难获得胜利。我国企业在海外日益增多的知识产权，也需要像在国内一样获得充分有效的保护，否则就很可能因为知识产权保护不力而缺乏市场竞争力。

从近几年我国知识产权在海外的保护情况来看，我国知识产权保护的必要性越来越强。过去，我国在海外的知识产权数量很少，整体上企业的国际化程度也不高，所以，尽管早些年我国知识产权在海外被侵权的情况同样存在，但知识产权在海外的保护问题并没有提上议事日程，没有得到充分的重视。如今，我国在海外的知识产权数量日益增长，更重要的是我国企业不断国际化，不断走向国际市场，越来越需要利用知识产权在海外的有效布局和充分保护，提升我国企业在国际上的市场竞争力。

随着国际竞争的加剧，我国企业势必会在海外遇到知识产权相关纠纷。此时，建立有效的沟通协调及信息联络机制，就变得十分重要。相反，如果我国企业和相关主体不能及时掌握其他国家的知识产权保护制度、知识产权保护环境、发生知识产权侵权后的相关信息，就会在相当大的程度上影响其采取适当的相关知识产权决策以及科学、合理的知识产权布局，不利于我国企业知识产权得到有效的国际保护。因此，可以认为当前我国加强涉外知识

产权协调和信息获取机制的建设，具有相当的紧迫性和必要性。

二、我国涉外知识产权执法协作机制的完善

鉴于知识产权本身的专业性和复杂性，以及涉外知识产权保护存在的多方面困难，我国涉外知识产权协调与信息获取机制的构建涉及多方面因素，本身也是一个系统工程，由许多得力的措施与机制组成。根据《强化知识产权保护意见》的上述规定，以下措施十分必要。

（一）涉外知识产权执法协作机制

《强化知识产权保护意见》提出，要"健全协调和信息获取机制。完善涉外执法协作机制，加大工作协调力度"。在我国知识产权和相关当事人涉及涉外知识产权保护问题时，尤其是涉及知识产权侵权纠纷时，需要通过一定的途径和方式，及时加以妥善解决。这就涉及知识产权的有效执行问题。当然，在当前知识产权国际化乃至全球化时代，随着知识产权在开展国际市场经营、提高国际市场竞争力方面的作用日益加强，越来越多的跨国公司在我国也布局了大量的知识产权。跨国公司拥有实施知识产权战略的娴熟经验，也很善于利用我的知识产权执法手段，保护其在中国市场的知识产权，提高在中国市场的竞争力。因此，知识产权执法协作不完全限于我国知识产权的海外保护和有效执行，实际上也包括对发生在我国的知识产权纠纷，我国相关执法部门与其他国家相关部门的衔接与沟通。不过从《强化知识产权保护意见》的上述规定来看，主要还是针对我国在其他国家发生的知识产权纠纷尤其是侵权纠纷等进行有效处理，加强知识产权的有效执行方面的问题。

笔者认为，为构建有效的涉外知识产权执法协作机制，我国知识产权等相关行政部门可以主动和其他国家相关知识产权部门进行国际合作与交流，通过签署相关知识产权保护合作协议等形式推动双边知识产权执法协作机制的构建与运行。实际上，从近些年我国国家知识产权局与其他国家知识产权局等相关部门的合作与交流来看，加强双方之间的知识产权执法合作与交流也是合作内容之一。例如，中国和日本、韩国就知识产权合作与交流的问题曾达成过相关协议，其中包括相关知识产权有效执行问题。

在具体的涉外知识产权执法协作机制构建方面，笔者认为需要注意以下几点。

1. 平等原则与对等原则。这一点也是我国与其他国家在知识产权双边或

多边国际合作与交流方面需要遵循的基本原则。我国涉外知识产权执法协作机制显然需要建立在平等与对等基础之上。

2. 便利性原则。从本质上而言，构建涉外知识产权执法协作机制，是为了方便相关执法机构有效处理知识产权事件，及时处理知识产权纠纷案件。

3. 效率原则。这一原则本身体现了知识产权事件和纠纷案件处理的价值取向。贯彻涉外知识产权执法协作机制中的效率原则，有利于节省知识产权执法成本，优化资源配置，提高工作效率。

4. 协同原则。协同管理本身也是对有效管理的重要要求。在涉外知识产权执法协作方面，必然涉及相关组织构架的协调以及人财物的配置，需要根据协同原则整合相关资源，更好地实现涉外知识产权执法协作目的。

（二）加强我国驻外使馆知识产权对外工作

应当说，在过去，由于我国知识产权在海外布局的数量不多、我国企业国际化程度不高以及我国企业知识产权国际化意识不够强等多种原因，我国驻外使馆在其日常工作和组织构架方面尚未体现对知识产权方面的要求。但随着我国经济社会的发展，特别是我国对外经济贸易、科技文化交流的深化，以及我国知识产权在其他国家数量的日益增长等多方面原因，加之当代知识产权在企业国际化经营中所发挥的功能和作用，我国驻外使馆在其组织构架以及工作内容方面，需要增加知识产权相关的内容，至少在美国、日本及欧洲一些发达国家的驻外使馆，这方面的重要性尤其值得重视。其实，其他国家在我国设立的使馆中拥有知识产权专员或者类似身份的工作人员，以及开展相关知识产权对外工作的实践，也能间接地证明当前我国驻外使馆开展知识产权对外工作的必要性。

基于《强化知识产权保护意见》的上述规定，笔者认为我国驻外使馆，特别是在发达国家的驻外使馆，也有必要设立类似于知识产权专员等专职工作人员开展知识产权对外工作，有效地促进我国和驻外使馆所在国知识产权保护方面的合作与交流。

三、我国海外知识产权相关信息沟通机制的建立

《强化知识产权保护意见》指出，要"选设海外知识产权观察企业和社会组织，建立信息沟通机制"。对此，笔者认为，基于涉外知识产权保护的跨地域性和信息不对称，我国需要建立海外知识产权相关联络机构，配备相关专

业人员，如通过选派海外知识产权观察企业和社会组织，通过这些企业和组织了解国外知识产权保护的动态，特别是遇到侵权纠纷等知识产权纠纷时，能够及时反馈相关信息，并与国内知识产权人和相关当事人沟通，根据个案的情况采取有力的、有针对性的措施。知识产权观察企业和社会组织还能承担起我国知识产权在其他国家的信息沟通联络方面的重要职能与使命。

关于我国涉外知识产权保护中的信息沟通机制的重要性，前面已有所探讨。这里需要进一步强调的是，通过设立海外知识产权观察企业和社会组织促进信息沟通，应当注重实现以下目标：

1. 信息沟通的及时性。信息的及时性是信息价值实现的保障。在相当多的情况下，信息沟通与知识产权保护的动态市场密切相关，在发生知识产权侵权和其他纠纷时及时沟通信息，这是确保及时有效解决知识产权相关纠纷的重要保障。因此，与知识产权有关的信息沟通机制应当确保知识产权观察企业和社会组织与国内相关权利人和相关单位之间的信息畅通，尽量避免信息滞后的现象。

2. 信息的全面性和真实性。信息沟通机制的构建，旨在使国内知识产权人、相关当事人以及相关机构能够及时掌握在其他国家发生的知识产权事件最新动态信息，以便采取相应的对策。为此需要确保掌握信息的全面性和真实性，避免信息的碎片化和不真实现象的发生。

3. 程序简化和效率原则。针对其他国家的知识产权保护状况以及我国在这些国家面临的知识产权事件，包括知识产权侵权等各类纠纷的信息，由于在不同地域范围内信息沟通需要一定的成本和组织方式，为减轻相关当事人的负担，及时处理相关知识产权问题，应当讲究程序简化和效率原则。

四、重大涉外知识产权纠纷处理工作机制的健全

《强化知识产权保护意见》指出，要"健全重大涉外知识产权纠纷信息通报和应急机制"。我国重大涉外知识产权纠纷，在国际上有重要社会影响，与知识产权人和相关当事人也具有重大利害关系，甚至会影响我国相关行业和产业的发展。例如，近年来，我国国际化企业越来越多地受到美国相关当事人利用"337条款"的打压。针对我国一些重要行业和产业的关键产品，如果相关当事人在适用"337条款"的法律程序中败诉，不仅会使该当事人遭受极大的负面影响，也会对我国国内相关产业和出口到美国的同类产品有直

接影响。基于此，对于发生在国外的重大知识产权纠纷，我国知识产权人和相关的私人以及相关社会组织、地方政府、行业协会等应当予以高度重视，合力采取有效措施予以应对。为了有效地解决相关知识产权纠纷，最大限度地维护我国知识产权人和相关当事人的合法权益，有必要及时掌握纠纷的相关信息和变化趋势，特别是在发生紧急情况时，应当保持信息的及时沟通并采取紧急应对措施。因而，需要构建我国重大涉外知识产权纠纷的信息沟通机制，其中确保信息及时通报、建立信息通报机制是基础的内容和根本性的保障，否则就可能导致失去及时有效处理重大涉外知识产权纠纷的最佳机会，陷入被动。同时，不仅需要建立快捷、高效的信息通报机制，还需要建立相对应的预警与应急机制。

笔者认为，为构建我国重大涉外知识产权纠纷的信息通报、预警与应急机制，需要重视以下对策：

1. 在相关国家，通过与当地的知识产权相关机构和社会组织建立知识产权信息通报、合作交流机制，实现知识产权相关信息一定程度的共享和交流。

2. 充分利用现代信息网络等各种便捷交流的方式，加快信息交流沟通。

3. 在信息通报方面应当确定相关组织和个人专门负责，以避免信息传输到国内相关组织和个人时无专职机构与人员负责的情况发生。

4. 在信息的收集、整理、传输、通报过程中应当注意保密性，特别是防止相关信息被对方当事人窃取，造成被动。

5. 在应急机制的构建与运行方面，应当注意所采取的应急措施的可行性、可操作性，避免因为应急措施的匆忙采取造成更大的损害后果。笔者认为，应急措施的合理性可以通过以下指标进行评估：该措施在解决重大涉外知识产权纠纷的选择中是否最优或综合考虑最优；该措施能否尽快实施以及实施的成本；实施该措施对双方当事人的影响，包括对案件走向的评估等。

五、我国企业海外知识产权保护环境的改善

《强化知识产权保护意见》指出，要"组织开展我国企业海外知识产权保护状况调查，研究建立国别保护状况评估机制，推动改善我国企业海外知识产权保护环境"。

对此，笔者认为，以下问题值得深入研究。

（一）我国企业海外知识产权保护环境的重要性

我国企业海外知识产权保护环境，是指我国企业在其他国家进行知识产权国际化经营时，相关国家的知识产权制度状况、知识产权文化、知识产权执法以及知识产权侵权风险等各项情况。就知识产权保护环境评价指标而言，可以分为知识产权保护环境优秀、良好、一般和较差等不同等级。我国企业海外知识产权保护环境优秀，主要说明以下情况：知识产权法律保护制度健全，该国家与我国共同加入了主要的知识产权保护国际公约；社会公众知识产权意识强，能够自觉遵守所在国家知识产权法律规定；知识产权执法可靠、到位，且能做到公平执法。此外，如果该国与我国在知识产权保护合作、交流方面存在相关协议或者存在互助关系，将为我国企业海外知识产权保护提供更好的环境。另外一个极端是知识产权保护环境较差，主要体现于以下方面：该国知识产权法律制度不够健全，特别是保护水平较低；社会公众知识产权意识较差，知识产权执法的公平性较差；知识产权侵权纠纷较多，且难以得到及时、有效解决。至于知识产权保护环境的优良和一般，则处于这两个层次之间，在程度上有一定的区别。

笔者认为，我国企业重视海外知识产权保护环境的重要性至少体现在以下几点：

1. 海外知识产权保护环境的优劣，直接影响我国企业在所在国家知识产权保护的水平和力度。进言之，如果知识产权保护环境较差，一旦在所在国家发生知识产权侵权纠纷或其他知识产权相关纠纷，则难以得到公平合理的解决。这样一来，我国企业在所在国家的知识产权难以得到充分有效的法律保护，不利于维护我国知识产权人和相关当事人的合法权益，也会在相当大程度上影响我国企业利用知识产权开拓国际市场，提高国际市场竞争力。

2. 海外知识产权保护环境的优劣，会影响我国企业在所在国家进行投资和其他经济技术合作。就一般意义上的知识产权保护与投资的关系而言，知识产权是影响一个国家直接投资的重要因素和手段。这是因为，知识产权保护能够使相关投资的产品制造、销售得到有效的法律保护，使投资者放心地投入研发和生产制造，从而也为当地的经济社会发展作出贡献。从近些年来我国实行改革开放政策以及知识产权法治建设的进程来看，无不如此。我国知识产权制度是伴随着我国对外开放而不断健全与完善的。构建良好的知识产权制度和知识产权文化氛围，有利于为其他国家在华投资提供良好的法律环境，从而吸引外商投资，活跃我国经济。同样的原因，就我国企业实行"走出去"战略以及国际化企业的不断壮大与发展而言，我国企业越来越需要在其他国家通过投资和生产经营活动拓展国际市场，提高国际市场竞争力。在当前世界贸易组织自由市场竞争的体制下，关税壁垒的作用逐渐降为零；与此相反，知识产权在企业获得国际市场竞争力方面的作用越来越强。这是因为，如前所述，知识产权不仅是法律上的一种民事权利和一种私权，还是对市场经营控制的一种独占性的权利，拥有知识产权就意味着能够通过这一权利获得独占性的市场份额。这也正说明了为何越来越多的企业不仅重视国内的知识产权战略的制定与实施，还日益重视国际知识产权战略的实施。通过有效地实施国际知识产权战略，能够依靠自身的知识产权壁垒合法占有国际市场，提高市场竞争力。然而，企业实施国际知识产权战略的效果是以其所在国家良好的知识产权保护环境为前提的。如果所在国家知识产权保护环境较差，我国企业在该国的知识产权不能得到有效保护，企业实施国际知识产权战略的效果就会大打折扣。由此可见，我国企业在开拓国际市场、进行知识产权国际保护时，一定要高度重视所在国家的知识产权保护环境。

当然，知识产权保护环境是由特定国家特定的政治、经济、文化、法律状况等多方面因素决定的，我国企业在开拓国际市场时并不能主动地改变这一状况，而只能被动地适应。这样一来，我国企业在实施国际知识产权战略时，需要进行国际环境的综合评估，其中也包括知识产权保护环境。如果我国企业进行国际化经营时，知识产权保护对于其具有特别重要的作用，而所在国家知识产权保护环境较差，则应当慎重决策。

（二）开展我国企业海外知识产权保护状况调查研究

《强化知识产权保护意见》指出，要"组织开展我国企业海外知识产权保护状况调查"。[1]笔者认为，其重要性体现于：

1. 知己知彼，方能百战不殆。在当代知识产权国际保护日益加强、知识产权在企业国际市场竞争力提升中的作用越来越明显的情况下，我国企业在进行国际化经营并开拓国际市场时离不开知识产权在国外的充分有效保护。

---

〔1〕《推进计划》提出的措施有：组织开展中国企业海外知识产权保护状况调查、外商投资企业知识产权保护状况调查。

知识产权保护是我国企业国际化经营减少法律风险的根本性措施之一。不仅如此，我国企业在进行国际化经营、开拓国际市场时，还需要尊重及预防侵犯他人的知识产权，也就是同样应具备知识产权风险防范意识，以避免知识产权侵权纠纷的出现。如果我国企业对该国的知识产权保护环境不够清楚，一方面可能使我国企业在其他国家或者地区的知识产权不能得到有效保护，另一方面也有可能使我国企业在该国进行生产经营活动、开拓市场时，容易陷入侵犯知识产权的纠纷漩涡。

2. 进行我国企业海外知识产权保护状况调查，有利于根据所调查的情况与信息，以及对知识产权保护状况的评估，为我国企业采取相应的市场经营策略提供科学依据和指引。没有调查就没有发言权。调查对于我国企业开拓国际市场、进行海外生产经营活动、以知识产权有效保护作为提高国际市场竞争力的重要手段具有重要的指引作用，其体现为：调查了解所在国家的知识产权保护环境、知识产权保护政策和保护水平等相关重要指标与信息，能够在知识产权战略决策方面提供详细的第一手材料和科学的决策依据。相反，如果对所在国家知识产权保护状况只是根据抽象的、宏观的、公开的信息进行简单的归纳和分析，就不能掌握其实际情况，从而难以作出合理的评判与科学的决策。

在认识我国企业海外知识产权保护状况调查的重要性的基础之上，需要进一步探讨的是如何采取有效的手段实施调查。对此，笔者认为以下措施是值得重视的：

第一，选取合理的调查对象。海外知识产权保护状况调查涉及相关的知识产权问题，可以包括政府机关、司法机构、企事业单位、行业协会等不同部门。我国企业海外知识产权保护状况调查，应当根据特定的调查目的开展。如涉及我国企业海外知识产权保护是否公平问题的调查，可以针对所在国家对于涉外主体的知识产权侵权诉讼判决的情况进行；针对所在国家知识产权保护整体情况的调查，则可以是一种综合性的调查，包括知识产权法律保护水平、知识产权司法保护的公正性和执行力度以及所在国家社会公众知识产权意识等多方面因素。

第二，采用合理的调查方式与方法。从统计学的角度来说，可以有抽样调查、全面调查、重点调查等多种方式。从调查的方法来说，可以有定性分析和定量分析。在实践中，通常是定性分析和定量分析两者相结合。从调查方式来说，还可以分为书面调查和实地调查等方式。海外知识产权问题通常是跨地域的，因此实地调查不大现实。不过如下面所述的，与当地单位和个人的合作，也可以间接地实现一定程度的实地调查。此外，笔者认为在调查方式方面，重视与所在国家的知识产权理论及实务界的专家学者进行访谈、交流等同样重要，因为知识产权专家学者对知识产权保护制度及其实施情况有更加深刻的认识。

第三，确定合理的调查内容。结合知识产权保护的内涵，我国企业海外知识产权保护状况调查的内容可以包括：知识产权法律法规制定和实施的现状；知识产权纠纷案件发生的情况及其成因；知识产权保护文化观念与知识产权意识；知识产权案件处理情况；所在国家知识产权案件的整体情况及发展态势；所在国家的知识产权保护政策导向；所在国家的企业实施知识产权战略的情况等。企业在进行海外知识产权保护状况调查时，也应根据调查的目的和调查对象确定合理的调查内容，以便有的放矢。

（三）海外知识产权保护状况评估机制构建

《强化知识产权保护意见》指出，要"研究建立国别保护状况评估机制，推动改善我国企业海外知识产权保护环境"。对此，笔者认为，以下问题值得研究。

1. 建立海外知识产权保护状况评估机制的重要性。如前所述，随着我国经济社会发展，特别是在加入世界贸易组织后经济全球化和我国越来越多的企业"走出去"，我国企业越来越需要在国际市场上站稳脚跟，并取得市场竞争优势。知识产权是一种对市场份额进行独占性控制的专有权利，对我国企业开拓国际市场具有重要的保驾护航作用。我国企业在进行国际市场经营时，也需要尊重所在国家的知识产权，防止侵害他人知识产权。为了提高我国知识产权在其他国家的保护水平，防范知识产权侵权风险与其他纠纷，自然需要对所在国家的知识产权保护状况有基本的了解。否则，要么可能使我国海外知识产权保护不力，不利于提升我国产品在国际市场的竞争力，要么使我国企业在进行国际化经营时容易发生知识产权侵权纠纷，陷入被动。

一个国家的知识产权保护状况，涉及其知识产权法律制度建立和完善的情况、知识产权国内制度国际化的情况、知识产权意识情况、知识产权有效执行情况，特别是知识产权涉外保护的公平情况、知识产权保护的政策导向以及知识产权纠纷的具体情况等因素，可以说涉及所在国家经济社会发展的方方面面。前面对一个国家的知识产权保护状况进行了层次划分。由于不同国家科技、经济、文化水平各异，知识产权保护水平也存在差距，可以按照国别进行分类。为了充分了解一个国家的知识产权保护状况，便于为我国国际化企业进行国际市场经营时在知识产权保护和实施国际知识产权战略方面提供有效的决策依据与指导，有必要对其他国家的知识产权保护政策进行科学、合理、系统、完整的评估。通过评估知识产权保护状况，可以总结所在国家的知识产权保护水平与特色，在知识产权保护方面存在的问题及其成因，以便有的放矢，根据不同国家知识产权保护的特点采取相应的对策。由此可见，我国企业在进行国际市场经营时，需要对海外知识产权保护状况进行评估。

2. 建立我国海外知识产权保护状况评估机制的措施。如前所述，海外知识产权保护状况评估机制涉及多方面的内容，是一个系统工程。我国海外知识产权保护评估机制的建立，应当立足于海外知识产权保护的实际情况和基本定位。笔者认为，为了有效推进海外知识产权保护状况评估机制的构建，需要遵循以下几个原则并采取有力的措施：

（1）知识产权保护评估的全面性。由于一个国家知识产权保护状况涉及多方面内容，在进行海外知识产权保护状况评估分析时，应当基于多方面的信息和因素，而不能仅仅考虑某一方面，否则就不能实现评估机制的指导性和全面性。概括地说，海外知识产权保护状况评估，应当从知识产权保护的完整体系构架出发，对所在国家知识产权立法进展、司法保护、政策导向和文化意识等方面进行考虑。其中，所在国家对涉外知识产权保护的态度和纠纷处理的情况，也是重要的考虑因素。

（2）知识产权保护状况评估的针对性。根据《强化知识产权保护意见》的上述规定，建立以国别为基准的知识产权保护状况评估机制。笔者对此表示赞成。建立按国别的知识产权保护状况评估机制，有利于我国企业在进行国际市场经营时对症下药、有的放矢。我国企业进行国际市场经营、开展国际市场竞争，大多是针对单个国家进行的，而不同国家在知识产权保护环境方面可能存在较大的差异。如果能够针对不同国家的知识产权保护状况进行个性化的评估，就能够使我国企业在该国开展生产经营活动以及开展知识产权保护相关业务时胸有成竹。

笔者认为，在按国别进行知识产权保护状况评估时，亦不能完全忽视该国所在地域的不同国家在知识产权保护方面的共同特色。例如，西欧国家由于在政治、经济、文化、历史等方面的渊源，在知识产权保护方面的共同特点较多，通过共性与个性、普遍性与特殊性的结合，可以为按国别的知识产权保护状况评估提供更加精细化、全面和准确的信息，能使知识产权保护状况评估更加贴近实际情况。

（3）知识产权保护状况评估的动态性和常态化。一个国家的知识产权保护制度随着自身及国际形势的变化而需要一定的改革与发展，知识产权保护制度也是一个与时俱进的法律制度。基于此，对知识产权保护状况的评估不能一劳永逸，而应当随着形势的发展和时间的变化，保持对不同国家知识产权保护状况评估的动态性和常态化。

（4）建立合理的按国别知识产权保护状况评估指标。这种保护状况的评估，需要以完整、科学、合理的知识产权保护状况评估指标为前提。为此需要加强这方面的研究，并根据国家相关部门的知识产权保护状况评估指标加以设计和完善。指标既应当包括定性指标，也应当包括定量指标。指标体系应当能够比较全面完整地覆盖所在国家的知识产权保护状况，并具有合理性及可操作性。

第五编

加强基础条件建设，有力支撑知识产权保护工作

第十六章
知识产权基础平台建设

我国知识产权保护是一个系统工程，除了加强知识产权立法、强化知识产权执法、提高知识产权司法保护水平以及通过社会治理等多种手段以外，知识产权相关基础条件建设同样重要，值得进一步研究。

《强化知识产权保护意见》在第六部分"加强基础条件建设，有力支撑知识产权保护工作"中指出，要加强基础平台建设、加强专业人才队伍建设、加大资源投入和支持力度。其中，仅就加强基础平台建设而言，《强化知识产权保护意见》提出的相关措施有：

建立健全全国知识产权大数据中心和保护监测信息网络，加强对注册登记、审批公告、纠纷处理、大案要案等信息的统计监测。建立知识产权执法信息报送统筹协调和信息共享机制，加大信息集成力度，提高综合研判和宏观决策水平。强化维权援助、举报投诉等公共服务平台软硬件建设，丰富平台功能，提升便民利民服务水平。

知识产权基础平台对于强化我国知识产权保护具有重要作用。当前是一个信息化时代，知识产权人可以充分利用信息网络实现其知识产权的经济和社会价值，知识产权保护也需要充分利用信息网络技术建立相关信息平台，通过知识产权信息平台获得与分享相关信息，并利用获得的以及经过二次加工整理的知识产权相关信息，为知识产权授权确权、侵权纠纷的解决提供重要的信息保障。[1]还值得特别指出的是，随着云计算和大数据技术的发展，通过大数据分析，可以在知识产权授权确权以及侵权纠纷解决方面提供更便

---

〔1〕 冯晓青：《技术创新与企业知识产权战略》，知识产权出版社 2015 年版，第 329—335 页。

利的手段，并提高相关工作的效率。

此外，如果从知识产权信息资源开发与利用、知识产权信息资源增值的角度来探讨，构建和运行各种知识产权信息平台，不但对于保护知识产权具有十分重要的意义和作用，而且对于知识产权运营、促进知识产权成果转化与交易也具有十分重要的作用。[1]近些年来，我国国家知识产权局等部门高度重视知识产权信息平台建设，并在相关地区设立了示范和试点单位。笔者在主持国家社科基金重大项目"国家知识产权文献及信息资料库建设研究"的过程中就发现，尽管这些年国家和地方层面对知识产权信息平台建设给予了其较高的重视，但仍然存在很多难题。在平台建设的基本定位上，如何实现提供公共服务职能，满足公共利益的需要，同时与商业性知识产权信息平台加以区分，并且为商业性知识产权信息平台提供发展空间，仍存在很多问题，值得加以研究与解决。从国家和地方层面提供知识产权信息平台的角度而言，定位可以是基础服务免费，增值服务则需要收取一定费用，以维持知识产权信息平台的正常运转。[2]

一、全国知识产权大数据中心的构建

（一）构建全国知识产权大数据中心的必要性和可行性

当前信息网络技术发展迅猛，特别是云计算、大数据技术的出现，极大地推进了信息社会化、信息网络化和信息集成化。构建大数据分析平台，能够为我国知识产权保护各方面涉及的信息提供基础数据并进行分析，及时掌握我国知识产权法治建设进程中的各类信息，并予以动态跟踪。在获取知识产权大数据信息的基础之上，可以从动态角度对我国知识产权制度运行情况进行跟踪、把握，及时掌握发展趋势，适时进行动态政策调整。为此，组建全国知识产权大数据中心具有必要性。习近平总书记在 2020 年中央政治局第二十五次集体学习时指出："要形成便民利民的知识产权公共服务体系，构建国家知识产权大数据中心和公共服务平台，及时传播知识产权信息，让创新成果更好惠及人民。要加强知识产权信息化、智能化基础设施建设，强化人

---

〔1〕 冯晓青、杨利华："国家知识产权文献及信息平台构建"，载《人民论坛》2012 年第 2 期。

〔2〕 冯晓青、杨利华、付继存：《国家知识产权文献及信息资料库建设与运行研究》，中国政法大学出版社 2019 年版，第 13—58 页。

工智能、大数据等信息技术在知识产权审查和保护领域的应用，推动知识产权保护线上线下融合发展。"[1]

全国知识产权大数据中心，实际上是我国知识产权信息大本营，能够整合、集成我国各类型知识产权数据信息，并进行数据加工与分析，形成动态化且有序化的知识产权信息集群。在全国知识产权大数据中心形成以后，可以为我国不同部门不同性质的组织机构和个人提供相应的知识产权信息公共服务。

不仅如此，全国知识产权大数据中心至少具有以下几方面重要作用：一是，为我国知识产权制度及相关政策的制定及其修改提供实证依据。全国知识产权大数据中心能够以数据信息的形式反映我国知识产权制度在实践中实施的动态情况，这无疑能为我国知识产权制度和政策制定及其修改提供一手数据。二是，有利于我国知识产权信息资源的开发与利用。全国知识产权大数据中心是高度集成化的数据信息中心，这一运行模式能够节省信息资源开发与利用的成本，提高知识产权信息资源的利用效率。一直以来我国缺乏高度集成化的知识产权大数据中心，知识产权相关信息的搜集、运营处于碎片化状态。从经济学的角度评判全国知识产权大数据中心，有利于提高我国知识产权信息资源的利用效率，节省相关成本。三是，有利于利用知识产权相关信息数据进行知识产权相关学术研究。这一研究不仅体现在对知识产权信息资源本身的研究方面，如知识产权信息管理，还体现在知识产权其他研究领域，如知识产权法治建设、知识产权转化运用等方面。

笔者认为，建构全国知识产权大数据中心不仅具有必要性，还具有可行性，原因如下。

1. 实行包括知识产权信息在内的信息公开，已经成为政府政务公开的重要原则。在我国推进社会主义民主政治建设进程中，信息公开具有十分重要的意义和作用。信息公开也是我国公民行使知情权，积极参与社会、政治、经济、文化各方面事务，提升或发展自我的重要形式和机制。在信息公开中，政府信息的公开是最为重要的内容之一。政府作为管理和服务于国家经济社会的机关，掌握着大量的信息资源，这些信息资源从方方面面反映了我国经

---

[1]　习近平："全面加强知识产权保护工作 激发创新活力推动构建新发展格局"，载《求是》2021年第3期。

济社会生活的面貌。就信息资源中的知识产权信息而言，随着知识产权在当代经济社会生活中的地位日益重要，以及知识产权制度有效运行对于提高我国综合国力和创新型国家建设的作用越来越大，知识产权信息公开、传播的作用也越来越大。特别是随着近些年来我国法治政府建设以及服务型政府建设的推进，知识产权相关的信息，如知识产权授权确权信息、知识产权执法信息、知识产权司法保护信息、知识产权立法和政策信息、知识产权转化运用信息及知识产权各类事件、知识产权人才培养、知识产权国际合作与交流等各方面的信息越来越多。在当前信息社会化和社会信息化时代，从中央到地方也日益重视知识产权信息公开和传播，如国家知识产权战略、国家知识产权战略实施计划、国家知识产权保护与运用规划等都涉及知识产权信息的公开与有效利用的问题。无疑，我国知识产权信息公开政策以及在实践中的施行，为建构全国性的知识产权大数据中心提供了重要保障和基础。

2. 我国现有的知识产权信息平台，为构建全国知识产权大数据中心积累了相关经验。从我国现有的各类知识产权信息平台的建设来看，主要有官方的和民营的两种类型。官方的如国家知识产权局主导的专利检索系统以及知识产权信息交易平台，如在珠海市设立的国家知识产权运营交易平台。民营的如各类知识产权中介机构、组织以及企业所建立的知识产权信息中心、数据库、资料库等，以商业性的知识产权信息平台为主，也有公益性的。前面所提到的在笔者主持完成国家社科基金重大项目"国家知识产权文献及信息资料库建设研究"的基础之上所运行的中国知识产权文献与信息资料库（实验版），其重要宗旨就是为未来我国实体的国家知识产权文献与信息资料库建设提供范本和基本构建原则与思路，也就是为真正意义上的国家知识产权文献与信息资料库建设提供范本与操作方式。[1] 从当今我国国内知识产权信息平台建设的情况来看，随着社会公众对国内知识产权信息的需求增大以及知识产权信息对促进我国知识产权学术研究、进行科研开发等的作用日益提升，整体上国内知识产权信息平台的建设水平不断提升，功能不断强化，用户不断增多。无疑，这能够为我国构建集成式的全国知识产权大数据中心提供宝贵经验。

---

〔1〕 冯晓青、杨利华、付继存：《国家知识产权文献及信息资料库建设与运行研究》，中国政法大学出版社 2019 年版，第 325—745 页。

3. 近些年来包括知识产权信息在内的信息资源开发与利用平台建设方面有较多的研究和经验积累，也能够为全国知识产权大数据中心的构建提供指导。当代社会是信息社会，随着各类信息在社会经济生活中的作用提升，包括知识产权信息在内的信息资源的开发、利用研究也不断发展。例如，笔者所在的中国政法大学近年设立了法治信息管理学院。

4. 当前大数据、云计算技术以及人工智能的发展，为全国知识产权大数据中心建设提供了坚实的技术支撑和保障。无疑，全国知识产权大数据中心的建设，需要充分利用当代信息网络技术的先进成果，特别是云计算和大数据技术。近些年来，随着信息革命的发展，我国对相关领域也极为重视，通过加大投入和研究，不断提高我国在大数据、云计算等相关领域的研究和技术水平。因此，我国已经具有知识产权大数据中心的相关技术储备。[1]

（二）构建全国知识产权大数据中心的原则

1. 公益性原则。在建设和运行知识产权数据库、资料库或者相关信息中心方面，首先需要明确的是其基本定位，具体体现为是公益性还是商业性。原因在于公益性数据中心与商业性数据中心在性质、运行方式上完全不同。其中前者以服务于社会公众、提供免费的公共服务为目的，是政府机关履行社会公共职能的重要体现。就公益性知识产权大数据中心而言，其是国家知识产权局等相关部门提供知识产权公共信息服务，通过政府主导、投资、运行的方式促进我国知识产权信息资源共享的重要措施。就商业性知识产权大数据中心而言，显然它向社会公众提供知识产权信息服务是出于营利目的。从《强化知识产权保护意见》的目的来看，笔者认为构建全国知识产权大数据中心，应当定位于公益性的，而不是商业性的。这一基本定位能够为我国未来实体的全国知识产权大数据中心的投资、运行以及提供相关知识产权信息服务方面确定基本的框架。

2. 设计友好原则。从一般意义上的数据库、资料库、数据中心等的构建，特别是通过网络环境运行而言，设计友好、检索便利的界面十分重要。全国知识产权大数据中心的构建也不例外。在界面设计方面，应当体现服务为民、检索便利、界面友好、简约等原则，也便于社会公众在较短时间内比较方便地查询、检索和利用相关的知识产权公开信息。

---

〔1〕《推进计划》提出的措施有：推进国家知识产权大数据中心建设。

3. 信息共享原则。信息共享本身是民主法治社会中公民行使其知情权，充分利用已经公开的文献和信息，促进自己学习和研究的重要手段。信息共享也是公民参与国家治理，更好地融入国家经济社会生活中，促进思想交流，促进知识的传播与利用的重要保障。当前我国特别强调政府信息公开，信息公开也是依法行政并接受社会各方面监督的重要保障。就知识产权保护和利用而言，一方面需要对这种具有专有性的知识产权信息予以控制，另一方面也要在必要限度内促进信息公开、信息传播和信息共享。知识产权保护制度本来是知识专有与知识共享的平衡机制。就与知识产权本身相关的知识产权信息而言，包括全国知识产权大数据中心之类的知识产权数据集合体，其构建目的在于为广大社会公众提供便利的知识产权公共信息服务，因此知识产权信息共享是其中应有之义。

（三）构建全国知识产权大数据中心的措施

笔者认为，在遵循前述全国知识产权大数据中心的构建原则与思路的基础之上，全国知识产权大数据中心的构建应当注重采取以下措施与对策。

1. 充分利用云计算、大数据的技术优势与手段。前面探讨的当前云计算、大数据时代为全国知识产权大数据中心的构建与运行提供的技术保障，也同时表明在具体构建全国知识产权大数据中心时，需要充分利用这些技术手段。全国知识产权大数据中心是立足于知识产权相关信息，通过技术手段加以整合，最终形成的全国知识产权数据"大本营"。毫无疑问，技术手段的先进性，会直接影响全国知识产权大数据中心建设的水平和使用的效率。在这方面，显然应本着与时俱进的理念。全国知识产权大数据中心构建并运行以后，应实时运用更先进的云计算和大数据技术，推进升级和改进，而不能一劳永逸，因为云计算、大数据技术本身也在不断发展之中，如果不能随着技术的发展而进行升级和完善，就不能适应技术发展的需要以及社会公众日益增长的需求。

2. 在知识产权信息来源方面，重视信息来源的真实性、可靠性和权威性，并建立常态化的、可靠的、稳定的知识产权信息来源机制。全国知识产权大数据中心作为国家层面的知识产权数据的集成，涵盖海量的知识产权信息，并且随着我国知识产权事业的发展，知识产权各方面的信息会进一步大规模增加，纳入全国知识产权大数据中心的知识产权信息总量也会不断增加。为此，在全国知识产权大数据中心知识产权信息来源方面，应当遵循前述信息收集原则并严格把关。特别要强调的是以下两点：一是，信息的真实性和可靠性。信息的真实性是全国知识产权大数据中心的生命和根本性保障。如果全国知识产权大数据中心存储的知识产权信息存在不符合事实的情况，不仅会影响该中心在社会公众心中的地位和形象，还会在实质上影响甚至损害对知识产权信息的充分利用和相关决策。二是，信息来源的权威性。当前是信息爆炸时代，同一知识产权信息可能有不同的来源和渠道，不同来源的知识产权信息甚至存在一定的冲突和矛盾。对于收录进全国知识产权大数据中心的知识产权信息，应当注意甄别，特别是注意信息来源的权威性，因为全国知识产权大数据中心本身就是一个国家层面的、具有权威性和公信力的知识产权信息集成。

基于知识产权信息的真实性、可靠性和权威性的重要性，全国知识产权大数据中心应在知识产权信息收集等方面制定相关的规范和制度，确立相关的知识产权信息标准。同时，要纠正知识产权信息越多越好的观念。笔者认为，全国知识产权大数据中心并非需要将所有知识产权信息都收入该中心，而是应当根据一定的原则，确定一定的范围和收集的标准。

在确定知识产权信息的上述规范和标准以后，还应当对知识产权信息建立常态化的收集、整理机制，保证全国知识产权大数据中心在正式运行以后不断更新后续知识产权信息，及时整合新增信息。考虑到全国知识产权大数据中心信息的真实性和权威性，笔者认为应特别重视来自国家和地方各级政府、权力机关等的知识产权信息。这是因为上述部门发生的知识产权信息从不同方面反映了我国知识产权重大事件、重大活动和知识产权制度运行中的各种信息，具有及时性和高度的权威性。当然，全国知识产权大数据中心的信息不限于来自官方渠道的相关知识产权信息，还应当包括各行业、产业、企业、高校和科研院所等不同渠道、不同部门、不同来源的知识产权信息，以及来自知识产权国际保护、国际合作与交流及其他国家的重要知识产权信息，这样才能使全国知识产权大数据中心收集到的信息符合全面性的要求，以满足社会公众基于不同目的的需求。

3. 全国知识产权大数据中心在运行方面应当注意保持数据的及时更新。从一般意义上的数据库、资料库和信息中心构建，特别是在网络环境下的具体构建和运行来说，数据的及时更新极其重要。数据更新可以说是全国知识产权大数据中心的生命力的重要保障。如前所述，随着我国知识产权法治建设的推进，各类知识产权信息会出现更大的增长。在这种情况下，全国知识产权大数据中心所储存的信息也应实现动态增长。随着知识产权制度运行中出现的各种新情况、新问题，收入全国知识产权大数据中心的信息也需要及时进行更新。如果全国知识产权大数据中心的信息更新过慢，也会在相当大程度上影响社会公众对该平台的利用。

4. 全国知识产权大数据中心在运行过程中，应注意与当前及未来我国其他相关的知识产权数据库、资料库、数据中心的合作、衔接问题。作为国家层面的全国知识产权大数据中心，在数据收集、整理、运行方面并不是孤立的，而是应与其他类似的资料库、数据库和数据中心形成合作关系。这样既可以有效地整合我国现有及未来的知识产权信息资源，使其在整体上更大程度地提高我国技术创新与社会公众利用知识产权信息的水平，也可以提高我国知识产权信息平台建设的水平，符合经济学上的资源配置与效率原则。

二、全国知识产权保护监测信息网络的建立健全

《强化知识产权保护意见》指出，要建立健全全国知识产权保护监测信息网络，加强对注册登记、审批公告、纠纷处理、大案要案等信息的统计监测。[1]

（一）建立健全全国知识产权保护监测信息网络的必要性

1. 适应我国知识产权工作信息化和现代化要求的需要。如前所述，随着信息网络技术的迅猛发展，社会信息化和信息社会化是必然的趋势。信息社会在很大程度上改变了人们的生活和工作方式。为适应信息社会发展需要，在知识产权保护方面也需要充分利用信息网络手段，包括建立健全知识产权保护监测信息网络，及时了解我国知识产权事业发展现状和出现的相关问题。需要进一步指出的是，知识产权的客体本身可以理解为一种信息，具有非物质性和无形性等特征。知识产权信息的获得、公开、传播与利用在相当大的程度上反映了我国知识产权各方面工作的现状和规律。知识产权信息本身也是我国信息资源开发利用中的重要范畴。通过收集、整理、整合、集成知识产权相关动态化信息，可以有效地为我国知识产权工作提供相应指导与指引，其中创建全国知识产权保护监测信息网络就是重要手段和机制。构建全国知

---

〔1〕《推进计划》提出的措施有：推动建立打击侵犯知识产权犯罪案件信息系统平台等。

识产权保护监测信息网络，可以有效地加强我国知识产权管理，也体现了知识产权工作现代化的要求。

2. 及时了解和动态跟踪我国知识产权授权确权、纠纷处理等信息，以便根据掌握的信息进行相应处理和决策。知识产权的客体作为信息的特征以及我国知识产权各方面事务的开展与相关活动可以体现为一定的知识产权信息，决定了通过对相关知识产权信息的把握，尤其是知识产权授权确权、纠纷处理和司法保护、知识产权国际交流与合作、知识产权教育与人才培养、知识产权市场交易等信息，可以同步、动态了解我国知识产权各方面工作开展的情况和存在的问题，以便于在掌握已有信息的基础之上及时决策，采取相关的措施。以知识产权注册登记和审批公告信息为例，近些年来，随着国家知识产权战略的实施，以及人们知识产权保护观念与创新意识的不断提升，我国商标申请注册与核准数量以及专利申请授权与批准数量大幅度增长。根据我国《专利法》《商标法》等知识产权专门法律的规定，为了促进信息公开，及时使社会公众掌握我国知识产权授权确权的动态，并给予及时监督，我国专利申请授权与商标申请注册等信息在不同阶段都要求公开。可以认为，我国专利申请授权、商标申请注册以及其他相关知识产权的申请与批准，如植物新品种和集成电路布图设计申请与批准的相关信息，能够完整地展示我国知识产权授权确权以及权利变动的情况。将上述相关信息纳入我国统一的知识产权保护监测信息网络，就可以及时、动态地了解我国知识产权申请、核准或授权的情况，并为我国知识产权授权确权政策制定与完善提供依据。

3. 通过信息化手段加强我国知识产权保护，提高知识产权工作效率的需要。构建全国知识产权保护监测信息网络，无疑是通过信息化手段和技术保护我国知识产权的措施和机制。《强化知识产权保护意见》的前述规定表明，我国强化知识产权保护是一个涉及社会方方面面的系统工程，不完全限于行政处理与司法保护。在当前技术迅猛发展，特别是大数据和信息网络技术迅猛发展的时代，我国知识产权保护也应当与时俱进，充分利用高科技和现代化的技术手段，这也是我国知识产权保护现代化、信息化的重要体现和保障。通过全国知识产权保护监测信息网络集成和整合动态的、全面的知识产权授权确权、行政处理、司法保护等相关信息，及时了解我国知识产权保护的动态和存在的问题，以便有的放矢、对症下药，这无疑有利于通过技术手段和措施提高我国知识产权保护水平。

4. 强化知识产权信息管理，优化配置和运用我国知识产权信息资源，提高我国知识产权信息管理水平和知识产权战略运作能力的需要。基于知识产权客体本身的信息特征，从信息管理的角度来说，建立和运行我国知识产权保护信息网络也是知识产权信息管理的重要内容，只不过在属性上属于知识产权法治信息管理范畴。随着信息资源开发利用在国家经济社会生活中地位的提高，近年来我国日益重视对信息资源的有效开发与利用，在知识产权信息方面则体现为建立与完善我国知识产权公共信息服务、建立知识产权信息平台等。这里所探讨的全国知识产权保护监测信息网络的构建与运行，也是充分利用我国知识产权信息资源，提高我国知识产权信息管理水平的重要方式。可以预见，随着全国知识产权保护监测信息网络的建设与发展，利用信息化手段推进我国知识产权信息管理能力的提升以及信息资源的有效配置，并以此推进我国知识产权保护水平的提升，都将发挥积极的作用。

（二）建立健全全国知识产权保护监测信息网络的原则与思路

1. 纳入全国知识产权保护监测信息网络的知识产权信息的真实性和全面性。全国知识产权保护监测信息网络，作为国家层面的以保护知识产权为宗旨和出发点的信息平台，应高度重视纳入的知识产权信息的真实性和全面性。如前所述，真实性是信息的生命力所在。[1] 就知识产权信息而言，要求纳入全国知识产权保护监测信息网络中的信息符合知识产权事件和行为发生的客观情况，真实反映了相关知识产权活动。作为具有权威性的国家层面的知识产权保护监测信息网络，对信息真实性的要求无疑更高，因为一旦知识产权信息有误，不仅会损害其在社会公众心中的地位和形象，还会实质性影响利用相关信息进行决策的效果。笔者认为，为保障收入全国知识产权保护监测信息网络中的知识产权信息的真实性，有必要对相关知识产权信息的来源进行严格控制，优先考虑来自权威部门的知识产权信息，特别是国家知识产权局、国家版权局、最高人民法院等部门提供的知识产权行政处理、司法保护、重大案件处理等知识产权信息。

除了真实性以外，信息的全面性也是构建全国知识产权保护监测信息网络的重要原则。由于知识产权信息涉及的内容范围很广，加之各类知识产权

---

[1] 冯晓青、付继存："我国知识产权历史信息的组织理论研究"，载《情报资料工作》2012 年第 5 期。

信息本身也具有丰富的内容，并且随着我国知识产权事业的发展有大幅度增加的态势，收入全国知识产权保护监测信息网络中的知识产权信息也是海量的，由此，需要将重要知识产权信息尽可能纳入其中。信息缺乏全面性会导致构建中的全国知识产权保护监测信息网络不完整，从而在一定程度上不能全面、客观地反映我国知识产权事业发展的实际情况，进一步影响以此作为数据分析基础的各类决策。

2. 保持全国知识产权保护监测信息网络的动态性与信息的及时更新。从知识产权信息的特征来看，作为我国各类知识产权活动和知识产权事业发展中的客观记录，知识产权信息具有随着时间不断动态变化的特点。或者说，随着每天我国知识产权各方面工作的开展，相应的都留存有知识产权信息。全国知识产权保护监测信息网络显然也应当保持动态化的跟进机制，并保持信息的及时更新。知识产权信息动态化和及时更新，才能够保持全国知识产权保护监测信息网络的生命力。从知识产权信息管理原理和实务要求来说，如果相关知识产权信息不能及时更新，不仅会使相关知识产权信息的价值大打折扣，还会极大影响全国知识产权保护监测信息网络在社会公众心中的地位和形象。

3. 建立常态化的知识产权信息收集与整合机制。全国知识产权保护监测信息网络需要每天持续不断地提供权威性的知识产权信息，这就需要建立稳定的、常态化的知识产权信息收集与整合机制。为此，需要在知识产权信息来源方面，与有关知识产权信息平台、相关部门和组织建立长期的信息提供合作关系。例如，与前述全国知识产权大数据中心，以及其他知识产权相关信息网络、数据库保持信息共享与协同关系，与提供权威知识产权信息的国务院相关部委、最高人民法院等相关机构和组织在信息共享、信息提供方面建立长久合作关系。

4. 充分利用先进的信息网络技术手段，构建全国知识产权保护监测信息网络。毫无疑问，全国知识产权保护监测信息网络是利用先进信息网络技术的产物。没有先进的信息网络技术，构建全国知识产权保护监测信息网络是不可想象的。利用先进的信息网络技术手段构建全国知识产权保护监测信息网络，有利于大大提高在知识产权信息收集、整合、分析等各方面的效率，并且能更方便地在这方面提供知识产权公共信息服务。为此，笔者认为需要及时关注国内外相关信息网络技术的发展，及时对全国知识产权保护监测信息网络进行升级改造。

5. 防范全国知识产权保护监测信息网络运行中的各类安全风险，制定和实施有效管理制度并利用技术手段加强风险防范。从一般的信息安全的角度来说，当前随着信息网络技术的发展，各类破坏信息安全的手段层出不穷，信息平台需要有高度的风险防范意识，采取技术手段加强信息安全。全国知识产权保护监测信息网络也不例外，在设计与运行这一信息平台时，需要采取技术手段加强各类风险防范。笔者认为，可以利用技术手段，采取外部防范手段以及内部加强信息平台管理的手段。在全国知识产权保护监测信息网络安全保障方面，同样应当注重利用先进的技术风险防范手段。

三、知识产权执法信息报送统筹协调和信息共享机制的完善

《强化知识产权保护意见》提出，要"建立知识产权执法信息报送统筹协调和信息共享机制，加大信息集成力度，提高综合研判和宏观决策水平"。

对此，笔者认为，以下问题值得研究。

（一）我国建立知识产权执法信息报送统筹协调和信息共享机制的必要性

我国知识产权执法信息报送统筹协调和信息共享机制的合理性与必要性是由知识产权执法的重要性所决定的。因此，首先必须深刻认识知识产权执法在我国知识产权保护中的重要地位与作用。

如前所述，我国知识产权保护采取行政处理与司法保护两条途径，二者协调、有机衔接。司法保护无疑是我国知识产权保护的主导形式，但在当今我国经济社会条件下，行政处理也是知识产权保护的重要支撑。所谓知识产权行政处理，体现为知识产权执法，也就是不同层级知识产权行政机关运用相关法律赋予的行政职权，依法调处知识产权侵权纠纷案件，及时维护知识产权人和相关当事人合法权益的行政行为。知识产权执法较之于司法保护也有其优势和特点。例如，行政机关处理知识产权案件具有快捷、高效的特点，往往能起到立竿见影的效果。特别是对于重复侵权、群体侵权等社会影响大的知识产权侵权纠纷案件，通过知识产权行政查处手段可以较快地制止侵权的蔓延。此外，随着当前我国知识产权事业的发展，各类知识产权纠纷案件数量飙升。在这种情况下，知识产权行政处理也能够在一定程度上缓解人民法院审理知识产权案件的压力。正因知识产权行政处理在当前我国经济社会条件下对于知识产权保护的必要性和可行性，近些年来我国知识产权专门立

法在多次修改中均强化了知识产权行政处理手段。近些年来，我国各级知识产权行政机关也依法查处了大量知识产权侵权行为，既维护了当事人的合法权益，也及时维护了社会经济关系的稳定。

从知识产权信息的角度来说，我国各级知识产权行政机关进行知识产权执法，尤其是查处知识产权侵权行为，必然留下相关的执法信息。这些信息是我国知识产权执法的体现，能够客观地展现我国知识产权执法工作的状况和面貌。我国地域辽阔，知识产权执法案件较多，如何优化和整合知识产权执法信息，充分运用这些信息指导我国知识产权执法工作，"提高综合研判与宏观决策水平"，就是值得认真研究的问题。并且，知识产权执法活动是常态化的，相应的知识产权执法信息也具有动态性，对我国知识产权执法信息的把握需要注意统筹兼顾，及时报送和整合。同时，在我国知识产权执法中，对于跨地区、跨部门的各类知识产权案件，以及基于同一权利人和行政相对人的知识产权纠纷案件，不同地区、部门的知识产权行政机关在处理时实行必要的信息共享，可以提高知识产权信息利用效率，节省执法成本。因为在知识产权行政案件处理中，很可能处理在前的知识产权行政机关已经掌握了涉案的相关信息，在后的不同地区或部门的知识产权行政机关完全可以根据在先的信息进行进一步的查处，从而避免或减轻重复收集证据和信息的负担。

基于上述理由，对知识产权执法信息报送进行统筹协调并建立共享机制，具有十分重要的作用。

（二）构建我国知识产权执法信息报送统筹协调和信息共享机制的具体措施

笔者认为，以下几点值得重视：

1. 制定我国知识产权执法信息报送统筹协调和信息共享机制的具体制度与政策指引。当前我国知识产权行政机关从中央到地方具有多层次性，知识产权行政机关进行知识产权执法的案件也很多。为了推进我国知识产权执法信息报送统筹协调和信息共享机制的构建与运行，笔者认为国家知识产权局有必要作出具体制度与政策指引，或者在国家知识产权局相关部门规章制度中进行专门性的规定。

2. 确立知识产权执法信息报送统筹协调和信息共享机制的原则。

（1）知识产权执法信息报送的及时性。信息的及时性是及时处理相关知识产权行政案件的重要保障。为此，相关规定应当明确执法信息报送的时间要求和相关部门的职责。

（2）知识产权执法信息报送的准确性和全面性。准确性，能够确保根据执法信息进行信息分析和决策的科学性；全面性，则能够保障执法信息的完整，避免信息碎片化。

（3）知识产权执法信息报送的协同性。基于知识产权执法在地区和部门间的差异，报送知识产权执法信息应当注意相互协作，互通有无。

（4）知识产权执法信息的公开性、透明性与共享性。尤其应强调知识产权执法信息的共享性，以便整合和充分利用知识产权执法信息，服务于知识产权执法管理需要，提高知识产权执法水平。

除了规定上述基本原则，知识产权执法信息报送统筹协调和信息共享机制构建，还应当规定报送的统一程序与形式要求，以及相关知识产权行政机关和人员的职责分工。

四、知识产权维权援助等公共服务平台建设

《强化知识产权保护意见》指出，要"强化维权援助、举报投诉等公共服务平台软硬件建设，丰富平台功能，提升便民利民服务水平"。

对此，笔者认为，以下问题值得研究。

（一）我国知识产权维权援助、举报投诉等公共服务平台建设的必要性与意义

作为加强我国知识产权基础平台建设的一环和重要内容，以及实现我国知识产权有效保护的重要机制，我国知识产权维权援助、举报投诉等公共服务平台的建设具有十分重要的意义。笔者认为，可以从以下几方面加以理解和探讨：

1. 当前知识产权制度在我国经济社会生活中的地位日益重要，需要采取各种手段提高我国知识产权保护水平，其中建立知识产权维权援助、举报投诉等公共服务平台是有效保护知识产权的重要手段和机制。

可以认为，我国知识产权维权援助、举报投诉等公共服务平台建设的意义首先在于满足加强知识产权保护的需要。这里需要进一步认识当前加强知识产权保护的合理性与正当性。知识产权制度本质上是以颁布与实施知识产权专门法律的形式，充分保护知识产权人的合法权益，有效地调整围绕知识产品而产生的利益关系，促进知识产品的创造和有效传播与运用，从而促进

经济社会发展与科技文化进步。知识产权制度立足于充分有效地保护知识产权，离开这一点，知识产权制度将成为无源之水、无本之木。知识产权法律属于民事法律，知识产权是作为民事法律中的一种私权受到法律保护的。私权神圣与利益平衡被认为是知识产权保护的基本精神。对此，著名知识产权法专家吴汉东教授在有关著作中已经明确指出，[1]笔者深表赞同。充分有效保护知识产权人的合法权益，也是我国知识产权法律的直接目的、基本精神与价值取向。知识产权保护的合理性可以从法理学与经济学等各层面加以分析。例如，在法理学层面，知识产权人为知识产品的创造投入了创造性劳动，为社会增加了价值，从公平对待原则来讲应当给予其专有权利。在这方面，运用洛克的劳动财产权理论也能得到很好的解释。[2]再如，从经济学层面来说，知识产权保护的知识产品是一种公共产品，既是个人劳动的产物，也是社会劳动的产物。这一公共产品具有非排他性、非竞争性和非消耗性，如果不能赋予其创造者或相关主体独占权，就很难避免搭便车的机会主义行为，也难以鼓励创造者投入时间和精力从事知识创造，最终就难以促进知识创造、科技文化的进步以及经济社会发展。正是在此意义上，知识产权法激励理论构成了当前我国知识产权法基础理论的重要方法论，并深刻地影响了当前我国知识产权立法、政策与司法实践。事实上，知识产权制度也已成为我国促进创新驱动发展战略深入实施的重要制度保障。立足于知识产权保护的我国知识产权制度，也是促进我国当前经济发展方式改变、产业结构升级的重要保障。

知识产权保护的重要性，还体现在企业层面，它是一种十分重要的生产要素、经营资源和竞争武器。当前企业产品同质化现象十分严重，国内外市场竞争也日益激烈。企业尤其是跨国公司越来越重视通过知识产权占领市场，获得市场竞争优势。这也是近些年来，国内外企业特别是跨国公司日益重视知识产权战略制定和实施的重要原因。

也正是因为知识产权保护在当前我国经济社会生活中日益重要的地位，近些年来我国知识产权立法、政策和司法实践都在加强知识产权的有效保护，

---

〔1〕　吴汉东：《知识产权精要：制度创新与知识创新》，法律出版社 2017 年版，第 21—40 页、第 247—268 页。

〔2〕　参见冯晓青：《知识产权法哲学》，中国人民公安大学出版社 2003 年版。

有力打击形形色色的知识产权侵权行为。这一点不仅体现为我国国内加强知识产权保护的需求，还体现为我国与其他国家发生经济贸易关系时加强知识产权保护的需求。前述《中美经贸协议》涉及大量知识产权保护条款，就是一个重要例子。

　　知识产权保护具有十分丰富的内容，加之其本身具有较强的专业性、技术性和复杂性，在实践中加强知识产权保护，需要采取全方位的措施，而不仅限于知识产权执法和司法保护。其中，建立知识产权维权援助、举报投诉等公共服务平台，[1]就是有效实施知识产权保护的重要机制和手段。

　　2. 建设我国知识产权维权援助、举报投诉等公共服务平台是应对当前我国知识产权侵权纠纷数量不断增加的新形势的必要举措。如前所述，近些年来随着我国知识产权事业的发展，人们的知识产权意识不断增强，知识产权数量也越来越多，我国已经成为名副其实的知识产权大国。与此同时，随着知识产权在当代经济社会中的地位日益提升以及信息网络等技术的迅猛发展，形形色色的知识产权侵权纠纷案件也越来越多。如近几年来我国一年审结的知识产权一审民事案件有数十万件，案件数量有迅速增长之态势。除了知识产权诉讼案件以外，通过其他途径如行政处理、调解等手段解决的知识产权纠纷案件也数量巨大。知识产权侵权纠纷及其他各类知识产权纠纷数量日益增长无疑给有效保护知识产权提出了严峻挑战。同时，值得指出的是，基于知识产权本身的专业性、技术性和复杂性，知识产权侵权纠纷案件的当事人特别是知识产权人很难在短时间内提出有力的证据，取证难、周期长已成为困扰我国知识产权充分有效保护的主要难题。知识产权本身的无形性以及侵权的隐秘性、技术性，在很大程度上也影响到知识产权人维权的效果。同时，知识产权保护的客体知识产品具有向任何地方自然流动的特点。信息网络等高科技手段，固然能为知识产权人实现其权利带来极大便利，但同时也为侵权人实施侵权行为带来了极大便利。随着技术手段在知识产权侵权行为中越来越广泛的运用，知识产权人侦测和发现侵权行为的难度越来越大。即使能够及时发现侵权行为，由于个人力量单薄，也难以有效地予以制止。基于知识产权的特点以及实践中知识产权侵权行为的特征，知识产权人作为被侵权

---

　　〔1〕　王然、王崇敏："自由贸易港知识产权维权援助机制：构建路径与核心架构"，载《海南大学学报（人文社会科学版）》2019年第6期。

人很难通过自力救济的方式有效地维护其知识产权。在这种情况下，知识产权人需要借助维权援助、举报投诉等公共服务平台，[1]及时获取信息，收集侵权证据，以便在主张权利时占据主动地位，有效地制止他人实施的知识产权侵权行为。

进一步说，建立和运行知识产权维权援助、举报投诉等公共服务平台，对于知识产权保护具有以下重要作用：

（1）及时发现知识产权侵权信息。毫无疑问，及时有效地保护知识产权的前提是能够通过一定的途径和方式及时发现知识产权侵权线索。及时发现知识产权侵权线索对于知识产权保护的重要性还体现在能够使权利人及时采取有效措施，防止侵权再发生以及制止侵权的蔓延。知识产权侵权的技术性和隐秘性以及知识产品本身流动的快捷性，决定了知识产权侵权很可能具有连续性，如果被侵害的知识产权人没有及时掌握侵权线索，就可能对其自身权益造成难以弥补的损害。知识产权人由于自身各方面条件的限制，很难及时发现知识产权侵权行为。知识产权维权援助、举报投诉等公共服务平台，则能够基于自身的侵权侦测能力和信息共享机制，为被侵权的知识产权人及时提供相关信息，以便及时采取应对措施。

（2）在及时发现知识产权侵权线索的基础上，尽量及时固定相关侵权证据，为下一步知识产权保护提供充分的事实依据。在知识产权纠纷案件的处理中，提供充分有效的证据，是解决案件的关键所在。然而，知识产权人由于自身条件的限制，很难收集到全面完整的相关侵权证据。在相当多的知识产权侵权纠纷案件如商业秘密侵权纠纷案件中，知识产权人之所以败诉，重要原因之一就是未能提出他人侵犯其知识产权的有力证据。知识产权维权援助、举报投诉等公共服务平台则能够运用其相应的技术手段，在一定程度上提供保护知识产权所需要的基础证据。当然，基于这类平台功能的有限性以及知识产权侵权证据的复杂性，作为被侵权人的知识产权人也不能仅仅依靠这类平台提供其知识产权被侵权的证据。

（3）知识产权维权援助、举报投诉等公共服务平台具有开放性、协同性和信息共享性，能够在提供知识产权保护方面整合相关信息资源，促成知识产权侵权纠纷案件的及时处理。知识产权维权援助、举报投诉等公共服务平

---

〔1〕 司思、孙斌："50个知识产权举报投诉服务中心最新设立"，载《中国经贸》2007年第1期。

台所具有的开放性、协同性等特征，使得在发现知识产权侵权线索以后，能够迅速促进相关部门和当事人沟通处理知识产权侵权纠纷案件。这从经济学意义上也体现了相关信息资源配置的优势和特色，在一定程度上弥补了知识产权人作为被侵权人"孤立"维权的局限性。

实际上，从当前国家和地方各级知识产权维权援助、举报投诉等公共服务平台的建设情况来看，其取得的效果是值得充分肯定的。这些平台提供了大量的知识产权侵权信息，并为当事人及时有效地处理知识产权侵权纠纷案件提供了相应的协助，尤其是证据方面的帮助。当然，已有平台建设中也存在各种各样的问题，包括软硬件建设、信息沟通协调机制等方面。

3. 知识产权维权援助、举报投诉等公共服务平台建设是便民利民的重要举措，体现了我国通过知识产权公共服务平台服务于人民的宗旨以及建设服务型政府的愿景。当前，我国正在深入推进社会主义民主政治建设，建设社会主义法治国家也是我国法治建设的愿景与目标。为此，我国相关制度建设需要以服务于人民为根本宗旨。知识产权维权援助、举报投诉等公共服务平台建设，就很好地体现了我国知识产权保护机制中便民利民、服务于人民的根本理念。这一点和最高人民法院《中国知识产权司法保护纲要（2016—2020）》所倡导的司法便民原则一脉相承。具体地说，我国知识产权维权援助、举报投诉等公共服务平台在以下方面体现了便民利民的作用：及时为知识产权人和相关当事人提供涉及知识产权侵权及其他相关纠纷案件的信息和线索，便于知识产权人及时维权以及为解决相关知识产权纠纷提供必要的基础证据。同时，在知识产权人处理相关知识产权案件涉及跨地域跨部门时能够通过维权援助及举报投诉平台进行协同与配合，从而能够节省社会资源并提高处理案件的效率。

（二）加强我国知识产权维权援助、举报投诉等公共服务平台建设的措施

1. 建立与完善维权援助、举报投诉相关程序和制度规范。我国知识产权维权援助与举报投诉平台，从知识产权保护的角度而言，是按照一定的程序维护知识产权人合法权益的手段。由于相关公共服务平台所提供的知识产权维权援助与举报投诉服务涉及知识产权人和涉嫌侵权人的切身利益，相关维权援助与举报投诉活动应当符合法律法规的规定，而不能以维权援助或举报投诉为名，故意侵害他人合法权益。如近些年来，我国电子商务发展如火如荼，电子商务平台也存在较多的知识产权侵权纠纷。为尽快解决电子商务平

台发生的国内知识产权侵权纠纷，举报投诉平台应运而生。这些举报投诉平台对于发现知识产权侵权行为并予以及时处理发挥了重要作用。但也应该看到，在电子商务平台中恶意投诉现象屡禁不止。恶意投诉人的主要目的是通过不正当手段要挟被投诉人，以此获取不正当利益。因此，仅以举报投诉平台而言，应当健全举报投诉合法程序，并对恶意投诉行为予以打击，否则将起到适得其反的效果。

据笔者所知，目前我国各级各类知识产权维权援助与举报投诉等公共服务平台已经建立了相关的规章制度和管理办法，但还存在一定的局限性，需要随着技术发展的需要予以完善。

2. 建立我国知识产权维权援助、举报投诉等公共服务平台的信息来源畅通机制。从我国知识产权信息管理的角度来说，一定时期特定的知识产权纠纷案件体现为一定的信息。无论是维权援助还是举报投诉，均应及时捕捉案件信息。其中，知识产权案件信息的准确性与及时性，对于及时维权援助与妥善处理举报投诉都具有十分重要的意义。因此，针对知识产权维权援助与举报投诉的知识产权信息，应当有相对稳定的来源，并保证信息的准确与及时。由于知识产权侵权行为具有广泛性和突发性，加之知识产品具有自然流动的特点，有可能使知识产权侵权行为在任一地方随时被他人发现，而被侵权人及时发现则具有相当大的困难。为使相关知识产权被侵权信息及时反馈到知识产权人和相关当事人，需要使相关知识产权维权援助与举报投诉等公共服务平台更为广泛且方便地被社会公众知悉。这样一来，需要通过一定的渠道和方式，加强对知识产权维权援助、举报投诉等公共服务平台的宣传，以便在发生知识产权事件，特别是发生知识产权侵权纠纷案件时，发现者能够及时通过此类平台反馈相关信息。

3. 在我国知识产权维权援助、举报投诉等公共服务平台建设中，应当重视各类高科技手段与工具的运用。当前随着信息网络等技术的发展，一方面，知识产权人和社会公众能够享受到技术进步带来的利益，另一方面，信息网络等技术的发展也为知识产权侵权行为大开方便之门。"技术的问题需要通过技术的手段加以解决"。面对日益增多的知识产权侵权纠纷案件，应当高度重视运用信息网络等相关高科技手段完善处理知识产权侵权纠纷的公共服务平台，并对现有知识产权维权援助、举报投诉等公共服务平台及时予以升级和技术维护，不断丰富这类平台的功能，提升其服务水平。

4. 我国知识产权维权援助、举报投诉等公共服务平台建设，还应当重视案件追踪与协同。从知识产权保护的全过程而言，这类维权援助、举报投诉等公共服务平台，是及时发现侵权事实、固定相关侵权证据并予以处理的一道门户，知识产权侵权纠纷案件处理进一步的走向可以通过这类平台反馈，从而使得通过平台发现的知识产权侵权纠纷案件得以最终解决，避免走过场与形式化。

第十七章
我国知识产权专业人才队伍建设

知识产权专业人才队伍建设是强化我国知识产权保护，发展我国知识产权事业，有效实施国家知识产权战略的十分重要的内容。可以毫不夸张地说，没有一支具有高素质的知识产权专业人才队伍，我国知识产权事业的全面推进是不可能的。

《强化知识产权保护意见》在第六部分"加强基础条件建设，有力支撑知识产权保护工作"之（十七）中指出：

加强专业人才队伍建设。鼓励引导地方、部门、教育机构、行业协会、学会加大对知识产权保护专业人才培训力度。加强知识产权行政执法和司法队伍人员配备和职业化专业化建设，建立有效激励行政执法和司法人员积极性的机制，确保队伍稳定和有序交流。推动知识产权刑事案件办理专业化建设，提高侦查、审查逮捕、审查起诉、审判工作效率和办案质量。在有关管理部门和企事业单位，全面推行公职律师、公司律师、法律顾问制度，促进知识产权管理和保护工作法治化。充分发挥律师等法律服务队伍作用，做好知识产权纠纷调解、案件代理、普法宣传等工作。建立健全知识产权仲裁、调解、公证、社会监督等人才的选聘、管理、激励制度。加强知识产权保护专业人才岗位锻炼，充分发挥各类人才在维权实践中的作用。

对此，笔者认为，《强化知识产权保护意见》的上述规定，为我国知识产权专业人才队伍建设指明了方向，提供了具体对策和实践范式。如何推进我国知识产权专业人才队伍建设、提高专业人才队伍的专业素质和水平，结合上述规定，以下问题值得认真研究。

一、我国知识产权专业人才队伍建设的必要性

如前所述，知识产权具有高度的专业性、技术性和复杂性。知识产权不仅属于法律上的民事权利范畴，还与当代经济、科技、文化发展等方面有着十分密切的联系。在当代，知识产权制度已经成为促进我国经济社会发展和科技创新的重要的法律制度和激励机制。知识产权的上述特点决定了我国知识产权有效保护、知识产权制度有效实施、国家知识产权战略的实施以及知识产权强国建设，有赖于大量的具有高素质和专业水平的知识产权专业人才参与。例如，我国知识产权专门人才的培养，离不开具有很高理论和实务水平的知识产权教学科研队伍，特别是高校和科研院所的知识产权教学与科研人员；我国知识产权司法保护作为知识产权保护的主导形式和最重要的内容，离不开高素质的知识产权法官队伍[1]以及为当事人提供高质量服务的知识产权专门律师；知识产权行政执法是我国知识产权保护的有效支撑，随着我国知识产权保护的强化，我国需要一大批具有良好业务素质的知识产权行政管理人员；知识产权作为企业的一种十分重要的无形资产、经营资源、生产要素以及获取市场竞争优势的战略性资源，在企业管理特别是企业战略管理中的地位越来越高，使得我国大量企业特别是大中型企业需要越来越多的既懂法律又懂经营管理的知识产权管理人员。还如，随着我国知识产权大国地位的奠定、知识产权国际保护与合作交流的深入推进，以及知识产权涉外事务的不断增多，我国越来越需要培养一批具有国际视野、善于处理国际知识产权事务的知识产权专业人员，包括能够胜任和参与国际知识产权重要谈判的专家型队伍；随着我国知识产权事业的蓬勃发展以及市场机制的建立，我国需要越来越多的知识产权中介服务专业人员，并为知识产权申请人、相关当事人以及企事业单位提供高质量的知识产权专业服务，如专利代理、商标代理、知识产权经纪、知识产权评估、知识产权战略咨询、知识产权管理咨询等；随着我国国家知识产权战略的实施，特别是知识产权强国建设的启动与实施，我国需要培养一批具有知识产权战略视野，能够为国家知识产权战略与知识产权宏观政策的制定与实施提供高端智囊的知识产权高级专业队伍。[2]此

---

[1] 宋鱼水：“知识产权审判的人才体系及文化养成”，载《知识产权》2018年第9期。

[2] 夏兰：“知识产权强国建设人才发展规划研究”，载《科学管理研究》2020年第2期。

外，随着我国知识产权事业的发展，人们的知识产权法律意识需要不断提升，我国也需要不断培养知识产权普法队伍，强化知识产权法律意识的培养。

简而言之，我国知识产权专业人才队伍建设的必要性至少体现在以下几个方面：①为知识产权教学科研与人才培养提供师资保障；②为知识产权行政执法、知识产权司法保护的有效开展提供人力资源保障；③为我国大量企事业单位知识产权创造、运用、保护、管理、服务工作提供专业人才保障；④为我国开展知识产权国际保护、国际合作与交流提供知识产权人力资源保障；⑤为我国知识产权宏观政策制定与完善以及知识产权战略实施提供高端智囊保障；⑥为我国知识产权法律意识培养及知识普及提供知识产权专业人才保障等。

二、我国知识产权专业人才培训的必要性与措施

《强化知识产权保护意见》指出，要"鼓励引导地方、部门、教育机构、行业协会、学会加大对知识产权保护专业人才培训力度"。

对此，笔者认为，加强我国知识产权专业人才培训应重视以下问题的研究。

（一）我国知识产权专业人才培训的必要性与紧迫性

所谓知识产权专业人才培训，是指知识产权学历教育以外的通过各种手段提高知识产权专业人才的理论和实务水平、政策水平的培训形式。我国知识产权专业人才培训的必要性，是基于我国知识产权专业人才队伍建设的需要。具体而言，其必要性与紧迫性体现于以下几点：

1. 我国知识产权事业的蓬勃发展，需要各行各业的大量知识产权专业人才，目前通过学历教育等形式培养的知识产权专业人才的数量，远不能适应知识产权事业发展的实际需要，采取各种形式以培训手段提升我国知识产权专业人才业务水平是促进我国知识产权专业人才发展的可行之计。[1]根据国家知识产权局近些年关于国家知识产权专业人才的规划，以及各省市关于知识产权专业人才队伍的计划，我国企业、中介公司、教学科研单位、行政管理机构等各方面知识产权专业人才存在大量的缺口，特别是高素质的知识产权专

---

〔1〕 王丽萍、黎子辉、秦霞等："高校知识产权信息服务培训体系设计研究"，载《图书情报工作》2020 年第 4 期。

业人才明显不足。由于知识产权专业人才是我国知识产权事业发展的重要保障，而我国短期甚至相当长的时间内，不能完全通过学历教育的形式培养知识产权专业人才，需要通过拓宽渠道和形式，尤其是以培训的形式提高我国知识产权专业人才的理论和实务水平，充实知识产权专业人才队伍，壮大知识产权专业人才力量。

2. 知识产权本身具有较强的专业性和技术性，而且随着经济社会与科学技术的迅猛发展，知识产权制度及其运用本身也需要与时俱进，知识产权专业人才应当紧跟时代脉搏，不断通过培训的形式提高知识产权专业能力和水平。当前我国知识产权事业的蓬勃发展为知识产权各类人才的发展提供了良好基础，在知识产权行政执法与司法保护、教学科研、中介服务、政策研究、战略研究、管理咨询、国际合作与交流、知识产权知识普及等各个方面都储备了相当数量的知识产权专业人才，能够为我国知识产权专业人才的培训提供高水平的师资队伍。同时，知识产权也是一门复合型的学科，涉及法律、经济、管理、科技、文化等各个方面，在某一方面从事知识产权工作的专业人员在另一方面则可能缺乏专业知识，需要通过培训的形式提高自身的综合性的知识产权能力和水平。也就是说，知识产权专业人才培训既能够提高我国现有知识产权专业人才队伍的专业理论和实务水平，也能够扩大我国知识产权专业人才队伍。

3. 知识产权专业人才培训本身具有优势和特色，能够采取短平快的形式，尽快形成我国知识产权专业人才体系，提高我国知识产权专业人才队伍水平。知识产权专业人才培训对于从事知识产权工作或者与知识产权工作相关的其他工作的人员而言，相对于学历教育来说具有更强的现实性和便利性。知识产权相关工作人员基于其工作性质和承担的职责，一般很难投入专门的时间从事学历教育，加之投入知识产权学历教育的时间较长、成本较高，以及知识产权相关学历教育资源的有限性，我国已有的知识产权专业人才队伍建设和发展很难通过大规模的知识产权学历教育的形式加以推进。知识产权专业人才培训则可以通过聘请在知识产权领域具有专长和实务经验的专家学者与专业人员，通过讲座、培训、短期课程教学等多种形式灵活进行，使知识产权专业人才在不影响工作职责的前提下有针对性地提高自身知识产权专业水平。

4. 在当前知识经济时代，终身学习是许多职业的一个重要特点，加之知识产权制度运行本身具有较强的前瞻性，知识产权相关工作人员需要通过不断学习提升自己的能力。知识产权专业人才培训，则是终身学习的重要方式。

实际上，近些年来我国相关部门、教育机构、学会等开展的官方和民间的知识产权教育培训等活动，通过知识产权专题培训、讲座、研讨等形式，在相当大的程度上提高了我国知识产权从业人员特别是知识产权专业人才队伍的专业水准和政策水平。随着我国知识产权事业与科技迅猛的发展，当前我国知识产权制度及其运行中存在着很多新问题、新情况，需要及时通过培训等形式提高我国知识产权专业人才的专业水平和政策水平。可以预料，我国知识产权专业人才培训，未来具有广阔的发展前景。

（二）我国知识产权专业人才培训的措施

知识产权专业人才培训是我国专业培训的重要组成部分，需要采取有力的措施加以实施。[1]笔者认为，以下几方面是值得重视的内容。

1. 制订和完善我国知识产权专业人才培训计划和规划，将知识产权专业人才培训作为知识产权人才计划的重要内容。随着我国知识产权制度的有效实施，知识产权在当前我国经济社会生活和建设创新型国家中的地位不断提高，我国知识产权专业人才的重要性也日益凸显。正是在此背景下，近些年来国家知识产权局以及地方知识产权局等相关主管部门制订了相应的知识产权人才计划和规划。同时，国家知识产权战略、地方知识产权战略以及知识产权战略实施计划中也都涉及知识产权专业人才队伍建设的问题。知识产权专业人才队伍建设本身是一个系统工程，需要采取各种措施合力推进。其中，开展各种卓有成效的培训活动，是加强我国知识产权专业人才队伍建设，提高知识产权专业人才政治和业务素质的重要手段和方式。

笔者认为，制订和实施知识产权专业人才培训计划具有十分重要的作用，它能使我国知识产权各级各类专业人才的培训因地制宜，并根据预先设定的目标，分阶段有计划地实施，避免知识产权专业人才培训的随意性。我国各级各类知识产权专业人才培训计划应当本着以人为本、分类施策、循序渐进的原则进行。针对不同部门、不同行业的知识产权专业人才，应根据其人才

---

[1]《推进计划》提出的措施有：①支持各地区各部门举办知识产权保护高级研修项目，鼓励引导各地区各部门以及行业协会、学会开展知识产权保护人才继续教育工作。加强知识产权专业人才培养，提供更多岗位锻炼机会。②加强对非遗传承人群的知识产权培训等。

需求状况和专业化程度有序安排与推进培训。知识产权专业人才培训的对象应当根据经济社会发展的要求重点突出，特别是对于企业急需的知识产权管理人才重点加以培训。[1]当然，来自不同部门、不同行业的知识产权专业人才培训的重点应当有所区分。例如，针对涉外部门的知识产权专业人才，特别需要在知识产权国际贸易、知识产权国际关系、涉外知识产权纠纷的处理等方面进行重点培训；针对行政管理部门的知识产权专业人才，应侧重于知识产权行政执法、知识产权政策等内容的培训；针对知识产权法官，培训的内容则侧重于知识产权司法保护政策和策略，特别是知识产权侵权认定、知识产权诉讼等。总的来说，我国知识产权专业人才培训计划应当因地制宜、有的放矢，针对相关部门、相关行业知识产权专业人才所急需的知识进行有针对性的培训。

2. 落实各部门、行业专业人才培训的具体措施。知识产权专业人才培训效果取决于有力的措施。对此，笔者认为需要重点把控以下几方面的因素：

（1）合适的培训对象。总体来看，当前我国知识产权专业人才很多，但专业素质参差不齐。同时，不同部门、不同地区、不同行业、不同岗位知识产权专业人才的要求和需求也不一样。知识产权专业人才培训，旨在通过"输血"形成"造血"功能，也就是通过短暂的培训，提高其自身的专业素质，从而使其在知识产权相关专业工作岗位上，更好地发挥其专业特长，为我国知识产权事业作出更大的贡献。为了实现我国各级各类知识产权专业人才培训的目标，需要选择合适的培训对象与培训形式。笔者认为，可以从以下方面加以考虑：相关部门、行业、岗位对知识产权专业人才的需求；知识产权专业人才的布局状况；现有知识产权专业人才的专业素质与水平及其与实际需求的差距等。

（2）合适的培训师资。[2]之所以强调选择合适的培训师资，是因为知识产权专业人才培训的效果在相当大的程度上取决于培训师资的敬业精神、专业水平、培训技巧与方式。总体而言，知识产权专业人才培训师资应当具有高尚的道德情操、过硬的政治素质以及扎实的专业功底。基于知识产权工作

---

〔1〕 朱兴国："为企业管理者补课——国家知识产权局企业知识产权培训工作综述"，载《知识产权》2001 年第 1 期。

〔2〕 郑辉、苗培："知识产权人才培养的师资队伍建设研究"，载《知识产权》2012 年第 11 期。

兼顾理论性和实务性并具有很强的政策导向，较为理想的知识产权专业人才培训师资应当在知识产权理论、实务以及政策水平上均具有良好的基础。对于已经进行过知识产权专业人才培训的师资而言，积累相当的培训经验也很重要。故在上述标准基础上，也需兼顾进行知识产权专业人才培训的经验。

（3）明确的培训定位。所谓培训定位，是针对相关知识产权培训的层次、水平等的要求。应当说，知识产权专业人才培训的目的与其定位是一脉相承的。如针对知识产权专业人才的初级培训，内容方面就应该注意不能过于深奥，否则缺乏知识产权基础知识结构的初级人员就难以接受，从而会影响培训效果。

三、知识产权行政执法和司法队伍建设

《强化知识产权保护意见》提出，要"加强知识产权行政执法和司法队伍人员配备和职业化专业化建设，建立有效激励行政执法和司法人员积极性的机制，确保队伍稳定和有序交流"。[1]对此，笔者认为，以下问题值得研究。

（一）我国加强知识产权行政执法与司法队伍建设的必要性

如前所述，我国知识产权保护主要是通过知识产权行政执法和司法保护两条途径协调处理。在知识产权保护体系中，知识产权司法保护占主导地位，知识产权行政执法则是知识产权保护的有力支撑。我国知识产权专门立法在知识产权保护以及对知识产权侵权的制裁规定方面，都明确了知识产权行政执法机关的相应行政执法职权，以及知识产权司法保护的内容。从近年来我国知识产权保护的实际情况来看，知识产权行政执法机关处理了大量知识产权行政纠纷案件，人民法院也审结了大量知识产权诉讼案件，有力地维护了知识产权人和相关当事人的合法权益，维护了社会关系的稳定与和谐。毫无疑问，我国知识产权保护取得的成就，离不开高素质的知识产权行政执法和司法队伍。

具体而言，我国知识产权行政执法与司法队伍的建设，对于提高我国知

---

〔1〕《推进计划》提出的措施有：①继续深化文化市场综合执法改革，加强综合执法队伍建设。②健全县级以上林草主管部门执法人员配备，提升行政执法能力。指导各级林草主管部门开展林草植物新品种保护培训，加大专业人才培育力度。③加强对海关执法和相关人员的培训，有计划、分层次培养知识产权海关保护专家，提高队伍执法能力等。

识产权保护水平，促进我国知识产权事业发展具有以下重要作用：

1. 保证知识产权行政执法与司法保护的公正性和效率。如前所述，知识产权本身具有较强的专业性和技术性，知识产权案件也相应地具有较大的难度和挑战性。特别是随着经济社会发展与以信息网络为代表的技术的发展，疑难、复杂、新型、具有前瞻性的知识产权案件可谓层出不穷，这在相当大的程度上给我国知识产权行政执法队伍和人民法院知识产权案件审判队伍带来了很大的挑战。知识产权案件专业性、复杂性的增强，对我国知识产权行政执法人员公平、公正地进行知识产权执法活动以及知识产权司法人员进行有效的司法保护提出了更高的要求，其中特别重要的是不断提高我国知识产权行政执法和法官队伍的思想政治素质和专业业务水平。[1]这一特点也对我国知识产权行政执法和法官队伍的职业化、专业化提出了挑战与新要求。知识产权行政执法和法官队伍属于知识产权法律职业共同体，在公平、公正、高效地解决知识产权案件方面具有共同的职责和使命。

2. 适应当前我国知识产权案件特别是侵权纠纷案件不断增长的需要。如前所述，我国知识产权事业的发展，使国人的知识产权意识不断提升，且随着知识产权在当代经济社会中重要性的增强，知识产权案件的数量也日益增长。如近几年来，我国各级人民法院每年审结的一审知识产权民事案件就有几十万件，数量不可谓不大，通过知识产权行政管理机关处理的知识产权行政案件数量也有增长趋势。日益增多的知识产权案件，从理论上讲固然可以通过不断增加知识产权行政执法和法官队伍的人员数量解决，然而，基于我国各级知识产权行政管理部门的行政编制有限以及法官员额制的推行，在一定时期知识产权行政执法及法官队伍的人员数量不可能大幅度增长，甚至法官队伍建设方面的员额制改革使有些地方人民法院出现了知识产权法官数量减少的现象。当前我国知识产权保护中存在的一个急需解决的问题，就是日益增多的知识产权案件与有限的知识产权行政执法人员及法官队伍的矛盾日益凸显。解决这一矛盾的重要方面是不断提升我国知识产权行政执法及法官队伍的专业素质，在确保案件公平、公正处理的前提下提高其处理案件的效率。

---

〔1〕 李春晖："我国知识产权行政执法体制机制建设及其改革"，载《西北大学学报（哲学社会科学版）》2018 年第 5 期。

（二）加强我国知识产权行政执法与法官队伍建设的措施

笔者认为，我国知识产权行政执法与法官队伍建设是一个系统工程，需要通过采取各方面措施加以推进。[1]具体而言，以下措施值得重视。

1. 在我国各级知识产权人才计划和规划中，应当对我国知识产权各级各类行政执法和法官队伍建设统筹安排。知识产权行政执法人员和法官是我国知识产权人才结构中的重要力量，特别是在有效推进我国知识产权保护进程、提高我国知识产权保护水平方面具有举足轻重的地位。因此，在我国各级各类知识产权人才计划和规划中，需要对知识产权行政执法与法官队伍建设给予高度关注和重视，立足于现有知识产权行政执法和法官队伍的情况作出适当安排。

2. 推进知识产权行政执法与法官队伍的专业培训工作。关于我国知识产权专业人才培训问题，前面做了专门探讨，这里需要针对我国知识产权行政执法与法官队伍的专业培训进行专门研究。[2]从性质上说，我国知识产权行政执法人员与法官均是解决知识产权纠纷的主体，其政治业务素质和敬业精神，对于知识产权纠纷的解决具有重要作用。从解决知识产权纠纷的角度而言，这两类人员的专业培训需要侧重于知识产权保护、知识产权侵权行为的认定与侵权法律责任，以及知识产权侵权例外与限制等方面的内容。当然，毕竟知识产权行政执法和知识产权司法保护是解决知识产权纠纷的不同途径和形式，在专业培训方面，应当各有其特点。具体而言，知识产权行政执法人员的专业培训除了上述内容以外，还应侧重于知识产权行政执法程序、执法权限，旨在保障知识产权行政执法的合法性和公平性。[3]近几年来，笔者在以主讲教师身份参加的部分省份知识产权行政执法人员培训中就深有体会。总的来讲，知识产权行政执法人员的专业培训重点在于使其熟悉和了解知识产权行政执法程序和权限，同时对知识产权侵权行政责任和相关法律制度有比较深入的了解。就知识产权法官的专业培训而言，培训内容除了知识产权保护的实体内容以外，还需要就知识产权诉讼相关程序、诉讼证据、侵权损害赔

---

〔1〕　本刊编辑部："建设高素质的知识产权法官队伍《知识产权法院法官选任工作指导意见（试行）》亮点解读"，载《中国审判》2014 年第 12 期。

〔2〕　王晨光："保障法官素质的标准和方法：法官资格考核与培训"，载《法律科学》2001 年第 5 期。

〔3〕　肖尤丹："中国知识产权行政执法制度定位研究"，载《科研管理》2012 年第 9 期。

偿的界定等问题进行学习与研究，以便尽快适应知识产权诉讼工作的需要。[1]此外，相关知识产权司法保护政策、知识产权诉讼实务存在的问题与对策等通常也是知识产权法官专业培训的重要内容。

3. 推进我国知识产权行政执法和法官队伍与高校科研院所等相关理论及实务部门的专业交流，提高知识产权行政执法和法官队伍的理论素养与政策水平。当前随着我国知识产权行政处理与诉讼案件数量的飙升，知识产权行政执法和法官队伍忙于处理知识产权案件，难以抽出时间进行理论素养的提升与交流。随着经济社会发展，我国知识产权案件的专业性和技术性也日益提升，知识产权行政执法和法官队伍与高校科研院所等相关理论及实务部门进行专业交流，有利于促进我国知识产权行政执法和法官队伍理论素养与政策水平的提升。据悉，我国高校法律院系和法院相关部门正在就理论和实践部门专业人员双向交流机制进行沟通和探索，其中也包括知识产权法官队伍与高校科研院所的知识产权学者之间的交流与合作。这种双向交流不仅对于知识产权法官队伍建设具有重要意义，还能使在高校长期从事知识产权理论研究的学者受到一定的实务熏陶，获取实务经验，取得相得益彰的效果。就知识产权行政执法和法官队伍双向交流而言，还有一种重要的情况是：知识产权法官被遴选到国家知识产权授权确权部门进行专业交流，以及国家知识产权授权确权部门专业人员到法院知识产权审判庭进行交流。尽管当前这种双向交流的机制未普遍实施，但其效果是明显的。以后需要在总结经验的基础上，进一步拓展合作与交流渠道。

4. 建立知识产权行政执法和法官队伍的激励机制，确保我国知识产权行政执法和法官队伍的稳定。对此，《强化知识产权保护意见》指出，要"建立有效激励行政执法和司法人员积极性的机制，确保队伍稳定和有序交流"。笔者认为，相关激励机制应包括以下内容：一是，职级提升激励机制。目前我国知识产权行政管理部门以及相关法院都建立了相应的职级提升的激励机制，今后需要在总结经验的基础上进一步完善。[2]二是，相关待遇改善机制。当然，这一项需要和我国知识产权行政管理部门以及相关法院体制改革同步进

---

〔1〕 "'法官职业与法官培训'国际研讨会发言摘要"，载《法商研究》2000年第1期。

〔2〕 苗妙、魏建："知识产权行政执法偏好与企业创新激励——基于转型期'大调解'机制政策效果的分析"，载《产业经济研究》2014年第6期。

行。三是，岗位责任制。在这方面，我国知识产权行政管理部门以及相关法院也有相关规定，同样需要总结实践经验加以完善。

5. 拓宽渠道，开展知识产权行政执法和法官队伍学术交流。知识产权案件处理的专业性、技术性和难度决定了我国知识产权行政执法和法官队伍经常进行学习与交流的必要性。应当看到，近年来，随着我国知识产权事业的发展和国家知识产权战略的实施，知识产权理论和实务部门的学术交流越来越多，这无疑有利于提升知识产权行政执法和法官队伍的政治素养和专业水平。

四、知识产权刑事案件办理专业化建设

《强化知识产权保护意见》指出，要"推动知识产权刑事案件办理专业化建设，提高侦查、审查逮捕、审查起诉、审判工作效率和办案质量"。对此，笔者认为以下问题值得研究。

（一）推动我国知识产权刑事案件办理专业化建设的必要性

我国侵犯知识产权的法律责任有民事责任、行政责任和刑事责任，其中刑事责任针对的是侵犯知识产权、具有社会危害性的知识产权犯罪行为。对此，我国知识产权专门法律，如《著作权法》《专利法》《商标法》，都在"法律责任"一章明确规定知识产权侵权行为构成犯罪的，依法追究刑事责任。我国《刑法》在破坏社会主义市场经济秩序罪之中也专门规定了知识产权犯罪的罪名和定罪量刑标准，包括假冒专利罪、假冒注册商标罪、销售假冒注册商标的商品罪、侵犯著作权罪、销售侵权复制品罪、侵犯商业秘密罪等罪名，其中情节严重的最高刑罚为 10 年有期徒刑。在理解我国知识产权刑事案件办理专业化建设的必要性之前，有必要先对追究严重侵犯知识产权行为的刑事责任的合理性有基本的了解。

笔者认为，我国追究严重侵犯知识产权行为的刑事责任的合理性体现于：刑事责任是追究侵权行为最严厉的一种法律责任形式，而严重侵犯知识产权的行为不仅损害了知识产权人和相关当事人的合法权益，还破坏了正常的社会主义市场经济秩序，损害了公共利益，只有依法追究刑事责任，才能够有力地遏制这类行为，维护社会关系的稳定和社会主义市场经济秩序。近年来，我国对构成犯罪的、具有社会危害性的严重侵犯知识产权行为给予了有力惩处，从实践的角度证明了追究严重侵犯知识产权行为刑事责任的必要性与合

理性。

针对知识产权犯罪行为追究刑事责任和知识产权侵权的民事责任不同，因为前者需要通过公检法等国家公权机关介入并各司其职，其适用的是刑事诉讼程序。刑事诉讼程序处理知识产权犯罪案件，最重要的是既要依法惩治犯罪，也要保障程序公正并富有效率。这样就提出了我国知识产权刑事案件办理专业化建设的问题。[1]笔者认为，研究这一问题的必要性体现在以下面。

1. 我国知识产权刑事案件办理专业化建设，是提高我国办理刑事案件的公检法机关和人员专业素质的重要保障。前面多次指出知识产权案件具有较强的专业性和技术性，而且随着经济社会以及信息网络等高新技术的迅猛发展，各类疑难、复杂、新型的知识产权案件层出不穷。很多知识产权案件不仅涉及民事责任问题，还可能因为案件的复杂性涉及民刑交叉或者行刑交叉的问题，涉及罪与非罪的界定问题，这些情况的存在，更加大了处理知识产权刑事案件的难度。[2]从我国公检法机关处理刑事案件的实际情况来看，由于知识产权刑事案件相对专业和复杂，特别是技术类的知识产权刑事案件，如计算机软件著作权类的侵权犯罪案件、技术秘密侵权犯罪案件等更难以应对。公检法机关可能对于知识产权刑事案件不如普通刑事案件那样熟悉，笔者过去参与处理一些知识产权刑事案件或者民刑交叉案件时也深有体会。如在一起因为商业秘密民事侵权引发的侵犯商业秘密犯罪案件中，民事案件生效判决直接认可涉案原告主张的商业秘密且被告构成侵犯原告的商业秘密，进而判决被告赔偿直接经济损失 100 万元。在该案刑事案件一审程序中，公检法机关并未对涉案犯罪对象即所谓商业秘密是否符合法定构成要件重新查证，而是当然地作为刑事案件的直接证据，被告人提出了被控侵权物具有合法来源的证据，但并未被刑事法官采纳。一审判决被告人构成侵害商业秘密罪。二审法院则撤销了一审法院判决，认定被告人不构成犯罪。在笔者参与处理的另外一起假冒注册商标犯罪案件中，在一审重审阶段，检察院的公诉书竟然连涉案注册商标所注册的商品类别都没有指出，可见相关司法机关对于假冒注册商标罪的具体构成和法律适用并不是很熟悉。且不说构成假冒注

---

[1] 陈晨、刘砺兵："论推定及其理性控制——以《关于办理侵犯知识产权刑事案件适用法律若干问题的意见》为切入"，载《法学杂志》2014 年第 2 期。

[2] 扈晓芹："侵犯知识产权刑事案件若干证据规则评析"，载《知识产权》2014 年第 6 期。

册商标罪，就是一般侵权意义上的侵犯注册商标专用权的行为也必须针对特定商品类别，原因是侵犯注册商标专用权的行为是指在相同或者类似商品上使用与注册商标相同或者近似商标，容易导致公众混淆的行为。该案后来经历二审。二审法院最终改判被告人无罪。

2. 加强我国知识产权刑事案件办理专业化建设，是确保我国知识产权刑事案件办理的程序和实体公正，保障人权，维护相关当事人合法权益的重要内容。如前所述，知识产权刑事案件与民事和行政案件不同，当事人承担的法律责任最为严厉。基于此，知识产权刑事案件能否公平、公正办理，能否保障程序和实体公正，既关系到我国知识产权制度的有效实施，也关系到对刑事被告人合法权益的维护。[1] 由于知识产权刑事案件的办理涉及我国公检法机关及相关人员，加之知识产权刑事案件的专业性和技术性较强，这样就对我国办理知识产权刑事案件的专业人员思想政治和业务素质提出了更高的要求，加强知识产权刑事案件办理专业化建设实属必然。从笔者研究的大量知识产权刑事案件的判决书，以及参与处理的部分知识产权刑事案件来看，有些知识产权刑事案件之所以酿成错案，在很大程度上是由于公检法人员缺乏特定案件涉及的知识产权专门知识。如果参与处理的公检法人员对知识产权专业知识有较高的领悟和理解水平，一般就不会造成错案。

3. 加强我国知识产权刑事案件办理专业化建设，是提高我国知识产权刑事案件办理效率的重要保障。知识产权刑事案件与其他刑事案件一样，涉及较为繁杂的刑事诉讼程序。在知识产权刑事案件实践中，犯罪嫌疑人一般被提前采取强制措施，如公安机关接到举报并立案以后，向检察机关申请逮捕犯罪嫌疑人，检察机关批准逮捕以后，再经过后续的一审、二审乃至再审程序，时间跨度较大，如果法院最终判决被告人无罪，就可能使知识产权刑事案件被告人承受很长时间的不白之冤。如前所述，笔者参与处理的一起假冒注册商标犯罪案件中，一审法院判决多名被告人4年以下有期徒刑，一审重审判决尽管刑期有所缩短，但幅度很低，只有1个月。该案到二审改判无罪时，十多名被告人已经遭受了两年多的牢狱之灾。笔者研究的其他相关知识产权刑事案件最终改判时，也有类似情况。公检法机关在处理知识产权刑事

---

〔1〕 邵建东：“知识产权民事诉讼的举证规则应当准用于知识产权刑事自诉案件”，载《法学》2007 年第 9 期。

案件时，如果办案效率不高，就可能导致刑事诉讼期限不断被延长，当被告人最终被认定无罪时，其受到的不公平待遇时间很长。实际上，提高知识产权刑事案件办理效率的作用不仅体现在维护被告人的合法权益方面，还体现在利用有限的国家司法资源开展知识产权刑事案件审判工作上。

（二）加强我国知识产权刑事案件办理专业化建设的措施

由于我国知识产权刑事案件办理涉及公安机关、检察机关和法院的侦查、批准逮捕、审查起诉以及审判活动，我国知识产权刑事案件办理专业化建设，应从公安机关、检察机关和法院三方面推进。

1. 公安机关在知识产权刑事案件侦查活动中的专业化建设。知识产权刑事案件，涉及对知识产权犯罪行为的惩治。在我国《刑法》规定中，知识产权犯罪属于破坏社会主义市场经济秩序罪的范畴，因而在公安机关管辖的刑事案件范围内，属于经济犯罪案件。这类案件与暴力以及危害公共安全等犯罪案件不同。基于知识产权本身的无形性以及实施知识产权犯罪行为的隐蔽性和不同程度的技术性，公安机关在侦查知识产权刑事案件，获取相应犯罪证据的过程中具有较大的困难和挑战。加之知识产权刑事案件本身的专业性较强，公安机关特别是我国的基层公安机关可能对知识产权法律的熟悉程度不如其他相关法律，这在一定程度上也加大了我国公安机关侦查知识产权刑事案件的难度。即使公安机关通过各种技术手段和其他方式获得了相关证据，在掌握相关证据的基础之上，就是否构成知识产权犯罪以及明确罪与非罪的界限，也可能存在一定的困难。如侵犯商业秘密罪就较为典型。侵犯商业秘密罪作为数额犯，在民事案件中如果判决 50 万元以上赔偿，是否也同时构成侵犯商业秘密罪？这一问题就值得研究。

尽管存在多方面的困难和挑战，[1]笔者认为仍然可以通过采取一定的措施，提高我国公安机关侦查知识产权刑事案件的专业水平和能力。[2]主要措施如：

（1）公安机关经侦部门应加强对知识产权法律、知识产权刑事保护相关

---

[1] 李樱秋、刘志伟、李英艳："公安机关实施知识产权刑事保护的对策思考"，载《政法学刊》2006 年第 6 期。

[2] 《推进计划》提出的措施有：推动解决食药侦警种打击知识产权犯罪队伍建设和人员配备等问题。指导相关公安院校增设打击侵犯知识产权犯罪课程，加大执法培训力度等。

政策法规和知识的学习与理解，只有在切实掌握知识产权相关专业知识的基础上，才能正确地办理知识产权刑事案件。在知识产权犯罪研究方面，这些年来我国理论和实务界也有相当多的成果。知识产权犯罪研究、知识产权刑法保护相关的著作等成果可以作为我国公安机关经侦部门办理知识产权刑事案件的专业读物。

（2）加强对知识产权刑事案件判决的研究，提高知识产权刑事案件办理能力和水平。近些年来，随着我国知识产权保护水平的提高，我国也同时加大了对知识产权犯罪行为的打击力度。最高人民法院和最高人民检察院联合颁布了关于惩治知识产权犯罪行为的司法解释，知识产权犯罪的门槛有逐渐降低之势。[1]特别是《中美经贸协议》涉及的知识产权保护条款中也有知识产权刑事保护的内容。从近年来我国知识产权司法实践来看，知识产权刑事案件数量也有增加趋势。知识产权刑事案件判决，不仅是我国进行知识产权普法教育的重要素材，也是我国公检法机关提高知识产权刑事案件办理能力时学习和研究的重要素材。因此，笔者建议我国公安机关办理知识产权刑事案件的经侦部门加强对来自实务的知识产权刑事案件判决的研究。这在一定程度上可以说是提高我国公安机关经侦部门办理知识产权刑事案件能力的一条捷径。笔者担任最高人民法院知识产权司法保护研究中心研究员以及曾任最高人民检察院检察理论研究所法治前海理论研究基地专家，也十分重视对知识产权各类案件的研究。笔者近些年来研究国内知识产权案件判决，深感案例研究方法对于提高自身的知识产权实务水平具有极为重要的作用。[2]对于在一线办理知识产权刑事案件的公安机关人员而言，相关知识产权刑事案件判决显然是提高自身专业水平的重要学习材料，因而应当引起高度重视。

（3）加强对公安机关负责知识产权刑事案件侦查的部门和人员的知识产权刑法保护相关知识的培训。关于知识产权专业培训在我国知识产权专业人才队伍建设中的重要作用，前面已经做了初步探讨。知识产权专业培训应该有的放矢，针对培训对象的不同要求和目的对症下药。就知识产权刑事案件

---

〔1〕　2020年8月31日最高人民法院审判委员会第1811次会议、2020年8月21日最高人民检察院第十三届检察委员会第四十八次会议通过了《关于办理侵犯知识产权刑事案件具体应用法律若干问题的解释（三）》，自2020年9月14日起施行。

〔2〕　冯晓青主编：《知识产权法专题判解与学理研究丛书》，中国大百科全书出版社2010年版；冯晓青主编：《中国知识产权审判实务与案例评析》，人民法院出版社2017年版。

办理专业化建设而言，针对公安机关的知识产权专业培训，显然应当立足于知识产权犯罪、知识产权刑法保护的政策和法律规定以及相关的理论知识。在培训师资方面，最好选择在知识产权理论和实务方面具有较高素养和政策水平的专家。这方面的培训内容可以包括：知识产权犯罪的基本理论、我国刑法和相关司法解释关于知识产权犯罪的规定解读、知识产权典型刑事案件研究与分析等。

（4）加强对刑事侦查相关知识的学习与研究。公安机关处理知识产权刑事案件，最重要的是进行侦查，获取犯罪嫌疑人实施知识产权犯罪的证据。与此相关的是刑事诉讼法的知识及其在公安机关刑事案件侦查实践中的适用。为此，也需要通过理论学习、案例研究和培训等多种形式，提高公安机关侦查部门和人员的相关专业素养和理论水平。

2. 我国检察机关办理知识产权刑事案件的专业化建设。根据刑事诉讼法的规定，在办理知识产权刑事案件过程中，检察机关负责批准逮捕、审查起诉，并在人民法院审理知识产权刑事案件时派员出庭。针对公安机关侦办的知识产权刑事案件，检察机关应当根据我国刑事诉讼法、知识产权法律和相关司法解释的规定，认真对待侦查获得的证据，慎重确定犯罪嫌疑人是否构成知识产权犯罪。[1]我国检察机关对知识产权刑事案件的办案水平，同样需要通过专业培训、对知识产权和相关法律政策的研究等方式加以提高。[2]同时，也不应忽视在知识产权刑事案件办理过程中专家咨询、司法鉴定等的作用。仅以专家咨询而言，由于被咨询的专家在我国知识产权理论和实务，包括知识产权刑事案件的处理方面具有较高的政策与理论水平，甚至具有较丰富的实务经验，针对知识产权刑事案件办理过程中的疑难、困惑，可以通过检察机关召开专家咨询会或者委托专家咨询等形式，就个案发表独立的专家意见，供检察机关参考。从近些年笔者受委托参加由检察机关办理的知识产权刑事案件的专家咨询与专家座谈会的情况来看，知识产权专家适当参与检察机关办理的知识产权刑事案件，有利于对案件准确定性，防止冤假错案的

---

〔1〕 白建国、陈卓文、李晓飞："检察机关加强知识产权刑事司法保护的实践与思考"，载《中国检察官》2011 年第 1 期。

〔2〕 《推进计划》提出的措施有：继续完善知识产权行政检察专业化办案组、专业检察官人才库、知识产权专业技术人才库工作机制，提升办案专业化水平。

发生。这里不妨以笔者参加专家咨询的一起涉嫌销售侵权复制品犯罪案件为例加以探讨。在该案中，某音像公司自行委托外教朗读英文原版教材，并灌制成录音磁带作为中学英语的教科辅导书公开出版发行。由于被朗读的英文原文是本案受害人取得了国外专家的著作权许可的作品，本案受害人即向当地公安机关进行举报。公安机关以犯罪嫌疑人涉嫌销售侵权复制品犯罪为由申请检察机关批准逮捕。在笔者接受本案专家咨询时，某音像公司法人代表已经被关押半年之久，该刑事案件程序已进入到检察机关审查起诉环节。检察机关对犯罪嫌疑人是构成销售侵权复制品罪还是仅构成一般侵犯著作权的行为难以确定。相关专家咨询活动为检察机关提供了必要的专业意见，为妥善地处理该案提供了重要帮助。

就我国检察机关办理知识产权刑事案件的专业化建设而言，由于知识产权刑事案件涉及审查逮捕和审查起诉等关键节点与重要问题，检察机关把握事实真相、正确适用法律具有十分重要的作用。[1] 为此，笔者认为，我国检察机关办理知识产权刑事案件应当注意以下重要问题。

（1）认真查明案件事实，防止知识产权刑事错案发生。知识产权刑事案件的专业性和技术性，以及技术发展产生的各类新型知识产权刑事案件对检察机关查明案件事实提出了一定的挑战，而查明案件事实是解决知识产权刑事案件的根本。为准确查明案件事实，检察机关处理知识产权刑事案件的专业人员需要具备相关知识产权法律知识，能够辨别知识产权民事纠纷、行政纠纷与刑事案件，以及罪与非罪的界限，同时应对我国知识产权刑事保护具有较高的政策理解水平，对我国知识产权刑事保护法律规范有充分的了解。[2] 办理知识产权刑事案件的检察人员也需要与时俱进、不断学习，提高知识产权理论和实务水平。专业水平提高的方式包括进行相关培训、研读知识产权刑事案例，特别是知识产权刑事保护方面的理论与实务研究成果等。办理知识产权刑事案件的检察人员如果对知识产权相关专业知识理解不够，就可能在认定事实方面产生错误。笔者在参与处理一起犯罪嫌疑人涉嫌假冒

〔1〕　万海富、秦天宁："上海检察机关办理侵犯知识产权犯罪案件调查"，载《中国刑事法杂志》2010 年第 6 期。

〔2〕　汤晓慰、何玮、陈小炜："知识产权刑事案件相关法律问题研究——以南通检察机关处理的 55 个案件为例"，载《北华大学学报（社会科学版）》2016 年第 2 期。

注册商标犯罪的刑事案件时，就深有体会。在该案一审重审中，检察机关派员出庭支持公诉，笔者则以专家证人的身份出庭，在庭上对案件涉及的相关事实和适用法律进行了全面阐述，不料多次被公诉人打断发言。该案一审法院作出有罪判决，后来二审改判全部被告人无罪。

（2）对犯罪嫌疑人慎重作出批准逮捕的决定。刑事诉讼法对于检察机关对犯罪嫌疑人批准逮捕的条件和程序都有明确的规定。在检察机关办理知识产权刑事案件过程中，如果对涉案相关事实认定不够清晰，证据不够充分，就应慎重对犯罪嫌疑人作出批准逮捕的决定，否则很容易酿成冤假错案。在笔者近年参加的一起侵犯商业秘密犯罪案件的专家咨询中，就存在这种情况。在该案中，公安机关将一、二审商业秘密侵权民事案件判决认定的事实和结论作为刑事案件定罪的依据，对于刑事案件中涉案犯罪对象是否构成商业秘密没有进行专门的鉴定和认证。同时，在该案此前的民事案件中，被告通过合法程序委托知识产权司法鉴定机构所做的涉案商业秘密不具有非公知性的鉴定，也没有被法院认可。本应本着疑罪从无的原则，检察机关在批准逮捕和审查起诉时却没有对相关重要事实进行审慎认定，结果一审法院判决认定被告人构成侵犯商业秘密罪。该案二审法院最后撤销了一审判决，改判被告人无罪。

（3）对犯罪嫌疑人审查起诉时，慎重作出起诉的决定。刑事诉讼法对检察机关审查起诉及作出起诉决定都有相关程序性规定。检察机关办理知识产权刑事案件，应当遵守刑事诉讼法的相关规定。同时，基于知识产权民事案件、行政案件与刑事案件存在某种交叉或者模糊地带，检察机关在审查起诉时一定要认真甄别，严防将一般知识产权民事案件或行政案件上升为刑事案件，否则可能会严重侵犯相关当事人的合法权益。[1]在笔者参与处理的另一起涉嫌侵犯著作权犯罪的刑事案件中，检察机关对于被告人是否构成侵犯著作权罪不是非常明确，通过相关专家咨询，最终避免了一起错案发生。

（4）对于涉外知识产权刑事案件，检察机关特别应当注意防止超国民待遇。近些年来，我国参加了诸多知识产权保护国际公约。根据相关公约的规

---

〔1〕 万海富、秦天宁："上海检察机关办理侵犯知识产权犯罪案件调查"，载《中国刑事法杂志》2010年第6期。

定，我国对来自其他国家的知识产权人的知识产权给予国民待遇。[1]国民待遇千万不能演绎为超国民待遇。据笔者了解的情况，当前在我国的一些跨国公司，特别热衷于通过刑事手段主张权利。我国公安和检察机关在接到相关知识产权犯罪案件举报时，应本着以事实为根据、以法律为准绳的原则，按法定程序予以处理，绝不能因为举报人是其他国家的机构和个人而给予特殊待遇。在一起犯罪嫌疑人涉嫌假冒注册商标犯罪案件中，举报方是来自某国的跨国公司。该公司通过成功向公安和检察机关举报而使多个竞争企业的十多名犯罪嫌疑人被逮捕，其中包括多个企业的负责人。在检察机关批准逮捕以后，该公司即向公安和检察机关寄送锦旗表示"感谢"。笔者对该公司所作所为不予赞同。该案经多重法律程序最终宣告被告人无罪，但该案的教训也是十分深刻的。该案终审判决后的第二年被选入最高人民法院五十个重点案件。

3. 我国法院办理知识产权刑事案件的专业化建设。《强化知识产权保护意见》指出，要加强我国知识产权刑事案件办理专业化建设，包括法院"审判工作效率和办案质量"的提升。笔者认为我国法院办理知识产权刑事案件，为提高效率和办案质量，应当重视采取以下措施。

（1）充分掌握我国知识产权刑事保护政策和精神，形成对我国知识产权刑事保护的较高政策水平。[2]从法理学的角度来说，政策和法律是相辅相成、既有区别又有联系的两个重要概念。就知识产权保护的刑事政策和刑事法律方面的规定而言，知识产权刑事法律的规定是一定时期我国知识产权刑事保护政策的重要体现，是通过国家强制力落实我国知识产权刑事保护政策的形式。比较而言，政策具有较大灵活性，而法律具有相对稳定性，知识产权刑事保护政策和知识产权刑事法律规定也一样。通过有效的、适当的知识产权刑事保护实现我国一定知识产权刑事保护政策目标，需要考验知识产权刑事法官的智慧。

（2）不断培养我国知识产权刑事法官处理知识产权刑事案件的专业能力，

---

〔1〕　Gregor Urbas, *Cross-national investigation and prosecution of intellectual property crimes: the example of "Operation Buccaneer" Crime, Law and Social Change*, Kluwer Academic Publisher, 2007, pp. 207-221.

〔2〕　王宗光："我国知识产权犯罪刑事司法政策论"，载《东方法学》2016 年第 6 期。李洪江："《最高人民法院、最高人民检察院关于办理侵犯知识产权刑事案件具体应用法律若干问题的解释（二）》的理解与适用"，载《中国检察官》2007 年第 5 期。

拓展专业知识结构。[1]知识产权刑事案件和知识产权民事及行政案件在性质上具有重要区别，但前者和后者之间也具有十分密切的联系，因为知识产权犯罪行为首先也是知识产权侵权行为，如果一种行为并不构成知识产权侵权行为，就不可能构成知识产权犯罪行为。然而，在知识产权司法实践中，判断某种行为是否侵犯知识产权并非易事。如前面多次强调的，知识产权作为一种无形财产权，其权利的边界具有一定的模糊性和不确定性。知识产权侵权纠纷中被控侵权行为是否落入知识产权人的权利范围内，审理同一案件的不同层级法院甚至有相反观点。由于知识产权犯罪行为的判断建立在知识产权侵权行为定性的基础之上，如果对知识产权侵权行为是否构成犯罪行为难以确定，必然会影响在特定的知识产权刑事案件中罪与非罪的界限。毫无疑问，如果根据案件的事实和适用的法律，犯罪嫌疑人不应当被认定构成知识产权犯罪，在个案中却被法院认定构成知识产权犯罪，就会严重损害当事人的合法权益。从笔者研究的大量知识产权刑事案件以及民刑交叉案件判决的情况来看，特别是在有些终审法院改判被告人无罪的知识产权刑事案件中，就存在连民事侵权都不构成的情况。如在一起侵犯商业秘密犯罪案件中，一审法院认定被告人构成侵犯商业秘密罪，二审法院认定被告人连一般意义上的商业秘密侵权都不构成，因为涉案犯罪对象早已因成为公知技术、不具备非公知性（秘密性）而不受法律保护，本案谈不上侵犯商业秘密，更谈不上犯罪。该案虽然最终改判被告人无罪，但因为被告人在改判前已被关押一年多，仍然是错案。

笔者认为，各级法院审理知识产权刑事案件的法官为了提高办案效率和质量，避免冤假错案发生，除了具备较高的刑事诉讼法、刑法理论水平和审判经验，还应当对知识产权一般知识有系统的理解和认识，特别是对知识产权侵权行为的构成与认定、知识产权罪与非罪的界限、知识产权民事和行政案件以及民事和刑事案件的衔接，需要有足够的了解。[2]换言之，知识产权刑事法官需要以知识产权相关知识武装头脑，避免因为知识缺陷而导致认定事实与适用法律错误。

---

[1] 刘科："侵犯知识产权犯罪定罪量刑情节司法解释探析"，载《刑法论丛》2009年第1期；肖中华："侵犯知识产权犯罪的司法适用难题"，载《刑法论丛》2007年第2期。

[2] 黄祥青："侵犯知识产权犯罪司法认定的几个问题"，载《法学》2006年第7期。

（3）通过各种形式和手段，加强知识产权刑事案件审理的专业培训和政策指引。相较于知识产权民事案件和行政案件，知识产权刑事案件的审理应更加慎重，因为其对被告人的影响重大，如果对本不构成犯罪的被告人定罪，就会在极大地损害其合法权益的同时破坏知识产权法律制度。为此，各级法院审理知识产权案件的法官，通过各种形式进行专业培训，提高其自身专业素质和政策水平，具有十分重要的意义。

（4）综合考量各种因素确定是否构成知识产权犯罪。知识产权刑事法官应当根据个案中被告人的主观过错、行为性质、社会危害程度、情节是否严重、损害后果等因素综合考虑，避免单纯依据一定金额直接认定构成知识产权犯罪。[1]通过对近些年来我国既判知识产权刑事案件的研究可以发现，部分知识产权刑事案件判决存在唯金额论的倾向。如在部分侵犯商业秘密犯罪案件中，法院仅仅以民事案件中终审法院判决被告赔偿额达到或超过 50 万元，即当然地认定构成犯罪。笔者认为，这种理念和方式是不合理的。除了考虑金额以外，还应当综合考虑其他情况，特别是从犯罪构成方面进行慎重评判。

五、知识产权公职律师、公司律师与法律顾问制度的构建与完善

《强化知识产权保护意见》指出，要"在有关管理部门和企事业单位，全面推行公职律师、公司律师、法律顾问制度，促进知识产权管理和保护工作法治化"。对此，笔者认为，以下问题值得研究。

（一）我国知识产权公职律师、公司律师与法律顾问制度建立的必要性

从《强化知识产权保护意见》的上述规定来看，在有关管理部门和企事业单位建设公职律师、公司律师与法律顾问制度，是为了促进我国知识产权管理和保护工作法治化。具体而言，其必要性可以从以下几个方面加以理解。

1. 提高知识产权保护水平，促进有关管理部门和企事业单位知识产权保护工作的规范化、法治化。知识产权公职律师、公司律师与法律顾问，都是对知识产权理论与实践具有较高水平的知识产权专业人员，其参与有关管理部门和企事业单位的知识产权保护和管理活动，必定能够促进知识产权保护水平的提升，形成知识产权法治思维，促使有关管理部门和企事业单位知识

---

〔1〕　徐建波、邹云翔："侵犯知识产权犯罪司法疑难八题"，载《人民检察》2005 年第 2 期。

产权管理工作的规范化。[1]笔者认为，这是通过以下途径实现的：

（1）提高有关管理部门和企事业单位的知识产权保护意识。知识产权公职律师、公司律师和法律顾问作为训练有素的知识产权专业人员，具有很强的知识产权保护意识，其在有关管理部门和企事业单位从事知识产权工作，必然会带动这些单位知识产权意识的提升。实际上，我国有关管理部门和企事业单位设立这些专职律师和法律顾问岗位本身就体现了其对知识产权保护和管理工作的重视，有利于在有关管理部门和企事业单位形成知识产权保护的良好氛围和文化观念。

（2）通过知识产权公职律师、公司律师和法律顾问制定本单位的知识产权保护与管理制度，使有关管理部门和企事业单位的知识产权工作步入规范化轨道，并且使本单位的知识产权保护工作的具体措施落实到各职能部门和各项行为中，为有关管理部门和企事业单位的知识产权保护与管理工作提供了重要制度保障。

（3）有效地开展有关管理部门和企事业单位的知识产权保护与管理工作。作为训练有素的知识产权专业人员，知识产权公职律师、公司律师与法律顾问能够及时有效地处理相关知识产权事务，特别是发生知识产权侵权纠纷的时候，能够及时加以处理。更重要的是，由于这些知识产权专业人员具有良好的理论素养和实务经验，通过在本单位建立和健全知识产权保护和管理制度，培养知识产权意识，并且将知识产权保护工作落实到本单位的各职能部门和相关人员之中，不仅能够有序、有计划地推进本单位的知识产权保护和管理工作，还能够有效地预防各类知识产权风险。

（4）知识产权律师和法律顾问能够更好地使本单位的知识产权保护和管理工作适应企事业单位的整体知识产权战略需要。从我国企事业单位知识产权战略的制定与实施角度而言，知识产权保护和管理并不是知识产权战略的全部内容，其中还包括知识产权创造，特别是知识产权应用和转化对于企事业单位实施并实现其知识产权战略具有更加重要的意义。基于知识产权高度的专业性和技术性，知识产权保护与管理以及知识产权战略在企事业单位的实施，离不开有专业理论和实务经验的知识产权律师和法律顾问。从国内外

---

[1] 李林、王宗旗："当好依法行政的'参谋'和'助手'——公职律师怎样充分发挥应有作用"，载《人民论坛》2018年第25期。

大中型企业特别是跨国公司设立的知识产权律师和法律顾问的情况来看，其在促进这些企业知识产权战略能力和创新能力提升方面有重要作用。例如，当前跨国公司都有强大的知识产权人才队伍，有的多达数百人，遍布在全球的各个子公司、分公司和研究基地之中。公司内部大量的知识产权保护、管理与战略实施事宜都需要知识产权专业人员加以处理和安排。很多跨国公司的知识产权部已经成为利润中心。反观我国很多企业甚至大中型企业，设立独立的知识产权部门的情况并不普遍。由于公司知识产权保护及知识产权战略事务缺乏知识产权专业人员的处理，知识产权保护和管理工作很难见到实效。当然，令人欣慰的是，随着知识产权在企业中的地位提高，特别是就我国的国际化企业而言，知识产权保护与管理的重要性日益凸显，我国越来越多的大中型企业通过设立知识产权律师、法律顾问等岗位加强知识产权保护和管理并取得了显著成效。

2. 我国知识产权公职律师、公司律师与法律顾问制度分别建立的必要性。

（1）公职律师制度建立的必要性。公职律师是我国律师队伍中一种比较特殊的类型。[1]早在 2002 年，司法部就决定开展公职律师工作试点。目前在全国有数千名公职律师。从工作的性质看，公职律师属于政府公务员系列，其主要承担的工作职责是办理与政府相关的法律事务，具体而言，包括参与党委、政府涉及信访的案件，参与政府行政复议和行政诉讼案件，对相关案件进行专业咨询，并参与党委和政府相关法治宣传活动等。知识产权公职律师显然属于我国公职律师队伍中的重要一员。随着知识产权在当今我国经济社会生活中的地位日益提升，知识产权公职律师在法治政府建设中的地位也越来越高。

与西方国家知识产权公职律师制度相比，我国知识产权公职律师制度的历史不够长。笔者认为，我国推广知识产权公职律师制度的必要性体现在以下方面：

第一，公职律师是我国建立法治政府的重要标志，作为公职律师的重要组成部分，知识产权公职律师对于推进与知识产权有关的政府部门依法行政具有十分重要的意义和作用。

[1]　苏镜祥："中国特色公职律师制度的法理分析"，载《兰州大学学报（社会科学版）》2018年第 1 期。

当前我国正在向建设社会主义法治国家的宏伟目标迈进。政府依法行政是我国法治建设十分重要的内容，也是建立法治政府的关键所在。就与知识产权有关的政府部门依法行政而言，知识产权公职律师能够为有关政府部门依法行政、依法办事提供重要的专业性保障。由于知识产权具有较强的专业性，知识产权公职律师在这方面具有较高的素养和较多的实务经验，能够为与知识产权有关的政府部门处理大量的行政事务提供专业指导和积极解决方案。

第二，知识产权公职律师能为与知识产权有关的行政部门处理大量的相关法律事务提供专业性帮助，有效地解决相关纠纷，促进社会关系的和谐，特别是处理好政府与行政相对人的法律关系。随着我国社会主义法治建设的推进，政府依法行政显得日益重要。在各级政府依法行政过程中，必然会引发各种行政法律关系，包括与知识产权有关的行政法律关系。在缺乏知识产权公职律师时，若发生行政复议、行政诉讼等相关事务，需要委托外部的专业律师加以处理，涉及大量的专业性法律问题，也需要委托外部的专业律师进行咨询和解决。建立知识产权公职律师制度，则可以凭借政府自身的律师队伍，及时、有效地解决知识产权纠纷及相关事务，有利于促进社会和谐和社会关系的稳定。

第三，建立知识产权公职律师制度，有利于普及知识产权知识，提高全社会保护知识产权的意识。我国的知识产权公职律师作为行政机关知识产权方面的代言人和专业工作者，能够在政府惯常的知识产权知识宣传普及中承担重要角色和任务，并保证知识产权普法宣传教育常抓不懈。

第四，建立知识产权公职律师制度，还十分有利于促进政府科学决策、民主决策，避免和减少决策风险。政府在行政管理中必然有大量决策性问题。决策的科学性，是政府高效运转，实现其社会功能的重要保障。在法治社会中，大量决策需要依照法律法规规定的程序和要求加以推进。与知识产权有关的政府行政也一样，通过知识产权公职律师的积极参与，能够保障政府决策的民主性，并在法治的轨道上予以推进，从而有利于避免相关决策风险和给国家、人民造成巨大损失。

（2）建立知识产权公司律师制度的必要性。公司律师也是我国律师法规定的专业律师的类型之一。[1]知识产权公司律师，则属于我国公司律师的重

---

〔1〕 俞耀明、王琼："建立公司律师制度的若干思考"，载《政治与法律》1997年第3期。

要组成部分和知识产权律师专业人才队伍范畴。这里的所谓公司律师，是指被公司律师试点单位聘任为公司专业律师的从业人员。公司律师负责处理公司法相关的法律事务，如公司设立、股权交易、股权纠纷、股权诉讼、破产清算、公司法律顾问等。[1]知识产权公司律师则负责与知识产权有关的公司法律事务，如知识产权并购业务、以知识产权为目的的并购、知识产权法律顾问等。

笔者认为，之所以需要建立知识产权公司律师制度，是因为随着我国经济社会发展和科学技术的变革，知识产权业务在公司发展中越来越重要，有必要配备知识产权专门律师，负责处理与知识产权有关的公司法业务。

（3）建立我国知识产权法律顾问制度的必要性。我国建立知识产权法律顾问制度的必要性，首先在于我国设立法律顾问制度的必要性。在企事业单位设立法律顾问岗位，是近年来我国司法部进行法律专业人员服务改革的重要方面。法律顾问，可以从狭义和广义两个角度进行理解。狭义的法律顾问，可以认为是接受个人、法人或其他组织的委托提供专项法律服务的专业律师。广义的法律顾问则不限于从事法律服务的专业律师，也可以包括企事业单位内部设立的从事法律工作的专门人员。从近些年来我国在企事业单位推广法律顾问制度的情况来看，法律顾问在依法维护企事业单位的合法权益、有效调处各类纠纷、防范各类法律风险、促使企事业单位的各项工作步入法治化轨道方面发挥了十分积极的作用。

我国企事业单位设立的知识产权法律顾问显然属于我国法律顾问体系的重要组成部分。笔者认为，我国企事业单位设立知识产权法律顾问的必要性主要体现在以下几方面：

第一，有效地解决企事业单位的各类知识产权纠纷。当前，随着知识产权在企事业单位中的地位日益提高以及人们的知识产权意识增强，知识产权案件日益增多。知识产权案件较强的专业性，使企事业单位在发生知识产权纠纷后需要借助于知识产权专业人员加以解决。知识产权法律顾问则能够适当承担此重任。

第二，通过建立和健全企事业单位知识产权管理和保护制度，使企事业单位的各项知识产权工作步入规范化和法治化轨道。如前所述，企事业单位

---

〔1〕　江军辉：“统一我国企业法律顾问制度和公司律师制度的思考”，载《中国市场》2005 年第50 期。

建立知识产权管理和保护制度，具有十分重要的意义。在这方面，知识产权法律顾问作为知识产权专业人员，能够为企事业单位知识产权管理和保护制度的构建与运行提供帮助与保障。当今我国仍然有很多企事业单位，特别是大中型企业缺乏有效的知识产权管理和保护制度，致使其知识产权工作效率不高。对此，需要高度重视。近年来随着我国国家知识产权战略的实施，我国知识产权法律制度和政策体系日益完善。在这种背景下，我国企事业单位需要建立自身的知识产权管理和保护制度，笔者认为这是知识产权保护的个性化特色所决定的。国家和地方制定的知识产权法律法规和政策性规范，具有普遍适用性。就具体的企业事业单位的知识产权工作而言，需要结合其自身的生产经营和知识产权任务、目标加以规范。知识产权管理和保护制度可以根据企事业单位的个性化要求有的放矢地进行规范，从而使企事业单位知识产权工作步入规范化轨道。企事业单位知识产权法律顾问，作为知识产权专业人员能够大力推进所在企事业单位的知识产权管理和保护制度规范化建设。

第三，为企事业单位提高知识产权意识提供各种帮助。知识产权意识是企事业单位提升知识产权工作能力、加强知识产权管理和保护的基本前提。特别是企事业单位领导的知识产权意识和观念十分重要。企事业单位知识产权法律顾问则可以通过其专业知识和采取有效的方式提高所在企事业单位领导和员工的知识产权意识，有效地推进知识产权工作。

第四，促使企事业单位有效地实施知识产权战略，使知识产权工作与企事业单位战略目标紧密结合起来，提高自身知识产权战略的运作能力和创新能力。从知识产权战略的定位来看，企事业单位的知识产权战略并不是孤立的，而是应当服务于其生产经营战略目标以及创新战略目标。在这方面，知识产权法律顾问也能够发挥其独特的作用。知识产权法律顾问能够在企事业单位事业部和各职能部门之间进行衔接和沟通，使知识产权工作融入技术研发、生产经营、加工采购、对外销售、售后服务等各方面的生产经营活动中。将知识产权工作与这些不同的技术创新环节和过程相融合，使得企事业单位知识产权价值链能够形成合力和协同效应，提高知识产权整体运作效率。企事业单位的这种知识产权协同效应和整体效率，显然离不开知识产权法律顾问之类的知识产权专业人员的通力协作和帮助。从当前我国企事业单位知识产权法律顾问制度的建立和运作情况来看，尽管其还不是普遍的模式，但仍然产生了十分积极和显著的成效。相信随着我国企事业单位知识产权工作的重要性日益增强，企事业单位知识产权法律顾问将肩负更加重要的使命。

（二）我国知识产权公职律师制度之构建

我国知识产权公职律师制度的必要性建立在公职律师的重要性基础上。笔者认为，我国知识产权公职律师的建设需要注重以下方面。

1. 加强知识产权公职律师的制度化建设。知识产权公职律师在我国还是一个较新的律师岗位，亟待通过建立和完善相关制度予以规范。由于属于我国公职律师的重要组成部分，知识产权公职律师的相关规章制度显然应当在公职律师的规范之下。2018 年，司法部颁布了《公职律师管理办法》。我国知识产权公职律师相关制度应当以该办法为基准。

笔者认为，知识产权公职律师相关制度尤其应当包括以下内容：

（1）明确我国知识产权公职律师在律师队伍中的定位。知识产权公职律师不同于一般律师事务所的专职或者兼职律师，因此需要在相关的规章制度中予以明确。根据《公职律师管理办法》的规定，公职律师是指任职于党政机关或者人民团体，依法取得司法行政机关颁发的公职律师证书，在本单位从事法律事务工作的专业律师。就知识产权公职律师而言，其任职的相关党政机关或者人民团体与知识产权事务具有更密切的联系。

（2）明确我国知识产权公职律师的任职条件和程序。《公职律师管理办法》对一般情况下的公职律师的任职条件和程序作了规定。我国知识产权公职律师的任职条件和程序应当在该规定的基础之上进一步细化。笔者认为，其除了具备公职人员身份，获得法律职业资格或者律师执业资格等条件以外，还应当考虑知识产权公职律师的专业性要求，例如，从事知识产权相关业务具有一定年限和经验，在知识产权相关事务方面具有较高政策水平和业务经验，能够胜任知识产权公职律师岗位工作。

（3）明确我国知识产权公职律师的岗位职责和任务。[1]知识产权公职律师作为我国公职律师的重要组成部分，其工作职责需要满足《公职律师管理办法》的相应职责要求。同时，应当侧重于公职律师在知识产权方面的专长，使其全面参与相关党政机关和人民团体的相关知识产权事务。例如：对相关党政机关和人民团体讨论决定与知识产权的重大事项提供法律意见；参与相

---

〔1〕 李林、王宗旗："当好依法行政的'参谋'和'助手'——公职律师怎样充分发挥应有作用"，载《人民论坛》2018 年第 25 期。

关知识产权法律法规草案和与知识产权相关的规范性文件送审稿的起草和认证；参与合作项目洽谈、对外招标、政务采购等事务，起草、修改、审核与知识产权有关的重要法律文件；参与涉及知识产权行政处罚的审核、行政裁决、行政复议、行政诉讼等工作，如知识产权行政管理部门的行政处罚案件，通过参与相关案件，有效解决知识产权纠纷；落实贯彻"谁执法谁普法"的普法责任制，开展与知识产权相关的普法宣传教育；办理与知识产权相关的民事案件的诉讼和调解、仲裁等相关法律事务，以及根据所在的党政机关或人民团体知识产权政策制定与实务处理的需要，积极参与本单位知识产权相关业务的处理和咨询。

（4）加强对知识产权公职律师的监督管理。关于公职律师的监督管理，《公职律师管理办法》作了明确规定，知识产权公职律师的相关规范也应当遵循该办法。笔者认为，在对知识产权公职律师的监督管理方面，也应当注重知识产权事业的发展规律。例如，在对知识产权公职律师的年度考核等方面，建立一定的指标评价其知识产权工作的绩效。

我国知识产权公职律师的制度化建设，需要在遵循《公职律师管理办法》的基础之上，根据知识产权公职律师的专业化特点和知识产权事业发展规律加以细化。我国还缺乏关于知识产权公职律师的系统化制度，这有待于在不断总结我国知识产权公职律师工作经验的基础之上加以建构和完善。

2. 加强我国知识产权公职律师政治、政策及专业能力的培训。知识产权公职律师和下面探讨的知识产权公司律师具有不同的定位和要求。知识产权公职律师首先应当具有很高的政治素养与政策水平，这是因为知识产权公职律师直接服务于我国党政机关和人民团体涉及的相关知识产权问题的解决。与知识产权公司律师和知识产权法律顾问多从事具体案件的解决相比，知识产权公职律师需要对知识产权法律事务相关的政策具有更深的领悟能力和更高的政策水平，这样才能够使其在我国党政机关或人民团体的知识产权政策法律规范制定中充分体现其政策水平。同时，基于知识产权公职律师所处理的知识产权事务的高度专业性，知识产权公职律师也应当具有很高的知识产权专业能力和水平。

3. 优化对我国知识产权公职律师的人员遴选。《公职律师管理办法》对我国从事公职律师人员的资格进行了明确规定。这些也是我国遴选知识产权公职律师的基本要求。在符合这些基本要求的基础之上，笔者认为，我国知识产权公职律师的遴选应特别注意具有复合型知识背景、国际化视野、开放创新的观念、很高的政策水平以及扎实的知识产权理论基础和实务经验。只有这样，才能保证我国知识产权公职律师在任职期间更好地履行其工作职责，在工作岗位上为我国知识产权事业作出更大的贡献。

（三）我国知识产权公司律师制度之构建

毫无疑问，我国知识产权公司律师属于我国公司律师的重要组成部分，我国知识产权公司律师制度也属于公司律师制度的重要内容。因此，对我国知识产权公司律师制度的研究，需要以公司律师制度为指引。

为了推动我国公司律师制度的建立和发展，司法部颁布了《公司律师管理办法》，对公司律师的定位、任职条件和程序、主要职责和监督管理等问题都做了明确的规定。该管理办法显然也是我国知识产权公司律师管理的基本规范。根据该办法的规定，所谓公司律师，是指与国有企业订立劳动合同，依法取得司法行政部门公司律师证书，在本企业从事法律事务的员工。根据这一定义，知识产权公司律师可以表述为与相关国有企业订立劳动合同，依法取得司法行政部门公司律师证书，并在本企业从事与知识产权有关的法律事务的员工。

知识产权公司律师作为我国国有企业中从事知识产权法律事务的专职律师，在促进我国国有企业知识产权工作的规范化、法治化，有效预防国有企业知识产权风险，提高其知识产权战略管理能力和创新能力，促进知识产权成果转化等方面都具有十分独特的作用。前面对此也做了初步探讨。在此需要进一步研究的是，如何采取有效措施促进我国知识产权公司律师制度的建立与发展。

如上所述，《公司律师管理办法》是我国知识产权公司律师的规范化管理指引。然而，需要指出的是，随着知识产权在当代企业国内外竞争中的地位日益提高，知识产权越来越成为企业一种十分重要的无形资产、经营资源以及战略手段，也越来越需要知识产权专业人士参与经营管理活动，以便有效地将知识产权工作与企业经营战略紧密结合起来。基于知识产权工作在国有企业中的重要地位和其高度的专业性，需要知识产权公司律师发挥其独特的作用。其中，建立和完善我国知识产权公司律师制度，就是其中十分重要的内容和手段。

笔者认为建立和完善我国知识产权公司律师制度，需要以《公司律师管理办法》为指导，明确和规范以下重要内容。

1. 明确和优化知识产权公司律师的任职条件和程序。关于公司律师的任职条件和程序，《公司律师管理办法》第 5 条做了明确规定，除了拥护我国宪法、品行良好的条件以外，还需要依法取得法律职业资格或者律师执业资格，与国有企业依法订立劳动合同，从事法律事务工作两年以上，或者曾经担任法官、检察官、律师一年以上。笔者认为，知识产权公司律师除满足上述条件以外，特别应关注其从事知识产权相关法律事务的经验和水平。在笔者看来，由于知识产权公司律师是在我国国有企业专职从事知识产权相关法律事务，而从事相关法律事务直接服务于国有企业生产经营战略，为了使其更好地胜任国有企业工作，在其人员遴选上，除了要求具有扎实的知识产权法律知识外，最好在相关知识结构方面具有一定的基础，尤其是关于企业知识产权管理和战略方面的专业基础。原因在于知识产权公司律师处理知识产权相关法律事务的根本目的是实现企业战略、提高企业竞争能力。在当代，随着知识产权作为一种竞争战略在企业中的地位提高，知识产权法律事务尽管十分重要，但其最终需要和企业经营战略、科技创新战略紧密结合，通过知识产权的有效保护促进企业知识产权战略能力的提升。从笔者近些年对企业知识产权战略以及知识产权各类人才的研究情况来看，企业尤其是国有企业知识产权人才除了需具备深厚的法律基础以外，需要具备相关的企业管理、企业知识产权战略的专业基础。2008 年 6 月 5 日国务院发布的《国家知识产权战略纲要》在知识产权人才队伍建设方面即明确指出，我国需要培养企业急需的大批知识产权管理人才。因此，建议我国有关企业在遴选知识产权公司律师方面，优先遴选具有复合型知识背景的专业律师。

2. 明确我国知识产权公司律师的基本职责，强调知识产权法律事务与企业知识产权战略的紧密结合。作为公司律师的重要组成部分，我国知识产权公司律师也需要按照《公司律师管理办法》的规定，履行其基本职责：为企业改制重组、并购上市、产权转让、破产重整等重大经营决策提供法律意见；参与企业章程、董事会运行规则等企业重要规章制度的制定、修改；参与企业对外谈判、磋商，起草、审核企业对外签署的合同、协议、法律文书；组织开展合规管理、风险管理、知识产权管理、法治宣传教育培训、法律咨询等工作；办理各类诉讼和调解、仲裁等法律事务；所在单位委托或者指派的其他法律事务。在上述规定中，明确列举知识产权的仅有知识产权管理一项。

当然，上述规定中涉及的法律意见、法律文书、法律事务等，也可以包括知识产权方面的内容。不过，笔者认为，基于知识产权法律事务的独特性，以及知识产权公司律师在企业知识产权工作中的独特地位，我国知识产权公司律师制度需要在上述规定基础之上进一步细化。对此，笔者有以下完善建议。

（1）关于知识产权公司律师参与企业重大经营决策的基本职责问题。根据上述规定，企业重大经营决策问题涉及企业改制重组、并购上市、产权转让、破产重整等方面。在这些方面均可能涉及企业重大知识产权问题。作为知识产权公司律师，针对上述问题应当从有效保护和战略运营知识产权的角度为企业提供法律意见。以下不妨分批予以讨论。

第一，就企业改制重组而言，涉及的知识产权问题主要是知识产权归属的变化。由于企业改制重组涉及原有的知识产权主体的变化，改制以后的企业不能当然地使用改制重组以前企业所有的知识产权，否则就可能酿成知识产权侵权纠纷。从过去我国企业改制重组涉及的知识产权问题来看，这方面的纠纷并不罕见。为了充分有效地保护和利用知识产权，要对改制重组以后的企业知识产权的归属和利用问题进行处理。例如，根据知识产权专门法律的规定，依法办理知识产权的转让手续。如果改制重组以后的企业不能获得改制重组以前的企业知识产权，而在生产经营活动中又有必要继续利用该知识产权，则应当办理知识产权许可手续。依据我国知识产权专门法律的规定，知识产权的转让和许可也需要办理相关的手续，特别是知识产权的转让需要登记和公告以后才能生效，而不仅仅是双方签字盖章即可。如果手续不到位，就有可能引发未来的知识产权权属纠纷乃至知识产权侵权纠纷。作为知识产权公司律师，显然需要在企业改制重组中涉及知识产权权属变动以及相关手续问题时，提供专业的法律意见并予以把关，严防因为企业改制重组造成知识产权的流失以及知识产权权属或者侵权法律风险，影响企业未来的生产经营活动。

第二，就企业并购上市而言，随着知识产权在企业中的地位提升，特别是在有效保护其自身权益，有效防范侵权风险，提高企业竞争力方面的作用日益加强的情况下，企业并购上市活动涉及的知识产权问题越来越重要。在过去我国很多企业并购上市案例中，就有相当一些企业因为知识产权问题处置不当而陷入被动，甚至造成极大损失。

关于企业并购，就知识产权问题而言存在以下两种情况：第一种情况是单纯的知识产权并购，第二种情况是以知识产权为目的的企业并购。单纯的知识产权并购，从知识产权业务的角度来说，似乎仅是知识产权转让行为。实际上，从企业经营管理特别是从企业知识产权战略的角度来说，知识产权并购是企业重大经营决策的内容，而不是单纯的知识产权转让行为。这是因为，企业知识产权并购需要从企业战略出发，使得并购以后的知识产权能够与企业自身的知识产权形成良好的知识产权组合，进而形成企业整体的知识产权竞争优势。在企业知识产权并购活动中，对于并购企业、并购企业知识产权的内容和类型、并购知识产权所需成本和知识产权的未来盈利能力，特别是被并购的知识产权和本企业已有知识产权能否形成良好的无形资产组合，进而形成知识产权竞争优势，都是需要重点考虑的问题。为了有效推进企业知识产权并购活动，应对被并购的知识产权进行技术、法律、市场等多方面的综合性评估，综合考虑拟并购的知识产权的技术含量、法律状况以及市场前景。由此可见，企业知识产权并购活动不能仅仅由知识产权公司律师参与和决定，还需要有企业决策层以及研发部门、市场部门、财务部门等参与，共同研究，从企业生产经营到法律保护各个方面加以综合考虑。

就为企业重大经营决策提供法律意见而言，并购上市是常见的企业重大生产经营活动。企业知识产权并购的第二种类型，即以知识产权为目的的企业并购，和第一种类型（单纯的知识产权并购行为）看起来没有根本性的区别，因为二者都是关于知识产权的并购。实际上，以知识产权为目的的企业并购更体现了企业知识产权战略的意蕴，能够更加深刻地揭示和反映知识产权在企业生产经营中的地位，以及知识产权的有效运营与企业战略的磨合与协同。严格地说，以知识产权为目的的企业并购，除了知识产权并购本身涉及的知识产权法律程序、相关法律事务以外，还涉及企业知识产权战略的问题。企业知识产权战略尽管不是纯粹的知识产权法律事务问题，但它首先建立在知识产权充分有效保护的基础之上。当然，就知识产权并购这一重大经营决策问题而言，除了考虑知识产权并购本身的法律事务、法律风险以外，还需要考虑并购的知识产权对于企业提高自身竞争力的作用，以其作为无形资产与企业有形资产及其他生产要素进行有效结合，形成企业无形资产和有形资产的有效配置，从整体上有利于开拓市场，提高企业核心竞争力。

为了有效推进以知识产权为目标的企业并购服务于企业知识产权战略，笔者认为需要从以下方面予以考虑：被并购的知识产权对本企业已有的知识产权形成的无形资产组合的影响，这可以从形成替代性、竞争性和互补性三个方面进行评估。企业为了通过以知识产权为目的的并购行为提高整体的知识产权竞争优势，首先需要对其自身的知识产权组合和布局的情况进行充分评估，正所谓知己知彼，百战不殆。一般而言，之所以需要并购其他企业的知识产权，根本原因在于通过自身研发等形式获得自主知识产权可能不足以在短期内形成知识产权整体优势，因为即便拥有强大技术和市场优势的企业也不可能在所有相关领域形成占绝对优势的知识产权，也需要在一定的范围内以并购、受让等形式获得他人的知识产权。

当然，以知识产权为目的的企业并购，除了正常的知识产权战略目的以外，还有一种比较特殊的情况是出于知识产权诉讼的需要。这里不妨先通过实务中的案例说明：在当前企业知识产权诉讼中，存在着一种"以小博大"的现象，如有些拥有核心技术、基础专利的小公司，针对大公司未经许可实施其专利的行为，主动发起专利诉讼攻势，并要求高额的侵权损害赔偿。像微软公司等国际性大企业就遇到过类似的纠纷。这类案件中，由于大公司侵犯小公司知识产权的事实清楚，如果按照正常的诉讼程序走下去，大公司可能面临巨额赔偿。从常理而言，大公司之所以会利用小公司的重要专利，显然是这些重要的专利对其自身技术能力的提升和市场的开拓具有重要作用。在发生小公司对大公司的知识产权诉讼时，大公司如果评判存在侵权风险，并且涉案的专利等知识产权对大公司的发展具有重要作用，大公司就可能主动采取以知识产权为目的的企业并购行为。也就是说，大公司可能抛去"橄榄枝"，主动与小公司进行谈判，就一揽子收购小公司达成协议。在收购小公司以后，由于知识产权归属已经变更为大公司，它们之间以前存在的知识产权诉讼也将不再存在侵权的前提条件。这样一来，不但可以有效地解决这一知识产权侵权纠纷，而且通过企业并购行为，大公司可以获得其最终需要的知识产权，并且与自身知识产权形成了良好的组合，进而能够形成更好的竞争优势。笔者认为，以知识产权为目的的企业并购，在企业遇到重大知识产权侵权风险的情况下，根据个案也可以适当考虑。当然，解决这一问题也需要克服一些困难。例如，企业并购的成本不能太高，不能因为解决这一特定的知识产权纠纷而给本企业带来过大的负担；并购的知识产权对本企业来说应当在技术和市场竞争方面具有独特的优势，能够和其自身已经拥有的知识产权形成良好的组合。此外，这一方案能否实现也存在一定的风险，如对方企业不愿意接受并购方案，就无法实现。无论如何，当企业遇到重大知识产权侵权风险，而涉案知识产权对本企业也确实具有重要作用时，并购可以作为一种选择方案加以考虑。

第三，产权转让是企业决策和生产经营的重要内容之一。现代企业制度改革的重要内容之一是建立产权清晰、责权明确、运作高效的企业制度。企业中的产权既涉及有形资产的有效配置与权利归属，也涉及以知识产权为核心内容的无形资产的有效配置与权利归属。基于有效配置和运营企业有形和无形资产的考虑，企业在重大生产经营活动中有时需要进行产权转让。从知识产权的角度来说，产权转让可能涉及纯粹知识产权的转让，也可能涉及有形资产所有权处置中的知识产权问题。无论如何，产权转让活动中只要涉及知识产权问题，就需要就知识产权相关权属以及利益分配等问题进行处理，否则就可能造成以知识产权为核心的无形资产的流失。作为知识产权公司律师，在处理涉及知识产权问题的产权转让时，应当掌握以下原则：

一是，在企业涉及产权转让活动时，应当高度重视知识产权问题，具有较强的知识产权意识。过去我国企业进行重大经营决策时，由于缺乏知识产权意识，对相关知识产权问题没有进行有效处置，结果造成知识产权的流失乃至带来知识产权权属或侵权纠纷的隐患。在企业进行产权转让等重大活动时，知识产权公司律师显然应对相关产权转让的内容进行了解，并对其是否涉及知识产权问题提出意见和建议。这样一来，就可以防止在企业涉及与知识产权有关的产权转让活动时，对知识产权问题不予考虑。

二是，针对企业产权转让活动涉及知识产权问题的情况，根据知识产权权属、相关法律状况与市场前景等因素确定对相关知识产权的有效处置办法。例如，就单纯的知识产权转让而言，如果本企业是转让方，则应对该知识产权转让的必要性及可能存在的风险进行充分论证，严防将知识产权转让给竞争对手以后丧失相关领域竞争优势。应当说，在这方面国内外企业都存在一些教训。如美国企业曾将领先的彩电专利技术转让给日本企业，最终的结果是美国企业全面丧失了彩电技术领先的机会，相关产品市场被日本企业占领。企业知识产权转让造成的市场风险和竞争力的削弱，不仅在技术领域的知识产权中存在，在以商标为核心的品牌领域也广泛存在。如过去我国有些具有重要影响的品牌，在与外方进行合资、合作过程中就存在被不适当地转让以致造成后患的情况，这方面的教训不可谓不深。除了充分认识知识产权转让的必要性与可能存在的风险以外，还需要就转让的价金进行充分评估，以避免将具有重要技术和市场价值的知识产权贱卖。通常，企业知识产权价值评估方法有成本法、市场法和收益法。这几种方法各有特色和局限性，但整体而言收益法更符合知识产权市场价值规律。企业一旦决定转让其某项或某些知识产权，就其知识产权的价值评估而言，可以其自身开发相关知识产权的成本为基础和参照，结合该知识产权未来获利能力，聘请相关有资质的知识产权价值评估公司参与。在上述基础之上，转让知识产权应办理必要的法律手续，特别是审批通过以后的登记和公告程序。否则一旦相关法律程序没有走完，就不能实现真正的转让。在这方面国内外企业也存在一些教训。当初杭州娃哈哈与法国达伦公司就杭州娃哈哈注册商标的所有权归属之争，就值得人们思考。

三是，在企业有形资产所有权转让中涉及相关知识产权问题时，知识产权公司律师应当查明该知识产权的实际情况，明确该知识产权在企业中的地位、目前的法律状况与市场经营情况，以此决定在企业有形资产所有权转让活动中如何最佳地处置该知识产权。无论如何，最起码的要求是保证在企业有形资产所有权转让中有效预防相关知识产权的流失，妥善处理相关知识产权的权属变更，以避免企业有形资产所有权转让中出现知识产权纠纷。企业有形资产所有权转让之所以有时涉及知识产权问题，是因为知识产权作为一种无形财产权，也需要一定的有形载体。尽管根据知识产权权利穷竭原则，为了协调有形财产的自由流通与知识产权这一专有权保护的关系，企业有形财产的转让不会受到知识产权的制约，但在实践中有形财产所有权的转移可能因多种原因而涉及相关知识产权问题。一旦出现相关知识产权问题，就应当予以妥善处置。

第四，破产重整是企业重大经营决策的内容之一。对此，我国破产法对相关的程序以及相关主体的权利义务、职责都做了详细规定。然而在实践中，由于知识产权的无形性，这一具有重要经济技术价值的企业无形资产在破产重整程序中往往没有得到重视，以致具有重要价值的知识产权流失或者埋下权属乃至侵权纠纷的隐患。这里不妨先介绍一个实际案例。

20年前，某地区一个企业因为经营不善，资不抵债，最终不得不申请破产。经过几十年的生产经营，该企业培植的品牌已经具有较高知名度，成为地方驰名商标。不仅如此，该企业在国外也申请注册了同一商标，而且同样具有较高知名度。由于国内外政策变化以及企业决策失误等多方面原因，该企业经营出现困难。这在相当大程度上影响了该注册商标的品牌价值，但注册商标的市场价值仍然存在。在该企业破产清算中却没有考虑该具有相当知名度的注册商标的无形资产价值，对该注册商标没有进行任何处置。由于该注册商标仍在有效期内，在企业破产程序走完以后，该注册商标即被另一企业使用。后来引起纠纷，相关债权人不服，就该注册商标的权利归属与利益分配相关问题主张权利。该案带给我们的思考是，当初如果在破产程序中考虑该注册商标的无形资产价值并就其权属变更和相关利益分配问题进行处置，就不会造成后面的纠纷。

笔者认为，在企业破产重整等程序中，知识产权公司律师应当积极发挥作为知识产权专业律师的独特作用，注意以下问题：

一是，提示在企业破产重整程序中考虑知识产权这一无形资产的独立性及其相应的无形资产价值，以避免上述案例中出现的在破产清算中由于忽视知识产权问题而导致知识产权流失以及相关的知识产权纠纷。[1] 在企业破产重整程序中，知识产权公司律师应当主动了解企业知识产权中的相关知识产权存量和权属情况，以便在核算、评估企业存量资产时将知识产权这一部分的价值考虑进去。一般地说，企业或多或少都有一部分知识产权，其中有的知识产权价值可能还很大。如有的企业的注册商标较为知名，或者拥有具有较高技术与市场价值的专利技术或技术秘密。知识产权公司律师特别需要提醒企业决策层在破产重整程序中重视知识产权的价值。根据过去企业的经验教训，有些企业决策层知识产权价值意识较为薄弱，在破产重整程序中只看到可见的有形资产的价值，而忽视作为无形资产的知识产权的价值。

二是，应当注意在破产重整程序中知识产权的价值评估和权属变更。知识产权作为企业的重要无形资产、生产要素以及经营资源，本身具有重要的经济技术价值。然而，其客体知识产品的无形性特征也使得其价值含量难以评估，特别是难以精确地反映在企业财务报表上。为此，在可能的情况下，需要就企业所拥有的知识产权存量进行价值评估。从企业财务核算和成本分摊的角度而言，最起码应当包括开发所有知识产权的成本。这些实际支出的

---

[1] 董涛："破产程序中知识产权许可协议'法律待遇'问题研究——美国的经验及对中国的启示"，载《政治与法律》2008 年第 10 期。

成本相对而言较为容易确定。当然，如前所述，企业知识产权的真正价值在于其未来为企业获利的能力，与开发相关知识产权的实际成本并不成正相关关系。不过，作为一种现实的考虑，企业开发相关知识产权的成本作为知识产权价值评估的基础，应当是可以作为重要参照的。除了在破产重整程序中考量企业知识产权的价值含量以外，还应当就涉及的相关知识产权的权属问题进行考虑和处理。知识产权公司律师在处理知识产权权属问题时，应严格按照我国知识产权专门法律的规定，依法办理相关手续，以避免在企业完成破产重整程序以后，造成知识产权权属纠纷乃至侵权纠纷。

三是，不仅应当对破产重整程序中涉及的相关知识产权的法律状况加以全面了解，还需要从企业破产重整以后的战略目标出发，寻求未来知识产权的有效组合以及知识产权在国内外的布局，使破产重整以后的企业能够凭借知识产权的技术和市场优势，尽快提高企业竞争力。[1]当然，囿于专业的局限性，知识产权公司律师更主要的是就企业破产重整程序中的知识产权法律问题进行把关，而就如何通过知识产权的组合和布局重构知识产权战略竞争优势这一知识产权战略规划问题，需要企业决策层、市场经营部门、研发部门等合力研究并作出决策。笔者认为，之所以需要做这一考虑，是因为知识产权的开发和利用在企业中不仅仅是一个法律问题，还是与企业战略、研发紧密相关的生产经营活动，企业知识产权战略必须和技术创新有机结合起来。只有这样，企业的知识产权才能更好地服务于企业战略，提高整体竞争力。

总的来说，就企业破产重整程序中的相关知识产权问题，知识产权公司律师能够在知识产权的资产处置、权利归属及变更、防范知识产权流失和各种知识产权风险方面，发挥其十分重要的作用。

第五，参与企业章程、董事会运行规则等企业重要规章制度的制定和修改也是我国公司律师的基本职责之一。作为公司律师的重要组成部分，我国知识产权公司律师在知识产权规章制度的构建与运行方面能够发挥其独特的作用。如前所述，在当代，知识产权不仅是企业重要的无形资产、生产要素和经营资源，还是企业占领市场，获取市场竞争优势的战略手段。企业本身也是我国知识产权创造、运用、保护和管理的最重要的主体之一。在当代激烈的国内外市场竞争中，企业的竞争在某种程度和意义上也体现为知识产权

---

〔1〕　徐家力：“企业破产中的知识产权许可合同处理方法研究”，载《中州学刊》2017 年第 5 期。

的竞争。企业运营知识产权的能力和战略管理水平，在相当大程度上决定了其竞争实力和核心竞争力。这也是在当代知识产权国际保护环境和知识产权战略化背景之下国内外企业日益重视知识产权战略实施的原因。在企业知识产权战略制定和有效实施中，企业知识产权制度是最为重要的一环和内容之一。基于企业自身的知识产权保护与管理制度的重要性，企业在制定和修改章程以及董事会运行规则方面，不能不高度重视知识产权制度的构建与完善。

当然，如前所述，这里需要深刻理解在当前我国知识产权法律制度日益健全的背景之下，企业为何还需要制定相关的知识产权制度。笔者认为，这可以从多方面加以解读。例如，从马克思辩证唯物主义的角度来说，矛盾具有普遍性和特殊性。企业内部制定知识产权相关制度，相当于在全国范围内普遍实施的知识产权法律制度在企业中个性化地贯彻和实施。我国知识产权法律制度随着我国各项法律制度的健全和发展也不断完善。然而，其有效贯彻最终还需要以企业等市场主体为基础，深入推进实施。企业知识产权制度的意义就在于，能够基于企业急需要解决的知识产权问题，通过内部规范的形式予以落实，以便有的放矢，提高自身知识产权能力和管理效能，最终提高企业核心竞争力。

（2）我国知识产权公司律师制度的完善措施。基于知识产权制度在企业生产经营和发展中的重要作用，企业在制定和修改章程以及董事会运行规则方面，有必要对其中的知识产权制度进行规范和完善。

笔者认为，作为知识产权公司律师，在企业章程和董事会运行规则的制定和修改方面，需要注意以下问题的审查和解决：①在公司章程中，应当规定企业知识产权保护与管理的基本内容和职责。例如，在公司章程中明确知识产权是本企业重要的无形资产，公司全体员工有义务和责任予以充分保护；在公司章程中同时明确对相关知识产权的保密义务和职责；明确相关的竞业禁止义务。就公司章程的修改而言，还需要立足于公司章程制定以来的实施情况所暴露的问题，从企业知识产权制度完善的角度，就其中最为重要的问题和原则加以规范。②在董事会运行规则方面，应当在遵守我国公司法、企业章程等方面规定的基础之上，就其中的相关知识产权重大决策或者经营管理问题作出明确规定。例如，就公司知识产权转让以及企业生产经营活动中涉及的其他重大知识产权问题，确立相关的董事会议事规则和制度，防止因为公司在知识产权重大事项方面的决策失误而给公司造成巨大知识产权风险和其他重大风险。就董事会运行规则的修改而言，需要总结现行规则运行中存在的问题，特别是在知识产权重大决策程序方面，有针对性地加以改进。

此外，知识产权公司律师在对外谈判、磋商、起草、审核企业对外签订的合同、协议及其他法律文件中，在知识产权方面也具有独特的作用，需要充分发挥知识产权专业律师的主导和把关作用。笔者认为，知识产权公司律师需要重点审查以下问题：①明确合同、协议及其他法律文件中涉及的知识产权的归属，防止其知识产权的流失以及潜在的知识产权权属纠纷。知识产权归属对企业具有至关重要的作用，因为这涉及企业自主知识产权的问题，涉及有效保护企业自身的知识产权、尊重他人知识产权，有效防范知识产权权属与侵权风险等重大问题。如合同、协议及其他法律文件中涉及的知识产权权属不明，或者因为没有按照法律规定通过双方自治原则确立对自身有利的知识产权权属，可能造成对本企业十分不利的情况。企业在委托其他企业进行技术开发时，如果不对相关的知识产权权属进行约定，根据我国《民法典》《专利法》等相关法律的规定，作为委托者的企业在知识产权权属方面就处于极为被动的地位。②有效防范在对外谈判、磋商及起草合同、协议、其他法律文件等方面知识产权的泄密。毫无疑问，企业在对外谈判、磋商及起草合同、协议、其他法律文件方面，经常需要将自身所拥有的商业秘密或者对其自身具有重要价值的信息告知对方。对外谈判、磋商本身存在失败的风险。尽管我国法律规定了先合同义务，但企业仍需要未雨绸缪，加强相关保密措施。③重视相关知识产权的后期权利归属与利益分配问题。在协商、谈判中，尤其是涉及技术开发问题时，不仅需要对相关知识产权的归属作出明确约定，还需要考虑就未来一方或者双方技术改进而产生的成果的权利归属和利益分配问题进行约定。这样可以避免或减少未来发生相关知识产权权属和知识产权侵权风险。

根据《公司律师管理办法》的规定，公司律师还可以受所在单位委托或者指派从事以下业务：组织开展合规管理、风险管理、知识产权管理、法治宣传教育培训、法律咨询等工作。对此，笔者认为，以下问题值得研究：

第一，知识产权是企业法律事务管理的重要内容，知识产权公司律师需要充分利用其专业特长强化知识产权的合规管理与风险管理。其中在合规管理方面，特别应当强调以下几点：①企业生产经营与技术创新活动，凡涉及知识产权相关问题的，应按照国家知识产权相关法律法规的规定以及公司知识产权相关管理规定有序进行，防止企业生产经营活动以及技术创新工作出现违法违规行为。②知识产权各类合同、协议的规范化管理。尤其是企业在对外开展采购、销售、售后服务等各种生产经营活动时，必然要与外部合作单位签订大量的合同和协议，这些合同和协议中需要对相关知识产权问题进行约定，以防止知识产权流失以及知识产权权属和侵权纠纷发生。知识产权公司律师可以在合同、协议中就知识产权条款提供规范文本，既保障在合同、协议中就知识产权问题进行约定，也保障相关知识产权条款的合理性。

第二，就企业风险管理中的知识产权风险管理而言，知识产权公司律师的主要作用体现为：①规范和制定企业知识产权风险管理制度，使知识产权风险管理做到有章可循。②建立企业知识产权预警与应急机制，以应对可能发生的知识产权重大风险。③及时发现企业知识产权风险。这可以通过日常的知识产权调查，并建立及时反馈机制予以解决。例如，通过日常的信息跟踪，发现他人申请注册商标与本企业相同或类似商品上已经注册的商标相同或近似时，及时通过异议，或者在他人获得注册以后通过请求宣告无效的法律手段加以阻止。又如，通过调查发现企业新上市的产品被他人仿冒，也需要及时采取措施加以解决。④采取有效措施，未雨绸缪，避免侵犯他人知识产权的风险。如企业在新产品上市之前，做好专利侵权检索分析，特别是国际化企业在其产品出口到其他国家时预先做好专利侵权检索和分析，以避免出口产品侵害其他国家相关权利人的知识产权。就知识产权风险管理而言，防范侵害他人的知识产权与保护自身知识产权，是一枚硬币的两个方面，缺一不可。仍就企业新产品上市、产品出口到其他国家而论，一些新产品上市后很可能因为适销对路、受到消费者的欢迎而同时遭到他人的仿冒。仿冒产品通过低价竞争挤占了正品的市场，而且通常由于存在质量问题而影响正品的声誉。因此，在新产品上市以后，应当加强对知识产权的保护。⑤采取有效措施解决知识产权风险以后，对出现风险的原因进行总结。企业知识产权风险发生的原因有多方面。例如，从企业自身的原因来看，有的是在签订采购、销售相关协议或者合同时，对相关的知识产权问题没有约定或者约定对本企业十分不利。笔者接受咨询的一起案件就存在这样的问题。在该案中，原告将其拥有较多商业秘密的不对外公开销售的产品销售给第三方，案件的被告则从第三方合法购进该产品并对该产品的技术秘密进行了"破译"，获取了相应的商业秘密。由于原告与第三方的购销合同中对有关商业秘密等知识产权的保护没有作出任何约束性的规定，致使案件被告很顺利地从第三方获取产品中破解了原告的商业秘密。⑥企业对知识产权风险进行处理后还需要注意建立信息反馈机制，以防止知识产权风险再次发生。

第三，就知识产权公司律师参与企业知识产权管理，提高知识产权管理水平方面的事务而言，笔者认为，以下问题值得重视：①知识产权公司律师尽管主要是处理知识产权法律事务，但由于知识产权法律事务直接服务于企业战略和提高企业生产经营管理水平，知识产权公司律师也应当具有较高的知识产权管理意识，具备相关的知识产权管理知识，将法律事务和管理事宜有机结合起来，提高企业知识产权管理能力，有效实施企业知识产权管理策略。②知识产权公司律师应当对企业知识产权管理制度的制定和修改予以把关。在笔者看来，企业知识产权管理水平的提升，应当在企业知识产权管理制度建设、组织构建及知识产权管理人员的配备和职责确认方面进行努力。基于此，知识产权公司律师在参与企业知识产权管理方面，也应当从上述三个方面重点予以支持。《企业知识产权管理规范》可以为我国各类企业提高自身知识产权管理水平提供规范化的指导和参考。笔者认为我国知识产权公司律师在参与企业知识产权管理方面可以以该国家标准为指引，结合企业自身生产经营与知识产权方面的情况，制定相关知识产权管理策略和制度。

第四，知识产权法治宣传教育以及法律咨询，也是知识产权公司律师的基本职责之一。《公司律师管理办法》明确规定，参与"法治宣传教育培训、法律咨询等工作"，是公司律师应当履行的基本职责。对此，笔者认为，以下问题值得重视。

第一个问题是知识产权公司律师如何有效推进知识产权法治宣传教育培训。对此可以采取以下措施，并结合公司具体情况加以落实。

一是，将知识产权法治宣传教育培训作为公司知识产权保护与管理制度的重要内容之一，使知识产权法治宣传教育培训制度化、规范化与常态化。公司知识产权法治宣传教育培训的意义在于：通过知识产权法治宣传教育培训，增强公司领导和全体员工的知识产权法律意识；通过知识产权法治宣传教育培训，普及相关知识产权知识；为公司领导和全体员工在公司相关工作中重视知识产权问题提供观念基础和知识储备。公司知识产权法治宣传教育培训不是一蹴而就的，需要结合企业文化和实际情况，通过纳入知识产权保护与管理制度，予以稳步推进。

二是，制定与实施公司知识产权法治宣传教育培训计划。公司知识产权年度计划和几年规划中，应当有知识产权法治宣传教育培训的内容。只有通过有效制定和实施公司知识产权法治宣传教育培训计划，才能使公司知识产权制度所确立的知识产权法治宣传教育培训措施得以落实。笔者认为，在该计划中应重视以下内容：

其一，明确知识产权法治宣传教育培训的内容。针对公司不同岗位和性质的员工，采取不同的宣传教育培训方式，如针对企业领导层、管理层，除了强化一般知识产权知识的普及，还应重视企业知识产权市场意识、价值意识、经营管理意识乃至知识产权战略管理意识的提高；针对公司研发部门，在知识产权法治宣传教育培训方面除了一般知识产权知识的普及，还应特别重视知识产权制度实施与技术创新的关系、如何在技术研发中重视知识产权管理策略以及有效实施企业知识产权战略；针对公司市场开发、营销部门，则除了一般知识产权知识的普及，还应特别重视知识产权经营管理意识、知识产权经营管理策略等方面的专业教育培训。同时，需要将公司知识产权法治宣传教育培训与公司战略、公司生产经营管理紧密结合起来，注重宣传教育培训的效果。从公司战略的角度来说，知识产权公司律师尽管提供的是知识产权方面的法治宣传教育培训，但这方面工作是为企业战略、提高企业竞争能力服务的，因此在知识产权法治宣传教育培训方面，应当紧密结合公司战略和生产经营中的实际问题，这样才能提高宣传教育培训的效果。

其二，注重相关知识产权法治宣传教育培训的师资人选。毫无疑问，作为专长于知识产权方面的律师，知识产权公司律师可以作为公司内部的重要主体参与知识产权法治宣传教育培训。然而，知识产权制度在企业中的有效实施除涉及法律问题以外，还涉及很多其他方面的问题，如企业知识产权经营管理、企业知识产权战略规划、企业知识产权价值评估、企业知识产权国际化经营战略等，这些内容并非所有知识产权公司律师的专长。为此，公司还需要聘请或者委托企业之外的知识产权理论及实务界专家作为讲师开展知识产权法治宣传教育培训活动。

其三，要注重知识产权法治宣传教育培训的效果，防止走过场与形式主义。笔者认为，为了提高知识产权法治宣传教育培训的效果，可以采取一定的形式予以考核和评价。同时，通过激励先进的形式，对公司在知识产权法治宣传教育培训方面表现突出的部门和个人予以表彰。

其四，要注重知识产权法治宣传教育培训的开放性、包容性与多样化。从企业知识产权工作而言，知识产权法治宣传教育培训属于公司知识产权"内训"的范畴，但基于公司的社会属性以及知识产权法治宣传教育培训内容的丰富性，在这方面应本着开放、包容的态度，将公司知识产权法治宣传教育培训工作与所在地区、所在行业相关知识产权法治宣传教育培训体系结合，并取得相关部门、行业协会、商会等各方面组织的支持、帮助与协助，这样才能弥补公司在知识产权法治宣传教育培训资源和其他条件方面的不足，提高知识产权法治宣传教育培训的效果。

第二个问题是知识产权公司律师如何提供与知识产权有关的法律咨询。公司在日常运转中必然会涉及大量的法律问题，其中包括知识产权法律问题。作为公司在知识产权方面的专职律师，向公司领导和员工以及相关合作方提供与知识产权有关的法律咨询，显然是其基本职责之一。在这方面，笔者认为，知识产权公司律师应本着对相关当事人高度负责的精神，耐心予以解答。在必要时，针对被咨询的知识产权法律问题，可以提供相关咨询建议，供相关当事人参考，提高其知识产权法律意识和知识水平，防范知识产权风险的发生。

一般而言，就律师接受法律咨询而言，根据笔者长期担任知识产权法律相关方面兼职律师的体会，首先应当明确所提出的知识产权法律问题的内涵。由于知识产权法律咨询者并非知识产权专业人士，其提出的相关问题很可能不具有专业性，甚至在专业人士看来有点"幼稚"。然而，作为知识产权公司律师，在接受咨询时一定要本着耐心和负责的态度，明确相关咨询者的诉求。其次，必要时可就咨询者针对的相关知识产权法律问题进行总结，并提出咨询建议。在知识产权相关实务中，一些咨询者之所以提出相关问题，是因为已经发生了纠纷或者认为具有潜在风险，而其对知识产权法律专业性问题又不熟悉。因此，作为知识产权公司律师，如果能就相关问题发生的原因，或者出现相关风险以后，就下一步的解决思路提出对策，将能取得更好的咨询效果。笔者认为，作为知识产权公司律师，其重要的职责是定分止争，如果能够通过相关知识产权法律咨询，解决潜在的知识产权风险，就能够更好地发挥知识产权公司律师的作用，维护社会关系的稳定与和谐。

参与公司知识产权相关案件的调解、仲裁或诉讼活动，更是知识产权公司律师的基本职责。根据笔者多年从事知识产权兼职律师的工作经验和体会，企业在发展过程中很可能会遇到各类知识产权纠纷，而如何通过有效的途径及时化解纠纷，对于维护其合法权益和保障正常的生产经营活动具有十分重要的意义。

知识产权公司律师参与本企业相关知识产权案件的调解、仲裁或者诉讼活动，笔者认为以下问题值得重视：

一是，应当在公司内部建立健全技术档案和其他相关档案、文书管理制度，以便在发生知识产权纠纷时提供强有力的证据。笔者的一种基础观点是，知识产权公司律师不能总是被动地参与本企业有关的知识产权案件的调解、仲裁或者诉讼，而应当重在事前的预防，将各类知识产权风险消灭在萌芽之中，只有这样才能打有准备之战，通过提供确凿的、有力的证据，支持本企业的观点。这里不妨以一起案件为例加以说明：甲企业作为原告起诉乙企业的多项专利技术侵害其商业秘密，理由是乙企业技术岗位的关键员工王某是甲企业的前员工，王某在甲企业工作期间掌握了其关键商业秘密，此后跳槽到乙企业工作，并将甲企业拥有的商业秘密带到乙企业申请多项专利。该案的关键问题是，被告乙企业所拥有的专利技术是否具有合法来源。在该案中，由于乙企业在日常的技术开发中建立了技术日志和技术档案制度，每项专利技术的前期研发过程有详细的记录和文档作为证据加以证明，最终通过向法院提供有利的证据而胜诉。

二是，根据本企业的情况以及个案中的特殊情况确定最合适的应对策略。公司知识产权纠纷，无论是权属纠纷、侵权纠纷还是合同纠纷，也无论在相关知识产权案件中是作为原告、被告还是第三人，作为知识产权公司律师，在参与处理这类案件时都应当以公司利益最大化为原则，维护其自身合法权益。同时，也需要结合本企业的情况和案件的个性化特点，采取最适合的应对策略。根据笔者以知识产权专业律师的身份处理企业知识产权相关案件的体会，在可能的情况下以调解、和解的方式解决纠纷应当是具有最佳效果的方式，特别是在本企业处于被动地位的情况下。

在知识产权授权确权纠纷案件解决中，必要时可以进行知识产权并购或者以知识产权为目的的企业并购。对此，前面已有所阐述，在此不再赘述。

在本企业知识产权涉嫌侵害其他企业在先知识产权的案件中，如果本企业知识产权具有巨大的无形资产价值，就可以考虑通过和解的形式，以维持知识产权有效为目的进行处理。如在近年笔者参与的由中华全国律师协会知识产权专业委员会评选的知识产权十佳案例中，有一个案例就是某企业申请注册的商标侵犯了原告的在先著作权，法院认定被告著作权侵权成立。在该案件中，原告主张被告停止侵权并赔偿损失。由于该注册商标已具有很高知名度，如果被法院判决停止使用该注册商标，就可能给被告造成巨大的经济损失。经过律师的斡旋，该案被告在未付出很大代价的前提下成功保住了该注册商标。笔者认为，该案之所以被选为当年知识产权十佳案例，很重要的原因之一是律师在其成功处理中所发挥的作用。

（四）我国知识产权法律顾问制度之构建

1. 我国关于法律顾问制度的相关规定。知识产权法律顾问属于法律顾问体系的重要组成部分，因此先需要对我国关于法律顾问制度的相关规定进行了解。

关于法律顾问制度，我国在 1997 年就由原国家经济贸易委员会颁布了《企业法律顾问管理办法》，其制度宗旨在于"适应建立现代企业制度和发展社会主义市场经济的需要，建立健全企业法律顾问制度，规范企业法律顾问工作，促进企业依法经营管理、依法维护自身合法权益"。该办法所指的法律顾问是企业的法律顾问，具体是指"具有企业法律顾问执业资格，由企业聘任并经注册机关注册后从事企业法律事务工作的企业内部专业人员"。其第 3 条则规定了企业法律顾问的性质和任务，即企业法律顾问是企业领导人在法律方面的参谋和助手。其任务是从事企业法律事务工作，促进企业依法经营管理和依法维护自身合法权益。第 4 条则规定了企业法律顾问的资质制度："国家实行企业法律顾问执业资格制度。企业法律顾问执业资格制度属于职业证书制度。"

除了上述企业法律顾问制度以外，国务院国有资产监督管理委员会在 2004 年 5 月 1 日也专门针对国有企业颁布了《国有企业法律顾问管理办法》，自 2004 年 6 月 1 日起施行。根据该办法第 1 条的规定，其制度宗旨在于"建立健全国有企业法律风险防范机制，规范企业法律顾问工作，保障企业法律顾问依法执业，促进企业依法经营，进一步加强企业国有资产的监督管理，依法维护企业国有资产所有者和企业的合法权益"。该办法还明确了国有企业法律顾问的定义，即"取得企业法律顾问执业资格，由企业聘任，专门从事企业法律事务工作的企业内部专业人员"。在国有企业从事知识产权法律顾问工作的专业人员，显然需要遵守该办法的规定。

为了规范我国企业法律事务工作，维护企业合法权益，有效处理法律纠纷，预防各类法律风险，促进企业依法经营，建立我国法律顾问制度无疑具有十分重要的意义。近些年来，我国企业实施法律顾问制度，成效显著。随着知识产权在企业生产经营、技术创新和竞争地位提升方面的作用越来越明显，知识产权法律顾问制度也十分必要。

2. 构建我国企业知识产权法律顾问制度的措施。笔者认为，为深入推进我国企业知识产权法律顾问制度的构建与实施，除了遵循上述法律顾问管理的相应规定以外，还需要针对企业具体情况，提升知识产权法律顾问在企业中的作用。[1]具体而言，以下问题值得重视。

（1）明确企业知识产权法律顾问的基本使命。企业知识产权法律顾问的基本使命是，以知识产权法律事务为基础，通过帮助企业构建完善的知识产权管理制度、明确知识产权管理人员职责和构建相关知识产权管理部门，弘扬企业知识产权文化，提升企业知识产权能力，尤其是企业以知识产权开拓市场的竞争力，使企业知识产权法律事务和企业战略紧密结合起来。

《国有企业法律顾问管理办法》第10条规定，企业法律顾问应当遵循以下工作原则：①依据国家法律法规和有关规定执业；②依法维护企业的合法权益；③依法维护企业国有资产所有者和其他出资人的合法权益；④以事前防范法律风险和事中法律控制为主、事后法律补救为辅。笔者认为，国有企业知识产权法律顾问应当遵循上述工作原则。简单来说，其工作基本规范是依法执业，维护国有企业合法权益，防范国有企业各种知识产权法律风险和其他相关风险。除了上述内容以外，笔者认为基于知识产权在国有企业中的重要地位以及国有企业知识产权法律顾问承担的基本使命，国有企业法律顾问在处理知识产权相关法律事务时，还应当有效推进知识产权工作与企业战略、企业生产经营管理有机结合。原因在于，国有企业的知识产权工作远远不限于简单的法律事务工作，国有企业知识产权法律顾问工作，本质上也是直接服务于企业战略和生产经营管理的改善，提高国有企业知识产权能力和战略运作水平。

（2）明确企业知识产权法律顾问的工作原则。就非国有企业知识产权法律顾问工作原则而言，笔者认为也可以参照《国有企业法律顾问管理办法》

---

〔1〕《推进计划》提出的措施有：加大知识产权领域法律顾问人才培养力度。

确立的原则。同时需要强调的是，企业知识产权法律顾问工作一定要注重企业知识产权个性化特色，尤其是知识产权战略运营中需要解决的重大法律问题和其他问题。

关于我国国有企业法律顾问的基本职责，《国有企业法律顾问管理办法》第24条做了明确规定，具体内容有："（一）正确执行国家法律、法规，对企业重大经营决策提出法律意见；（二）起草或者参与起草、审核企业重要规章制度；（三）管理、审核企业合同，参加重大合同的谈判和起草工作；（四）参与企业的分立、合并、破产、解散、投融资、担保、租赁、产权转让、招投标及改制、重组、公司上市等重大经济活动，处理有关法律事务；（五）办理企业工商登记以及商标、专利、商业秘密保护、公证、鉴证等有关法律事务，做好企业商标、专利、商业秘密等知识产权保护工作；（六）负责或者配合企业有关部门对职工进行法制宣传教育；（七）提供与企业生产经营有关的法律咨询；（八）受企业法定代表人的委托，参加企业的诉讼、仲裁、行政复议和听证等活动；（九）负责选聘律师，并对其工作进行监督和评价；（十）办理企业负责人交办的其他法律事务。"

从上述规定可以看出，国有企业法律顾问的日常工作涉及国有企业制度建设、企业文化、企业生产经营与产权变更，以及企业与外部发生各种社会关系时涉及的所有相关法律问题。其中一部分内容是直接针对国有企业知识产权的问题，如商标、专利、商业秘密保护、公证、鉴证等有关法律事务。

国有企业知识产权法律顾问作为国有企业法律顾问的重要组成部分，在其履行相关职责时，显然也应当遵守上述规定。笔者认为，由于知识产权涉及国有企业技术创新、生产经营、商品销售与售后服务、制度建设、企业文化、对外合作、法律纠纷解决等各方面的法律事务，国有企业知识产权法律顾问的工作远远不限于上述规定涉及的商标、专利、商业秘密保护公证、鉴定等有关法律事务，而是针对企业所有生产经营活动、对外合作中涉及的知识产权法律问题。基于此，国有企业知识产权法律顾问应当全方位介入企业运作中的知识产权法律事务，这样才能使企业知识产权工作与企业战略、生产经营、对外合作事务紧密地结合起来，全方位提升企业知识产权创造、运用、保护和管理能力，提高企业核心竞争力。

《企业法律顾问管理办法》第9条也对企业法律事务机构应当履行的职责做了下述规定："（一）协助企业领导人正确执行国家法律、法规，对企业重大经营决策提出法律意见；（二）参与起草、审核企业重要的规章制度；（三）管理企业合同，参加重大合同的谈判和起草工作；（四）参与企业的合并、分立、破产、投资、租赁、资产转让、招投标及进行公司改建等涉及企业权益的重要经济活动，处理有关法律事务；（五）办理企业工商登记以及商标、专利、商业秘密保护等有关法律事务；（六）接受企业法定代表人的委托，代理企业的诉讼和非诉讼活动；（七）在境外上市的股份有限公司中，向董事会推荐企业法律顾问担任董事会秘书；（八）配合企业有关部门对职工进行法制宣传教育；（九）开展与企业生产经营有关的法律咨询；（十）负责企业外聘律师的选择、联络及相关工作；（十一）办理企业领导人交办的其他法律事务。"

笔者认为，这些基本职责和《国有企业法律顾问管理办法》所规定的大同小异，总体上涉及企业生产经营、各类重大经营决策活动以及对外合作事务中的法律问题。就企业知识产权法律顾问而言，主要是集中于企业上述活动中与知识产权法律相关的各类事务。知识产权法律顾问开展工作时，应与生产经营、管理决策、对外合作等各方面事务有机结合，提升企业知识产权综合能力，防范各类知识产权风险。企业知识产权法律顾问在提供相关专业性服务时，还应本着积极负责的精神，主动发现知识产权工作中存在的问题，对发现的问题提出解决方案，而不是被动地进行事后的处理。总之，需要围绕提升知识产权工作能力，使知识产权法律事务工作积极服务于企业战略，通过知识产权制度在企业中的有效实施，提升企业整体的竞争能力。

六、律师等法律服务队伍作用的充分发挥

《强化知识产权保护意见》指出，要"充分发挥律师等法律服务队伍作用，做好知识产权纠纷调解、案件代理、普法宣传等工作"。关于如何发挥知识产权律师在推进知识产权法律保护工作方面的作用，以下问题值得重视。

（一）充分认识律师在知识产权法律保护中的重要地位和作用

从律师制度的起源来看，随着人类社会发展，相关矛盾与纠纷也日益增多，律师作为一个专门处理相关矛盾与纠纷的专业群体应运而生。在现代社会，随着技术进步和专业化分工，越来越多的法律纠纷具有高度的技术性和专业性，这在知识产权纠纷的处理中体现得更为明显。如前所述，知识产权本身具有较高的专业性和技术性，知识产权法律在所有法律中也具有较强的专业性和技术性，这也相应地决定了知识产权纠纷在实践中的处理具有较高

的难度，如证据固定与获取困难、侵权与合法的界限模糊，以及在确定侵权的前提下计算知识产权侵权损害赔偿额也具有难度。正是基于上述原因，在知识产权诉讼案件中，当事人一方或双方聘请律师的情况非常普遍，没有聘请律师的情况反而比较少见。笔者担任知识产权兼职律师已近30年，在代理相关知识产权案件中也发现了这一特点。专长于知识产权方面的律师，能够在知识产权案件处理中充分利用其专业优势和经验，促进相关案件的有效处理，及时维护当事人合法权益和社会关系的稳定。

近些年来，随着我国律师制度的建立和完善，律师队伍不断壮大，我国知识产权律师队伍也伴随着我国律师队伍的壮大而不断成长，在全国已经形成一个庞大的知识产权律师群体。仅以中华全国律师协会知识产权专业委员会为例，该委员会有108名委员（笔者也有幸担任该委员会委员），这些委员是各地知识产权法律事务方面的突出代表。该委员会每年举办一次年会和学术研讨会，进行相关知识产权理论和实务研讨。从统计数据看，近些年来我国律师代理知识产权案件数量日益增多、代理案件质量日益提高。在处理知识产权案件方面，我国律师队伍的成长有一个重要特点，即专业化特色日益明显，特别是在知识产权法律事务方面出现了一批以知识产权法律业务为主干业务的律师。这些知识产权律师近些年来处理了大量知识产权诉讼案件和非诉讼案件，其中包括很多重大、疑难、复杂、前沿的知识产权诉讼案件，为人民法院有效处理知识产权诉讼案件提供了巨大的专业支持，也有力地维护了当事人的合法权益，促进了社会和谐稳定。不仅如此，知识产权律师为我国知识产权保护所做的工作还包括提供大量的知识产权专业咨询、法律意见，处理企事业单位知识产权制度建设、与知识产权有关的合同审查及其他业务，包括知识产权风险的有效防范及企业知识产权管理策略的制定和实施等。同时，我国知识产权律师还参与了大量的与知识产权有关的宣传普法活动。总的来说，我国知识产权律师队伍在我国知识产权法治建设中发挥的作用不可忽视。

（二）充分发挥我国知识产权律师在推进律师业务开展、进行知识产权法治建设方面的作用

如上所述，近些年来我国知识产权律师队伍建设取得了巨大成效。但是，应当看到其中也存在一些问题。为改进我国知识产权律师工作，提高我国知识产权律师思想政治和业务素质，更好地推进我国知识产权法治建设，笔者

认为以下问题值得高度关注和重视。

1. 完善我国律师制度，使我国律师制度始终沿着法治化、规范化的轨道前进。[1]我国律师制度的建立以制定和实施《律师法》为标志。我国律师制度建立以来，逐步建立了律师管理、队伍建设、廉洁自律、专业业务开展等方面的工作规范和制度，有力地保障了我国律师执业的合规性，提高了我国律师制度的法治化水平。知识产权律师作为我国律师队伍的重要组成部分，其规范化建设显然也需要立足于我国完善的律师制度。

2. 狠抓我国律师的廉洁自律，提高律师的思想政治和业务素质。律师直接服务一方当事人，参与处理相关案件，案件处理的最终结果与其服务的当事人有重大利害关系，与其个人实际收入也存在重要的联系。因此，律师在处理案件时，特别应注意公正廉洁，防止出现违背法律法规的行为。笔者认为，公正既是法院审理案件、法官进行审判活动的灵魂和价值所在，也是包括知识产权律师在内的律师处理各类案件所应遵循的根本原则。律师尽管服务于一方当事人，但也必须根据案件的事实和相应的法律依法处理案件，追求正义，妥善解决纠纷。这应当是律师最高的价值目标。

3. 强化知识产权律师的继续教育和专业培训。我国知识产权律师队伍的建设，特别是提高我国知识产权律师的专业水平，除了在知识产权法律实务中锻炼成长和积累经验以外，还需要通过专业的继续教育和专业培训，提升其自身的思想政治和业务素质。知识产权是包括专利权、商标权、著作权等专项权利在内的无形财产权的统称，与相关的制止不正当竞争也有十分密切的联系。从我国知识产权律师队伍的专业构成来看，目前很多知识产权律师只是在某一领域具有专长和特色，例如在专利、商标、著作权等领域都有一些顶尖律师以及众多的专业律师。这当然与知识产权业务的专业化分工有关。笔者认为，基于知识产权的共同特点和属性，不同类型的知识产权案件的处理具有相互启发的特点，过于专注于某一方面的知识产权业务，不利于对知识产权整体的认识。

此外，知识产权制度是随着经济社会发展和科技进步而与时俱进的法律制度。随着社会发展，知识产权案件也表现出形形色色的新的特点，不断涌

---

〔1〕 高金军、李英："创新律师服务 探索知识产权保护新模式"，载《中国律师》2015年第7期。

现出疑难、复杂、前沿性案件。作为知识产权律师，需要随着环境和形势的变化而不断提升自己的专业水平。知识产权律师通过在实践中办理各种知识产权案件，无疑可以不断积累专业经验、提高办案能力。特别是经过数十年的积累，一些知识产权领域的顶尖律师可以说经历了各种"风浪"，在知识产权法律实务领域也成为名副其实的专家。但正如中国人民大学知识产权学院院长、中国知识产权法学研究会会长、著名知识产权法学者刘春田教授指出的，"法学的生命恰恰在于逻辑，而不在于经验"。知识产权案件越是疑难复杂，越需要有专门的知识产权法学理论做支撑和指导。笔者认为，作为知识产权律师，特别是顶尖律师，不仅需要有丰富的办案经验，还需要有很高的理论素养和学术水平，这样也才能使自己成为真正的专家型、学者型的知识产权大律师。笔者作为拥有近三十年执业经验的知识产权兼职律师，和国内知识产权领域很多顶尖律师都有很深的学术与业务上的联系，深感他们的成长得益于在理论和实务方面两不误。为了提高我国知识产权律师整体的理论素养和实务水平，显然需要不断的继续教育和专业培训。

4. 拓展我国知识产权律师的知识结构，使其更好地服务于我国企事业单位知识产权工作的需要。从我国知识产权律师从事的知识产权案件代理、专业咨询和非诉讼业务的情况来看，在很大程度上是服务于企事业单位，特别是各种类型的企业。这是因为，企业既是我国知识产权创造的重要主体，也是知识产权运营的主战场。企业在获得知识产权以后，通过知识产权运用而实现其知识产权价值。企业在创造知识产权和运营知识产权过程中，难免发生与其他企事业单位的权属、侵权和合同纠纷。尽管我国知识产权律师服务于企事业单位的业务基本定性为法律事务，但由于处理这些知识产权法律事务的目的直接服务于企业战略、生产经营以及技术创新，企业知识产权法律事务并不是孤立的。知识产权律师解决企业知识产权各类纠纷，其重要目的也是直接服务于企业市场经营和竞争能力的提升。就企业知识产权工作和内容而言，远远不限于知识产权法律事务，还包括知识产权经营管理、知识产权战略规划、知识产权转化利用以及利用知识产权制度开拓国内外市场等。知识产权律师在为企业提供知识产权法律服务时，如能就与企业管理、企业战略相关的知识和问题有所了解，就能够更好地从企业战略特别是企业竞争战略的角度和立场出发，更妥善地处理相关的知识产权纠纷，更好地提升企业知识产权能力。从这一角度来说，我国知识产权律师在提升其自身专业能力过程中，也需要注意拓展其知识结构，特别是与企业管理和市场相关的知识与原理。

（三）我国知识产权律师如何在知识产权纠纷调解、案件代理以及普法宣传教育中发挥作用

1. 关于知识产权律师就知识产权案件进行调解问题。如前所述，诉讼外调解是我国解决包括知识产权纠纷在内的法律纠纷的重要形式。调解解决知识产权纠纷体现了当事人的自力救济，与通过诉讼形式解决知识产权纠纷相比具有一些特色和优势，如成本较低、便于执行，且当事人之间的对抗性不如诉讼形式，可能继续保留双方业务上的合作关系。通常，为了达到调解的目的，双方或多方当事人相互之间需要做一些让步。在通过调解解决知识产权纠纷方面，知识产权律师大有可为。这是因为，一方面，知识产权律师对本方代理的当事人的利益诉求了解得比较清楚；另一方面，知识产权律师在通过斡旋的形式解决知识产权纠纷方面具有较为丰富的经验。知识产权律师参与知识产权纠纷的调解，有利于促使双方或多方当事人相互让步，达成调解协议，从而妥善地解决知识产权纠纷。除了诉讼外调解以外，在知识产权诉讼案件中也有调解程序。通过诉讼程序中的调解解决知识产权纠纷，也是知识产权律师在调处知识产权纠纷时应当重视的方面。

笔者认为，就知识产权律师通过调解程序解决知识产权纠纷而言，特别应当重视在以下几种情况下通过调解方式结案，以在最大程度上维护当事人的合法权益。

（1）案件当事人涉及的相关注册商标侵权案件中，在法院认定商标侵权成立的情况下，如果判决停止使用，会给本方当事人商标权益及企业生产经营造成重大损失，在可能的条件下，可以通过促成调解，使得本方当事人注册商标能够继续使用。在一些商标侵权及不正当竞争纠纷案件中，相当一部分案件的审理法院在认定注册商标侵害著作权等知识产权的情况下，往往根据原告的请求判决被告停止使用涉案注册商标。如早些年较为知名的"武松打虎"注册商标侵权纠纷案、"三毛"著作权侵权纠纷案等。这类案件被告的注册商标已有较高知名度，法院一旦判决停止使用，就会对涉案企业生产经营和已经获得相当无形资产价值的注册商标造成灭顶之灾。如果通过知识产权律师的成功斡旋，确保被告继续使用涉案注册商标，尽管需要支付更多的赔偿金，却因为保住了具有巨大无形资产价值的注册商标而仍然是值得的。

（2）双方当事人之间有长期的合作，互利互惠，特别是双方当事人业务之间有较深的依赖关系时，可以通过友好协商的形式，化干戈为玉帛，妥善解决纠纷。这样就可以维持已形成的业务合作关系，不至于因为一桩法律纠纷而使合作伙伴变成仇人。

（3）双方当事人通过和解能够取得最佳经济效益，这也是知识产权律师在通过调解方式处理知识产权纠纷时应当考虑的一种情况。

（4）经过评估，发现知识产权纠纷通过调解方式妥善解决的可能性较大时，知识产权律师应高度重视此种纠纷解决方式。

2. 关于知识产权律师代理知识产权案件的问题。通过和解、调解形式解决知识产权纠纷尽管具有其独特的优势和作用，在取得国家强制力方面，却无法与通过诉讼的形式解决知识产权纠纷相比。从我国知识产权律师参与知识产权纠纷处理看，最通常的形式和任务，就是代理各类知识产权案件。如前所述，基于知识产权本身的专业性、技术性和复杂性，为了有效地解决各类知识产权纠纷，当事人双方均需要聘请知识产权律师进行代理。知识产权律师代理知识产权案件，有利于协助法官查明案件事实，正确适用法律，促使知识产权纠纷得以公平、公正地解决。

根据我国《律师法》《民事诉讼法》《行政诉讼法》《刑事诉讼法》以及律师管理相关部门规章的规定，我国知识产权律师代理知识产权案件应当遵循以下原则：全面查明案件事实，正确适用相关法律；有效收集涉案相关证据；有效维护当事人的合法权益。

为了有效实现知识产权案件代理的目的，笔者认为还需要重视相关诉讼策略。本着最大限度维护当事人合法权益、节省诉讼成本的原则，知识产权律师无论代理原告、被告还是第三人，均应当认真准备案件庭审的相关证据和诉讼文书，明确主要的法律关系和焦点问题，决定采取相关的措施和策略。对于重大、疑难、复杂的知识产权案件，可以通过组织知识产权律师专业团队研讨以及专家咨询等多种方式吃透案情、精心准备。值得注意的是，由于我国很多资深知识产权律师手头案件较多，在知识产权案件代理活动中很有可能不能亲自出庭，而由当事人委托、律师事务所指定的律师助理出庭，并可能对该律师助理出庭没有给予很多专业或案件诉讼策略方面的指导，以致由于律师助理在专业水平和社会经验方面的不足，导致案件本应获胜而出现败诉的现象。在笔者了解的一些重要知识产权案件中就存在这种情况，特别是知识产权刑事案件的败诉，使企业陷入被动。因此，应当以此为戒。

3. 关于知识产权律师开展普法宣传教育的问题。我国普法宣传教育已进行了多年，取得的效果非常显著，最重要的是普及了相关法律知识，提高了人们的法律意识，对于在全社会弘扬法律文化，推进社会主义法治建设，发挥了重要作用。笔者认为，认识我国知识产权律师开展普法宣传教育的作用，需要充分理解普法、法律意识培养对于社会主义法治建设极其重要的作用。

普法涉及相关法律知识的普及，以及在掌握相关法律知识的基础之上，培养法律意识，养成遵纪守法的观念和习惯。普法和法律知识的专业教育不一样，并不需要普法对象对相关法律知识具有很高的理解水平，而仅需要就最常见的法律知识予以了解。普法的目的也侧重于培养人们基础的法律观念，以避免在工作和生活中出现因不懂法而造成的各种违法行为和各种损害，同时也有利于遵守法律。法律知识的专业教育则不同，其对象具有专业性和特定性，对法律知识的了解要求也非常高，具体而言，其目的不仅在于对相关法律知识的了解和法律意识的培养，还在于运用法律知识解决现实中的法律问题。

普法宣传教育对社会主义法治建设的作用体现为以下几方面：通过普法宣传教育，相关社会公众能获得法律知识，从而提高其相应的法律意识；通过普法宣传教育，相关社会公众能够在自己工作和生活中自觉地运用法律评价自身的行为，自觉地遵守法律的规定，有利于法律制度的有效实施，这其中隐含了法律的预测、评价、教育、指引功能；通过普法宣传教育，相关社会公众能够自觉地抵制各种违法行为，从而有利于我国法律制度的有效实施和社会管理秩序的有效维护。

从我国社会主义法治建设的实际来看，现实中很多违法甚至犯罪行为之所以发生，除相当一部分行为人主观恶性强以外，缺乏基本的法律常识和法律观念也是其中重要的原因。这也可以从另外一个侧面理解，即为何针对已发生的各种违法犯罪行为，有效的教育对策之一是普及相关法律知识，提高行为人的法律观念和法律意识。

就知识产权律师参与知识产权方面的普法宣传教育而言，其独特的优势和特色在于承办各类知识产权案件的经验和体会。近年来，我国各类知识产权案件越来越多，很多知识产权案件都是活生生的"法治故事"，也是知识产权方面的普法宣传教育的良好素材。值得指出的是，如前所述，法律知识的宣传普及和专业教育在目的和方式方法上不同。为达到知识产权方面普法宣传教育的良好效果，我国知识产权律师在参与知识产权方面的普法宣传教育时，需要讲究相关对策。

笔者认为，我国知识产权律师参与知识产权方面的普法宣传教育，应重视采取有效措施和策略：

（1）以案说法，生动形象。如前所述，很多知识产权案件都是活生生的"法治故事"。知识产权律师完全可以根据其办案经验，选择相关的典型案例，在知识产权普法宣传教育方面作为素材。例如，针对我国商标申请注册制度的基本常识和程序，可以通过列举典型的国内外商标抢注造成的严重后果加以说明。就商标国际注册的抢注现象而言，"海信"商标在德国被西门子抢注就是一个典型案例。又如，针对专利申请与保护，可以列举典型案例说明发明创造完成以后在申请专利之前即予公开造成的严重后果。知识产权律师通过案例讲解，普及知识产权相关法律知识时，应当注意把握适当的度，不需要对相关知识点给予过于深入的说明和解释，而应当侧重于案件对人们的经验教训和启发。

（2）参与、组织编写适合知识产权方面普法宣传教育的教材与读物。从我国已经开展的知识产权方面的普法宣传教育的情况看，需要针对不同的对象采取灵活的措施。无论如何，适宜于知识产权方面普法宣传教育的读物具有其不可替代性。在这方面，作为知识产权方面的专业律师，完全可以利用自己的专业经验，参与、组织编写知识产权方面普法宣传教育的教材与读物。在这类教材与读物中，典型的案例是不可缺少的内容。这是因为，通过以案说法，能够使相关社会公众了解其中的法律知识和原理，以及该案件带给人们的经验教训和启发。

（3）采取知识产权法普法讲座的形式。普法讲座是我国普法的基本形式和内容，我国知识产权律师可以利用工作之余的时间，适当通过知识产权普法讲座的形式，宣传普及知识产权法律知识，提高受众的知识产权法律意识。

七、我国知识产权应用型人才的选任与培养

《强化知识产权保护意见》明确提出，要"建立健全知识产权仲裁、调

解、公证、社会监督等人才的选聘、管理、激励制度"。[1]对此，笔者认为，以下措施值得重视。

（一）加强我国知识产权仲裁、调解、公证和社会监督人才的选聘

人才的选聘无疑是我国各类人才队伍建设的第一要务，因为针对不同行业、不同岗位需要人尽其才。如果选聘不当，就可能导致相关人才不能发挥其专业作用。我国知识产权人才队伍建设也不例外。就我国知识产权仲裁、调解、公证和社会监督人才的选聘而言，这一工作直接关系到相关当事人合法权益的维护以及法律的公正执行，因此在相关专业人才选聘上应当从严。笔者认为，应当注重以下条件：首先是这类人才的思想政治水平高、有职业操守，特别表现为具有公平正义观、对法律的信仰和对当事人高度负责。其次，应当在知识产权相关业务方面具有较多的经验和较高的水平。当然，我国相关法律对于知识产权专业人员都有相应的资质性规定，如我国《仲裁法》和《公证法》分别针对仲裁员和公证员的任职条件和资格做了明确规定。除了满足法律规定的最低要求，在实际遴选时应当注重具有实践经验和较高的理论素养。最后，应当建立和完善相关的遴选机制、选任标准，并解决相关的工作待遇问题。只有这样，才能保证知识产权仲裁、调解、公证和社会监督等知识产权专业人员的选聘制度化、规范化和常态化，使越来越多的优秀人才进入知识产权仲裁、调解、公证和社会监督等专业领域。

（二）加强我国知识产权仲裁、调解、公证和社会监督专业人才的管理与激励

笔者认为，首先需要在制度层面建立和完善我国知识产权仲裁、调解、公证和社会监督专业人才的管理制度。[2]在这类制度中应当明确我国知识产权仲裁员、调解员、公证员和社会监督员的相应地位和工作职责，明确其从事知识产权相关工作的权利和义务。其次，建立相关的工作薪酬制度，激励知识产权仲裁、调解、公证和社会监督人才勤奋工作，爱岗敬业，维护当事人的合法权益。最后，通过评选先进等形式给予精神鼓励。近些年

---

〔1〕《推进计划》提出的措施有：拓宽知识产权仲裁员聘任渠道，建立适应业务发展的仲裁员报酬制度。吸引熟悉知识产权领域的复合型法律人才加入公证员队伍，建立完善知识产权保护公证服务人才体系。

〔2〕 詹爱萍："挑战与应对：网络语境下知识产权的公证保护"，载《学术论坛》2015 年第 9 期。

来，随着我国知识产权仲裁、调解、公证和社会监督等专业性事务的开展，涌现了一大批知识产权优秀人才。奖励先进的形式，能够为相关知识产权专业人士树立榜样，激励其更好地服务于我国知识产权法治事业。

《强化知识产权保护意见》还提出，要"加强知识产权保护专业人才岗位锻炼，充分发挥各类人才在维权实践中的作用"。笔者认为该规定为我国知识产权保护专业人才素质的提升以及处理实务案件的能力提供了重要保障。我国知识产权保护专门人才，如上述知识产权仲裁、调解、公证以及社会监督专业人才，需要通过岗位锻炼的形式不断积累实务工作经验，提高理论和实务水平，以便更好地在工作岗位上发挥其聪明才智。为了提高我国知识产权保护专业人才岗位锻炼的效果，更好地使其在知识产权维权实践中发挥作用，应当注意以下措施和策略：

1. 针对不同类型知识产权保护的专业人才的专业提升需求，有的放矢，制订相关岗位锻炼工作规划和具体实施计划。我国知识产权保护专业人才的岗位锻炼，应当具有系统性、长期性，而不是零散的碎片化行为。为此，应当针对不同类型知识产权保护专业人才对所在岗位的不同需求，通过相关制度和措施予以落实。

2. 对实施岗位锻炼的知识产权保护专业人才建立专门的考核制度，落实目标责任制和岗位培训学习计划。我国知识产权保护专业人才进行岗位锻炼的目的非常清楚，即要通过在实践部门的学习、工作，提高其自身专业素质和实务能力，更好地在知识产权保护事务中发挥其自身的作用。为此，需要对进行岗位锻炼的知识产权保护专业人才，建立相应的制度，落实相关措施。

第十八章
知识产权保护中的资源投入和支持

　　《强化知识产权保护意见》在第十八部分指出，要"加大资源投入和支持力度"，具体措施有："各地区各部门要加大对知识产权保护资金投入力度。鼓励条件成熟的地区先行先试，率先建设知识产权保护试点示范区，形成若干保护高地。推动知识产权行政执法和司法装备现代化、智能化建设。鼓励企业加大资金投入，并通过市场化方式设立知识产权保护维权互助基金，提升自我维权能力和水平。"

　　对此，笔者认为，以下问题值得研究。

一、加大资源投入和支持力度的必要性

　　知识产权保护需要投入人财物，因为知识产权保护也会发生一定的社会成本。相对于知识产权保护所取得的重要经济社会成果和发挥的作用而言，这种社会成本是必要的。知识产权保护的资源投入主要体现于相关资金的保障。[1]这是因为，无论是在国家层面、社会层面还是企事业单位层面，知识产权保护都需要投入相当多的人财物，而相关的资金投入则是知识产权保护中人财物得以保障的基本形式。当然，在知识产权保护的资源投入中，除了必要的资金投入以外，其他方面也同样重要。对此，后面将继续进行探讨。

　　我国知识产权制度在国家层面、地区层面、行业层面都需要得到贯彻执行。就知识产权战略而言，在国家层面，国务院在 2008 年就发布了《国家知识产权战略纲要》，在地区层面，各省、自治区、直辖市也都发布了地区知识产权战略。这里的地区知识产权战略，涉及知识产权的创造、运用、保护、

---

　　〔1〕《推进计划》提出的措施有：加大知识产权保护资金供给。

管理以及中介服务等知识产权相关事务。为了有效实施知识产权制度，激励创新，近些年来我国地方也颁布了诸多知识产权政策规范和地方性法规，制订了相关知识产权规划和年度计划，以及知识产权专项规划与计划，如很多省份制订了知识产权人才规划。无疑，地方知识产权政策、规范的制定与实施，需要一定的资金投入。地方在知识产权法宣传教育等方面同样需要有一定资金投入。总的来说，为了推动我国知识产权保护制度在各地方的有效实施，地方需要给予必要的资金保障，以便为知识产权保护提供坚实的物质基础。

二、建立和完善知识产权保护试点示范区的重要意义

知识产权保护试点示范区，包括知识产权保护试点区和示范区，两者具有不同特点。[1]一般而言，需要在试点基础之上总结经验，从试点区升格为示范区。就知识产权保护试点示范区而言，其需要具备一定的条件。根据《强化知识产权保护意见》的上述规定，条件成熟的地区可以率先建立知识产权保护试点示范区。[2]

关于知识产权保护试点示范区，笔者认为，以下问题值得思考与研究：

第一，知识产权保护试点示范区的选择。知识产权保护试点示范区应当具有试点和示范意义，不宜过多。就知识产权保护试点区而言，在确定特定的地区方面，应当考虑该地区知识产权保护现状和软硬件环境，明确试点的目标与任务，以便与试点区知识产权保护工作紧密地结合起来。就知识产权保护示范区而言，其选择应当明确相应的标准与目的，其知识产权保护工作取得的成就及经验应当具有示范意义。

第二，知识产权保护试点示范区的建设目标、任务与具体措施。在选取知识产权保护试点示范区以后，应当根据特定的知识产权保护试点示范区的目标，明确知识产权保护目标、任务和具体的措施。

第三，知识产权保护试点示范区的评估与验收。知识产权保护试点示范

---

〔1〕　冯晓青：《技术创新与企业知识产权战略》，知识产权出版社 2015 年版，第 209—211 页。

〔2〕　《推进计划》提出的措施有：研究制定知识产权保护试点示范区建设总体方案，择优遴选条件成熟的地区开展知识产权保护试点示范区建设；开展全国版权示范创建工作，建成若干版权示范城市、单位和园区。

区的建设需要明确建设周期，同时在建设期间给予必要的检查与督促，以保证建设工作沿着既定的轨道有序地进行。在建设周期届满时，应当进行评估与验收。为此，需要确定知识产权保护试点示范区的评估与验收指标体系以及评估与验收办法。

第四，地区知识产权保护试点示范区建设经验的总结与推广。毫无疑问，我国地区知识产权保护试点示范区建设的目的是及时总结知识产权保护的经验，并将有益的经验向其他地区推广。

从近些年来国家知识产权局和地方相关主管部门主导的知识产权保护试点示范区建设的情况来看，开展地区知识产权保护试点示范区建设具有必要性，这方面的工作也取得了显著的成效，尤其是知识产权保护的很多经验和方式具有推广意义。今后需要在进一步总结经验的基础之上，促进我国知识产权保护试点示范区建设的规范化和常态化。

三、知识产权行政执法和司法装备现代化、智能化建设

《强化知识产权保护意见》指出，要"推动知识产权行政执法和司法装备现代化、智能化建设"。

对此，笔者认为，以下问题值得研究。

（一）我国知识产权行政执法和司法装备现代化、智能化建设的必要性

信息网络技术的发展深刻地改变了人们的工作和生活方式，特别是随着当前互联网、大数据、云计算、人工智能、区块链等技术日新月异的发展，经济社会的发展和人们的工作方式越来越离不开这些高新技术的支持。高新技术的发展对人们工作方式的变革体现如：以往需要通过手动、人工完成的事项，可以借助于高科技手段与工具完成或者借助于这些手段与工具提高人工效率；通过引入高科技手段与工具，大大节省成本和时间。特别需要注意的是，随着当前国内外人工智能技术的迅猛发展，人工智能已经形成一个巨大的具有极大发展前景的产业，人们在享受科技成果、科技进步带来的便利和利益的同时，也越来越依靠智能化手段提高工作效率，解决疑难、复杂的问题。

就我国知识产权行政执法和司法保护而言，如前所述，近些年来随着我国知识产权法治建设的发展、人们知识产权意识的提高以及知识产权在当代市场竞争中地位的提升，我国各类知识产权纠纷特别是侵权纠纷数量大幅度

增长，而当前我国知识产权行政执法和司法保护队伍力量有限，无法及时有效地处理日益增多的知识产权纠纷。就我国知识产权行政执法而言，随着知识产权竞争地位的提升，越来越多地出现疑难复杂并且跨区域的知识产权侵权纠纷案件，知识产权行政纠纷案件数量也在不断增长。在这种知识产权保护形势下，为更好地提高知识产权行政执法的效率，需要借助高科技手段。因而，知识产权行政执法装备现代化、智能化具有紧迫性。另外，从笔者了解的知识产权法官办案的情况来看，很多法官一年需要办理数以百计的知识产权案件，可以说是不堪重负。在当前我国法官队伍员额制改革背景之下，不可能通过不断增加法官队伍的人员数量来解决日益增多的知识产权诉讼案件。如何充分利用高科技手段武装司法机关和法官队伍，知识产权司法装备的现代化和智能化就成为一个十分紧迫的问题，需要研究和解决。

（二）实现我国知识产权行政执法和司法装备现代化、智能化的措施

对此，笔者认为，以下问题值得重视：

1. 提高我国知识产权行政执法和司法装备现代化、智能化的观念和认识。[1]在过去，我国知识产权行政执法和司法保护的案件数量有限，且相关高科技手段和工具与今天不可同日而语。因此，对于知识产权行政执法和司法装备现代化、智能化问题缺乏认识。当前我国知识产权保护形势以及相关手段与工具则有了极大的变化。如果相关的观念和认识仍然停留在原有水平，我国知识产权行政执法和司法保护的有限力量就难以及时有效地应对日益增多的知识产权纠纷。因此，我国知识产权行政执法和司法装备现代化、智能化问题应提上日程，并且需要尽快予以解决。[2]

2. 将我国知识产权行政执法和司法装备现代化、智能化建设作为我国知识产权保护体制机制中的重要问题，纳入国家信息化建设以及知识产权战略、知识产权规划等相关范畴。只有这样，才能保证我国知识产权行政执法和司法装备现代化、智能化建设步入正轨并常态化运行。实际上，近几年我国相关部门已高度重视知识产权保护中的现代化和智能化建设问题。例如，在

---

〔1〕　赵惊涛、张丽娟："智能化环境行政执法探析"，载《法学杂志》2018 年第 5 期。

〔2〕　《推进计划》提出的措施有：加强文化市场综合执法队伍经费保障，按标准配备执法装备，对优秀典型单位按规定进行通报表扬并给予办案经费补助；推动解决各地公安机关食药侦警种打击知识产权犯罪经费保障、装备建设等问题。

2016 年，《国家信息化发展战略纲要》和《"十三五"国家信息化规划》都将智慧法院的建设作为重要议题之一。

3. 通过各种渠道和手段，保证我国知识产权行政执法和司法装备现代化、智能化建设中的资金投入。毫无疑问，我国知识产权行政执法和司法装备现代化、智能化建设需要足够的资金支持，在有些关键设备领域，需要投入更多的资金，智慧法院的建设就是如此。

4. 选择与知识产权行政执法和司法保护最相关的技术措施和设备，推进我国知识产权行政执法和司法装备的现代化与智能化。如前所述，当前技术的发展日新月异，特别是以互联网、大数据、云计算、人工智能、区块链等技术为标志和代表的新兴技术的发展，对社会生活的方方面面都产生了深刻的影响。技术发展本身也会对知识产权制度的变革与发展产生深远的影响。就知识产权制度的有效实施而言，在当代技术发展的背景下也需要充分利用技术手段和设备"武装"知识产权执法和司法机关，以便采用更加先进的手段和设备侦测知识产权侵权行为，发现、固定侵权证据。不仅如此，还可以通过先进的技术与设备，提高知识产权行政执法和司法保护的办案效率，从而更好地体现执法为民、司法为民的宗旨，促进社会的和谐与稳定。特别是在高新技术发展的背景下，"道高一尺，魔高一丈"，即侵犯知识产权行为的技术性越来越高，隐蔽性越来越强。"技术的问题需要通过技术的手段加以解决"，在我国强化知识产权行政执法和司法保护过程中，通过引进先进的技术手段和设备，就能够更好地及时发现和有力制止各类知识产权侵权行为。以知识产权行政执法为例，随着知识产权在市场经济中地位的提升、市场经济的活跃，各类知识产权侵权行为也不断出现，且出现跨部门跨区域以及各类重复侵权、群体侵权等严重侵犯知识产权的现象，各地区知识产权行政执法不能画地为牢，而应当强调部门之间、区域之间的衔接与合作。对此，《强化知识产权保护意见》已经作出相关规定，笔者在前面也已经做了基本的探讨。针对知识产权侵权行为特征的变化，在知识产权行政执法中就需要充分利用各类高科技设备与手段，加强信息共享和沟通，充分分享行政执法资源，提高行政执法效率，节省办案成本。

随着技术的发展，可用于知识产权行政执法和司法保护的技术与设备越来越多。为了提高办案效率，更有效地发现与制止知识产权侵权行为，知识产权行政执法和司法保护中需要选择最适合的相关技术和设备，使相关技术和设备的运用符合知识产权保护的规律与趋势。

5. 在知识产权行政执法和司法保护中，通过引进先进技术和设备，提高其现代化和智能化水平，在前述选择最适合的技术和设备的前提下，开展技术和设备现代化、智能化的试点示范工作，并在总结经验的基础上予以推广运用。

从当前我国知识产权行政执法和司法保护的实际情况来看，随着技术的发展，我国知识产权执法和司法部门越来越注重引进先进技术、采购先进设备。可以认为，当今我国知识产权行政执法和司法保护所采取的技术与设备，与 20 年以前大不相同。这里不妨以我国正在推行的智慧法院建设为例进行探讨。

如前所述，智慧法院建设已经纳入我国《国家信息化发展战略纲要》和《"十三五"国家信息化规划》。其中，前者明确指出："建设'智慧法院'，提高案件受理、审判、执行、监督等各环节信息化水平，推进执法司法信息公开，促进司法公平正义。"后者则明确提出，要支持智慧法院建设，推行电子诉讼，建设司法信息化工程。在最高人民法院的组织、领导下，我国智慧法院的建设正在大踏步进行之中。在 2017 年 5 月 11 日，最高人民法院院长周强在全国法院第四次信息化工作会议上也强调了全面建设智慧法院的重要性和具体的措施。例如，要全面把握智慧法院建设的总体布局；智慧法院建设要以促进审判体系和审判能力现代化，提升司法为民、公正司法水平为目标；充分利用信息化系统，实现人民法院全业务网上办理、全流程依法公开、全方位智能服务。最高人民法院在 2013 年 4 月发布了相关的评价报告，表明我国智慧法院体系已经初步形成。

智慧法院建设，毫无疑问是充分利用了当前信息网络和相关技术设备，开展知识产权审判相关业务，如智慧法院涉及的手机立案平台、导诉机器人、多元纠纷结果预测等相关技术与设备。当然，也应当看到，当前我国在推进智慧法院建设过程中，仍存在很多技术与非技术问题需要解决。仅以抗疫期间很多法院采用网上庭审的形式来说，也存在不少问题。笔者在 2020 年年底以原告代理律师的身份出席某法院网上庭审时即深有体会。该案开庭的时间与解决当事人联线上网、传输证据材料等技术问题的时间竟然差不多。法官指出在其他类似案件中也存在同样的情况。无论如何，笔者认为智慧法院的建设和发展是大势所趋。为深入推进我国智慧法院建设，需要针对智慧法院建设过程中出现的各种技术与非技术问题，认真加以研究和解决。

四、我国企业知识产权保护维权互助机制

《强化知识产权保护意见》指出，要"鼓励企业加大资金投入，并通过市场化方式设立知识产权保护维权互助基金，提升自我维权能力和水平"。笔者认为，建立我国企业知识产权保护维权互助机制十分必要。

（一）我国企业建立知识产权保护维权互助机制的重要性

我国企业知识产权保护维权互助机制的重要性，首先是基于知识产权保护对于企业的极端重要性。只有深刻地认识到当代激烈的市场竞争中提高企业知识产权保护能力对于实现企业战略的重要性，才能够使企业深刻认识到如何有效地加强知识产权保护。

笔者认为，知识产权和企业的关系，以及知识产权保护对于企业生产经营和实现企业战略的重要性，可以从以下方面加以理解。

1. 从企业生产经营的角度来说，知识产权是企业十分重要的生产要素、经营资源和无形资产，是企业十分宝贵的无形财富。知识产权从法律上来说是我国《民法典》规定的一种重要的民事权利，从企业生产经营的角度来说，则是其十分重要的无形资产。这一无形资产也是一种无形商品，企业可以通过自行实施、转让、许可等形式实现其保值增值，使其转化为生产力，从而为企业财务绩效作出贡献，提高企业经济效益。

2. 从实现企业战略的角度来说，知识产权保护能够提高企业市场竞争能力，使企业不断发展壮大。知识产权是一种受知识产权法等法律保护的独占性权利，企业拥有知识产权就能够凭借这一独占性权利控制市场，在市场竞争中占据优势，最终提高其市场竞争能力。也正是因为企业充分保护知识产权能够提高其竞争能力，在当代，国内外很多大中型企业，特别是跨国公司，都越来越重视制定和实施知识产权战略，获取市场竞争优势。实际上，从笔者近些年来对企业知识产权战略的系统研究来看，企业知识产权战略的本质就是获取市场竞争优势。正如美国哈佛大学商学院著名竞争战略专家波特（Porter）教授所指出的，战略的本质就是竞争。企业有效保护其自身拥有的知识产权无疑是其制定和实施知识产权战略的根本性保障。在我国知识产权战略体系中，涉及知识产权创造、知识产权运用、知识产权保护与知识产权管理等内容。其中，知识产权保护是基础。就企业知识产权战略的制定与实

施而言，同样如此。

3. 企业加强自身知识产权保护，也是预防企业生产经营中各类法律风险和其他风险所必需的。当代企业在生产经营、开拓市场时可能会遇到各类风险，其中也包括知识产权法律风险。一旦出现这类风险，就可能使企业陷入被动，甚至遭受严重的损害。因此，企业在生产经营中也需要具有知识产权法律风险意识，以便未雨绸缪，通过建立风险预警与应急机制，及时排除知识产权法律风险，保障企业生产经营活动的正常进行，避免和减少经营损失。这里所说的企业知识产权法律风险，主要存在以下几方面内容：①企业的知识产权受到他人的侵害；②企业在生产、加工、采购、销售、售后服务等各类活动中可能存在侵害他人知识产权的风险；③企业在与其他单位进行各项业务合作时，可能存在知识产权权属纠纷。无论出现哪方面的知识产权法律风险，都可能对企业正常的生产经营造成极大的损害。因此，企业应当在正常的生产经营活动中关注知识产权法律风险，并采取措施予以防范。

上述研究表明，知识产权保护对于企业生产经营确实具有十分重要的作用。为了有效保护企业自身应有的知识产权，并预防侵害他人知识产权的情况发生，企业有必要建立自身知识产权维权机制，如建立相关知识产权管理部门，设置知识产权管理岗位，建立知识产权保护与管理制度。只有充分地维护自身知识产权，企业才能够不断提高其知识产权能力，包括知识产权保护能力和知识产权战略运作能力等，使知识产权资源成为企业发展的重要保障。

还应指出，无论企业经济技术实力如何，在进行知识产权维权方面都存在一定的短板和局限，需要通过与其他企业和相关单位共同建立知识产权保护维权互助机制，实现知识产权保护相关资源的共享和信息互通，共同打造知识产权保护高地。因此，完整意义上的企业知识产权保护维权机制，除了自身的维权制度和措施以外，还包括和其他单位进行维权互助。

（二）建立我国企业知识产权保护维权互助机制的措施

我国企业知识产权保护维权互助机制是一个系统工程，不限于单一企业知识产权保护中的维权行为，而是立足于企业自身的知识产权有效保护，整合企业以外的各方面资源与力量，形成知识产权保护的有机整体和合力。该维权互助机制需要企业投入一定的人财物资源，并且以市场化导向为激励和动力，建立企业内外沟通、信息共享、资源协同的知识产权保护网络。

笔者认为，为建立和完善我国企业知识产权保护维权互助机制，应采取以下措施和策略。

1. 从企业内部的知识产权保护和维权的角度而言，在日常的知识产权保护基础之上应投入专项资金和其他方面的资源，在此基础上与外部其他企业和相关单位就知识产权保护的合作与协作设立常态化的组织机构，并配备相关专业人员。为减少企业知识产权保护中的维权成本，这些组织机构和人员既可以是专门性的，也可以是挂靠到企业某一部门的兼职性的。无论如何，根据笔者研究企业知识产权保护和管理的观点，企业对外进行知识产权保护维权互助活动时，应当有专门的部门和人员进行对接，以保证制度措施得以落实，避免流于形式。

具体而言，企业应当在以下方面给予保障：

（1）资金保障。对这一问题，《强化知识产权保护意见》有明确的规定。企业可以基于其市场化的维权行为而提供一定的资金，确保在进行知识产权保护维权互助活动时有相关的资源可以调配和运用。

（2）制度保障。企业可以在其知识产权保护与管理相关规定中，就知识产权保护维权互助问题作出原则性的规定。这样既可以使企业在对外进行知识产权保护维权互助活动时有明确的依据，又可以保障企业进行的知识产权保护维权互助活动进入规范化、常态化的轨道。笔者认为，在相关制度规定中，可以针对企业对外知识产权保护维权互助的方式、人财物保障以及信息和资源共享等问题作出原则性的规定，以便指导企业进行知识产权保护维权互助活动。

（3）人员保障。企业知识产权保护维权互助活动，需要企业知识产权保护与管理专业人员参与。为了保障企业知识产权保护维权互助活动更有效率，在人员遴选方面，除了注意专业技术能力以外，还需要注重选择在对外协作能力方面具有优势的工作人员。

（4）信息保障。企业知识产权保护维权互助行为，在很大程度上体现为与外部的其他单位和个人之间进行及时的、有效的信息沟通和联络，发现知识产权侵权行为和相关法律风险，进而及时采取措施，以最大限度地预防或制止知识产权侵权行为。为此，企业需要建立在知识产权保护维权互助活动中的信息交流机制。企业可以通过其内部的知识产权管理系统进行信息交流，也可以通过与外部相关单位共同搭建或者共享的信息交流机制，获得必要的信息。

（5）措施到位。从我国很多企业过去发生的知识产权纠纷以及进行大量的知识产权维权活动来看，知识产权侵权行为具有专业性和隐蔽性。一旦出现侵权行为，即应当及时采取措施予以处置，否则侵权行为可能造成难以弥补的损失。为此，对于通过维权互助机制发现的知识产权侵权行为或其他知识产权法律风险，企业应当建立常态化的应对机制，及时采取措施加以解决。

2. 从企业外部知识产权保护维权互助机制构建与运行而言，应当采取有力的措施加以保障。笔者认为，以下措施值得重视：

（1）由企业与外部相关单位建立开放型的知识产权保护维权互助平台。例如，通过相关行业协会牵头，在保证一定的人财物特别是资金到位的前提之下，以市场化的形式建立相关的知识产权保护维权互助平台。毫无疑问，在当今信息网络技术迅猛发展的背景下，这一平台的构建应当注重利用信息网络技术，促进信息共享，更方便、更及时地侦测和发现知识产权侵权行为。

（2）加强知识产权保护维权互助机制运行中的制度建设。企业知识产权保护维权互助机制设立的目的是建立常态化的维权机制，通过社会力量的参与，齐抓共管，形成知识产权保护高地，因此在构建知识产权保护维权互助机制时应当注重制度建设。例如，针对上述知识产权保护维权互助平台，应当建立日常的维权互助相关程序，以确保及时、有效地处理相关知识产权侵权纠纷；又如，在市场化维权导向之下，相关企业和其他单位应当建立共同的制度性规范，以便在知识产权保护维权互助中形成共识，并且能够采取一致的行动。

（3）加强企业知识产权保护维权互助的信息共享和资源协同。这一点前面已经从企业内部知识产权保护和维权方面做了探讨。就企业外部知识产权维权互助机制构建与运行而言，这一点尤其重要。在信息共享方面，知识产权保护维权互助机制可以借助于政府的支持，并充分利用公共信息资源；在资源协同方面，则应当基于市场化导向，在企业和外部相关单位之间，就如何配置与运营人财物资源进行协商，并采取措施予以落实。

第六编

加大组织实施力度，确保工作任务落实

第十九章
知识产权保护中的组织领导

《强化知识产权保护意见》指出：

全面加强党对知识产权保护工作的领导。各有关方面要按照职能分工，研究具体政策措施，协同推动知识产权保护体系建设。国家知识产权局要会同有关部门不断完善工作机制，加强协调指导和督促检查，确保各项工作要求有效落实，重大问题要及时按程序向党中央、国务院请示报告。

上述规定无疑为我国知识产权保护工作中加强组织领导指明了方向，并确立了基本原则。对此，笔者认为，以下问题值得探讨。

一、党对知识产权保护工作的领导的重要性及具体落实的全面加强

（一）全面加强党对知识产权保护工作的领导的重要性

我国知识产权保护工作中，应当全面加强党的领导，无疑是由中国特色社会主义的本质所决定的。中国特色社会主义的本质就是中国共产党的领导。中国共产党领导中国人民推进社会主义各项事业蓬勃发展，并取得了巨大成就。就我国知识产权保护工作而言，显然也必须全面置于党的领导之下。例如，我国知识产权保护的政策制定与实施，也是在党的全面领导之下进行的。简要回顾一下近些年来我国知识产权保护政策与党的文件的关系，也可以有初步的理解。例如，党的十七大报告首次提出要实施知识产权战略；党的十八届三中全会提出要加强知识产权运用和保护，建设知识产权法院；党的十九大报告提出要加强知识产权创造、保护和运用；党的十九届四中全会则提出要建立知识产权侵权惩罚性赔偿制度。此外，如前所述，知识产权保护制度是一种激励创新、保护创新成果、促进创新成果推广运用的激励机制。近些年

来党的文件和报告中提出了提高自主创新能力，建设创新型国家，并实现创新驱动发展战略的国家战略与政策。由中共中央办公厅和国务院办公厅联合发布的《强化知识产权保护意见》也能够很好地体现通过党的政策执行来推进我国知识产权保护工作的重要意义。2021 年 9 月，中共中央、国务院印发《知识产权强国建设纲要（2021—2035 年）》，则更体现了当前新发展格局下我国知识产权保护制度运行的新的战略布局。[1]

毫无疑问，我国知识产权保护各项制度和措施的落实，离不开党的全面领导。只有保障党对知识产权保护工作的全面领导，才能使我国知识产权保护政策和具体制度的制定与实施沿着正确的方向和轨道前进，促进我国经济社会发展，提高我国自主创新能力。否则，我国知识产权保护工作将偏离正确的轨道，无法实现知识产权法的立法宗旨和促进经济社会发展的重要使命。我国知识产权保护中全面加强党的领导，无疑需要提高到政治责任的高度，提高到根本原则的层次。

（二）全面加强党对知识产权保护工作的领导的具体措施

在我国全面加强知识产权保护工作中党的领导方面，笔者认为以下措施值得重视：

1. 坚持党性原则，高度认识在我国知识产权保护中全面加强党的领导的重要性。换言之，在思想认识上，应当树立我国知识产权保护工作中党的领导的坚强信念和意识。

2. 充分发挥我国各级党组织的领导作用以及党员的先锋模范作用，使党对我国知识产权保护工作的领导政策落实到位。

3. 在具体的知识产权保护工作中体现党的领导的作用，防止在具体的知识产权保护工作和措施中偏离党对知识产权保护方面的政策精神。

4. 通过不断学习、交流、思考、研讨，把握不同时期党对知识产权保护工作的相关政策内涵与政策导向，提高自身知识产权保护的政策水平。如前所述，近些年来党的各项政策和文件越来越注重对知识产权的保护。近些年来我们党关于知识产权保护的政策是我国知识产权保护制度制定和实施的根本性的指引和指导方针。为了在我国具体的知识产权保护工作中充分理解和

---

[1] 冯晓青："我国知识产权制度实施的战略布局——关于《知识产权强国建设纲要（2021—2035 年）》的理论思考"，载《知识产权》2021 年第 10 期。

贯彻党的相关政策，我国各级党纽织、党员和相关知识产权工作人员在具体执行知识产权保护制度和措施时，应当深刻领会党在不同时期颁布和实施的关于知识产权保护的各类政策的精神。不断提高知识产权保护的政策水平，无疑有利于推进我国知识产权保护，并最终使党对知识产权保护工作的全面领导得到落实。

二、我国知识产权保护中的政策协同

《强化知识产权保护意见》指出："各有关方面要按照职能分工，研究具体政策措施，协同推动知识产权保护体系建设。国家知识产权局要会同有关部门不断完善工作机制，加强协调指导和督促检查，确保各项工作要求有效落实，重大问题要及时按程序向党中央、国务院请示报告。"习近平总书记在2020年中央政治局第二十五次集体学习时指出：要深化知识产权保护工作体制机制改革。党的十八大以来，我们在知识产权领域部署推动了一系列改革，要继续抓好落实，做到系统集成、办同推进。要研究实行差别化的产业和区域知识产权政策，完善知识产权审查制度。[1]

对此，笔者认为以下问题值得研究。

（一）我国知识产权保护中政策协同的重要性

关于这个问题，可以先从最上位的法理学的角度理解政策和法律之间的关系。应当说，政策和法律是两个既相互联系又相互区别的概念。就国家政策而言，它体现了一个国家在特定时期为了实现一定的经济社会目的，对某一领域或某一对象所提出的指导方针、思想、工作原则以及相关措施。国家政策可以从多方面加以理解与认识，如国家的科技政策、教育政策、文化政策、对外贸易政策、外交政策等。这里所探讨的知识产权保护政策，是国家为了实现知识产权保护制度的目的，提出和制定的促进知识产权保护的指导方针、工作原则和具体措施。[2]法律则是通过国家强制力实施与体现的国家意志。政策和法律之间具有重要的区别，特别体现在政策具有较大的灵活性，

---

〔1〕　习近平："全面加强知识产权保护工作 激发创新活力推动构建新发展格局"，载《求是》2021 年第 3 期。

〔2〕　李佐娟："我国政府知识产权保护政策的问题和策略分析"，载《图书情报工作》2006 年第3 期。

缺乏法律所特有的国家强制力保障。同时也应当看到，政策和法律之间也具有十分密切的联系。一般认为，政策和法律之间具有高度的一致性，并且政策是保障法律有效实施的指导思想与理念，能够为一定时期的法律有效实施提供重要的保障。政策与法律相辅相成，法律也是实现国家一定时期相关政策的最有力的制度保障。

上述关于政策与法律的一般原理，也适用于知识产权政策与知识产权法律。大致而言，知识产权政策是落实与保障知识产权法律实施的重要价值导向和指导思想，对于人们认识和理解知识产权法律的内容，以及有效促进知识产权法律的实施，具有重要的指引作用。[1]同时，知识产权法律是贯彻实施我国知识产权政策的制度保障和根本措施。实际上，近些年来我国各项知识产权政策，最终都是以制定与完善知识产权相关法律作为根本保障的。在我国深入推进建设社会主义法治国家的今天，我国知识产权政策最终都必须以建立健全知识产权法治为根本。从知识产权法律对于实施知识产权政策的重要性而言，甚至可以认为我国知识产权保护制度本身也属于国家公共政策的范畴，我国著名知识产权法专家吴汉东教授在相关论述中也有类似观点。

关于知识产权政策协同的重要性，首先需要从法理学层面理解政策协同的必要性。政策协同可以从更抽象、宏观的层面加以理解。协同是一种重要的社会现象，它可以体现为一个国家和地区在经济社会发展中通过一定的方式配置和组织人财物资源，提高资源的利用效率。协同也是管理学上的一个相关概念，如协同管理是为了实现一定的管理目标，有效组织和配置相关社会资源，提高管理效能的组织活动与行为。政策协同则体现为相关政策基于实现共同的目标，而在政策指导原则、方针、具体措施和内容方面形成一个合力，从而能够形成协调、统一、步调一致的理念、原则、方法。政策协同的一个重要方面是防止不同政策之间出现矛盾与冲突的状况，从而导致政策不能够实现共同的目标，最终使各项政策落实不能到位，也难以最大限度地实现政策对经济社会发展的规范调整与指引作用。

知识产权保护方面的政策协同，或者说知识产权政策协同，同样值得高度关注和重视。知识产权保护方面的政策协同具有丰富的内容，如涉及相关的知识产权法律保护水平、保护范围，以及与知识产权保护有关的科技政策、

---

〔1〕 吴汉东主编：《中国知识产权理论体系研究》，商务印书馆 2018 年版，第 168—229 页。

创新政策、教育政策、文化政策、对外贸易政策等。在我国知识产权保护环境之下，还需要重视知识产权地方政策和国家政策的衔接与协调，通过地方政策保障知识产权国家政策的生根与落实。笔者认为，我国知识产权政策协同的重要意义体现为，基于我国知识产权保护制度的实施涉及国家经济社会发展和科技文化创新的方方面面，我国知识产权各方面政策应当整合和协调，以有效促进我国知识产权战略实施，提升知识产权能力，并以知识产权保护制度激励创新、建设创新型国家为根本性目标。在我国知识产权政策统领下的各项具体措施和工作规范，应当步调一致，朝着共同的目标推进。同时，我国知识产权政策协同应当注意防范相关知识产权政策之间的冲突与矛盾，以及知识产权政策之间不能够形成整体合力的情况。

（二）实现我国知识产权保护政策的理念协同

如前所述，我国知识产权保护政策涉及经济社会发展与科技创新等各个方面。笔者认为，为了实现我国知识产权保护中的政策协同，需要重视理念协同。

所谓理念协同，是指我国知识产权各方面政策应当基于共同的知识产权保护理念，在知识产权保护中形成共识和统一的思想，防止因不同部门和不同层级制定的知识产权相关政策基于对知识产权保护理念的不同理解和认识而产生偏差，从而可以避免政策协同中的各种风险。为此，需要进一步探讨我国知识产权保护的基本理念和共同的政策导向。

毋庸置疑，知识产权保护制度是西方国家的舶来品。然而，需要进一步看到的是该制度在世界上几百年的实践表明，其对于保护一个国家的知识创新成果，激励知识创新，促进创新成果的推广和应用，提高本国竞争能力，促进经济社会发展与创新，发挥了十分重要且不可替代的作用。就我国知识产权保护制度而言，尽管相对于西方国家知识产权保护制度的历史较短，且在新中国成立以后一定时期内由于缺乏市场经济土壤，相关观念存在反复和偏差，但近些年来我国知识产权保护制度的建设和运行充分表明，它是我国经济社会发展、改革开放和科技创新中不可缺少的十分重要的法律制度、激励机制和战略措施。我国知识产权保护制度服务于我国经济社会发展与创新驱动发展战略实施，在当前知识产权保护日益国际化的背景之下仍然具有我国的本土化特色。如何构建与运行具有中国特色的知识产权保护制度，是当代我国知识产权保护理论与实践的一个十分重大的课题。笔者在 2020 年专门撰写了关于中国特色知识产权法理的文章。[1]笔者认为,基于知识产权政策协同的考虑,应对我国知识产权保护的基本理念予以总结和思考。概括而言,我国知识产权保护的基本理念至少包括以下内容。

1. 充分有效保护知识产权的观念。顾名思义,所谓知识产权保护制度,是建立在充分有效保护知识产权人的知识产权基础之上的。离开了对知识产权的充分有效保护,知识产权保护制度将成为空中楼阁。我国《民法典》以及世界贸易组织 TRIPs 协议都将知识产权定位为一种私权、一种民事权利。作为一种民事权利,知识产权只有得到充分有效的保护才能实现知识产权保护制度的宗旨。实际上,《强化知识产权保护意见》的名称即体现了应当强化知识产权保护。强化,可以理解为充分有效保护知识产权。从我国社会主义法治建设的基本原则来说,知识产权保护的强化不仅应当体现为有法必依和违法必究,还应当体现为严格执法与公正司法。笔者近年承担了一项关于知识产权保护与促进的立法研究项目,从对近些年来我国国家和地方层面有关知识产权保护与促进的立法和政策的系统梳理和研究来看,充分有效保护知识产权,是这些立法和政策的基本价值取向和原则。未来我国知识产权保护制度的进一步完善,也应以强化知识产权保护作为立足点。

当然,对于充分有效保护知识产权,应当具有全面深入的认识,避免片面的观点。充分有效保护知识产权,可以理解为依法保护知识产权以及严格保护知识产权。前面已经指出,知识产权是一种法定的权利。我国知识产权立法、知识产权政策对知识产权的保护均立足于知识产权相关法律的明确规定。就严格保护知识产权而言,应当体现于知识产权保护实践严格按照知识产权法律的规定进行。正如前面所指出的,从近些年来我国知识产权保护的实践来看,尤其应当注意避免以下两种极端情况:一种情况是知识产权保护不足,另一种情况是知识产权保护过度。前者既体现为知识产权立法保护水平较低,不足以实现充分保护知识产权和激励创新的效果,也体现为在知识产权保护实践中没有依法保护知识产权,没有做到执法必严和违法必究,没有做到严格执法和公正司法。当然,在当前知识产权保护制度国际化趋势日益增强的背景之下,我国知识产权立法保护水平已经实现了和国际全面接轨,因此整体上已经不存在知识产权保护水平较低的情况。至于随着经济社会发

---

〔1〕 参见冯晓青:"新时代中国特色知识产权法理思考",载《知识产权》2020 年第 4 期。

展、科学技术的进步以及知识产权国际制度的进一步发展，我国知识产权保护某些方面仍需要进一步提高，则另当别论。就后者而言，知识产权保护过度问题在我国整体上不是一个问题。然而，也必须警惕的是，近些年来随着国内市场的开放、国内外市场竞争的强化，一些跨国公司在我国滥用知识产权的现象并非个例，这从近年来我国商务部等国务院部委对部分跨国公司在我国滥用知识产权的行为给予严厉处罚就可见一斑。

2. 通过知识产权保护激励创新、崇尚创新的观念。从各国知识产权保护制度的产生和发展历史看，知识产权保护制度作为市场经济和科学技术发展的产物，也是一种激励创新的法律制度和激励机制。[1] 知识产权保护制度首先是一种法律制度，之所以具有激励创新的功能和作用，笔者认为是基于以下原因：知识产权作为一种受法律保护的专有权利，具有法定性。从法律经济学的角度来说，这一权利的稀缺性是一种人为拟制。知识产权人通过法律充分有效保护其自身的这一专有权利，能够获得相对于竞争对手的市场竞争优势。知识产权人不仅能够通过利用其专有权利收回知识创造成本，而且能够通过对市场的控制获得回报，甚至能够通过独占性的知识产权获得超额利润。比较而言，在相关技术和市场领域，如果没有知识产权的保护或者不能取得占优势的知识产权，在当代日益激烈的市场竞争中，就难以占据市场竞争优势。当前5G标准技术领域竞争异常激烈，这方面的创新成果日新月异就是一个典型的例子。

知识产权保护对市场竞争格局的影响可以用日本知识产权学者田村善之教授所提出的"竞争倒逼机制"的原理加以说明：基于拥有知识产权的优势，竞争者不得不在相关领域特别是技术领域进行进一步的研究开发、知识创造，提升其技术含量和市场竞争地位，获得更有市场竞争价值的知识产权。这一机制也能很好地解释为何当代出现了所谓"专利竞赛"现象。例如，当代很多跨国公司、国际性大型企业动辄拥有数万件专利。可以认为，在当代对知识产权日益严格的保护背景之下，基于获取与利用知识产权能够为知识产权人带来巨大利益的动机，知识产权人以及潜在的知识创造者会愿意投入更多的人财物资源进行研究开发和其他相关知识创造活动，从而有利于提高

---

[1] 赵莉："鼓励创新 平衡利益 开创未来 共同繁荣——'2002上海知识产权论坛'会议综述"，载《政治与法律》2002年第4期。

技术创新、知识创新水平，提高企业、产业乃至整个国家的创新水平与竞争能力。

近些年来我国国家和地方层面颁行的各类知识产权保护与创新相关政策，无不将知识产权保护制度定位于激励创新、促进创新成果运用的法律制度和激励机制。例如，2008 年 6 月 5 日国务院发布的《国家知识产权战略纲要》即明确指出："知识产权制度是开发和利用知识资源的基本制度。知识产权制度通过合理确定人们对于知识及其他信息的权利，调整人们在创造、运用知识和信息的过程中产生的利益关系，激励创新，推进经济发展和社会进步。"习近平总书记对于知识产权保护制度激励创新的作用也给予了高度肯定，他指出，加强知识产权保护，是提供中国经济竞争力的最大激励。基于知识产权保护制度激励创新的目标与作用，我国知识产权保护中的政策协同必须以激励创新、崇尚创新作为其基本的政策导向和价值目标。只有这样，我国知识产权保护政策才能够步调一致，在制定和实施促进创新的知识产权保护政策方面形成共识，使我国知识产权保护与创新相关政策能够成为我国促进创新、建设创新型国家、实施创新驱动发展战略的重要政策保障与指引。

需要指出的是，关于知识产权保护制度与激励创新之间的关系，在我国知识产权学术界，还存在个别的反对声音，如有一种观点认为，知识产权保护与激励创新没有任何联系。从历史上看，很多重要的科技发明的确是在没有专利制度保护之下所获得的，更不用说国人引以为傲的四大发明。还有观点认为，知识产权保护制度的本质不是创新，而是一种分配伦理。笔者对上述观点另有浅见，认为历史上缺乏知识产权保护制度时存在知识创造成果并不足以否定当代知识产权保护制度激励创新的功能和作用，反而让我们深刻地认识到当代科学技术成果日新月异都是在日益严格的知识产权保护之下实现的。从历史上看，荷兰曾一度废除专利制度的教训，反倒从反面说明知识产权保护制度对激励创新的重要作用。

3. 通过知识产权保护，平衡和协调社会关系，促进社会经济关系稳定与社会和谐的观念。这一观念，也可以称为知识产权保护中的利益平衡观。笔者一贯主张，利益平衡是一种价值判断和知识产权法价值取向的内在要求。利益平衡构成知识产权法的基石，整个知识产权法体现为一系列的利益平衡模式和与此相适应的制度安排。[1]从知识产权法的基础理论角度来说，近些年来我国学者对知识产权法的制度理性与价值构造做了系统的探讨。知识产权法的基础理论，尤其是从知识产权法哲学层面进行思考，当前主要有劳动理论、人格理论、激励理论与平衡理论等。这些理论，笔者在近些年来关于知识产权法的基础理论研究中均做过系统探讨。[2]应当说，这些不同的原理和理论都能在一定程度上解读知识产权保护制度的正当性。不过，比较而言，平衡理论尤其是利益平衡理论在当代我国知识产权保护制度与政策构建中具有其他知识产权保护理论所不具备的优势和特色，应当成为我国当代知识产权保护政策制定与实施中最重要的方法论与指导原则之一。

笔者认为，利益平衡成为我国知识产权保护与政策构建中的基础理念，可以从以下几方面加以理解。

（1）知识产权法所调整的利益关系具有多元性。从法理学的角度来说，权利的背后是法律所保护的利益，法律调整的社会关系是一种以权利和义务为内容的社会关系，在本质上是一种利益关系。抛开利益相关问题去讨论法律的制定和实施，将会成为无源之水、无本之木。知识产权法也不例外，它主要是围绕知识产品的创造、保护、运用而产生的以权利和义务为内容的社会关系的总和。在知识产权保护制度中，知识产品所涉及的利益具有多元性，尤其体现为知识产权人的利益、知识产品传播和利用者的利益（包括知识产权人的市场竞争对手的利益）、社会公众的利益，在有些情况下还涉及国家利益等。由于知识产权是法律赋予知识产权人的、对其知识产品享有的一种专有性的权利，知识产权人享有权利的范围与社会公众使用该知识产品的范围具有此消彼长的关系，甚至具有一定的冲突性。在知识产权司法保护实践中，特别是在大量的知识产权侵权诉讼中，法官需要做的重要事情是确立个案中权利保护的边界，既要判定被控侵权人的行为是否落入知识产权保护范围内，也要防范公共领域范畴的内容不适当地获得保护。我国知识产权法、知识产权法相关原理和司法实践中所确立的一系列判断知识产权侵权、确立知识产权的权利边界的原则就是体现，如专利法中的等同侵权原则、反向等同原则、

〔1〕《法学杂志》2020 年第 4 期封面"法学人物"：冯晓青教授。

〔2〕冯晓青：《知识产权法哲学》，中国人民公安大学出版社 2003 年版；冯晓青：《知识产权法利益平衡理论》，中国政法大学出版社 2006 年版。

禁止多余指定原则、捐献原则，[1]著作权法中的思想表达二分原则、实质性相似原则，商标法中的混淆可能性原则等。

基于知识产权保护中涉及不同的利益主体和利益关系，需要通过立法设计和安排，确立不同利益在知识产权保护中的地位，明确其相关利益关系。利益平衡，无疑是知识产权法中进行公平合理的权利义务配置，构建公平合理的知识产权保护制度所需要的重要指导原则与方法论。

（2）实现知识产权法的立法宗旨，需要引入利益平衡观，协调和平衡知识产权人利益和社会公共利益之间的关系。[2]我国知识产权法的立法宗旨首要是充分有效地保护知识产权人的合法权益。还需要进一步看到的是，知识产权保护制度不仅仅是为保护知识产权人的利益而设置的法律制度。在充分有效保护知识产权人的合法权益基础之上，知识产权保护制度还需要维护社会公众利益以及在社会公众利益基础之上广泛的社会公共利益。笔者认为，这是因为知识产权保护制度中，社会公众对知识产权人所创造的知识产品也具有合法的需求。不仅如此，从知识产权人创造知识产品的目的来看，并不是纯粹地为了个人欣赏或者使用，而是基于社会所需而为之。如在著作权法中，作者创作作品，除个人的兴趣、爱好以外，通过创作作品传播个人的思想和观点，促进社会知识和信息的交流，也是其中重要的动机和目的。从知识产权所保护的知识产品的特征来说，它既是个人劳动的产物，也是社会劳动的产物，因为知识产权人在创造某一知识产品时，除了付诸个人努力以外，也需要学习、参考、借鉴同代和前代人的相关成果。在某种意义上，从经济学的角度来说，知识产权法所保护的知识产品具有公共产品的特点。正是基于知识产权保护不完全限于对知识产权人权利的保护，还涉及公共利益的维护，笔者一直主张在我国知识产权保护制度和政策构建中，除了充分有效保护知识产权人的利益以外，还应当充分维护和保障知识产权保护制度所追求的社会公共利益。正如英国知识产权委员会在 2002 年所发布的一个关于整合与发展知识产权的报告中所指出的，与其将知识产权保护制度看成一个仅仅

〔1〕 尹新天：《中国专利法详解》，知识产权出版社 2011 年版，第 551—847 页。

〔2〕 冯晓青："知识产权法的价值构造：知识产权法利益平衡机制研究"，载《中国法学》2007年第 1 期；冯晓青："论利益平衡原理及其在知识产权法中的适用"，载《江海学刊》2007 年第 1 期；冯晓青："试论以利益平衡理论为基础的知识产权制度"，载《江苏社会科学》2004 年第 1 期；冯晓青："利益平衡论：知识产权法的理论基础"，载《知识产权》2003 年第 6 期。

维护知识产权人利益的法律制度，不如将其看成一个维护公共利益的公共政策。也正是因为作为私法的知识产权法具有维护和保障公共利益的价值取向与目标，在知识产权法的制度构建与政策实施中，必须维护知识产权人利益和社会公共利益的平衡。

4. 通过知识产权保护，促进创新成果推广运用的观念。这可以称为知识产权保护的运用观。在我国知识产权保护政策协同中的理念协同方面，知识产权保护的运用观也十分重要。随着我国知识产权法治建设的推进，特别是知识产权保护制度在当前我国经济社会发展和建设创新型国家中的地位日益突出，近年来我国知识产权保护政策导向日益注重在充分有效保护知识产权的基础之上强调和推进知识产权的有效运用，提高运用知识产权保护制度服务于我国经济社会发展、促进我国产业转型升级和经济发展方式转变的能力。如前面已经指出的，党的十八届三中全会在涉及知识产权的议题上，指出除应当建立专门的知识产权法院以外，还要加强知识产权的运用和保护，这是我们党关于知识产权方面的政策性文件很罕见地将加强知识产权运用放在知识产权保护的前面，充分体现了在新的历史时期知识产权运用在我国整个知识产权保护制度构建与实施中的极端重要的地位和作用。

笔者认为，知识产权运用之所以在我国知识产权保护政策构建中十分重要，主要有以下几方面的原因：

（1）知识产权运用是知识产权保护的重要目的，是实现知识产权保护制度的宗旨的重要保障。如前所述，我国知识产权保护制度对知识产权人的充分有效的保护，并不是为了保护而保护。我国知识产权保护的最终目的是促进知识创造以及创新成果的推广运用，保护知识产权人的利益只是基于公平正义的要求尊重知识创造成果，激励创新，使知识创造者获得应有的回报。[1]实际上，就知识产权保护和知识产权运用的辩证关系而言，知识产权人通过知识产权能够获得充分有效的保护和必要的回报，通常需要建立在知识产权的有效运用基础之上。原因在于，只有有效地利用知识产权，如通过知识产权人自身实施，或者通过许可、转让、投资入股、质押融资、资产证券化、信托等多种方式转化，其知识产权才能由潜在的生产力转化为现实的

---

〔1〕　王宏军：“法经济学分析：‘知识产权运用’研究的新方法”，载《科技与法律》2019 年第1 期。

生产力以及物质财富。知识产权人通过知识创造和法定程序获得的知识产权如果不能够通过一定方式转化利用，就不能获得必要的利润，甚至连知识创造的成本都无法收回。

正因为知识产权运用是知识产权保护的重要目的，在我国知识产权保护制度的构建中也必须以推进知识产权的有效运用作为其重要的目的和制度设计与安排的重要内容。事实上，通过解构我国知识产权专门法律的立法宗旨以及具体内容可以发现，其无不体现了对知识产权运用的价值的肯定，如专利法和著作权法中的许可、转让制度。如果现行知识产权专门法律对于知识产权运用方面规定不足，就需要通过立法修改的形式加以完善，《专利法》第四次修改也是如此，因为其增加了促进专利运用的规定。

（2）知识产权运用能更好地体现知识产权作为一种无形财产权以及一种无形资产在经济社会发展中的重要价值。就知识产权的法律属性而言，它是一种静态的权利。这一权利能否实现权利人所希望的经济社会价值，取决于能否经过在市场中的动态化利用，从静态的无形财产权转化为动态的资产价值。知识产权的获得通常需要公开，一般不存在"养在深闺人未知"的情况，但需要通过各种方式将其转化为"真金白银"。从知识产权本身价值评估的角度来说，知识产权的未来获利能力成为资产价值评估的重要标准，也是因为评估知识产权在经济社会生活中动态运用而获得的利润才是最合理的。

（3）知识产权运用是我国国家知识产权战略的目标与最重要的内容，在正在推动的我国知识产权强国战略中也是核心的内容。众所周知，《国家知识产权战略纲要》确定的基本环节和内容包括知识产权创造、知识产权运用、知识产权保护和知识产权管理。其中，知识产权创造是基础，知识产权运用是目的，知识产权保护和知识产权管理是手段。通过对国家知识产权战略的实施绩效评估，可以发现当前我国知识产权战略实施的瓶颈和关键突破之处仍然是知识产权有效运用不足的问题。在《知识产权强国建设纲要（2021—2035年）》中，知识产权运用已成为核心内容。

（4）知识产权运用是在建设社会主义强国的新时代，我国成功实现产业结构调整、经济转型升级和经济发展方式的改变，实现由粗放型经营到集约经营，构建知识产权密集型产业，提高我国产业竞争能力和综合国力的重要手段。我国知识产权保护的政策理念，强调知识产权运用观，其价值更体现在其对于我国建设社会主义现代化强国的极其重要的作用。[1]深层次的原因在于，随着科学技术和经济社会发展，当代国际竞争日益激烈。正如时任国务院总理温家宝指出的，世界未来的竞争，就是知识产权的竞争。当前有形商品贸易，包括国际贸易中商品的高附加值越来越体现并附载于知识产权方面，围绕有形商品贸易中的知识产权国际竞争也越来越激烈，前一阶段中美贸易谈判涉及的知识产权问题就足见一斑。

5. 通过知识产权保护促进社会无形财富的增长，提高国家、产业、行业和企业竞争能力的观念。这也是我们通常所说的知识产权战略观。知识产权战略是我国制定并实施多年的国家战略。我国知识产权保护中的政策导向之所以需要具有知识产权战略观，是因为知识产权保护只有上升到知识产权战略层次，才能真正使我国知识产权保护制度与经济社会发展和创新战略紧密结合，最大限度地发挥我国知识产权保护制度的功能和作用，提高我国企业、产业、行业和国家整体的竞争能力。

笔者认为，知识产权战略观对于我国知识产权保护政策的重要作用，体现在以下几方面：

（1）提升我国知识产权保护层次，使知识产权保护制度成为提升我国企业、产业、行业和国家竞争力的重要抓手。知识产权战略是提升我国竞争能力的重要手段与保障。理解这一点，需要就知识产权战略与促进竞争、提升竞争能力之间的关系进行探讨。所谓知识产权战略，可以理解为：为获取与保持市场竞争优势，运用知识产权保护手段，特别是知识产权保护制度的功能和特点，谋求最佳经济社会效益的总体性谋划。基于战略的本质是竞争这一特点，知识产权战略的本质可以体现为一种竞争战略。其目标是获取市场竞争优势，采取的手段也是立足于知识产权保护的竞争策略和竞争手段。从《国家知识产权战略纲要》的规定来看，知识产权战略本身包含丰富的内容，包括知识产权创造、知识产权运用、知识产权保护和知识产权管理四个相辅相成的环节。无论如何，知识产权战略制定和实施的立足点和基础是充分、有效的知识产权保护。然而，知识产权保护制度最终要服务于有效实施国家知识产权战略，提升我国整体的竞争能力。

---

[1]　林秀芹、张贤伟："中国知识产权运营策略"，载《学术交流》2016年第1期；冯晓青："企业知识产权运营及其法律规制研究"，载《南京社会科学》2013年第6期。

根据知识产权战略的内涵，知识产权战略的制定和实施需要立足于知识产权保护制度的功能和特点。笔者认为，这一功能和特点主要体现于前面已经讨论过的知识产权保护制度的激励创新机制、保护各方当事人合法权益的权利保障机制，以及协调不同利益主体利益关系的利益平衡机制，而这些最终都离不开有效的知识产权保护。

其中，通过有效的激励机制促进知识产权的创造并鼓励创造成果的推广运用，使我国成为真正的知识产权强国，是一个关键内容。从国家知识产权战略实施十多年以来的成效看，我国近些年的知识产权创造能力大幅提升，已经成为名副其实的知识产权大国。通过充分有效的保护机制，特别是知识产权严格执法和公正司法，维护我国知识产权人和其他相关当事人合法权益，不仅能够大大提升知识产权人的市场竞争能力，运用知识产权保护手段更好地实现其知识产品的经济社会价值，不断增加社会无形财富，而且能够更好地激励其进一步进行知识创新和创造工作，促进知识产权保护制度的健康发展。有效平衡和协调知识产权人和社会公众之间的利益关系，在充分有效保护知识产权的基础之上维护社会公共利益，能够维护社会经济关系的稳定。知识产权战略的制定与实施能够更好地做到知识产权保护制度与其他制度、政策之间的衔接和协调，形成政策协同，使知识产权保护制度成为促进经济社会发展的重要保障。

从以上分析看，制定和实施知识产权战略，可以在我国知识产权保护制度有效实施的基础之上，更好地利用知识产权保护制度的功能和特点，服务于我国经济社会发展与创新，提升国家总体竞争能力。

（2）为我国知识产权保护指引方向，使我国各级各类知识产权保护相关政策能够更好地实现协同与整合，从而能够使我国知识产权政策实现最佳效果。知识产权战略涵盖的内容固然以知识产权保护为基础和核心，但又不限于知识产权保护。[1]这样一来，在我国知识产权政策构建理念中，引入知识产权战略概念，可以在更大范围和程度上发挥知识产权保护制度的功能，实现该制度的立法宗旨。然而，基于我国知识产权保护制度服务于我国经济社会发展和创新驱动发展战略、建设创新型国家的多重使命与任务，我国知识

---

[1] 詹映：“试论新形势下我国知识产权战略规划的新思路”，载《中国软科学》2020年第8期；郭民生：“略论国家知识产权战略的基本内涵及其实现途径”，载《知识产权》2006年第6期。

产权相关政策也涵盖知识产权创造、知识产权运用、知识产权保护、知识产权管理、知识产权中介服务、知识产权文化构造等多方面的丰富内容。知识产权战略观则能够很好地涵摄和整合这些政策构建的内容，使知识产权保护制度的内涵形成一个内在严密、有机联系的整体。更重要的是，它能使我国知识产权保护制度的使命和定位更加清晰，能够为我国知识产权保护相关政策的制定和实施提供一个层次更高与统领性的指导思想和原则。

基于上述考虑，笔者认为知识产权战略观也应当是我国知识产权保护的政策制定中理念协同的十分重要的方面。换言之，我国知识产权保护的政策构建需要以知识产权战略观作为指引，这样才能使我国各项知识产权政策制定与实施在服务于我国经济社会发展、提高国家创新能力方面发挥最佳效用。

（三）知识产权范畴的公共政策的内涵及基本定位

《强化知识产权保护意见》明确指出，要建立知识产权政策协同体系。在前述政策理念达成共识的前提之下，笔者认为首先需要就我国知识产权保护相关政策具体内容进行探讨，并在此基础上提出政策协同的进一步对策。

毫无疑问，我国知识产权保护相关政策属于广义的政策范畴与重要内容。所谓政策，根据百度百科的解释，可以理解为国家机关、党政机关和其他政治集团为实现一定时期特定的经济社会发展目的，而通过权威化、标准化形式向社会公布的指导原则和方针、完成的明确任务和采用的具体工作方式，采取的一般步骤和具体措施等。如前所述，政策和法律之间具有十分密切的联系。知识产权保护相关政策和知识产权法律之间同样如此。总的来说，知识产权保护相关政策是实现知识产权保护制度目标的重要保障，它能够对知识产权保护制度的制定和实施提供明确的指导，使知识产权保护制度的制定和实施朝着既定目标和方向运行。

基于知识产权在当代经济社会生活中的重要地位以及知识产权内容的丰富性，我国经济社会生活和创新型国家建设中的各项政策，无论是从国家层面还是地方层面，都涉及知识产权保护问题。因此，我国知识产权保护相关政策可以从经济社会发展和创新型国家建设的各项政策中得以理解和认识。[1]具体

---

〔1〕　林德明、赵姗姗："基于政策工具的知识产权政策演化研究"，载《中国软科学》2018年第6期；宋河发、沙开清、刘峰："创新驱动发展与知识产权强国建设的知识产权政策体系研究"，载《知识产权》2016年第2期。

而言，除了纯粹的知识产权政策（如知识产权执法、知识产权司法保护、知识产权公共服务等），还涉及我国的科技政策、创新政策、经济贸易政策、教育政策、文化政策、外交政策等知识产权保护相关的内容。

知识产权保护相关政策也可以从公共政策的角度加以理解。公共政策是国家为了协调经济社会活动及其相互关系，最佳配置和运用国家与社会资源，更好地实现公共利益而颁布与实施的一系列政策。公共政策内容涉及立法政策、管理政策、分配政策等。从政治学与行政学的角度理解，公共政策是基于对社会利益的权威分配，是基于对不特定多数人的共同利益而制定与实施的。因此，公共利益被认为是制定和实施公共政策的基本价值准则和导向。就知识产权保护的公共政策而言，作为公共政策范畴和重要组成部分之一，它也立足于在充分有效保护知识产权这一私权的基础之上，维护和实现公共利益。从公共利益维护的角度理解知识产权公共政策，也必须充分考虑知识产权保护制度作为一种以保护私权为基础的制度与公共利益的协调和平衡。[1]也正是基于此，在我国知识产权保护体系构建和政策实施中，必须在不同的政策之间进行协调，防止知识产权公共政策的制定和实施中对知识产权人私权保护的忽视。

就知识产权执法相关政策而言，特有的国情决定了新中国成立以来我国知识产权保护以行政执法和司法保护"两条途径、协调处理"为基本形式。在我国知识产权保护体系中，如下所述，知识产权司法保护无疑处于主导地位。然而，我国知识产权执法也是知识产权保护的有力支撑。基于我国知识产权执法的特色和优势，在未来相当长的时间内，其在我国知识产权保护体系中仍然具有重要地位。近些年来，我国已经建立了较为完善的知识产权执法体系。随着我国政府体制改革，知识产权执法体系在组织构建方面具有集中化倾向。近些年来，我国知识产权执法方面也颁布实施了诸多相关政策。笔者认为，需要对这些政策的内容进行系统研究，在知识产权保护理念协同的基础之上，就优化知识产权执法政策、提升知识产权执法效率以及知识产

---

〔1〕 冯晓青、周贺微："知识产权的公共利益价值取向研究"，载《学海》2019年第1期；严永和："知识产权法的公共利益理念阐释——基于市场逻辑的公共利益与补充市场逻辑之不足的公共利益"，载《暨南学报（哲学社会科学版）》2016年第5期；冯晓青："知识产权法与公共利益探微"，载《行政法学研究》2005年第1期。

权执法政策与如下所述的知识产权司法保护政策的协调与衔接进行认真研究，提出解决对策和方案。基于知识产权执法政策作为知识产权公共政策的范畴，以维护知识产权保护制度所赖以实现的公共利益为重要宗旨，笔者认为对于知识产权执法政策应当给予正确的定位和认识，防止形成一种错误和片面的观念。知识产权执法政策体系运行，固然需要立足于我国知识产权专门法律所赋予的知识产权执法机关行政职权，并且通过执法手段维护知识产权人和相关当事人的合法权益，但也应当注意，不应当将知识产权执法作为单纯维护知识产权人利益的手段和机制。知识产权是一种私权，对这一私权的保护中也存在维护公共利益的价值取向和目标。基于此，我国知识产权执法政策定位和构建方面，笔者认为应当侧重于如何利用法律赋予的行政职权构建有效的知识产权保护环境，维护整体的社会公共利益。

（四）我国知识产权保护政策与知识产权司法保护政策的协同

1. 我国知识产权司法保护政策的内涵。近些年来，最高人民法院先后发布了相关知识产权司法保护政策。例如，2017 年初发布《中国知识产权司法保护纲要（2016—2020）》。2020 年 4 月 15 日，最高人民法院发布了《关于全面加强知识产权司法保护的意见》，对新形势下我国知识产权司法保护从宏观的司法政策角度又作出了新的规定。这里仅就其主要内容做一些简单介绍。根据该文件的规定，其总体要求如深入贯彻实施《知识产权审判领域改革创新意见》以及《强化知识产权保护意见》；为实施创新驱动发展战略，培养稳定公平透明可预期的营商环境，[1]提供有力司法服务和保障。其中还规定了以下内容：立足各类案件特点，切实维护权利人合法权益；着力解决突出问题，增强司法保护实际效果；加强体制机制建设，提高司法保护整体效能。2021 年 10 月，为深入实施《知识产权强国建设纲要（2021—2035 年）》，最高人民法院又发布《关于加强新时代知识产权审判工作为知识产权强国建设提供有力司法服务和保障的意见》，从司法保护层面对如何深入推动知识产权强国建设作了全面部署，其主要内容有：心怀"国之大者"，准确把握加强新时代知识产权审判工作的总体要求；依法公正高效审理各类案件，充分发挥知识产权审判职能作用；提升知识产权司法保护整体效能，着力营造

---

〔1〕　中国社会科学院知识产权中心、中国知识产权培训中心编：《优化营商环境与知识产权法治完善》，知识产权出版社 2020 年版。

有利于创新创造的法治环境；深化知识产权审判领域改革创新，推进知识产权审判体系和审判能力现代化。这无疑是新时代我国知识产权司法保护政策方面的最新进展，必将对推进我国知识产权司法体制机制改革，充分维护当事人的合法权益，提高我国知识产权司法保护水平，发挥十分积极和重要的作用。

2. 我国知识产权司法保护政策的核心内容。知识产权司法保护政策无疑具有丰富的内容，[1]从《中国知识产权司法保护纲要（2016—2020）》的规定即可看出。根据知识产权司法保护的法理和实践，结合我国知识产权法律制度的宗旨，笔者认为我国知识产权司法保护政策构建与实施方面应注重以下原则和内容。

（1）依法保护、切实维护知识产权人合法权益的原则。[2]前面多次指出，知识产权是一种受法律保护的专有性权利。我国知识产权保护制度是以充分有效保护知识产权作为基础和核心的。知识产权保护是我国知识产权保护制度的生命力所在。知识产权司法保护是我国知识产权保护体系中最为重要的内容，处于主导地位。笔者认为，在知识产权司法保护方面应注重以下两点：第一点是依法保护，第二点是切实维护知识产权人的合法权益。[3]这两项内容相辅相成，成为我国知识产权司法保护的根本性原则。强调依法保护，是因为无论从法理上还是从我国知识产权保护制度的各项规定来说，知识产权都是一种法定的权利，在司法实践中对知识产权人的保护应当依法进行。在此基础之上，则应当强调切实维护知识产权人的合法权益。

当然，也应当指出，在知识产权诉讼中，各方当事人的诉讼地位是平等的。除知识产权人以外，其他相关当事人的合法权益同样应当得到充分的维护。在依法保护方面，我国知识产权保护制度尽管以对知识产权人的专有权利的保护为基础，但在知识产权保护制度构建与实施中同样存在公共领域保留的问题。在个案中，如果当事人的相关行为落入了公共领域而不是知识产

---

〔1〕 梁翠、王智新："推动创新创业高质量发展的知识产权司法保护法律政策研究"，载《科学管理研究》2019 年第 2 期。

〔2〕 吴汉东、锁福涛："中国知识产权司法保护的理念与政策"，载《当代法学》2013 年第 6 期。

〔3〕 孔祥俊："当前我国知识产权司法保护几个问题的探讨——关于知识产权司法政策及其走向的再思考"，载《知识产权》2015 年第 1 期。

权人专有领域的范围，就不应当认定为侵犯知识产权，否则容易造成错案。实际上，公共领域保留也是我国知识产权司法保护中的一个重要理念，只不过在当前强化知识产权保护、严格知识产权保护的氛围和背景之下，对于知识产权司法保护中的公共领域保留未给予足够重视而已。因此，在强调依法保护和切实维护知识产权人合法权益的前提下，也应当强调知识产权的司法保护不得侵害公共领域。公共领域背后是广大社会公众自由不受限制地获取与使用公共知识财富的权利，这也反映了知识产权保护制度所承载的公共利益。[1]这一公共利益在知识产权司法保护中也必须得到充分体现。由此可见，我国知识产权司法保护的政策定位应当是依法公平保护知识产权人的合法权益，并在此基础上注重维护相关当事人合法权益以及社会公共利益，而不是绝对地、单方面强调对知识产权人合法权益的维护。从世界各国知识产权司法保护的情况看，个别国家曾有所谓"亲知识产权"的"传统"，这显然不符合现代先进的知识产权司法保护理念，特别是不符合依法保护知识产权的基本原则。上述依法保护和切实维护知识产权人合法权益的原则，实际上和下面将要探讨的公正司法原则是相辅相成的。

（2）公正司法原则。从法理学的角度来说，公平、正义是所有法律的最根本的价值取向，也是根本性的理念。公平、正义来自于古老的朴素的观念，也是人们对社会生活的美好愿景。公平、正义是法律制度构建与实施的永恒追求。因此，对公平、正义的重要性，无论如何强调都不过分。司法则被人们认为是社会正义的最后底线。司法公正无疑是人们对法院审判工作最根本的要求和希望。司法的权威性也体现在公正司法方面。可以认为，我国法院以审判为中心的体制机制及其有效运行都是建立在公正司法基础上的。如果不能做到公正司法，法院就无法实现其弘扬社会正义的目标，无法树立司法的权威性，无法实现法律制度的立法宗旨，无法公平合理地维护当事人的合法权益，无法实现司法保护的良好社会效果，更无法实现定分止争、协调经济社会关系、促进社会和谐的作用。正因为公正司法如此重要，习近平总书

---

[1]　冯晓青："知识产权法中专有权与公共领域的平衡机制研究"，载《政法论丛》2019年第3期；冯晓青、周贺微："公共领域视野下知识产权制度之正当性"，载《现代法学》2019年第3期；冯晓青："知识产权法的公共领域理论"，载《知识产权》2007年第3期。

记指出，要努力让人民群众在每一个司法案件中感受到公平正义。[1]这无疑体现了对我国法院司法审判工作的要求和美好愿望，笔者认为这应当成为我国每一个法院以及所有司法工作者的座右铭。

知识产权案件是我国各类型案件的重要组成部分，知识产权审判作为我国法院审判工作的重要内容，毫无疑问也应当将公正司法作为最根本的理念、原则与要求。实际上，近些年来最高人民法院颁布实施的相关知识产权司法政策都将公正司法作为根本性的原则与要求，并根据这一原则和要求提出了具体的司法政策措施。例如，2020年最高人民法院颁布的《关于全面加强知识产权司法保护的意见》在总体要求部分就明确写进了公正司法的内容。《强化知识产权保护意见》在知识产权司法保护及改革方面也强调要公正司法。

公正司法作为我国法院审理各类知识产权案件、进行知识产权审判活动的根本性原则，需要通过个案贯彻执行。[2]知识产权案件的审判，从单纯定分止争、解决纠纷的角度而言，需要明确案件的是非曲直、明确知识产权相关当事人之间的权利义务关系。但笔者认为，个案解决其实反映了公正原则[3]以及在落实这一原则基础之上的正义模式和正义秩序。因此，知识产权个案解决的意义远远不限于解决一桩知识产权纠纷案件，审理知识产权案件的法官解决知识产权纠纷案件的意义也远远不限于完成一件案件审理的工作任务。法官，包括知识产权法官，应该是社会良知和社会正义的化身，其所从事的审判工作具有超越于解决个案的更丰富的现实意义，因为通过解决个案依法维护了知识产权相关当事人的合法权益，维护了社会关系的和谐和稳定，而且更重要的是通过公平合理地解决个案，弘扬了社会正义，维护了法律的尊严，确保了法律的严格执行和法律秩序的形成。

毫无疑问，在知识产权审判中公正司法原则的落实，最终需要法律制度

---

〔1〕 胡玉鸿："习近平公正司法思想探微"，载《法学》2018年第6期；隋从容："论习近平的'严格执法、公正司法'思想"，载《东岳论丛》2016年第2期；江必新："以公正司法提升司法公信力"，载《法学研究》2014年第6期。

〔2〕 曹建明："坚持公正效率主题，努力推进知识产权审判工作 为全面建设小康社会服务"，载《知识产权》2003年第3期。

〔3〕 向波："知识产权法律制度之正义考量"，载《知识产权》2014年第10期；冯晓青："知识产权法的公平正义价值取向"，载《电子知识产权》2006年第7期。

保障和具体措施的到位。对此，笔者认为，在知识产权相关法律制度的构建与完善方面，需要本着公平合理地维护当事人合法权益的理念和原则，立足于我国经济社会发展的现实需求，遵循知识产权保护的规律，建立各项知识产权保护制度。如果知识产权保护制度存在不合理之处，或者随着社会经济发展，现有知识产权保护制度存在滞后性，就需要通过立法修改的形式加以完善。所谓"良法才能善治"，不无道理。从法理学的角度来说，知识产权保护制度的每一个条文都应当具有合理性、正义性。[1]知识产权保护制度规定本身的合理性，无疑是我国知识产权审判确保实质公正的关键所在，因为有法必依是依法治国的基本要求之一，法官在审理知识产权案件时需要遵循法律的相关规定。

除此之外，对于公正司法原则在知识产权案件审理中的贯彻，笔者认为以下几点需要高度重视。

第一，法官的职业素养和职业伦理。知识产权案件审理要真正做到公正，审理案件的知识产权法官必须有坚定的公平正义信念、强烈的社会责任感、对当事人高度负责的态度，以及信仰法律和遵守法律的精神。具备坚定的公平正义信念，法官才能真正保证案件的公正审理。毫无疑问，坚持公平正义理念，应当作为我国包括知识产权法官在内的所有法官和其他司法工作者职业伦理培训和要求的根本内容。

第二，建立合议庭独立审判负责制，排除案外干扰。这一点其实在近些年来我国包括知识产权审判工作在内的司法体制机制改革方面有充分体现。如前些年存在的有关组织和个人不当干预个案的情况，通过建立相关制度和措施予以排除，就取得了显著的成效。

第三，不断总结知识产权审判工作经验，优化案件审理程序，实现知识产权司法保护中程序公正与实体公正的统一。严格地说，知识产权审判方面的公正司法包括程序公正和实体公正两方面内容。如何通过优化案件审理程序，确保程序公正，也是实现知识产权案件公正审理的不可忽视的重要内容。近些年来，中共中央办公厅、国务院办公厅、最高人民法院等在相关审判体

---

[1] 杨才然："知识产权法的正义价值取向"，载《电子知识产权》2006年第7期；胡梦云："知识产权制度的正义性思考——读冯晓青教授《知识产权法哲学》有感"，载《电子知识产权》2004年第1期。

制机制构建和完善方面出台了很多举措,[1]其中很多涉及相关知识产权审判工作内容,今后需要在总结司法审判经验基础之上进一步完善。

(3) 利益平衡原则。笔者认为,这一原则和要求的法理依据在于知识产权法本身是一种利益平衡机制。为此,需要在前述研究基础上就知识产权法的利益平衡原理进行最基本的探讨。利益平衡是我国知识产权立法和司法的重要原则,也是知识产权保护制度实施的重要的方法论和指导方针。知识产权法之所以需要以利益平衡作为基础,是因为知识产权法调整的是围绕知识产品的创造、运用、保护和管理而产生的社会关系的总和,这种社会关系实际上是以权利和义务为内容的,本质上是一种利益关系。围绕知识产品的利益主体包括知识产权人、社会公众和国家等。由于知识产权是知识产权人对其知识产品享有的一种具有独特性的专有权利,在围绕知识产权的利益分配格局中,必然存在知识产权人的利益和其他相关主体利益之间此消彼长的关系。这样一来,在知识产权法的制度设计和安排方面,就必须充分地协调和平衡知识产权人利益和其他相关主体利益,也使得围绕知识产品产生的不同的利益各得其所。在制度设计层面,知识产权法所设立的专有权保护和权利限制、专有领域与公共领域的对立统一机制就是重要体现。

知识产权人创造的知识产品既是个人劳动的产物,也是社会劳动的产物,具有一定程度上的公共产品的属性。[2]再考虑知识产权法的立法宗旨,知识产权法也具有十分重要的社会属性,尽管其属于私法范畴,但也有在保护知识产权这一私权基础之上维护社会公共利益的重要的价值目标。[3]理解这一点十分重要,这样可以在实践中避免对知识产权的保护过于强调知识产权私权的绝对性,防止公共利益无法得到保障的情况发生。

---

〔1〕 例如,2007 年,最高人民法院发布《关于全面加强知识产权审判工作为建设创新型国家提供司法保障的意见》;2018 年,中共中央办公厅、国务院办公厅发布《知识产权审判领域改革创新意见》。

〔2〕 王新华、梁伟栋:"知识产权法律保护的经济学分析——以利益平衡观为视角",载《江西社会科学》2011 年第 6 期;张勤:"论知识产权之财产权的经济学基础",载《知识产权》2010 年第 4 期;丁晓钦:"知识产权的经济学研究",载《经济学动态》2008 年第 3 期。

〔3〕 冯晓青、刘淑华:"试论知识产权的私权属性及其公权化趋向",载《中国法学》2004 年第 1 期。

当前我国知识产权司法保护政策也引入了知识产权法理论中的利益平衡原则。在知识产权司法保护政策指导下所制定的知识产权相关司法解释同样贯彻了这一原则。例如，2012年最高人民法院发布的《关于审理侵害信息网络传播权民事纠纷案件适用法律若干问题的规定》第1条就明确了网络环境下著作权保护的利益平衡原则。在知识产权司法实践中，各级人民法院也根据知识产权保护的利益平衡原则审结了大量知识产权纠纷案件。应当说，知识产权保护的利益平衡原则已成为我国知识产权诉讼的重要指导思想和方法论。

进一步说，知识产权保护的利益平衡原则对于我国知识产权司法保护的指导作用主要体现在以下几方面：

第一，合理确定知识产权纠纷案件中知识产权人和其他相关主体的权利义务关系。知识产权保护中的利益平衡原则在本质上体现了知识产权法的公平和正义价值取向。在知识产权诉讼中则具体体现为，合理划分知识产权这一专有权的权利保护边界，防止在个案中知识产权保护不足或者保护过度两种极端情况的发生，公平合理地依法保护知识产权人和其他相关主体的合法权益。这样就必然要求合理确定知识产权人和其他相关主体的权利义务关系。例如，在知识产权侵权纠纷案件中，要求明确知识产权的保护范围，并确认被控侵权行为是否落入知识产权这一专有权的保护范围之内。在明确知识产权的保护范围基础之上，需要进一步明确被控侵权行为人提出的抗辩理由是否成立。

第二，根据个案的具体情况，采取适当的承担法律责任的方式。我国《民法典》施行前的《民法通则》《民法总则》《侵权责任法》以及现行《民法典》和知识产权专门法律对于侵害知识产权的行为都规定了相应的侵权责任。但在采取具体的司法救济措施以及具体适用法律责任方面，需要根据个案的情况灵活掌握。以诉前禁令为例，对于知识产权人的诉前禁令申请是否应当予以批准，需要综合考虑相关因素，其中之一是原告、被告的利益是否严重失衡。像美国等国家的知识产权法对此就有明确规定。再以侵害著作权的商标纠纷案件为例，一些案件中涉案注册商标已经有很高的知名度，但由于该商标注册使用未经著作权人许可而被法院认定构成侵害著作权。通常情况下，法院可能会判决被告停止使用该注册商标，并赔偿经济损失。过去一些典型案件，如前述"武松打虎""三毛"注册商标侵害著作权案等就是如此。实际上，如果能够经过诉讼中的调解，在充分维护著作权人合法权益的前提下转化为合法许可，就可能产生更好的社会效果。

第三，在知识产权个案解决中充分维护知识产权保护制度赖以实现的社会公共利益。如前所述，公共利益也是知识产权保护制度的重要价值目标。实际上，维护公共利益也是我国知识产权专门法律明确和体现的重要原则。在知识产权司法案件的解决中，通过引入利益平衡原则，就能够更好地实现个案中对知识产权的保护与维护社会公共利益的平衡。如近些年来我国相关知识产权侵权纠纷案件中，在法院认定被告侵害知识产权的前提下，如果责令被告停止相关涉案使用行为，可能会侵害国家利益或者公共利益。在这种情况下，法院就可以判决被告不停止使用而承担更大损害赔偿责任的形式加以弥补。对此，2016 年实施的最高人民法院《关于审理侵犯专利权纠纷案件应用法律若干问题的解释（二）》已做了明确规定。[1]

（4）激励创新原则。知识产权司法保护政策需要贯彻激励创新原则，笔者认为这是知识产权保护制度的宗旨所决定的。如前所述，知识产权保护制度是一种保护和激励创新、促进创新成果推广运用的法律制度。激励创新之所以成为知识产权保护制度的重要宗旨，也是因为知识产权保护的知识产品是一种具有创造性的知识产品，这种创造性成果尤其体现为创新。例如，我国《专利法》对发明和实用新型专利"三性"的要求、《著作权法》对受著作权保护作品的独创性要求就是典型体现。从知识产权法哲学之增加价值理论来看，正是因为受知识产权保护的知识产品具有创造性，为社会带来了增值性的增量利益，才使其有资格获得专有权的保护。

激励创新原则在我国知识产权专门法律中都有具体体现。知识产权法中的激励创新原则，显然也需要在知识产权司法保护中予以落实。因此，我国知识产权司法保护政策也必然需要充分体现激励创新原则。

以下不妨梳理近些年来我国知识产权司法保护政策中具有代表性的几项。从这些政策性规定可以明显地看出，需要通过知识产权司法保护，在充分保护创新性成果的基础之上，实现激励创新和促进创新成果推广运用的法律制度目标。

2007 年最高人民法院《关于全面加强知识产权审判工作为建设创新型国

---

[1] 该司法解释在 2020 年做了修正。修正后的版本于 2021 年 1 月 1 日起施行。

家提供司法保障的意见》明确指出："《中共中央国务院关于实施科技规划纲要增强自主创新能力的决定》和《中共中央关于构建社会主义和谐社会若干重大问题的决定》中明确提出把我国建设成为创新型国家的目标和任务。为充分发挥人民法院的审判职能作用，为建设创新型国家提供强有力的司法保障，现就全面加强人民法院知识产权审判工作"提出具体意见。"为建设创新型国家提供司法保障的主要目标和任务是：知识产权审判工作全面加强；知识产权刑事、民事和行政审判职能作用得到充分发挥；知识产权诉讼制度不断完善；知识产权司法保护体系更加健全；知识产权法官队伍素质显著提高；司法公正高效权威、权利人维权积极便捷、侵权人必受惩处、知识财富有序流转的良好的知识产权司法保护环境基本建立；知识产权司法保障能力和水平显著增强；创新型国家的司法需求得到全面满足。"从该文件的内容来看，其为在我国建设创新型国家的背景之下，充分发挥知识产权司法保护的作用、通过有效的知识产权司法保护促进我国创新能力的提升，提供了明确的指导思想和具体的政策措施。

2009 年 3 月 23 日，最高人民法院发布了《关于贯彻实施国家知识产权战略若干问题的意见》（以下简称《实施国家知识产权战略意见》），对如何通过有效的知识产权司法保护，在保护创新成果的基础之上促进我国自主创新、提高国家核心竞争力方面做了明确规定。例如，它明确指出，要"依法审理好各类知识产权案件，切实加大知识产权司法保护力度"。"加强专利权司法保护，保障技术创新权益，促进自主创新。从我国国情出发，以国家战略需求为导向，依法保护专利权，根据我国科技发展阶段和产业知识产权政策，确定合理的权利保护范围和强度，平衡好权利人、使用者和社会公众之间的利益格局，强化科技创新活动中的知识产权司法政策导向作用。加大对经济增长有重大突破性带动作用、具有自主知识产权的关键核心技术的保护力度，促进高技术产业与新兴产业发展，提升我国自主创新能力和增强国家核心竞争力。不断完善专利侵权判定标准，准确确定专利权保护范围，正确认定专利侵权行为，在依法保护专利权的同时，防止不适当地扩张专利权保护范围、压缩创新空间、损害创新能力和公共利益。"该司法政策显然是在 2008 年 6 月 5 日国务院发布《国家知识产权战略纲要》的新形势下推进我国知识产权司法保护服务于国家知识产权战略的重要举措。

2009 年 4 月 21 日，最高人民法院发布《知识产权审判服务大局意见》，对如何发挥知识产权司法保护的作用、提高我国知识产权审判水平、提高我国自主创新能力等方面也提出了相关的指导思想和一些重要的政策性措施。例如，其中明确指出，"当前经济形势对于知识产权审判提出了更新更高的要求和期待。知识产权司法保护只能加强和提升，不能削弱和放松。各级法院务必要增强危机意识、忧患意识、宏观意识和大局意识，更加注重拓展创新空间，促进培育自主知识产权、自主品牌和新的经济增长点，增强企业的市场竞争力，提高国家的核心竞争力"。针对与促进创新关联更大的专利权的保护，还规定应"加大专利权保护力度，着力培育科技创新能力和拓展创新空间，积极推进自主创新"。具体措施如："以贯彻新修订的专利法为契机，高度重视专利审判工作，全面提高专利审判水平。以专利为核心的科技创新成果构成了企业和国家的核心竞争力，加强专利权保护对于科技进步和自主创新具有最直接、最重要的促进作用。各有关法院要以提高创新能力和建设创新型国家的责任感和使命感，高度重视专利案件的审理，把提高专利审判水平作为一项重点工作。要深刻领会和正确把握专利法立法宗旨和精神，加强调查研究，及时发现新情况，解决新问题，确保修订后的专利法的正确贯彻实施。"《知识产权审判服务大局意见》立足于当今我国建设创新型国家，提高自主创新能力，实现经济发展方式改变的新形势，对我国知识产权审判提出了新的要求，强调需要通过知识产权的有效保护，促进我国科技进步和自主创新能力的提升，很好地体现了通过知识产权司法保护促进创新，提升我国创新能力，建设创新型国家的根本意旨。

（5）公平与效率兼顾原则。知识产权司法保护政策除了追求公平，还必须同时具有效率价值取向。[1]只有做到公平与效率兼顾，才能最大限度地维护知识产权人和相关当事人的合法权益，提高知识产权司法保护水平。公正司法不能违背效率原则，以损害效率为代价。

笔者认为可以从我国知识产权法律制度的效率价值取向方面理解上述原则。从法理上来说，效率也是法律的重要价值取向和原则，法律追求的价值目标不应仅仅限于公平和公正，而应当以实现公平和效率的统一作为最高境界。[2]当然，在实践中要做到公平与效率的统一，可能存在诸多困难。在相

---

[1] 吴汉东主编：《中国知识产权理论体系研究》，商务印书馆 2018 年版，第 103—167 页。

[2] 翟林瑜："经济发展与法律制度——兼论效率、公正与契约"，载《经济研究》1999 年第 1 期。

当多的情况下存在矛盾和冲突之处，如在个案中实现公平需要以减损效率为代价，或者实现效率需要以牺牲公平为代价。在过去我国经济体制改革中，曾提出效率优先、兼顾公平的理念和指导思想。公平与效率这种矛盾与冲突不必讳言，重要的是如何实现公平与效率的均衡。无论如何，作为法律的价值取向，实现公平与效率的统一是法律制定实施的重要目标。如果不能做到这一点，就需要在适当的时候通过法律修订与完善的形式尽量做到公平与效率的统一。

知识产权法是我国法律体系的重要组成部分和内容，毫无疑问也需要注重公平与效率的统一。[1]研究近些年来我国颁布实施的知识产权法的规定，可以看出我国知识产权法确实也注重在维护公平正义的基础之上追求效率。这里不妨举试举几例。

根据我国《著作权法》的规定，作品创作完成后 50 年没有发表的，不再受著作权保护。我们知道，发表权是著作权人享有的一种人身权。我国《著作权法》对于署名权、修改权和保护作品完整权这三种著作人身权都规定无限期保护，唯独对于发表权的规定例外。笔者认为，这其中蕴含了著作权法对于效率的考虑，因为上述规定有利于促使作品尽快发表，以使其产生相应的经济社会价值，提高作品使用的效率。

又如，我国现行《专利法》第 75 条第 2 项规定，在专利申请日前已经制造相同产品、使用相同方法或者已经作好制造、使用的必要准备，并且仅在原有范围内继续制造、使用的，不视为侵犯专利权，这在理论上被称为先用权人的权利。这一规定能够很好地体现法律的公平与效率兼顾原则。在上述情况下，一方面，尽管我国实行专利申请在先原则，但如果申请在先的专利权人获得专利权以后，却不允许先用权人在原有范围内继续制造相同产品、使用相同技术，就会造成实质上的不公平；另一方面，规定在上述情况下先用权人可以在原有范围内继续制造相同产品、使用相同技术，就可以避免社会资源的浪费，使先用权人能够继续从事其生产经营活动（制造与使用），这样无疑可以节省社会资源，使先用权人能够进一步进行新的发明创造。

我国知识产权法所追求的公平与效率兼顾原则，在知识产权司法保护中

---

[1]　王丽娟："知识产权保护的公平与效率研究"，载《经济问题》2008 年第 7 期；和育东："知识产权法的效率价值及其实现"，载《电子知识产权》2006 年第 7 期。

也应得以贯彻实施。具体来说，知识产权司法保护公平与效率兼顾原则的贯彻可以从以下几方面入手。

第一，程序效率。知识产权司法保护效率必须考虑程序上的效率，因为程序的繁杂、冗长，会使案件久拖不决，使知识产权人和相关当事人缠于诉讼程序中，耗费相当多的人财物资源和司法资源。如在专利无效宣告案件中，过去曾存在循环诉讼的典型案例，极端的情况下有的专利无效宣告案件先后历经 10 年以上，专利权人被多起专利无效宣告案件"缠住"，根本无力从事新的发明创造。当然，司法实务中的效率低下，根源还在于立法上需要进一步优化专利无效宣告程序。在既有法律制度规定之下，如何通过优化知识产权审判程序提高程序效率，也是我国当前知识产权审判体制机制改革的重要内容之一。

第二，在个案中明确当事人之间的权利义务关系，促进知识资源的有效利用。知识产权诉讼案件的处理，作为法院定分止争、解决当事人之间的纠纷的基本形式，需要在个案中明确当事人之间的权利义务关系。在知识产权审判实践中，有很多案件的知识产权人权利保护范围边界模糊，法院为确认个案中被告是否构成知识产权侵权需要综合考虑很多因素。笔者认为，除了公平，促进涉案知识资源的有效利用也应当是重要考量之一，这样才能在知识产权审判实践中做到公平与效率兼顾，做到知识产权司法保护的法律效果和社会效果的统一，使知识产权司法保护真正服务于经济社会的发展。

第三，通过在个案中妥善解决纠纷，在兼顾当事人双方利益基础之上，使裁判结果能更加有利于利用知识资源，维护公共利益乃至国家利益。如前所述，知识产权保护制度尽管立足于知识产权这一私权的保护，但也存在着维护社会公共利益的目标。知识产权诉讼对个案的解决也能彰显对社会公共利益的维护。尤其是在法院认定某一知识产权案件中被告构成侵权的前提之下，根据法律的一般规定、被侵权人的主张和通常的做法，判决被告停止侵权行为并赔偿损失。但如果停止侵权行为涉及损害国家利益、公共利益，则需要灵活变通，改为允许使用，同时判决赔偿损失。对此，最高人民法院在2016 年实施、2020 年修正的《关于审理侵犯专利权纠纷案件应用法律若干问题的规定（二）》有明确规定。笔者认为，对于其他知识产权案件也可以参照适用。根据笔者对近些年来我国发生的大量相关知识产权侵权诉讼案件的研究来看，在专利、商标、著作权等案件中都有类似的判决。这类判决除了通常的公平合理原则的考虑以外，也隐含着对效率的考虑。这类案件共同的特点是允许被告继续使用涉案知识产权，可以最大限度地节省社会资源，特别是维护公共利益乃至国家利益，如前些年最高人民法院再审的一起电力领域专利侵权纠纷案件就较为典型。当然，还需要指出，毕竟停止侵害是知识产权保护的重要内容之一，上述情况应当作为特例，而且必须严格掌握其适用条件。

（五）我国知识产权保护政策与科技政策的协同

为认识知识产权保护政策与科技政策之间的关系，首先需要就科技政策的概念和内涵加以认识。科技政策可以理解为，为了实现一定时期的科学技术发展目标与战略而确立的指导原则、方针与准则，其为科学技术发展提供方向和整体布局。科技政策在一个国家政策体系中具有十分重要的地位和作用，这一地位和作用也是科技发展和进步对于国家经济社会发展、提高国家创新能力的重要地位和作用所决定的。在当代，随着科技的迅猛发展，科技进步对于国家经济增长和社会发展的作用越来越大。这早已被国内外技术创新相关研究证实。近些年来，随着我国社会主义市场经济体制的建立和发展，以及科技创新能力的不断提升，科技进步与发展对于我国国民经济的发展也日益重要。科技进步与发展，对于我国实施创新驱动发展战略，实现经济发展方式的改变和产业转型升级，将发挥越来越重要的作用。

科技政策具有丰富的内涵，[1]它不仅涉及一个国家一定时期的科技发展战略，还包括科技管理体制和机制建设、科技成果转化、科技人才队伍建设、国际科技合作与交流等内容。基于科技政策在经济社会发展中的重要地位和作用，科技政策在制定和实施中不是孤立的，而是需要遵循服务于国家经济社会发展的一定原则。具体而言，科技政策制定和实施应当遵循以下原则：

第一，遵循科技发展规律的原则。毋庸置疑，科技发展具有自身的规律，这一规律是不以人的意志为转移的。科技政策的制定和实施应当在遵循科技发展规律基础之上，谋求对科技发展的方向、措施进行定位与规划，更好地促进科技进步与发展。在进行科技政策评价时，可以基于这一原则加以评判，将不符合科技发展规律的科技政策予以废除或修改。

第二，服务于国家经济社会发展战略的原则。除了促进科技进步与发展

---

[1] 黄劲松："科技政策范式的比较研究"，载《自然辩证法研究》2020年第6期。

的直接目的，科技政策还应当以促进国家经济社会发展作为根本性的目标与原则。为此，科技政策应当包括促进国家经济社会发展的目标与具体措施。以我国科技发展规划为例，笔者有幸应有关方面的邀请，参与了其中相关内容的研究，对于国家科技发展战略方面的国家宏观科技政策如何更好地服务于我国经济社会发展有了新的认识。我国一定时期的经济社会发展具有多方面的目标，而科技进步与发展对于实现这些目标具有十分重要且不可替代的作用。进一步研究近些年来我国先后颁布实施的科技政策，可以发现我国特定时期制定的科技政策，都是为了实现这一时期经济社会发展的目标与任务而在促进科技发展与进步方面所做的整体部署与规划。可以预料，随着科技进步与发展在经济社会发展中的地位日益提高，我国各项科技政策也需要强化其在经济社会发展中的作用。

第三，与经济社会协调发展的原则。科技政策实际上也是一个系统，除了其自身具有体系化内容以外，基于科技与经济社会发展之间的紧密联系，科技政策的制定与实施也必须强调与经济社会协调发展。超越特定时期的经济社会发展状况和水平所制定的科技政策就难以做到与经济社会发展协调。这一特点其实也很好地体现了在当前我国政策体系构建与实施中，强调与推进政策协同的重要作用。

科技政策与知识产权保护政策也具有十分密切的联系，两者相辅相成。[1] 在过去我国计划经济时代，存在科技与经济"两张皮"现象，加之知识产权制度不够健全，科技政策很少考虑知识产权保护。随着我国市场经济体制的建立、科技的迅猛发展、新一轮科技革命的进行，知识产权保护制度的建立和发展，特别是知识产权国际化趋势的增强，科技政策越来越需要实现与知识产权保护政策的良好整合与协同。笔者认为，一方面，这是因为知识产权保护制度本身是科技与商品经济发展的产物；知识产权保护与科技发展具有良性互动关系，知识产权保护有利于激励科技创新，促进科技进步与发展，有利于促进科技成果及时有效转化；知识产权保护政策也有利于促进科技人才队伍建设。另一方面，知识产权导向的科技政策也有利于我国知识产权的保护，并通过优化科技管理体制与机制，提升我国知识产权创造能力以及知

---

〔1〕 Jong-Tsong Chiang,"Technology policy paradigms and intellectual property strategies: Three national models", *Technological Forecasting & Social Change*, 49, 35-481（1995）.

识产权运用能力。例如，在科技政策与知识产权政策有效整合与协调的情况下，就能够实现知识产权管理与科技管理的有效衔接与融合，建立知识产权导向的科技管理体制，使我国科技管理更好地服务于经济社会发展。实际上，我国科技政策与知识产权保护政策还具有共同的基础，即服务于我国经济社会发展，提高我国整体的创新能力与市场竞争力，特别是技术创新能力和产业竞争能力。

毫无疑问，基于我国科技政策与知识产权政策整合与协同的必要性与重要意义，需要在我国科技政策与知识产权政策制定中采取有效的对策与措施加以保障。关于科技政策与知识产权保护政策的衔接与协调，笔者有以下观点。

1. 我国在科技政策制定和实施中，应当高度重视知识产权保护，并在科技政策制定的目标、内容、方针以及实施措施中引入和体现知识产权保护的内容。科技政策的内容非常丰富，这里不妨以科技管理、科技管理体制与机制、科技发展规划等内容为例，说明其相关内涵及在制定和实施中如何实现与知识产权保护政策的衔接。

科技管理，顾名思义，涉及科学技术方面的管理，具体而言表现为计划、组织、协调、指挥、控制等一系列的活动和过程，以及为了实现一定的科技发展目标与任务，在遵循科技发展规律的基础之上运用一定的手段和措施。科技管理表面上与知识产权保护没有直接联系，但实际上由于涉及知识创造、研究与开发，科技成果的归属、利益分配，以及科技成果的转化利用等多方面的问题，科技管理与知识产权保护中的风险防范、通过有效配置科技资源激励创新以及知识产权创造等具有十分密切的联系。基于此，科技管理活动中应当引入知识产权导向，不能忽视其中大量的相关知识产权问题，否则就可能造成知识产权这一无形资产的流失以及侵权和被侵权的风险，也不利于通过有效的知识产权保护提高科技管理效能。[1]例如，在科技成果转化中，就涉及知识产权法律风险防范问题。如果科技成果产权界定不明，就很容易引起知识产权权属纠纷。即使不存在相关权属纠纷，也可能因利益分配等问题而引发其他相关知识产权纠纷。原因在于，在当下知识产权保护制度日益健全的背景下，科技成果在很大程度上属于知识产权保护的范围，科技成果

---

〔1〕　陆飞："科技管理中涉及的知识产权保护问题"，载《科研管理》199△年第1期。

管理中也必然涉及大量的知识产权问题。也正是基于此，近些年来我国科学技术部、教育部等国务院部委先后就科技成果开发和利用的知识产权问题作出了政策性规定。

就我国科技管理体制与机制而言，也需要引入知识产权保护理念，在科技管理体制与机制改革方面，需要注重利用知识产权保护制度这一激励科技创新的法律制度和激励机制。我国科技管理体制与机制改革应当高度重视以人为本的精神，充分激发和调动广大科技组织与广大科技人员投入相关人财物资源从事科技创新的积极性和主动性。这是因为，人是科技活动尤其是科技创新的最重要的资源，我国科技政策的立足点是科技活动。如何改革和完善我国相关科技组织体系，建立和完善科技活动运行机制，是我国科技管理体制与机制改革的重要内容。为此，我国相关科技政策应当认真研究如何就科技活动中产生的科技成果，特别是就与知识产权保护相关的科技成果的权属、利益分配等关系作出政策指引。例如，近些年来职务科技成果的权属与利益分配就是一个值得认真研究的热门问题。对此，我国相关科技法律，如《促进科技成果转化法》以及国务院部委颁行的相关部门规章也有相关规定。但目前最重要的是职务科技成果的权属问题。这一问题毫无疑问也是我国知识产权保护政策中的重大问题，因为职务科技成果权属和利益分配，事关职务发明人和其所在单位的利益关系，事关如何通过制度安排和设计最大限度地调动职务科技成果创造者的积极性和促进职务科技成果的推广与运用。这方面的相关科技政策制定和实施中，显然需要就知识产权保护问题进行充分的考量与决策，否则制定出来的科技政策就很可能无法实现其政策目的。

就我国科技发展规划而言，为了实施我国科技发展战略，使科技发展政策与科技活动最大限度地服务于我国经济社会发展目标，近些年来，我国先后制定了不同时期的科技发展规划，如国家中长期科技发展规划等。在地方层面，也有大量根据地方经济社会发展需求而制定的科技发展规划和保障措施。基于知识产权保护与科技发展相辅相成的关系，我国科技发展规划显然应当适当体现知识产权保护政策。科学合理的科技发展规划无疑有利于为我国科技活动、科技成果创新提供方向性指引，使我国科技创新活动有序进行。科技发展规划的制定与实施还有利于遵循科技发展规律，站在科技革命前沿，以前瞻性的战略眼光及时占领未来科技发展制高点。也只有这样，才能更好地使我国在相关科技前沿领域取得自主知识产权，特别是实现核心技术、关键技术突破。

由此可见，我国科技政策的制定与实施应当适当考虑知识产权保护政策，将科技政策与知识产权保护政策有机地结合起来。

2. 知识产权保护政策对我国科技政策制定和实施的影响与作用。基于前述知识产权保护政策与科技政策的良性互动关系，知识产权保护政策对我国科技政策的制定与实施具有重要的影响与作用。笔者认为，这主要体现在以下方面：

（1）我国知识产权保护政策的制定与实施需要遵循一定时期国家科技发展战略、科技发展规划，与各项科技政策相互协调。

知识产权保护制度作为科技与商品经济发展的产物，其重要目标是促进经济社会发展、科技进步与创新。促进知识产权制度有效实施的知识产权保护政策显然应当考虑我国一定时期的科技政策，尤其是科技发展战略、科技发展规划以及具体的科技政策内容。科技政策对一定时期的科技开发重点、科技活动特别是科技创新活动等内容作出前瞻性指引，与知识产权保护具有直接的关系。

（2）知识产权保护政策的制定与实施有利于提高我国知识产权保护水平，充分维护知识产权人和相关当事人合法权益，对于实现科技政策发展目标具有重要的保障作用。从实现知识产权保护政策和科技政策的衔接与协调方面看，我国知识产权保护政策的制定与实施，应当在有效保护科技成果权益、调整利益分配关系的基础之上调动科技组织和个人从事科技活动特别是科技创新的积极性与主动性，促进国家科技进步与创新。

（3）我国科技发展战略、科技发展规划与具体的科技政策措施，需要通过知识产权保护政策的制定与实施加以落实。科技政策涉及非常丰富的内容。就其与知识产权保护相关的内容而言，以下方面尤其重要：

第一，科技开发活动中的知识产权保护与管理。关于科技管理与知识产权管理的关系，前面已经做了基本探讨。为了提高科技开发水平，防范科技成果权属纠纷与相关知识产权纠纷，科技开发活动需要引入知识产权保护理念，建立科技开发活动与知识产权保护统一的政策指引与制度。

第二，科技成果权属与利益分配关系。在明确科技成果权属方面，我国相关科技政策的基本理念应当是有效调动科技组织和科技人员从事科技活动的积极性，促进科技成果的推广和运用。这一政策理念最终需要通过我国相关知识产权保护政策和制度加以落实，因为科技成果在很大程度上属于知识产权保护的范围。

第三，科技成果转化。科技政策最重要的内容之一是建立科技成果转化的体制与机制，使科技成果由潜在的生产力转化为现实的生产力，更好地服务于我国经济社会发展。为了促进我国科技成果转化，除了在科技发展战略、科技发展规划与具体的科技政策中提出应对性措施，以及在科技法层面进行立法（如我国制定与实施的《科学技术进步法》《促进科技成果转化法》等），知识产权保护政策方面也需要予以保障，[1]原因在于科技成果转化也是知识产权相关政策和法律需要研究和解决的重要问题。[2]当前我国实施知识产权保护制度、知识产权战略的瓶颈就在于知识产权转化不力，而这在很大程度上涉及科技成果转化运用的问题。[3]

第四，科技创新激励机制。这一部分内容是下面将要专门探讨的知识产权保护政策与创新政策协同的内容，在此仅作简要阐述。我国科技政策的重要内容之一是建立促进科技创新的激励机制，提高我国科技创新能力、产业竞争能力与国家整体竞争能力。知识产权保护制度恰恰是一种激励创新的法律制度与激励机制，我国知识产权保护政策在很大程度上也体现为如何构建激励创新的法律制度。从这一角度来说，我国科技政策的制定与实施也离不开知识产权保护政策的保驾护航。

我国科技政策与知识产权保护政策的互动关系，特别是如何通过知识产权保护政策促进我国科技政策的有效实施，促进我国科技进步与发展，提高科技创新能力，是当前研究与实施我国科技政策与知识产权保护政策极为重要的内容。在过去，由于我国知识产权保护制度不够健全、知识产权保护观念不强，加之科技管理体制不够完善，科技政策制定和实施中很少考虑知识产权保护问题，更谈不上科技政策与知识产权保护政策的协调。当前我国科技政策、科技发展水平以及知识产权保护水平都得到了极大提升，科技政策

---

[1] 郭莉：“科技创新与科技成果转化中的知识产权问题研究”，载《科学管理研究》2010年第2期。

[2] 宋河发、吴博、吕磊：“促进科技成果转化知识产权实施权制度研究”，载《科学学研究》2016年第9期。

[3] 陈传夫：“论技术成果转化的知识产权障碍”，载《科学学与科学技术管理》2000年第10期。

与知识产权保护政策的有效整合与协调具有坚实的基础。可以预计，随着我国科技政策与知识产权保护政策的不断优化与整合，我国科技政策与知识产权保护政策将在促进我国经济社会发展、促进科技进步与创新方面发挥更加重要的作用。

（六）我国知识产权保护政策与创新政策的协同

1. 我国创新政策的概念、基本内涵及其重要作用。创新，是一个社会发展和进步的不竭动力，是人类文明不断进步的引擎，也是一个国家经济和社会发展的希望。在当代，随着科学技术的迅猛发展，创新对于国家经济社会发展、科技进步的作用日益重要。可以说，人类社会发展至今，就是通过创新而不断取得新的成就的。

基于创新特别是技术创新对我国经济社会发展和科技进步的极为重要的作用，近些年来我国先后颁布实施了涉及技术创新的很多政策性规定。例如，在 20 世纪 80 年代就颁布了关于发展高科技、促进技术创新的政策性规定。后来又在涉及国家创新体系建设、产业集群创新、区域创新、技术创新体系建设等方面颁布实施了更多的政策。其中，特别重要的如，党的十六届五中全会提出了提高自主创新能力、建设创新型国家的宏伟目标，党的十八大则提出"科技创新是提高社会生产力和综合国力的战略支撑，必须摆在国家发展全局的位置"，要"坚持走中国特色自主创新道路，实施创新驱动发展战略"。党的十八届三中全会进一步提出要建立以企业为主体、市场为导向、产学研深度融合的技术创新体系。这也是近些年来我国创新政策的核心内涵和指导方针。

创新政策涉及十分丰富的内容。以下不妨就其中特别重要的方面作出简要分析。

笔者认为，在创新政策体系中，最为重要的是如何构建与实施国家创新体系。总体上，创新政策体系包括国家创新体系及其运行机制、产业创新、区域创新、以企业为主体的技术创新体系等内容。其中，国家创新体系是构建和运行我国整个创新政策的核心。关于这一问题，国内外创新研究学者也给予了高度重视。例如，国外有学者专门研究了日本二战以后几十年经济科技高速发展的规律和原因，发现其完善的国家创新体系发挥了极其重要的作用。其他国家，如美国，其经济和科技的高速发展也与国家创新体系的构建与完善具有极大的关系。所谓国家创新体系，笔者认为是指国家为提高创新能力与整体竞争能力，促进创新成果的创造和运用，通过有效的组织和制度安排，整合创新资源与社会资源而构建的一整套政策和规则体系。随着我国社会主义市场经济体制的建立与发展，逐步建立并完善我国创新相关政策，且通过逐步改革我国科技创新体制而不断改进我国的科技创新政策，成为一项紧迫的任务。

国家创新体系显然属于宏观的、国家层面的创新制度与政策范畴。[1] 为使国家创新体系有效运行，需要推进区域创新体系建设。所谓区域创新政策，是指区域层面为营造创新环境、提高区域创新能力而制定与实施的相关措施和制度。区域创新政策以国家创新政策为指导，涉及区域内创新资源的配置和运用。区域创新是连接国家创新体系与以企业为主体的技术创新体系的中观层次，在创新体系中具有独特地位。在当前我国东中西部经济社会和技术发展水平存在较大差异的背景下，我国区域创新体系构建与运行的重要方面是整合相关创新资源，促进不同地区特别是发达地区和落后地区经济社会协调发展。

产业创新也是国家创新体系中的重要内容，近些年来我国也先后颁布实施了一系列促进产业创新的政策与制度。这里所谓产业创新，是与企业单个的技术创新相对而言的，基于传统产业的改造或者基于技术创新而形成新的产业，涉及企业集群的创新。根据亚当·斯密《国富论》的观点，社会分工促进了创新效率的提升。随着当代社会产业竞争日益激烈，以及消费者对创新产品的需求增加，产业创新具有新的生命力和发展动力。产业创新政策，就是为了促进产业升级与更新换代，更好地满足消费者的需要而制定与实施的推进产业发展的相关制度和措施。

以企业为主体、市场为导向、产学研深度融合的技术创新体系的构建与完善，则是我国国家创新体系有效运转的最重要的保障。[2] 近年来我国颁布实施的大量创新政策，很大程度上都是以构建具有中国特色的技术创新体系为核心内容的。特别是在当前我国社会主义市场经济体制下，越来越需要在

---

〔1〕 张鹏、袁富华："新时代中国国家创新体系建设：从工业化创新体系到城市化创新体系"，载《经济学家》2020年第10期；柳卸林、葛爽、丁雪辰："工业革命的兴替与国家创新体系的演化——从制度基因与组织基因的角度"，载《科学学与科学技术管理》2019年第7期。

〔2〕 许庆瑞、吴志岩："企业技术创新体系建设战略的理论初探"，载《管理工程学报》2014年第4期。

国家创新政策指引之下发挥市场的作用，激活企业的创新能力，整合产学研创新资源，提升我国自主创新能力和国家竞争力。

2. 创新政策目标在我国知识产权保护政策中的体现与实现。前面大量的研究表明，我国知识产权保护的重要宗旨是激励与保护创新，提高创新能力，进而促进我国经济社会发展。知识产权保护制度通过其特有的赋予知识产权人以一定专有权的形式，保护其创新成果，能够达到鼓励创新以及促进对创新的投资、激励创新成果推广应用的目的。我国知识产权保护政策的制定与实施，显然应当立足于知识产权保护制度的这一功能和特点，符合知识产权保护的规律，通过政策指引与措施安排，推进我国创新能力的提升，形成大众创业、万众创新的态势，最终提高我国企业和产业竞争力以及国家竞争力。

具体而言，笔者认为我国知识产权保护政策需要重视以下内容。

（1）我国知识产权保护政策需要充分体现激励创新的目的。创新，既是社会进步发展的动力，也是人们从事创造性活动的一种十分重要的先进理念。这一理念应当在我国知识产权保护政策中得以充分体现。为此，需要注重以下几点：在知识产权保护政策目标设定上，明确各项知识产权保护措施与制度将促进创新、提高创新能力作为重要的内容；知识产权保护的相关政策和措施以是否促进创新、为创新活动提供足够的发展空间作为重要评价指标。

（2）以充分、有效和严格保护知识产权作为知识产权保护政策的基点，为创新成果创造提供强大的动力和激励。关于充分、有效和严格保护知识产权问题，前面已做了较为全面的探讨。这里需要从激励创新、为创新提供动力和激励机制方面加以思考。知识产权保护的知识产品是一种创造性劳动成果，获得这一劳动成果需要投入成本并承担一定的风险。知识产品本身具有公共产品的属性。如果不对这一具有公共产品特征的知识产品的创造者赋予专有性的权利，就难以避免搭便车和市场失灵行为，也难以实现无形资源的最佳配置和使用。为了激励知识产权人投入人财物资源进行发明创造、创作等创造性劳动，并因这种投入而获得必要的利益，就需要对知识产品创造者赋予法律上的独占性的权利，防止他人未经许可而擅自利用。这也是知识产权保护制度的正当性之所在。从知识产权保护制度的产生和发展历史来看，各国知识产权保护制度无不将激励和保护创新作为其重要的制度宗旨。[1]我

---

〔1〕　冯晓青："论知识产权制度对技术创新的促动作用"，载《河北学刊》2013年第2期。

国知识产权保护制度也不例外。通过保护创新而实现激励创新目的的知识产权保护制度，需要通过知识产权保护政策去落实激励创新的目标和措施。[1]为此，充分、有效和严格保护知识产权就成为我国当前以及未来知识产权保护政策与具体措施的重中之重。反过来说，如果我国知识产权保护政策与制度对知识产权保护缺乏有效的措施，就难以实现其保护和激励创新的立法目的与政策目标。

（3）以利益平衡原理为指导，合理配置知识产权保护中知识产权人和相关当事人的权利义务，为创新和再创新活动提供足够的发展空间，减少创新活动的成本，提高创新效率。从知识产权保护的法理来说，尽管知识产权是法律赋予知识产权人的一种独占性的权利，但基于知识产权保护制度在维护私权基础之上实现公共利益的价值取向和目标，知识产权保护制度必须高举利益平衡的旗帜，在充分、有效和严格保护知识产权的基础之上，维护社会公众的利益以及在此基础之上的社会公共利益，充分实现知识产权人和社会公共利益的平衡。这一平衡机制，不仅是实现知识产权法目的之所需，也是促进创新，为创新以及再创新活动提供发展空间，提高创新效率所必要的。在知识产权法的价值构造中，其实除了知识产权人享有的独占性的权利，还存在不受知识产权这一专有权控制的公共领域的范畴。公共领域作为知识产权法律制度中特有的知识公共财产，其在知识产权法中同样需要得到保障和体现，这也是促进创新以及再创新活动、减少创新成本、提高创新效率所必需的。尽管在我国知识产权专门法律中并没有出现公共领域这一概念，但它作为一种重要的理念和方法论，隐含在知识产权法律制度构建与安排中。通过保障知识产权法中的公共领域，能够使社会公众在一定的条件和范围内便利地利用相关知识资源进行创新和再创新活动，而不受知识产权这一专有权的控制。知识产权法中公共领域的保障，在很大程度上体现为设定不受知识产权保护的范围（如知识产权的有期限保护）以及对知识产权的限制（如合理使用、知识产权侵权例外）。[2]如何构建知识产权法中专有领域与公共领域、知识产权之私权保护与维护公共利益以及知识产权保护与权利限制的平

---

〔1〕 王勉青、黄若该："自主创新与知识产权制度选择"，载《法学杂志》2010 年第 11 期。

〔2〕 王太平、杨峰："知识产权法中的公共领域"，载《法学研究》2008 年第 1 期；冯晓青："知识产权法的公共领域理论"，载《知识产权》2007 年第 3 期。

衡和协调机制，[1]始终既是我国知识产权保护理论研究的重要内容，也是我国知识产权保护政策需要解决的重点问题。这不仅关系到我国知识产权立法和政策目的的实现，也事关我国创新政策的实施。

（4）以促进知识产权转化、加强知识产权运用为重要政策措施与手段。从《国家知识产权战略纲要》到《知识产权强国建设纲要（2021—2035年）》的政策性规定来看，知识产权运用是最终目的。我国知识产权保护制度立足于知识产权保护，但绝不是为保护而保护，而是通过有效的保护激励创新，最终实现知识产权转化和运用，使其由潜在的生产力转化为现实生产力。创新政策尤其是技术创新政策，不只强调从事发明创造等创新性活动，更重要的是确保收回创造性成果的成本并使其价值在市场中得以实现，如专利产品进入消费者手中。由此可见，从促进成果转化和运用的角度而言，知识产权保护政策与创新政策具有共同的目的和基础，两者可谓"殊途同归"。基于此，我国知识产权保护政策构建与实施应当以促进知识产权转化、强化知识产权充分运用为重要内容。实际上，从近些年来我国国家和地方层面颁布实施的一系列知识产权保护政策来看，如何促进创新成果转化一直是其重要内容。

3. 在我国创新政策的制定与实施中充分落实知识产权保护政策的措施。如上所述，知识产权保护政策和创新政策之间具有十分密切的联系，两者是相辅相成的互动关系。基于知识产权保护对于实现我国创新政策特别是科技创新政策的目标具有十分重要的作用，我国创新政策的制定与实施也必须高度重视知识产权保护问题，在政策构建与实施中体现对知识产权充分有效的保护。笔者认为，以下几方面内容值得高度重视。

（1）建立知识产权导向的创新政策。我国创新政策的知识产权导向具有内在的基础。第一，知识产权保护制度以保护知识产权为手段，在此基础之上实现激励创新和创新成果推广运用的目的。换言之，激励创新是我国知识产权保护政策的重要内容。第二，我国创新政策的重要内容是整合国家和地方创新资源以及相关的社会资源，为我国创新活动提供良好的政策环境，为创新成果的推广运用提供良好的条件，总体上提高我国创新能力。为实现我

---

[1] 冯晓青、胡梦云：《动态平衡中的著作权法："私人复制"及其著作权问题研究》，中国政法大学出版社2010年版，第54—63页。

国创新政策的目标，需要充分利用知识产权保护制度的保护机制、激励机制以及利益协调功能。第三，我国创新政策制定和实施的重要目的是促进创新成果不断增加并产生经济社会效益，而这都离不开知识产权制度和政策的规范。第四，知识产权保护制度实施的重要特点是充分利用市场机制，通过不断完善市场经济体制促进创新成果的创造与转化。创新政策的最终目的是通过市场实现技术创新，因此同样需要充分利用市场机制。我国产学研深度融合的技术创新体系尤其需要注重市场导向。

（2）我国创新政策的制定与实施应当有利于推进知识产权保护。知识产权保护制度作为一种激励创新、促进创新成果推广运用的法律制度和激励机制，其有效实施也有赖于一个国家特定的由创新政策创造的创新环境。在我国各项创新政策的制定与实施中，应当建立有利于推进知识产权保护的政策理念和具体措施。笔者认为，以下几方面尤其需要重视：在科技成果权属的政策导向上，应当注重有利于激发研究开发机构与科技人员从事科技创新的积极性；在科技成果利益分配方面，在政策导向上应摒弃"吃大锅饭"的思想，在公平合理以及协调科技人员与所在单位利益关系的基础之上，通过知识产权相关法律的制度安排，促进我国科技成果的开发与利用；在相关科技创新资源配置、科技创新组织体系、科技创新成果转化等方面的科技政策制定与实施中，应当注重对已有知识产权成果的利用和分配，协调各种利益关系，防范知识产权这一无形资产的流失。

（3）建立我国创新政策与知识产权保护政策融合的运行机制。我国创新政策与知识产权保护政策的内在有机联系，决定了有必要建立创新政策与知识产权保护政策融合的运行机制。从创新政策落实对知识产权保护的作用方面看，笔者认为这一运行机制的构建应当重视以下内容：

第一，理念共通。一方面，我国创新政策的制定与实施应当高度重视对知识产权的充分有效保护，以充分有效保护知识产权作为推进创新政策实施的重要措施；另一方面，我国知识产权保护政策应当以促进创新作为重要目标，为我国创新政策的落实以及创新行为的实施提供良好的法律环境与制度保障。只有这样，才能建立创新政策与知识产权保护政策的内在融合机制。

第二，目标指引。我国创新政策对知识产权保护政策的落实以及知识产权保护政策促进创新的目标，均应当在国家和地方以及不同领域创新政策和知识产权保护政策中予以体现。从近些年来我国创新政策尤其是科技创新政策的内容来看，早些年相关的创新政策对知识产权内容关注不够。随着我国知识产权保护制度的建立与完善，特别是知识产权保护在实施国家科技创新战略方面的作用越来越大，相关创新政策越来越重视对知识产权的充分有效保护。例如，我国深入推进实施创新驱动发展战略的相关政策中就体现了对知识产权保护的充分重视。我国不同时期的科学技术中长期发展规划，也逐渐重视相关知识产权保护问题。再从近些年来我国知识产权保护政策的制定和实施来看，其也越来越重视将保护创新成果、激励创新活动、促进创新成果的转化和运用作为其重要目标和内容。如《国家知识产权战略纲要》在第一段就明确指出了知识产权保护作为激励创新的制度安排。《"十四五"国家知识产权保护和运用规划》也毫无疑问地把激励创新、提高我国创新能力作为十分重要的目标。

第三，措施保障。毫无疑问，实现我国创新政策与知识产权保护政策的整合与协调，建立两者融合的运行机制，主要体现在创新政策与知识产权保护政策一系列的具体制度和措施方面。这些制度和措施需要与时俱进，根据特定时期的创新环境和知识产权保护的需要加以明确。

（七）我国知识产权保护政策与教育政策的协同

我国教育政策，是为实现党和国家一定时期的教育发展目标和基本任务，根据教育发展规律而确立与制定的指导思想、行动方针和行为规则。教育对于一个国家经济社会发展、民族文化水平的提高具有极其重要的作用，正所谓百年大计，教育为本。发展教育，需要通过各种手段和措施加以保障，其中教育政策和法治建设也是十分重要的内容。就教育法治而言，主要是通过制定和实施一系列教育相关法律的形式予以推进。如近些年来，我国先后颁布实施了《教育法》《义务教育法》《教师法》《高等教育法》《职业教育法》等。我国教育政策的内容十分丰富，包括国家层面的宏观教育发展战略、国家教育发展规划、一定时期我国教育中长期发展规划，高等教育、职业教育、中小学教育等不同类型的学校教育等。教育政策对于促进我国教育事业的发展，提高整个民族文化素质，具有十分重要的意义。

就知识产权政策与教育政策的协同而言，主要体现为知识产权教育政策的制定与实施。我国知识产权教育，显然属于国家教育体系的一部分，知识产权教育政策也属于国家教育政策的范畴。[1]因此，我国知识产权教育需要遵循教育发展规律有序推进，知识产权教育政策也应当在国家教育政策指引之下，根据知识产权教育的规律加以制定与实施。

我国知识产权教育政策具体是指，为了实现党和国家一定时期的知识产权政策目标和任务，在遵循教育规律和知识产权保护规律的基础之上而制定与实施的一系列行动方针与行为准则。笔者认为，我国知识产权教育政策需要重视以下问题的研究：

1. 知识产权教育政策的目标。我国知识产权教育政策的基本目标是提高全社会知识产权基本观念和意识，普及知识产权常识，在全社会形成尊重知识、尊重人才，依法保护知识产权和尊重他人知识产权的社会意识和观念，以及崇尚创新、反对剽窃和抄袭的创新观念，同时通过各类知识产权教育形式，培养知识产权相关专业人才以及通过培训形式提高各类人才对知识产权的认识与运用水平，最终在全社会形成保护和尊重知识产权的良好氛围。

2. 知识产权教育政策的实施原则。为实现我国知识产权教育政策的上述目标，需要根据有效的原则加以推进。相关实施原则，可以包括以下内容：

（1）遵循知识产权保护规律。知识产权教育针对知识产权意识培养和知识普及，以及知识产权的创造、保护、运用和管理等相关问题。知识产权教育政策的制定和实施，应当遵循知识产权保护规律，以普及知识产权知识为基本定位，针对知识产权制度运行的内容加以推进。

（2）遵循教育发展规律。如前所述，知识产权教育政策属于广义的教育政策的范畴，因此知识产权教育政策的制定与实施应当遵循教育发展规律。例如，针对不同对象分类施策，采取不同的教育政策，循序渐进、分阶段逐步进行。[2]

（3）以制定与实施知识产权教育发展战略和发展规划作为基本指引。我国知识产权教育政策的制定与实施，应当有教育发展战略的眼光，通过制定一定时期知识产权教育发展战略和发展规划，使我国知识产权教育政策具有

---

〔1〕 李玉璧："我国知识产权教育及政策研究"，载《教育研究》2005 年第 5 期。

〔2〕 王珍愚、单晓光："略论中国大学知识产权教育的发展与完善"，载《法学评论》2009 年第4 期。

前瞻性和体系化特色，避免知识产权教育政策缺乏战略布局和碎片化的缺陷。[1]

3. 知识产权教育政策的制定。我国知识产权教育政策需要把握以下要领。

（1）制定与实施科学、合理的知识产权教育发展规划。如前所述，知识产权教育政策包括丰富的内容，从宏观的知识产权教育发展战略到知识产权发展规划，再到具体的各项知识产权教育政策，其自身也是一个内在的有机体系。无论如何，在知识产权教育政策体系中制定与实施科学、合理的知识产权教育发展规划，是明确我国知识产权教育发展方向、基本定位、基本任务和实施具体的知识产权教育对策的指导方针和行动纲领。我国知识产权教育发展规划显然应当立足于特定时期我国经济社会发展状况和知识产权保护的要求，在遵循教育发展规律的前提下，就我国知识产权教育的发展目标、任务、原则、重点、具体措施和实施策略等问题作出全方位的规划与部署。作为教育发展规划的重要组成部分和范畴，我国知识产权教育发展规划应纳入我国教育发展规划的内容，并以特定时期我国教育发展规划的目标、任务、原则为指导，落实我国教育发展规划中知识产权教育相关的目标与任务。我国知识产权教育发展规划不是孤立的，应当和其他相关教育发展措施相衔接和协调。例如，针对如何在学校教育中实现知识产权教育的目标，在涉及学校教育的知识产权教育政策方面，应当和各级各类学校教育的现实情况相吻合，同时也应当遵循学校教育规律和要求，从而使知识产权教育的具体措施和手段融入学校教育。

（2）推动我国知识产权教育法治化、规范化和常态化。我国知识产权教育政策与知识产权教育的法治化、规范化是一脉相承的。将成熟的知识产权教育政策通过法定的形式升格为知识产权教育相关法律规范和制度，有利于使我国知识产权教育沿着法治化的轨道前进。知识产权教育政策应当高度重视其相关的规范化和制度化建设。建立和完善知识产权制度和规范，有利于我国各级各类知识产权教育的规范化和常态化，保障我国知识产权教育政策落实到位。

（3）以普及知识产权知识、提高全社会知识产权意识作为重点和主要目标。知识产权作为以智力创造性成果和工商业标记为客体的无形财产权，与

---

〔1〕　李辉生："国家创新战略与高校知识产权教育"，载《中国高等教育》2006年第18期。

我国当代经济社会生活中的方方面面都具有十分密切的联系。知识产权本身也具有十分丰富的内容，不仅具有很强的理论性，也具有很强的实践性。在我国，随着技术的迅猛发展与国内外竞争的日益激烈，我国越来越需要培养更多的知识产权专门人才。然而，就一般意义上的知识产权教育而言，其重点是知识产权知识特别是知识产权常识的普及以及知识产权意识的提升。就知识产权相关专业人士以外的社会公众而言，其并不需要掌握高深的知识产权专业知识，而只需要在自己日常的工作和生活中具备最起码的知识产权意识以及知识产权常识。例如，明确在我国获得一项发明创造以后，并不能当然地获得专利权，而是需要向国家有关主管部门提出专利申请后才能够获得。同时，还应知道一项发明创造完成以后，如果在申请专利之前就向社会予以公开，则该发明创造将不能再获得专利权。从知识产权专业的角度来说，上述知识可谓知识产权相关方面特别是专利法相关方面的常识。

然而，在社会生活中，一些发明创造者不一定具备这些最基本的常识。笔者近年就遇到过一个典型案例，不妨简要介绍一下：某大型高科技企业在10年前申请了一项涉及建设工程的重大发明专利。为完成这一重大发明，公司先后投入了大量的人财物并耗时近10年之久。在如此重要的发明申请专利之前，公司参与发明的总工程师和相关核心技术人员竟然先后在公开的杂志上发表了多篇论文，将发明创造的创新点几乎全部公开。尽管该发明后来获得了专利，但在一起专利侵权纠纷中，该公司作为原告起诉被告侵权时，被告查找到了上述在公开的杂志上发表的多篇"现有技术"文献，于是立即向专利复审委员会请求宣告该专利无效。该专利权已在行政确权阶段被宣告无效。我国《专利法》固然规定了专利无效宣告的法律救济手段，但如果在先文献确实公开了发明专利中权利要求所保护的技术方案，则将很难确保该专利被维持。在笔者看来，之所以出现上述法律风险，相关发明创造者专利意识严重缺乏是重要原因。通过通常的知识产权特别是专利权的法律知识的普及与宣传，这种情况是可以避免的。

（4）针对不同对象采取相应的知识产权教育模式并分阶段、分步骤实施。我国知识产权教育存在于不同的教学、教育体系中，不同的教学、教育体系对知识产权教育的定位、目标和任务都具有不同的特点，因此应当因材施教，采取有针对性的知识产权教育模式，并且分阶段、分步骤地实施。

4. 我国知识产权教育政策的实施。大体而言，我国知识产权教育的主体可以分为学校教育与社会教育两块。其中，学校教育又分为学历教育与非学历教育。这里所说的学历教育是在高等院校（包括高等职业院校）和中等专业学校进行相关专业的学习，最终获取相关专业文凭的教育方式，最典型的如当前我国近百所大学设立了知识产权本科专业以及相当一部分高校设立了知识产权法专业硕士点、博士点乃至知识产权法领域博士后研究方向，培养知识产权相关专门人才。高校知识产权教育除了这一类最典型的以外，还包括在高校相关专业开设知识产权法、知识产权实务、知识产权经营管理等课程，进行知识产权方面的专业教育，这一方面的知识产权教育并非以获取知识产权相关专业的文凭作为目的，而是将知识产权相关专业知识的学习作为其攻读专业的内容之一。至于知识产权的社会教育，则包括学校教育以外的在职教育、由不同单位和机构组织的知识产权专业培训与知识产权法宣传普及等方式。

由于受教育的主体不一、实施教育的目的与要求不一，我国知识产权各级各类教育应当针对不同的教育目的与要求采取相应的措施。具体而言，以下措施值得重视。

（1）制定与实施知识产权学校教育政策。为了通过学校教育的形式提高在校学生的知识产权意识，普及知识产权知识，使其在学习以及未来的工作中能够充分尊重和保护知识产权，为我国知识产权法治事业的发展作出应有的贡献，我国教育部等相关部门应当制定和实施关于知识产权学校教育的相关政策和制度，以此使我国知识产权学校教育步入规范化轨道，取得预期的效果。笔者认为，我国知识产权学校教育政策的制定，应当充分考虑不同教育对象、教育目的与教育方式，使知识产权学校教育与学生专业学习很好地衔接，针对不同专业的学习，选择合适的教学师资、教学方式和手段。为了推进我国知识产权学校教育政策的落实，还需要特别重视知识产权学校教育相关规范和制度的制定与实施，针对不同类型的学校培养专门人才的目标与任务，制定与实施相关的知识产权学校教育发展规划。[1]在知识产权学校教育政策中，还应特别强调各学校应将知识产权教育纳入学校教育发展规划，以确保国家和地方知识产权学校教育规划能够通过各学校的具体政策和措施加以

---

[1]　Mihail Aurel Țîțu, Constantin Oprean, Sebastian Stan, The Place and Role of Intellectual Property Policies in an Advanced Scientific Research and Education University, International conference KNOWLEDGE-BASED ORGANIZATION, 2017 June, 27.

落实。

（2）针对不同类型的知识产权学校教育，采取具体的适应性措施。就高等院校和科研院所知识产权教育而言，知识产权相关专业学历教育与非学历教育具有不同的特色与要求。就前者而言，笔者认为应当立足于我国经济社会发展的需求，特别是当前我国急需大量的企事业单位知识产权经营管理人才，我国高校在知识产权相关专业的设置上，应当注重国家和社会发展对知识产权专业的多方面需求。从笔者所了解的情况看，尽管当前我国有近百所高校设立了知识产权本科专业，但几乎都是在法学专业之下开设课程，培养目标定位不清晰、专业课程设置单一、复合型知识产权专业师资队伍缺乏，这可能是当前高校知识产权本科专业人才培养存在的明显的问题。为此，需要通过优化知识产权本科专业培养方案、明晰培养目标、加强专业师资队伍建设等方式加以解决。此外，如何加强对高校知识产权专业人才培养的研究，也是值得重视的一个问题。对此，中国知识产权研究会成立了高校知识产权专业委员会，笔者也有幸担任其副主任委员，并重点参与知识产权学科建设方面的内容。

至于高校的知识产权非学历教育，则主要是通过在本科生、硕士生和博士生中开设相关知识产权必修课或者选修课的形式，在学生中普及知识产权相关专业知识，培养知识产权意识，使其在学习以及未来的工作中成为保护和尊重知识产权的重要主体。为了推进我国高校知识产权非学历教育，笔者认为在政策制定和实施方面应当注重课程的设置与安排，以及课外的知识产权宣传教育。在课程设置与安排方面，除了遵循教育部统一的要求（如所有法学专业本科都需要将知识产权法作为必修课），各高校需要根据相关专业的特色与要求开设相关课程。以我国很多理工科院校为例，笔者认为可以将知识产权通识课作为理工科院校学生的必修课或者选修课之一。这类通识课应当以技术类的知识产权作为其中的重点。其他类型的高校也可开设知识产权通识课。

（3）知识产权社会教育的开展。由于高校和科研院所的知识产权学历与非学历教育的教育对象有限，我国知识产权教育的普遍形式是开展知识产权社会教育。知识产权社会教育的形式多样，有国家和地方相关部门和机构组织与主导的各类知识产权专业培训，如中国知识产权培训中心就是我国知识产权专业培训的重镇，笔者也多次应其邀请举办知识产权战略规划、知识产权管理、知识产权法律保护等相关的知识产权高端专业培训、讲座。还如，很多企事业单位为了提高本单位员工的知识产权意识，普及知识产权相关法律知识，自行举办或邀请外部专家学者举办系列知识产权专业培训与讲座，也是开展知识产权社会教育的重要形式。从笔者多次应相关单位邀请举办知识产权专业培训、讲座与知识宣传普及的体会来看，这一类型的知识产权社会教育特别应当注重以下要点：将知识产权专业培训纳入本单位知识产权战略规划、知识产权工作计划之中，以确保知识产权专业培训规范化和常态化；应当分阶段、有步骤地推进知识产权专业培训；高度重视知识产权专业培训的内容和方式。

（八）我国知识产权保护政策与文化政策的协同

1. 我国文化政策制定实施的简要情况。所谓文化政策，是指一定时期党和国家对于文化领域的相关问题所做的规范、确立的原则和制度，旨在促进国家文化事业的发展，并通过文化事业发展促进国家经济社会发展。我国文化政策涵盖的内容十分丰富，如涉及文化艺术、广播影视、新闻出版、文博、对外合作交流等。文化政策对于促进我国文化事业的发展，特别是文化大发展大繁荣，以及文化产业的发展，具有十分重要的作用。文化政策与前面所讨论的科技政策、创新政策、教育政策等虽不相同，但也具有十分密切的联系。[1]

文化政策是我国经济社会发展政策中十分重要的内容。改革开放以来，随着文化发展特别是文化产业的发展在我国经济社会发展中的地位越来越高，党和政府逐步确立了我国内涵清晰的文化政策并不断完善。

早在1991年，原文化部《关于文化事业若干经济政策意见的报告》提出了文化经济的概念。党的十四大报告中明确指出要"完善文化经济政策"。党的十五大报告则在中国特色社会主义文化建设方面进一步提出要深化文化体制改革，落实和完善文化经济政策。

随着文化发展，特别是文化产业发展对推动我国经济增长、实现产业结构转型升级、改变经济发展方式等方面的作用日益突出，党和国家相关部门也提出了文化产业的概念。2000年10月中共中央《关于制定国民经济和社会

---

〔1〕百度百科词条："文化政策"，载 https://baike.baidu.com/item/%E6%96%87%E5%8C%96%E6%94%BF%E7%AD%96/11014614? fr=aladdin，最后访问时间：2021年3月1日。

发展第十个五年计划的建议》提出要完善文化产业政策。在 2002 年党的十六大报告中，我国文化活动首次被明确分为文化产业和文化事业两个领域。在 2006 年，《国家"十一五"时期文化发展规划纲要》发布，这被认为是我国第一个文化发展的中期规划。

随着文化产业重要性的提升，我国逐步在文化产业政策方面进行了完善。例如，2009 年我国颁布了《文化产业振兴规划》，这是我国第一部文化产业的长期规划。在 2010 年的党的十七届五中全会报告中，文化产业被列入我国战略性支柱产业的范畴。2012 年发布的《文化部"十二五"时期文化产业倍增计划》明确提出了文化产业是我国国民经济和社会发展战略的重要组成部分。[1]

从近些年来党和国家制定的相关文化政策的内涵来看，笔者认为我国文化政策包括国家宏观层面的文化发展战略、文化发展规划（如文化发展中长期规划），以及文化产业和文化事业发展相关领域具体的政策性规范。文化政策的制定与实施不是孤立的，在国家经济社会发展和国际竞争格局之下与其他相关政策的制定与实施相辅相成，文化政策和知识产权保护政策的整合与协调就是其中一个重要方面。为深刻认识这一内涵，需要进一步就文化政策的内涵与发展趋势进行探讨。

我国文化政策在新时代具有更加丰富的内容，其制定与实施需要掌握以下内涵：

（1）文化政策的供给与消费导向。当今我国经济社会发展的重要目标是不断满足人民日益增长的物质文化需求。我国文化政策制定的起点和目标都应当定位于此，这也使得我国文化政策的制定与实施具有供给与消费的导向。我国文化政策的制定与实施应当充分激发文化产品的供给，促进产生更多更好的优秀文化产品，不断满足人民日益增长的文化生活需要。结合后面的探讨，更可以理解知识产权保护政策在促进我国优秀文化产品的供给、繁荣我国文化科学事业方面的重要作用。文化政策的制定与实施同时具有促进文化产品有序消费，更好地满足人们的消费需求的作用。在这方面，知识产权保护政策也将发挥十分重要的作用。知识产权保护政策的重要价值目标就是维护正当竞争秩序，促进知识产品的传播和利用。对此，后面将进一步探讨。

---

〔1〕《推进计划》提出的措施有：研究制定文化产业促进法，加强文化产业知识产权保护。

（2）文化政策的市场导向。我国文化政策，特别是文化产业政策，只有面向市场，才能更好地满足人们日益增长的对文化产品和文化消费的需求。为此，需要逐渐改革和优化我国文化管理体制、文化组织体制和相关的政策，破除与社会主义市场经济体制发展不相容的观念和制度，以市场为导向制定和实施我国文化政策。

（3）文化政策的创新导向。我国文化政策的完善在很大程度上体现为文化创新政策的制定与优化。随着社会发展，人们的物质生活水平提高，对于文化精神领域的要求也越来越高，加之消费时尚的变化，人们对文化产品的内涵、质量也有了更高的要求，我国文化政策需要及时进行改革和完善，以适应新的历史条件下人们消费时尚、消费观念的变化，否则文化政策就难以赶上时代的步伐，难以做到与时俱进。

（4）文化政策与技术发展特别是信息网络技术发展相适应。在当前科学技术迅猛发展，特别是信息网络技术发展的新形势下，我国文化政策的制定与实施也必须紧跟技术发展的步伐，开拓文化产品、文化市场服务领域，更好地适应在技术发展背景下人们对文化产品、文化服务更高的要求。

（5）文化政策的面向国际性。随着经济全球化和我国对外开放深入发展，近些年来我国对外经济、科技、文化交流与合作日益频繁，我国文化政策制定也应当具有国际面向。不仅如此，文化自信与我国道路自信、理论自信、制度自信构成"四个自信"的内容，同样重要。我国文化政策实行文化走出去战略，不断提高我国在国际上的话语权，弘扬中华文化。从这一方面讲，我国文化政策也必须具有面向国际性。

2. 基于我国文化政策的知识产权保护政策的制定与实施。如前所述，知识产权保护制度是一种激励知识创造、创新投资以及促进知识创造成果商业化的法律制度、激励机制和利益平衡机制。由于我国文化政策的制定与实施在很大程度上建立在拥有和传播更多的优秀文化产品的基础之上，而文化产品在很大程度上又体现为受著作权或者相关权保护的作品等知识产品，并且文化产品和文化事业的发展需要构建公平竞争的文化市场秩序，知识产权保护制度则同时也是一种促进与保护公平竞争秩序的法律制度，知识产权保护政策的制定和实施，特别是通过有效的法律制度实施，能够很好地促进我国文化政策的实施，促进我国文化创意产业的发展以及文化大发展大繁荣。

具体而言，笔者认为，对于我国文化政策的制定与实施，知识产权保护政策可以通过以下几个方面发挥重要作用：

（1）充分利用知识产权保护政策和制度激励机制，促进我国优秀文化产品的创造，尤其是促进我国优秀作品的创作，以及在此基础上的文化衍生品的创造。前面已经指出，我国文化政策的制定与实施需要注重供给和消费导向。没有源，就无流之说。优秀文化产品越多，我国文化事业的发展和繁荣就越有希望。在这方面，我国知识产权保护政策和制度能够发挥其独特作用。这里不妨先以 2008 年《国家知识产权战略纲要》颁布以后，最高人民法院发布的《实施国家知识产权战略意见》的相关规定为例加以探讨。

毫无疑问，最高人民法院发布的上述规定是我国近些年来关于知识产权司法保护的重要司法政策。从该司法政策的相关规定来看，它很好地体现出如何利用知识产权保护制度激励创新、促进我国文化事业的发展。例如，《实施国家知识产权战略意见》指出，"各级人民法院要从深入贯彻落实科学发展观的高度，从我国经济社会文化自身发展需求和知识经济发展迅速及经济全球化进程加快的角度，深刻领会知识产权战略是我国主动运用知识产权制度促进经济发展和社会进步的重要国家战略"。其中还指出，要"加强著作权司法保护，维护著作权人合法权利，提升国家文化软实力"。"依法合理界定著作权保护与合理使用、法定许可的关系，平衡处理创作者、传播者和利用者之间的利益关系，确保私人权利与公共利益的平衡，保障人民基本文化权益。加强对新闻出版、广播影视、文学艺术、文化娱乐、广告设计、工艺美术、计算机软件、信息网络等领域的著作权案件审判，推动版权相关产业健康有序发展，推进文化创新，增强文化发展活力，繁荣文化市场。"

从知识产权保护理论和学术研究观点[1]来看，正如笔者在前面多次指出的，知识产权保护能够激励创造，促进知识产品的供给，从而为我国文化大发展大繁荣提供基本法律制度保障。这在国外学者研究和司法实践中也得到了充分体现，以下不妨简要介绍与分析。国外有学者认为，著作权法存在的正当性仅仅体现于其能够有效促进新作品的产生。[2]言外之意，如果一部著作权法不能有效促进作品的创作，则其将缺乏制度合理性。在这种情况下，

---

〔1〕 杨利华："从应然权利到实然权利：文化权利的著作权法保障机制研究"，载《比较法研究》2021 年第 4 期。

〔2〕 Stewart E. Sterk, "Rhetoric and Reality in Copyright Law", 94 *MICH. L. Rev.* 1197, 1213 (1996).

就需要通过进一步修改著作权法，提高著作权保护水平，以更好地激励优秀作品的创作。国外很多知识产权案例同样体现了知识产权保护制度对创新的激励机制。例如，在 Ass'n for Molecular Pathology v. Myriad Genetics, Inc. 案[1]中，法院指出：专利权是基于促进创新而存在的。甚至可以说，专利权是和创新捆绑在一起的。

（2）通过知识产权保护政策的制定与实施，促进文化产品的传播与利用，以及我国文化产业与文化事业的发展与繁荣。我国文化政策目标与任务的实现，在很大程度上取决于文化产品的传播和有效利用。我国文化产品的广大消费者也需要通过文化产品的传播和利用实现其消费目的。在这方面，知识产权保护政策能够有效地保障文化产品的传播与利用，因为促进包含大量文化产品的知识创造成果的转化利用，是我国知识产权保护政策最为重要的目标和任务之一。促进知识创造成果转化运用的政策导向和目标在我国相关知识产权专门立法中都有明确规定。例如，我国《著作权法》第 1 条规定，该法的立法宗旨是保护文学、艺术和科学作品作者的著作权，以及与著作权有关的权益，鼓励有益于社会主义精神文明、物质文明建设的作品的创作和传播，促进社会主义文化和科学事业的发展与繁荣。在《著作权法》中，除了规定著作权人行使著作权、相关权人行使相关权以外，还专门规定了著作权许可、转让、质押等利用形式。有效促进文化产品的传播与利用，既是我国文化政策实施的重点方向，也是我国知识产权法制定与实施的重要目标。尤其是近些年来随着信息网络技术的发展以及人民文化消费水准的提升，在原创作品的基础之上进一步开发衍生品，促进衍生品市场的繁荣与发展，是我国文化产品及文化产业发展的新动向，也是一种重要的新业态形式。以原创作品为基础的文化产品衍生品的开发与利用，显然离不开著作权等知识产权专门法律的有效保护和调整。在这方面，知识产权保护政策也已关注对文化衍生品的开发、保护与利用。

（3）通过知识产权保护政策的制定与实施，协调文化产业和文化事业发展中的相关利益关系。我国文化产业和文化事业的发展涉及诸多不同的利益关系，如文化产业中，相关文化产品的所有者、传播者和使用者围绕文化产品的权属、利益分配关系。这些利益关系不仅涉及相关个人与单位之间的利

---

〔1〕　133 S. Ct. 2107, 2116（2013）.

益关系，还涉及个人利益与公共利益之间的关系，事关如何实现知识产权这一私权的保护和鼓励文化创新的社会价值目标，需要通过妥善的政策和制度规定加以协调，以避免利益冲突，促进社会和谐。

在这方面，知识产权保护政策和制度构建能够发挥其协调利益关系的独特作用。对此，最高人民法院《实施国家知识产权战略意见》明确指出："处理好保护私权与维护公共利益的关系，既要强化私权保护意识和尊重私权保护规律，依法保护当事人的合法权益，通过保护私权实现激励创新的知识产权制度目标；又要合理界定知识产权的界限，服从法律为保护公共利益所设定的强制性规范，确保私权与公共利益的平衡，维护公共秩序。"

实际上，知识产权保护政策和制度作为平衡和协调知识产权人利益和社会公共利益的关系的措施和手段，在国外理论研究与司法实践中也得到了充分体现。例如，国外有学者指出：著作权法在有效促进作品的传播与利用、专利法在有效传播发明创造的同时，应当注意如何平衡激励创新与保护社会公共利益之间的关系。[1]美国相关知识产权判例则指出：专利法条款本身应体现鼓励创新与避免垄断的平衡。[2]毫无疑问，知识产权保护政策与制度中以协调利益关系为基础的利益平衡机制，对于促进我国文化政策制定与实施中文化产品的传播与应用将发挥重要的保障作用。实际上，近些年来我国相关部门制定的关于促进文化大发展大繁荣的知识产权保护政策也体现了如何充分利用知识产权保护的利益平衡机制和协调利益的手段促进我国文化产业和文化事业的发展与繁荣。

（4）通过知识产权保护政策的制定与实施，维护文化产业、文化市场公平竞争秩序，保障我国文化产业和文化事业健康、有序发展。我国文化产业和文化事业的发展，离不开构建公平竞争的文化市场秩序。为实现这一目标，除了实施相关文化行政监管措施以外，充分利用知识产权保护政策和制度维护文化产品公平竞争秩序也是重要的方面。从知识产权保护的法理来说，知识产权保护制度尽管是立足于知识产权这一私权保护的法律制度，但同时也具有维护公共利益的重要价值取向和目标。为了实现知识产权保护中的公共

---

〔1〕 参见 Robert N. Klieger, "Trademark Dilution: The Whittling Away of the Rational Basis for Trademark Protection", 58 *U. Pin'. L. REV.* 789, 864（1996）.

〔2〕 Bonito Boats, Inc. v Thunder Craft Boats, Inc. , 489 U. S. 141, 146（1989）.

利益，需要通过有效的知识产权保护，确立维护公平竞争的目标与手段。[1]
笔者认为，我国知识产权保护制度与促进公平竞争的竞争法律与政策之间具
有殊途同归的关系，知识产权保护制度本身具有十分重要的维护知识产品流
转公平竞争秩序的重要作用，[2]这也充分地体现在近些年来我国制定和实施
的知识产权保护政策之中。

　　我国文化政策的制定与实施对于推进我国知识产权保护政策的有效运行
也具有重要的作用。

　　第一，我国制定与实施的文化政策，为我国相关知识产权保护政策指明
了方向，确立了相关立法的政策目标。从总体上来讲，我国知识产权保护政
策和文化政策具有共同的目标与愿景，都是为了促进我国经济社会和文化的
发展，提高创新能力。知识产权保护政策与文化政策的运行能够形成合力，
推进我国经济社会和文化发展以及在创新型国家建设中各自发挥其独特的作
用。就我国文化政策的制定与实施对知识产权保护政策的作用和影响而言，
其中一个重要方面就是为我国相关知识产权保护政策的制定与实施提供明确
指引和方向，特别是对于相关知识产权立法目标的确定具有重要的作用。以
著作权法为例，这是我国知识产权保护中最重要的法律之一，也是我国文化
政策与制度构建中的基础性法律。如前所述，我国文化政策制定与实施的基
础在很大程度上体现为文化产品的创造、传播与利用，而文化产品又在很大
程度上体现为受著作权保护的作品、对作品进行二次开发产生的衍生品以及
作品传播者对作品传播而形成的相关权的保护对象。我国著作权法的重要目
的是通过有效地保护著作权和与著作权有关的权益，促进优秀作品的传播和
利用，进而促进我国社会主义精神文明、物质文明建设，促进我国科学文化
事业的发展与繁荣。显然，我国文化政策能够为著作权法立法目标和具体内
容构建提供方向性指引，从而能够使著作权法更好地促进我国科学文化事业
的发展与繁荣。

　　第二，我国制定与实施的文化政策能够为知识产权保护政策具体措施的

---

　　[1]　蒋舸："知识产权法与反不正当竞争法一般条款的关系——以图式的认知经济性为分析视
角"，载《法学研究》2019年第2期；吴汉东："论反不正当竞争中的知识产权问题"，载《现代法
学》2013年第1期。

　　[2]　李顺德："知识产权保护与防止滥用"，载《知识产权》2012年第9期；刘蓉："试论我国
《反不正当竞争法》对知识产权的保护与完善"，载《政治与法律》2006年第6期。

落实提供重要保障。我国文化政策和知识产权保护政策相辅相成的关系，也使得文化政策的制定与实施能够为我国知识产权保护政策的具体落实提供重要的政策与制度保障。笔者认为，这尤其体现为以下几方面：

一是，文化创新政策有利于知识产权保护政策之创新目标的实现。我国文化政策的重要内涵之一是文化创新政策。只有推进文化创新，促进我国文化体制机制优化与改革，促进文化产业的升级和进步，推进文化产品的创新，我国文化事业的发展才能与时俱进，更好地促进我国经济社会发展。我国知识产权保护政策的重要目标之一也是促进创新，提高包括文化创新在内的创新能力，因而文化创新政策的制定与实施必然有利于我国知识产权保护政策之创新目标的实现。

二是，文化产业政策有利于我国知识产权保护政策之产权转化利用目标的实现。如前所述，文化产业政策也是我国文化政策的重要内容。我国文化产业政策的关键和重点在于如何提供更多更好的文化产品，满足广大人民群众日益增长的物质文化生活需求，促进我国文化产业转型升级，提高我国文化企业的创新能力与产业竞争力。我国文化产业与版权产业具有十分重要的联系，而版权产业是立足于著作权和相关权保护而形成的知识产权密集型产业。从发达国家如美国的情况来看，版权产业所占国民生产总值比例非常高。近年来随着我国经济社会发展，版权产业所占国民生产总值比例也在逐步提高。从知识产权保护政策的角度而言，我国文化产业政策的上述关键和重点之处实际上是如何促进相关知识产品的转化利用。因此，文化产业政策的制定与实施，必然有利于我国知识产权保护政策之转化利用目标的实现。从这里也可以看出，在知识产权保护政策的制定与实施中，也应当考虑我国文化产业政策的支持作用。

三是，通过文化行政监管政策的制定与实施，加强我国文化行政监管，对于促进相关知识产品的市场流通，更好地满足消费者的需要，能够提供重要保障。在我国文化政策构建中，文化行政监管政策也是其重要内容之一。我国地大物博、人口众多，随着经济社会发展，人们对文化产品和服务的需求日益提升。为了促进我国文化产业和文化事业的健康发展，构建公平竞争秩序，需要加强文化行政监管，特别是文化行政执法。制定和落实文化行政监管措施，显然有利于维护文化市场竞争秩序，而这无疑能够为知识产权保护政策所针对的知识产品市场化运营提供良好的保障。

四是，通过我国文化市场管理政策的制定与实施，净化文化产品市场，防止假冒伪劣文化产品充斥于市场，维护社会公众利益和公共利益，更好地促进知识产品的价值实现。我国文化产业和文化事业的发展，在实践中需要以文化市场为依托，促进文化产品的流转以及消费者文化需求目标的实现。[1]为了保证我国文化市场的有序进行，有效维护消费者利益和社会公共利益，近些年来我国制定和实施了相关文化市场管理政策。这类政策的制定与实施必然有利于我国知识产权保护政策目标的实现，特别是针对过去经常发生的假冒、仿冒商品事件，这类政策的制定与实施有利于加强知识产权的保护，维护消费者利益和社会公共利益。

第三，文化政策能够为我国知识产权文化的建设与形成提供良好的政策环境。知识产权文化建设既属于我国知识产权保护政策的内容之一，也是我国文化政策的内容之一。在这方面，我国文化政策与知识产权保护政策的协同具有更现实的意义。为理解这一点，首先有必要了解知识产权文化的内涵。

所谓知识产权文化，根据有的学者的研究，是指"人类在知识产权及相关活动中产生的、影响知识产权事务的精神现象的总和，主要是指人们关于知识产权的认知、态度、信念、价值观以及涉及知识产权的行为方式"。[2]还有学者从知识产权文化的本体、属性与价值方面进行了更为全面的概括："知识产权文化是中国特色社会主义文化的重要组成部分，是创新驱动发展的核心软实力。发展知识产权文化是实施国家知识产权战略和建设知识产权强国的需要，是赢得国际竞争的必然选择；知识产权文化承载着强国富民的理想和寄托，因为它具有独特的属性品格与无以替代的价值呈现。从知识产权文化本体切入，知识产权文化具有创新属性、法治属性、跨文化属性、私权属性与利益属性，并体现出引领价值、激励价值、教育价值和社会价值等。"[3]

笔者认为，理解我国知识产权文化，应当立足于中国特色社会主义文化的本质和内涵，同时也需要立足于知识产权作为一种私权的本质特点。总的来说，我国知识产权文化是在知识产权的创造、运用、保护、管理、服务等

---

[1] 刘华、黄金池："文化治理视域下我国知识产权文化政策结构性优化研究"，载《华中师范大学学报（人文社会科学版）》2019年第2期；刘华、黄金池："我国消费者知识产权知行现状及政策应对——基于知识产权文化政策视角"，载《中国软科学》2018年第9期。

[2] 唐晓庆："建设知识产权文化"，载《社会主义论坛》2019年第8期。

[3] 舒媛、申来津："知识产权文化：本体、属性与价值"，载《学术交流》2017年第2期。

活动中所产生的关于知识产权的观念、价值、态度、意识的总和。

文化是一种软实力。知识产权文化构成我国知识产权能力建设和提升国家知识产权战略能力的重要内容。正是基于此，2008年国务院发布的《国家知识产权战略纲要》明确将知识产权文化建设作为目标和战略措施之一。在"战略重点"之五"培育知识产权文化"部分明确规定："加强知识产权宣传，提高全社会知识产权意识。广泛开展知识产权普及型教育。在精神文明创建活动和国家普法教育中增加有关知识产权的内容。在全社会弘扬以创新为荣、剽窃为耻，以诚实守信为荣、假冒欺骗为耻的道德观念，形成尊重知识、崇尚创新、诚信守法的知识产权文化。"2021年9月中共中央和国务院发布的《知识产权强国建设纲要（2021—2035年）》则在第七部分"建设促进知识产权高质量发展的人文社会环境"中规定，"塑造尊重知识、崇尚创新、诚信守法、公平竞争的知识产权文化理念"，"构建内容新颖、形式多样、融合发展的知识产权文化传播矩阵"。

根据《国家知识产权战略纲要》和《知识产权强国建设纲要（2021—2035年）》的上述政策性规定，推进我国知识产权文化建设应重视以下措施：

一是，在强化知识产权宣传基础之上提高社会公众的知识产权观念和意识。在知识产权文化建设的内容中，知识产权观念和意识具有极其重要的作用。观念和意识是行为的先导。缺乏知识产权基本观念和意识，就很难做到在现实中尊重和保护知识产权。从近些年来我国发生的大量知识产权纠纷案件来看，知识产权侵权和被侵权的原因固然很多，但其中很多案件也暴露了当事人缺乏知识产权观念和意识。这种观念和意识的缺乏与社会公众的文化水平并没有绝对的联系。举例而言，有些从事技术工作的工程师尽管在科技开发方面有很高的造诣和丰富的经验，但缺乏最起码的专利保护观念和意识。有一种观点认为，只要技术发明是自己独立完成的，而没有抄袭、剽窃他人在先的技术成果，就当然地受到法律保护，殊不知我国和其他国家专利法实行专利先申请原则，商业秘密保护制度则以相关信息不予公开作为保护的前提。在有的涉及技术发明保护的纠纷案件中，当事人由于既没有申请专利，也没有采取技术秘密保密措施，而无法得到我国知识产权法的保护。为此，需要通过加强对知识产权保护的宣传，提升全社会的知识产权观念和意识。

二是，强化知识产权宣传教育，普及知识产权常识。知识产权观念和意识构成知识产权文化的重要内涵。具备知识产权常识，则是形成知识产权观念和意识的重要保障。同样以现实中发生的大量知识产权纠纷案件为例，这些案件之所以发生，很多当事人缺乏知识产权观念和意识是其中的重要原因，而知识产权观念和意识的缺乏说明社会对知识产权常识的普及教育不够。当然，也不必讳言在大量的知识产权纠纷案件中存在很多并非缺乏知识产权常识的原因，如基于个人私利与不法目的。

三是，明确我国知识产权宣传的核心内容。根据《国家知识产权战略纲要》和《知识产权强国建设纲要（2021—2035 年）》的上述政策性规定，应当形成先进的道德观念，尤其是以创新为荣、剽窃为耻，以诚实守信为荣、假冒欺骗为耻的道德观念。同时，也应当形成尊重知识、崇尚创新、诚信守法、公平竞争的先进的知识产权文化理念。这些理念的核心是创新和诚信。由此可见，在知识产权文化建设中，创新文化建设与诚信文化建设是相辅相成的。

（九）我国知识产权保护政策与经济政策的协同

1. 经济政策的概念和内涵。所谓经济政策，可以理解为一定时期国家为了实现价格稳定、就业充分和经济稳步增长等国家宏观经济目标而采取的原则与措施。经济政策对于一个国家经济发展、社会稳定、人民福祉具有极其重要的意义。

一个国家的经济政策可以大体二分为宏观经济政策和微观经济政策。其中，前者是指国家为促进经济稳步增长而采取的财政政策、货币政策和收入政策等，后者涉及利用市场调整手段促进市场机制形成与经济增长。上述两类政策在经济学研究中分别形成了宏观经济学和微观经济学。根据学者的研究，"当代西方微观经济学的理论基础可从两个方面加以分析，一方面，各项微观经济政策均有与其相应的微观经济学原理作为其理论依据，例如消费政策以西方需求理论为依据，产业组织政策以市场形态理论为依据，收入再分配政策以西方生产要素价格理论为依据，等等。另一方面，西方微观经济政策学又以当代西方福利经济学为其一般的理论基础"。[1]

在政府层面，主要为实施国家宏观经济政策服务。例如，2019 年 3 月 5日，国务院总理李克强在政府工作报告中指出：要正确把握宏观政策取向，继续实施积极的财政政策和稳健的货币政策，实施就业优先政策，加强政策

---

[1]　杨德明："当代西方微观经济政策学概说"，载《世界经济》1987 年第 4 期。

协调配合，确保经济运行在合理区间，促进经济社会持续健康发展。

从国家经济政策尤其是宏观经济政策的内涵看，其包含以下几方面重要内容：一是，国家的经济发展战略，这涉及在一定的经济体制格局下国家为实现一定时期经济增长、就业稳定、收支平衡和社会发展的总目标而制定与实施的具有全局性和长远性的总体规划。一个国家的经济发展战略又与其相应的政治经济体制具有千丝万缕的联系。如当前我国经济发展战略是在社会主义市场经济体制的环境下为实现我国经济稳步增长和人民福祉不断提升而制定与实施的总体规划。二是，国家产业政策。国家产业政策涉及产业布局、产业发展规划、传统产业改造、战略性新兴产业规划、产业转型升级和产业竞争力提升等内容。三是，财政与货币政策。这涉及国家金融稳定、财政与信贷综合平衡、社会总供给与总需求的平衡、货币的发行与控制、防止通货膨胀与通货紧缩等问题。四是，收入与分配政策。这涉及如何引导消费者需求、调整和改善消费结构、促进人民收入稳步增长、改善人们生活福祉等。

总体而言，国家经济政策的制定与实施应当遵循以下原则：一是，经济政策与国情相适应。特定时期的国情决定了应当采取与其相适应的经济政策，从新中国成立以来我国先后制定与实施的经济政策也可以得出此结论。二是，经济政策应当保持相对稳定。稳定的经济政策也是维持价格、货币和市场稳定所需。经济政策的稳定当然也需要稳定的政治体制加以保障。三是，经济政策应当随着国家经济社会发展而体现一定的灵活性，与时俱进，以更好地适应经济社会发展的需要。

经济政策本身似乎与知识产权政策没有多大联系，其实不然。如前所述，知识产权不仅是一种受法律保护的私权，在经济学上也是一种重要的无形资产、经营资源和生产要素。知识产权保护政策的实施对于经济增长本身也有十分重要的作用。以下先从经济政策对于知识产权保护政策制定与实施的作用机制入手，探索经济政策与知识产权保护政策如何实现协同，共同为经济社会发展发挥重要作用。

2. 我国经济政策对知识产权保护政策的指导与促进作用。这主要体现为以下几方面：

（1）我国经济政策，特别是经济发展战略和规划，为知识产权保护政策的制定与实施提供了重要方向与指引。作为推进我国知识产权保护制度实施的基本规范和措施，我国知识产权保护政策离不开相关经济政策的指引，特别是经济发展战略和规划。这是因为，我国知识产权保护政策需要实现一定时期的经济社会发展目标，而作为宏观经济政策的经济发展战略和规划，显然需要对一定时期我国经济社会发展的目标和任务作出基本指引。例如，作为我国知识产权保护宏观政策的国家知识产权战略，其制定和实施需要立足于我国特定时期的经济社会发展目标，考虑到我国特定时期经济发展战略与规划。又如，知识产权转化利用政策需要以我国相关产业政策为指引，[1]研究如何促进我国产业转型升级和经济发展方式的改变，促成知识产权密集型产业逐步形成和发展。

（2）我国各项知识产权保护政策的落实也需要相应的经济政策提供良好的政策环境。我国知识产权保护政策具有丰富的内容，这些内容的落实到位，需要相应的经济政策提供良好的政策环境。这里不妨从几个较为典型的方面加以探讨。

例如，我国外贸政策是国际贸易方面的重要经济政策。在当前知识产权国际化乃至全球化趋势不断增强，国际竞争愈演愈烈的情势之下，国际贸易越来越与知识产权挂钩，并且知识产权作为一种无形财产，其本身也成为国际贸易的重要标的，当前知识产权贸易量也有不断增加的趋势。特别是随着世界贸易组织的成立，知识产权与货物贸易、服务贸易一起成为国际贸易的"三驾马车"。世界贸易组织达成的 TRIPs 协议就是一个由发达国家主导的高标准、高水平的国际知识产权协议。随着科学技术的迅猛发展，高科技产品国际贸易比重也越来越高，国际贸易中的知识产权问题也越来越重要。近几年来，中美贸易摩擦不断，经过多轮协商达成的《中美经贸协议》的很多条款就是关于知识产权保护问题的规定。可以预料，随着知识产权国际化程度越来越高，以及科学技术的迅猛发展，国际贸易中知识产权的地位将越来越高，我国国际贸易政策的制定和实施也不能不考虑其中相关的知识产权问题。对外贸易政策因而能够为我国对外贸易中的知识产权保护提供重要的政策环境。

又如，近些年来为了促进经济发展，我国先后颁布实施了一系列投资、金融、财政政策。这些政策机制贯彻和实施是对我国相关投资、金融、财政

---

〔1〕　张平："论知识产权制度的'产业政策原则'"，载《北京大学学报（哲学社会科学版）》2012 年第 3 期。

法律规范的基本要求，对于盘活我国经济，形成资源的有效配置和充分利用，发挥了十分重要的作用。为了盘活无形资产，使以知识产权为核心内容的无形资产保值增值，由潜在的生产力转化为现实的生产力，近些年来我国也先后颁布实施了知识产权质押融资、投资、证券化等相关规范。事实证明，在相关法律规范未予制定和完善的前提下，我国知识产权转化利用相关政策的制定和实施，有力地促进了知识产权这一无形资产的有效利用。毫无疑问，我国知识产权转化利用相关政策的制定和实施，也需要以相关的经济政策的规定作为指引和基础。否则，孤立地推进知识产权投资、知识产权质押融资、证券化等就会遇到很多障碍。

再如，为了促进高新技术及其产业的发展，我国相关税收政策涉及一些减免税的优惠措施。作为知识产权保护政策的重要一环，为了鼓励创新，我国知识产权保护政策需要充分利用国家相关税收优惠政策，以税收优惠有效配置创新资源，提高创新效率。

（3）我国以市场机制为核心的微观经济政策，更能体现对知识产权保护政策的支持和协同。与宏观经济政策不同，微观经济政策更侧重于利用市场机制有效配置社会资源，提高资源的社会效益和效率。我国知识产权保护政策立足于知识产权保护制度，而该制度的核心也是充分利用市场机制的作用。因此，知识产权保护政策的各项具体制度措施和重点，需要通过微观经济政策的制定和实施所形成的市场机制，促进知识产权保护的知识产品的市场流通，进而实现技术创新、提高创新能力的目的。

3. 我国知识产权保护政策对推动我国经济政策有效实施的重要作用。我国经济政策涉及经济社会发展的方方面面，故其目的实现需要其他相关政策发挥协同作用。其中，知识产权政策，尤其是知识产权保护政策，具有独特而不可替代的作用。笔者认为，这主要体现在以下几方面：

（1）知识产权政策制定与实施的重要目的是保护和鼓励创新、促进创新成果的推广运用，提升我国创新能力，而创新是促进我国科技进步与经济增长的关键。因此，制定和实施知识产权政策，尤其是知识产权保护政策，有利于实现我国经济增长和社会发展。自20世纪20年代美籍奥地利经济学家熊彼特（Schumpeter）提出技术创新学说，[1]技术创新推动经济增长的作用

---

〔1〕 该学说的核心内容是将创新看成经济增长的内生变量，而不是外生变量。

就越来越受重视。在当代西方发达国家，技术创新对于经济增长的贡献，有统计指出在 60% 以上。20 世纪 60 年代，美国经济学家罗默（Romer）还进一步揭示了创新和经济增长的内在关系。当前，科学技术的发展日新月异，特别是 20 世纪 90 年代人类进入信息化时代以来，以信息网络技术为代表的高新技术的发展不仅对人们的生活和工作方式产生了深刻的影响，还对经济发展、就业、国内外市场竞争格局乃至人们的消费观念和时尚都产生了巨大的影响，其中最重要的是创新型技术的推广和应用大大加速了经济的发展与变革。可以预料，随着当前大数据、云计算、信息网络、人工智能等技术的发展以及相关技术的产业化，技术创新对于经济和社会发展的影响会更加明显。正是因为技术创新对于我国经济增长和社会发展极端重要的作用，近些年来我国提出了创新驱动发展战略，希望通过实施创新驱动发展战略促进我国经济快速增长，进一步提高我国综合国力和国际竞争力，加快实现中华民族伟大复兴。

如前面反复强调的，知识产权保护制度是一种典型的激励机制和保护创新的法律机制与制度。这不仅在我国知识产权立法和司法实践中得到了充分肯定，还在近些年来党和国家以及地方制定和实施的知识产权政策中得到了充分体现。尤其是在我国提出实施创新驱动发展战略以后，如何更加充分地利用知识产权政策，特别是知识产权保护政策，通过加强对知识产权的充分有效保护，协调围绕知识产品而产生的利益关系，以更好地激励创新、保护创新成果、促进创新成果的推广应用，是当前我国知识产权保护政策的重中之重。

（2）通过制定和实施知识产权政策，尤其是知识产权保护政策，促进我国产业转型升级和经济增长方式的改变，逐步形成知识产权密集型产业，将我国由要素经济逐步提升为创新型经济，不断提高我国产业竞争能力和国际竞争能力，实现我国经济快速而稳步增长。我国知识产权政策，特别是知识产权保护政策的制定与实施，对经济政策的协同作用不仅体现于激励创新，还体现于促进产业转型升级和经济发展方式的改变，优化我国产业结构，最终实现我国经济快速而稳步增长。这是因为，知识产权保护政策不只体现于对知识产权的充分和有效的保护，其最终目的是促进知识产权成果的转化运用，使其无形资产保值增值，由潜在的生产力转化为现实的生产力。研究近些年来党和国家以及地方颁布和实施的一系列与创新及知识产权相关的政策，可以发现我国知识产权政策越来越强调在保护知识产权的基础之上促进知识产权的有效转化。[1]尤其是党的十八届三中全会提出要加强知识产权的运用和保护。事实上，当前我国知识产权制度实施的重要问题之一也是知识产权转化不力，很多知识产权获得以后被束之高阁，没有转化为现实的生产力或知识产权的竞争优势。仅就以知识产权为核心内容的科技成果转化而言，如何有效地实现科技成果转化，也是当今我国科技政策及相关知识产权政策的核心内容。

从理论上而言，我国知识产权政策的制定与实施可以通过以核心技术为主导的产业化、市场化以及以核心品牌为主导形成集约型经济等方式加以实现。就前者而论，主要是通过在知识产权保护之下的核心技术的开发和推广，在新产品开发的前提下形成新业态和产业集群，最终形成知识产权密集型产业，使知识产权为产业和经济发展形成高附加值。当前最有代表性的例子莫过于我国以华为为代表的5G技术的开发和在全球范围内的推广运用。5G技术的推广无疑会在全球范围内形成新一轮的产业转型升级，对这一我国占优势的知识产权的有效保护和运用无疑有利于提高我国全球竞争力。可以说，随着高新技术对于经济增长和社会发展以及国际竞争能力提升的作用越来越强，我国越来越需要形成更多的在全球范围内拥有竞争实力的、以知识产权保护为基础的核心技术。核心技术的推广和运用将会形成巨大的产业优势，带动我国产业转型升级，逐步摆脱依靠资源和劳动力的粗放型经济发展模式。就后者而言，可以依托具有巨大商誉和市场竞争力的核心品牌，组建企业以及企业集团，扩大相关产业链并形成产业竞争优势。近些年来我国一些具有重要影响的国际化大型企业的发展无不具有这样的特点。笔者认为，上述两种方式都依托于对知识产权的充分有效保护。知识产权政策，特别是知识产权保护政策的制定与实施，无疑有利于保障有效地发挥知识产权制度促进知识产权成果转化以及产业升级与发展的作用，最终无疑大大有利于推进我国经济增长和社会发展。

（3）知识产权政策，特别是知识产权保护政策的制定和有效实施对促进我国经济政策目的实现的作用，还体现在通过构建公平竞争秩序促进我国经济社会活动的有序进行，维护消费者合法权益，为我国经济发展提供良好的

---

[1] 陈俊："科技成果转化中的知识产权立法保护"，载《复旦学报（社会科学版）》2005年第3期。

知识产权方面的制度保障。知识产权制度不仅是一种立足于保护知识产权这一私权的法律制度和激励机制，还是一种维护公平竞争秩序的重要的法律制度。知识产权制度通过有效协调和平衡知识产权人和社会公众之间的利益关系，本身也具有维护公平竞争、制止不正当竞争方面的目标与价值。例如，我国专利法、商标法和著作权法，对于相关技术领域、商品流通领域和文化领域公平竞争秩序的构建，就具有十分重要的作用。我国知识产权保护政策的制定和有效实施，自然也十分有利于推进市场经济公平竞争秩序的构建与维护，从而为我国经济增长和社会发展发挥应有的作用。

三、国家知识产权行政管理部门在强化我国知识产权保护中的地位与作用

《强化知识产权保护意见》在第七部分"加大组织实施力度，确保工作任务落实"之十九"加强组织领导"中指出："国家知识产权局要会同有关部门不断完善工作机制，加强协调指导和督促检查，确保各项工作要求有效落实，重大问题要及时按程序向党中央、国务院请示报告。"该规定明确了国家知识产权局作为我国主管知识产权事务的国家机关在强化我国知识产权保护中加强组织领导方面的责任和要求。

为了深入理解上述内涵，需要了解国家知识产权局的基本工作职责。根据公开的相关权威文献，国家知识产权局为国务院直属机构，其主要职责为：①负责组织协调全国保护知识产权工作，推动知识产权保护工作体系建设。会同有关部门建立知识产权执法协作机制，[1]开展相关的行政执法工作。开展知识产权保护的宣传工作。会同有关部门组织实施《国家知识产权战略纲要》。②承担规范专利管理基本秩序的责任。拟订专利知识产权法律法规草案，拟订和实施专利管理工作的政策和制度，拟订规范专利技术交易的政策措施，指导地方处理、调解侵犯专利的纠纷案件以及查处假冒他人专利行为和冒充专利行为，会同有关部门指导和规范知识产权无形资产评估工作。③拟订知识产权涉外工作的政策。研究国外知识产权发展动态。统筹协调涉外知识产权事宜，按分工开展对外知识产权谈判。开展专利工作的国际联络、合作与交流活动。④拟订全国专利工作发展规划，制订专利工作计划，审批专

---

〔1〕 费艳颖、赵亮、郝娜等："东北4省（区）知识产权行政执法协作的困境及对策——以大数据云计算为背景"，载《科学管理研究》2018年第2期。

项工作规划，负责全国专利信息公共服务体系的建设，会同有关部门推动专利信息的传播利用，承担专利统计工作。⑤制定专利和集成电路布图设计专有权确权判断标准，指定管理确权的机构。制定专利和集成电路布图设计专有权侵权判断标准。制定专利代理中介服务体系发展与监管的政策措施。⑥组织开展专利的法律法规、政策的宣传普及工作，按规定组织制定有关知识产权的教育与培训工作规划。⑦承办国务院交办的其他事项。

从上述内容看，可以将国家知识产权局的基本职责归纳为以下几方面：①构建和推动形成全国范围的知识产权保护体系；②推动和加强知识产权行政执法，尤其是专利行政执法；③制定和完善知识产权相关政策和部门规章，推动知识产权相关制度的规范化，如制定专利和集成电路布图设计专有权确权判断标准、制定专利等相关知识产权的工作发展规划；④拟订知识产权涉外工作政策，负责处理涉外知识产权事务；⑤推进知识产权公共服务，如知识产权公共信息服务；⑥承担知识产权法律法规、政策宣传教育和普及工作；⑦国务院交办的其他相关事务。

从上述内容看，国家知识产权局在推进我国知识产权保护，特别是强化知识产权行政执法、推进知识产权公共服务、完善我国知识产权政策体系、推进知识产权文化建设等方面都具有特别重要的地位和作用。基于此，在强化我国知识产权保护的过程中，需要进一步强化国家知识产权局的相关职能。结合《强化知识产权保护意见》的上述规定，笔者认为，为了加强国家知识产权局组织实施力度，确保知识产权相关工作的落实，需要重视以下几个方面的对策：

第一，建立和完善国家知识产权局与有关部门的工作协调机制。之所以应当建立和完善国家知识产权局与有关部门的工作协调机制，是因为知识产权保护工作涉及我国经济社会发展与科技文化进步的方方面面，知识产权保护体系之构建以及知识产权保护具体措施的落实并非国家知识产权局单独承担的工作任务，而是需要国家其他相关部门的参与和协调，如科技部、教育部、商务部、海关总署等国务院部委和直属机构在相关政策制定和实施中都涉及知识产权问题。国家知识产权局制定和推进的知识产权保护工作措施，也需要通过其他部门予以落实，如涉及科技成果界定、科技成果转化的知识产权问题，科技部近些年来就制定和实施了相关政策和部门规章，教育部对高校知识产权管理也作出了明确规范。国家知识产权局作为我国知识产权行政管理和执法的主管机关，在推进与国务院部委等相关机构工作协调机制方面负有重任。

第二，加强协调和督促机制建设。《强化知识产权保护意见》要求加强协调指导和督促检查。我国知识产权保护制度和政策的有效实施，需要从国家到地方各部门、组织的有效落实。知识产权保护工作的成效也重在落实。同时，知识产权保护工作中难免存在局部和地方利益之间的相互冲突，需要进行协调。作为主管我国知识产权工作的国务院知识产权行政部门，国家知识产权局在与知识产权有关的组织建设方面，十分重要的内容是加强协调和督促机制建设。这种协调不限于国家知识产权局与地方各级知识产权行政管理部门和相关组织机构的协调，也包括地区之间知识产权保护工作的协调，这样才能形成严密的知识产权保护体系，推进我国知识产权整体保护水平的提升。

第三，建立和完善重大问题向党中央、国务院报告的制度和机制。知识产权保护制度是一个与时俱进的法律制度。随着经济社会发展、科技的进步以及国际关系的变化，我国知识产权保护制度在不同时期具有不同的重点和方向，在不同时期也存在重大知识产权相关问题。为了更稳妥地把握政策方向，使我国知识产权保护制度的发展变革始终与经济社会发展和科技进步相适应，有必要建立重大问题向党中央、国务院报告的制度和机制。

第二十章
知识产权保护措施的贯彻落实

《强化知识产权保护意见》在第七部分之（二十）中指出：

狠抓贯彻落实。地方各级党委和政府要全面贯彻党中央、国务院决策部署，落实知识产权保护属地责任，定期召开党委或政府专题会议，研究知识产权保护工作，加强体制机制建设，制定配套措施，落实人员经费。要将知识产权保护工作纳入地方党委和政府重要议事日程，定期开展评估，确保各项措施落实到位。

对于上述规定，笔者认为我国知识产权保护措施在地方各级党委和政府全面贯彻实施，具有极其重要的意义和作用。为了加强地方各级党委和政府对知识产权保护工作重要性的认识以及有效推进地方各级党委和政府加强知识产权保护，以下问题值得深入研究。

一、我国地方各级党委和政府加强知识产权保护工作的重要意义

为深刻地理解这一问题，我国地方各级党委和政府首先需要深刻认识到知识产权保护制度在当前我国经济社会发展中的重要地位和作用。

知识产权保护制度作为当代经济社会发展和科技创新中十分重要的法律制度，在当今激烈的国际竞争以及科技迅猛发展进程中，其重要性自不待言。笔者认为，知识产权保护制度的重要性尤其体现在以下几个方面。

第一，知识产权是和物权、债权等并列的一种重要的民事权利，应当和其他民事权利一样受到法律的充分有效保护，我国《民法典》及一系列知识产权专门法律和法规的规定就是体现。

第二，知识产权保护制度的重要功能和作用是激励创新、促进创新性成

果的推广运用，并最终提高我国创新能力，而创新是我国经济社会发展与进步的不竭动力，是提高我国国家竞争力的重要手段。正因为知识产权保护制度对于促进创新、实施我国创新驱动发展战略具有极其重要的作用，党和政府在诸多政策性文件中明确了保护知识产权就是保护创新这一重要的理念和指导思想。从这个角度出发，建立知识产权保护制度，强化知识产权保护，远远不限于单纯的对知识产权这一私权的保护。

第三，知识产权保护制度还具有促进公平竞争、规范市场竞争秩序的重要作用。知识产权保护制度不限于保护知识产权人的知识产权和维护社会公众的利益，而且包括维护公平竞争的价值目标。如前所述，我国著作权法、专利法和商标法分别体现了对文化竞争秩序、技术竞争秩序和商品流通秩序的保障。可以设想一下，如果没有著作权保护，市场上剽窃、仿冒以作品为核心的文化产品的现象就会十分普遍；如果没有专利权保护，技术产品的仿制现象同样会十分普遍，而人们基于自我保护的需要会大量地通过保密的途径维护自身权益；如果没有商标权保护，就难以避免市场上各种仿冒、假冒商品的现象出现。没有知识产权保护或者知识产权保护不力，都会造成对市场竞争秩序的冲击。这不仅会严重损害知识产品创造者的合法权益，严重挫伤其从事知识创造的积极性，还会损害消费者的合法权益，阻碍市场经济秩序的健康发展。

第四，知识产权不仅是法律上的一种私权、一种重要民事权利，在经济学上还是一种重要的无形资产和经营资源。通过建立知识产权保护制度，加强知识产权保护，可以使企业等市场主体拥有的这一重要无形资产在生产经营和战略规划中发挥其独特的作用，防止无形资产的流失，使其由潜在的生产力转化为现实生产力，提高市场主体的产业竞争地位和创新能力。

第五，在当前知识产权国际化趋势越来越强乃至出现全球化趋势、以知识产权为基础的产品的国际竞争愈演愈烈的背景下，建立知识产权保护制度并加强知识产权保护也是我国应对国际竞争、加入经济全球化环境和全面深化改革的应对之策。知识产权国际化制度从 19 世纪末到现在已有 100 多年。新中国成立以来，我国知识产权专门法律的制定与实施都以与国际接轨作为重要原则之一。在当前知识产权国际保护的形势下，知识产权与国际经济贸易之间具有更加密切的联系，知识产权在国际经济贸易中的竞争地位也越来越强。也正是因此，近年来中美贸易摩擦中，知识产权成为最重要的问题之一。[1]由此可见，知识产权保护的重要性也体现于对我国国际经济贸易发展的保障作用。

第六，建立知识产权保护制度、加强知识产权保护的作用，还体现于其对于我国经济、科技、教育、文化政策的制定与实施具有重要的推进作用，对于促进我国产业转型升级和经济发展方式的改变、提高我国产业竞争能力等方面也具有十分重要的作用。正是因为当代知识产权保护制度的制定和实施对于我国经济社会发展具有十分重要的作用，习近平总书记近年指出，产权尤其是知识产权保护是中国经济发展的最大激励。对于这些相关问题，前面已做了详细探讨，在此不予赘述。

二、地方各级党委和政府加强知识产权保护工作的具体措施

《强化知识产权保护意见》规定，"地方各级党委和政府要全面贯彻党中央、国务院决策部署，落实知识产权保护属地责任"。习近平总书记在2020年中央政治局集体学习时也指出，"各级党委和政府要落实责任，强化知识产权工作相关协调机制"。[2]

对此，笔者认为，需要重视以下问题。

（一）地方各级党委和政府在知识产权保护方面应当全面保持与党中央、国务院决策部署步调一致

随着知识产权制度的重要性日益凸显，近些年来党中央、国务院就如何加强我国知识产权保护、有效实施国家知识产权战略和创新驱动发展战略作出了一系列部署，并采取了一系列措施予以推进。例如，在党的相关政策方面，过去很少直接涉及知识产权问题。近些年来，在党的重要报告和文件中都明确了推进我国知识产权保护、实施知识产权战略的方针政策。如党的十七大报告就提出要实施知识产权战略。党的十八大、十九大报告，以及党的十九届三中全会、四中全会，都提到了我国知识产权制度问题。近几年来中

---

〔1〕 冯晓青："关于中国知识产权保护体系几个重要问题的思考——以中美贸易摩擦中的知识产权问题为考察对象"，载《人民论坛·学术前沿》2018年第17期。

〔2〕 习近平："全面加强知识产权保护工作 激发创新活力推动构建新发展格局"，载《求是》2021年第3期。

共中央办公厅、国务院办公厅颁布的相关知识产权规范，包括《强化知识产权保护意见》，也是重要体现。近些年来国务院就知识产权保护、实施国家知识产权战略提出了一系列政策性措施，特别是 2008 年 6 月 5 日国务院发布了《国家知识产权战略纲要》。研究近些年来党和政府关于知识产权保护与知识产权战略实施的相关政策与指导意见可以发现，随着新时代中国特色社会主义强国建设目标的提出以及我国经济社会转型发展和应对国际竞争形势，党和政府越来越重视运用知识产权保护制度提升我国综合国力和国际竞争力，使我国由知识产权大国跃变为知识产权强国。[1]毫无疑问，近些年来党和政府关于知识产权保护、知识产权战略实施的政策、规范、指导方针和原则，对于我国地方各级党委和政府加强知识产权保护，有效实施区域知识产权战略，促进地方经济转型升级和产业竞争能力提升，具有十分重要的意义和作用。

我国地方各级党委和政府制定和实施的知识产权保护措施，也是落实党和政府关于知识产权保护与知识产权战略实施措施的保障，是充分利用知识产权保护的功能和特点，推进地方经济发展的重要手段。为此，我国地方各级党委和政府在制定和实施知识产权保护措施、实施区域知识产权战略规划时，应当深入领会党和政府关于知识产权保护的政策与战略的意旨与内涵，将地方知识产权保护和知识产权战略实施融入地方各级党委和政府相关政策和工作中。[2]

（二）地方各级党委和政府在知识产权保护方面应当明确知识产权保护的职责

基于知识产权保护和知识产权战略实施在地方各级党委和政府相关工作中的重要性，我国地方各级党委和政府在知识产权保护中应当明确知识产权保护的基本职责，落实知识产权保护的属地责任。只有这样，才能使地方各级党委和政府确立的知识产权保护方针、战略重点和措施落实到位。为此，笔者认为，需要重视以下问题。

---

〔1〕　李雨峰、陈伟："优化营商环境下政府在知识产权保护中的职能"，载《知识产权》2020 年第 7 期。

〔2〕　马海涛、岳林峰："知识产权保护实践中的地方政府因素"，载《经济与管理评论》2020 年第 4 期。

1. 将知识产权保护工作和地方知识产权战略制定与实施纳入地方各级党委和政府工作规划和任务中。过去我国地方各级党委和政府在相关工作报告和工作规划中很少涉及知识产权问题。随着近些年来知识产权保护的重要性日益增强和我国知识产权保护制度不断完善，在地方层面推进知识产权保护和知识产权战略实施的重要性日益凸显，因而在地方各级党委和政府相关工作目标与任务中逐渐提出规范知识产权保护相关问题。实际上，从近些年来我国地方各级党委和政府制定实施的与知识产权保护、技术创新相关的政策和规范的情况来看，加强知识产权保护和地方知识产权战略实施，早已成为我国地方各级党委和政府知识产权工作中的重要内容。笔者 2020 年主持完成一项涉及知识产权保护与促进条例制定的地方立法研究，对近些年来我国地方关于知识产权保护与技术创新方面的政策和规范做了系统梳理，深有感触。今后我国地方各级党委和政府在知识产权保护工作中最重要的内容之一就是将其融入地方经济社会发展的各方面政策和措施中。

2. 在地方各级党委和政府知识产权保护以及知识产权战略制定与实施中，落实知识产权保护主管领导，并建立常态化的知识产权工作协调与联系机制。我国地方各级党委和政府在领导和促进当地经济社会发展方面负有重任，其中知识产权工作的落实也需要由相关主管领导负责。地方知识产权保护和知识产权战略实施也涉及不同部门和组织的衔接与合作，因此也需要建立常态化的工作协调与联系机制。

3. 根据国家知识产权保护要求、知识产权战略部署，以及地方经济社会发展的特点，就地方知识产权保护措施的落实以及区域知识产权战略实施的措施提出明确的计划和安排，确立地方在知识产权保护与知识产权战略实施方面的指标与目标，如地方知识产权工作规划、地方知识产权人才计划、地方知识产权战略规划、地方知识产权政策法规体系等。[1]特别值得指出的是，在地方各级党委和政府制定与实施的相关知识产权政策、指导方针与原则方面，应当以区域创新为目标，以产业结构优化、产业转型升级和区域竞争力提高为战略重点，构建以企业为主体、市场为导向、产学研深度融合的技术创新体系。

---

[1] 陈昭锋："知识产权保护的政府职能研究"，载《中国科技论坛》2001 年第 4 期。

（三）加强体制机制建设

地方知识产权保护工作和知识产权战略实施，需要以一定的体制机制保障作为前提。在笔者看来，与知识产权保护和知识产权战略实施相关的体制机制建设，尤其应当注重以下问题：

1. 地方科技创新体制机制。这一体制机制与地方知识产权保护及知识产权战略具有直接的关系。过去我国地方普遍存在经济、科技"两张皮"现象，在科技政策法规体系及其运行中没有很好地考虑知识产权问题，地方科技管理也纯粹是成果管理，忽视知识产权保护的市场机制建设。随着我国科技创新体制以及知识产权保护制度的完善，地方科技创新体制应当引入知识产权导向，其中特别重要的是以激励知识产权创造、促进知识产权成果转化运用、提高区域创新能力为基本目标。

2. 产学研深度融合的技术创新体系的构建与完善。基于知识产权保护制度是立足于市场、实现于市场的市场机制和法律机制，知识产权保护和地方技术创新体系的构建与完善具有相辅相成的关系。在地方技术创新体系构建中，应当很好地构建地方知识产权保护体系，使知识产权保护成为地方技术创新的重要抓手和法律保障机制。为此，地方在构建技术创新体系中，应当充分发挥企业在知识产权创造、运用、保护和管理中的作用，指导企业制定和有效实施知识产权战略，全方位提高企业知识产权能力和市场竞争力。

3. 地方产业集群机制的构建与完善。我国地方经济的发展，最终需要通过不断优化产业结构，实现产业结构转型升级和经济发展方式的改变，逐步由粗放型经营提升为集约型经营，由要素经济提升为创新经济。伴随着产业结构转型升级，不断扩大知识产权密集型产业，这一体制机制的形成与地方知识产权保护和知识产权战略的制定与实施也有极大的关系，因为知识产权保护和知识产权战略的制定与实施，有利于地方产业转型升级和产业竞争能力的提升。为此，地方各级党委和政府在知识产权相关议程中应当特别重视引入占优势的品牌和核心技术，形成企业集团和产业集群，从而逐步构建区域产业竞争优势，提高区域竞争能力。

（四）制定配套措施

我国地方各级党委和政府的知识产权保护工作不是孤立的，而是需要地方各级党委和政府的相关组织、部门及人员各司其职、共同完成。这是因为，就地方知识产权保护工作和知识产权战略制定与实施而言，由于知识产权保护工作和知识产权战略涉及地方经济发展、科技创新、社会进步的方方面面，完成好这一工作不仅需要明确地方知识产权主管部门的职责和任务，还需要地方其他相关主管部门的协调、配合与支持。这样，地方各级党委和政府在推进知识产权保护、实施知识产权战略时，就应当注意制定配套措施，形成一股合力，共同为推进地方知识产权保护服务。这里不妨举几例加以说明。

地方知识产权行政执法工作，是地方各级党委和政府推进知识产权保护工作的重要内容。在当前我国知识产权保护体系实行以行政执法和司法保护"两条途径、协调处理"的背景下，地方知识产权行政执法工作仍然是地方知识产权保护的有力支撑和重要保障措施。从近些年来我国各地方知识产权行政执法、行政保护的情况来看，通过完善知识产权行政执法机制，优化知识产权行政执法程序和手段，不断提高了地方知识产权行政执法水平，强化了我国地方知识产权的保护。当然，地方知识产权行政执法中也暴露了相当多的问题，如执法不力、运动式执法效果不能保持长久，涉及跨区域、跨部门的地方知识产权行政执法在协调、衔接以及信息沟通方面也存在问题。改善我国地方知识产权行政执法有多方面措施，但无论如何，制定和完善相关配套措施是一个重要方面，如版权、海关、市场监管等相关部门如何通过优化措施提高知识产权行政执法水准，就值得探讨。此外，知识产权民行交叉、民刑交叉案件的处理也需要建立案件协调处理机制。

知识产权转化、运用是地方知识产权保护和地方知识产权战略制定与实施的重要目标。在地方知识产权保护体系和战略规划中，知识产权保护是基础，知识产权转化和运用则需要立足于知识产权保护制度的功能和特点，充分利用知识产权保护的市场机制，实现知识产权这一无形资产的保值以及经济社会价值。在当前地方各级党委和政府的知识产权保护体系中，知识产权转化和运用无疑是重头戏。知识产权转化和运用涉及地方很多部门组织的落实与安排，相关政策制度体系也涉及财政、税收、金融、海关、保险、信托、市场监管、产业园区建设等多方面，地方知识产权转化和运用的政策构建与措施落实也必须在上述相关方面进行协调与配合，以建立完整的促进地方知识产权转化和运用的政策体系。可以认为，没有相关配套措施的制定与实施，知识产权的转化和运用就很难取得理想的效果。仅以知识产权转化和运用中的知识产权质押融资为例，知识产权质押融资的有效开展，离不开银行等金融机构的配合与支持。为了推动地方知识产权质押融资，盘活知识产权类无形资产，地方金融部门和其他相关单位也需要以配套的制度性措施加以落实。

（五）落实人员经费

地方各级党委和政府所确定的知识产权保护措施的落实，无疑也需要一定的经费保障。经费保障是地方知识产权保护工作和知识产权战略实施的物质基础。在这方面需要破除一个陈旧和落后的观念，即知识产权保护经费的投入是单纯的成本损失，而看不到经济社会效益。对此，笔者认为，为知识产权保护和知识产权战略实施投入一定的人员、经费等相关成本是完全必要的。知识产权保护具有十分重要的经济效益和社会效益。一定时期地方投入知识产权保护相关经费固然可以视为知识产权保护的成本之一，但这一成本保障了地方知识产权工作的有序进行，使地方知识产权保护水平不断提升，从而为促进地方知识创造、创新能力提升作出重要贡献，最终有利于促进地方产业结构优化和转型升级、经济发展方式改变、产业竞争能力提升。由此可见，地方各级党委和政府在知识产权保护工作中对人员经费等相关方面的投入不能仅仅视为一种只有成本、没有收益的举措，而应当视为地方知识产权保护的必要手段。

（六）将知识产权保护工作作为地方各级党委和政府会议重要内容和重要议事日程予以落实

《强化知识产权保护意见》指出，要"定期召开党委或政府专题会议，研究知识产权保护工作"，"要将知识产权保护工作纳入地方党委和政府重要议事日程"。

知识产权保护工作在地方各级党委和政府工作中的落实，需要采取各方面得力的常态化措施。其中，在地方各级党委和政府相关会议中纳入知识产权保护工作议题就是一个十分重要的方面。基于地方各级党委和政府经济社会工作的特点，地方各级党委和政府大量经济社会事务都是通过举行会议的方式进行讨论、布置和确定的。一般而言，纳入地方各级党委和政府重要会议研讨的议题都是地方经济社会发展中的重要问题。在地方各级党委和政府召开的会议中，与知识产权保护工作相关的议题应当以常态化的形式定期讨论。这样一来，就能够保证知识产权保护工作在地方各级党委和政府得到高度重视并予以落实。

根据笔者对地方知识产权保护工作和知识产权战略制定与实施相关问题的观点，我国地方各级党委和政府关注的地方知识产权保护与知识产权战略实施的主要议题有：本地区知识创造状况和存在的问题，本地区知识产权保护力度、现状和问题，本地区知识产权转化运用情况和问题，本地区知识产权人才队伍建设情况和问题，本地区企事业单位知识产权管理情况和问题，本地区对外开展知识产权合作交流事务的现状和问题，本地区知识产权文化建设现状和问题，以及本地区知识产权政策法规体系现状和问题等。总的来说，无论属于哪一方面的知识产权议题，都应当注意将特定时期特定领域知识产权保护议题与当地经济社会发展、科技创新和产业发展的实际情况相结合，因为地方各级党委和政府对知识产权保护工作和知识产权战略制定与实施的重视，最终都是为地方经济社会发展、科技创新、经济增长服务的。

（七）定期开展评估，确保各项措施落实到位

需要通过建立一定的评估指标，定期开展评估，了解我国地方各级党委和政府知识产权保护工作的实际效果，并对知识产权保护工作存在的各种问题进一步加以改进，以确保各项措施落实到位。仅就地方知识产权战略制定与实施而言，近年来随着我国国家知识产权战略的制定与实施，各地方也颁布实施了区域知识产权战略规划，需要通过评估其实施效果的形式，全面了解和总结地方知识产权战略实施的成效以及存在的问题。[1]当然，地方知识产权保护成效的评估，还有其他很多方面，如地方知识产权行政执法和司法保护绩效评估、地方知识产权产业化和知识产权密集型产业情况评估等。为了提高评估效果，保证评估的科学性，建议加强对地方知识产权保护工作绩效评估指标体系和评估方法的研究。

此外，鉴于各级党委和政府有关知识产权保护工作的深入开展离不开各级领导干部对知识产权保护基本理念的把握以及对业务知识的学习与掌握，在地方各级党委和政府推进知识产权保护工作时，也需要高度重视培养各级领导干部基本的知识产权意识，普及知识产权基本知识。习近平总书记在2020年中央政治局第二十五次集体学习时，针对党委和政府加强对知识产

---

〔1〕 高晴："我国知识产权战略实施的绩效评估指标设计"，载《河北大学学报（哲学社会科学版）》2011年第4期。

保护工作职责问题即明确指出："各级领导干部要增强知识产权意识，加强学习，熟悉业务，增强新形势下做好知识产权保护工作的本领，既学会运用知识产权保护制度推动经济社会高质量发展，又学会利用知识产权保护制度开展国际合作和竞争，推动我国知识产权保护工作不断迈上新的台阶。"[1]

---

〔1〕 习近平："全面加强知识产权保护工作 激发创新活力推动构建新发展格局"，载《求是》2021 年第 3 期。

第二十一章
知识产权保护绩效的考核评价

《强化知识产权保护意见》在第二十一部分指出：

强化考核评价。建立健全考核评价制度，将知识产权保护绩效纳入地方党委和政府绩效考核和营商环境评价体系。建立年度知识产权保护社会满意度调查制度和保护水平评估制度。完善通报约谈机制，督促各级党委和政府加大知识产权保护工作力度。

对此，笔者认为，以下问题值得研究。

一、考核评价指标及制度建设对于强化地方各级党委和政府知识产权保护工作的作用

如前所述，知识产权保护制度是当前我国经济社会发展中重要的法律制度。地方各级党委和政府推进的知识产权保护工作，必然会对地方经济发展、创新资源配置与利用、产业布局和转型升级等经济社会工作产生重要影响。如何检视和认定地方各级党委与政府知识产权保护工作的绩效，发现其存在的问题，以便于以后改进工作，进一步提高知识产权保护水平和地方知识产权能力，需要通过考核评估等方式加以实现。

知识产权保护绩效，既可以从较为宏观的层面加以考察，也可以从企事业单位微观层面加以认定。[1]就地方各级党委和政府知识产权保护工作绩效而言，主要还是前者。知识产权保护工作绩效评估本身具有其自身的科学性和合理性。如何选定考核评估对象、确定考核评估目标、建立考核评估指标

---

〔1〕《推进计划》提出的措施有：研究建立知识产权保护考核评价和保护水平评估指标体系。

体系，是值得深入研究的重要课题和内容。[1]

这里不妨简要介绍近几年涉及地方知识产权保护工作成效相关评估研究成果的观点。从这里可以看出，地方知识产权保护工作绩效尤其是知识产权战略实施成效可以针对不同考核目标确立相应的评价指标体系。[2]

有研究成果探讨了如何构建合理的知识产权布局，完善城市知识产权布局质量指标体系，认为："随着知识产权布局日渐成为支撑产业创新发展的重要战略组成部分，知识产权布局质量评价研究凸显出其必要性与紧迫性。完善城市知识产权布局质量评价的关键在于建构科学合理的评价指标体系。"[3]从知识产权战略理论上来说，知识产权的合理布局涉及地方知识产权战略有效实施的问题。地方各级党委和政府加强知识产权保护应当具有体系化、系统化构建之特点，尽量避免碎片化。这样才能从整体上提升区域知识产权能力，以知识产权保护为手段，促进地方经济发展。因此，地方知识产权布局质量，是值得探讨的一个问题。以知识产权布局质量为考察对象建立地方知识产权布局质量评估体系，也相应地值得研究。

有研究成果探讨了知识产权强市建设指标体系的构建与完善问题。文章指出："为促进我国知识产权强市建设，国家知识产权局和各省市相继出台实施意见并予以大力支持，为提升建设效率，知识产权强市建设过程中需要根据评价指标体系进行针对性的评价与控制，以更好地完成建设目标。因此，构建科学合理的知识产权强市建设评价指标体系，可以正确判断知识产权强市建设的实施状况，分析存在的问题及原因，以便针对性地采取改进措施。"[4]对此，笔者认为，我国地方各级党委和政府推进的知识产权保护工作，在很大程度上是依托于城市、通过产业集群的构建，推动地方经济的发展与科技创新能力的提升，最终提高整个地区的产业竞争能力。在地方知识产权保护

---

[1] 《推进计划》提出的措施有：将知识产权保护工作纳入高质量发展综合绩效评价指标体系，把推动高质量发展相关绩效评价作为地方各级党政领导班子和领导干部政绩考核的重要组成部分。

[2] 冯晓青："基于我国企业技术创新和知识产权战略实施的知识产权考核评价机制研究"，载《当代经济管理》2013 年第 5 期。

[3] 参见汤璐、孙莹、蔡正栋："城市知识产权布局质量评价研究"，载《江苏商论》2019 年第 9 期。

[4] 参见胡翠平、高金娣："知识产权强市建设及评价指标体系研究——以郑州市为例"，载《创新科技》2018 年第 8 期。

工作中，知识产权强市建设很好地体现了充分利用知识产权保护制度的功能和特点，提高城市知识产权能力和整体竞争能力的意旨。以城市知识产权能力提升为目标，地方各级党委和政府在推进知识产权保护工作中也需要建立一整套知识产权考核评价指标体系，为知识产权保护各项工作的开展提供目标指引与激励机制，同时保证充分利用地方创新资源和社会资源，促进知识产权保护各项工作的有序开展。

还有成果探讨了区域知识产权能力系统协同度评价。文章就区域这一特定对象，"基于系统协同理论，结合相关研究结果，构建了由创造能力系统、运用能力系统与保护服务系统三个子系统共同组成的区域知识产权能力系统"。[1]应当说，区域知识产权能力系统协同是地方党委和政府推进地方知识产权保护工作的更高层次和境界，因为其不仅涉及某一特定地方的知识产权保护问题，还涉及地方与地方之间知识产权保护工作的有效协同。从管理协同的角度来说，区域知识产权能力系统协同能够在更高程度上提高知识产权保护效率，为区域经济发展注入更大活力。区域知识产权能力系统协同避免了地方知识产权保护画地为牢、孤立运作，有利于整合和利用区域创新资源和社会资源，提高整体的知识产权保护和战略运作能力。因此，在地方知识产权保护工作绩效评估中，也要适当考虑区域知识产权能力系统协同问题，通过构建与实施相关区域知识产权能力系统协同指标，评估现有情况，从而为推进构建区域知识产权能力系统提供指引和目标。

二、强化地方各级党委和政府知识产权考核评价工作的措施

《强化知识产权保护意见》明确指出，要"建立健全考核评价制度，将知识产权保护绩效纳入地方党委和政府绩效考核和营商环境评价体系"。对此，笔者认为，需要从以下几个方面强化地方各级党委和政府知识产权考核评价工作。

（一）在地方各级党委和政府绩效考核中引进知识产权方面的考核评价指标

在过去我国地方各级党委和政府绩效考核中，一般没有知识产权保护相关的评价指标与内容。这其中有很多原因，例如，知识产权保护工作的重要

---

[1] 参见宋东林、杨新村："区域知识产权能力系统协同度评价研究——以江苏省为例"，载《技术与创新管理》2018 年第 6 期。

性和地位与当今不可同日而语，无论是政府工作层面还是社会公众层面，知识产权保护意识都无法与当今相提并论。特别是在知识产权保护方面，地方各级党委和政府的认识有一个不断提高的过程。当前，随着我国知识产权法治建设和国家知识产权战略的深入实施以及知识产权强国建设的深入推进，知识产权保护、知识产权战略实施与地方经济社会发展、科技创新能力提升、产业转型升级都具有十分重要的联系。领导、组织推进当地经济发展的地方各级党委和政府对知识产权保护工作和知识产权战略实施的重视程度，在很大程度上决定了在地方经济社会发展中如何充分发挥知识产权保护制度的作用。因此，在新的历史条件下我国地方各级党委和政府绩效评估指标中应当引入知识产权相关考核评价指标。[1]只有这样，才能为地方各级党委和政府知识产权保护工作提供明确的目标、任务和方向，也才能为地方各级党委和政府改善知识产权保护工作、提高知识产权能力、有效实施知识产权战略提供强大的动力和激励。

无疑，为了有效地通过设定知识产权保护考核评价指标，促进地方各级党委和政府知识产权保护工作与知识产权战略实施的有效推进，指标体系的构建应当注意符合以下原则：指标本身的科学性，即知识产权保护考核评价指标应当反映和体现知识产权保护规律；指标的可行性，即指标不能定得太高，否则会因为不具可行性而不能实现；指标的可预期性，即通过一定努力能够实现，这样才能为地方各级党委与政府加强知识产权保护工作提供动力和激励；符合本地知识产权保护实际情况的需求，即指标应当紧密结合当地经济社会发展规划和知识产权保护的实际情况，因地制宜地制定。

（二）在地方营商环境构建中引入适当的知识产权保护考核评价指标

当前，随着我国经济社会发展、产业结构转型，构建良好的营商环境的重要性日益凸显。近年来，国家相关部门颁布实施了构建良好营商环境的规范性文件。在笔者看来，良好的营商环境涉及政府、市场和法律及其相互之间的互动关系。良好的营商环境应当充分发挥政府的公共管理、监管职能，以市场为导向，以法律制度的有效规范作为基础和保障。在构建营商环境中的法律制度时，知识产权法律制度具有独特地位和作用。这是因为，知识产

---

〔1〕《推进计划》提出的措施有：开展打击侵犯知识产权和制售假冒伪劣商品违法犯罪活动绩效考核。

权法律制度以知识产权保护为核心，而知识产权保护本身需要充分利用市场机制和政府监管职能，促进知识产品创造、市场流通和价值实现，并且通过知识产权法律制度有效规范相关市场经济秩序。实际上，在当前我国知识产权保护理论与实践研究中，如何理解与认识知识产权保护与营商环境构建的关系也是一个十分重大的问题，希望引起知识产权相关理论与实践部门的高度重视。[1]笔者认为，关于知识产权保护与营商环境的关系，以下问题值得高度关注：营商环境对知识产权保护的需求，知识产权保护对构建我国良好的营商环境的作用，当前影响我国良好营商环境构建的知识产权保护现状与改革对策，如何从政府、市场与法律三维度完善我国知识产权保护制度，构建我国良好的营商环境。

（三）建立年度知识产权保护社会满意度调查制度和保护水平评估制度

这一制度是《强化知识产权保护意见》提出的明确要求。[2]我国地方各级党委和政府知识产权保护工作绩效，可以通过各方面的评价指标体现，社会满意度就是其中一个重要的指标。当然，社会满意度指标不像通常的定量指标，它具有一定的主观性，需要通过一定的调查方式获取相关的信息。由于知识产权保护与我国经济社会生活各方面息息相关，社会公众对知识产权保护是否满意以及满意的程度，都能在一定程度上体现地方知识产权保护的实际情况。为此，需要建立年度知识产权保护社会满意度的调查制度。为实施这一制度，笔者认为关键之处在于设计好社会满意度调查问卷，并在调查问卷收集、整理基础之上进行全面、合理的分析，形成年度地方各级党委和政府知识产权保护社会满意度情况表。除了社会满意度以外，知识产权保护水平也是地方各级党委和政府知识产权保护工作绩效最为重要的考核评价内容之一。地方知识产权保护水平取决于多方面的因素，如知识产权行政执法、知识产权司法保护绩效、知识产权社会治理、知识产权文化状况等。为了解地方各级党委和政府知识产权保护水平，需要构建相关考核评价指标。

（四）完善通报约谈机制，督促各级党委和政府加大知识产权保护工作力度

地方各级党委和政府知识产权保护工作，一方面需要对取得的成绩和成

---

[1] 史红梅："营造一流营商环境要打好知识产权保卫战"，载《人民论坛》2019年第28期。

[2] 《推进计划》提出的措施有：开展知识产权保护社会满意度调查，调整优化相关评价指标体系。

效予以肯定和表彰，另一方面，对于存在的问题，特别是重大隐患和风险，需要采取必要的措施加以预防和解决。其中，《强化知识产权保护意见》所提出的通报约谈机制就是有效督促地方各级党委和政府加大知识产权保护工作力度的重要方式之一。通报和约谈，能够使地方知识产权保护工作中存在的问题，特别是重大隐患，及时得以解决，从而为改进地方知识产权保护工作提供常态化的约束机制。[1]

---

〔1〕《推进计划》提出的措施有：建立知识产权保护工作通报约谈机制，对知识产权保护不力的地方党委和政府进行约谈。

第二十二章
知识产权保护中的奖励激励机制

《强化知识产权保护意见》在最后一部分之（二十二）中指出：

加强奖励激励。按照国家有关规定，对在知识产权保护工作中作出突出贡献的集体和个人给予表彰。鼓励各级政府充分利用现有奖励制度，对知识产权保护先进工作者和优秀社会参与者加强表彰。完善侵权假冒举报奖励机制，加大对举报人员奖励力度，激发社会公众参与知识产权保护工作的积极性和主动性。

上述规定旨在通过建立和完善奖励激励机制，推进我国知识产权保护工作的改进。对此，笔者认为，以下问题值得深入研究与思考。

一、知识产权保护中的奖励激励机制建设

（一）奖励激励机制对于推进我国知识产权保护工作的重要性

从通常的情况来说，奖励激励机制是远远不限于知识产权保护工作的一种措施和机制，而是人类社会从过去到现在国家、地方、相关组织和部门为实现特定时期的目标而采取的激发人的内心意愿、优化配置社会资源和资源利用导向、促进经济社会发展目标实现的普遍性的措施。从心理学的角度考察，奖励激励机制具有充分的合理性和必要性。这是因为，人作为一切社会关系的总和，在参与一定时期经济社会活动的行为中需要有一定的内在动机。实际上，我们每一个人从事某种行为都是在一定的动机驱动之下进行的。以与知识产权保护相关的知识创造行为为例，一个从事技术工作的工程师愿意投入相当多的时间和精力去从事技术开发，或者人文社会科学工作者愿意投入时间进行创作，其实都是在一定的内在动机驱使之下所为。奖励激励机制

的建构，显然有利于促使人们朝着设立奖励激励机制的部门和组织希望实现的目标与方向走，从而可以为实现既定的目标与任务提供重要的"驱动力"。也正因奖励激励机制对于完成目标任务具有十分重要的意义，在当前相关领域特别是人力资源管理领域，构建有效的奖励激励机制是特别重要的内容之一。

当然，奖励激励机制的特有功能在人力资源管理以外的领域同样发挥着重要作用。在我国当今知识产权保护工作中，引进奖励激励机制就是其中一个重要方面。对此，笔者曾做过相关探讨，[1]例如将激励理论作为知识产权法哲学、知识产权基础理论的重要框架。[2]可以认为，奖励激励机制作为我国知识产权保护工作改进的重要措施具有深厚的理论基础：知识产权保护制度本身是一种激励创新、鼓励创新的法律机制和激励机制。对此，前面已多次指出，在此不予赘述。

这里需要进一步探讨奖励激励机制对于我国知识产权保护工作的重要性。笔者认为，这主要体现在以下方面：

1. 形成知识产权保护的良好的社会观念和价值取向。在知识产权保护方面奖励激励制度的贯彻实施，从形式上看只是对知识产权保护工作中取得显著成效的组织和个人予以奖励而已，但在取得的实际效果上则不限于此。笔者认为，它对于形成知识产权保护的良好社会观念和价值取向也具有重要的意义。这是因为，奖励激励制度和措施本身就体现和表明了设立奖励激励制度的单位或组织的价值导向。因此，这一制度和措施的制定与实施还具有十分重要的知识产权文化意义。这一点的重要性，可能还没有被人们充分认识。其实，与其他领域设立奖励激励制度一样，它能够形成一种良好的价值导向和氛围。以我国国务院及其相关部委设立的各种奖励激励制度为例，享受政府特殊津贴人员、全国劳动模范、全国优秀教师等是重要的荣誉和国家相关部门对个人工作业绩的充分肯定，其实也承载了国家相关部门对于弘扬我国社会主义核心价值观的责任。

---

〔1〕　冯晓青："促进我国企业技术创新与知识产权战略实施的激励机制研究"，载《社会科学战线》2013 年第 2 期。

〔2〕　冯晓青：《知识产权法哲学》，中国人民公安大学出版社 2003 年版；冯晓青：《知识产权法利益平衡理论》，中国政法大学出版社 2006 年版。

2. 通过奖励在知识产权保护工作中取得显著成效的先进组织和个人，激励先进、鞭策后进，推动知识产权保护工作的改进。我国知识产权保护工作的加强与完善，需要落实到各行业、领域、部门、地区和个人的知识产权保护工作中。在每年的知识产权保护工作中，无疑会涌现出取得显著成效的先进组织和个人。对这些组织和个人予以奖励、授予相关荣誉，就能够在相当程度上鼓励其进一步为推动我国知识产权保护工作的改进作出贡献，事实上也能够实现激励先进、鞭策后进的效果。

3. 知识产权保护方面奖励激励机制的构建与实施，还能为相关领域、行业的知识产权保护树立标杆和典型，推广先进经验。人们常说，榜样的力量是无穷的，知识产权保护方面也一样。可以认为，在知识产权保护方面取得显著成效的组织和个人，其经验和成绩就是知识产权保护方面的"活教材"。从这一方面看，应当高度重视建构奖励激励机制对于推进我国知识产权保护的重要性。

（二）建立我国知识产权保护中的奖励激励机制的措施

知识产权保护涉及我国经济社会发展的各个领域和行业，包括经济、科技、文化、对外贸易，以及知识产权宣传普及、知识产权教育、知识产权文化构建等。在我国国家和地方知识产权战略实施中，知识产权保护也是基础。我国知识产权保护成效的取得有赖于知识产权政策制度的有效构建、知识产权保护环境良好以及知识产权保护措施在不同地区、不同行业、不同领域得以贯彻实施。无论如何，知识产权保护工作成效的取得最终需要落实到相关组织、单位和个人。没有相关组织、单位与个人付出努力，加强知识产权保护的各种措施最终将不能见效。对此予以理解，并非难事。基于此，在对知识产权保护工作成效予以奖励和激励时，最重要的是对在知识产权保护工作中作出突出贡献的集体和个人予以表彰。同时，由于知识产权保护是全社会的事情，且保护的成效也取决于全体社会成员的努力和参与，对积极参与知识产权保护且取得突出成效的普通社会成员也应给予表彰和奖励。除此之外，知识产权保护在很大程度上也体现为及时发现和有效规制社会上形形色色的知识产权违法行为，特别是较为严重的仿冒假冒行为，而由于知识产权侵权具有较大的专业性、技术性和隐蔽性，知识产权人和相关利害关系人不容易发现侵权，为了调动广大人民群众在有效保护知识产权、制止侵权方面的积极性，在构建知识产权保护工作中的奖励激励机制方面也需要激励人们勇于揭发侵权假冒行为，形成"老鼠过街，人人喊打"的局面和氛围。

基于上述分析，在知识产权保护工作中构建奖励激励机制尤其应当重视以下几方面的措施。

1. 对在知识产权保护工作中作出突出贡献的先进集体和个人给予表彰。《强化知识产权保护意见》指出，要"按照国家有关规定，对在知识产权保护工作中作出突出贡献的集体和个人给予表彰"。[1]根据这一规定，在知识产权保护奖励激励机制中可以设立集体奖和个人奖。笔者认为，为了公正、合理地选拔在知识产权保护工作中作出突出贡献的集体和个人，应当重视以下措施。

（1）明确获得表彰奖励的标准。从《强化知识产权保护意见》的规定来看，获得表彰奖励的集体和个人应当在知识产权保护工作中作出突出贡献。在笔者看来，"突出贡献"可以考虑以下因素：有效制止重大知识产权侵权行为，或避免知识产权保护中的重大风险；知识产权行政执法、司法保护成效显著；知识产权教育与宣传普及措施得力，社会公众知识产权保护意识显著提升；知识产权转化应用成效显著，促进知识产权保护地位不断提升；知识产权保护理论、政策、制度研究成果突出，具有重要的社会影响力；知识产权管理成效突出等。

（2）确立推荐先进集体和个人的程序。表彰奖励需要通过一定的程序加以保障。程序公正也是使推荐出来的先进集体和个人获得的表彰奖励符合实际情况并得到社会认可的重要保障。因此，在我国知识产权保护奖励激励机制构建中应当注意制定科学、合理的推荐先进集体和个人的程序，并保证程序的透明性。在具体组织推进过程中，应当防止违背正当程序的事件发生。

（3）兑现奖励和荣誉的措施。通过一定程序评选出在知识产权保护中作出突出贡献的先进集体和个人以后，最终还需要兑现奖励和荣誉。尤其是在经济上的奖励措施，不能形成空头支票，否则可能不仅达不到激励先进的作用，反而会挫伤其进一步从事知识产权保护工作的积极性和主动性。

2. 利用奖励制度强化对先进工作者和参与者的表彰。《强化知识产权保护意见》指出，要"鼓励各级政府充分利用现有奖励制度，对知识产权保护

---

〔1〕《推进计划》提出的措施有：充分利用现有奖励制度，对为知识产权保护作出突出贡献的集体和个人，按国家有关规定给予表彰奖励。

先进工作者和优秀社会参与者加强表彰"。对此，笔者认为应当重视以下措施：对于知识产权保护先进工作者和优秀社会参与者，除了知识产权保护方面的奖励与荣誉以外，在政府的相关奖励激励制度中也应充分考虑这些集体和个人。也就是说，对于在知识产权保护方面作出突出贡献，获得表彰奖励的集体和个人，除了给予知识产权保护相关表彰奖励以外，还可以通过政府的现有奖励制度给予其他重要的奖励与荣誉。

3. 优化知识产权侵权假冒举报奖励机制。《强化知识产权保护意见》指出，要"完善侵权假冒举报奖励机制，加大对举报人员奖励力度，激发社会公众参与知识产权保护工作的积极性和主动性"。[1]该规定确立了社会公众参与知识产权保护工作，积极举报知识产权侵权假冒行为的奖励机制，对于充分利用社会力量强化知识产权保护、有力打击与制裁知识产权侵权具有十分重要的意义。对此，笔者认为以下几方面值得重视。

（1）充分认识知识产权侵权假冒行为对知识产权人的损害性和对知识产权法治的破坏性。这里所说的知识产权侵权假冒行为，实质上是指一般意义上的知识产权侵权行为和知识产权假冒行为。知识产权侵权行为可以理解为未经知识产权人或者利害关系人的许可，也没有法律的特别规定，而实施了应当由权利人实施的行为。从法理上讲，知识产权侵权行为属于一般民事侵权行为范畴，其构成要件应当遵循我国《民法典》关于侵权行为的规定。不过，知识产权侵权行为和一般民事侵权行为相比，其侵权表现形式、后果都具有独特之处。如知识产权侵权行为通常表现为仿冒、假冒、公然仿制等，而一般民事侵权（如侵害物权）行为表现为非法占有、毁损等。就这里的知识产权侵权假冒行为而言，其也属于知识产权侵权行为，例如假冒注册商标。不过也有特殊情况，如我国2008年修改前的《专利法》规定的冒充专利的行为，在法律性质上属于违反专利法、损害公共利益的应当受到行政处罚的行为。但这一行为并没有侵害某一专利权人的专利权。对于一般意义的知识产权侵权行为而言，其危害后果体现为，直接侵害了知识产权人和相关利害关系人的合法权益，挑战了知识产权法律制度的尊严。至于损害社会公共利益，应当承担行政责任乃至刑事责任的知识产权侵权行为，其侵权后果更加严重，如构成犯罪的非法复制发行享有著作权的作品的行为（侵犯著作权罪），其不

---

[1] 《推进计划》提出的措施有：健全侵权盗版举报奖励机制。

仅具有损害社会公共利益的特性，还具有较为严重的社会危害性。

假冒知识产权行为，其对社会公众、消费者具有欺骗性，通常也具有更严重的损害后果，例如假冒注册商标、假冒专利、制作和销售假冒他人署名的作品等。对这类假冒行为，我国知识产权专门法律都做了明确规定，情节严重者可以构成刑法意义上的犯罪行为。知识产权侵权假冒行为由于其对知识产权法治的严重破坏性，在我国知识产权立法以及知识产权行政执法和司法保护中历来都是规制的重点。

所谓加强知识产权保护，在很大程度上体现为对于知识产权侵权假冒行为的有力制止。原因很简单，如果对于知识产权侵权假冒行为在立法上规制力度不够、在行政执法和司法保护中打击不力，知识产权保护力度就无法得以加强，而只能是削弱。

（2）充分认识广大社会公众通过举报形式发现和制止知识产权侵权假冒行为的重要意义。知识产权侵权假冒行为对知识产权人和相关利害关系人的损害性以及对知识产权法治的破坏性，决定了在知识产权立法和保护中加强对这类行为的规制的必要性。对于在实践中发生的形形色色的知识产权侵权假冒行为，知识产权人和相关利害关系人（知识产权独占被许可人、独家被许可人等）自然可以在发现侵权事实和线索、提供必要证据的基础之上，通过自行和解、向行政机关举报以及向人民法院提起诉讼等形式加以解决。然而，实际情况是，由于知识产权本身是一种无形财产权，知识产权侵权假冒行为在现实中具有专业性、隐蔽性和复杂性，很难被及时发现，即使发现了，被侵权人也很难及时采取有效手段予以制止。为此，通过加强社会治理的手段保护知识产权，及时制止知识产权侵权假冒行为，也是值得高度重视的措施与策略。还值得重视的是，党的十九届四中全会提出了推进国家治理体系和治理能力现代化建设的方针与策略。国家治理体系和治理能力现代化最重要的内容是国家制度的改革与完善，而包括知识产权法在内的法律制度就是其中十分重要的内容。国家治理体系和治理能力现代化需要在法治的轨道上进行，这与我国建立社会主义法治国家的路径与目标也是一脉相承的。就知识产权治理体系和治理能力现代化而言，早在2015年底国务院发布的关于知识产权强国建设的相关政策中就指出，2020年要基本实现知识产权治理体系和治理能力现代化。其实国家治理最重要的内容之一，还包括社会参与的多元性，重视社会治理。就知识产权治理体系和治理能力现代化而言，也需要高度重视充分利用社会公众参与知识产权保护。

"群众的眼睛是雪亮的"。针对知识产权侵权假冒行为，建立广大社会公众举报奖励机制，有利于在知识产权保护中打一场又一场常态化的、持续性的"人民战争"。这是因为知识产权保护的知识产品本身具有无形性和跨越地区、国界的自然流动性，这点决定了上述知识产权侵权假冒行为的隐蔽性。但无论如何，"狐狸终究会露尾巴"。知识产权侵权假冒行为无论隐蔽到何种程度，无论发生在何时何地，终会被相关公众发现。因此，广大社会公众以举报形式加入知识产权保护行列，是一种具有成效的知识产权保护措施。

同时，也应当看到，由于一般社会公众较为缺乏知识产权保护的知识和意识，期望一般社会公众主动、积极地发现、举报知识产权侵权假冒行为不大现实。为了鼓励广大社会公众主动发现或举报知识产权侵权假冒行为，建立奖励机制就变得十分重要。如某省早几年为治理严重的盗版行为就制定了高标准的奖励政策，实现了良好的效果。

二、知识产权侵权假冒举报奖励机制的构建

知识产权侵权假冒行为的危害性，决定了采取有效措施发现知识产权侵权假冒线索并及时予以查处的必要性。如前所述，知识产权侵权假冒行为具有较大的专业性和隐蔽性，这一特点也决定了发现和查处知识产权侵权假冒行为的难度。为此，建立奖励机制，调动广大人民群众主动发现知识产权侵权假冒线索的积极性，十分必要。

需要进一步探讨的是，如何建构奖励发现与查处知识产权侵权假冒行为的措施。对此，笔者认为以下措施值得考虑。

（一）完善政府主管部门建立的针对知识产权侵权假冒行为的举报平台

近些年来，随着我国知识产权法治的不断健全，各地政府相关主管部门建立了针对知识产权侵权假冒行为的举报平台。这些平台是我国知识产权维权援助的阵地，为广大人民群众及时发现和举报形形色色的知识产权侵权假冒行为提供了重要保障。笔者认为，需要进一步完善我国知识产权侵权假冒行为举报平台。具体而言，可采取的措施有：

1. 通过各种途径和方式，使广大社会公众熟悉该举报平台的相关信息，以便在发现某知识产权侵权假冒行为后，能够及时通过该平台予以举报。为此，需要通过一定的形式对平台的相关信息、举报的措施和流程予以公开。

2. 建立和完善知识产权侵权假冒行为发现和举报程序。该程序的构建应当注重便民原则以及程序效率原则。其中，便民原则要求充分考虑举报人的便利，尽量为举报人针对发现的知识产权侵权假冒行为举报提供方便。程序效率原则要求程序设计上应当保持简约，尽量避免举报程序冗长、烦琐，以致影响举报人举报的积极性和主动性。

3. 保护知识产权侵权假冒行为举报人的合法权益，防止因为其举报行为而被打击报复。为此，需要建立对举报人合法权益的保障机制。

4. 建立知识产权侵权假冒行为举报的信息反馈机制和纠错机制。基于知识产权侵权假冒行为的专业性和复杂性，对涉嫌知识产权侵权假冒行为进行举报难免存在错误。为了避免错误举报的发生，以及给被错误举报人造成不适当干扰或损害，需要建立相应的纠正错误举报的机制。只有这样，才能最大限度地避免因为错误举报而造成的负面影响。

（二）相关部门明确针对知识产权侵权假冒行为举报的奖励措施与标准并予以兑现

知识产权侵权假冒行为的发现，可能需要支出一定的成本并投入必要的精力与时间。为了鼓励广大社会公众主动发现和积极举报知识产权侵权假冒行为，需要落实具体的奖励措施与标准并且予以兑现。奖励的具体标准需要根据不同地区的经济发展水平，以及不同性质和程度的知识产权侵权假冒行为的情况分别加以规定。例如，在广东等沿海经济发达地区，针对危害较为严重的盗版光盘生产线，有的地方就规定了高达30万元的发现侵权盗版线索的奖励。对于经济发展较为落后的地区则不宜规定过高的奖励标准。同时，针对同一地区知识产权侵权假冒行为举报的奖励标准，也需要基于不同性质的侵权假冒行为加以规定。原则上，知识产权侵权假冒行为的性质越严重，危害越大，举报该类行为的奖励标准就应当越高。同时，也需要避免奖励标准过高或过低的情况。总的来说，奖励标准应当与该知识产权侵权假冒行为的性质相适应。

（三）对在知识产权侵权假冒行为举报与查处中作出重要贡献的单位和个人予以表彰

发现与查处知识产权侵权假冒行为无疑是对我国知识产权保护工作作出的重要贡献，因为对于知识产权侵权假冒行为的有力法律制裁，首先需要发现这类行为。发现并积极举报投诉知识产权侵权假冒行为本身表明了社会公众积极参与和维护我国知识产权保护制度的良好愿望和具体行动，因而值得予以充分肯定。对在知识产权侵权假冒行为举报中作出重要贡献的单位和个人予以表彰，既是对其保护知识产权工作的积极肯定，也具有重要的宣传作用，有利于在全社会营造充分有效保护知识产权、尊重知识、尊重人才的良好氛围。

（四）总结发现与查处知识产权侵权假冒行为的经验，为知识产权人和相关利害关系人进行知识产权维权提供思路和策略

知识产权保护具有自身的规律性。同样，知识产权侵权假冒行为也具有一定的规律。特别是在当前信息网络发展的时代，随着大数据、云计算甚至人工智能技术的出现与发展，知识产权侵权假冒行为也越来越智能化、专业化。近年来，随着我国知识产权侵权假冒行为发现和查处机制的构建与有效运行，人们对于如何及时发现或查处知识产权侵权假冒行为也积累了越来越多的经验。需要及时发现和总结这些经验，为知识产权人和相关利害关系人进行知识产权维权提供思路和策略。

第二十三章
知识产权保护中的宣传引导措施

《强化知识产权保护意见》在最后一部分之（二十三）中指出：

加强宣传引导。各地区各部门要加强舆论引导，定期公开发布有社会影响力的典型案件，让强化知识产权保护的观念深入人心。加强公益宣传，开展知识产权保护进企业、进单位、进社区、进学校、进网络等活动，不断提高全社会特别是创新创业主体知识产权保护意识，推动形成新时代知识产权保护工作新局面。

上述规定明确了我国知识产权保护中加强宣传引导的重要性与基本措施。对此，笔者认为以下问题值得研究。

一、宣传引导在强化我国知识产权保护中的重要作用

所谓知识产权保护中的宣传引导，是指通过一定的形式、采取有针对性的措施宣传普及知识产权相关法律知识，增强社会公众的知识产权意识。在知识产权保护宣传引导中，宣传是基本形式，引导则是在宣传的基础之上促使相关公众增强知识产权意识，特别是知识产权保护意识。宣传和引导是相辅相成的关系。在知识产权保护中，宣传本身不是目的，其最终需要引领相关社会公众特别是创新主体对知识产权保护形成一种内心的确信和愿望，从而实现引导相关社会公众增强知识产权意识的作用。[1]

具体而言，宣传引导在加强我国知识产权保护中的作用体现为以下几方面。

---

〔1〕 穆颖："宣传工作是知识产权司法保护的重要组成部分"，载《人民司法》2010年第19期。

（一）普及知识产权常识

知识产权常识是关于知识产权的最基本的知识，如专利权、商标权、著作权、商业秘密及其他知识产权的基本概念，以及这些知识产权获得的条件与程序，还如知识产权转让和许可的概念及其区别、知识产权保护期限的概念和规定。知识产权常识是社会公众形成良好的知识产权意识的前提，也是其保护自身知识产权、防止侵害他人知识产权的基本前提。现实中一些知识产权侵权纠纷就是由于当事人缺乏基本的知识产权常识造成的。一些社会公众在知识产权相关事务中上当受骗，也是基于同样的原因。

这里不妨举例说明知识产权常识对于社会公众保护自身权益的重要性：某知识产权代理公司因业绩不佳，想方设法获取新的业务。一次一位作者咨询著作权保护问题时，该公司的业务人员指出，可以保障其著作权获得比专利权长得多的保护期限，甚至可以在其亡故 50 年后都受到法律保护。作者缺乏著作权保护的基本常识，以为通过支付更多的费用可以获得较长的保护期限，于是向代理公司交了数万元代理费。事实上，稍微具备知识产权常识的人都知道著作权保护期限是法定的，并不需要以支付较高的费用作为获取较长保护期限的条件。显然，上述代理公司的行为涉嫌违法，其利用了相关当事人缺乏著作权保护常识而实施具有欺骗公众性质的行为。[1]

还如，某工程师从事相关技术研究，认为自己并没有剽窃他人的技术，而是自己独立在实验室完成的技术成果，不可能侵犯任何人的专利权。在一起专利侵权纠纷案件中，该工程师振振有词地指出了这一点。然而，法院认定其独立开发的技术确实落入了原告专利权的保护范围，从而需要承担专利侵权的法律责任。该工程师显然也是缺乏专利法的相关常识。

（二）增强知识产权意识

知识产权意识属于知识产权文化的范畴，也是知识产权保护的重要内涵。现实中的很多知识产权纠纷案件，特别是知识产权侵权纠纷案件，就是因为一方或双方当事人缺乏知识产权意识造成的。知识产权意识的缺乏，很大程度上源于知识产权知识的缺乏。一般而言，知识产权知识水平越高，知识产权意识就越强。基于知识产权内涵的丰富性，知识产权意识也涉及很多方面的内容，如知识产权保护意识、知识产权经营管理意识、知识产权战略意识

---

〔1〕 广东外语外贸大学王太平教授提供相关线索。在此致谢。

等。在知识产权意识中，知识产权保护意识是最重要的。这是因为，知识产权保护制度是以对知识产权充分、有效的保护为基础和前提的。只有具备较强的知识产权保护意识，才会注重对自身知识产权的保护以及对侵害他人知识产权的有效预防。[1]基于知识产权保护意识的极端重要性，在我国知识产权保护宣传引导中，知识产权保护意识应当成为重要内容之一。事实上，在近些年来我国知识产权保护宣传与教育中，也始终是以增强知识产权保护意识作为根本目标的。[2]

（三）引导社会公众重视知识产权保护工作

知识产权常识的普及和知识产权意识的增强，最终需要社会公众特别是创新主体在自身与知识产权保护相关的工作中，自觉地做知识产权的坚定捍卫者。因此，宣传引导体现了将知识产权保护与社会公众的工作相结合的主旨。也只有这样，才能使社会公众特别是不同类型的创新主体在自身工作中深刻认识知识产权保护的重要性。

二、我国知识产权保护宣传引导的主要原则

知识产权保护涉及我国经济社会的方方面面，在不同地区、行业、部门都存在知识产权保护的需求。就个人而言，对知识产权保护的需求，也与其自身工作和生活环境有关。知识产权保护制度也是一个与时俱进的法律制度，在不同时期，知识产权保护的内容和重点有所不同。因此，就知识产权保护的宣传引导措施而言，不能铁板一块，而应当遵循知识产权保护规律，采取因地制宜、因人制宜的手段。此外，宣传引导本身不是目的，而是需要在宣传引导基础上，使社会公众形成一种内心信念和自觉，使其在日常工作生活中自觉保护和尊重知识产权，故宣传引导最注重实效。

具体而言，笔者认为，我国知识产权保护中的宣传引导应重视以下原则。

（一）针对性

知识产权保护最终需要落实到相关单位和个人。毫无疑问，不同时期、不同地区、不同行业的单位和个人所处的工作环境不同，文化修养水平不同，

---

〔1〕　杨敏、王永霞："知识产权法律意识的实证研究"，载《政法论丛》2012年第5期。

〔2〕　刘华、周莹："我国社会公众知识产权意识现状调查分析及对策研究"，载《中国软科学》2006年第10期。

对于知识产权保护的需求和认识也存在差别。故在我国不同时期、不同地区、不同行业的知识产权保护中，不存在千篇一律的宣传引导模式，而应当强调宣传引导的针对性和个性化特色，否则难以产生宣传引导的实际效果。例如，对于具有较高文化修养的知识阶层而言，知识产权知识宣传普及的专业层次就应当比普通大众高。又如，基于不同单位和个人对知识产权保护的需求有所不同，知识产权保护的宣传引导应当具有重点。以从事研发、技术创新工作的高校、科研院所为例，对于这些单位和个人的知识产权保护宣传引导，除了最起码的知识产权常识以外，应当注重专利、技术合同、技术秘密等技术类知识产权相关知识的普及和引导。对于与文学、艺术、科学作品创作和传播相关的人文社会科学研究而言，除了知识产权常识普及以外，与著作权法相关的知识宣传普及尤为重要。

（二）富有感染力

知识产权保护中的宣传引导，不是简单地"灌输"基本的知识产权法律知识，也不是简单地使社会公众认识到知识产权保护的重要性，而是需要通过知识产权保护的宣传引导，使得相关单位和社会公众从内心深刻地认识到知识产权保护的重要性、必要性。基于此，知识产权保护中的宣传引导除了针对性、个性化特色，还应当特别注意富有感染力。为此，在宣传引导中应当注重以下方面：选择合适的宣传引导师资，通过知识解说、案例解读等方式，使被宣传引导对象切实感受到掌握知识产权知识的重要性以及知识产权保护的必要性；选择生动形象的宣传引导材料，使被宣传引导对象在学习了解知识产权知识的过程中自觉地形成保护知识产权的良好愿景和强烈的意识；避免教条式说法，采取生动活泼的形式解读知识产权知识。

（三）实效性

如前所述，我国知识产权保护中的宣传引导本身并不是目的，其最终还是需要产生实际效果，尤其是使被宣传引导的单位和个人掌握知识产权知识并转化为对知识产权的强烈的保护意识，以及在自己相关工作生活中自觉维护知识产权，防范知识产权侵权和其他风险。实效性原则要求，我国知识产权保护中的宣传引导不能采用形式主义手段走过场。

（四）常态化

知识产权保护与我国经济社会发展联系密切，并且随着经济社会发展与科技进步，知识产权保护制度也体现出与时俱进的特点。就知识产权保护中的宣传引导而言，也应注意常态化原则。换言之，知识产权保护中的宣传引导是一个长期的过程，需要开展常态化的宣传引导工作，而不能是运动式执法。这是因为，知识产权保护中的宣传引导，旨在使单位和个人掌握知识产权知识，不断提高知识产权意识，并在工作中自觉维护知识产权保护制度的尊严。因此，对知识产权保护的宣传引导不能一蹴而就。为了实施宣传引导的常态化原则，笔者认为需要相关部门构建知识产权保护的宣传引导规划。在我国普法层面，知识产权法律知识也应当纳入不同时期的普法范畴。从我国不同时期的普法内容来看，将知识产权普法纳入普法的范畴，有利于提升广大社会公众的知识产权意识，形成全社会保护知识产权的良好文化氛围和环境。

（五）权变性

所谓权变性，是指应与时俱进，随着国内外知识产权保护形势的变化和知识产权保护需求的增强而调整知识产权保护宣传引导计划和措施，使特定时期知识产权保护宣传引导与知识产权保护需求和形势相适应。我国知识产权保护在不同历史时期具有不同特色和要求，这也是知识产权保护宣传引导应当注重权变性的重要原因。

三、我国知识产权保护中的宣传引导措施与对策

知识产权保护中的宣传引导，需要落实到具体的措施。[1]根据《强化知识产权保护意见》的规定，下列措施尤为重要。

（一）加强知识产权保护中的舆论引导

《强化知识产权保护意见》指出，"各地区各部门要加强舆论引导"。从一般意义上来说，舆论体现了一个社会特定时期的价值导向和追求。在我国建设社会主义法治国家的进程中，正确的舆论导向对于体现社会主义核心价值观、弘扬正能量、加强我国社会主义精神文明建设、提高社会公众的文明素质等方面都具有十分重要的作用。就知识产权保护而言，也同样存在正确

---

〔1〕《推进计划》提出的措施有：统筹用好各类宣传载体，做好知识产权保护宣传，指导各地加强舆论引导；继续办好全国知识产权宣传周、中国知识产权年会、知识产权保护高层论坛、中国国际商标品牌节、网络版权保护与发展大会等大型宣传活动；发布中国知识产权保护状况白皮书和数据报告、中国法院知识产权司法保护状况白皮书；发布中国知识产权保护状况与营商环境新进展报告等。

的舆论导向。例如，仅就知识产权侵权中常见的盗版现象而言，在一些社会公众中存在一种错误的认识，即认为它有利于节省个人的资源，不应当予以禁止。对此，在报道盗版现象和事件时，应当有正确的舆论导向，向社会公众指明盗版的各种危害性，如盗版在形式上似乎对盗版使用者有利，却因为从根本上损害了著作权人的合法权益、破坏了文化市场竞争秩序，助长了不劳而获和违背诚信的不法行为，最终在根本上由于对著作权法治的破坏而损害广大社会公众的利益。在这方面进行舆论引导时，应当旗帜鲜明地反对盗版。

笔者认为，为了在舆论引导中树立正确的知识产权保护观念，我国相关单位特别是新闻媒介在进行知识产权方面的宣传时应当把握以下几点：一是，知识产权保护的是非观念分明，如上述关于盗版现象和盗版侵权行为的舆论报道就应当旗帜鲜明地主张对正版的保护和对盗版的反对；二是，弘扬正能量，通过表彰先进事迹，引导社会公众形成正确的观念和意识；三是，与社会主义核心价值观相吻合，在知识产权保护的舆论引导中体现社会主义核心价值观。

在知识产权保护中的舆论引导方面，还应当注重运用适当的宣传媒介和平台。从新闻与传播学的角度来说，选择不同的宣传媒介和平台，对于舆论引导可能产生不同的效果。在当今信息网络时代，信息网络技术的发展深深地影响了人们的生活与工作，对于舆论引导也具有十分重要的影响。因此，在知识产权保护中的舆论引导方面，也应当注意充分运用网络媒体的宣传手段。网络媒体具有传播快捷、传播面广的特点，较之于传统媒体能得到更好的舆论引导效果。当然，传统媒体对于知识产权保护的舆论引导的基础作用仍然不能忽视。

（二）公布典型案件、通过以案说法的形式开展知识产权保护的宣传与教育

《强化知识产权保护意见》指出，要"定期公开发布有社会影响力的典型案件，让强化知识产权保护的观念深入人心"。该规定体现了通过以案说法的形式，推进知识产权宣传教育的重要性。根据前面的研究，知识产权典型案件实际上就是知识产权保护的"活教材"。一个典型的知识产权案件也是一个知识产权保护的活生生的"故事"。在这个"故事"中，对于知识产权案件的当事人这一"主人公"来说，可能既有经验，也有教训。无论如何，知识产权典型案件的解决不仅是对当事人纠纷的了断，还反映了对法律秩序的维

护以及对法治精神、法律正义的明确与弘扬。也正是因此，一个典型的知识产权案件的解决，可以很好地维护法律的尊严和法律制度赖以实现的公平正义原则与精神。[1]

就知识产权案件而言，近年来随着我国知识产权法治建设的发展，我国各类知识产权诉讼案件不仅在数量上大幅度增长，案件的典型性也日益明显。例如，近年来最高人民法院发布了公报案例，[2]并在每年世界知识产权日前公布十大知识产权保护案件和五十个典型知识产权案件（还曾公布十大知识产权创新案件）。这些案件是从每年数十万件知识产权案件中选出的，因此其典型性是值得充分肯定的。笔者作为最高人民法院知识产权司法保护研究中心研究员，对于知识产权案件的研究具有极大的兴趣，出版与发表了相关研究成果，对于公布知识产权典型案件对知识产权保护的作用也具有自身的理解。笔者认为，其至少体现在以下几方面：

1. 为人民法院审理同类型案件提供指引和重要的参考与借鉴。一般而言，被遴选出的知识产权典型案件，其裁判法理和观点应当得到了被遴选出的人民法院（如最高人民法院）的认同。当然，也不能绝对化，而要进行个案分析，因为不同的知识产权典型案件的入选理由不同。不过，整体而言，被选出的知识产权典型案件，其判决文书具有较高质量，值得人民法院审理同类型案件时参考。

2. 在全社会形成知识产权保护的良好氛围，使知识产权保护观念深入人心。如每年世界知识产权日最高人民法院、部分高级人民法院甚至中级人民法院或者知识产权法院发布的"十大案例"本身就能为在全社会形成知识产权保护的良好氛围发挥其独特的作用。特别是最高人民法院通过新闻发布会的形式公布这些典型案件，更有利于营造在全社会尊重知识产权、有效保护知识产权的良好氛围。

3. 普及知识产权法律知识，增强人们的知识产权保护意识。知识产权典型案件定期发布的影响是多方面的。这些典型案件公布以后传播面广、影响

---

〔1〕　张磊、马治国、成方舟："知识产权强国建设背景下我国版权保护典型案例对版权产业发展的影响"，载《科技进步与对策》2017 年第 10 期。

〔2〕　金海军："我国知识产权经典案例统计分析——以《最高人民法院公报》（1985—2014）为据"，载《知识产权》2015 年第 6 期。

力大，而且都涉及相关的知识产权法律知识和对法律条文的理解，因而可以认为其公布和传播有利于普及知识产权法律知识，增强人们的知识产权保护意识。

基于上述知识产权典型案件的定期公布和传播对于知识产权保护观念形成的重要性和重要影响，我国在利用舆论引导形式推进知识产权保护中确实应当高度重视以案说法、公布典型案件的作用。

（三）强化知识产权保护的公益宣传

《强化知识产权保护意见》指出，要"加强公益宣传，开展知识产权保护进企业、进单位、进社区、进学校、进网络等活动，不断提高全社会特别是创新创业主体知识产权保护意识，推动形成新时代知识产权保护工作新局面"。该规定明确了加强知识产权保护方面的公益宣传的形式、重要意义与作用。对此，笔者认为以下问题值得重视。

1. 明确公益宣传对于知识产权保护的重要作用。公益宣传，自然属于宣传的形式之一，只是基于公益的目的。在我国，为了弘扬社会主义核心价值观、加强社会主义精神文明建设、提高广大社会公众的思想道德水平、普及相关知识，在不同领域、不同行业都存在着大量的公益宣传。例如，关于环境保护方面的公益宣传，旨在普及环境保护相关知识，增强人们的环境保护意识，使人们自觉做环境保护的捍卫者和践行者，抵制破坏环境的各种不良行为；关于国家安全的公益宣传，旨在普及国家安全相关知识，增强人们的国家安全意识，维护国家安全这一根本性的国家利益。

具体而言，公益宣传具有以下特点：

首先是公益性，这是这类宣传的根本特点。公益性使这类宣传和商业性广告划清了界限。公益性也使得这类宣传存在着特殊的使命，以造福于全社会为愿景和目的，因此能使全社会受惠。

其次是面向全社会。基于公益宣传面向的一般是全体社会公众，而不是特定的受众，其社会影响更大。当然，一个特定主题的公益宣传的内容只能是经济社会生活中的某一特定方面，如前面述及的环境保护宣传和国防安全宣传。

最后是社会影响的广泛性。这是因为，公益宣传的内容与广大社会公众的共同利益息息相关，广大社会公众了解这些内容并增强相关方面的社会意识，有助于实现国家相关的公共利益，并最终在大多数人增强相关社会意识的情况下使每一个人成为受益者。

由于公益宣传具有上述特点，我国在不同时期、不同领域都需要做大量的公益宣传。公益宣传对于弘扬社会正能量、普及相关知识和增强人们的社会意识，特别是确立和发展社会主义核心价值观，提高人们的思想道德水平，都具有十分重要的意义和作用。

知识产权保护方面的公益宣传无疑属于公益宣传的重要内容和形式之一，具有上述公益宣传的特点。不过，这类宣传基于其特定内容和范围，也具有自身的特点。笔者认为，这主要体现在以下方面：从宣传的内容来看，该类宣传的主题是知识产权保护，既可以涉及知识产权司法保护，也可以是知识产权社会治理或抽象的知识产权保护；就宣传的目的而言，该类宣传旨在普及知识产权法律知识、增强人们的知识产权保护意识，鼓励人们做知识产权保护的志愿者和践行者，在自己的工作和生活中为知识产权保护作出应有的贡献；从宣传的形式来看，既可以是对知识产权保护相关法律规范的宣传，也可以是对典型案例的以案说法，还可以是专家讲座等形式。

知识产权保护的公益宣传，其重要性和作用体现在多方面。例如，通过信息公开和及时传播，便于广大社会公众了解相关知识产权保护规范的内容，从而达到普及知识产权法律知识的社会效果；又如，通过以案说法的形式对知识产权典型案例进行解读与评价，为社会公众在知识产权保护方面提供活生生的"故事"，从而更好地通过案例学习和了解相关知识产权保护知识，并增强知识产权保护意识，防范知识产权风险。还如，通过对知识产权保护常见策略的公益宣传，使人们能够自觉地以知识产权保护知识武装自己的头脑，以便在自己的工作和生活中灵活地运用知识产权保护知识解决各种与知识产权相关的问题。

总的来讲，基于知识产权保护公益宣传的公益性特点，这类宣传有利于普及知识产权法律知识，增强人们的知识产权保护意识，促社会公众在自身工作和生活中妥善地处理与知识产权相关的问题，从而有利于提高我国知识产权保护水平。也正是因此，每年我国不同行业、部门、单位以知识产权保护为目的，进行了大量的公益宣传，并收到了良好的效果。

2. 采取合适的知识产权保护公益宣传形式。知识产权作为一种无形财产权渗透到我国经济社会生活的各个方面，知识产权保护在我国经济社会生活中的作用也需要在不同行业、部门、单位中予以落实。为此，我国知识产权保护的公益宣传需要通过不同行业、部门、单位予以开展。这里不妨根据《强化知识产权保护意见》的上述规定，分别就知识产权保护的公益宣传如何进企业、单位、学校等加以探讨。

《强化知识产权保护意见》明确指出，要"加强公益宣传，开展知识产权保护进企业、进单位、进社区、进学校、进网络等活动，不断提高全社会特别是创新创业主体知识产权保护意识，推动形成新时代知识产权保护工作新局面"。对此，笔者认为，根据上述规定，需要针对宣传的主体，有的放矢，开展有针对性的知识产权公益宣传活动，强化宣传引导的效果。

四、企业知识产权保护宣传引导机制的构建

（一）企业知识产权保护公益宣传的重要性

为了深刻地认识企业知识产权保护公益宣传的重要性，首先有必要对企业与知识产权保护的关系，特别是知识产权保护在企业战略中的重要地位，有一个基本的了解。

企业是我国社会主义市场经济的重要主体。从我国知识产权保护和运用的角度来说，企业也是我国知识产权创造的主体、运用的主体，同时也是技术创新的主体。建立以企业为主体、市场为导向、产学研深度融合的技术创新体系，一直是我国技术创新政策的基本框架与内容。上述方面也反映了企业是我国知识产权保护的重要主体，是我国实施知识产权战略的基础层。

进一步说，企业与知识产权保护的关系可以从以下方面加以理解：

首先，知识产权是企业的一种十分重要的无形资产、经营资源和生产要素，在当代知识产权保护日益严格、国内外市场竞争日益激烈的环境下，企业的生产经营与战略目标的实现都离不开有形与无形资源的有效整合，并且以知识产权为核心的无形资产在有形产品的市场价值实现中处于越来越重要的地位，甚至主导地位，特别是针对高科技产品而言，为企业有形产品带来的高附加值，主要体现在以知识产权为核心的无形资产中。也就是说，以专利、商标等知识产权为内容的无形资产能够很好地提升企业产品的高附加值，从而为企业财务绩效提升作出巨大贡献。这一点尤其体现在当今国内外国际性大型企业中，在这些企业中设立的知识产权部有的甚至成为整个企业的盈利中心，其知识产权的有效管理和运营对企业发展具有重要的作用。因此，尽管知识产权是一种无形财产权，但其对企业生产经营、战略目标实现具有比有形资产更加重要的意义和作用。基于此，企业需要对其知识产权进行充分、有效的保护。

其次，知识产权是一种受法律保护的专有性的权利。企业为捍卫自身合法权益，防范他人侵权，挤占其合法市场，不仅需要采取各种手段促进自身知识产权的创造，还需要对获得的知识产权进行充分、有效的保护。作为一种具有独占性的法定权利，知识产权能够使企业独占相关市场，从而获得经济效益。正是因为知识产权保护对企业开拓市场、占领市场的重要作用，当前知识产权往往成为企业开展竞争的手段和措施，也就是制定和实施企业知识产权战略。企业知识产权战略本身是我国知识产权战略体系的重要内容和组成部分，同时也是保障和实施国家知识产权战略、区域知识产权战略和行业知识产权战略的基础与核心。[1]企业知识产权战略以提高企业市场竞争能力为根本宗旨和目标，而其实施的基础则是对知识产权进行充分、有效的保护。[2]从更深层次的角度来说，企业知识产权保护的内涵不仅体现于充分、及时维护自身合法权益，也包括尊重他人的知识产权，在技术研发、生产、加工、采购、销售等生产经营与技术创新活动中有效地防范知识产权侵权风险。从笔者近些年来以专家或律师身份参与处理的大量知识产权诉讼案件的情况来看，有些企业在知识产权保护方面之所以存在巨大隐患，甚至被法院认定侵权并承担赔偿责任，或者其注册使用多年的商标被宣告无效，一种较为普遍的原因是在其知识产权布局的早期就存在隐患。

例如，关于专利的保护，企业对获得重要创新的发明创造申请专利是理所当然的。然而，申请与获得专利不仅仅是获得授权的问题，就企业而言，更主要的是如何通过有效的专利布局，有效应对竞争对手在相关技术领域前端的竞争，从而能够提高其自身技术竞争力和市场竞争力。如果企业对其重大发明创造在专利申请文件撰写特别是权利要求保护范围的设定方面存在瑕疵，就可能使其自身权益的保护陷入被动。在笔者以前处理的一起发明专利侵权纠纷案以及后来衍生的专利无效宣告案中，专利权人在专利布局方面就存在严重的隐患或瑕疵，因为其对具有重大创新的发明专利在专利申请中只设置了一个权利要求，并且在这一个权利要求中又限定了很多技术特征，从

〔1〕　唐国华、孟丁："企业知识产权战略的维度结构与测量研究——基于中国经济发达地区的样本数据"，载《科学学与科学技术管理》2015 年第 12 期。

〔2〕　洪少枝、尤建新、郑海鳌等："高新技术企业知识产权战略评价系统研究"，载《管理世界》2011 年第 10 期；冯晓青："国家知识产权战略视野下我国企业知识产权战略实施研究"，载《湖南大学学报（社会科学版）》2010 年第 1 期。

而使其专利保护范围大大缩小。加之该企业在早期因专利保护意识不强，在该重大发明专利申请日之前即将该发明的相关技术要点通过连续发表三篇论文的形式向社会公开，在该发明专利侵权纠纷案引发的专利无效宣告案中，请求人以该发表的论文作为依据，最终该专利在行政确权阶段被宣告无效。

又如，在企业商标保护中，有的企业在其商标注册之初就存在与相同或者类似的商品上他人在先有一定知名度的注册商标发生冲突的风险。为了避免知识产权保护的重大风险，企业在最初的知识产权布局、知识产权创造环节就应当未雨绸缪，具有风险意识，不能心存侥幸，特别是不能有傍名牌、搭便车之不良心态。

（二）加强对企业的知识产权保护宣传引导的基本原则与指导思想

鉴于知识产权保护对企业生产经营和战略目标实现具有十分重要的作用，在知识产权保护的宣传引导中应加强对企业的知识产权保护的宣传引导。笔者认为，应当重视以下措施和策略。

1. 将知识产权保护宣传引导纳入企业知识产权工作规划和企业知识产权战略实施内容，使企业知识产权保护宣传引导规范化和常态化。基于知识产权在企业工作中的重要性，企业在年度工作计划和战略规划中应当考虑知识产权方面的内容。具备一定条件的企业应当编制知识产权年度工作规划。由于企业知识产权保护工作直接服务于企业战略目标的实现和生产经营水平的提升，知识产权年度工作规划应当根据企业当年工作计划和战略目标加以落实，知识产权年度工作计划应当以企业战略目标为指引，以企业生产经营年度计划为基础。企业知识产权年度工作计划涉及知识产权相关的很多内容，如知识产权创造、布局、运用等相关年度指标，以及企业知识产权规章制度的建构与完善等。作为一种常态化的工作，知识产权保护宣传引导也应当成为年度工作计划的重要内容之一。

同时，在当前知识产权日益成为企业开展生产经营、提高市场竞争力的战略手段的背景下，具备一定条件的企业也应当制定和实施知识产权战略。企业知识产权战略以充分利用知识产权保护制度的功能和特点，开拓市场，提高市场竞争能力为基本内涵。[1]企业知识产权战略、企业知识产权年度计

---

〔1〕 孙伟、姜彦福："企业知识产权战略架构及其选择模型：基于战略管理的视角"，载《科学学与科学技术管理》2009年第2期。

划与一定时期知识产权工作规划既有联系又有区别：前者是后者制定和实施的基础，后者需要前者的指引；同时，前者也需要后者具体落实才能实现其目标。就知识产权整体保护框架而言，企业知识产权战略是一个系统工程，立足于企业战略目标的实现，服务于技术创新和竞争能力的提升。[1]企业知识产权战略包括丰富的内容，涉及企业知识产权战略指导思想、战略目标、战略原则、战略重点、战略实施策略和相关保障措施等。[2]知识产权保护宣传引导就是实施企业知识产权战略的基础保障措施之一，其重要性尤其体现于普及知识产权知识，增强企业知识产权保护意识、经营管理意识和战略意识，弘扬企业知识产权文化，从而为企业有效地加强知识产权保护提供文化氛围与基础保障。故在知识产权战略实施方案中，加强企业知识产权保护宣传引导，也是不可缺少的内容。

2. 建立企业知识产权保护宣传引导岗位责任制，明确相关部门和责任人的具体工作职责和内容。企业知识产权保护宣传引导作为弘扬知识产权文化、普及知识产权知识的常态化手段，需要在企业知识产权保护体系构建中建立岗位责任制，明确相关部门和责任人的具体工作职责与内容。就相关部门而言，设立知识产权部或法务部的企业可以由其承担知识产权保护宣传引导的职责。没有设立上述部门的企业则可以明确企业知识产权保护相关部门的职责，如在办公室明确知识产权保护宣传引导职责，并明确专人负责。需要强调的是，这里的专人负责十分重要。笔者过去在应邀开展的大量企业知识产权培训、讲座中，多次强调企业知识产权工作专人负责的重要性。过去很多企业知识产权工作之所以流于形式，重要原因之一就是缺乏专门的知识产权工作人员负责处理，企业知识产权工作处于无人管理的水平和状态，以致企业发生一些不应该发生的知识产权风险。当然，这里所说的知识产权工作人员不一定是指企业知识产权专职工作人员，因为还可以包括知识产权兼职工作人员。特别是针对很多中小企业而言，没有能力或者必要设立专门的知识产权专职工作人员岗位。但无论如何，即使是小微企业，其知识产权工作也需要有人负责，因此也有必要设立知识产权兼职工作岗位。从国家标准《企

[1]　于丽艳、吴正刚、程晓多："基于运作过程的企业知识产权战略协同研究"，载《管理现代化》2012年第5期；冯晓青："企业知识产权战略协同初论"，载《湖南社会科学》2015年第2期。

[2]　冯晓青：《企业知识产权战略》（第4版），知识产权出版社2015年版，第1—16页。

业知识产权管理规范》的规定来看，其以流程管理和过程管理为特色，也强调了企业知识产权管理工作岗位的重要性。

企业在相关工作部门设立知识产权保护工作岗位、明确知识产权保护责任人员以后，还应当通过制定相关规范，对知识产权保护宣传引导的工作职责予以落实。在笔者看来，这方面的工作职责主要内容有：实施企业知识产权保护宣传引导计划，明确知识产权保护宣传引导的具体内容，落实知识产权保护宣传引导的具体措施，对知识产权保护宣传引导的执行情况进行总结、评估，为下一步改进工作提供依据。

3. 企业知识产权保护宣传引导的基本原则与指导思想。作为知识产权保护宣传引导的范畴，企业知识产权保护宣传引导具有知识产权保护宣传引导共同的要领和原则。同时，基于这一类宣传引导对象的特定性，企业知识产权保护宣传引导也具有个性化特色。笔者认为，企业知识产权保护宣传引导应遵守以下原则和指导思想。

（1）企业知识产权保护宣传引导以服务于企业战略为宗旨，其宣传引导内容应当为企业生产经营、技术创新服务。从企业知识产权保护整体框架来说，知识产权保护宣传引导服务于企业战略。所谓企业战略，是企业为实现一定时期的企业使命与任务，为提高其市场竞争能力而实施的总体性谋划。从企业战略管理的角度而言，企业战略可以分为总体战略（总战略）、经营战略和职能战略。企业战略的本质是竞争，特别是开拓市场并获得市场竞争优势。这是因为，在当今产品和服务日益同质化以及经济全球化的竞争环境之下，国内外同类型企业之间必然围绕争夺消费者和市场并获得市场竞争优势发生激烈的冲撞。市场经济本身也是一种竞争性的经济，依赖于市场，实现于市场，只是因为市场主体的趋利性使得法律的有效规制和政府必要的管控成为必要。

就企业知识产权保护宣传引导而言，基于知识产权保护服务于企业战略的基本定位，知识产权保护宣传引导的具体内容和方式应当为企业生产经营和技术创新服务。这一要求也决定了企业在进行知识产权保护宣传引导时，尽管需要普及关于知识产权保护的基本知识，但更多的应当是在这一基础上将知识产权保护和企业生产经营、技术创新有效地结合起来，使得在知识产权知识普及的基础之上，企业领导和广大员工能够深刻地认识到知识产权是其所在企业宝贵的具有重要经济技术和竞争价值的无形资产，值得给予充分的保护和有效的维护。

（2）企业知识产权保护宣传引导应与企业文化紧密结合起来，为弘扬企业知识产权文化并丰富企业文化作出贡献。企业文化是企业管理、企业战略管理研究的重要内容。企业文化是企业的软资源，对于提高企业自身经济技术实力和竞争地位、提升企业形象都具有不可忽视的重要作用。企业文化是关于企业使命与精神、企业核心价值等基本精神、观念、价值取向的总和。企业文化包含十分丰富的内容，是企业在长期的生产经营、技术创新活动中所累积形成的。在企业文化形成和发展中，企业使命与企业核心价值观具有极其重要的意义。企业文化对于提高企业竞争力的作用已被无数国内外成功企业证实。一个没有企业文化的企业是不能持续发展的。

知识产权文化则是企业文化的重要组成部分和内容。[1]在当代经济社会发展中，随着技术发展和国内竞争环境的变化，知识产权能力培养对于企业提高市场竞争力的作用越来越大。特别是在高新技术及其产业领域，围绕知识产权方面的竞争日益激烈，国内外大公司都有自身的知识产权战略，试图以知识产权有效保护和运用提高国内外市场竞争能力。即便是在传统产业领域，以创立和维护品牌为核心的知识产权保护方面的竞争也越来越激烈。从总体上看，知识产权在企业生产经营、技术创新和获得市场竞争优势方面的作用越来越大。正因如此，知识产权文化在企业文化建设中的地位越来越高，作用越来越大。[2]这样一来，企业在进行知识产权保护方面的宣传引导时，应当紧密结合企业文化，将弘扬知识产权文化作为重要目标。[3]

（3）企业知识产权保护宣传引导应结合企业自身的知识产权状况，重视企业知识产权保护、经营管理与战略规划典型案例的剖析。任何一个企业都有一个成长、发展的过程。在这一过程中，不同性质和类型的企业逐渐形成了具有自身特色的知识产权状况。面对不同的知识产权状况，处于不同阶段、不同经济实力的企业应采取的知识产权保护策略也具有不同特点。例如，从企业知识产权战略的一般原理来说，企业知识产权战略可以分为进攻型战略

〔1〕　舒媛、申来津："知识产权文化：本义、属性与价值"，载《学术交流》2017年第2期。

〔2〕　王珍愚、单晓光、许娴："我国知识产权制度与知识产权文化融合问题研究"，载《科学学研究》2015年第12期。

〔3〕　姚芳、刘华："知识产权文化的中国实践：现状调查与政策建议"，载《科技进步与对策》2013年第11期。

和防御型战略，不同发展阶段的企业应当根据其知识产权状况和战略目标，确立自身知识产权战略适当的定位。这一原理对于企业知识产权保护宣传引导也具有重要作用，尤其是企业知识产权保护宣传引导应当立足于自身知识产权状况，重视与自身知识产权工作相关的知识产权保护、经营管理和战略规划典型案例的剖析，以便获取知识产权保护、经营管理和战略规划的经验，使本企业知识产权保护和有效管理能够为企业生产经营和技术创新活动提供保障。

（4）企业知识产权保护宣传引导应重视企业领导和员工知识产权保护策略、相关知识的宣传普及知识产权意识的增强。这一点，应当很好理解，因为所有类型的知识产权保护宣传引导都立足于知识产权知识的普及和意识的增强。只是在此应当进一步指出的是，在企业知识产权保护宣传引导中，知识产权知识普及和意识增强方面应结合企业生产经营管理和战略规划。也就是说，除了知识产权保护意识，还应当注重知识产权经营管理和战略规划意识，因为就企业来说，知识产权保护最终服务于其生产经营以及战略目标的实现。这一特点，也可以说是企业知识产权保护宣传引导与其他类型的知识产权保护宣传引导的不同之处。

（三）企业知识产权保护宣传引导的措施与策略

鉴于企业知识产权保护宣传引导对象的特定性，尤其是服务于企业生产经营和战略目标的实现，企业知识产权保护宣传引导除了通常的普及知识产权知识和增强知识产权意识，更需要注重针对企业的个性化特色。为了贯彻上述企业知识产权保护宣传引导的基本原则与指导思想，笔者认为应当采取以下措施与策略。

1. 宣传引导内容的针对性。作为知识产权保护宣传引导的范畴，企业知识产权保护宣传引导自然也包括一般的知识产权知识普及和知识产权意识增强。除此之外，在宣传引导内容方面，应当特别注意与企业知识产权保护、经营管理、战略规划以及相关的技术创新活动紧密结合起来。只有这样，才能够使企业知识产权保护宣传引导落到实处，并在企业知识产权各方面工作中产生实效。具体而言，除了知识产权的基本常识以外，企业知识产权保护宣传引导在内容上尤其应当重视以下几方面。

（1）知识产权经营与商业化相关知识。就企业而言，知识产权是其所拥有的一种受法律保护的专有性的权利，而且需要与自身生产经营活动紧密地结合起来，使知识产权成为企业获取最佳经济社会效益的重要手段。因此，需要重视知识产权经营与商业化相关知识的宣传引导，使企业领导、相关组织与员工掌握知识产权经营与商业化相关知识，最终能够为企业知识产权能力提升作出各自的贡献。[1]

这里的知识产权经营与商业化，是与人们通常所说的知识产权运用、知识产权利用、知识产权运营相关的概念，涉及知识产权的产品化、产业化、资本化，从下面讨论到的知识产权战略而言，实际上也与企业知识产权战略化有关，因为企业知识产权战略实施的关键支撑点在于知识产权有效运用。从当前国内外很多成功企业的经验和做法来看，知识产权经营与商业化具有自身的规律和特点。在企业知识产权保护宣传引导中，可以结合企业知识产权的自身情况，有针对性地就企业知识产权经营与商业化问题展开讨论，提出对策和方案。[2]例如，有些企业知识产权数量很大但转化不力，就可以借鉴其他在知识产权转化、运营方面成功的企业的经验和做法，通过知识产权的有效组合、合理布局，形成知识产权资产的优势组合，从而能够整合知识产权资产优势，使知识产权保值增值，提高企业财务绩效。

（2）知识产权管理相关知识和经验。如前所述，知识产权可以从多学科的角度加以解构。例如，除了法学层面以外，从管理学角度来说，知识产权管理也是当代管理学的一个重要方面，特别是企业管理中的重要内容。知识产权制度既是一种法律制度，也是一种管理制度。[3]特别是随着当代企业管理的变革，企业管理（包括企业战略管理）具有柔性化、人本化发展趋势，以知识产权为核心内容的无形资源的管理在整个企业资源管理中的地位越来越高。在传统的企业管理中，人们很少关注知识产权管理问题，[4]原因之一是知识产权能力建设在传统企业管理中没有获得其独特的地位，特别是知识产权能力对于企业市场竞争力提升的作用没有充分凸显。在当今社会，随着技术进步与国内外市场竞争的日益激烈，知识产权能力对于技术创新以及企业市场竞争力提升都具有十分重要的作用。正是基于此，很多企业越来越重

---

〔1〕 黄鹂、查之玲："知识产权经营中的营销渠道研究"，载《研究与发展管理》2004 年第 2 期。

〔2〕 饶世权、陈家宏："论企业知识产权经营与管理效率提升的理论路径"，载《科技管理研究》2017 年第 9 期。

〔3〕 董亮："企业知识产权管理存在的问题与解决途径"，载《科学管理研究》2017 年第 4 期。

〔4〕 刘希宋、于雪霞："企业知识产权管理的特征和本质"，载《科学管理研究》2008 年第 1 期。

视知识产权管理问题。

所谓知识产权管理，是企业为了充分利用知识产权保护的功能和特点，提升自身经济社会效益和市场竞争力，而对知识产权相关工作进行的计划、组织、协调、指挥、控制等活动和过程。[1]鉴于知识产权管理在企业管理体系中日益重要，国家相关部门还专门发布了《企业知识产权管理规范》。[2]近几年来，国家知识产权局和地方知识产权局大力推动我国很多企业进行"贯标"工作并取得了显著成效。基于知识产权管理对企业知识产权能力建设和技术创新目标实现的重要作用，在企业知识产权宣传引导中应当重视知识产权管理相关知识和经验的宣传和了解，这样必将有利于改善企业知识产权管理状况，提高企业知识产权管理效能。

（3）企业知识产权战略相关知识和经验。在当今社会，知识产权不仅是一个法律问题，还是一个关系到国家竞争能力提升的国家战略问题。从国外来看，美国在20世纪80年代就启动了国家知识产权战略。在21世纪初，日本和韩国也相应地启动了知识产权立国战略。2008年，国务院发布了《国家知识产权战略纲要》，这使得知识产权在我国也成了一个国家战略问题。在笔者看来，知识产权之所以成为一个战略问题，是因为在国家、地区、行业、企事业单位层面，知识产权的有效保护和利用对于提升相关竞争能力都具有关键性的作用，通过对知识产权进行全局性、长远性的布局和规划，并采取有效措施加以实施，能够在实质上提升国家、地区、行业和企事业单位的创新能力和综合竞争力。

仅就这里讨论的企业而言，知识产权在企业不仅是一个保护问题，还是一个经营管理和战略问题。从国内外尤其是国际性大企业的成功经验来看，制定和有效实施企业知识产权战略是取得市场竞争力，不断提升创新能力的关键。笔者在20世纪末就开始关注企业知识产权战略的重要性，并在2001年出版了国内第一本关于企业知识产权战略的专著《企业知识产权战略》，目前该书第三版和第四版分别被遴选为工商管理类"十一五"和"十二五"国

---

〔1〕 冯晓青：《企业知识产权管理》，中国政法大学出版社2012年版，第11页；冯晓青："企业知识产权管理基本问题研究"，载《湖南社会科学》2010年第4期。

〔2〕 国家知识产权运营公共服务平台组织编写，李钟、于立彪主编：《企业知识产权管理体系构建与运行》，知识产权出版社2020年版，第17—49页。

家级规划教材，并在我国企业中被广泛推广应用。这里所谓企业知识产权战略，是指企业为了获得与保持市场竞争优势，充分利用知识产权保护手段，特别是知识产权制度的功能和特点，采取的总体性谋划。企业知识产权战略具有全局性、长远性、竞争性、纲领性等特点，和企业战略紧密结合在一起，并且服务于企业战略目标的实现。企业知识产权战略的重要性，已被当今国内外大量企业知识产权战略运用实践证明。基于企业知识产权战略的重要性，我国企业在开展知识产权保护宣传引导时，也不能不重视对企业知识产权战略相关知识和经验的介绍与研究。

（4）知识产权保护与技术创新相关知识和经验。企业知识产权保护宣传引导需要关注知识产权保护和技术创新问题，特别是通过有效的知识产权保护促进企业技术创新能力提升。这可以从以下两方面加以理解：

第一，从理论上加以认识。前面多次指出，知识产权保护制度是一种激励和保护创新、促进创新成果推广运用的法律制度和激励机制。在党和国家关于知识产权保护的政策性文件和规范中，也多次强调要利用知识产权保护制度，促进技术创新，提高我国创新能力和竞争力。知识产权保护制度促进技术创新的功能与作用体现于：通过规定知识产权人对其知识产品在一定期限内享有专有权利，鼓励人们从事知识产品的创造活动；通过制度安排和设计，协调知识产权人和社会公众之间的利益关系，促进知识产品的有效运用，最终促进技术创新目标的实现。同时，知识产权保护制度还隐含着一种对创新活动投资的激励。在当代社会从事知识创造活动，创造者除了投入时间和精力，还需要有较多的投资，甚至是巨额投资。在知识产权保护制度下，知识产权人能够通过对市场的独占实现经济效益，这就能够激励创新活动的投资。同时，技术创新对知识产权保护也提出了进一步的需求，并有利于市场主体更好地加强知识产权保护。这是因为，从知识产权保护的角度而言，技术创新意味着附载知识产权的有形产品的价值实现和消费者需求的满足，这就为市场主体进一步强化知识产权保护提供了动力机制。由此可见，知识产权保护制度和技术创新是一种良性互动关系。[1]在当前我国实施创新驱动发

---

〔1〕 吴超鹏、唐菂：“知识产权保护执法力度、技术创新与企业绩效——来自中国上市公司的证据”，载《经济研究》2016 年第 11 期；冯晓青：“技术创新、知识产权战略模式的互动关系探析”，载《知识产权》2014 年第 4 期。

展战略的新形势下，知识产权保护制度绝不是仅为保护而实施的，它服务于我国建立以企业为主体、市场为导向、产学研深度融合的技术创新体系的要求。

第二，从企业技术创新能力提升的必要性角度加以认识。上述知识产权保护制度激励创新的功能和作用，最终需要通过企业来实现。实际上，在当前知识经济时代，需要逐步由要素经济提升为创新经济，创新对经济增长的贡献也越来越大。这也是党和国家提出要提高我国自主创新能力、建设创新型国家的国家创新战略的重要原因。

企业是我国社会主义市场经济最重要的主体之一，也是我国知识产权创造的重要主体和最重要的运用主体。知识产权保护制度的有效实施，在企业层面具有极其重要的作用。企业作为营利性法人，需要通过提供优质产品和良好服务满足社会的需要。只有实现技术创新，企业才能实现正常的运转，提高经济效益和市场竞争能力。换言之，技术创新的主体就是企业。离开企业技术创新活动和创新能力提升，我国创新型国家战略就不可能实现。因此，如何提高我国企业的技术创新能力，始终是我国国家创新体系和创新战略最重要的问题。近些年来党和国家颁行的创新战略、创新政策相关规定，无不以提高我国企业的技术创新能力为基础和核心。当前及未来我国企业改革与发展方向，也是以提高其技术创新能力为根本目的的。

技术创新能力提升对于企业发展的重要性，无论怎么强调也不过分。为提升我国企业的技术创新能力，需要采取各种手段和措施。充分利用知识产权保护制度，充分发挥其激励技术创新的功能和作用，则是不可忽视的重要手段。[1]

从以上论述可知，我国企业知识产权保护宣传引导，应当包含知识产权保护与技术创新等相关方面的知识。

（5）知识产权法律风险防范相关知识和经验。企业作为社会主义市场经济的主体和社会的"细胞"，在其从事生产、加工、制造、销售及售后服务等生产经营活动和实现技术创新目标的过程中充满了各种风险，需要其锲而不舍、披荆斩棘，努力予以克服。这些风险，如决策风险、财务风险、资金风险、公共关系风险、市场风险和法律风险。其中，知识产权法律风险属于企

---

〔1〕 冯晓青：《技术创新与企业知识产权战略》，知识产权出版社 2015 年版。

业法律风险的重要内容，同时又与企业其他风险如市场风险等高度关联。可以认为，企业生产经营活动和技术创新目标实现过程，也就是不断化解各种风险、维持其正常生产经营活动的过程。

企业法律风险，尤其是知识产权法律风险，对于企业的发展具有重大影响。[1]这同样可以从理论和实践两个方面加以认识。

从理论上来说，知识产权法律风险通常表现为知识产权权属风险、合同风险、侵权风险和被侵权风险等。一旦出现知识产权法律风险，就可能使企业生产经营活动陷入被动，甚至可能面临巨大损失。尤其是在出现知识产权侵权和被侵权风险时，对企业的影响更大。

从实践的角度来说，有太多的例子可以证明知识产权法律风险对企业影响重大。笔者近些年来以法律专家、律师或仲裁员身份参与处理一些企业重大知识产权案件，就深有体会。例如，笔者近年处理了多起企业专利及商标权属和侵权纠纷案件。这些案件看起来是普通的知识产权权属和侵权纠纷案件，却对相关企业的战略规划和生产经营产生了极大影响。如其中的一起专利无效宣告和专利侵权纠纷案件，就在很大程度上影响了该企业的上市进程。另外一起商标无效宣告案件的发展态势在极大程度上影响了该企业的发展乃至生存，因为几个涉案商标涉及该企业的核心品牌，一旦最终被宣告无效，将对企业市场竞争力造成极大影响。还如，笔者处理的另外一起涉及获得的专利侵害他人商业秘密的民事纠纷和刑事案件，与一个创新型民营企业的发展也有巨大利害关系。笔者通过近些年来对大量的企业知识产权案件的处理，最想对社会公众说的是企业应当具有较强的知识产权战略意识，有效地防范知识产权法律风险。这是因为，冰冻三尺非一日之寒，很多企业缺乏知识产权法律风险防范意识，特别是知识产权战略整体保护意识，以致造成了侵权或被侵权的巨大风险，或产生知识产权权属风险。基于此，我国企业知识产权保护宣传引导，在相关知识宣传方面，应当包括企业知识产权法律风险的有效防范。而且，从更广的意义上讲，企业知识产权风险防范不仅限于法律

---

〔1〕　冯晓青："企业技术创新、合作创新过程中的知识产权风险管理研究"，载《甘肃社会科学》2013 年第 4 期；周文光、黄瑞华："企业自主创新中知识创造不同阶段的知识产权风险分析"，载《科学学研究》2009 年第 6 期；周文光、黄瑞华："企业自主创新中知识产权风险预警过程研究"，载《科学学与科学技术管理》2010 年第 4 期。

风险防范，还体现为知识产权战略风险的防范。

（6）针对企业类型与生产经营情况采取有针对性的宣传引导措施。前面关于我国企业知识产权保护宣传引导基本措施的研究，是针对企业知识产权保护宣传引导的一般情况。实际上，由于企业性质、类型、经济技术实力不同以及所面临的国内外竞争环境不同，在知识产权保护宣传引导方面，除了前述共性的问题以外，也需要针对企业的实际情况采取个性化的措施。

以下不妨大致按照企业的不同性质和类型，就其知识产权保护宣传引导中的重点方向进行探讨。

第一，传统产业企业。传统产业企业和下述高新技术企业相比，企业产品和生产经营不是立足于开发高新技术及其产品，而是向广大消费者提供日用品或国计民生所需要的传统产业产品等。当然，从经济发展的角度来说，传统产业同样存在产业升级、改造的过程与需要，存在通过开发新型技术促进传统产业发展的需要。如我国有些老字号产品，尽管很长一段时间以来深受消费者的青睐，但由于现代技术发展产生的新兴产业使消费者的消费习惯和时尚产生了根本性的变化，而这些老字号产品仍然囿于传统的工艺和手段，有可能不再受到消费者的青睐。不过，这也需要根据个案确定，不能笼统地下结论。无论如何，在传统产业企业知识产权保护宣传引导方面，重点方向仍然是维护以字号、商标为核心的品牌形象以及品牌的核心价值，[1] 即传统产业企业知识产权保护宣传引导方面应高度重视商标品牌形象的宣传与培育。[2] 具备一定经济技术条件的传统产业企业，还存在通过技术创新实行现代化改造的问题，需要高度重视产业技术创新。[3] 此外，传统产业特别是很多老字号企业，在知识产权保护宣传引导方面还应当高度重视相关的商业秘密保护问题，因为传统产业涉及的很多传统工艺可能是受到商业秘密保护的技术信息、经营信息或者其他商业信息。

第二，高新技术企业。高新技术企业，主要是通过开发高新技术，并使其实现产品化、产业化、市场化和商业化，从而实现企业技术创新目标。开

---

〔1〕 王肇、王成荣：“老字号企业研发创新与品牌成长关系研究”，载《管理评论》2020 年第 12 期。

〔2〕 林敏、张宇博、李炎桐：“以品牌为核心的体验设计在传统企业转型中的应用——以电 e 宝 App 设计为例”，载《装饰》2020 年第 11 期。

〔3〕 杨静：《产业技术创新战略联盟知识产权集群管理研究》，科学出版社 2020 年版。

发先进的高新技术，并通过知识产权确权和有效保护手段使之尽快地转化运用，是高新技术企业立足和发展的基本规律与要求。高新技术企业可以包括以开发先进技术为主要目标的研发型企业，以转化新技术以及销售高新技术产品为目标的企业，以及研发、产品孵化和市场化综合一体化的高新技术企业等。无论属于哪一类型的高新技术企业，都离不开先进技术或先进技术产品的转化、推广运用。在知识产权保护日益严格以及国际化趋势日益增强的当代社会，技术领域的竞争日益表现为知识产权方面的竞争。高新技术企业所依赖的先进技术是需要获得知识产权保护的技术，若缺乏知识产权的充分、有效保护，这些技术本身尽管具有技术优势，却无法转化成为市场优势特别是市场竞争优势。因此，就高新技术企业的知识产权保护宣传引导而言，毫无疑问应当将技术类知识产权的开发、知识产权确权以及知识产权的有效保护和转化利用作为重中之重。[1]根据笔者对技术创新与企业知识产权保护的关系的研究，[2]高新技术企业知识产权保护宣传引导尤其应关注以下问题：在企业技术发展战略、科技创新战略中，建立知识产权导向的运行机制；将知识产权管理融入企业可行性研究、研究开发、生产、加工、采购、产品销售以及售后服务全过程；确立企业技术创新过程中的知识产权权属关系，防范知识产权权属风险；建立企业知识产权风险防范机制，包括企业新技术产品化、市场化过程中各类知识产权风险的防范；通过合同管理、保密管理等手段防范企业技术创新过程中的各类泄密问题。总的来说，以高新技术企业为代表的技术类企业的知识产权保护宣传引导应侧重于技术类知识产权的有效保护、管理和运用，因为获得知识产权保护的技术是这类企业的生存和发展之本。

第三，文化创意企业。在当前我国促进文化大发展大繁荣的政策背景下，文化创意企业是促进我国文化创意产业发展的重要主体。文化创意涉及十分丰富的内容，尤其体现于新闻出版、广播电视、电影、动漫、游戏、录音录像等行业。从知识产权保护的角度来看，文化创意企业在很大程度上立足于

---

〔1〕　杨晨、谢裕莲："SOR 视角下高新技术企业知识产权管理模式探析"，载《科学学与科学技术管理》2015 年第 7 期；张咏莲："高新技术企业自主知识产权的形成和保护"，载《经济管理》2002 年第 8 期。

〔2〕　冯晓青：《技术创新与企业知识产权战略》，知识产权出版社 2015 年版。

受著作权保护的文化产品的创造、传播、利用。因此，文化创意企业涉及的知识产权保护宣传引导问题，最重要的是著作权保护。[1]当然，这里的著作权是广义上的概念，除了狭义上的著作权以外，还包括作品传播者的著作权相关权益，或称相关权、邻接权。实际上，在当前文化创意企业的知识产权保护实践中，主要的问题体现于著作权保护领域，如文学作品的剽窃、抄袭，文化产品市场的盗版现象等。基于此，文化创意产业在知识产权保护宣传引导方面应注意向相关企业和从业人员宣传与普及著作权保护知识。

第四，面向国际市场的国际化企业。国际化企业的最大特点是其产品和服务主要面向国际市场，所面对的主要是国际市场中生产同质化产品或者提供同类服务的竞争对手。当然，应当指出，随着我国加入世界贸易组织，当前国内市场具有国际化趋向，而国际市场具有全球化的趋向，过去严格意义上的国内市场和国际市场的界限日益模糊。不过从一般意义上讲，这种相对区分仍然是存在的。

当前，随着经济全球化、我国企业"走出去"战略的深入实施，我国企业越来越需要面向全球市场，力争在国际市场中站稳脚跟，并取得竞争优势。[2]在不断打开国际市场、提升国际市场竞争力的过程中，也涌现了一批面向国际市场的国际化企业，如海尔、华为就是典型的国际化企业。国际化企业所面临的竞争环境、竞争对手与竞争格局，显然会对其实施知识产权战略、加强知识产权保护和运用产生重要影响。就国际化企业知识产权战略而言，企业应当具有国际市场、国际竞争眼光，启动和实施知识产权国际化战略。[3]企业知识产权国际化战略尽管也属于知识产权战略的范畴，但由于其面临的竞争环境更加复杂、竞争更加激烈，这一类型的企业知识产权战略以开拓和占领国际市场、提高国际市场竞争力为根本目的。如美国 IBM 曾提到其知识产权战略的目标就是保证其产品在全球范围内畅行无阻。这其实就隐含着在国际市场中取得竞争优势的意旨，因为只有取得这一市场竞争优势，产品才能在全球范围内自由流通。为了实现企业知识产权国际化战略，基本的策略是提前

---

〔1〕 刘婧、占绍文："文化创意企业知识产权创造能力的影响因素研究——来自126家上市企业的经验证据"，载《研究与发展管理》2017年第4期。

〔2〕 李珮璘、黄国群："我国跨国公司知识产权战略演进及影响因素分析——基于恒瑞和海正的案例研究"，载《情报杂志》2018年第12期。

〔3〕 张勤、朱雪忠主编：《知识产权制度战略化问题研究》，北京大学出版社2010年版。

进行知识产权在全球范围内的有效布局，即"兵马未动，粮草先行"。当然，知识产权有效布局只是企业知识产权战略实施的基本步骤，最终还需要采取有效策略保护国际化企业在国际市场的知识产权，并以知识产权保护为手段，提高产品或服务在国际市场的竞争力。

基于国际化企业及其实施知识产权战略的上述特点，在知识产权保护宣传引导方面，除了基本的知识产权知识普及，更要强调这类企业所面临的复杂的国际竞争环境，就知识产权国际保护、知识产权国际竞争、知识产权国际化战略的制定与实施策略、知识产权与国际贸易的关系等相关知识进行宣传引导，提升知识产权制度特别是知识产权国际保护制度运用能力，使国际化企业的知识产权保护和运用成为开拓国际市场、提高国际竞争能力的有效支撑和重要保障手段。过去我国一些国际化企业知识产权国际化意识不够，未及时在国外进行知识产权的有效布局，我国很多著名品牌在国外被他人抢注商标就是典型的例子，值得总结其中的经验教训。

第五，企业集团，尤其是国有企业集团。在我国企业体系构成中，企业集团尤其是国有企业集团具有独特而十分重要的地位，国家国有资产监督管理委员会下属的中央特大型企业集团就是如此。企业集团的知识产权战略制定与实施，尤其是知识产权的有效保护和运用，与通常的单个企业相比，更具复杂性和综合性，因为其不仅面临外部的知识产权竞争环境，还需要就集团内部与知识产权相关的资源配置进行有效的整合与管理，以形成激励创新、促进知识管理和知识共享的机制。从笔者前些年主持并适时验收的一项中央特大型企业集团知识产权战略的制定与实施研究的体会来看，企业集团的知识产权战略确实具有其独特之处，在战略定位上应当服务于企业集团战略目标，为实现企业集团战略而对知识产权的整体保护战略进行全局性、长远性和前瞻性的有效规划，同时需要整合企业集团内部各组织、职能部门与知识产权保护和运用相关的资源，构建富有成效的企业集团知识产权价值链，为知识产权整体战略竞争能力提升发挥各自的作用。

企业集团特别是国有企业集团知识产权战略的上述特点，也决定了在知识产权保护宣传引导方面应当注意知识产权保护与外部环境的适应性以及知识产权保护在企业集团内部的有效整合，在集团内部形成系统的知识产权保护宣传引导计划，其中在采取案例宣讲的形式时，也应当多注重国内外企业集团的成功经验和做法。

第六，民营企业。随着我国经济体制改革，民营企业在我国经济社会发展中的作用越来越重要。从规模和实力来讲，民营企业可以分为特大型民营企业、大中型民营企业和小型民营企业等类型。民营企业和国有企业的主要不同之处包括企业性质和企业资金投资渠道等多方面。由于企业性质不同，民营企业在知识产权保护和运用方面也存在其个性化特点。基于民营企业存在知识产权保护和经营意识相对薄弱的现实，在知识产权保护宣传引导方面，应多注重对知识产权相关知识的普及。同时，基于民营企业知识产权保护水平随着企业发展而需要不断提升的要求，民营企业知识产权保护宣传引导也应当特别重视循序渐进、逐步提高宣传引导的水平。例如，在笔者看来，民营企业成立和发展之初，在知识产权保护和运用方面主要应侧重于知识产权保护与管理方面的建章立制、配置知识产权管理的兼职人员，知识产权战略方面也侧重于防范各类知识产权风险，而不应定位于将知识产权作为企业盈利的方式。但民营企业经过发展，形成一定的经济实力和知识产权积累以后，则应逐渐提升其知识产权保护与战略的层次。总的来说，民营企业的知识产权保护宣传引导，应当立足于其自身的知识产权状况和发展阶段。[1]对此，美国著名的管理咨询公司麦肯锡关于企业知识产权管理与战略层次的金字塔方阵也能够给我们带来一定的启示。

第七，创微企业。创微企业，包括小微企业、科技创微企业等，尽管普遍存在规模小、经济技术实力薄弱、竞争力不强、知识产权积累有限等局限，但其发展潜力可能很大，更不用说很多大中型企业都有一个从小微企业到发展壮大的过程。我国实施大众创业、万众创新的政策，各类创微企业如雨后春笋般涌现。然而，在当前我国对企业的知识产权保护宣传引导中，往往对这类数量巨大的企业不够重视。从笔者对小微企业知识产权战略的研究来看，[2]对企业的知识产权保护宣传引导，对于这类企业知识产权能力的提升以及未来市场竞争力的开拓与提升，同样具有十分重要的作用。根据笔者的研究，小微企业知识产权保护宣传引导最重要的是普及最基本的知识产权知识，建

---

〔1〕 刘瑾、刘辉："民营企业技术创新中知识产权的形成与实施"，载《经济纵横》2009 年第 12 期。

〔2〕 笔者在 2014 年主持了北京市社会科学基金项目"我国小微企业知识产权战略研究"。该项目已结项。

立基本的知识产权规章制度，确立这类企业基本的知识产权氛围。与上述民营企业知识产权保护宣传引导策略类似，对小微企业知识产权保护的宣传引导，也需要充分地根据这类企业自身的特点量体裁衣。同时，针对这些企业的发展而实行权变策略，适时提高知识产权保护宣传引导的层次。[1]

五、单位知识产权保护宣传引导机制的构建

根据《强化知识产权保护意见》的规定，在我国知识产权保护宣传引导方面，除了重视企业知识产权保护宣传引导以外，还应当重视单位、网络和学校等的知识产权保护宣传引导。

就企业、学校以外的单位知识产权保护宣传引导而言，笔者认为应重视以下措施和策略。

（一）明确不同类型单位知识产权保护宣传引导的目标与任务

这里所说的企业、学校以外的单位，包括各类事业单位、各级行政机关、商会、行业协会乃至城市的街道办事处等。基于知识产权保护宣传引导的定位，不同类型单位知识产权保护宣传引导的基本目标是普及知识产权知识，增强知识产权意识，特别是知识产权保护意识。为实现这一目标，不同类型单位在开展知识产权保护宣传引导活动时应当明确知识产权保护宣传引导的各项任务。例如，在单位的知识产权年度工作计划中，将知识产权保护宣传引导纳入其中；在单位的普法活动中，将知识产权法律的普及作为重要内容。

（二）确立单位知识产权保护宣传引导原则

尽管如上所述，不同类型知识产权保护宣传引导具有共同的目标与任务，但由于不同类型单位对知识产权保护的需求不同，在确立知识产权保护宣传引导原则方面也应当注重个性化的特色。具体而言，笔者认为，不同类型单位知识产权保护宣传引导应当遵循以下原则。

1. 注重宣传引导的常态化。从知识产权保护宣传引导的规律来说，需要定期或不定期进行，而不能一劳永逸。这也是因为知识产权保护制度是一个与时俱进的法律制度，随着经济社会的发展和技术的进步，其也需要及时变

---

[1]　冯晓青："小微企业知识产权战略论纲"，载《湖南大学学报（社会科学版）》2017年第6期；李方毅、郑垂勇："国外知识产权促进科技型小微企业发展的经验与借鉴"，载《科学管理研究》2015年第5期。

革与发展。例如，近些年来我国相关知识产权专门法律都在陆续进行修改。近些年来，我国也颁布实施了大量的知识产权相关政策。与此同时，单位所面临的知识产权保护环境也在变化，试图通过一次或有限的知识产权保护宣传引导获得长期的效果是不可能的。为了保障单位知识产权保护宣传引导效果的持续性，单位在知识产权保护宣传引导方面应当注意常态化运行。

2. 与本单位知识产权保护需求紧密结合。基于知识产权保护对我国经济社会各方面的重要作用，毫无疑问，我国各种类型的单位在知识产权保护方面具有共同的需求，例如通过普及知识产权知识，增强单位和员工的知识产权意识，维护单位和个人的知识产权，防范各类知识产权风险。同时，在单位内部形成激励创新、保护知识创造的文化氛围，有助于促进各类单位成为我国知识产权保护的重要力量。但还需要进一步看到的是，不同类型和性质的单位基于其工作任务、目标不同，在知识产权保护方面除了上述共性需求以外，还存在很多个性化的需求。各单位在知识产权保护宣传引导方面，应当注重与其知识产权保护需求紧密结合。以下不妨就相关典型单位的知识产权保护宣传引导应注重的方面加以探讨。

就国家和地方行政机关知识产权保护宣传引导而言，基于这些单位的行政管理性质，在知识产权保护宣传引导方面应当掌握知识产权行政执法的知识和相关法律规定。特别是就地方各级知识产权局、版权局、市场监督管理局等与知识产权直接相关的行政机关而言，在知识产权保护宣传引导方面尤其应当强化依法行政的原则，同时也应当了解行政执法与知识产权司法保护的衔接及相互关系。

就相关商会和行业协会而言，知识产权保护宣传引导应侧重于通过商会或者行业协会的有效组织，促进其相关会员单位和个人普及知识产权知识，增强知识产权意识。笔者曾应专利保护协会等相关行业协会的邀请，举行相关知识产权讲座与培训活动，对此也有一定的体会。在知识产权保护宣传引导方面，商会和相关行业协会确实应肩负起组织协调的职责，组织相关会员和个人有效地进行知识产权培训。显然，不同的行业协会对知识产权保护有不同的需求。如传统行业协会对知识产权的保护可能更侧重于商标与品牌保护，高科技领域的行业协会可能更侧重于专利与技术秘密的保护。对于与涉外经济贸易相关的行业协会，在知识产权保护宣传引导方面应侧重于知识产权与国际贸易以及通过知识产权保护与战略赢得国际竞争优势的相关知识和策略。

就城市街道办事处的知识产权保护宣传引导而言，尤其应注重通过以案说法的形式普及知识产权知识。当前我国很多城市的街道办事处都设立了宣传橱窗或其他信息发布栏目，但从笔者调查和了解的相关情况来看，很少涉及知识产权保护宣传引导的内容。今后在知识产权保护宣传引导方面应给予重视，例如，在相关普法宣传中，将知识产权保护的内容纳入其中。

3. 讲究实效，避免形式主义。单位知识产权保护宣传引导，本质上需要通过普及知识产权知识，使单位和员工认识到知识产权保护对于其工作的重要性和意义，以及知识产权保护制度对于国家经济社会发展的重要作用。因此，单位知识产权保护宣传引导切忌形式主义，而应当注重实际效果。

（三）针对不同性质的单位开展个性化的知识产权保护宣传引导

知识产权保护宣传引导的形式具有多样化特色。特别是在当代信息网络技术发展的背景下，人们乐于通过信息网络的形式获取各种信息。不同性质的单位应当根据自身特色开展个性化的知识产权保护宣传引导。大体而言，各单位可以根据自身情况灵活采取以下形式之一或者更多的形式：单位墙报、宣传橱窗等对知识产权知识的介绍；单位墙报、宣传橱窗等对知识产权典型案例的介绍；邀请专家学者对知识产权相关理论和实务问题进行宣讲；委派员工到相关单位进行知识产权方面的培训与进修等活动。

六、网络知识产权保护宣传引导机制的构建

对此，笔者认为以下问题值得研究。

（一）知识产权保护宣传引导进网络的重要性

为充分理解这一点，首先需要认识信息网络与知识产权保护的关系。

众所周知，当代社会是信息网络社会，信息网络技术及其相关产业的发展，深刻地改变了人们的生活和工作方式。当前，人们的社会生活似乎一刻也离不开网络。尤其是在抗疫期间，很多时候人们是在家里办公，甚至教师给学生上课也是在家里通过上网课的形式完成的。未来，信息网络及其发展对人们工作和生活方式的影响将会越来越大。

信息网络技术的发展对知识产权保护也产生了深刻的影响。笔者认为，这至少体现在以下几方面：

1. 信息网络技术的发展使知识产权这一无形财产权的载体和利用方式发

生了深刻的变化。这主要体现在通过数字化形式存储和传播。通过信息网络，受知识产权保护的作品可以以数字化形式存储和传播。通常的受著作权保护的作品以纸张等有形载体存在，其保存和传播的形式都很有限。在信息网络环境下，作品则可以通过数字化形式保存，并可以在全球范围内快速传输。上述存储和传播方式的改变，使得知识产权可被利用的空间和范围扩大，从而在极大程度上拓展了知识产权人实现其权利的范围，知识产权人能够借助信息网络更好地实现其经济社会价值。上述特点也对知识产权相关法律制度产生了深刻影响，尤其体现为增加相应的权利。以著作权法为例，我国《著作权法》在 2001 年修改时，专门增加了信息网络传播权。同时，为了充分保护著作权人的合法权益，还专门增加了技术措施和权利管理信息的规定。在 2006 年，国务院又根据该法的授权，颁行了《信息网络传播权保护条例》。

2. 信息网络技术的发展在便利知识产权人更好地实现其权利的同时，也为侵权打开了方便之门。在信息网络环境下，知识产权侵权通常具有高度的专业性、技术性和隐蔽性。不仅如此，基于信息网络无国界、传播迅速的特点，在信息网络环境下，一旦出现知识产权侵权，往往难以控制。[1]上述情况的出现，也使得传统的知识产权法律不得不针对这类技术的发展而专门规定信息网络环境下的知识产权侵权行为。[2]

3. 对于广大网民和社会公众而言，信息网络技术的发展也为人们利用信息技术交流思想、获取知识提供了更大的便利。根据《世界人权宣言》的规定，人人都有权分享技术进步带来的利益，广大社会公众充分利用信息网络的便利手段获取知识和交流信息就是如此。从知识产权保护的角度而言，为了保障社会公众利用信息网络实现自身利益的便利，知识产权法律也规定了社会公众享有的权利和自由，著作权法对信息网络环境下著作权合理使用的规定就是如此。美国除了传统的著作权法，还专门颁行了《数字千年版权法》，通过权利限制手段，确保信息网络服务的健康发展。

基于信息网络技术发展和知识产权保护的上述关系以及人们的工作和生

---

〔1〕 姜茹娇："论知识产权在网络环境中的法律适用——兼评我国《民法（草案）》第九编的有关规定"，载《法学杂志》2010 年第 2 期。

〔2〕 于志强："我国网络知识产权犯罪制裁体系检视与未来建构"，载《中国法学》2014 年第 3 期。

活对信息网络的高度依赖性，在知识产权保护宣传引导方面，也应当涉及信息网络与知识产权的问题。

（二）知识产权保护宣传引导进网络的基本思路

如上所述，信息网络技术发展与知识产权保护具有密切的关系，在知识产权保护宣传引导中离不开网络这一重要空间。在网络空间，存在着大量的受知识产权保护的客体，尤其是受著作权保护的作品。为了有效推进网络中的知识产权保护宣传引导，笔者认为应遵循以下思路。

1. 知识产权保护宣传引导内容的针对性。知识产权保护具有十分丰富的内容。在网络知识产权保护宣传引导方面，除了基本的知识产权知识的宣传普及，还需要着重宣传普及在网络中保护知识产权应该具备的知识。这尤其体现于以下方面：网络空间不是知识产权保护的禁区，同样存在知识产权保护问题；未经许可将他人作品上载到网络空间的行为具有违法性，破坏或规避技术措施与权利管理信息具有违法性；通过网络宣传、电商平台等进行交易活动时，不得随意利用他人知识产权等。

2. 知识产权保护宣传引导方式的多样性，尤其是通过信息网络方式。知识产权保护宣传引导方式无疑具有多样性，这与这类宣传引导的针对性有很大关系。信息网络传播的便利性、快捷性和无国界性，使得信息网络具有其他方式不可替代的特色和优势。因此，在开展网络知识产权保护宣传引导活动时，除了通常的宣传引导方式，也应高度重视通过信息网络方式实现。

3. 知识产权保护宣传引导的实效性。网络知识产权保护宣传引导，旨在普及知识产权知识，特别是网络知识产权保护的相关知识，促使人们在从事与网络相关的活动时注重对知识产权的保护。基于这一目的，网络知识产权保护宣传引导应当注重实际效果。

（三）知识产权保护宣传引导进网络的措施

近些年来，随着我国信息网络技术及其相关产业的发展，信息网络对人们的工作和生活方式的影响越来越大。当前，大数据、云计算、人工智能技术方兴未艾，未来其影响还会逐渐增加。信息网络技术及其产业的健康发展，离不开充分、有效的知识产权保护。为了实现知识产权保护宣传引导进网络，笔者认为应重视采取以下措施：

1. 在知识产权保护宣传引导计划中引入网络知识产权保护宣传引导，这样能够使网络知识产权保护宣传引导措施得以落实。

2. 在宣传引导内容方面，除了通常的知识产权知识，可着重于知识产权保护与侵权预防。对此，前面已有所论述。需要强调的是，应高度重视网络知识产权保护典型案例的介绍与分析。[1] 通过以案说法的形式，广大公众（"网民"）能够切实感受和体会到网络知识产权保护的重要性，以及个人在从事与网络有关的活动时尊重知识产权的必要性。

3. 注重网络知识产权保护宣传引导的常态化。当代信息网络技术的发展日新月异，这也导致新的知识产权保护问题和侵权现象不断出现。例如，在云环境下就出现了与此前信息网络环境下不同的著作权侵权纠纷案。聚合盗链也是近几年来信息网络技术发展产生的新型著作权问题。基于信息网络技术发展不断产生新的知识产权问题，对于信息网络环境下的知识产权保护宣传引导就应当与时俱进，根据不同时期信息网络技术发展产生的知识产权问题而对知识产权保护的内容进行适当调整和补充。

七、学校知识产权保护宣传引导机制的构建

各级各类学校，是陶冶情操、传播知识、启迪智慧、进行各方面教育的专门场所。学校最重要的功能是教育和培养人才。从教育的目标、任务与定位看，可以将学校分为不同的层级，如从高到低可以分为大学教育、职业教育、中学教育（初高中）、小学教育和启蒙教育等。学校教育还可以按学历层次加以划分，分为博士教育、硕士教育、本科阶段学士教育以及非学历教育。上述学历教育一般是在大学教育中完成的。知识产权保护宣传引导进学校，意味着在我国各级各类学校教育中应当适当包含知识产权保护的内容。由于各级各类学校的层次与办学目的不同，在知识产权教育方面也应当针对不同类型的学校加以探讨。以下首先探讨知识产权保护宣传引导进学校的相关原则与基本思路，然后再分别就各级各类学校如何开展知识产权保护宣传引导进行分门别类的研究。

（一）我国知识产权保护宣传引导进学校的相关原则与基本思路

作为知识产权保护宣传引导的范畴，在学校教育中引入知识产权保护宣传引导固然有共性的特点，但学校作为传播知识、培养人才的专门场所，在

---

〔1〕 徐剑："网络知识产权侵权实证研究——基于上海法院司法判决书（2002～2010）的观察"，载《上海交通大学学报（哲学社会科学版）》2012年第4期。

知识产权保护宣传引导方面也具有个性化的特色。[1]笔者认为，我国知识产权保护宣传引导进学校应遵循以下原则和基本思路。

1. 以传播知识产权常识、增强知识产权保护意识作为基本定位。如上所述，学校是传播知识的重要场所，进行学历教育的高等院校还承担着培养专门人才的使命。在各级各类学校的教育内容与知识传播中，知识产权保护常识也需要适当体现。从一般的知识产权保护宣传引导进学校的目的而言，最重要的也是传播知识产权常识、增强学生的知识产权保护意识。如前所述，从近些年来我国发生的大量知识产权纠纷特别是知识产权侵权纠纷的情况来看，很多纠纷之所以发生，与一方或双方当事人缺乏知识产权常识、知识产权保护意识淡薄有很大关系。而且，从当事人接受的教育和专业知识水平来看，也并非受学校教育的程度越高，其知识产权保护意识就越强。例如，在有的知识产权案件中，当事人甚至是总工程师，却缺乏最起码的专利保护意识，因为其在申请发明专利之前将发明创造的重要创新点通过发表文章的形式向社会公开，以致辛辛苦苦完成的发明创造不能获得专利，或者即使获得专利，也存在被宣告无效的巨大法律风险。这一点也能够说明学校教育中知识产权保护知识普及的重要性。

2. 因材施教，针对办学目的进行有针对性的知识产权保护宣传引导。由于不同层次和级别的学校教育的内容与培养人才的目的不同，在知识产权保护宣传引导方面不能"铁板一块"，而应当根据不同学校的办学目的和人才培养情况就知识产权保护宣传引导的内容、方式方法进行有针对性的宣传引导。举例而言，大学的知识产权专业教育和中小学教育中的知识产权保护宣传引导就存在极大差别，即便是大学的非知识产权专业教育也和中小学知识产权保护教育存在重要区别，这无疑与被教育者的文化程度、教育层次直接相关。即使是在大学进行的非知识产权专业的知识产权知识普及教育，针对理工科学生和人文社会科学学生，也存在一定的区别。除了知识产权通识教育，还需要从不同专业以及未来就业的情况出发，"量体裁衣"，如理工科背景的学生可侧重于专利、技术合同、技术秘密、计算机软件、集成电路布图设计等与技术有关的知识产权知识，而人文社会科学背景的学生可侧重于著作权、

---

〔1〕《推进计划》提出的措施有：深化知识产权文化建设工作，持续推进中小学知识产权教育工作，广泛开展知识产权普及教育，发挥好知识产权宣传教育基地作用。

商标权等相关知识产权知识。当然，这些区分也是相对的，在知识产权保护宣传引导具体内容方面还需要考虑特定时期知识产权保护宣传引导的目的。同样是理工科的学生，不同的专业背景在知识产权保护宣传引导中所需要了解和掌握的相关知识产权知识也有所不同，例如农业大学的学生在知识产权保护宣传引导方面，除了基本的知识产权知识，显然也需要对农业相关知识产权知识（如植物新品种的知识产权保护）等有一定的了解；计算机软件相关专业的学生还需要就与计算机软件相关知识产权保护知识进行了解；微电子工程、集成电路等相关专业的理工科学生，则需要就集成电路布图设计相关知识产权保护知识进行学习与了解，以在未来的工作中通过创新获得符合法律要求的成果，并做到充分尊重他人的知识产权，防止各类知识产权侵权风险的发生。

3. 重视以案说法，通过生动活泼的案例讲解等形式使学生接受知识产权保护教育。从知识产权保护宣传引导的一般方法和要领来说，以案说法是一种行之有效的宣传引导方式。这是因为，每一个知识产权案件都是在社会生活中发生的，其发生都有特定的原因。每一个知识产权案件，特别是具有典型意义的知识产权案件，都能给人们带来一定的启示。这种启示无论是经验还是教训，都可以为人们在未来工作和生活中有效保护知识产权、防范知识产权侵权风险提供一定启发。如前所述，很多知识产权案件都是活生生的"故事"，这些"故事"有时间、地点、人物、经过、情节和结果。选取适合宣传引导对象的典型案例，并通过生动活泼的形式予以讲解和分析，定能收到很好的宣传教育效果。应当说，近年来随着我国知识产权事业的发展、人们知识产权保护意识的增强，各类知识产权案件数量也在增加，其中不乏典型、发人深省的案例，能够为各级各类学校进行知识产权保护宣传引导提供充足的素材。作为一种基本的原则和思路，各级各类学校在进行知识产权保护宣传引导方面，需要高度重视案例教育的形式。

4. 注重学校宣传引导形式的多样化和实际效果。基于各级各类学校办学目的和人才培养模式的多样化，在知识产权保护宣传引导方面也应当注重形式的多样化，并注重实际效果。除了以案说法的形式，利用不同的传播媒体和载体，如通过信息网络、宣传栏以及邀请专家学者进行知识产权保护宣传引导等都是值得重视的形式。

如前所述，我国各级各类学校知识产权保护宣传引导应当根据办学目的和任务有针对性地进行。以下不妨从学校教育的最低层次（启蒙教育）逐渐向上一层次进行研究。

（二）我国启蒙教育中的知识产权保护宣传引导

这里所说的启蒙教育，主要是指以学前教育为特色的启蒙教育，如幼儿园教育、学前班教育。从表面上看，我国知识产权保护宣传引导在启蒙教育中开展似乎不大合乎情理，因为启蒙教育中这些天真的孩子要学的基本知识很多，无论如何都轮不到知识产权保护方面的知识。对此，笔者不予赞同。笔者认为，在启蒙教育中同样存在知识产权保护宣传引导问题。启蒙教育中教师所传授的相关知识会使这些天真无邪的孩子在人生早期阶段接受各种知识之时适当培养知识产权保护和创新意识，对其未来发展具有极其重要的影响和作用。因此，笔者主张我国知识产权学校教育中的知识产权保护宣传引导也应当"从娃娃抓起"。以下不妨举一个有趣的案例，然后进一步探讨如何在我国学校的启蒙教育中引入知识产权保护宣传引导机制。

大约在20年前的一天，某大学幼儿园的老师布置幼儿园小班的同学回家后每人画一幅画，在此之前幼儿园的老师教这些小孩画画的基本技巧并进行课堂指导。为了培养这些小孩的合作精神，老师鼓励小孩回家以后进行合作创作，允许两人共同完成一幅作品，并同时提醒在画的右下角要署上自己的名字和时间。第二天，这些天真可爱的孩子都将自己的"杰作"带来并交给了老师。老师在收集这些画以后，根据相关内容进行了分类组合。在第三天早上，老师将这些画集中在宣传橱窗展示。大家都饶有兴趣，非常兴奋地找到自己的作品，这可是他们进幼儿园小班以来第一次公开作品。然而，其中一位同学找到自己的作品以后，不仅不像其他同学一样高兴，反而突然变脸，回过头来赶紧去找老师"交涉"。原来情况是这样的：她和另外一位同学合作创作的美术作品，只有另外一位同学的署名，而没有她的署名。故她向老师明确提出要在作品上署名。老师在了解情况以后，将那幅作品取下来，让这位小朋友补了署名。当这幅作品重新放到原来的位置时，这位小朋友像中了什么奖一样会心一笑。

这尽管是笔者了解到的一个小故事，但也很生动地体现了一个道理：知识产权保护意识在低龄儿童中就可以慢慢地培育。在本案中，尽管这些小孩不可能明白任何关于署名权和其他著作权保护的知识和原理，但也存在一个天然的、朴素的因创作作品而获得署名权的意识。其实这一点也可以从洛克的财产权劳动学说，从自然权利的角度加以理解。因创造而获得知识产权、因自己的劳动而赢得他人尊重似乎是一个古老的自然法原则。[1]美国《耶鲁法律杂志》1896 年发表的一篇文章就进行过研究，指出因创造而获得财产权是人类自蒙昧时代以来就存在的古老的、朴素的权利观念。这是从人类历史发展的角度考察财产权保护观念与意识的启蒙与发展。事实上，知识产权保护观念和意识确实可以在幼儿园阶段的启蒙教育中培养。

笔者认为，我国知识产权保护宣传引导在启蒙教育中的适用，应注重以下原则、措施与策略。

1. 与学龄前儿童的成长和心理特征相适应。我国启蒙教育适用于学龄前儿童。学龄前儿童基于自身成长和心理特征，对很多事物都充满了好奇和憧憬，在知识产权保护宣传引导方面显然应当高度重视这一特点。这一阶段的知识产权保护宣传引导不可能像后面探讨的中学教育一样针对知识产权知识进行具体介绍，而应当针对儿童的发育特点和心理特征，以知识启蒙为特征，不能有任何过高的要求，否则就会适得其反。

2. 注重内容的选择。知识产权制度是一个知识体系，具有十分丰富的内容。[2]启蒙教育中的知识产权保护宣传引导，[3]显然不能定位于学习与获取具体的知识产权知识，而应当与其他启蒙教育类似，以最基本的知识萌芽为目的，使小孩们具有朦胧的相关意识足矣。

考虑到学前教育中小孩们的个性化特色以及知识产权保护宣传引导在这一阶段的适应性，笔者认为在内容选择方面可以注重以下两方面：

第一，个人创造性劳动成果获得他人尊重的观念，这一点对于儿童未来成长与发展中形成良好的保护知识产权和尊重他人知识产权的观念将会产生良好的作用。上面所述的例子就能够体现这一点，而且也可以说是活生生的素材。

第二，最基本的创新意识萌芽。创新意识尽管本身不是知识产权，但与知识产权具有千丝万缕的联系。对此，从前面对知识产权制度与创新之间的

---

〔1〕 冯晓青：《知识产权法哲学》，中国人民公安大学出版社 2003 年版，第 3—137 页；冯晓青、刘友华：《专利法》，法律出版社 2010 年版，第 34—35 页。

〔2〕 关永红："论知识产权权利体系的解构与重构"，载《学习与探索》2012 年第 2 期；邓社民："知识产权的权利体系略论——从财产权的视角分析"，载《科技进步与对策》2005 年第 12 期。

〔3〕 吴育衡："引商标理念进学校 促知识产权启蒙教育"，载《工商行政管理》2014 年第 7 期。

关系的论述也可见一斑。知识产权保护的是创新性成果，知识产权制度也是激励创新的最重要的法律制度之一。从小培养创新意识，对于未来促进知识创造、提高国家创新能力都有益。因此，就创新意识萌芽和培养而言，也需要"从娃娃抓起"。

3. 注重生动活泼的形式。这一要求也是与启蒙教育中儿童的身心成长特点直接相关的。知识产权保护制度涉及的很多专门知识不可能在这一阶段进行任何系统的普及和学习，在启蒙教育中所需要做到的是通过通俗易懂、孩子们喜闻乐见的形式普及相关知识。因此，最重要的是在启蒙教育的日常学习和娱乐中，使孩子们在不知不觉中对知识产权保护最起码的知识有所了解。

4. 注重与家长的有效配合。之所以有这一要求，是因为家长是启蒙教育中最重要的教育者之一。其实，我们每一个人最基本的知识，正常情况下都是在父母的教育之下所获得的。基于此，启蒙教育中的知识产权保护宣传引导不应当完全寄希望于在幼儿园完成。从这一角度考虑，对家长们的知识产权保护知识的普及也具有必要性。

此外，启蒙教育知识产权保护宣传引导应实现良好的效果，学前教育的教师也应当具备最起码的知识产权保护常识和意识。可以设想一下，如果学前教育的教师不具备这方面的常识和意识，他们就不可能在日常的启蒙教育中适当引入知识产权相关意识培养。

（三）我国小学教育中的知识产权保护宣传引导

小学教育和前面讨论的启蒙教育尽管在人们的受教育经历中都属于早期教育阶段，但其内容和性质有所不同。在小学教育阶段，人们开始系统学习各方面的基本知识，尤其是语文和数学，这也是中学教育的基础。从人们的受教育经历来看，经过下一阶段教育以后回过头来看上一阶段教育的内容，似乎感到有些肤浅。然而，从教育规律的角度来讲，这正体现了知识的获得与个人的进步是一个循序渐进的过程，如果没有前面的基础，就难以在较短时间内进一步拓展知识结构。

小学教育和启蒙教育相比，是学习知识的基础阶段。从教育心理学的角度来说，这一阶段的学校教育对于知识的学习是一个基础阶段，也是人的身心健康发展、人格培养的重要阶段。培养健康的人格、健全的心智和正确的世界观，也很重要。

就知识产权保护宣传引导而言，在小学教育阶段进行知识产权知识的普及，同样应当注重个性化培养，与小学教育规律相适应。[1]这种宣传引导应当与小学教育的知识学习、日常生活以及这一阶段的小学生的心理特征、心智发展相适应。[2]具体而言，笔者认为，小学教育阶段知识产权保护宣传引导应当注意以下原则、指导思想与具体措施。

1. 循序渐进原则。随着年龄的增长，小学生们对于周边学习生活环境逐渐形成自己个性化的认识，对于发现的事物有兴趣去思考和探讨，并逐渐形成自己朦胧的世界观。在小学生知识产权知识普及方面，应当从身边的事例出发，将知识产权的专门知识通过生动活泼的现实案例展现出来。这其中需要贯彻循序渐进原则，逐步增强小学生的知识产权意识。

2. 小学教育中的知识产权保护宣传引导的基本定位与内容，应与小学生身心健康发展水平相适应。在小学教育阶段，小学生所获取的知识非常基础，而知识产权知识具有一定的专业性。为便于小学生获得知识产权保护方面的基础教育，重要的是培养最基础的知识产权保护理念和尊重他人知识产权的意识，如在小学知识产权保护宣传教育中就应当对盗版非法形成最基础的认识。

3. 以培养与知识产权保护直接相关的创新精神为核心理念，通过逐渐培植创新意识、创新观念、创新思维，在逐渐培养小学生创新精神的同时，使其逐步认识到创新成果保护的必要性和重要价值。在小学阶段，之所以应当注重培养创新精神与创新思维，是因为这一阶段对人们未来的思维习惯、思维模式都具有影响，而逐渐培养创新思维也与这一阶段小学生们对世界一切新生事物充满好奇与憧憬有很大关系。创新思维的培养有利于形成一种良好的思维习惯，这能为小学生们未来的进一步学习打下良好的基础。在培养创新思维和创新精神的同时，作为知识产权保护宣传引导的措施，在小学知识产权教育中应当引入对创新性成果的认识和基本观念。也就是说，在启蒙教育关于创新性观念培养的基础之上，在小学教育中应以培养创新精神作为重要内容。

4. 在上述第三点的基础之上，结合小学生的业余科技发明活动以及他人

---

〔1〕 范琐哲、胡琴："中美小学知识产权教育比较研究"，载《新西部》2020 年第 12 期。

〔2〕 "中小学知识产权普及教育巡讲活动走进濮阳市第二实验小学"，载《河南科技》2017 年第 6 期。

的成功经验，[1]通过活生生的案例启发小学生们的创新思维，并以这些发明创造成果为例普及基础的专利保护知识。

5. 结合科普宣传，培养小学生的创新意识，及时宣传相关知识产权知识。科普宣传，也是提高全民族创新意识，形成大众创业、万众创新氛围的重要基础。小学生作为祖国的花朵，是国家未来的希望。科普不只是成人的事情，在小学教育阶段也应当进行广泛化的科普宣传。科普宣传本身似乎与知识产权保护没有直接的联系，但事实上，由于科普宣传的最终目的是普及科学技术知识，提高科技创新能力，在提高国家创新能力方面，科普宣传和知识产权保护具有殊途同归的作用。基于此，小学教育中的科普宣传适当引入创新理念以及保护创新的知识产权知识，也有利于知识产权保护宣传引导进小学。

（四）我国初中教育中的知识产权保护宣传引导

初中教育和小学教育有很大的不同，它已经属于中学教育的范畴。随着初中生年龄的增长、心智的发育和世界观的逐渐形成，其所学知识的深度和广度也不断增加。在创新思维和创新理念培养方面，初中教育在小学教育的基础之上也有了进一步的发展。特别是在知识结构方面，除了数学课程，初中生已经开始学习理科方面的基础知识，如物理、化学、生物等。这为受教育者初步的创新思维培养及其进行初步的创新探索提供了一定的知识基础。总之，与小学教育相比，初中教育在创新理念培养的基础、知识结构的拓展、内容深度的增加以及心智的发育方面都有了进一步的发展。从人的受教育经历来看，初中教育作为连接小学教育和高中教育的中间阶段，在健全人格的培养、世界观的形成、创新理念的引入以及知识内容的拓展等方面都是承上启下的，是健康人格培养和知识学习的宝贵阶段。从大众化的受教育层面来说，随着我国九年制义务教育的实施，初中教育的开展也是受到我国法律充分保护的。作为最重要的基础教育之一，初中教育的普及关系到提高全国人民的基本知识文化水平。因此，如何采取有效措施进行相应的教育改革，改善我国初中办学条件，优化师资队伍，提升我国初中教育的普及程度和教育水平，是当前及未来我国初中教育发展的重要方向。

1. 我国初中教育中开展知识产权保护宣传引导的重要性。就知识产权保

---

[1] 近些年来，在发明专利中，就有一些是小学生作为申请主体的，如一个小学生申请了一项关于玻璃窗户推开与关闭功能的实用新型专利。

护宣传引导进学校而言，在初中生中进行知识产权保护宣传引导同样具有重要意义。笔者认为，这可以从以下几方面加以认识。

（1）知识产权知识的普及存在一个循序渐进、不断提升的过程。在小学教育阶段，就存在知识产权知识普及的必要性，初中教育作为小学教育的进一步延伸和发展，自然也需要继续进行知识产权知识的普及。也就是说，知识产权知识的普及、知识产权意识的培养是一个常态化的、不间断的过程，不能因为教育层次的提升而"断层"，否则就可能导致不但不能提升知识产权保护观念和意识，反而前功尽弃，使在前一阶段培养的知识产权保护意识逐渐淡化。因此，在初中教育阶段继续进行知识产权知识的普及和知识产权意识的培养，符合知识产权保护宣传引导的规律和要求。

（2）在初中教育阶段进一步开展知识产权保护宣传引导，也符合创新意识不间断培养的规律和要求，有利于为未来国家创新型人才培养奠定坚实的理念基础。笔者一直主张创新和法治是国家发展和未来的希望。仅就创新而言，其内涵非常丰富，无论是制度创新、技术创新、管理创新、组织创新还是理念创新，对社会的发展和变革，特别是社会的进步，都能产生十分积极的作用和影响。人类社会发展的历史就是在不断的创新中向前推进的。创新是社会发展的不竭动力。就我们每一个人而言，不断创新、锐意进取，也是个人发展特别是取得事业成功的关键。为了促进全民族的创新能力提升，就需要不断培养创新理念和创新思维。初中教育作为我国九年制义务教育的关键阶段，在培养千千万万受教育者创新理念和创新思维方面也具有十分重要的意义。特别是针对初中生的心理发育的规律而言，在小学教育的基础之上，随着受教育者年龄的增长和知识面的拓宽，初中生对于社会上所发生的一切尤其是各类新生事物更加充满好奇，自觉或不自觉地引入了更多的探索和思考。由于创新本身是对未知事物的思考和探索，在初中生中引入创新理念和创新思维的培养，实际上也是符合这一阶段的心理发育特征的。

如前所述，创新与知识产权保护之间具有十分密切的内在联系，知识产权保护宣传引导在内容结构上离不开对创新理念和创新思维的培养。在当前我国培养和发展社会主义市场经济体制的过程中，创新性成果只有得到充分运用才能实现其价值。为此，需要通过有效的知识产权保护，激励创新，并促进创新成果的推广运用。针对初中生的创新理念和创新思维的培养，可以采取合适的方式，与知识产权知识和相关理念有效地结合起来，以便在培养受教育者的创新理念与创新思维基础之上普及知识产权知识并增强知识产权意识。当然，创新理念和创新思维与知识产权知识及知识产权意识毕竟是不同的概念，需要通过一定的宣传引导形式使受教育者先后或者同时获得相关知识与理念的熏陶。

（3）在初中教育阶段引入知识产权保护宣传引导不仅符合知识产权保护宣传引导逐步提升的规律和要求，还与这一阶段受教育者的求知欲相吻合。前面已经指出，知识产权保护宣传引导是一个循序渐进、不断提升的过程，不可能寄希望于一蹴而就。就初中教育阶段以前的小学教育阶段而言，无论开展知识产权保护宣传引导的成效如何，受制于受教育者的心智健全程度、知识结构的深度和广度，知识产权知识普及和意识培养方面都是非常有限的。当然，这里并不是否认小学教育阶段知识产权保护宣传引导的重要性，而只是指出需要在此基础上进一步拓展，而不能停滞不前。在初中教育阶段，基于受教育者求知欲不断上升，进一步加强知识产权知识普及和知识产权意识培养，也与不断渴望获得新的知识、巩固已有知识的心理需求相吻合。

2. 推进我国初中教育的知识产权保护宣传引导的措施。笔者认为，为推进我国初中教育的知识产权保护宣传引导，应重视以下措施和策略。

（1）采取灵活多样、富有宣传引导效果的方式。如前所述，知识产权保护宣传引导方式具有多样性，大致而言，可以采取的方式如：①相关课堂教学中的知识讲解，如在涉及与创新和法制教育相关的教学内容中适当引入知识产权知识普及和意识培养的内容。对此，下面还将进行探讨。②典型案例分析。对于在教师、学生身边发生的与知识产权保护相关的典型案例，可以适时分析。关于案例分析的措施，下面也将进行研究。③橱窗栏目宣传。这也是一种通常的行之有效的方式。基于这类栏目信息和版面的有限性，特别应当注重以简洁、直观、美观大方的形式展示。④邀请校外专家学者进行专门的知识产权普法教育。为了提高效率，获得更好的效果，这一活动可以与初中生的创新教育结合在一起。当然，在特定的时间，如每年的世界知识产权日，也可以就知识产权知识进行专题讲授。⑤利用信息网络平台传播的形式。[1]

---

〔1〕　Muramatsu Hiroyuki, Kawamata Jun, Yamaguchi Osamu, "Effects of Intellectual Property Learning Using Information Sharing System by CMS in Junior High School Technology Education", *Educational Information Research*, 2009, June.

如前所述，在当今信息网络社会，人们的工作、学习和生活在很大程度上需要借助于网络，通过网络传播相关知识和信息也具有多方面的优势和特色，如信息传播快捷、传播范围广泛。因此，这一形式也可以在初中教育中运用。⑥在相关课程涉及知识产权问题的场合，也可以引入知识产权教育。〔1〕此外，编制相关教学资料，有针对性地开展初中知识产权教育也是值得考虑的。〔2〕

（2）在宣传引导方面注重与受教育者的身心发展状况相适应。基于初中教育中知识产权保护宣传引导对象的特定性和个性化特色，在知识产权保护宣传引导方面应当注重适应初中教育的规律和要求，特别是与受教育者的身心发展状况相适应。从教育心理学的角度来说，这一阶段的受教育者处于人生观、世界观逐渐形成和稳步发展的重要阶段，在正常的家庭教育和学校教育下，受教育者富有理想和不断增长的求知欲，对于各方面知识（包括专业知识和社会知识等）的学习也充满了热情。当然，还需要注意这一阶段的智力发育特点，相关知识的学习和意识培养不能超越这一阶段的智力发育水平。除了极个别智力超常的受教育者以外，通常的受教育者都是按照按部就班、循序渐进的模式接受新知识的。初中教育阶段的知识产权保护宣传引导，显然不能脱离受教育者在这一学习阶段的心智发育特征。也只有这样，才能使知识产权保护宣传引导做到有的放矢、具有针对性，使初中生在成长的学习、生活中愉快地接受知识产权知识普及和意识培养。

（3）将知识产权知识普及与初中教育阶段的创新教育紧密结合起来。前面对知识产权保护和创新之间的关系进行了多次探讨，并且指出在知识产权保护宣传引导方面应将知识产权知识的普及与创新理念、创新思维教育紧密结合起来。初中教育阶段受教育者是国家未来的希望，培养其创新理念与创新思维同样具有十分重要的意义和作用。由于知识产权保护与创新之间的密切联系，将初中教育阶段知识产权保护宣传教育与创新教育紧密结合起来能够收到事半功倍的效果。

---

〔1〕 吉日嘎拉、张俊辉："初中物理课外活动中渗透知识产权教育的探索"，载《物理教师》2012年第11期。

〔2〕 임윤진、최유현、문대영："Educational materials development and utilization navigation for Intellectual Property protection and in the Middle school level"，*The Korean Journal of Technology Education*，2015，April.

（4）注重与初中教育水平相适应的知识产权典型案例分析，通过以案说法的形式形成初步的知识产权意识。通过知识产权典型案例的形式宣传知识产权知识，其重要性不言自明。这里需要着重指出的是，基于知识产权本身的专业性以及知识产权案例的多样性和复杂性，在案例的选取和讲解方面，应当注重与初中教育水平相适应，强调以案说法的目的是普及基本的知识产权知识和培养基本的知识产权意识，而不在于通过案例的形式获取很多的知识产权专业知识。

（5）在知识产权保护宣传引导中注重对教育者最基本的知识产权意识的培育。毫无疑问，就一般意义上的知识产权保护宣传教育而言，只有教育者具备必要的知识产权知识和较强的知识产权意识，才能使被教育者有机会接受必要的知识产权意识培养。如果教育者缺乏知识产权知识和基本的知识产权意识，在正常的教学和教育活动中即使涉及知识产权相关问题，也不可能抓住机会进行必要的知识产权知识普及和意识培养。基于此，在初中教育阶段的知识产权保护宣传引导中，还应注意对初中教师的知识产权知识普及，特别是负责相关课程的教师，如创新教育、法治教育等方面的教师。基于知识产权知识的专业性，在初中教育阶段对教师的知识产权保护宣传引导自然没有必要进行系统的知识讲解与学习，而只是需要其了解最基本的常识和形成基本的知识产权意识即可。例如，懂得一项发明创造可以通过申请专利的形式获得国家法律专门的保护；认识到在作品创作中剽窃、抄袭他人的作品不仅是一种违背学术道德的行为，还是一种侵害著作权的违法行为；懂得盗版行为是一种具有社会危害性的违法犯罪行为，从而不会在初中学生中错误地宣传它的"合理性"。

（五）我国高中教育中的知识产权保护宣传引导

高中教育既是初中教育的继续，也是高等教育的基础。高中教育在学习内容的深度和广度上都比初中教育有所增加。从人的健康人格形成和发展的规律来说，这一阶段的受教育者的人生观、世界观的形成和发展对其未来正确的人生观、世界观形成具有重要意义。随着年龄的增长，这一阶段相对于初中教育阶段，已具备比较完整的知识体系，受教育者的知识水平、创新思维都在不断提升。当然，不得不指出一个现实问题，即在我国全日制普通高中教育（不包括职业教育）中，各学校最重要的目标是使更多的受教育者有机会进入高等院校学习。然而，将素质教育融入高中教育，也具有极其重要的意义。作为北京中学名校之一的北京十一学校，在其高中教育中提出了"不为高考、赢得高考"的全面素质教育理念，就值得充分肯定。如何在高中的课程学习与进行全面的素质教育之间实现合理的平衡，在不影响受教育者赢得高考的前提下全面提高其综合素质，确实是我国高中教育所要解决的重要问题和改革发展的重要方向。

1. 在高中教育中开展知识产权保护宣传引导的重要性。笔者认为，在高中的素质教育中，也应包含知识产权知识普及和意识培养。进言之，知识产权保护宣传引导也应当进高中。其必要性体现在以下几方面：

（1）高中生作为青年学生，是国家未来发展的栋梁和希望，从知识产权方面来说，也是未来知识产权创造、运用和保护的重要主体。在高中教育阶段接受必要的知识产权教育，有利于其在未来的工作和生活中自觉维护知识产权，防范各类知识产权风险，为我国知识产权法治建设作出应有的贡献。

（2）高中教育阶段受教育者的知识水平和创新思维进一步提升，通过在创新教育中普及知识产权知识，有利于受教育者未来在工作中利用知识产权知识，提升自身创新能力。

（3）高中教育阶段受教育者应当进一步增强法律意识，而基于知识产权法律作为我国法律体系的重要内容之一，受教育者也应当具备最基本的知识产权法律常识和意识。在当前我国普法教育深入人心并卓有成效的环境下，对于高中生的普法教育十分重要，在高中生中开展必要的知识产权方面的普法教育也是其应有之义。

2. 在高中教育中进行知识产权保护宣传引导的具体措施。

（1）知识产权保护宣传引导措施应与高中的素质教育结合起来，并作为素质教育计划的内容之一。如前所述，在高中教育中，尽管学生的重要目标是"考上一所好大学"，但这一阶段的素质教育同样十分重要。在素质教育中，包括知识产权法律在内的基本法律素养是十分重要的内容。[1]这也是因为在当代法治社会中，法律素养是一个合格公民的重要素养。为了在高中教育阶段有效地进行知识产权保护宣传引导，在高中生中普及知识产权知识，

---

[1] 王子："高中通用技术课堂中开展知识产权教育探究"，载《中国教育技术装备》2018年第11期。

有必要在素质教育中对知识产权知识的普及进行规划，以落到实处。[1]

（2）宣传引导措施应当与高中教育阶段受教育者的身心发展状况相适应。无论是启蒙教育、小学教育、初中教育，还是这里所探讨的高中教育，知识产权保护宣传引导都应当与受教育者的身心发展状况相适应。俗话说，"到什么山上唱什么歌"。为了达到高中教育阶段知识产权保护宣传引导应有的效果，需要充分考虑这一阶段受教育者的身心发展规律和个性化特点，切忌"眉毛胡子一把抓"，进行灌输式教育。

（3）知识产权保护宣传引导措施与高中生创新教育培养紧密结合。这一点其实也较容易理解。基于知识产权保护与创新之间的内在联系以及在高中教育阶段进一步培养高中生的创新理念和创新思维的重要性，需要进一步通过各种形式培养高中生的创新意识和创新思维，并适当引入知识产权保护相关知识或者理念。例如，针对高中理科方向的同学，使其认识到从事发明创造所取得的创新成果可以获得法律赋予的专有权的保护，尤其是通过申请专利或者技术秘密保密的形式获得法律的保护，并利用这种专有权独占市场，获得市场竞争优势。这一阶段的受教育者在获得这些知识产权基本常识和法律意识的基础之上，就能够进一步激发创新热情，促进创新思维的进一步发展。[2]

（4）注重在相关的知识学习和普法教育中采取灵活多样的形式进行知识产权保护宣传引导。高中教育阶段受教育者在日常的知识学习中可能遇到与知识产权保护相关的问题，因此，知识产权法律需要在普法教育中得以体现。为了增强知识产权保护宣传引导的效果，除了注重与高中教育阶段受教育者的身心发展状况相适应，还应当注重采取灵活多样的有效形式。例如，将知识产权保护典型案例的分析和思考纳入宣传引导的内容，仍然是值得重视的重要形式。

（六）我国大学教育中的知识产权保护宣传引导

和前面探讨的中学教育、小学教育、启蒙教育相比，大学教育最大的特

---

[1] 박경선："Current Status and Tasks to Implement Intellectual Property Education in High Schools of South Korea"，*The Journal of Intellectual Property*，2019，March.

[2] 강경균、이건환："Exploring Plans to Revitalize Intellectual Property Based on Entrepreneurship and Start-up Education for Vocational High School Students"，*The Korean Journal of Technology Education*，2018，December.

点是一般情况下受教育者已经成人，教育学习的内容具有较高的专业性，受教育者的心智发育完全成熟且人生观、世界观基本形成。此外，除了本科教育，大学教育还包括研究生教育，其中研究生教育还包括硕士研究生和博士研究生教育。就这里探讨的知识产权保护宣传引导如何进大学教育而言，主要还是针对本专科生（基于目前专科生的规模较小，主要还是针对本科生）的知识产权保护宣传引导。当然，在硕士研究生和博士研究生教育中，也存在知识产权保护宣传引导的问题。作为国家未来的高级专门人才，硕士研究生和博士研究生掌握知识产权知识和形成必要的知识产权意识对于创新型国家建设和我国知识产权法治事业的推进也具有十分重要的意义。因此，下面在以大学教育中的本科生作为主要考察对象的同时，也将对硕士研究生及博士研究生教育阶段如何有效开展知识产权保护宣传引导进行一定的研究。

1. 在大学教育阶段开展知识产权保护宣传引导的必要性。

（1）我国大学教育中普遍开设了法律基础相关课程，基于知识产权法律是我国法律体系的重要组成部分，在大学教育中开展知识产权保护宣传引导有利于更好地普及知识产权知识，增强受教育者的知识产权意识。近年来，随着我国社会主义法治建设的不断完善，对于公民的法律素养和法律意识也提出了更高的要求。法律素养应当是一个现代公民所具备的重要素质。大学教育阶段受教育者作为我国具有较高文化水平的专业人员，自然也需要必要的法律素养，进行必要的法律专业知识教育。这也是近年来我国大学教育中开设法律基础相关课程的重要原因。当然，基于法律的专业性和大学教育阶段受教育者所掌握知识的全面性，法律常识教育有限，知识产权保护宣传引导则可加以补充。

（2）大学教育阶段受教育者作为接受高等教育的专业人员，在未来也是我国知识产权创造、运用和保护的重要主体，夯实受教育者的知识产权知识基础、增强其知识产权意识，有利于其在未来工作中充分利用知识产权保护制度维护自身合法权益，防范知识产权风险，更好地实现知识产权保护制度的目标。知识产权是民事主体对发明创造、作品等创造性智力成果和工商业标记所享有的专有性权利。特别是就知识产权创造而言，由于大学教育阶段受教育者具有自身专业，在未来的工作中无疑将是知识产权创造的重要主体。不仅如此，在知识产权运用和保护方面，作为具备专门知识结构的专业人员，将发挥极为重要的作用。用知识产权知识武装自身头脑，必然有利于成千上万的受教育者更有效地利用知识产权保护制度的功能和特点践行知识产权法治。

（3）大学教育阶段受教育者的创新意识和创新思维的培养需要进一步开展。大学教育阶段受教育者未来将是我国创新型国家建设的中坚力量，通过开展知识产权知识普及和意识培养，有利于激发受教育者的创新活力，为未来创新型国家建设作出更大贡献。从创新教育的规律和要求而言，创新教育的层次和水平要经历一个不断提升的过程。前面指出，创新理念和创新思维的培养要"从娃娃抓起"。实际上，创新理念和创新思维的培养只有起点，没有终点，需要随着人的年龄增长和创新能力的提升而不断强化。在大学教育阶段，由于受教育者已经成人，且具备较为全面、系统的知识结构，形成了一定的创新理念、创新思维和创新能力，在这一阶段进一步推进创新教育如果能与知识产权保护宣传引导有效地结合起来，就能更好地激发受教育者的创新活力，提高其创新能力。

（4）在大学教育阶段开展知识产权保护宣传引导，能够更好地提升受教育者的知识产权运用能力，使知识产权保护和其未来工作有效地结合起来，实质性提升我国知识产权运用能力。大学教育阶段受教育者作为未来我国知识产权高级专门人才，将在我国各行各业的经济社会生活中发挥主力军的作用。我国知识产权保护制度的充分实施，也需要各行各业的人们参与。在大学教育阶段进行必要的知识产权知识普及和意识培养，有利于使受教育者掌握基本的知识产权运用策略，产生更佳的经济社会效益。例如，就大学教育中理工科背景的受教育者而言，了解在完成发明创造前如何预防各类知识产权风险以及发明创造完成以后必要的知识产权授权确权知识和常见的知识产权运营策略，有利于在未来的研发、技术创新工作中充分利用知识产权保护制度的功能和作用，最大限度地实现知识产权的经济社会价值。

2. 在大学教育阶段开展知识产权保护宣传引导的原则和思路。基于大学教育的专业性，以及受教育者具有较高的文化水平，更容易接受新的知识和信息，在大学教育中开展知识产权保护宣传引导具有更便利的条件，并能取得更好的效果。为了提高大学教育中知识产权保护宣传引导的效果，笔者认为应当重视以下原则和思路。

（1）将知识产权保护宣传引导纳入大学教育中的普法教育范畴。如前所述，随着我国社会主义法治建设的深入开展，在全民范围内开展普法已经进行了多年并且取得了显著的效果。大学教育阶段受教育者作为在全体公民中具有较高文化水平的知识阶层，毫无疑问也需要有较高的法律素养。正是基于此，在我国大学教育中普遍开展了包含法治教育在内的品德教育，并设立了法律基础相关课程。与中学教育中涉及的知识产权保护宣传引导相比，其内容的深度和广度有所增加。当然，知识产权保护具有相当的专业性，而法律基础相关课程涉及的知识产权保护内容只能是基础概念和常识。为了在大学教育中增强知识产权保护宣传引导的效果，需要增强受教育者的知识产权意识，因而需要在大学教育中将普法教育与知识产权保护宣传引导紧密地结合起来。

（2）将大学教育中的专业知识学习与知识产权保护宣传引导相结合。大学教育与中学教育最大的区别在于受教育者是在特定的专业领域进行专门的学习和研究，而中学教育都是针对基础知识的（职业高中除外），故这一阶段的教育也被称为基础教育。相应地，大学教育可以被称为专业教育。基于知识产权法调整社会关系的广泛性，可以认为在大学教育中的任何一个专业都会涉及知识产权相关问题。当然，这些不同的专业涉及的知识产权知识的重点和特色不同，其中尤为明显的是理工科和人文社会科学之分。就理工科受教育者知识产权保护宣传引导而言，其所需掌握的知识产权知识尤其体现于专利、技术秘密、集成电路布图设计、生物遗传工程、植物新品种等与技术相关的知识产权，当然也会涉及大量的著作权相关问题，因为从事研发、技术创新工作会涉及相关的产品设计图、工程设计图、计算机软件等各种与科技有关的作品。[1]大学教育中的人文社会科学受教育者的知识产权保护宣传引导则与著作权、商标权、经营秘密、一般性知识产权合同、制止不正当竞争等具有更紧密的联系。具体到不同的人文社会科学专业，还具有更强的针对性，例如，中文、传媒相关专业涉及更多的著作权相关问题，工商管理等专业涉及更多的商标、品牌和经营秘密问题。在大学教育的知识产权保护宣传引导中，为了使受教育者获得的知识产权知识能够更好地服务于其未来从事的专业性工作，除了基础的知识产权知识普及，还可以适当地针对其专业进行个性化宣传引导。[2]

---

〔1〕 林寒、凌刚："军医大学知识产权教育的现状与对策"，载《中国高校科技》2014年第3期。

〔2〕 张猛："论地方高校知识产权通识教育与专业教育的融合"，载《通化师范学院学报》2011年第7期。

（3）将大学教育中的创新教育与知识产权保护宣传引导紧密结合。此前对较低层次的学校教育中如何开展知识产权保护宣传引导也提出了类似的原则和思路。在大学教育中，之所以仍然应当将创新教育与知识产权保护宣传引导紧密结合，是因为创新教育也需要在不同层级的教育中循序渐进、不断提高，并且知识产权保护宣传引导也有利于提升受教育者的创新理念和创新思维能力。[1]

（4）注重知识产权保护宣传引导的合理定位与效果，与大学教育阶段受教育者的身心发展状况相适应。大学教育中的知识产权保护宣传引导应当有较高的定位，不限于对知识产权知识的普及，而应当结合受教育者的专业方向予以细分。同时，在知识产权保护宣传引导方面应当注重宣传引导的效果。在大学教育阶段，受教育者已经具备较为丰富的专业知识和较为稳定、成熟的人生观与世界观，在知识产权保护宣传引导方面应避免说教式灌输，注重使受教育者充分地认识知识产权保护相关知识对其未来工作的必要性，使知识产权保护宣传引导成为受教育者"愉快地学习"的组成部分，这样才能取得更好的宣传引导效果。

（5）在大学教育阶段，受教育者接触的知识面更广，并且获得知识的形式也具有多样性。因此，就知识产权保护宣传引导而言，也应当重视与受教育者接受知识的方式相适应。同时，在知识产权保护宣传引导目标设定方面需要提出更高的要求，其中基本的目标定位当然是普及知识产权知识和增强知识产权意识，较高层次的目标是掌握基本的知识产权保护和运用策略，这样受教育者在未来的工作中可以充分运用知识产权保护制度的功能和特点，服务于自身相关工作。

3. 在大学教育阶段开展知识产权保护宣传引导的措施和策略。大学教育是人们的学习经历中较高的层次。过去由于师资等办学力量的限制，有机会接受大学教育的人比例很低。在笔者的记忆中，在 20 世纪 80 年代初，高考录取率大约为 3%，能够进名牌大学的更是凤毛麟角。随着我国经济社会的发展，今天的大学教育和当时不可同日而语，大部分高中毕业生有接受大学教育的机会，大学的软硬件水平、师资队伍水平和人才培养质量也有了大幅度

---

〔1〕 张红兵、张力："基于研究生技能培养的大学知识产权教育"，载《科技管理研究》2006 年第 3 期。

提升。"百年大计，教育为本。"在建设社会主义现代化强国的新时代，我国需要越来越多的高级专门人才，需要不断地提高全民族的文化素质，因而大学教育的重要性更加凸显。

前面已对大学教育中加强知识产权法律素养教育的重要性做了探讨。为此，需要研究在大学教育中如何开展知识产权保护宣传引导。[1]对此，笔者认为在遵循前面探讨的原则和思路的基础之上，以下措施和策略值得重视。

（1）在大学的普法教育规划和实施计划中对知识产权保护宣传引导的内容予以落实。基于知识产权知识的专业性和系统性以及知识产权保护制度的发展具有与时俱进的特点，大学教育中的知识产权保护宣传引导应当注重规范化、常态化和制度化。[2]为此，如前所述，在大学教育中可以将普法教育与知识产权保护宣传引导紧密地结合起来。一方面，知识产权法本身属于我国普法教育的重要内容之一，在大学的普法教育中融入知识产权法的内容是应有之义。另一方面，为了使大学教育中的知识产权保护宣传引导规范化、常态化和制度化，需要进一步细化相关措施。例如，基于大学教育阶段受教育者的不同学历层次，针对本科生、硕士生和博士生应有所区别，总的要求是学历越高，对知识产权保护宣传引导的专业化程度、内容的范围和深度也应当要求更高。又如，大学需要将知识产权保护宣传引导的任务和措施落实到相关部门。一些大学设立了知识产权相关管理部门，可以与学校宣传部门等联手承担全校知识产权保护宣传引导任务。没有设立知识产权相关管理部门的，则可以落实到学院以及相关单位和个人。这方面的相关要求有点类似于企业知识产权保护与管理职责的落实：企业知识产权保护与管理工作要有相关部门和人员负责，不能使其知识产权工作处于无机构、无人管理的状态。

（2）开展知识产权保护系列讲座和专题宣传活动。在大学教育中，为了活跃学术氛围，促进学术交流，拓展受教育者的知识面，可以说每天都有相关讲座和学术活动。其中很多讲座和学术活动是定期或不定期举行的，很多都是系列讲座或学术活动，甚至逐渐形成了"学术品牌"。这种系列讲座或学术活动具有常态化和规模化特色，在相关专业领域相对于单个的讲座具有更

---

〔1〕 费艳颖："研究型大学的知识产权教育"，载《中国大学教学》2004年第11期。

〔2〕 王珍愚、单晓光："略论中国大学知识产权教育的发展与完善"，载《法学评论》2009年第4期。

大的影响力。笔者近些年来在中国政法大学创办"中国政法大学知识产权研究生学术沙龙系列"就深有体会。该系列学术活动包括知识产权学术沙龙和国内外专家讲座两个子品牌，迄今已经举办了近80场，成为中国政法大学知识产权研究生交流的最重要的学术平台之一。知识产权方面的系列讲座和专题宣传，无疑是我国大学教育中知识产权保护宣传引导的非常重要的形式和措施。为了通过这种形式强化知识产权保护宣传引导的效果，笔者认为应注重讲座的内容、讲座专家的专业背景以及受众的针对性。

（3）完善大学教育中知识产权通识教育的教材建设。如前所述，大学教育和中学教育的一个重要区别是教育者接受的是专业性教育。除了政治、外语、语文等共同的课程以外，受教育者所在的专业大相径庭。在受教育者常态化的专业学习中，都是以基本的专业教材作为最重要的学习材料和依托的。就知识产权保护宣传引导而言，如果能够编制知识产权通识教育的教材，笔者认为将有利于更好地开展知识产权知识的普及和意识的培养。[1]据笔者所知，目前这方面的教材奇缺，除了吴汉东教授主编的《知识产权法通识教材》，很少见到类似的教材。很多知识产权法专家甚至对编写这种带有知识普及性而学术含量不高的教材"不感兴趣"，或者缺乏这方面的意识。[2]笔者自1990年10月从事知识产权法教学、研究、人才培养与相关实务工作以来，尽管以独著或者主编的形式出版了若干知识产权方面的教材（包括知识产权法以及知识产权管理方面的教材），但很遗憾未曾出版过针对大学教育阶段受教育者的知识产权法通识教材。今后如有可能，也希望弥补这一缺憾，独立撰写或主编相关知识产权法通识教材，以更好地促进大学教育阶段知识产权知识的普及和意识的培养。

（4）针对大学教育阶段受教育者的相关专业开展有针对性的知识产权保护宣传引导。在知识产权保护宣传引导具体措施方面，除了知识产权通识教育，正如前面所指出的，还需要与受教育者的专业有机结合。理工科背景和人文社会科学背景的受教育者涉及的相关知识产权问题都具有个性化特色，

---

〔1〕 刘朝、师洪波、张靖："研究生通识教育与复合人才培养协调的实证研究——基于中科院知识产权教育的调查"，载《研究生教育研究》2013年第2期。

〔2〕 王宇红、周音、陈玲："'互联网+'时代背景下大学生知识产权通识教育实现路径研究"，载《未来与发展》2017年第1期。

在大学教育阶段如果能够结合相关专业背景，在知识产权通识教育基础之上，有针对性地学习与其专业相关的知识产权知识，必将在其未来工作中产生十分积极的作用。设想一下，某个理工科的受教育者未来成为高新科技公司的总工程师，如果其能接受最起码的专利法教育，就绝对不会出现前面所提到的因在专业杂志上发表系列论文而使重大发明创造在申请并获得专利以后被宣告无效的情况。

（5）采取与大学教育阶段受教育者的身心发展状况相适应的灵活多样的形式，强化知识产权保护宣传引导的效果。与中小学教育相比，大学教育阶段受教育者不但成人、已形成较为成熟稳定的人生观和世界观，而且具有自己的专业，其创新理念、创新思维也进一步提升，并且对个人的未来职业发展也有了一定认识。特别是层次较高的受教育者，其毕业以后大多会从事自己所学习专业的工作。此外，与前面所探讨的基础教育相比，大学教育阶段受教育者的知识体系和结构也具有了很大的发展，并且在知识接受能力方面也大为增强。显然，大学教育的知识产权保护宣传引导应当与受教育者的这些基本情况相适应。例如，在知识产权保护宣传引导的基本定位方面，无论是通过专家讲座、专题宣传还是通过网络或橱窗宣传等基本形式，知识产权知识的内容深度和广度显然要高于基础教育中的同类形式。又如，在将知识产权保护宣传引导与创新教育结合方面，由于这一阶段受教育者的创新理念和创新思维有了很大发展，在知识产权保护宣传引导中需要重视知识产权保护和运用的相关策略与经验，通过知识产权保护和运用提升创新能力，而不仅限于基础的知识产权知识的普及和意识的培养。还如，大学教育阶段受教育者作为国家未来的栋梁，对国家未来的发展充满了憧憬，国家使命感、社会责任感等都是大学教育阶段所需要着重培养的。若能够从知识产权作为一种国家战略、我国建设创新型国家的政策高度认识到创新和有效的知识产权保护与运用的重要作用，则必将产生更好的宣传引导效果。

第七编

对《关于强化知识产权保护的意见》
的再思考

第二十四章
《关于强化知识产权保护的意见》颁布实施重要意义的再思考

　　《强化知识产权保护意见》所规定的 99 条措施，笔者在前面已作了系统研究和探讨。通过这些研究可以看出，除了对各条规定的具体措施的合理性、重要性进行探讨以外，笔者针对各个具体措施的适用条件、适用环境和具体策略做了非常详细的探讨与思考，并提出了个人的系列创新见解、观点与对策。在某种意义与程度上，这些个人见解、观点、对策，也是笔者多年来对我国知识产权法律制度理论与实务研究和思考的结果，其本身具有高度的原创性，并且基于我国知识产权保护制度实施的现状和变革的方向而具有一定的前瞻性和可操作性，相信能够帮助读者对《强化知识产权保护意见》的精神和具体措施有更加深刻的认识，并能够更好地落实我国保护知识产权的各项制度、措施和策略。因此，希望笔者提出的相关观点和见解受到有关部门高度重视。

　　通过对《强化知识产权保护意见》的逐条系统解读和研究，能够更加清楚地认识到它对于在新形势下强化我国知识产权保护的必要性与紧迫性，以及新时代对我国强化知识产权保护的政策指导与规范指引作用。具体而言，总结《强化知识产权保护意见》所规定的诸多内容与具体措施，笔者认为其颁布与实施对于在新发展阶段我国加强知识产权保护、深入推进知识产权强国建设、充分发挥知识产权保护制度的功能、促进我国经济社会发展、提高国家创新能力和国际竞争能力具有十分重要的意义与作用。这尤其体现在以下几方面。

一、适应新时代建设创新型国家充分利用知识产权保护制度的功能和特点促进经济社会发展的需要

提高我国自主创新能力、建设创新型国家，是近些年来党和国家提出的重大战略方针。众所周知，经过改革开放几十年的发展，我国广大人民群众的物质文化生活有了极大改善，综合国力得到了极大提升，科技文化发展水平也有了很大提高。然而，需要进一步看到的是，当前已经进入知识经济时代，随着技术特别是信息网络技术的发展，科技进步与创新对于经济增长、经济发展的贡献日益明显，创新型经济已成为经济发展的主旋律。过去我国经济增长相当大程度上体现为资源消耗、劳动力成本，粗放式经营、产品技术含量不高成为普遍特点，知识产权密集型产业尚未成型发展。特别是我国加入世界贸易组织以后，在经济全球化的竞争中越来越需要提高出口产品的技术含量，提高科技创新水平和国际市场竞争力。在当前国际市场竞争中，知识产权保护则成为取得市场竞争优势的法宝和最重要的武器之一。缺乏有效的知识产权保护，可以说将寸步难行。当前国际市场中围绕技术制高点的竞争，其背后本质上是围绕知识产权的竞争。近段时间以来，围绕华为5G标准在世界的推广以及美国通过国家行为的打压，就能够给人们带来深刻的启示。知识产权保护制度的基本功能和特点，就是通过有效地保护知识产权人和相关主体的利益，鼓励创新、促进创新成果的推广和运用，最终实现提高国家创新能力、促进经济社会发展的目的。知识产权保护对于我国实现技术创新和经济发展的重要作用，已被近些年来我国知识产权保护制度的实施证明。[1]特别是2008年国务院发布《国家知识产权战略纲要》以来，知识产权成为我国的国家战略，通过不断完善我国知识产权保护制度，有力地服务于创新型国家建设，成效斐然。[2]正如习近平总书记所指出的：产权保护，特别是知识产权保护，是中国经济发展的最大激励。在新的历史条件下，特别是科学技术迅猛发展、经济全球化和国际竞争日益激烈的背景下，我国提出

---

[1] 何丽敏、刘海波、张亚峰："知识产权保护与经济水平对技术创新的作用机制研究"，载《科技进步与对策》2019年第24期；杨高举、黄先海："知识产权保护促进战略性新兴企业技术创新的实证分析"，载《浙江学刊》2018年第2期。

[2] 董涛："'国家知识产权战略'与中国经济发展"，载《科学学研究》2009年第5期。

了实施创新驱动发展战略、提高自主创新能力、建设创新型国家的宏伟目标。通过制度完善和政策构建，不断强化我国知识产权保护水平，激励创新和促进创新成果的推广运用，以更好地服务于我国创新驱动发展战略，因而是新形势下我国所面临的必然选择。

二、适应当前我国知识产权保护形势的需要

从我国知识产权保护制度的建立和发展进程来看，新中国知识产权保护制度的春天始于改革开放之初。我国知识产权保护制度始终是与我国经济和科技文化发展具有内在的密切联系的。随着我国经济科技文化发展水平的提高，我国知识产权保护制度也逐步完善，保护水平不断提高。从西方发达国家知识产权保护制度构建与发展的历程来看，知识产权保护水平也是随着一国经济科技文化发展水平的不断提升而提高的。不仅如此，从知识产权保护的法理来说，一个国家的知识产权保护水平应当与其经济社会发展和科技文化创新水平相适应。当然，在知识产权国际保护环境之下，特别是在当前知识产权全球化趋势的背景下，融入国际知识产权保护环境的一国知识产权保护水平也需要与国际接轨，不能仅仅考虑国内的保护水平。不过，总的来说，知识产权保护水平具有与经济社会发展同步的特点，总的趋势是保护水平逐渐提升。[1]在这方面，有的学者提出了知识产权保护阶段论。就当前我国知识产权保护而言，与改革开放之初的情况已大不相同。我国知识产权保护的基本政策导向是实行严格保护，充分发挥知识产权保护制度激励创新的功能。从我国知识产权保护实践来看，无论是知识产权行政执法还是实施司法保护以及相关的知识产权社会治理，尽管相对于过去有了很大改善，但仍然存在各种各样的问题。从近些年来我国《专利法》《著作权法》《商标法》等法律修改过程中相关立法部门进行执法检查的情况来看，反映较多的是周期长、举证难和赔偿低等问题。知识产权保护不力反而会挫伤创造者的积极性，如何通过采取各种措施提高我国知识产权保护水平，强化知识产权行政执法和司法保护以及相关的社会治理，就成为当前我国知识产权保护制度面临的重大课题。

---

〔1〕 王斌会、伦婉晴："知识产权产品与经济发展水平关系研究——基于突变级数法和 ARDL 模型"，载《数理统计与管理》2017 年第 3 期。

三、适应我国营造良好的营商环境与国际保护的需要

营造良好的营商环境，是近几年来党和国家对于国家治理和社会发展所提出的重要措施与愿景。根据有关营商环境的政策规定，它指的是市场主体在准入、生产经营、退出等活动过程中涉及的相关政治环境、市场环境、法治环境、人文环境等方面的条件和要素的总和。营造良好的营商环境是一个系统工程，涉及经济社会发展的方方面面。从营造营商环境的国内外经验来看，存在立足于法治化的新加坡模式、立足于国际化的香港模式、立足于效率优先的深圳模式以及立足于便利化的天津模式等。[1]在当前我国社会主义市场经济发展与培育中，营造良好的营商环境离不开法治化、市场化和国际化的手段。近年来，随着我国向社会主义法治国家迈进、市场经济体制不断健全以及改革开放深入发展，我国营商环境不断改善。例如，根据 2019 年 10 月 24 日世界银行发布的《2020 年营商环境报告》的数据，就知识产权保护和营造良好的营商环境而言，我国在全球的营商环境便利度指标排名中排第 31 位，比上一年度提升 15 位，成为营商环境大幅度改善的十大经济体之一。[2]

营商环境改善所依托的法治化、市场化和国际化条件，决定了知识产权保护对于改善我国营商环境的十分重要的意义。具体可以从以下方面加以理解。

第一，知识产权保护制度作为我国法律体系的重要内容，是我国社会主义法治建设不可缺少的重要组成部分。因此，营商环境所依托的法治化条件和环境也离不开知识产权保护制度的构建与完善。在笔者看来，知识产权保护制度的完善对于我国营造法治化的营商环境的作用主要体现于促进公平竞争的商品流通秩序和正当竞争秩序。[3]前面的研究尽管一再强调，知识产权保护制度是一种鼓励和激励创新，促进创新成果运用和提高创新能力的激励机制和法律制度，但需要进一步指出的是，知识产权保护和促进公平竞争具有十分密切的内在联系。从知识产权保护制度层面来说，该制度也是一种促

---

〔1〕 参见百度百科"营商环境"词条的解释。

〔2〕 引自百度百科"营商环境"词条的解释。

〔3〕 史红梅："营造一流营商环境要打好知识产权保卫战"，载《人民论坛》2019 年第 28 期。

进公平竞争的商品流通秩序和维护正当竞争秩序的法律制度。例如，商标法对于有形商品流通秩序的维护、著作权法和专利法分别对于文化市场竞争领域与技术竞争领域秩序的维护，能够有效地防止假冒伪劣，尤其是防止假冒仿冒产品充斥于市场，在充分有效地保护知识产权人和相关利害关系人合法权益的基础之上最大限度地维护消费者利益和社会公共利益。相反，缺乏知识产权保护制度或者知识产权保护不力，势必导致市场上侵冒仿冒产品大行其道，不利于营造良好的营商环境。很多年来，发达国家在外商投资中高度重视知识产权保护环境，[1]就是这个道理。

第二，知识产权保护制度既是一种法律机制和法律制度，也是一种充分利用市场化的手段调整社会关系，促进经济社会发展的重要的法律制度。从发展历史来看，知识产权保护制度本身就是商品经济和科学技术发展的产物。商品经济尤其是市场经济越发达，知识产权保护制度就越能实现其功能和目的。新中国成立直至改革开放以前，我国知识产权保护制度之所以未能形成，除了当初的法治环境以外，很重要的一点是没有形成成熟的市场经济土壤。可以说，只有在市场经济中，知识产权保护的春天才会真正到来。近些年来，我国社会主义市场经济体制的建立和发展也足以证明，一方面，我国社会主义市场经济的发展需要知识产权保护制度保驾护航；另一方面，我国知识产权保护制度的完善也需要依托于社会主义市场经济的发展与改革。进言之，作为市场经济产物的知识产权保护制度，其功能的有效发挥，需要利用市场化的手段加以推进。营商环境的改善也离不开市场化手段，这方面知识产权的有效保护，必然能够通过其市场化的手段和机制推进我国营商环境的优化和发展。[2]

第三，在当前知识产权国际保护和深化改革的环境下，我国的知识产权保护也离不开加入知识产权国际保护大家庭，知识产权保护的国际化也始终是推动和引领我国知识产权保护制度改革和完善的动力与重要原则。[3]如近些年来，我国知识产权相关专门法律的修订，都是以与国际知识产权保护标

---

〔1〕　卢纯昕："粤港澳大湾区法治化营商环境建设中的知识产权协调机制"，载《学术研究》2018 年第 7 期。

〔2〕　丁道勤："知识产权保护与中国市场经济地位"，载《电子知识产权》2004 年第 11 期。

〔3〕　杜颖："知识产权国际保护制度的新发展及中国路径选择"，载《法学家》2016 年第 3 期；吴汉东："知识产权国际保护制度的变革与发展"，载《法学研究》2005 年第 3 期。

准接轨为指导思想和原则之一的。立足于国际标准的我国知识产权保护制度的建构和完善，就能够为营造国际化的营商环境提供基本的法律保障和制度环境。

从更深层次来说，近些年来我国之所以不断完善知识产权保护制度，相当大的程度上与我国深入改革开放，促进国际经济贸易合作与交流，具有十分紧密的联系。知识产权保护的状况和水平，始终是一个国家和地区国际化营商环境的重要因素和条件。这一点也可以从知识产权国际保护的基本原理加以认识和理解：知识产权国际保护是19世纪末以来为突破知识产权保护的地域性而采取的一种互惠性的国与国之间知识产权保护的法律机制，其采取国民待遇、最低限度保护和独立保护原则，通过相关程序优化，保证了一个国家的知识产权在其他国家能够获得相应的保护。在当前科技迅猛发展、经济全球化和国际经济贸易竞争激烈的背景下，知识产权国际保护制度的运行价值不仅体现于知识产权在其他国家的保护，还体现在其被跨国公司和其他市场主体普遍作为开拓国际市场、占领国际市场，尤其是获得国际竞争优势的重要法宝与法律武器。[1]因此，国际化的营商环境需要以知识产权国际保护的充分保障作为前提。世界贸易组织TRIPs协议的达成背景，就能够充分体现这一点。当然，这一协议是在以美国为首的发达国家的主导之下、代表发达国家的利益所形成的高标准的知识产权保护国际公约，其制定、签署的过程包含政治博弈、国家利益，特别是发展中国家和发达国家之间的博弈等内容。不过，无论如何，它体现了在国际经济贸易环境特别是经济全球化的背景下，当代国际经济贸易的发展离不开有效的知识产权国际保护。

当前，我国已成为世界第二大经济体和世界上最大贸易国，对外经济贸易的开展日益离不开知识产权保护制度。中美贸易谈判达成第一阶段的协议，其中很多内容涉及知识产权保护的规定就是一个体现。在世界贸易日益自由化、经济全球化、科技迅猛发展的新形势下，我国知识产权保护始终与知识产权国际保护和国际经济贸易竞争格局息息相关。围绕中国与美国、日本等国家经济贸易相关知识产权问题还会出现新的问题需要探讨。无论如何，在

---

〔1〕 盛世豪、袁涌波："基于知识产权的国际竞争模式研究"，载《中国软科学》2008年第1期。

与知识产权国际保护制度接轨的前提下，我国知识产权保护制度的完善有利于营造国际化的营商环境，从而有利于我国与其他国家开展国际经济贸易，促进外商投资环境改善，同时改善我国国内的营商环境。

四、适应我国科技文化与经济社会发展对加强知识产权保护的需要

为理解这一点，首先需要就知识产权保护水平与国家科技文化和经济社会发展之间的关系进行研究。

从知识产权保护制度产生和发展的角度来看，无论是在欧洲还是我国，知识产权保护总的趋势都是不断扩张知识产权，保护水平逐渐提升。这尤其体现在以下几方面：

第一，知识产权保护的客体不断扩张，如著作权保护的客体由传统的文字作品扩张到当代信息网络环境下的各类作品，[1]商标权保护的客体由商品商标扩张到服务商标、由传统商标扩张到非传统商标，专利权保护的客体由产品专利扩张到方法专利，再到商业方法专利，以及随着技术的发展将集成电路布图设计等技术性成果也纳入知识产权保护的客体范围。

第二，知识产权保护的权利内容不断扩张，如著作权保护的内容由早期的机械复制权扩展到当代信息网络环境下的信息网络传播权，并且复制权的内容也大大扩展，将在信息网络环境下的以数字化形式复制的权利包括在内；专利权的内容由对产品专利的制造、销售权扩展到许诺销售权，方法专利的保护由其本身的使用扩展到用方法专利直接获得的产品；商标权保护的内容由普通商标的保护扩展到驰名商标的跨类保护等。[2]

第三，知识产权保护的期限不断延长。例如，在著作权保护期限中，著作财产权的保护期限遵循当代国际公约规定的自然人作者终生及其亡故后50年，而世界上第一部著作权法《安娜女王法》规定的保护期限只有14年。在美国等个别国家，还专门通过著作权期限延长法将已经届满的作品著作权保护期限再延长20年。此举在美国尽管引起了巨大争议，但不排除美国立法机关再次延长著作权保护期限的可能，这也是在法案颁布后相关案件中反对延长著作权保护期限的法官所主张的理由之一。

---

〔1〕　冯晓青："著作权扩张及其缘由透视"，载《政法论坛》2006年第6期。

〔2〕　冯晓青："商标权扩张及其利益平衡机制探讨"，载《思想战线》2005年第2期。

第四，知识产权保护的力度不断提升，尤其体现为知识产权侵权损害赔偿额不断提升。就知识产权侵权损害赔偿的方式而言，引入知识产权侵权惩罚性赔偿制度就是一个重要体现。从新中国成立以后我国知识产权保护制度建立和发展的历史看，知识产权侵权损害赔偿标准有不断提高的趋势。知识产权保护力度提升还体现于以下两点：知识产权侵权法定赔偿标准不断提升，如最高限额由 50 万元提升为 300 万元，最后提升为 500 万元以下；知识产权保护手段不断健全，对侵权人的制裁措施日益严格，尤其体现在知识产权行政执法的力度和知识产权司法保护手段方面，例如，通过修法，提高了行政处罚的标准，对知识产权侵权人的行政处罚标准由非法经营额 1 倍至 3 倍提升为 1 倍至 5 倍，并增加诉前禁令制度。

知识产权保护的扩张，也体现在我国知识产权保护制度的建立和完善过程符合知识产权保护的规律。笔者认为其原因在于：

一是，技术发展。技术发展使知识产权的创造手段更加丰富，也产生了符合知识产权保护客体的条件的新型知识产权。从技术创新与知识产权保护的关系角度来说，技术创新显然也推动了知识产权保护制度的发展。可以预料，随着技术的迅猛发展，还会有更多的新型知识产权纳入知识产权保护范围。如人工智能技术及其产业的发展，就产生了人工智能生成物的知识产权保护问题。尽管这方面还存在较多的争议，很多问题没有达成共识，但一般都主张人工智能生成物必然存在相应的知识产权问题。

二是，文化发展。一个国家文化的发展，是提高民族文化素质的根本保障。随着文化的发展与进步，对创造性成果的知识产权保护意识也在逐渐增强，逐渐提升知识产权保护水平有利于通过其制度激励机制促进更多的文化产品出现。

三是，经济社会发展。知识产权保护制度是上层建筑的范畴，知识产权保护的扩张从根本上来说是源于一个国家的经济社会发展水平。从经济社会发展的轨迹和过程来看，伴随着技术发展和人类文明的进步，一个国家和地区的经济社会发展水平也在不断提升，经济体制不断完善。经济社会的发展尤其体现在市场经济的培育完善方面。市场经济本质上是一种法治经济和竞争性经济。从知识产权保护制度的构建和完善而言，越是完善的市场经济，越是需要不断提升知识产权保护水平。当代西方发达国家之所以日益提升知识产权保护水平，在很大程度上也是因为其市场经济较为成熟，不仅为知识产权保护提供了广阔的舞台，还为知识产权的价值实现提供了重要保障。从我国社会主义市场经济体制建构发展与知识产权保护制度建立和完善的关系来看，也是如此。新中国成立以后一直到改革开放以前，我国知识产权保护制度不够健全，甚至可以说缺乏基本的知识产权保护制度，很大程度上也是因为在长期的计划经济环境下难以产生知识产权保护的土壤、条件和需求。随着我国社会主义市场经济体制的建立，知识产权作为一种私权保护的观念也日益增强，对知识产权保护水平提升的要求也日益强烈，这从近年来我国知识产权专门法律的修订即可见一斑。社会主义市场经济的发展无疑为提高我国知识产权保护水平提供了根本性的保障。当然，这不仅体现在知识产权保护法律方面，在我国其他法律的制定与完善方面也是如此。

四是，国际保护。关于知识产权国际保护问题，前面已经做了一些研究，这里可以继续从提高知识产权保护水平的角度探讨国际保护因素对知识产权保护扩张的影响。知识产权国际保护的基本原则之一是最低限度保护。一个国家参加某一知识产权国际公约，意味着其立法必须达到该公约的最低保护水平。如果一个国家在参加知识产权国际保护公约之际，其立法尚没有达到该公约规定的最低保护水平，则应当通过尽快修订法律的形式满足国际公约最低保护水平的要求。近些年来，我国知识产权专门法律的修订也体现了这一特点。当然，随着我国知识产权保护水平的不断提升，在经历多次修法以后，我国知识产权保护制度已经完全达到了国际公约的最低保护水平，甚至在某些方面其保护水平还高于国际公约的最低要求。不仅如此，最近我国知识产权专门法律的修订，其主要原因已经不是达到知识产权国际保护水平的问题，而是基于国内经济社会发展的需要。基于上述特点，在知识产权国际保护趋势不断加强以及经济全球化的时代，随着知识产权国内制度的国际化，知识产权保护水平必然不断提升。

适应科技文化和经济社会发展，是我国知识产权保护水平不断提升的重要原因。前面主要是从知识产权扩张的规律和现象角度进行探讨的。需要进一步思考的是，我国特定时期的知识产权保护水平如何与相应的科技文化及经济社会发展水平相适应。这里就涉及我国知识产权保护水平的适当定位问题。

从理论上讲，一个国家的知识产权保护水平应当与其科技文化及经济社会发展水平相适应。这也可以从上层建筑服务于经济基础、经济基础决定上层建筑的马克思主义哲学原理加以理解。一个国家的科技文化与经济社会发展水平实际上是其基本国情，也可以认为一个国家知识产权保护水平应当与其基本国情相适应。这也是所谓知识产权国内保护的本土化问题。只有立足于本土化，才能使一国制定实施的知识产权法符合其国情的要求。整体而言，从发展中国家和发达国家知识产权保护的比较而言，发达国家由于其科技文化与经济社会发展具有较高的水平，其知识产权保护制度也相应地具有较高的水平。比较而言，发展中国家由于科技文化与经济社会发展水平较低，其知识产权保护制度确立的保护水平应该较低。不过，正如前面所指出的，在当前知识产权国际保护趋势日益增强乃至经济全球化的时代，一个国家知识产权法律制度的保护定位与保护水平，不能完全局限于其国内的需求和国情的需要，而必须考虑国际保护水平的最低要求，[1]因此，这里就存在国家知识产权保护制度本土化与国际化有机结合的问题。对于这一问题，国内学者有相关探讨，[2]笔者在前面的论述中也有思考，基本观点是：知识产权国际化是当代知识产权制度的重要趋势，在世界贸易组织体制下知识产权国际化更是国内知识产权法律制度的要求。一国知识产权法律制度本土化的问题，特别是与其自身国情相适应的问题，也必须充分兼顾知识产权国际保护水平，达到知识产权国际保护制度的最低要求。只有在这一前提之下，才能真正使国内知识产权法律制度实现与知识产权国际保护制度全面接轨，融入知识产权国际保护大家庭之中。

当然，当代的知识产权国际保护制度在形式上存在平等和公平性，在实质上则对发展中国家和发达国家存在实质上的不公平。这主要是因为发展中国家基于其科技文化和经济社会发展水平较低，其知识产权创造的总量与发达国家之间还有较大的差距，在知识产权运用能力特别是知识产权战略运用能力方面，同样存在很大的差距。研究近些年来知识产权国际保护公约的谈判与缔结过程，特别是世界贸易组织 TRIPs 协议，可以发现知识产权保护国际公约主要是由发达国家主导的，发展中国家在这些国际公约的制定与修订

---

〔1〕 易继明："后疫情时代'再全球化'进程中的知识产权博弈"，载《环球法律评论》2020年第5期。

〔2〕 万霞："论知识产权法律制度的本土化与国际化——以中欧知识产权问题为视角"，载《外交评论》2007年第6期；杨玲梅："知识产权保护的国际化趋势与我国的应对措施"，载《武汉大学学报（哲学社会科学版）》2009年第5期。

中的话语权较小。最终的结果是发达国家因其占优势的知识产权，在知识产权保护国际公约中尽量得到了照顾，而发展中国家占优势的传统知识、遗传资源、民间文学艺术等则被有意无意地忽视。不仅如此，基于对发展中国家占优势的这些无形资源使用条件的不均衡性，发达国家反而通过无偿攫取和占有发展中国家这些无形资源，并通过现在的知识产权保护制度获取专利等形式而抢占发展中国家市场，进一步拉开了南北国家之间知识产权保护总量的距离。

在过去，由于知识产权国际保护制度的执行力较差，知识产权国际保护的环境较为宽松，一些新兴工业化国家在某种意义上正是利用了这一特点，实现了技术的跨越式发展和追赶，亚洲新兴国家日本和韩国就是这方面的典型。这尤其体现在第二次世界大战以后到20世纪80年代之前。我国则基于当时的国情，未能很好地利用知识产权国际保护较为宽松的时机实现技术的跨越式发展。当然，如前所述，根据国外学者的研究，亚洲新兴国家日本之所以能够在第二次世界大战以后实现经济科技的腾飞，还有一个十分重要的原因，即其十分重视国家创新体系的构建与完善。相比之下，新中国成立以后相当长时间内，我国处于计划经济时期，谈不上与市场经济体制相适应的国家创新体系的构建与完善问题。只是随着改革开放，随着我国经济体制的改革以及我国法治建设的发展，逐步认识到建构具有中国特色的与社会主义市场经济相适应的国家创新体系、技术创新体系的重要性和紧迫性。因此在20世纪之末，我国发布了发展高科技、建立技术创新体系的决定。

众所周知，近些年来我国专利申请与授权、商标注册申请与核准的数量远远超过欧美国家。然而，必须进一步看到的是知识产权质量问题。知识产权数量的增多并不能代表知识产权质量和知识产权竞争能力的提升。换言之，尽管当前我国已经是知识产权大国，但还不是知识产权强国。在这种背景之下，中共中央、国务院于2021年9月公布《知识产权强国建设纲要（2021—2035年）》。该文件根据当前贯彻新发展理念、进入新发展阶段的现实，以及我国科技文化与经济社会发展的要求，以提升知识产权创造、运用、保护、管理、服务能力，充分发挥知识产权制度在社会主义现代化建设中的重要作用，作为其重要目的。在我国全面推进知识产权强国建设的现实背景下，我国知识产权保护水平应当进一步提高，这也是我国科技文化与经济社会发展的根本要求。

从上面的论述可知，知识产权保护水平的提升确实是国内科技文化与经济社会发展之所需，只是这种需要兼顾知识产权国际化的要求，[1]使知识产权保护的本土化和国际化有效地衔接和结合。

---

[1] 潘锦宇："论知识产权国际化的保护模式及我国的应对策略"，载《法学评论》2015 年第 1 期；曹新明："知识产权制度的中国特色与国际化之思辨"，载《法制与社会发展》2009 年第 6 期。

第二十五章
《关于强化知识产权保护的意见》规范内容的特点再思考

关于这一问题，在对《强化知识产权保护意见》研究之初就已经做了初步探讨。以下将在前面探讨的内容和体会之上，进一步进行总结性思考。

由中共中央办公厅、国务院办公厅联合颁布实施的《强化知识产权保护意见》对当前我国全面强化与加强知识产权保护做了系统谋划、全面规范与整体布局，涉及99条具体措施。其整体上是希望通过严格知识产权保护建立知识产权大保护、快保护和同保护机制，通过制度完善和建立约束机制确立知识产权严保护政策导向，通过社会共治监督模式确立知识产权大保护格局，通过加强国际合作与交流、协调国内外权利人之间的关系确立知识产权同保护机制。同时，通过基础条件的优化与完善以及加强组织建设等措施，使我国在新时代进一步加强知识产权保护，充分利用知识产权保护制度的功能和特点，为促进我国社会主义市场经济的发展与完善提供政策保障。基于知识产权保护涉及我国经济社会发展和社会生活的各个方面，《强化知识产权保护意见》以构建知识产权严保护、大保护、快保护和同保护机制为核心与主要内容，并以改善基础条件和加强组织建设为重要保障，在当前我国建设社会主义法治国家的新时代对知识产权保护工作做了全面布局和规划，也是新时代我国知识产权保护最为全面、最为重要的政策性文件之一。《强化知识产权保护意见》的颁布实施可谓是实施知识产权强国战略的前奏，为我国全面加强和强化知识产权保护提供了政策指引，为我国知识产权保护相关方面的改革与发展提供了前瞻性的规划和布局。

《强化知识产权保护意见》规范的内容和具体措施，建立在当前我国知识产权保护现状和需求的基础之上，符合我国知识产权保护的规律与要求。根据《强化知识产权保护意见》规定的总原则与各项措施，笔者认为其具有以下突出的特色。

一、内容规范全面，契合当前我国全面加强知识产权保护的内在需求

基于知识产权保护在我国经济社会发展和实施创新驱动发展战略中的重要地位和作用，以及当前我国知识产权保护制度及其实施存在的各个方面的问题，尤其是权利人的维权周期长、举证难、赔偿低等现实问题和相关知识产权制度与组织建设存在的各类问题，《强化知识产权保护意见》"对症下药"，有针对性地对这些问题做了全面规范。

如前所述，知识产权保护定位和水平应与一个国家经济社会发展水平与要求相适应。从知识产权保护的规律和各国知识产权制度建立与实施的情况来看，知识产权保护水平具有逐渐提升的趋势，我国知识产权保护也是如此。从知识产权立法和知识产权司法实践的情况来看，我国知识产权保护水平具有逐渐提高的趋势。从本质上看，基于知识产权保护服务于我国经济社会发展与创新驱动发展战略的现实，我国知识产权保护水平的不断提升实际上是由我国经济社会发展的水平提升与要求所决定的。[1]也就是说，我国科技文化以及经济社会发展水平的提高，对我国知识产权保护水平也提出了更高的要求。

基于此，如何提高我国知识产权保护水平，就成为新时代我国知识产权保护制度构建与完善的重大课题。知识产权保护制度无疑立足于建立和完善知识产权法律制度，知识产权法律制度是我国知识产权保护的基础。我国知识产权保护制度的完善也是以知识产权法律制度的修改与变革为推动力的。基于我国知识产权法律制度本土化和国际化融合的特点，当前我国知识产权法律制度本身已全面与国际接轨，具有现代化的特色，完全可以认为其具有较高的立法水平与较高的立法保护水平。然而，知识产权保护水平不完全限于知识产权立法制度的构建与完善，因为"徒法不足以自行"。我国知识产权保护制度的有效实施与知识产权保护水平的提高，除了不断完善我国知识产权法律制度，健全知识产权保护制度体系以外，还需要通过有效的知识产权

---

〔1〕 关成华、袁祥飞、于晓龙："创新驱动、知识产权保护与区域经济发展——基于2007—2015年省级数据的门限面板回归"，载《宏观经济研究》2018年第10期。

法律制度执行，特别是强化知识产权行政执法和司法保护，以及在当前我国全面推进国家治理体系和治理能力现代化的背景下引入社会治理的手段，全方位推动知识产权保护手段的强化。同时，就我国知识产权保护体系的完善而言，除了知识产权立法制度以外，知识产权保护相关政策的构建与完善同样重要。[1]这不仅可以从政策对法律实施保障的法理学层面加以理解，还可以从近些年来我国知识产权保护相关政策对于知识产权制度完善的作用加以认识。可以认为，随着我国知识产权法律制度的不断健全，为了有效实施我国知识产权法律制度，近些年来我国也颁布实行了一系列与知识产权保护和创新相关的政策性规范。这些政策性规范既包括国家层面的，也包括地方层面的；既包括综合性的知识产权保护政策，也包括某一类型或某一领域的知识产权保护政策。

二、确立知识产权严格保护的政策导向

实施对知识产权的严格保护是《强化知识产权保护意见》的基本政策导向，也是我国在新时代加强知识产权保护、提高知识产权保护水平的基本定位和走向。如前所述，知识产权的严格保护不等于知识产权保护水平越高越好，而是指应当严格按照知识产权法律制度的规定依法保护知识产权。知识产权的严格保护是我国经济社会和科技文化发展水平的要求所决定的，符合我国知识产权保护和发展的规律与要求。

根据《强化知识产权保护意见》的规定，知识产权的严格保护首先体现在对我国知识产权法律制度的修改与完善方面。也就是说，通过在立法层面提高知识产权侵权惩处力度，提高知识产权立法保护水平。一般地说，一个国家的知识产权保护水平，应当与其经济社会和科技文化发展水平相适应。随着经济社会和科技文化的发展，一国的知识产权保护水平具有逐步提高的趋势。就我国知识产权法律制度而言，随着我国社会主义市场经济体制的建立和完善，知识产权保护水平也需要逐步提高。从知识产权立法层面来说，知识产权保护水平的提升很大程度上体现为强化对知识产权侵权假冒行为的

---

[1]　刘雪凤、高兴："促进我国自主创新能力建设的知识产权政策体系研究"，载《科学管理研究》2014年第3期；盛亚、孔莎莎："中国知识产权政策对技术创新绩效影响的实证研究"，载《科学学研究》2012年第11期。

惩处力度。从《强化知识产权保护意见》的相关规定来看，尤其体现在以下几方面。

（一）提高知识产权侵权损害赔偿标准

这具体体现为大幅度提高知识产权法定赔偿的最低限度，引入知识产权侵权惩罚性赔偿制度。尤其是后者，不仅体现于党的十九届四中全会报告和《民法典》规定中，而且在我国 2013 年完成修订的《商标法》、2019 年完成修订的《反不正当竞争法》以及 2020 年完成修订的《专利法》和《著作权法》中得到了充分体现。大幅度提高知识产权侵权损害赔偿标准，[1] 必将有力地震慑知识产权侵权人，逐步解决在知识产权保护实践中赔偿标准低的现实困境。

（二）优化知识产权行政执法

如前所述，知识产权行政执法一直是我国知识产权保护体系中的重要内容之一，其与知识产权司法保护共同构成我国知识产权保护体系的基本构架。[2] 在当前，随着我国知识产权诉讼案件数量的飙升以及知识产权行政执法手段的优化，知识产权行政保护仍然具有其合理性与必要性。

（三）强化知识产权刑事保护

知识产权刑事保护是追究知识产权侵权人法律责任的形式中最严重的一种。[3] 对于主观恶性强并具有社会危害性的知识产权侵权行为，需要通过追究侵权人刑事责任的形式保护知识产权人和社会公众的利益，维护社会公共利益和社会经济秩序的正常运转。《强化知识产权保护意见》所规定的知识产权刑事保护措施的完善，为我国知识产权刑事保护的改革与发展提供了政策指引，是新时代我国知识产权刑事保护政策的重要依据。[4]

（四）完善知识产权相关证据制度

证据对于解决知识产权纠纷具有极其重要的意义。近些年来最高人民法

---

〔1〕 詹映：“我国知识产权侵权损害赔偿司法现状再调查与再思考——基于我国 11984 件知识产权侵权司法判例的深度分析”，载《法律科学（西北政法大学学报）》2020 年第 1 期。

〔2〕 李春晖：“我国知识产权行政执法体制机制建设及其改革”，载《西北大学学报（哲学社会科学版）》2018 年第 5 期。

〔3〕 张心向：“我国知识产权刑事保护现象反思——基于实体法规范的视野”，载《南开学报（哲学社会科学版）》2010 年第 4 期。

〔4〕 贺志军：“我国知识产权刑事政策初探”，载《国家检察官学院学报》2009 年第 2 期。

院对知识产权相关证据制度的制定和完善进行了卓有成效的探索，知识产权行政执法也积累了确认侵权证据的经验。根据《强化知识产权保护意见》的规定，需要规范知识产权行政执法过程中的侵权判断标准，确立知识产权行政执法、司法保护、仲裁、调解的相关证据规范和标准，并建立知识产权行政执法和刑事保护的证据衔接机制。此外，《强化知识产权保护意见》还提出建立知识产权民事诉讼证据制度以及公证悬赏制度，以减轻当事人的举证负担。[1]从当前知识产权相关证据制度制定和完善的情况看，国家知识产权局已经颁布实施了《商标侵权判断标准》，最高人民法院也发布了《知识产权民事诉讼证据规定》。无疑，知识产权相关证据制度的构建与完善，有利于查明案件事实，依法维护当事人的合法权益，更有效地保护知识产权。

（五）强化知识产权案件的执行措施

知识产权案件的有效执行，是有效保护知识产权的应有之义。否则，知识产权保护的强化只能停留在纸面上。基于知识产权本身的无形性以及知识产权侵权行为的隐蔽性、专业性和复杂性，知识产权案件的执行存在一定的难度。为此，需要通过强化知识产权案件的执行措施，强化对知识产权的保护。根据《强化知识产权保护意见》的规定，要建立知识产权纠纷调解协议司法确认机制，对于市场主体的严重失信行为，健全联合惩戒机制和相应的黑名单制度。同时，还应在知识产权全领域内建立案例指导机制和重大案件公开审理机制。目前，知识产权案件执行措施的改革正在进行，但仍有很大的发展空间，[2]如知识产权案例指导机制在我国方兴未艾，无论是理论上还是司法实践中，对于知识产权案例指导机制的定位与实施都存在需要探讨的空间。

（六）关于新业态新领域的知识产权保护问题

近些年来，随着技术特别是信息网络技术的发展以及技术发展导致的新业态新领域的出现，也相应地出现了很多新型知识产权问题。由于我国现行知识产权法律规范欠缺相应的规定，新业态新领域的知识产权保护出现一定

---

〔1〕　黄砚丽："论知识产权诉讼中'陷阱取证'的效力——基于民事非法证据排除规则分析"，载《法律适用》2013 年第 9 期。

〔2〕　卜元石："重复诉讼禁止及其在知识产权民事纠纷中的应用——基本概念解析、重塑与案例群形成"，载《法学研究》2017 年第 3 期。

的滞后性。为此，需要通过法律制定和完善的形式加以弥补。根据《强化知识产权保护意见》的规定，以下方面尤其值得重视。

1. 关于药品专利链接制度和药品专利期限补偿制度。药品是一种特殊的商品，事关全国人民的生命健康。药品专利也是一种具有高度创造性的发明创造成果。药品的研发周期长、投入大，需要给予充分有效的知识产权保护，才能激励药品研发领域的创造和投资，在保证收回研发与市场投资的基础之上，获得必要的利润。然而，专利保护有一定期限，并且药品的上市基于公共健康的原因，还需要特别的审批程序。正是基于上述特点，对于药品专利的保护，一些国家引进了药品专利链接制度和药品专利期限补偿制度。在《中美经贸协议》的知识产权相关规定中，也涉及药品专利链接和药品专利期限延长的问题。《强化知识产权保护意见》的规定在 2020 年修改的《专利法》中已予以落实。

2. 体育赛事转播的知识产权保护。近些年来，随着广大人民群众对于精神生活的追求提高，以及信息网络与传播技术的发展，体育赛事转播俨然成为体育产业新的经济增长点。毫无疑问，体育赛事转播涉及不同的利益主体和利益关系。从知识产权保护的角度而言，争议较大的问题是体育赛事直播画面是否属于受著作权保护的作品，[1]如针对中超案件，北京市朝阳区人民法院一审、北京知识产权法院二审和北京市高级人民法院再审判决所引发的巨大争议。笔者在此无意就体育赛事直播画面是否具有独创性而应当受著作权保护发表观点，而是需要指出就体育赛事转播的知识产权问题应当注重对相关权利主体的保护与促进体育产业的发展之间实现合理的平衡。即使体育赛事直播画面没有被纳入具有独创性的作品范围，基于在体育赛事直播画面上投入的创造性劳动也应当受到相关知识产权的保护。

3. 电子商务平台的知识产权保护，尤其是跨境电子商务的知识产权保护。当前电子商务方兴未艾，电子商务交易的商品总量也越来越大，大有"驱赶"实体经济的趋势。可以预料，随着人们消费时尚和习惯的改变，以及电子商务技术与平台的完善，电子商务的发展将更有前途。在当前知识产权保护制

---

〔1〕 王迁："体育赛事现场直播画面著作权保护若干问题——评'凤凰网赛事转播案'再审判决"，载《知识产权》2020 年第 11 期；姚鹤徽："论体育赛事类节目法律保护制度的缺陷与完善"，载《体育科学》2015 年第 5 期。

度日益严格的背景下，电子商务平台所交易的商品几乎都是享有知识产权的
商品，尤其是注册商标和专利。基于这一特点，电子商务必然和知识产权保
护联系紧密。我国颁布实施的《电子商务法》也专门规定了电子商务平台的
知识产权保护和知识产权侵权的制裁问题。其他法律，如《民法典》，也规定
了信息网络平台的知识产权保护问题。在电子商务平台的知识产权问题中，
跨境电子商务的知识产权也具有一定的特殊性。跨境电子商务是随着国际贸
易的发展，通过信息网络技术手段而出现的一种新型贸易形式。与国内电子
商务相比，跨境电子商务存在更为复杂的法律问题，如管辖、证据、主体资
格的确认等。无疑，在新形势下，随着技术的发展，电子商务中的知识产权
问题越来越[1]值得深入研究并进行相应的规范和立法完善。

4. 企业知识产权保护，包括知识产权风险防范与合同管理等。如前所述，
企业是我国社会主义市场经济的重要主体，同时也是知识产权创造、运用、
保护和管理的最重要的主体。在一定程度上，可以说企业知识产权保护的水
平代表了整个国家的知识产权保护水平。企业知识产权保护的意义体现在多
方面：[2]从法律层面而言，知识产权是企业享有的一种独占性的权利，通过
有效的知识产权保护能够独占市场，获得市场竞争优势；从经济层面而言，
它是企业获得的一种十分重要的无形资产和经营资源；从管理特别是战略管
理层面而言，它是企业实施有效的竞争战略，获得市场竞争优势的法宝。企
业在研发、生产经营、商品销售与售后服务中存在各种风险，其中知识产权
风险也是应当予以防范的重要风险之一。在强化我国知识产权保护方面，显
然不能忽视企业这一重要的社会主义市场经济主体。

5. 传统文化、传统知识的知识产权保护。众所周知，我国是一个具有悠
久历史和文化的文明古国。我国的传统文化、传统知识也存在现代意义上的
知识产权保护问题。从广义上来讲，包括我国在内的发展中国家，在传统文
化、传统知识、遗传资源、民间文学艺术等方面具有相对于发达国家的某种
优势。然而，在当前知识产权国际保护规则和制度的构建中，发达国家拥有

---

〔1〕　李春晖："跨境电子商务知识产权争议解决之国际协调"，载《国际贸易》2020 年第 1 期；
郑鲁英："跨境电子商务知识产权治理：困境、成因及解决路径"，载《中国流通经济》2017 年第 10
期。

〔2〕　杜巍、叶岑、周文光："不同条件下企业知识产权保护对策的演进研究"，载《当代经济科
学》2010 年第 1 期。

更大的话语权。发达国家不适当地借用公共领域的理念，企图在发展中国家免费攫取知识资源，并通过现代知识产权制度的授权确权取得受专有权保护的知识产权，反过来要求发展中国家为获取与使用这些知识产权付费。这显然缺乏合理性。因此，在知识产权国际保护的斗争中，包括我国在内的发展中国家应当就发展中国家享有的占优势的传统知识资源主张相应的权益。[1] 就国内知识产权保护而言，加强对传统文化、传统知识（包括《强化知识产权保护意见》规定的中医药知识）等的知识产权保护问题的研究，具有紧迫性。[2]

三、推进知识产权大保护格局的形成

提出知识产权大保护概念与具体措施，是《强化知识产权保护意见》规范内容的重要特点。在当前我国大力推进国家治理体系和治理能力现代化的新形势下，知识产权治理体系和治理能力现代化作为其中的重要内容，对于推动国家治理体系和治理能力现代化，也具有十分重要的意义和作用。2015年12月国务院发布的《关于新形势下加快知识产权强国建设的若干意见》即已提出知识产权治理体系和治理能力现代化，并明确提出2020年基本实现知识产权治理体系和治理能力现代化。知识产权治理体系和治理能力现代化，最重要的是知识产权制度的构建、完善与有效实施。为有效实施我国知识产权保护制度，有必要构建知识产权大保护格局，充分利用社会治理和全民参与的手段推进我国知识产权保护水平不断提升。

根据《强化知识产权保护意见》关于知识产权大保护格局的相关规定，以下内容尤其值得重视：

首先是加强知识产权方面的执法监督。从法理学的层面讲，法律制度只有在实践中得到有效贯彻和实施，才能实现相关制度目的，知识产权法律制度也不例外。在我国知识产权保护体系中，知识产权执法能否做到公平公正并富有效率，直接关系到知识产权保护水平的高低和知识产权保护制度宗旨的实现。在知识产权执法监督方面，首先需要通过权力机关即全国人大和地

---

[1] 杨健："为传统知识构筑法律'保护墙'"，载《人民论坛》2017年第16期。

[2] 张冬："传统文化知识产权保护范围的限定——以基本分类为视角"，载《学术交流》2014年第7期。

方各级人大予以有效实施。从近些年来我国各级人大开展的执法检查和执法
监督等活动来看，其成效是显著的，各级政协的监督也是其中一个重要方面。
政协可以通过其特有的参政议政的基本职能和优势，通过对知识产权制度实
施的情况进行调查、考察、了解等多种形式加强对知识产权制度实施的监督。
在具体的知识产权执法监督活动中，知识产权保护的调研活动可以成为一种
常态化的知识产权执法监督的形式。至于国家法定的法律监督机关，即最高
人民检察院和地方各级人民检察院，在法定职权范围内开展知识产权执法监
督也是当然的。[1]为了加强知识产权执法监督的效果，需要建立知识产权执
法监督问责制度，针对在执法监督中发现的问题，责令予以改进。同时，为
了推进知识产权执法活动的民主化以及加强对知识产权执法活动的有效监督，
需要建立和完善知识产权执法信息公开制度。

其次是建立知识产权社会共治模式。基于知识产权保护涉及我国经济社
会发展和技术创新的方方面面，知识产权保护不仅是知识产权人和相关社会
公众的问题，也不仅是知识产权行政执法和司法保护部门的事情，而是需要
全社会关心和参与。换言之，知识产权保护需要引入社会治理、社会共治的
基本理念和方法，[2]充分调动社会各方面的资源和力量。[3]笔者认为，《强
化知识产权保护意见》提出的知识产权社会共治模式，在当前我国全面推进
国家治理体系和治理能力现代化的新形势下，实际上是加强社会治理的一种
重要方式。[4]

根据《强化知识产权保护意见》的规定，知识产权社会共治模式的构建
需要重点关注以下几方面内容。

（一）完善我国知识产权仲裁、调解、公证工作机制

在我国知识产权保护体系中，知识产权行政执法和司法保护处于最重要

---

[1] 高扬捷、林复旺、连惠勇等：“知识产权案件财产刑执行检察监督制度的构建”，载《人民
检察》2018年第8期。

[2] 李红娟、谭毅：“加快构建我国知识产权保护社会共治模式”，载《中国经贸导刊》2018年
第12期。

[3] 冯晓青、许耀乘：“破解短视频版权治理困境：社会治理模式的引入与构建”，载《新闻与
传播研究》2020年第10期。

[4] 齐伟、刘丝丝、徐子强：“社会治理视角下知识产权纠纷多元化解决机制研究”，载《中外
企业家》2017年第25期。

的地位，即知识产权司法保护处于主导地位，行政执法则是知识产权保护的有力支撑，知识产权仲裁、调解以及相关的公证工作机制也具有十分重要的作用。就知识产权仲裁而言，其与知识产权行政处理和诉讼一样，也是解决知识产权纠纷的重要形式。当前我国很多仲裁委员会或者仲裁中心都开展了知识产权仲裁相关业务，如笔者曾任职多年的北京仲裁委员会每年都要审理一批知识产权仲裁案件。在当前我国知识产权仲裁案件数量增长以及我国知识产权专家队伍不断扩大的情况下，我国知识产权仲裁制度大有发展空间，需要大力拓展业务，增加知识产权仲裁力量。例如，随着我国对外经济技术合作与交流的加强，涉外知识产权案件也日益增多，相关部门已在加紧研究推进组建我国的国家知识产权仲裁机构。知识产权调解与知识产权纠纷的其他解决形式比较而言具有优势和特色，特别是如上所述，我国当前知识产权纠纷日益增多，构建和完善我国知识产权调解工作机制的重要性日益凸显。尤其是针对大量的商业维权纠纷以及小额赔偿纠纷，建立和完善知识产权调解工作机制，有利于尽快解决知识产权纠纷。知识产权公证是我国公证业务的一个新领域。近些年来，我国各类知识产权案件数量迅速增长，对知识产权公证业务也提出了更高的要求。[1]基于知识产权案件的专业性、技术性较强，侵权证据难以发现和固定，对知识产权公证业务需要加强研究，提出解决方案，完善相关制度。

（二）建立和完善其他工作机制

1. 行业协会和商会建立知识产权保护工作的自律机制。基于知识产权涉及我国不同领域和行业，需要通过行业协会加强对知识产权保护工作的引导和行业自律。当前我国设立了许多的行业协会，除了与知识产权有关的行业协会，其他行业协会对于知识产权保护本身不具有专业特长。然而，这些行业协会在履行相关知识产权保护职责方面仍具有独特的优势，如其能够有效组织行业协会会员对知识产权保护工作加强培训与教育，推进所在行业知识产权保护水平的提升。与行业协会一样，我国各地区各级商会在推进知识产权保护与引导方面也具有其自身的优势，最重要的是能够便利地组织所在商会的企业加强对知识产权保护工作的自律教育与引导。

---

[1] 殷浓利："媒体 AI 时代的知识产权公证保护"，载《中国公证》2020 年第 6 期；孙戈："知识产权公证的发展与未来——以杭州互联网公证处的探索为例"，载《中国公证》2020 年第 2 期。

2. 知识产权代理行业的自律自治。随着我国知识产权法治建设的发展，我国知识产权代理机构，如知识产权代理公司、知识产权代理事务所、专利代理公司数量越来越多，代理水平日益提高。然而，知识产权代理机构的趋利性也暴露了不少问题，其中有的问题还很严重。加强知识产权代理行业的自律自治，成为我国当前知识产权社会共治的重要措施之一。

3. 知识产权诚信体系建设以及企业信用信息公示系统的完善。当前我国正在构建诚信社会，诚信也是我国社会主义核心价值观的重要内容之一。诚信体系建设对我国知识产权保护的重要性无论如何强调也不过分。习近平总书记在 2020 年中央政治局第二十五次集体学习时即指出："要鼓励建立知识产权保护自律机制，推动诚信体系建设。要加强知识产权保护宣传教育，增强全社会尊重和保护知识产权的意识。"〔1〕

从当前我国日益增多的知识产权纠纷，特别是知识产权授权确权及侵权纠纷案件的情况来看，有相当一部分案件就是由于一方当事人严重缺乏诚信，如商标恶意注册、恶意投诉、恶意诉讼、恶意维权就非常典型。这里不妨举一个案例。甲企业从自然人王某获得了商标使用许可。为了独占相关产品市场，该企业对竞争对手乙企业采取了一系列法律行动。正常的商业竞争以及相关的知识产权诉讼无可厚非，然而，以下两个案件事实则令人警惕和深思。

第一个案例：甲企业在上述法律行动中，针对乙企业的注册商标提出无效宣告请求并在行政确权阶段获得了支持（乙企业不服，向北京知识产权法院依法提起了行政诉讼），针对乙企业使用相关标识的行为向某地法院提出了知识产权侵权诉讼并分别在不同法院的一审中获胜（乙企业不服一审判决而分别提起上诉）。上述案件中，行政授权确权以及侵权诉讼目前还没有产生法律效力。然而，甲企业通过向本地市场监督管理部门投诉的形式，要求本地市场监督管理部门向全国的其他市场监督管理部门提出要求，即对乙企业在全国范围内经销商的产品进行调查、查处、扣押。其他省份的一些市场监督管理部门接到协作要求以后，有些已进行了相应的行为，致使乙企业在其他省份的相关经销商的产品有的已经被查封、扣押，并且这些经销商的相应产品和市场声誉受到了影响。

---

〔1〕　习近平："全面加强知识产权保护工作 激发创新活力推动构建新发展格局"，载《求是》2021 年第 3 期。

在笔者看来，由于本案的商标授权确权纠纷以及侵权纠纷正在进行相应的诉讼程序，还没有取得最终的法律效力，甲企业所在地的市场监督管理部门目前根本无权向全国其他市场监督管理部门发函要求协助查处其他省份的经销商销售涉案相关产品。甲企业所在地的市场监督管理部门向全国其他市场监督管理部门要求查处乙企业经销商销售产品的依据没有生效的法律文书，其是否存在滥用行政职权和地方保护，以及甲企业在明知相关案件还没有产生法律效力的前提下向当地市场监督管理部门提出请求，要求该市场监督管理部门向其他省份市场监督管理部门查处乙企业经销商销售涉案产品的行为，是否同时构成不正当竞争，令人深思。

第二个案例：该案例与上述案例直接相关。王某从甲企业商标许可中获得了相应的商标许可费。这自然具有法律依据，无可厚非。然而，在乙企业注册商标被提起无效宣告请求，并被国家知识产权局宣告无效以后（进入一审行政诉讼程序后，乙企业向北京知识产权法院提起行政诉讼，要求撤销国家知识产权局宣告无效裁定），王某即在相同或者类似商品以及不相同也不类似商品上先后申请注册与乙企业相同或者近似的商标十多个。作为一个自然人，王某在与乙企业相同或者类似的商品上申请与乙企业商标名称完全相同或者近似的众多商标，其是否存在我国《商标法》第 4 条规定的不以使用为目的的恶意申请注册行为（这一类行为当然是缺乏诚信的行为），也值得深思。

此外，建立我国企业信用信息公示系统，对于加强知识产权方面的诚信建设也具有重要意义。不过，正如前面所指出的，对于相关信用信息公示应注意防止泛化，避免损害相关企业的正当权益和企业声誉。

4. 建立健全知识产权志愿者制度。随着我国经济社会发展，我国正逐渐建立健全各行各业的志愿者制度。知识产权志愿者制度是我国志愿者制度的组成部分，也是当前我国知识产权社会共治模式中的新秀，可谓方兴未艾。知识产权志愿者制度的建立和完善，有利于弘扬我国知识产权文化，对于推动我国知识产权保护具有积极作用。

（三）重视专业技术支撑

如前面所探讨的，《强化知识产权保护意见》规定的措施有通过技术手段强化知识产权保护、建设侵权假冒线索智能检测系统、建立和完善技术调查官制度、加强知识产权侵权鉴定能力建设、建立知识产权侵权损害评估制度和司法鉴定机构的专业化与程序规范化建设。

笔者认为，之所以需要在知识产权大保护格局构建中重视专业技术支撑，主要是基于以下几点理由：

1. 知识产权侵权行为具有专业性、隐蔽性，特别是在信息网络环境之下知识产权侵权行为表现出更加难以发现和查处的特点，侵权人的甄别乃至侵权证据的固定等方面都存在一定的困难，只有以技术手段解决因技术发展带来的新的知识产权侵权问题，才能更好地遏制知识产权侵权现象。

2. 引入技术手段，利用先进的查处知识产权侵权行为的技术手段和技术平台，有利于及时发现侵权、固定侵权证据并遏制侵权的蔓延，及时、有效地保护知识产权人和相关当事人的合法权益。

3. 相当一部分知识产权涉及技术方面的内容，尤其是专利、技术秘密、植物新品种、集成电路布图设计等，针对这方面的知识产权侵权行为的查处和认定也需要具备相关专业技术知识的人员参与。当前我国正在推行的技术类知识产权侵权案件的技术调查官制度就是与这一需要相适应的。

4. 技术的发展带来了新的知识产权保护问题，知识产权保护需要充分利用技术手段。从前面所探讨的技术发展与知识产权保护的互动关系来看，技术本身具有中立性，但也是一把双刃剑，一方面，其有可能被知识产权侵权人利用，尤其是当下信息网络技术的发展使知识产权侵权变得更加容易和隐蔽；另一方面，知识产权人、知识产权执法机关、社会公众等也可以充分利用技术手段发现、查处和保护知识产权。

从我国知识产权保护的实际情况看，我国越来越注重通过完善专业技术支撑手段加强知识产权保护。可以预见，随着技术的迅猛发展，"道高一尺，魔高一丈"，专业技术支撑在知识产权保护中将发挥越来越重要的作用。

四、促进知识产权快保护机制的构建

优化协作衔接机制，突破知识产权快保护关键环节，是《强化知识产权保护意见》规定的重要内容和特点。根据前面的研究，所谓知识产权快保护，是指通过完善相关程序和协作衔接机制，减少知识产权保护中的程序衔接，缩短维权周期，提高知识产权保护效率，及时维护知识产权人和相关当事人的合法权益。笔者认为，在我国当前各类知识产权案件数量不断增加以及我国知识产权法治不断健全的背景下，《强化知识产权保护意见》所提出的构建

知识产权快保护机制具有十分重要的意义。

第一，知识产权快保护机制有利于及时维护知识产权人和相关当事人的合法权益，防止案件久拖不决。关于知识产权保护的定位，除了充分全面地维护知识产权人和相关当事人合法权益以外，还应当注重保护的及时性。法谚云：迟到的正义非正义。如果知识产权案件久拖不决，不仅会浪费大量的行政、司法资源和社会资源，还会在一定程度上严重影响知识产权人和相关当事人的合法权益。从当前我国知识产权保护的实际情况看，尽管整体上能做到依照法律规定的时限及时维护知识产权人和相关当事人的合法权益，但也存在一些案件迟迟得不到解决的问题，特别是在出现知识产权授权确权循环诉讼以及知识产权侵权案件与授权确权案件交叠的情况下，案件解决的时间更长。建立我国知识产权快保护机制，显然大大有利于及时维护知识产权人和相关当事人的合法权益。

第二，知识产权快保护机制有利于节省我国知识产权保护投入的各种资源，提高知识产权保护的效率。从知识产权的经济学角度考察，知识产权保护在具有巨大的社会效益的同时也具有相应的社会成本，只有社会效益大于社会成本，才能使知识产权保护具有经济学上的制度合理性。知识产权保护的效率也是我国知识产权理论与实务研究中的一个重要问题。在知识产权法理学层面，知识产权保护要通过合理的制度安排与设计实现知识产权法律制度所追求的公平、平等和正义价值目标；在促进技术创新，提高创新能力层面，知识产权保护则需要通过有效的权利保护，鼓励和促进创新，充分运用知识产权保护制度的激励机制提高我国创新能力。在知识产权保护的经济学层面，知识产权保护则是要通过优化和配置知识资源、创新资源和社会资源，在鼓励创新的基础上，提高创新效率和知识产权保护的社会效益。[1]知识产权快保护机制的构建，无疑有利于在简化、优化相关程序和协作衔接机制的基础之上，缩短知识产权维权时间，减少相关资源和人力的投入，从而有利于提高知识产权保护的效率。从理想的愿景来说，知识产权保护的最佳境界应当是做到公平与效率的均衡与统一。当然，在现实生活中要做到这一点，

---

〔1〕 王黎萤、虞微佳、王佳敏等："影响知识产权密集型产业创新效率的因素差异分析"，载《科学学研究》2018年第4期；申小刚："基于知识产权保护的企业技术创新效率分析"，载《生产力研究》2011年第9期。

具有较大的困难。这就需要通过完善我国知识产权保护机制，包括这里所探讨的知识产权快保护机制，在充分有效、公平合理地保护知识产权的基础之上实现知识产权保护社会效益的最大化。

第三，在当前我国各类知识产权案件数量日益增加的严峻形势下，建立和完善我国知识产权快保护机制还具有更加紧迫的现实意义。如前文所探讨的，随着我国知识产权法治建设的发展、人们知识产权保护意识的增强，我国各类知识产权案件的数量也日益增长。数量庞大的知识产权案件对我国知识产权行政执法和司法保护提出了巨大挑战。在这种新形势下，更有必要通过优化和完善我国知识产权保护的程序以及衔接协作机制，缩短我国知识产权人的维权时间。

五、建立知识产权同保护机制的格局

《强化知识产权保护意见》还专门规定了知识产权同保护机制，包括健全涉外沟通机制，塑造知识产权同保护优越环境。具体而言，其规定的措施有：更大力度加强国际合作，健全与国内外权利人沟通渠道，加强知识产权海外维权援助服务，健全协调和信息获取机制等。

笔者认为，在当前知识产权国际保护趋势越来越强，以及我国对外经济技术贸易合作与交流中涉及越来越多的知识产权问题的背景下，进一步加强涉外知识产权合作与交流，营造知识产权同保护环境，具有十分重要的意义和作用。具体而言，体现在以下几方面：

第一，增进我国与其他国家的知识产权合作与交流。我国与其他国家的知识产权合作与交流，是伴随着四十多年前我国改革开放启动而不断深入发展的。特别是在我国加入世界贸易组织以后进入所谓"后 TRIPs"时代，知识产权国际保护愈显重要。[1]在这种新的历史背景下，需要进一步加强我国与其他国家之间的知识产权合作与交流。根据《强化知识产权保护意见》的规定，需要通过海外巡讲等形式加强知识产权合作与交流；积极通过海外巡展以及充分利用国际交流平台，宣传我国知识产权保护的成就；充分利用双边或多边对话合作交流机制，加强与其他国家知识产权方面的谈判与磋商。

---

〔1〕　申长雨："深入推进知识产权国际合作 服务国家对外开放大局"，载《人民论坛》2018 年第 23 期。

此外，可以充分利用"一带一路"建设推进知识产权合作与交流。[1]这些措施的落实，显然有利于扩大我国知识产权保护的国际影响，实质性推进知识产权合作与交流。当然，除了与其他国家之间的知识产权合作与交流以外，我国与国际组织特别是世界知识产权组织的合作与交流也十分重要。据笔者所了解的情况，我国与世界知识产权组织的合作与交流日益密切，通过世界知识产权组织这一国际合作与交流平台，能够更好地推进我国知识产权的国内保护与国际合作。

第二，充分维护我国知识产权人在海外的合法权益。从强化我国知识产权保护的角度而言，需要在海外有力地提升我国知识产权保护水平。在过去的知识产权国际保护中，由于在其他国家来自我国的知识产权数量较少，我国承担了更多的对外国知识产权的保护责任。近些年来，随着我国改革开放的深入、综合国力的增强、对外经济技术合作与交流的拓展，以及企业"走出去战略"的实施，我国在海外的知识产权数量日益增长，如何在海外有效地维护我国知识产权人的合法权益成为当前知识产权国际保护中的一个重大课题。从当代知识产权国际保护实践来看，我国与世界上绝大多数国家都共同参加了保护知识产权的国际公约，特别是 TRIPs 协议。从知识产权保护国际公约确立的国民待遇原则来说，一方面，我国有保护其他国家权利主体在我国获得的知识产权的国际义务；另一方面，我国的知识产权在其他国家也有受到保护的权利。为此，需要通过一定的海外维权机制，[2]有力地保护我国知识产权人在海外的合法权益。

《强化知识产权保护意见》明确了我国知识产权海外维权的相关措施，如完善海外知识产权纠纷预警防范机制、建立海外信息服务平台、建立知识产权海外纠纷协调解决机制、建立知识产权涉外风险防控体系以及建立海外知识产权援助专家队伍等。[3]笔者认为，这些措施的落实，有利于及时防范各类涉外知识产权风险，特别是知识产权侵权和被侵权风险，及时解决涉外知

---

〔1〕 唐全民："'一带一路'背景下知识产权保护的国际合作、协调与展望"，载《学习与实践》2018 年第 6 期。

〔2〕 张红辉、周一行："'走出去'背景下企业知识产权海外维权援助问题研究"，载《知识产权》2013 年第 1 期。

〔3〕 潘灿君："企业海外知识产权纠纷调查及援助机制 以浙江省为例"，载《电子知识产权》2012 年第 10 期。

识产权纠纷，同时通过信息平台和纠纷解决机制的构建，维护我国知识产权人在海外的合法权益。

第三，为推进知识产权国际保护和知识产权涉外交流提供便利与条件。知识产权国际保护趋势增强，使得当前我国与其他国家的知识产权合作与交流变得更加重要和频繁。为了有效推进我国与其他国家的知识产权合作与交流，需要进一步改善相关条件，建立通畅的信息交流平台。《强化知识产权保护意见》相关措施的规定，无疑对于开展我国与其他国家的知识产权保护合作与交流提供了更便利的条件。

第四，营造良好的知识产权国际合作与交流环境，提升我国知识产权国际保护负责任大国的形象。当前，我国已经是知识产权大国。随着我国综合国力的提升，在知识产权国际保护方面我国也越来越需要逐渐打破以美国为代表的发达国家对知识产权国际保护规则制定和制度运行的话语权，特别是打破不公平、不平等的国际知识产权保护秩序，从国际程序规则到实体权利保护上构建新型的国际知识产权关系，营造以人类命运共同体先进理念为指引的新型知识产权国际关系，通过知识产权国际保护，使各国在知识交流、传播、创新方面实现互利共赢、互利互惠、包容发展、创新发展的美好愿景。通过构建知识产权同保护环境，建立健全涉外知识产权交流机制，显然有利于塑造良好的知识产权国际合作与交流环境，提升我国知识产权国际保护负责任大国形象。

六、强化知识产权保护的基础条件建设

通过加强知识产权专业人才队伍建设，为知识产权保护提供人力资源和专业队伍保障，是全面加强我国知识产权保护工作的重要内容。俗话说：十年树木，百年树人。培养与拥有千千万万的优秀人才，是我国经济社会发展和创新型国家建设的重要保障。这自然与整个民族的文化素质、素养提高有极大的关系，与改革和完善我国教育体制，培养更多的优秀人才有极大的关系。仅就知识产权专业人才队伍建设来说，在前面研究基础之上，笔者认为需要重视以下措施与策略。

第一，将知识产权专业人才队伍建设纳入我国专项人才计划，制定和完善我国国家和地方层面的知识产权人才规划，使我国知识产权专业人才队伍建设迈向规范化、正规化轨道。知识产权具有较高的专业性和技术性，知识

产权专业人才显然属于我国专业人才队伍的重要组成部分。随着知识产权在当代经济社会和创新型国家建设中的重要性日益增强以及我国知识产权事业不断发展，我国需要越来越多的高素质的知识产权专业人才，并不断扩大知识产权专业人才队伍的规模。[1] 在"人才强国"的国家人才战略形势下，知识产权专业人才队伍自然需要大力拓展。[2] 从近些年来国家和地方层面的知识产权专业人才队伍建设情况看，国家知识产权局和地方知识产权局都相继发布实施了相关知识产权人才规划，并取得了显著成效。今后需要在我国现有的知识产权专业人才布局的基础之上，针对人才队伍建设中出现的各种问题，进一步完善知识产权人才规划，推进知识产权专业人才队伍的规范化建设。

根据笔者的理解，我国国家和地方层面知识产权专业人才队伍发展规划应当重视以下内容：我国各类知识产权专业人才队伍建设的基本原则、目标、任务；知识产权各类专业人才数量和基本布局；落实各类知识产权专业人才队伍建设的基本措施等。

第二，改革与完善我国高校和科研院所知识产权专业人才教育模式，提升知识产权学科地位，优化知识产权相关学历教育方案。高等学校和科研院所（尤其是前者）作为高级人才的培养基地，是开展我国各类知识产权学历教育的大本营，在培养知识产权高级专业人才方面承担着重要历史使命。以我国高校为例，当前开展的知识产权专业人才培养主要通过以下方式实施：在将近100所大学开设了知识产权本科专业，相对应的学历是法学学士，在民商法学、经济法学等相关专业开设了知识产权法研究方向的硕士点和博士点；少部分知识产权法师资力量雄厚的高校开设了独立的知识产权法学专业的硕士点和博士点以及知识产权法的博士后研究方向，如北京大学、中国人民大学、中国政法大学、中南财经政法大学、华东政法大学、西南政法大学等；在科技管理、工商管理等管理类相关专业中开设了知识产权相关硕士点和博士点。应当说，高校开设的知识产权相关专业各具特色。但笔者认为总

---

〔1〕 靳晓东："创新型国家建立与我国高校知识产权人才培养"，载《生产力研究》2010 年第 11 期。

〔2〕 钱建平："知识产权人才的知识结构与培养模式研究"，载《中国大学教学》2013 年第 11 期。

体上存在的问题是：由于知识产权具有高度的复合性，知识产权专业人才应当是一种复合型的高级专业人才，而目前我国大部分高校知识产权专业人才都定位于法学领域人才，对于大量企事业单位所需要的知识产权管理人才培养明显不够。在知识产权专业人才培养方面也缺乏复合型知识背景的知识产权师资，绝大部分知识产权师资队伍知识结构限于法学层面，理工科、经济学、管理学等相关专业背景缺乏。此外，如前面所指出的，目前我国知识产权学科地位过低，在相当大程度上影响了知识产权高级人才培养。其中一个重要的考虑应当是基于知识产权学科高度融合的特点建构多学科交融的、独立的知识产权一级学科。[1]同时，考虑借鉴工程硕士等专业学位人才培养模式，设立知识产权专业硕士和博士学位。[2]这一改革必将大规模提高知识产权的学科地位，更好地适应知识产权专业人才培养规律，培养高度复合型的知识产权高级人才。

第三，大力开展我国知识产权专业人才队伍的继续教育、在职教育。从当前我国教育模式和全民教育情况看，通过高校和科研院所培养专业人才毕竟只是其中一个十分重要的部分，而不是全部。基于各种原因，仍然有很大一部分人士未能获得机会到高校进行深造。因此，继续教育就成为弥补这一不足的方式。知识产权专业教育也一样。除了正规的高校和科研院所知识产权专业化教育、学历教育以外，也应当高度重视知识产权专业人才队伍的继续教育、在职教育。[3]例如，通过定期或不定期的知识产权专业培训、讲座，输出相关专业人员到高校和科研院所进行知识产权方面的专业培训和进修，到国外进行访问学者研究，都是卓有成效的方式。近些年来，笔者多次应高校、科研院所、国务院相关部委、相关企事业单位、行业协会等的邀请，举办了大量的知识产权法律、知识产权管理、知识产权战略等方面的专题讲座与培训，对于以这种形式推进知识产权专业人才队伍建设的重要性深有感受。如笔者曾应国家知识产权局相关部门的邀请，针对国家知识产权局骨干人才，

---

〔1〕　赵勇、单晓光："我国知识产权一级学科建设现状及发展路径"，载《知识产权》2020 年第 12 期。

〔2〕　陶丽琴、陈璐："我国知识产权人才培养模式和学科建设研究"，载《知识产权》2011 年第 7 期。值得指出的是，《知识产权强国建设纲要（2021—2035 年）》在其第七部分"建设促进知识产权高质量发展的人文环境"之（十九）也提出，要"推进论证设置知识产权专业学位"。

〔3〕　王怀祖："我国知识产权继续教育探析"，载《现代商贸工业》2013 年第 18 期。

就专利侵权认定与经典案例解读的主题做了专题讲座，从反馈的信息看，确实有利于在相关专业知识结构和实务方面的拓展。为了更好地开展我国知识产权专业人才队伍的继续教育、在职教育，建议相关单位根据自身所在的知识产权专业人才队伍建设需要，制定和实施本单位的知识产权人才队伍的继续教育和在职教育计划，并予以落实。

第四，建立和完善我国国家和地方知识产权专业人才培养基地和研究基地。与高校和科研院所知识产权学历教育人才培养相比，国家和地方知识产权专业人才培养基地则是我国知识产权专业人才培养和专业化队伍建设的另一个重要"战场"。从近些年来我国国家和地方知识产权专业人才培养基地建设与发展的情况看，通过有计划、有组织地开展知识产权方面的短期进修、讲座、培训等各种活动，取得了良好的效果。如中国知识产权培训中心和最高人民法院在部分高校和高级人民法院设立的审判研究基地都开展了大量的知识产权研究、培训、讲座，卓有成效。

第五，加大资源投入以及加强知识产权保护的支持力度。资源保障以及加强知识产权保护的支持力度也是知识产权保护中的条件保障的重要内容。如前面所讨论的，《强化知识产权保护意见》规范的主要内容有：加大对知识产权保护的资金投入；建设知识产权保护试点示范区；推动知识产权行政执法与司法保护装备现代化、智能化建设；设立知识产权保护维权互助基金。

笔者认为，上述措施对于强化我国知识产权保护具有以下重要意义与作用：

一是，为各地区各部门知识产权保护提供资金保障。某种意义上，知识产权保护也是一个系统工程，因为其涉及经济社会发展的各方面，涉及各地区各部门人财物资源的调配与有效利用。基于此，知识产权保护也需要投入一定的成本，有时投入的成本还很高。例如，政府相关部门所开展的知识产权行政执法专项行动就需要耗费较多的人财物成本。前述知识产权专业人才队伍建设也需要投入相当大的成本。为了有效推进各地区各部门的知识产权保护，各地区各部门在相关经费预算中应当为知识产权保护提供适当的经费。[1]并且，知识产权保护的经费应当随着本地区经济社会发展而相应地增长。

---

[1] 羌丹丹："南通市知识产权科技经费与知识产权发展的关系"，载《江苏科技信息》2017年第34期。

　　二是，形成知识产权保护试点示范区，推广各地区各部门各行业知识产权保护的经验与做法，构建一系列知识产权保护高地。关于知识产权保护试点示范区的重要性及构建，笔者在以前曾做过专项研究，认为我国开展知识产权保护试点示范区建设有利于及时发现知识产权保护中存在的问题，总结知识产权保护的经验，并对取得的成功经验进行推广和示范，从而有利于以更低的成本促进我国知识产权保护水平的提升。[1]我国知识产权保护试点示范区的建设，应当注重相关制度的规范化建设，合理配置知识产权保护试点示范区建设的人财物资源。同时，还应当注意合理布局知识产权保护试点示范区，通过不同地区的知识产权保护试点示范区建设，形成联动效应，打造我国一系列知识产权保护的高地。

　　三是，提高我国知识产权行政执法和司法保护的效率，更有效地开展知识产权行政执法和司法保护。如前面多次探讨的，知识产权行政执法和司法保护是我国知识产权保护体系最重要的内容。为强化我国知识产权保护，需要在贯彻公平、平等原则的基础之上提升我国知识产权行政执法和司法保护的效率。我国知识产权行政执法与司法保护效率的提升，除了完善相关制度和程序、提高知识产权行政执法和司法人员的思想政治和业务素质以外，还应当重视知识产权行政执法和司法保护装备的现代化与智能化。在现代战争中，一般而言，打胜仗需要先进的武器和装备。在以规制知识产权侵权行为为重要目的的知识产权行政执法和司法保护中，为了提高知识产权保护的效率，也需要先进的装备。特别是在当今信息网络社会，形形色色的知识产权侵权人"擅于"利用高新科技和信息化手段实施知识产权侵权行为。当前高新科技的发展，也为知识产权保护带来了巨大挑战。例如，在信息网络环境下，知识产权侵权人身份的确定、侵权人的及时发现和侵权证据的固定都面临一系列的问题。毫无疑问，不断提高我国知识产权行政执法和司法保护装备的现代化和智能化水平，对于提高知识产权保护的效率具有十分重要的作用。

　　四是，强化知识产权自力救济手段，提高知识产权自我保护能力。基于知识产权侵权行为的隐蔽性、专业性和复杂性，侵权的广泛性及侵权结果的蔓延，知识产权侵权行为的有力遏制，除了通常的知识产权行政执法和司法

―――――――――――――――――

　　[1]　冯晓青：《技术创新与企业知识产权战略》，知识产权出版社 2015 年版。

保护手段，强化知识产权人的自力救济手段，提高知识产权人自我保护能力也是十分重要的方面。如《强化知识产权保护意见》提出的成立知识产权维权援助基金就是一个重要的措施。[1]知识产权保护需要投入一定的资金，耗费一定的人财物资源。同时，不同地区的知识产权人维权的经济能力存在一定差异。相对而言，中西部经济发展相对落后的地区，知识产权人维权的资金存在困难的可能性更大。为避免知识产权维权行为因为知识产权人经济能力而受到影响，成立知识产权维权互助基金就十分必要。

---

〔1〕 潘方方、宋凯强："河南省海外知识产权维权援助机制建设研究"，载《河南科技》2020年第30期。